D1871368

लोकभारती

हिंदी मुहावरे और लोकोक्ति कोश

लोकभारती
हिंदी मुहावरे और लोकोक्ति कोश

डॉ. बदरीनाथ कपूर

लोकभारती प्रकाशन
पहली मंजिल, दरबारी बिल्डिंग, महात्मा गाँधी मार्ग, इलाहाबाद-1

इस पुस्तक के सर्वाधिकार सुरक्षित हैं। प्रकाशक की लिखित अनुमति के बिना इसके किसी भी अंश की, फोटोकॉपी एवं रिकॉर्डिंग सहित इलेक्ट्रॉनिक अथवा मशीनी, किसी भी माध्यम से, अथवा ज्ञान के संग्रहण एवं पुनर्प्रयोग की प्रणाली द्वारा, किसी भी रूप में, पुनरुत्पादित अथवा संचारित-प्रसारित नहीं किया जा सकता।

लोकभारती प्रकाशन
पहली मंजिल, दरबारी बिल्डिंग, महात्मा गाँधी मार्ग
प्रयागराज-211 001
वेवसाइट : www.lokbhartiprakashan.com
ईमेल : info@lokbhartiprakashan.com

शाखाएँ : 1-बी, नेताजी सुभाष मार्ग, दरियागंज
नयी दिल्ली-110 002
अशोक राजपथ, साइंस कॉलेज के सामने
पटना-800 006 (बिहार)
36-ए, शेक्सपियर सरणी
कोलकाता-700 017 (प. बंगाल)

प्रथम संस्करण : 2000
छठवाँ संस्करण : 2019

© डॉ. बदरीनाथ कपूर

जे.के. आर्ट प्रेस
प्रयागराज द्वारा मुद्रित

HINDI MUHAVARE AUR LOKOKTI KOSH
by Dr. Badri Nath Kapur

ISBN : 978-81-8031-020-1

मूल्य : ₹ 500

प्रदीप की स्मृति में

भूमिका

लोकभारती प्रकाशन के कर्णधार एक ऐसे कोश के लिए वर्षों से उत्सुक थे जिसमें प्रतिनिधि मुहावरों के साथ-साथ प्रतिनिधि लोकोक्तियों का भी संग्रह हो। स्वतंत्रता-प्राप्ति के बाद अनेक हिंदी लेखक भाषा को मुहावरों से अलंकृत करने लगे हैं। अब यह आरोप धुल-सा गया है कि हिंदी के लेखक मुहावरों का प्रयोग नहीं करते या नहीं के समान करते हैं।

वस्तुतः इस कोश में प्रयोग के रूप में दिए उद्धरणों से यह बात सिद्ध हो जाती है। हाँ, यह बात लोकोक्तियों पर अवश्य किसी सीमा तक लागू होती है। परंतु लोकोक्तियों का प्रयोग बोल-चाल में प्रायः देखने में आता है और अनेक अवसरों पर उनका अर्थ-सौंदर्य तथा शब्द-संयोजन कुछ विशेष रूप से हृदयग्राही, रोमांचक या प्रेरक भी होता है। भाषा की समृद्धि में लोकोक्तियों का योगदान भी मुहावरों की तरह अति सुखद भी है तथा अति महत्त्वपूर्ण भी।

अनेक विद्यार्थी तथा लेखक अवसरोचित मुहावरों तथा लोकोक्तियों की तलाश में रहते हैं। विदेशी विद्यार्थी तो ऐसे कोशों का पाठ्य पुस्तकों की तरह अध्ययन करते हैं। लेखन कार्य करते समय तो वे इन कोशों से विशेष सहायता भी लेते हैं। अपनी भाषा को उत्कृष्ट रूप देने का यह उत्तम उपाय है।

मुझे आशा है कि मेरा यह प्रयास भी हिंदी प्रेमी पाठकों को उपयोगी प्रतीत होगा।

—बदरीनाथ कपूर

शब्दलोक
४७, लाजपतनगर, वाराणसी
१ जनवरी, २०००

अनुक्रम

मुहावरे और लोकोक्तियाँ

१. मुहावरे

पं० रामदहिन मिश्र, श्री कामताप्रसाद गुरु, पं० ब्रह्मस्वरूप दिनकर, पं० अयोध्या सिंह उपाध्याय 'हरिऔध', शब्दर्षि बाबू रामचन्द्र जी वर्मा तथा अन्य अनेक विद्वानों ने 'मुहावरा' की व्युत्पत्ति तथा परिभाषा पर विशेष रूप से विचार किया है। इन महानुभावों तथा विभिन्न कोशों की परिभाषाओं पर विस्तृत गहन विचार करते हुए डा० ओम् प्रकाश गुप्त ने अपने विद्वतापूर्ण प्रबंध 'मुहावरा-मीमांसा' में 'मुहावरा' की परिभाषा इस प्रकार की है :

> ''प्राय: शारीरिक चेष्टाओं, अस्पष्ट ध्वनियों, कहानी और कहावतों अथवा भाषा के कतिपय विलक्षण प्रयोगों के अनुरूप या आधार पर निर्मित और अभिधेयार्थ से भिन्न कोई विशेष अर्थ देनेवाले किसी भाषा के गठे हुए रूढ़ वाक्य, वाक्यांश अथवा शब्द इत्यादि को मुहावरा कहते हैं। जैसे—हाथ पैर मारना, सिर धुनना, ही ही करना, गटागट निगल जाना, टेढ़ी खीर होना, अपने मुँह मियाँ मिट्ठू बनना, दूध के जले होना, नौ की लकड़ी तेरह खर्च करना, अंगारों पर लोटना, आग से खेलना इत्यादि''।[१]

यद्यपि इसी परिभाषा को शिरोधार्य करते हुए इस कोश में मुहावरों का संकलन किया गया है, फिर भी रह रहकर मेरे मन को दो बातें आलोड़ित करती रही हैं। एक तो यह कि मुहावरा वाक्य भी होता है और दूसरे यह कि मात्र शब्द भी मुहावरा होता है। सामान्यत: हम कह सकते हैं कि 'मुहावरा' कुछ शब्दों का ऐसा बहुप्रचलित गठजोड़ है जो इकाई के रूप में प्रयुक्त होता और सम्मिलित शब्दों के सामूहिक अभिधेयार्थ से भिन्न किसी प्रभावपूर्ण अर्थ की सृष्टि करता है।

ऐसी इकाई की यह विशेषता होती है कि (क) इसमें कोई बात बहुत बढ़ा-चढ़ाकर कही जाती है, जैसे :

अंगारों पर लोटना
जान से प्यारा समझना
तिल का ताड़ करना

या (ख) उसका सामूहिक अभिधेयार्थ अटपटा-सा होता है, जैसे :

लट्टू होना
घर का घर
नौ दो ग्यारह होना

---

१. डा० ओम् प्रकाश गुप्त कृत 'मुहावरा मीमांसा' पृष्ठ ४९

अथवा (ग) वह सामान्य व्याकरणिक नियमों से हटकर बनता है, जैसे :

दिल बाग बाग होना

गया हाथ से

नाकों दम करना।

मुहावरा निश्चित इकाई

मुहावरा कोरा शब्द समूह नहीं होता, वह तो आर्थी दृष्टि से सशक्त तथा स्वतंत्र इकाई होता है। 'दिन का पूरा होना' का सीधा-सादा अर्थ है दिन समाप्त होना और इस अर्थ में यह मुहावरा नहीं। 'हिंदी मुहावरे' में 'दिन का पूरा होना' को मुहावरा माना गया है और इसके अंतर्गत तीन अर्थ दिए गए हैं :[१]

(१) मृत्यु समीप होना

(२) अवधि समाप्त होना

(३) गर्भवती स्त्री के प्रसव का दिन निकट होना

प्रथम और द्वितीय अर्थ वस्तुतः 'पूरे दिन होना' मुहावरे के हैं और तीसरा अर्थ तो है 'पूरे दिनों से होना' मुहावरे का। 'पूरा दिन होना' भी मुहावरा दिया गया है जो अधिक प्रशस्त नहीं।

हिंदी के सभी मुहावरा कोश ग्रंथों को देखें तो यह सरलता से स्पष्ट हो जाएगा कि किसी मान्य मुहावरे में यदि कोई विशिष्ट शब्द एकवचन होना चाहिए तो उसे बहुवचन कर दिया गया है और यदि बहुवचन होना चाहिए तो उसे एकवचन कर दिया गया है। 'नाम के भूखे'[२] की जगह 'नाम का भूखा' प्रविष्टि ही कोश में होनी चाहिए। बहुवचन रूप होने पर स्वतः 'नाम के भूखे' और स्त्रीलिंग रूप में 'नाम की भूखी' हो जाएगा। इसी प्रकार 'दिल के साफ़ होना'[३] और 'किताब के कीड़े'[४] की जगह 'दिल का साफ़ होना' और 'किताब का कीड़ा' रूप ही ग्राह्य है। मुहावरा 'फूला न समाना' ही है (जैसे—मेरी बात सुनकर वह फूला नहीं समाया।) और इसी रूप में कोश में दिया जाना चाहिए न कि 'फूले न समाना'।[५] जब हम 'फूला न समाना' रूप मानेंगे तो 'फूले ने समाना' या 'फूली न समाना' रूप यथा-अवसर स्वतः बन जाएँगे। परंतु जब 'फूले ने समाना' रूप मान लेंगे तो फिर 'फूला न समाना' या 'फूली न समाना' रूप नहीं बन सकेंगे।

'नज़र चार होना'[६] नहीं वरन् 'नज़रें चार होना' मुहावरा है। मुहावरे का रूप 'आटा-दाल

---

१. डा० प्रतिभा अग्रवाल कृत 'हिन्दी मुहावरे' पृष्ठ ३५३
२. डा० प्रतिभा अग्रवाल कृत 'हिन्दी मुहावरे' पृष्ठ ४०९
३. वही, पृ० ३९५
४. वही, पृ० ३५७
५. वही, पृ० १३०
६. वही, पृ० ४९८

का भाव बता देना'[1] नहीं वरन् 'आटे-दाल का भाव बता देना' है, बल्कि इससे भी अच्छा रूप 'आटे-दाल का भाव मालूम पड़ना' है। मुहावरों के रूप 'छक्का छुड़ाना'[2] और 'छक्का छूटना'[3] नहीं बल्कि 'छक्के छुड़ाना' और 'छक्के छूटना' ही हैं। मुहावरा 'पौने सोलह आने' ही है 'पौने सोलह आना'[4] नहीं। मुहावरे का रूप 'बगल झाँकना'[5] नहीं 'बगलें झाँकना' है। परंतु अनेक मुहावरे ऐसे अवश्य हैं जिनमें कोई विशिष्ट शब्द एकवचन में भी प्रयुक्त होता है और बहुवचन में भी। मुहावरे का बहुप्रचलित रूप 'पसीना छूटना' ही है परंतु यशपाल जी ने 'पसीने छूटना' का प्रयोग किया है :

"इस मुँहजली भाँग की तो हमारे दिमाग़ पर ऐसी दहशत है कि ख़्याल से पसीने छूटते हैं।"

इसी प्रकार हम देखते हैं कि 'नज़र से गिरना' रूप भी चलता है और 'नज़रों से गिराना' भी। कुछ अवसरों पर शब्दों के एकवचन और बहुवचन रूपों से दो विभिन्न मुहावरे भी बनते हैं जिनके अर्थ भी अलग अलग होते हैं, जैसे—

(क) मारा मारा फिरना
(ख) मारे मारे फिरना

'मारा मारा फिरना' का प्रयोग व्यक्ति के संबंध में उसके दुर्दशा भोगते फिरने के अर्थ में होता है और 'मारे मारे फिरना' का प्रयोग वस्तु के संबंध में उसके अत्यधिक मात्रा में उपलब्ध होने के अर्थ में।

अकर्मक और सकर्मक क्रियाओं के योग से बननेवाले मुहावरों में से प्रायः एक मुहावरा कोश में लेना चाहिए परंतु यदि दोनों के अर्थ भिन्न हों तो दोनों ही लिए जाने चाहिए, जैसे—

(क) **पित्ता पानी करना** = कठोर परिश्रम करना।
(ख) **पित्ता पानी होना** = साहस जाता रहना।

(क) **पटरी बैठना** = निर्वाह होना।
(ख) **पटरी बैठाना** = युक्ति निकालना।

(क) **रास्ता कटना** = रास्ता तय होना।
(ख) **रास्ता काटना** = विघ्न उत्पन्न करना।

---

१. वही, पृ० ५३
२. वही, पृ०२३१
३. वही, पृ० २३१
४. वही, पृ० ४८३
५. वही, पृ० ५०१

मुहावरा : निश्चित आकार

मुहावरे के आकार-प्रकार पर भी ध्यान रखना आवश्यक है। ऐसा भी होता है कि कभी तो उसमें फ़ालतू शब्द जोड़कर उसे वृहत् रूप दे दिया जाता है और कभी उसमें से दो एक शब्द निकालकर उसे पंगु बना दिया जाता है।

'हिंदी मुहावरे' में एक मुहावरा दिया गया है 'मकान बैठ जाना'। वस्तुतः मुहावरा तो है 'बैठ जाना'। फिर चाहे मकान बैठे या दीवार या फिर छत; अन्यथा 'दीवार बैठ जाना' और 'छत बैठ जाना' भी मुहावरे मानने पड़ेंगे जो कदाचित् युक्तियुक्त न हो। एक मुहावरा है 'जीती मक्खी निगलना' और इसमें काट-छाँटकर इसका रूप 'मक्खी निगलना' कर दिया गया है। ऐसा भी नहीं होना चाहिए। इसी प्रकार मुहावरे का रूप 'चेहरे पर हवाइयाँ उड़ना' ही है न कि 'हवाइयाँ उड़ना'। मुहावरा 'मियाँ मिट्ठू बनना' नहीं वस्तुतः 'अपने मुँह मियाँ मिट्ठू बनना' ही है।

मुहावरों के सकारात्मक और नकारात्मक रूप भी होते हैं; जैसे—

पटरी बैठना

पटरी न बैठना

कोशों में साधारणतः सकारात्मक रूप ही ग्रहण किए जाते हैं, परंतु यदि नकारात्मक रूप अधिक चलता हो तो उसे ही ग्रहण करना उचित है, जैसे :

कच्ची-पक्की गोली न खेलना

'कच्ची-पक्की गोली खेलना' रूप कदाचित् ही प्रयुक्त होता हो। यहाँ एक बात यह भी बतला देना आवश्यक है कि मुहावरा यदि नकारात्मक हो तो उसकी प्रविष्टि में 'न' शब्द ही दिया जाता है, भले ही प्रयोग में उसका स्थान 'नहीं' क्यों न ले ले।

मुहावरों में होनेवाले उलट-फेर और बिखराव उनके **मुहावरेपन** पर कुठाराघात करते हैं। कविता के क्षेत्र में तो ये दोष किसी रूप में क्षम्य भी हो सकते हैं परंतु गद्य के क्षेत्र में जहाँ तक हो सके ऐसे दोषों से बचना चाहिए। मुहावरा है—चेहरा खिल उठना। दो उदाहरण लीजिए :

(१) अहाते के फाटक में फिटन के प्रवेश करते ही शेख जी का चेहरा खिल उठा।

—अमृतलाल नागर।

(२) जिन लड़कियों को पत्र मिला, उनके चेहरे क्षण भर के लिए खिल उठे।

—गुलशन नंदा।

दूसरे उदाहरण को इस प्रकार भी लिख सकते थे : जिन लड़कियों को पत्र मिला (मिले) क्षण भर के लिए उनके चेहरे खिल उठे। परंतु ऐसे स्थल भी हैं जहाँ मुहावरे के बिखराव को बचाया ही नहीं जा सकता। मतलब यह है कि मुहावरे को एकजुट रखने के फेर में लेखक अपना आशय जैसा चाहता है वैसा प्रकट नहीं कर सकता। 'ढर्रा चलाना' मुहावरे का उदाहरण लीजिए :

"उन्होंने अपनी माँ के सामने मदालसा (पत्नी) से खुले आम बातें करने और नाम लेकर पुकारने का ढर्रा बड़े रोब से चला लिया था।" —अमृतलाल नागर।

'बड़े रोब से' पद को वाक्य में और कहीं खपाए जाने पर बात ही नहीं बनती।

कुछ अवसरों पर मुहावरों के बीच कोई निपात टपक पड़ता है। साधारणत: ऐसा नहीं होना चाहिए। परंतु कुछ अवसर ऐसे अवश्य होते हैं जहाँ मुहावरे के बीच में कोई शब्द अनिवार्य रूप से रखना पड़ता है; जैसे—

"कारिंदा साहब की पूजा भी करनी ही होगी।" —प्रेमचंद।

यहाँ 'पूजा करना' मुहावरा है और 'भी' बीच में लाया गया है। इस 'भी' के योग से वाक्य की अर्थगत विशेषता बढ़ी है। आशय यह है कि **कारिंदा** साहब के लिए और जो कुछ किया जा रहा है वह तो ठीक है। अब पूजा (रिश्वत) और करनी (देनी) होगी। यदि यहाँ मुहावरे को अखंड रखने के फेर में उक्त वाक्य का रूप बनाया जाए :

"कारिंदा साहब की भी पूजा करनी ही होगी।"

तो वाक्य का आशय ही बदल जाएगा। तब आशय यह होगा कि औरों की पूजा तो की ही गई है अब कारिंदा साहब की भी पूजा करनी होगी। अत: स्पष्ट है कि हम 'भी' को अपने स्थान पर से न तो हटा ही सकते हैं और न मुहावरे का अस्तित्व ही नकार सकते हैं। इसी प्रकार 'हुकुम चलाना' मुहावरे का निम्न उदाहरण देखिए :

"दोनो मालिक तो उनका अदब करते थे, मगर अब वह कल की आई मेम सदा हुकुम ही चलाती थी।"—अमृतलाल नागर।

यहाँ 'ही' से जो ज़ोर आ रहा है वह उसके वाक्य में किसी दूसरे स्थान पर रखने से आ ही नहीं सकता।

पर्याय और मुहावरें

यह कटु सत्य है कि हिंदी लेखकों की उपेक्षा उर्दू के लेखक अपनी रचनाओं को मुहावरों से अधिक सजाते-सँवारते आए हैं। उर्दू कोई बेगानी नहीं, फिर जनभाषा हिंदी के बहुत से शब्द तो ऐसे हैं जो उर्दू में भी समान रूप से चलते हैं। यहाँ यह समझ लेना आवश्यक है कि मुहावरे जनभाषा की टकसाल में ढलते हैं साहित्यिक भाषा के कारखाने में नहीं। होता यह है कि संस्कृत के प्रति अटूट निष्ठावाले हमारे लेखक मुहावरों में आए अरबी-फ़ारसी के शब्दों के स्थान पर उनके संस्कृत पर्याय भिड़ा देते हैं और कभी कभी तो सारा मज़ा किरकिरा कर देते हैं। एक मुहावरा है—रास्ता साफ करना। फा० 'रास्ता' का संस्कृत पर्याय है 'मार्ग'। रास्ता की जगह 'मार्ग' का प्रयोग कैसा होगा :

"उन्होंने अर्जुन और अश्वत्थामा का मार्ग साफ़ कर दिया।" —यज्ञदत्त।

इसी प्रकार मुहावरा तो है 'आँसुओं की झड़ी लगना' परंतु हमारे देखने में आया है 'अश्रुओं की झड़ी लगना'।

"देवयानी की बात सुनकर आचार्य शुक्राचार्य का हृदय गदगद हो गया। उनके नेत्रों से अश्रुओं की झड़ी लग गई।"

—यज्ञदत्त।

मुहावरा है 'मौत सिर पर मँडराना' अब इसकी छीछालेदर देखिए।

"आज मृत्यु तेरे शीर्ष पर मँडरा रही है।"

—यज्ञदत्त।

मुहावरा है 'जी तोड़कर' न कि 'दिल तोड़कर' :

"अपील में अभियुक्तों को छुड़ाने के लिए दिल तोड़कर प्रयत्न करूँगा।"

—प्रेमचंद

पाठक जानते हैं कि 'दिल तोड़ना' मुहावरे का अर्थ ही कुछ और है।

परंतु हम यह स्वीकार करते हैं कि ऐसे बहुत से मुहावरे हैं जिनमें पर्याय शब्दों की पहुँच समान रूप से होती है :

नब्ज़ पहचानना--नाड़ी पहचानना

जान छोड़ना—प्राण छोड़ना

जान से प्यारा—प्राणों से प्यारा

दिल करना—मन करना—जी करना

दगा देना—धोखा देना

मन मैला करना—दिल मैला करना

पैर उखड़ना—पाँव उखड़ना

दुम हिलाना—पूँछ हिलाना

फूँक फूँककर कदम रखना—फूँक फूँक कर पैर रखना।

कुछ मुहावरे दूसरे मुहावरे के आधार पर बना दिए जाते हैं। मुहावरा तो है 'टाँग अड़ाना' परंतु 'पैर अड़ाना' भी चल रहा है।

'मुँह में पानी भर आना' एक प्रसिद्ध मुहावरा है। इसी के आधार पर बना 'मन में पानी भर आना' भी हमारे देखने में आया है :

"मिसेज माथुर उससे सिर्फ़ चार ही पाँच साल बड़ी थीं और बहुत सुंदर न होने पर भी नए फैशन में सजी-बजी, रँगी-चुनी, कचालू-मटर की चाट ऐसी लगती थीं, देखकर लच्छू के मन में पानी भर आया।"

—अमृतलाल नागर।

'मुँह में पानी भर आना' प्रायः खाने-पीने की वस्तुओं के लिए आता है जब कि **'मन में पानी भर आना'** किसी व्यक्ति विशेष को अपना लेने की विवक्षा द्योतित कर सकता है।

बोल-चाल और मुहावरे

बोल-चाल या रोज़मर्रा विशिष्ट शब्दों की ऐसी योजना को कहते हैं जो मुहावरे जैसा प्रभाव तो उत्पन्न नहीं करती परंतु रूढ़ अवश्य होती है। 'बोल-चाल' से निकलनेवाला अर्थ अभिधेयार्थ से निकलनेवाले अर्थ से कुछ अधिक या विस्तृत हो सकता है। परंतु यदि वह लाक्षणिक सीमा के अंतर्गत आता हो तो 'बोल-चाल' को 'मुहावरा' मान लेने में क्या हर्ज़ है।

दो-चार, पाँच-सात, दस-बारह, पंद्रह-बीस, दस-पाँच, सौ-पचास आदि प्रयोग 'बोल-चाल' है। मुहावरे की तरह इनमें भी उलट-फेर नहीं होता। 'दो-चार' की जगह 'चार-दो' नहीं होगा और न ही 'सौ-पचास' की जगह 'पचास-सौ'। 'सौ-पचास' का अर्थ होगा अधिक से अधिक सौ अथवा कम से कम पचास या फिर सौ से कुछ अधिक या पचास से कुछ कम। सौ-पचास का अभिधेयार्थ तो सौ और पचास ही होगा। इस प्रकार अभिधा से निकलनेवाले अर्थ से बोल-चाल का अर्थ विशिष्ट नहीं कहा जा सकता। 'उन्नीस बीस का फ़र्क' 'नौ दो ग्यारह होना'; 'तीन तेरह होना' आदि मुहावरे हैं क्योंकि यहाँ लक्षणाजन्य अर्थ ही प्रधान है।

२. लोकोक्तियाँ

ऐसी अवसरोचित टिप्पणी को लोकोक्ति कहते हैं जो बँधे हुए शब्दों में किसी वांछित या अवांछित स्थिति के संबंध में समाज के चिर-संचित अनुभव, ज्ञान या दृष्टिकोण की परिचायक हो।

अनेक लोकोक्तियाँ पौराणिक तथा ऐतिहासिक कथाओं पर आधारित होती हैं, अनेक लोगों के क्रियाकलापों के निष्कर्ष के रूप में होती हैं, कुछ व्यंग्य प्रधान होती हैं, कुछ आदर्शों के लिए प्रेरणा स्वरूप होती हैं, कुछ सीख देनेवाली या दिशा-निर्देश करनेवाली होती हैं, कुछ तथ्यों का खंडन या मंडन भी करती हैं आदि आदि। लोकोक्ति के लिए कहावत या सूक्ति का प्रयोग भी होता है। कथा की संकेतक लोकोक्ति को हम कहावत कह सकते हैं। सभी लोकोक्तियों को कहावत नहीं कहा जा सकता। 'सूक्ति' सुंदर उक्ति या आदर्श उक्ति को कहते हैं। 'सुभाषित' आदर्श सूक्ति का पर्याय है।

पाठकों, लेखकों और कोशकारों को भी कई अवसरों पर मुहावरे और लोकोक्ति में विभेद करने में कठिनाई होती है। अंतर स्पष्ट है। लोकोक्ति टिप्पणी के रूप में ही सदा होती है। मुहावरा किसी वाक्य का अंग होता है अर्थात् किसी कथन, वक्तव्य या वाक्य को पूर्ण बनाता या उसमें चार चाँद लगाता है। दूसरी पहचान यह है कि मुहावरा लक्षणा-प्रधान होता है और लोकोक्ति अमिधामूलक या व्यंजना-प्रधान होती है।

—बदरीनाथ कपूर

आवश्यक निर्देश

१. क्रम

(क) मुहावरों तथा लोकोक्तियों का क्रम उनके प्रथम शब्द को ईकाई मानकर रखा गया है, जैसे—

अंत करना
अंत पाना
अंत सुधरना
अंतक़ाल होना

अर्थात् 'अंत' शब्द से संबद्ध मुहावरे ख़त्म होने पर ही 'अंतकाल' से संबद्ध मुहावरे आएँगे। यदि सामान्य कोशों जैसा अक्षर-क्रम रखा गया होता तो 'अंतकाल होना' मुहावरा 'अंत करना' के ठीक बाद आता।

(ख) मुहावरे के प्रथम शब्द के योग से बननेवाले योजिका (हाइफन) से युक्त समस्त-पद बाद में दिए गए हैं, जैसे—

कच्ची गोली न खेलना
कच्ची बात मुँह से निकालना
कच्ची-पक्की बात कहना

इसी प्रकार प्रथम शब्द के आधार पर 'लोट मारना' पहले आएगा और 'लोट-पोट होना' बाद में। वैसे अक्षरक्रम के अनुसार 'लोट-पोट होना' पहले रहता और 'लोट मारना' बाद में।

(ग) इस बात का ध्यान रहे कि मुहावरे में किसी शब्द की पुनरावृत्ति होने पर योजिका नहीं लगाई गई है, जैसे—

नौ नौ बाँस उछलना
मारा मारा फिरना

२. संख्याएँ

(क) १. २. ३. आदि संख्याएँ मुहावरों के अर्थों के क्रम की सूचक हैं।

(ख) (१), (२), (३), आदि संख्याएँ मुहवरों के प्रयोगों के क्रम की सूचक हैं।

३. संकेत

(क)	रा० रा० प्र० सिंह	=	राजा राधिका रमण प्रसाद सिंह
(ख)	अश्क	=	उपेन्द्रनाथ अश्क
(ग)	/, // (तिर्यक् रेखा / रेखाएँ)	=	'अथवा' की परिचायक है; जैसे—चसका पड़ना/लगना अर्थात् 'चसका पड़ना' रूप भी है और 'चसका लगना' भी।
(घ)	( )	=	**(कोष्टक)** विकल्प का परिचायक है; जैसे—अक्ल चरने (चली) जाना, अर्थात् मुहावरे का रूप 'अक्ल चरने जाना' है और विकल्प से 'अक्ल चरने चली जाना,' भी।

लोकभारती
हिंदी मुहावरे और लोकोक्ति कोश

अ

अंक में समेटना/समेट लेना
गोद में लेना; जैसे—मुझे आचार्य कच ने अपनी प्रतिमूर्ति को अंक में समेट लाने की अनुमति देकर भेजा है। —यज्ञदत्त।

अंकुरित होना
अंकुर के रूप में निकलना, उत्पन्न या प्रस्फुटित होना; जैसे—महात्माओं के सतसंग से ही ऐसी भावना हृदय में अंकुरित होती है।—प्रेमचंद।

अंकुश न रखना
(किसी पर) नियंत्रण न रखना; जैसे—आपने इस बच्चे पर अंकुश न रखा तो यह हाथ से निकल जाएगा।—कमलेश्वर।

अंकुश लगाना/लगा देना
पाबंदी या रोक लगाना; जैसे—मन तो बहुत करता था पर उसने अपने पर ख़ुद ही अंकुश लगा दिया था।—कमलेश्वर।

अंग अंग खिल उठना
पूरे शरीर से प्रसन्नता व्यक्त होना; जैसे—मृत्यु के मुँह से उसके बचकर निकल आने का समाचार सुनकर रूपवती का अंग अंग खिल उठा।—जगदीश।

अंग अंग खिल जाना
अंग अंग खिल उठना (दे०); जैसे—वह मनोभावों को छिपाना चाहती थी कि रमा उसे ओछी न समझे, लेकिन (उसका) एक एक अंग खिला जाता था।—प्रेमचंद।

अंग अंग टूटना
शरीर के सभी जोड़ों में दर्द होना; जैसे-बिस्तर पर लेटते ही उसका अंग अंग टूटने लगा था।

अंग अंग तोड़ना
अंगड़ाई लेना।

अंग उभरना
(बालिका के यौवनावस्था के प्रवेश के समय) वक्षस्थल का उभरना; जैसे—उसे अपने अंग उभरते देखकर आश्चर्य हो रहा था।—रा० रा० प्र० सिंह।

अंग छूकर कहना
(किसी आत्मीय व्यक्ति का) कोई अंग (विशेषत: हाथ या मस्तक) छूकर (अर्थात् सशपथ) कुछ कहना; जैसे—उसने अपने बच्चे का अंग छूकर कहा कि मैंने तुम्हारे साथ द्रोह नहीं किया। —प्रेमचंद।

अंग ढकना
(अपने) गुप्तांग छिपाना।

अंग ढीले पड़ना/पड़ जाना
जोड़ों तथा मांसपेशियों में (पहले की-सी) कसावट न रह जाना, फलत: उनका सुचारु रूप से काम न करना; जैसे—अब मुझसे हल नहीं चलाया जाता, शरीर सूख गया है, अंग ढीले पड़ गए हैं।—प्रेमचंद।

अंग तोड़ना
१. (पीड़ा के कारण) हाथ-पाँव पटकना, छटपटाना; जैसे—प्रसव की वेदना असह्य थी, पड़े पड़े वह शोर मचाती और अंग तोड़ती थी।
२. कठोर परिश्रम करना।

अंग फड़कना
शरीर के किसी अंग (विशेषत: आँख, हाथ आदि) में कंपन होना जो लोक में शुभ-अशुभ फलदायक माना जाता है।

अंग फड़कने लगना
आवेश से भर उठना; जैसे—दिल्लीपत बेला का ब्याह ऐसा गाकर पढ़ता कि सुननेवालों के अंग फड़कने लगते। —अजित पुष्कल।

अंग बन जाना
सदस्य बन या हो जाना; जैसे—फिर वह हमारे परिवार का अंग बन गई।

अंग मोड़ लेना
(स्त्री का) लज्जावश अपने अंगों को छिपाना; जैसे—मेरी दृष्टि भी वह अपने पर नहीं पड़ने देती थी। सामना होते ही अंग मोड़ लेती थी।

अंग लगना
१. सेवित पदार्थ द्वारा शरीर का पुष्ट होना; जैसे—चिंताकुल व्यक्ति चाहे जो खाए, उसके अंग कुछ नहीं लगता।
२. गले लगना।

अंग लगाना/लगा पाना/लगा सकना
१. गले लगाना।
२. (वस्त्र अदि) पहनना; जैसे—वह ये साड़ियाँ अभी अंग भी नहीं लगा पाई थी कि स्वर्ग सिधार गई।

अंग शिथिल पड़ जाना/पड़ने लगना
अंगों की शक्ति या स्फूर्ति में ह्रास होना; जैसे—उमर के साथ साथ अंग भी शिथिल पड़ने लगते हैं।

अंग शिथिल होना/हो जाना
अंग शिथिल पड़ जाना (दे०)।

अंगड़ाई लेना
गतिमान होना; जैसे—जब उसने जमीला के यहाँ पहली बार रियाज को देखा था तो एक अनजानी-सी अपरिचित-सी आरज़ू उसके दिल में अंगड़ाई लेने लगी।—भूषण वनमाली।

अंगार उगलना
अंगारे उगलना (दे०)।

अंगार होना/हो जाना
अंगारे की तरह जलना; जैसे—(१) जब उसने चंदा को घसीटते हुए देखा तो उसका रोम-रोम अंगारा हो गया। —अजित पुष्कल। (२) आशिष सहज ही अपना चेहरा मेरी और घुमा लेता है। मैं देखता हूँ उसकी आँखें एकदम अँगारा हो रही हैं—श्रवणकुमार।

अंगारे उगलना
अत्यंत रोषपूर्वक कड़ी और कड़वी बातें कहना, जली-कटी सुनाना; जैसे—लंबी बीमारी से उसका स्वभाव चिड़चिड़ा हो गया था, सीधी बात कहने पर भी वह अंगारे उगलने लगता है।—रा० रा० प्र० सिंह।

अंगारे बरसना
बहुत अधिक गरमी पड़ना या प्रचंड लू चलना; जैसे—जेठ की दुपहरी थी, धरती जल रही थी, अंगारे बरस रहे थे और वह गंगा में डूब मरने के लिए नंगे पाँव दौड़ा जला जा रहा था।

अंगारे बरसाना
क्रोध प्रकट करना; जैसे—बाज ने पहले फूलीवाली आँख दिखाकर बेरुखी बरती, किंतु फिर अच्छी वाली आँख से अंगारे बरसाकर कहा—औरत की बेवफ़ाई नहीं मर्द की बेवफ़ाई कहो।—बलवंत सिंह।

अंगारों पर चलना
बहुत बड़े जोखिम का काम करना; जैसे—उससे दुश्मनी मोल लेना अंगारों पर चलना था।

अंगारों पर पैर रखना
बहुत बड़े जोखिम का काम करना, विशेषत: ऐसा काम करना जिससे निश्चय ही बहुत बड़ी हानि होने की संभावना हो।

अंगारों पर लोटना
क्रोध से अभिभूत होने के कारण बहुत अधिक कष्ट अनुभूत करना; जैसे—अब वह तीनो चचेरे भाई तो अंगारों पर लोट रहे हैं, मगर मुँह फुलाए हाथ मलकर रह जाते हैं-कैसे क्या करें।

—रा० रा० प्र० सिंह।

अंगारों से खेलना

दुस्साहसपूर्ण कार्य करने के लिए उतारू होना; जैसे—मैं तुम से फिर कहता हूँ कि हमारे साथ ऐसी हरकत मत करो, वरना याद रखो अंगारों से खेलना अच्छी बात नहीं।—रा० रा० प्र० सिंह।

अँगूठा चूमना

चापलूसी या ख़ुशामद करना; जैसे—मुझे तुम्हारा धन नहीं चाहिए तुम्हारा अँगूठा तो वही चूमेगा जिसने तुम्हारे धन पर आँख गड़ाई होगी।—प्रेमचंद।

अँगूठा चूसना

बालकों का-सा आचरण करना, बचकानी हरकत करना; जैसे—ऐसी बातें मत किया करो, पचास के पार हो चुके हो, तुम्हारे अँगूठा चूसने के दिन कभी के लद चुके हैं।

अँगूठा दिखाना/दिखा देना

कुछ न देना या देने से साफ़ इन्कार कर जाना; जैसे—(१) चंदन चहकती जा रही थी, पर उसकी माँ को तो नियति पग पग पर अँगूठा दिखाती, चिढ़ाती जा रही थी।—शिवानी। (२) आप राजा साहब से रुपए लेकर तिजोरी में रखते और मुझे अँगूठा दिखा देते।—प्रेमचंद।

अँगूठा-छाप

दस्तख़त न कर सकने के कारण अँगूठे की छाप लगानेवाला, निरक्षर; जैसे—वहाँ एक हाईस्कूल है, जिसका प्रबंध अँगूठा-छाप लोगों के हाथ में है।—अजित पुष्कल।

अँगूठी का नगीना

सद् तथा श्रेष्ठ गुणों से संपन्न व्यक्ति; जैसे—उसकी बहू क्या है, अँगूठी का नगीना है।

अँगूठे पर मारना

(किसी को) उपेक्ष्य समझना; जैसे—होगा कोई, ऐसों को तो हम अँगूठे पर मारते हैं।

अंगूर खट्टे होना

(वांछित वस्तु को न प्राप्त कर सकने पर यह कहना कि) वह तुच्छ या महत्त्वहीन है।

अंगूर तड़कना

घाव पर बनी हुई मांस की झिल्ली का फट जाना।

अंचल पसारना/फैलाना

आँचल फैलाना (दे०)।

अंजर-पंजर ढीले होना

(पिटाई, यात्रा, श्रम आदि के कारण) शारीरिक अंगों और जोड़ों का शिथिल हो जाना।

अंटी मारना

जुए के खेल में (अपनी हार को जीत में बदलने के लिए) बेईमानी से उँगलियों में कौड़ी छिपाना।

अंडा ढीला होना/हो जाना

कठोर श्रम से थकावट आना।

अंडा सरक जाना

क्षीण तथा दुर्बल फलतः असमर्थ हो जाना; जैसे—फिर वह पिटाई हुई कि उसका अंडा ही सरक गया।

अंडे की तरह सेना

बचा और छिपाकर रखना; जैसे—अब भी ख़तरा उनकी खोपड़ी के ऊपर नाच रहा था और इसलिए वे कोठी में बंद, तहखाने में पड़े अपनी जान को अंडे की तरह से रहे थे।—अजित पुष्कल।

अंडे सेना

घर में बैठे-बैठे अपना समय व्यर्थ गँवाना; जैसे—कुछ कमाओगे भी या घर में ही अंडे सेते रहोगे।

अंत करना/कर देना

समाप्त या उन्मूलित करना; जैसे—मृत्यु ने उसके कुत्सित जीवन का अंत कर दिया।—प्रेमचंद।

अंत पाना

मर्म जानना; जैसे—···जिसका कोई

ओर-छोर न हो उसका अंत पाना संभव नहीं।—सीताराम चतुर्वेदी।

अंत बनना/बन जाना

अंतिम समय अच्छी तरह बीतना; जैसे—उसने बहन के लड़कों को इसलिए पाला था कि उसका अंत बन जाए।

अंत लेना

रहस्य जानने या भेद लेने का प्रयत्न करना; जैसे—यहाँ वह आया तो मेरा अंत ही लेने था, पर उसकी दाल नहीं गली।—प्रेमचंद।

अंत सुधरना

हिंदू कर्मकांड के अनुसार मृतक का संस्कार सुचारु रूप से होना; जैसे—बुढ़िया ने आख़िरी काँटे दुख तो बहुत पाया पर उसका अंत सुधर गया यही बहुत रहा।—रमाकांत।

अंत होना/हो जाना

मर, मिट या नष्ट हो जाना; जैसे—आज से इस सदियों पुरानी प्रथा का अंत हो रहा है।

अंतकाल होना

इंतकाल होना, मरना।

अंतड़ियाँ जलना

मारे भूख के बेचैन होना; जैसे—अब तो कुछ खिलाओ-पिलाओ, यहाँ तो घंटों से अंतड़ियाँ जल रही हैं।

अंतड़ियों के बल खोलना

भूखे व्यक्ति का छककर भोजन करना।

अंतड़ियों में बल पड़ना

हँसते हँसते पेट में दर्द होने लगना; जैसे—अब बस भी करो यहाँ तो अंतड़ियों में बल पड़ने लगे हैं।—सीताराम चतुर्वेदी।

अंतर न समझना

भेदभाव की दृष्टि से न देखना; जैसे—वह अपने और अपने भाई के लड़कों में कोई अंतर नहीं समझता।

अंतिम घड़ियाँ गिनना

अंत या समाप्ति के बिल्कुल निकट होना।

अंतिम घड़ी आना

मृत्यु का समय आना।

अंतिम साँस/साँसें लेना

अंत या समाप्ति के बिल्कुल समीप होना; जैसे—जब मैं सोचने-समझने लायक हुआ तो देश का व्यावसायिक रंगमंच अंतिम साँसें ले रहा था।—अश्क।

अंदर कर देना

जेल या हवालात में डाल देना।

अंदर नज़र आना

अंदर हो जाना (दे०)।

अंदर हो जाना

१. जेल या हवालात में बंद हो जाना।

२. आड़ में हो जाना।

अंधकार में रखना

अँधेरे में रखना (दे०)।

अंधकार में रहना

वस्तुस्थिति से अनभिज्ञ रहना; जैसे—मैं नहीं चाहता कि आप लोग अंधकार में रहें और मैं वर्तमान स्थिति में भी आपका आचार्य पद ग्रहण किए रहूँ।—यज्ञदत्त।

अंधा

बिना सोचे-समझे काम करनेवाला; जैसे—जुलूस दौड़ती-भागती, चीखती-चिल्लाती बदहवास और अंधी भीड़ में बदल गया।—कमलेश्वर।

अंधा कर देना

विवेकहीन कर देना; जैसे—अहंकार का नशा व्यक्ति को अंधा कर देता है।—मनु शर्मा।

अंधा कुआँ

१. ऐसा कुआँ जिसका पानी सूख गया हो।

२. पेट।

अंधा बनना/बन जाना

किसा अनुचित कार्य या बात को देखते-सुनते हुए भी चुप रहना (उसे रोकने या उसका प्रतिरोध करने का

प्रयास न करना); जैसे—कमाऊ लड़का है, अपनी करता है, उसके माँ-बाप को अंधा बनना पड़ता है।

अंधा बनाना

१. विवेकहीन करना; जैसे—प्यार की प्यास उसे अंधा बनाए रखती है। —अजित पुष्कल।

२. यह समझना कि देखनेवाला हमारी चाल समझ नहीं रहा या समझ नहीं सकेगा; जैसे—यह वह घड़ी नहीं है। हमें अंधा मत बनाओ! उसी को निकालो और अपने पैसे लो।

अंधा समझना

विवेकहीन समझना; जैसे—वह उन लोगों को भी अंधा समझती थी⋯(वे) उसके रूप को सामने देखकर भी देवयानी की ओर आकृष्ट होते थे। —यज्ञदत्त।

अंधा होना/हो जाना

विवेक-बुद्धि से हीन होना; जैसे—(१) गरज बावली होती है, पर आज मालूम हुआ कि वह अंधी भी होती है। —प्रेमचंद। (२) आज मैं अनुभव करता हूँ कि राजमद कितना अंधा होता है।—मनु शर्मा। (३) हराम की कमाई रखकर अंधी हो गई थी।—अजित पुष्कल।

अंधी खोपड़ी

विवेक-बुद्धि से हीन व्यक्ति।

अंधी गली

ऐसी गली जो एक तरफ़ से बंद हो।

अंधे की लकड़ी/लाठी

एकमात्र सहारा; जैसे—निराशा में प्रतीक्षा अंधे की लाठी है।—प्रेमचंद।

अंधे के आगे रोना

किसी ऐसे आदमी को अपनी दुख-गाथा सुनाना जो कुछ न कर सकता हो; जैसे—अंधे के आगे रोना और अपने दीदे खोना।

अंधे के हाथ बटेर लगना

निर्गुणी को कोई अमूल्य वस्तु अनायास प्राप्त होना।

अँधेर मचाना

मनमाना विशेषतः अनुचित आचरण करना; जैसे—हफ़्तों से गुंडों ने इस मुहल्ले में अंधेर मचा रखा है।—आज।

अँधेर-खाता

अव्यवस्था, घपला, गड़बड़ी; जैसे—अजीब अंधेर-खाता है, यहाँ तो सभी लूट-खसोट में लगे हैं।

अँधेरी कोठरी

पेट; जैसे—सुबह उठते ही अँधेरी कोठरी के लिए कुछ चाहिए था।

अँधेरे घर का उजाला

(वह) पुत्र आदि जिससे वंश-परंपरा आगे बढ़ने की आशा हो।

अँधेरे में तीर छोड़ना/मारना

अटकल-पच्चू कोई काम करना; जैसे—अँधेरे में तीर छोड़ने से सदा काम नहीं बनता।

अँधेरे में पत्थर फेंकना

अँधेरे में तीर छोड़ना (दे०)।

अँधेरे में रखना

वस्तु-स्थिति या तथ्यों से अवगत या परिचित न कराना; जैसे—यदि मेरे भाइयों ने मुझे अँधेरे में न रखा होता तो आज यह दुर्गति न देखनी पड़ती।

अँधेरे में रहना

वास्तविकता से अनभिज्ञ रहना; जैसे—मैं नहीं चाहता कि आप लोग अँधेरे में रहें और इस प्रकार अपना भविष्य चौपट करें।—यज्ञदत्त।

अकड़ जाना

(शब्दार्थ—सूखकर कड़ा हो जाना) ज़िद पर अड़ जाना; जैसे—फिर वे अकड़ गए और पूरी रकम लेकर ही उन्होंने हमारा पिंड छोड़ा।

अकारथ होना/हो जाना

व्यर्थ होना; जैसे—⋯वहाँ की स्त्रियाँ

जो चंचल चितवन चलावेंगी उनपर यदि तुम न रीझे तो समझ लेना तुम्हारा जन्म अकारथ ही हुआ।—सीताराम चतुर्वेदी।

अकाल पड़ना/पड़ जाना
घोर अभाव होना; जैसे—इस बस्ती में तो जैसे पानी का अकाल पड़ गया है।

अकेला कर देना
निस्संग करना; जैसे—मेरे साथ अब कोई नहीं है, दोष भी किसे दूँ, परिस्थितियों ने मुझे अकेला कर दिया है।

अकेले कर लेना
मात्र एक व्यक्ति द्वारा कार्य संपन्न किया जाना; जैसे—वह दस आदमियों का काम अकेले कर लेगा।

अकेले दम
बिना किसी के सहयोग के; जैसे—वह तीन तीन शत्रुओं से अकेले दम ही लड़ता रहा।

अक्ल का अंधा
मूर्ख, बुद्धिहीन; जैसे—धृतराष्ट्र केवल आँख के अंधे थे, अक्ल के नहीं।

अक्ल का घास चरने जाना
अक्ल चरने जाना (दे०)।

अक्ल का दुश्मन
जिसे अक्ल से दुश्मनी हो, वज्रमूर्ख।

अक्ल का पुतला
बुद्धिमान व्यक्ति, सयाना आदमी।

अक्ल का पूरा
बिल्कुल बुद्धू, परम मूर्ख; जैसे—नौकर भी मिला तो वह भी अक्ल का पूरा।

अक्ल के घोड़े दौड़ाना
हवाई योजनाएँ बनाना; जैसे—उसने बहुत-सी युक्तियाँ सोचीं, बहुतेरे अक्ल के घोड़े दौड़ाए, पर उसके हाथ लगा कुछ नहीं।

अक्ल के पीछे लट्ठ लिए फिरना
सदा मूर्खतापूर्ण बातें या काम करते रहना।

अक्ल खुल जाना
समझदारी की बातें करने लगना; जैसे—होरी बैठा सोच रहा था—लड़के की अक्ल जैसे खुल गई हो।—प्रेमचंद।

अक्ल गुम होना/हो जाना
बुद्धि मारी जाना, उचित कर्तव्य न सूझना।

अक्ल चरने (चली) जाना
(समय पर) अक्ल का (ठीक से) काम न करना; जैसे—आज तुम लड़के को मार रहे हो, जब वह पहले-पहल इस कुपथ पर अग्रसर हुआ था, क्या उस समय तुम्हारी अक्ल चरने (चली) गई थी।

अक्ल ठिकाने न होना
आवेश, क्रोध आदि के कारण बुद्धि का यथायोग्य काम करने में असमर्थ होना; जैसे—अभी उसे कुछ मत कहो, उसकी इस समय अक्ल ठिकाने नहीं।

अक्ल ठिकाने आना/लगना
क्षति, हानि, अपमान आदि होने पर अपनी ग़लती समझ में आना; जैसे—···मौज उड़ाते चलो···जब सब धन ख़त्म हो जाएगा तभी तुम्हारी अक्ल ठिकाने लगेगी।

अक्ल ठिकाने लगाना
ग़लत काम करनेवाले को दंड देना; जैसे—तुमने यह करतूत फिर की तो तुम्हारी अक्ल ठिकाने लगा दूँगा।

अक्ल देना
किसी को कोई समझदारी की बात बतलाना; जैसे—यह अक्ल किसी दूसरे को देना,तुम्हारी बातों में आनेवाले नहीं।

अक्ल दौड़ाना
खूब सोच-विचार करना।

अक्ल पर पत्थर पड़ना
बुद्धि का नष्ट-भ्रष्ट होना; फलतः व्यक्ति का उलटा-पुलटा काम करना; जैसे—उस कलमुँही को घर न्योत आई है तू!

तेरी अक्ल पर भी पत्थर पड़ गए हैं। —शिवानी।

अक्ल पर पर्दा पड़ना
बुद्धि का काम न करना, हतप्रभ हो जाना; जैसे—क्या कहूँ, मेरी अक्ल पर पर्दा पड़ा था जो मैं इतना बढ़िया अवसर चूक गया। —शिवानी।

अक्ल मारी जाना
समय पर बुद्धि का यथोचित काम न करना; जैसे—बुढ़ापे में अक्ल मारी ही जाती है।—रा० रा० प्र० सिंह।

अक्ल लड़ाना
किसी निष्कर्ष तक पहुँचने के लिए माथापच्ची करना।

अक्ल सठिया जाना
(साठ वर्ष की अवस्था के बाद) बुद्धि का ह्रास होने लगना।

अक्ल से काम न लेना
विवेकपूर्वक काम न करना; जैसे—उसने इस बार भी अक्ल से काम न लिया तो बड़ी मुश्किल हो जाएगी।

अक्ल से मतलब न होना
मूर्खतापूर्ण आचरण करना।

अख़बार की सुर्खियों में रहना
ख़ूब चर्चित होना; जैसे—इधर तो प्याज़ भी अख़बार की सुर्खियाँ में रहा।

अगर-मगर करना
हीला-हवाली करना; जैसे—अगर-मगर मत करो, मेरे साथ चलो।

अगवा करना/कर लेना
अपहरण करना।

अघाना
तृप्त होना; जैसे—मीर साहब उन लोगों की वफ़ादारी की प्रशंसा करते अघाते नहीं थे।—भूषण वनमाली।

अचार डालना
निष्प्रयोजन रखे रखना; जैसे—ये पुस्तकें बिकने को नहीं, अब इनका क्या अचार डालोगे।

अच्छा कर देना
(रोगी को) नीरोग तथा स्वस्थ करना; जैसे—यह टिकिया दो दिन में आपको अच्छा कर देगी।

अच्छा घर
सुसंस्कृत और समृद्ध परिवार; जैसे—किसी अच्छे घर का लड़का मिल जाए तो हम लड़की के हाथ पीले कर दें।

अच्छा लगना
भला प्रतीत होना; जैसे—(१) आपकी यह साधना मुझे अच्छी लगी। —संपूर्णानंद। (२) क्या तुम्हें कोई हँसता-बोलता अच्छा नहीं लगता। —श्रवणकुमार।

अच्छा रहना
फ़ायदे में रहना; जैसे—वह इस पचड़े में नहीं पड़ी तो अच्छी ही रही।

अच्छा-ख़ासा
१. यथेष्ट, काफ़ी; जैसे—उनकी अच्छी-ख़ासी आमदनी है।
२. बढ़िया, उम्दा या उपयुक्त आकार-प्रकार का; जैसे—उनके पास अच्छा-ख़ासा मकान है।

अच्छा रहना
फ़ायदे में रहना; जैसे—वह इस पचड़े में नहीं पड़ी तो अच्छी ही रही।

अच्छी आँख से देखना
अच्छे भाव से देखना; जैसे—वह दुष्ट उसे अच्छी आँख से नहीं देखता।—रा० रा० प्र० सिंह।

अच्छे आना
उपयुक्त (विशेषत: शुभ) अवसर पर किसी के यहाँ पहुँचना।

अच्छे घर बयाना देना
ऐसे व्यक्ति से झगड़ा खड़ा करना जो अपेक्षाकृत अधिक शक्तिशाली हो; जैसे—अब उनकी अक्ल ठिकाने आ जाएगी, उन्होंने इस बार अच्छे घर बयाना दिया है।

अच्छे दिन आना

सुख-समृद्धि का समय आना; जैसे—घबराओ मत कभी तुम्हारे भी अच्छे दिन आएँगे।

अछूता रहना

प्रभावित या ग्रस्त न होना; जैसे—(१) बिरले ही इस बीमारी से अछूते रहे।—यशपाल। (२) फिर भी मुझे विश्वास है कि तुम अल्मोड़े के जादू से अछूती नहीं रहोगी।—शिवानी।

अजीब लगना

विचित्र प्रतीत होना; जैसे—इनकी बे सिर-पैर की बातें मुझे अजीब लगती हैं।

अटकल लड़ाना

१. अनुमान लगाना।

२. उपाय सोचना।

अटका रहना

रुकना, टिकना, ठहरना; जैसे—(१) प्रेमियों का फूल जैसा कोमल हृदय, बस मिलने की आशा पर ही अटका रहता है।—सीताराम चतुर्वेदी। (२) मेरे मन-प्राण चौबीसों घंटे लड़कियों में ही अटके रहते हैं।—मालती जोशी।

अठखेलियाँ सूझना

केलि-क्रीड़ा की ओर प्रवृत्त होना; जैसे—हमारी जान जा रही है और तुम्हें अठखेलियाँ सूझ रही हैं।

अड़ंगा लगाना

किसी के होते हुए काम में बाधा उपस्थित करना; जैसे—तुम तो हमारी हर बात में अड़ंगा लगाते हो।

अड़ जाना

हठ पकड़ लेना, ज़िद न छोड़ना; जैसे—ढंग से फुसला-समझाकर चाहे कैसी ही बात मनवा लो, किंतु जहाँ उस पर अपना निश्चय थोपने की कोशिश की, वहीं पर बिदकी घोड़ी-सी अड़ जाती थी।—शिवानी।

अड़चन आ पड़ना

झंझट या बखेड़ा उठ खड़ा होना; जैसे—एक अड़चन आ पड़ी है सेठ जी, १००) की मदद कर दीजिए। —रा० रा० प्र० सिंह।

अड़ियल टट्टू

टट्टू की तरह अड़ियल व्यक्ति।

अड्डा जमना

कुछ व्यक्तियों का किसी प्रयोजन से अथवा यों ही किसी स्थान पर इकट्ठे होना या जम कर बैठना; जैसे—कुछ दिनों से उन जुआरियों का यहीं अड्डा जमने लगा है।—प्रेमचंद।

अड्डा जमाना

ऐसा प्रयास करना कि किसी स्थान पर अपने वर्ग के लोग जमकर बैठें या स्थायी रूप से रहें; जैसे—युरोपवालों ने भारत में अड्डा जमाया और संस्कृत के शब्दों में उन्होंने अपनी बोलियों के शब्दों की झाँकी पाई। —सीताराम चतुर्वेदी।

अता-पता न होना

१. पता-ठिकाना मालूम न होना।

२. अस्तित्व न होना; जैसे—जब हिप्पी संप्रदाय का कहीं अता-पता नहीं था, तब भी भारतीय संस्कृति के नाम पर पश्चिम में क्या हंगामें होते थे, कम ही लोग जानते होंगे।—मनहर चौहान।

अति करना

औचित्य की सीमा का उल्लंघन करना; जैसे—गौरी वैधव्य के नियमों के बारे में अति करती थी।—यशपाल।

अथाह में पड़ना

इस प्रकार किसी संकट में पड़ना कि सहज रूप से उद्धार न हो सके।

अद-बदाकर

जान-बूझकर या निश्चयबद्ध होकर; जैसे—अद-बदाकर तुम उसे मारने लगते हो।

अदा करना

पालन करना, पूरा करना; जैसे—उसने अपना फ़र्ज़ अदा किया।

अदालत का कीड़ा

अदालत की नस-नस से परिचित; जैसे—दीनदयाल अदालत के कीड़े थे।—प्रेमचंद।

अदालत जाना

अदालत से न्याय की प्रार्थना करना।

अधकचरी बात कहना

कच्ची बात मुँह से निकालना (दे०)।

अधमरा

बेदम-सा; जैसे—पंखे के पास अधमरी लालटेन जल रही थी।—कमलेश्वर।

अधर डुबोना

चुस्की लेना, पान करना; जैसे—एक बार की जली भाभी जहाँ छाछ को भी फूँक-फूँककर पीना नहीं भूलती थी, वहीं पर ननद जले दूध के छालों की स्मृति को भूलभाल किसी अबोध शिशु के अधैर्य से फिर उबलते दूध के पात्र में अधर डूबो देती।—शिवानी।

अधर में झूलना/लटकना

१. न इधर के होना न उधर के, कोई पक्ष ग्रहण न करना अथवा किसी पक्ष द्वारा अपनाया न जाना।

२. अनिश्चय की स्थिति में होना; जैसे—हमारा भाग्य इस समय अधर में झूल रहा है।

अधूरा जाना

गर्भस्राव या गर्भपात होना; जैसे—अधूरा जाने से उसका सारा शरीर हिल गया है।

अध्याय पूरा/ख़त्म/होना

किस्सा या व्यापार समाप्त होना; जैसे—युनिवर्सिटी के जीवन का एक अध्याय पूरा हो गया।—गिरिधर गोपाल।

अनर्थ कर देना

ऐसा काम करना जिसका परिणाम भयावह हो या हो सकता हो; जैसे—तुमने इस बदमाश के यहाँ लड़की देकर अनर्थ कर दिया।

अनर्थ होना/हो जाना

बहुत बड़ी हानि होना; जैसे—पलटू को सज़ा हो गई तो अनरथ (अनर्थ) हो जाएगा।—अजित पुष्कल।

अनशन पर बैठ जाना

कोई बात मनवाने या किसी बात या व्यक्ति के प्रति विरोध सूचित करने के लिए भूखे-प्यासे रहना; जैसे—गाँधीजी के अनशन पर बैठ जाने के बाद ही सरकार झुकी थी।

अनसुनी करना/कर जाना

(किसी की प्रार्थना, विनती, बात आदि पर) ध्यान ही न देना (फलतः उसे उपेक्ष्य समझना); जैसे—(१) वह माँ की सुनता, पत्नी की अनसुनी करता था।—रा० रा० प्र० सिंह। (२) शरीर भरा भरा था जो वयस के वार्धक्य से शिथिल होकर कहीं कहीं सामान्य परतों में झूलने भी लगा था, किंतु चेहरे की दीप्ति ने बढ़ती वयस की स्पष्ट पदचाप सुनकर भी अनसुनी कर दी थी।—शिवानी। (३) वे सारी बातें रामपत के कानों में पड़तीं तो वे अनसुनी कर जाते।—अजित पुष्कल।

अनहोनी होना

प्रत्याशित या संभावित के विपरीत घटना, कार्य या बात होना; जैसे—दिन में तारे दिखाई पड़ना अनहोनी बात है।

अनाज का दुश्मन

बहुत अधिक खानेवाला, पेटू।

अनाप-शनाप कहना

उलटी-सीधी बात कहना, गाली देना।

अनाप-शनाप खर्च करना

व्यर्थ के कामों में खर्च करना; जैसे—...अपनी आमदनी की परवाह न करता हुआ अनाप-शनाप खर्च करता है।—प्रेमचंद।

अन्न-जल उठना

ऐसी स्थिति होना, जिससे एक स्थान छोड़कर किसी दूसरे स्थान पर जाना पड़े।

अन्न-जल छूट जाना
रोग, अभाव आदि के कारण भोजन-पानी न ग्रहण कर पाना; जैसे—इधर दो दिन से तो उनका अन्न-जल छूट गया है।

अन्न-जल छोड़/त्याग/देना
भोजन-पानी ग्रहण न करना।

अन्न-जल छोड़ देना/रखना
अन्न और जल न ग्रहण करने का निश्चय किए होना; जैसे—अब-तब लगा है। बुढ़िया ने तीन दिन से अन्न-जल छोड़ रखा है।

अन्न-जल त्याग देना/रखना
(दे०) अन्न-जल छोड़ देना।

अन्यथा करना
(पूर्व निश्चय, पूर्वादेश आदि को) रद्द या निरस्त करना; जैसे—कार्य-समिति को विधान में संशोधन करने का आधिकार नहीं है, अत: वह इस विधि को अन्यथा नहीं कर सकती।

अपना अपना राग अलापना
अपने अपने मतलब या स्वार्थ की बात कहना, फलत: औचित्य, कर्तव्य, परहित आदि का ध्यान न रखना; जैसे—नगरपालिका के सदस्यों में अब समूह-भावना नहीं रही, हर आदमी अपना अपना राग अलापता हुआ दिखाई पड़ता है।—आज।

अपना उल्लू सीधा करना
दूसरे को मूर्ख बनाकर अपना हितसाधन करना; जैसे—(१) दो भले आदमियों में लड़ाई लगाकर अपना उल्लू सीधा करना बेपूँजी का रोज़गार है।—प्रेमचंद। (२) सब जनता की छाती पर मूँग दलना चाहते हैं। अपना उल्लू सीधा करना चाहते हैं।—गिरिधर गोपाल। (३) भारतीय चमत्कारों के नाम पर आप अपना उल्लू बड़ी आसानी से सीधा कर सकते हैं।—मनहर चौहान।

अपना काम कर जाना
सफलतापूर्वक अपनी चाल चल जाना; जैसे—वह तो अपना काम कर गया है, आप उसका अब जो बिगाड़ सकते हों बिगाड़ लीजिए।

अपना काम निकालना
अपने उद्देश्य को सिद्ध करना; जैसे—और फेरों में मत पड़ो, बस अपना काम निकालने की सोचो।—प्रेमचंद।

अपना किया पाना
अपने कर्मों का फल भुगतना; जैसे—(१) हमें ही क्या, सबको अपना किया पाना होगा। (२) इस बात पर पानी डाल दो, नहीं तो बहुत पछताओगी और अपना किया पाओगी।—इंशाअल्ला खाँ।

अपना ख़ून होना
अपनी औलाद या भाई-बंधु होना, जैसे—अपना ख़ून था इसलिए बेटे को कोई दंड नहीं दिया।

अपना घर देखना
अपनी औकात या सामर्थ्य देखना; जैसे—पहले अपना घर देखा जाता है, फिर पाँव बाहर निकाला जाता है।

अपना घर समझना
अपने घर की तरह दूसरे के घर में रहना अर्थात् दूसरे के घर में किसी प्रकार की औपचारिकता न बरतना; जैसे—मैंने तो सदा इस घर को अपना ही घर समझा है। भले ही आपने मुझे अपना समझा हो या न।—किरणबाला।

अपना पैसा खोटा होना
अपनी ही संतान में कमी या दोष होना; जैसे—अपना पैसा खोटा समझकर ही वे मुहल्ला छोड़कर चले गए।

अपना राग अलापना
अपनी ही बात कहते चलना और दूसरे की न सुनना।

अपना रास्ता नापना
जिस रास्ते जाना हो उस रास्ते बढ़ना;

जैसे—चंदन को न देखा होता तो शायद चाय पीकर अपना रास्ता नाप लेते, पर अब अनजाने ही उनके पैरों में बेड़ियाँ पड़ गई थीं।—शिवानी।

अपना समझना

आत्मीय समझना; जैसे—(१) मेरे पिता ने मुझे अपना समझा ही कब है। (२) तुम्हें मैं बराबर परेशान ही करती रही हूँ। इसका कारण केवल यह है कि मैं तुम्हें बहुत ही अपना समझती हूँ। —कमलेश्वर।

अपना-सा मुँह लेकर रह जाना

परास्त, विफल-मनोरथ या अपमानित होने के कारण हताश होना; जैसे—आज होरी ने ऐसी हेकड़ी दिखाई कि मैं अपना-सा मुँह लेकर रह गया।—प्रेमचंद।

अपना-सा मुँह लेकर (वापस) लौट आना

पूर्णतः विफल-मनोरथ होकर एवं खाली हाथ लौटना; जैसे—कितने ही वीर मछली को बेधने के लिए मैदान में आए परंतु सब अपना-सा मुँह लेकर वापस लौट आए।—यज्ञदत्त।

अपना सिर ओखली में देना

जान-बूझकर जोखिम के काम में अपने को फँसाना; जैसे—कौन वापस जाएगा उनके साथ अपना सिर ओखली में देने?

अपना सोना खोटा होना

अपना ही व्यक्ति दोषी होना; जैसे—यह नहीं समझती कि अपना सोना खोटा तो सुनार का क्या दोष।

अपना स्थान बना लेना

किसी संस्था, समाज आदि से उपयुक्त तथा सम्मानपूर्ण पद या स्थिति प्राप्त कर लेना; जैसे—श्री शुक्ल उत्तर प्रदेश के उन विशिष्ट चित्रकारों में से हैं जिन्होंने देश के उत्कृष्ट कलाकारों में अपना स्थान बना लिया है।—राय कृष्णदास।

अपना हाथ कटा लेना/देना

अपनी धन-संपत्ति या शक्ति दूसरों को दे बैठना (फलतः स्वयं विवश हो जाना) जैसे—बीवी के हाथ सारी पूँजी देकर अपना हाथ कटा चुके हैं वे। —रा० रा० प्र० सिंह।

अपनी अपनी अलापने चलना

सब लोगों का अपने-अपने स्वार्थ या लाभ की बात बराबर कहते रहना।

अपनी अपनी पड़ना

हर एक का अपनी अपनी सुरक्षा या स्वार्थ साधन में संलग्न हो जाना; जैसे—(१) वहाँ कोई किसी को पूछनेवाला नहीं है, जिसे देखो उसे अपनी पड़ी है। (२) जब भगदड़ मचती है तब सबको अपनी अपनी पड़ती है।

अपनी करना

मनमाना आचरण करना; जैसे—तुम तो दूसरे की सुनते तक नहीं, अपनी ही किए जाते हो।—सीताराम चतुर्वेदी।

अपनी खाल में मस्त होना

अपनी शारीरिक अवस्था से पूर्णतः संतुष्ट होना; जैसे-अब उसका शरीर ढलने लगा है, फिर भी वह अपनी खाल में मस्त है।

अपनी खिचड़ी अलग पकाना

अलग-थलग रहना, किसी के दुख-सुख में सहभागी न होना।

अपनी गाँठ ख़ाली होना

पास में पैसा न होना।

अपनी गाना

अपनी बात कहते जाना; जैसे-सुनने दीजिएगा या अपनी ही गाए जाइएगा। —प्रेमचंद।

अपनी गौं का यार

ऐसा व्यक्ति जो अपना काम निकालने के उद्देश्य से दूसरों से दोस्ती करता हो; जैसे—उससे सहायता की आशा मत करो, वह तो अपनी गौं का यार है।

अपनी चलाना
अपने मन की करना या अपना हुकुम चलाना, दूसरे की न सुनना।

अपनी जान की पड़ना
आत्मरक्षा की फ़िक्र लगना, बच निकलने की सोचने लगना; जैसे—कितनों को तो अपने आराम की ही नहीं, अपनी जान की भी पड़ गई। —रा० रा० प्र० सिंह।

अपनी जान से हाथ धोना
जान देना, मरना; जैसे—एक घर में घुसकर पिस्तौल की नोक पर दस हज़ार रुपया वसूलने का प्रयास करनेवाले एक युवक को अपनी जान से हाथ धोना पड़ा।—आज।

अपनी जेब से देना
अपनी रकम देना; जैसे—दूसरे की रकम पर गुलर्छरें उड़ा रहे हो, इस समय अपनी जेब से देने पड़ते तो अक्ल ठिकाने आ जाती।

अपनी तरफ़ देखना/देख लेना
स्वयं अपनी औकात या सामर्थ्य आँकना या अपनी करनी पर विचार करना; जैसे—पहले अपनी तरफ़ भी देख लो कि कितने पानी में हो।

अपनी दुनिया अलग बसाना
अपनों से दूर जाकर गृहस्थी बसाकर रहना।

अपनी नींद सोना
निश्चिंत होकर सोना; जैसे—किसी के लेने-देने में नहीं है। यही वजह है कि वह अपनी नींद सोता है और मस्त रहता है।

अपनी पर आ जाना
ठान लेना; जैसे—बड़े भइया अपनी पर आ गए तो लाला को जंगल जंगल भागना पड़ेगा—अजित पुष्कल।

अपनी बला से
कुछ फ़र्क नहीं पड़ता; जैसे—वह वहाँ जाए न जाए अपनी बला से।

अपनी बात ऊपर रखना
अपने कथन को ही महत्त्व देना और दूसरों के कथन को न मानना।

अपनी बात का पूरा होना
अपने वचन का पक्का होना।

अपनी बात का होना
अपनी बात का पक्का होना; जैसे—...जो अपनी बात का नहीं (वह) अपने बाप का नहीं।—यशपाल।

अपनी बात का एक ही
ऐसा व्यक्ति जो अपने वचन का इतना पक्का हो कि बहुतों में से एक हो; जैसे—तुम उस पर वचन-भंग का दोषारोपण नहीं कर सक्ते, वह तो इस समाज में अपनी बात का एक ही है।

अपनी बात का पक्का
ऐसा व्यक्ति जो अपना वचन सदा निभाता हो।

अपनी बात पर आना
अपने सहज स्वभाव के अनुसार (पुनः वही) काम करने लगना; जैसे—गंगाजली उठाई थी, तोबा की थी, पर हम हैं कि फिर अपनी बात पर आ गए।

अपनी मारना/मारते चलना
अपनी ही बात कहना (फलतः दूसरों की न सुनना); जैसे—कुछ हमारी भी सुनोगे या अपनी ही मारते चलोगे।

अपनी मौत मरना
स्वाभाविक ढंग से मरना, प्राकृतिक नियम के अनुसार मरना।

अपनी सी करना
औरों के विचारों की परवाह किए बिना अपनी मर्ज़ी का काम करना; जैसे—ख़ैर! तुमने अपनी सी तो कर ली न!

अपनी हाँकना/हाँकते जाना
अपनी ही बात कहते जाना; जैसे—किसी की वह सुनता नहीं, बस अपनी ही हाँके जाता है।—रा० रा० प्र० सिंह।

अपने ऊपर ओढ़ना/लेना
जवाबदेही, निर्वाह आदि का भार

ग्रहण करना; जैसे—मेरे प्रधान मंत्रित्व काल में यह सब हुआ है, इसलिए सारी जवाबदेही मेरी है और इसे अपने ऊपर लेता हूँ।

अपने कहे में होना
अपने नियंत्रण में होना; जैसे—लड़का ऐसा कदम नहीं उठाएगा क्योंकि बाप के कहे में है।

अपने कान पकड़ना
कान पकड़ना (दे०)।

अपने काम से काम रखना
अपने काम से ही सरोकार रखना (और अन्य अथवा दूसरों के कामों से संबंध न रखना); जैसे—दूसरों के झमेले सुलझाने में मत पड़ो, अपने काम से काम रखो।

अपने किए का फल पाना
अपना किया पाना (दे०)।

अपने को कुछ समझना
यह समझना कि हम कुछ हैं।

अपने को (बहुत) लगाना
अपने को ज़रूरत से ज़्यादा बुद्धिमान, शक्तिशाली आदि समझना; जैसे—तुम अपने को बहुत लगाते हो, आख़िर हो किस खेत की मूली।

अपने गिरेबान में झाँकना
अपने दोषों को देखना; जैसे—मुझ पर क्यों लांछन लगाते हो, पहले अपने गिरेबान में तो झाँक कर देखो।

अपने चलते
जब तक अपने में दम है तब तक; जैसे—अपने चलते उसका कोई कुछ बिगाड़ नहीं सकता।

अपने जाने
जहाँ तक (कोई) जानता है; जैसे—और चेतन अपने झूठ का पीछा करता हुआ, मन की एक छलाँग में चौथी कक्षा में पहुँच गया, जब अपने जाने उसने पहला झूठ बोला था। —अश्क।

अपने तक रखना
(कोई बात) किसी और से न कहना; जैसे—(१) यह बात मैंने तो अपने तक ही रखी पर तुम जगह-जगह इसका ढिंढोरा पीटते रहे। (२)···लेकिन दूसरे ही क्षण उन देवी जी ने शाही पंडित को बुलाया और उनसे कहा कि इस बात को अपने तक ही रखें।—अश्क।

अपने पर आना/गुज़रना
अपने ऊपर विपत्ति आना; जैसे—परामर्श तो सब देते हैं परंतु जब अपने पर आती है तो बोलती बंद हो जाती है।

अपने पर बीतना
स्वयं सहना या बर्दाश्त करना; जैसे—यही बात अपने पर बरसों पहले बीत चुकी है।

अपने पाँव (पर) खड़ा होना
अपने पैरों पर खड़ा होना; जैसे—गौरी को ससुराल से बुला लेने का प्रयोजन है कि कुछ पढ़-लिखकर अपने पाँव खड़ी हो सके।—यशपाल।

अपने पैर काटना
अपने पैरों पर कुल्हाड़ी मारना (दे०); जैसे—प्रजा को विद्रोही बनाना अपने पैर काटना है।—यज्ञदत्त।

अपने पैरों
पैदल चलकर; जैसे—हमारे-आप के घर से, गाँव से न जाने कितने लोग तीर्थ करने निकलते हैं, और इनमें से कुछ तो अपने पैरों ही चारो धाम कर आते हैं।—सीताराम चतुर्वेदी

अपने पैरों पर कुल्हाड़ी मारना
ऐसा काम करना जिससे स्वयं अपना बहुत बड़ा अहित या हानि होती हो; जैसे—(१) जान-बूझकर ही तो चंपा ने अपने पैरों में (पर) कुल्हाड़ी मार ली थी।—शिवानी। (२) तुमने यह बात मुँह से निकालकर अपने पैरों पर कुल्हाड़ी मारी है।

अपने पैरों पर खड़ा होना
अपनी आवश्यकताओं की पूर्ति के लिए धन कमाने में समर्थ होना; जैसे—(१) लड़के का विवाह तब तक नहीं करना चाहिए जब तक वह अपने पैरों पर न खड़ा हो जाए। (२) अब हमको अपने पैरों पर खड़ा होना चाहिए, हमारा उद्धार अपने ही हाथों होगा।—प्रेमचंद। (३) कुछ ही महीने और मदद की ज़रूरत होगी, फिर वे अपने पैरों पर खड़े हो जाएँगे।—अश्क। (४) आत्मनिर्भर होना; जैसे—कुछ दिन और शागिर्दी कर लो फिर तुम अपने पैरों पर खड़े हो जाओगे।

अपने मन का होना
जो मन में आए वही करना (दूसरों की आज्ञा, इच्छा आदि की परवाह न करना); जैसे—देखता हूँ, अब लड़का अपने मन का होता जा रहा है।

अपने मन की करना
मनमानी करना; जैसे—हमेशा अपने मन की मत किया करो, दूसरों की भी सुना करो।

अपने मरे बिना स्वर्ग न मिलना
स्वयं करने पर ही कोई काम होना, बिना कष्ट उठाए सफलता न मिलना।

अपने मुँह/मुख/मियाँ मिट्ठू बनना
अपनी बड़ाई स्वयं करना; जैसे—उधर सुभद्रा अपने स्वादिष्ट व्यंजनों का बखान करती अपने ही मुख मियाँ मिट्ठू बन रही थी।—शिवानी।

अपने मुँह में लेना
ग्रस लेना; जैसे—लगता, भ्रष्टाचार किसी महामारी की ही भाँति पूरे प्रदेश को अपने मुँह में ले चुका था। —शिवानी

अपने में खोए रहना
हर दम सोच-विचार करते रहना; जैसे—जब से वह निलंबित हुआ है तब से अपने में खोया रहता है।

अपने में होना
सुध-बुध में न होना; जैसे—इस समय उसे कुछ न कहो, वह कुछ नहीं सुनेगा, वह अपने में नहीं है।

अपने रंग में रंग लेना
अपने जैसा या अपनी प्रकृति के अनुकूल बना लेना; जैसे—अंग्रेज़ी के 'बेयरिंग' को 'बैरंग' बनाकर (हिंदी ने) जैसे अपने रंग में रंग लिया। —रामचंद्र वर्मा।

अपने रास्ते चलना
अपने बँधे-सधे ढंग से आचरण करना; जैसे—दुनिया अपने रास्ते चली गई। —हजारीप्रसाद द्विवेदी।

अपने लिए जीना
अत्यंत स्वार्थी होना।

अपने सिर ओढ़ना
दूसरे का दोष, दायित्व आदि अपने ऊपर लेना।

अपने सिर पड़ना
अपने ऊपर आफ़त आना; जैसे—जब अपने सिर पड़ती है तभी आँखें खुलती हैं।

अपने सिर पर खेलना
अपनी जान जोखिम में डालना।

अपने सिर लेना
जिम्मेदारी, भार आदि अपने ऊपर लेना, अपने को जिम्मेदार ठहराना; जैसे—लेकिन मैं ग़लती कभी अपने सिर नहीं लेता।—अश्क।

अपने से ज़्यादा करना
अपनी औकात से अधिक काम करना; जैसे—आप से जितना हो सकता है, उतना कीजिए, कौन कहता है कि अपने से ज़्यादा कीजिए।

अपने हक में काँटे बोना
ऐसा काम करना जिससे आगे चलकर अपना ही अहित हो; जैसे—दामाद को घर रखकर उसने अपने ही हक में काँटे बोए थे।

अपने हाथ में लेना/ले लेना
अपने नियत्रंण में रखना; जैसे—अब सारा कारोबार बड़े भाई ने अपने हाथ में ले लिया है।

अपने हाथ कटाना
अपने को अधिकार से वंचित कर लेना।

अपने हाथों
स्वत:; जैसे—कौन अपने हाथों अपना गला काटेगा।

अपने हाथों अपने पैर में कुल्हाड़ी/कुल्हाड़ा/ मारना
स्वयं अपना बहुत बड़ा अहित करना; जैसे—ब्राह्मण के लड़के को गिरफ़्तार कराके रूप्पन ने अपने ही हाथों से अपने पैर में कुल्हाड़ा मारा है। —अमृतलाल नागर।

अपने हाल पर छोड़ना/छोड़ देना
(किसी को) अपने क्रिया-कलापों को करने के लिए पूरी स्वतंत्रता देना; जैसा कोई करना चाहे उसे वैसा करने देना।

अपवाद निकलना/होना
सामान्य लोगों,वस्तुओं, नियमों आदि से हटकर होना; जैसे—हमारे घर में यही लड़का अपवाद निकला।

अपाहिज हो जाना
निश्चेष्ट या अकर्मण्य हो जाना।

अफ़लातून होना
अफ़लातून (प्लेटो) की तरह बहुत बड़ा विद्वान होना।

अफ़वाह/अफ़वाहें/उड़ना
कोई निराधार बात फैल जाना।

अफ़वाह गर्म होना
किसी निराधार बात की अथवा ऐसी बात की जिसकी अभी पुष्टि न हुई हो, चारो ओर चर्चा होना।

अब-तब करना
बार बार या बराबर यह कहना कि अब नहीं तब अर्थात् टालते चलना; जैसे—आख़िर कब तक अब-तब करोगे। एक दिन तो रकम देनी ही होगी।

अब-तब लगना
मृत्यु सन्निकट होना; जैसे—भैया तुम जल्दी चले आओ, माँ सख़्त बीमार है, अब-तब लगा है।

अबे-तबे करना
तिरस्कारपूर्वक किसी से बरताव करना; जैसे—बड़े भाई को छोटे भाई के साथ अबे-तबे नहीं करना चाहिए।

अबेर-सबेर
ठीक समय पर नहीं, समय के विचार से कभी बहुत पहले और कभी बहुत बाद में; जैसे—...नदियों का कसैला और कड़ुआ पानी पीना पड़ता है, और अबेर-सबेर लोहे की सीखों पर भुना हुआ मांस खाने को मिलता है।—सीताराम चतुर्वेदी।

अभय देना
यह कहना कि अब तुम्हें कोई नहीं मारेगा; जैसे—ऋषि ने चूहे को अभय दिया।—सीताराम चतुर्वेदी।

अभिनय करना
कृत्रिम आचरण करना; जैसे—वह बीमार थी नहीं, बनी थी। उसने तो आपकी सहानुभूति प्राप्त करने के लिए यह सारा अभिनय किया था।

अभिन्न हृदय
पक्का और सच्चा साथी, सुख-दुख में पूरा साथ देनेवाला मित्र।

अभियान चलाना/छेड़ना
(किसी के विरुद्ध) आंदोलन प्रारंभ कर देना; जैसे—फिर हमने उन गुंडों के विरुद्ध अभियान चलाया।

अरक निकालना
१. सार या सत्त्व निकालना।
२. (व्यक्ति को) बेदम कर देना।

अरण्यरोदन सिद्ध होना
जंगल में रोना (अर्थात् जिसे सुननेवाला न हो); जैसे—उन्होंने कौंसिल में बड़ा

शोर मचाया। पर यह अरण्यरोदन सिद्ध हुआ।—प्रेमचंद।

अरदब में डालना

किसी की आड़ लेना; जैसे—उन्होंने मन में सोच लिया था कि होरी को अरदब में डालकर गाय को उड़ा लेना चाहिए।—प्रेमचंद।

अरमान ठंडे पड़ना/पड़ जाना

इच्छाओं की पूर्ति न होने के कारण उत्साह नष्ट होना।

अरमान निकालना

साध पूरी करना; जैसे—(१) अब तो तुम्हारे मन की हो गई न! अब निकाल लो दिल के अरमान। (२) बहुत दिनों से ये लोग इसकी मरम्मत करने की ताक में थे। उस दिन अवसर पाकर उन्होंने अरमान निकाले।—अमृतलाल नागर।

अरमान पूरे करना

साध पूरी करना; जैसे—धूमधाम से और शान से नहीं ब्याह सकती तो भी कुछ तो अरमान पूरे कर लूँ।—भूषण वनमाली।

अर्थ खुलना/लगना

आशय स्पष्ट हो जाना; जैसे—संस्कृत कोश से ही इस शब्द का अर्थ खुलेगा।

अर्थ न रखना

बेकार या व्यर्थ होना, किसी अर्थ का न होना।

अर्दल में रहना

दरबारदारी करना, आधीनता में रहना; जैसे—कालेज के माने हुए गुंडे उसकी अर्दल में रहते थे।—अश्क।

अलग से

अतिरिक्त रूप से, और अधिक; जैसे—उन्होंने पूरा दाम तो लिया ही, अलग से १० रु० और भी ले गए।

अल्लाह को प्यारा होना

मर जाना; जैसे—वह छोटी उमर में ही अल्लाह को प्यारा हो गया। —प्रेमचंद।

अवकाश न होना

१. फुर्सत न होना।

२. गुंजाइश न होना; जैसे—अच्छी रचना की एक बड़ी पहचान यह है कि उसमें कुछ भी घटाने-बढ़ाने या उलट-फेर करने के लिए अवकाश नहीं होता।—रामचंद्र वर्मा।

अवधि बदना

किसी काम के लिए समय निश्चित करना; जैसे—अवधि बदि सैंया अजहूँ न आए।—गीत।

अवसर को हाथ से न जाने देना

अवसर से लाभ उठाने के लिए प्रयत्नशील होना; जैसे—हम ऐसे अवसर को कैसे हाथ से जाने देते। —सीताराम चतुर्वेदी।

अवसर खोना

सुअवसर का उपयोग न कर पाना।

अवसर चूकना

अवसर खोना (दे०); जैसे—मेरी अक्ल पर पर्दा पड़ा था जो मैं इतना बढ़िया अवसर चूक गया।—शिवानी।

अवसर ताकना

अवसर देखना (दे०)।

अवसर देखना

उपयुक्त समय की प्रतीक्षा करना।

अवसर देना

किसी को अपनी कुशलता, कार्यक्षमता आदि दिखाने के लिए समय देना; जैसे—हम आपको एक अवसर और देते हैं, यदि आपने फिर ऐसी शिथिलता दिखाई तो आपको यहाँ नहीं रखा जाएगा।

अवसर हाथ आना

लाभ प्राप्त करने का समय आना; जैसे—बरसों बाद ऐसा अवसर उसके हाथ आया था।—रा० रा० प्र० सिंह।

अवस्था उतरने पर
बुढ़ापे में।

अवाक् रह जाना
चकित या हक्का-बक्का हो जाना, मुँह से शब्द तक न निकलना; जैसे—बेटी के मुँह से ऐसे शब्द सुनकर वह अवाक् रह गई।

असर न होना
प्रभाव न पड़ना; जैसे—(१) मिन्नतें कीं। मगर उन पर कोई असर नहीं हुआ।—अजित पुष्कल। (२) मुझ पर इनकी डाँट का कुछ असर न होता। —मालती जोशी।

असलियत खुलना
वास्तविकता प्रकट होना, सच्चाई समाने आना; जैसे—नहीं तो बात की बात में असलियत खुल सकती थी।—अजित पुष्कल।

असली चेहरा दिखाई देना/पड़ना
वास्तविक रूप देखने में आना, उस नेता का असली चेहरा तब दिखाई पड़ा जब उसने अपने भाई का सारा माल हड़प लिया।

अस्तित्व मिटा देना
नामोनिशान मिटा देना, न रहने देना, समाप्त कर देना।

आ

आँख/आँखें/आना
एक प्रकार का नेत्र-विकार या रोग होना जिसमें कोई एक या दोनो आँखें सूज जाती, लाल हो जाती तथा कीचड़ से भर जाती हैं।

आँख/आँखें/उठना
किसी पर ध्यान या नज़र जाना; जैसे—जैसे ही वह उठा वैसे ही लोगों की आँखें भी उसी की ओर उठीं।—अजित पुष्कल।

आँख उठाकर देखना
१. दृष्टिपात करना; जैसे—(१) मैं तो उस कलूटी की तरफ़ आँख उठाकर देखता भी नहीं।—कमलेश्वर। (२) मैं तो किसी एक को भी आँख उठाकर नहीं देखता।—गुलशन नंदा।

२. दुस्साहसपूर्वक या धृष्टतापूर्वक देखना; जैसे—(१) किसी की क्या मजाल जो हमारी तरफ़ आँख उठाकर देखे। (२) आज तक किसी को मेरी तरफ़ आँख उठाकर देखने की हिम्मत नहीं हुई।—सरोजिनी वर्मा। (३) दुकान पर सभी तरह के लोग आते थे। मर्द भी औरतें भी। क्या मजाल कि किसी की ओर आँख उठाकर देखा हो।—प्रेमचंद।

आँख उठाकर न देखना
पूरी तरह से उपेक्षा करना; जैसे—वह ऐसी चीज़ों की तरफ़ कभी आँख उठाकर भी नहीं देखता।

आँख उठाना
१. दुस्साहसपूर्वक देखना।
२. दृष्टिपात करना।

आँख/आँखें/उलट देना
मरना; जैसे—हमारे देखते देखते वह लुढ़का और फिर उसने तत्क्षण आँखें उलट दीं।

आँख ऊँची न होना
सम्मानपूर्वक किसी की ओर न देख सकना; जैसे—अपनी इस भूल के कारण उसकी आँख हमारे सामने कभी ऊँची न हो सकेगी।

आँख का अंधा, गाँठ का पूरा
धनी परंतु मुर्ख व्यक्ति; जैसे—आँख के अंधों और गाँठ के पूरों की तलाश आपको भी उतनी ही है जितनी मुझको।—प्रेमचंद।

आँख का काँटा
कष्ट देने या संतप्त करनेवाली वस्तु या व्यक्ति; जैसे—अहल्या मामा की आँख की पुतली थी, पर मामी की आँख का

काँटा··· ।—शिवानी।

आँख का काँटा बनना

दूसरों की नज़र में खटकना या खलना।

आँख/आँखों/का काजल चुराना

चतुराई से असंभव-सा काम कर दिखाना।

आँख का तारा

परम प्रिय व्यक्ति, स्नेह-भाजन।

आँख का पानी ढल/मर/जाना

शर्म-हया ताक पर रखकर निर्लज्ज हो जाना; जैसे—दूसरी लड़की होती तो मुँह न दिखाती। आँख का पानी मर गया है।—प्रेमचंद।

आँख का लिहाज न होना

(बड़ों के सामने भी) निर्लज्जतापूर्ण कार्य करने से बाज़ न आना।

आँख की किरकिरी

ऐसा व्यक्ति या पदार्थ जिसका स्मरण भी मन में कसक उत्पन्न करता हो और जिससे कोई सदा के लिए छुटकारा पाना चाहता हो।

आँख की पुतली

परमप्रिय व्यक्ति; जैसे—अम्मा जी तुम्हें आँख की पुतली बनाकर रखेंगी। —प्रेमचंद।

आँख/आँखों/के आगे आना

किए का फल मिलना।

आँख/आँखों/के आगे नाचना

आँख के सामने नाचना (दे०)।

आँख/आँखों/के सामने आना

किए का फल पाना; जैसे—वह पर्वत मेरी घरवाली को बहुत प्यारा है, इसलिए जब मैं तुम्हें (हे बादल!) बिजली के साथ देखता हूँ तो मेरा मन अकेला होने से उदास हो जाता है और वह पहाड़ मेरी आँखों के सामने आने लगता है।—सीताराम चतुर्वेदी।

आँख/आँखों/के सामने नाचना

किसी घटना, दृश्य, व्यक्ति के चित्र का प्रभावोत्पादक ढंग से मानसिक चक्षुओं के सामने उपस्थित होना; जैसे—कार दुर्घटना में क्षत-विक्षत हुआ उसका चेहरा, हर दम मेरी आँखों के सामने नाचता रहता है।

आँख/आँखें/खुलना

१. सोने के बाद जागना; जैसे—कभी-कभी आँख खुलती तो देखती दोनों बिस्तर से नदारद।—शिवानी।

२. आँख खुल जाना (दे०)।

आँख/आँखें/खुल जाना/पड़ना

वस्तुस्थिति या वास्तविकता का (अंततः) ज्ञान होना; जैसे—आज मौत के पड़ोस में आकर मेरी आँख खुल पड़ी।—रा० रा० प्र० सिंह।

आँख/आँखें/खोलकर

अच्छी तरह देखते हुए, सावधानी से; जैसे—हमेशा गिरते-पड़ते रहते हो, आँख खोलकर चला करो।

आँख/आँखें/खोल देना

सावधान कर देना; जैसे—भला हो बेटा, तुमने तो मेरी आँखें खोल दीं। —गिरिधर गोपाल।

आँख/आँखें/खोलना

१. जागना।

२. आँख खोल देना।

आँख/आँखें/गड़ना

१. आँख में सूजन तथा लाली के फलस्वरूप पीड़ा होना।

२. एकटक नज़र लगी होना; जैसे—भगवान के चरणों में उनकी आँख गड़ी थी।

३. दूसरों की चीज़ पर (उठा, हथिया या चुरा लेने के उद्देश्य से) ध्यान केंद्रित होना।

आँख/आँखें/गड़ाना

एकटक देखते जाना; जैसे—आप इस प्रकार आँखें गड़ाकर क्या देख रहे हैं? —यज्ञदत्त।

आँख/आँखें/चमकाना

चुलबुलापन, नज़ाकत, मस्ती या शोखी

दिखाते हुए आँखों की पुतलियाँ बार-बार हिलाना।

आँख/आँखें/चुराना

लज्जा, संकोच के कारण किसी का सामना करने से हिचकना; जैसे—गाँव का साहूकार भी पतिव्रता स्त्रियों की भाँति आँखें चुराने लगा।—प्रेमचंद।

आँख चूकना

दृष्टि या ध्यान का नियत पदार्थ या स्थान से हटकर कुछ समय के लिए इधर-उधर होना; जैसे—यहाँ तो आँख चूकी नहीं कि घर का कोई न कोई सामान ग़ायब हुआ नहीं।

आँख/आँखें/जमाना

एक तार देखना।

आँख/आँखें/जाना

आँख में देखने की शक्ति न रह जाना; जैसे—एक आँख तो गई ही थी, अब दूसरी भी जा रही है।

आँख झपकते

पलक मारते।

आँख/आँखें/झपकना

१. क्षण भर के लिए पलक का आँख को ढक लेना; जैसे—आँख झपकते ही उसने कलम उठा ली।

२. थोड़े ही समय के लिए नींद आना।

आँख/आँखें/झुक जाना

शर्म से सिर झुक जाना।

आँख/आँखें/टँगना

आँख उलटना (दे०)।

आँख डालना

किसी की ओर या किसी चीज़ पर दृष्टिपात करना या देखना; जैसे—मेरी पुस्तक पर भी आँख डालिए।

आँख/आँखें/तरेरना

इस तरह आँखें तिरछी करना कि उनसे क्रोध या रोष सूचित हो।

आँख/आँखों/तले न आना

देखने में न आना, दिखाई न पड़ना; जैसे—ऐसी कृति हमारी आँख तले पहले कभी नहीं आई।

आँख/आँखें/दिखाना

किसी को डराने या धमकाने के लिए उसकी ओर रोष भरी दृष्टि से देखना; जैसे—(१) हमने तुम्हारा क्या बिगाड़ा है जो आँखें दिखा रहे हो। (२) कभी उन्हें भी आँखें दिखाओ, कभी उनके सामने भी ज़बान चलाओ तो जानें। —भूषण वनमाली। (३) तेरी यह हिम्मत। तू मुझे आँख दिखाती है। —गुलशन नंदा।

आँख/आँखें/दुखने आना

आँख आना (दे०)।

आँख/आँखें/दौड़ाना

कुछ ढूँढ़ने के लिए सतर्कतापूर्वक इधर-उधर देखना; जैसे—उसने चारो ओर आँखें दौड़ाईं पर उसे कुछ नज़र नहीं आया।

आँख/आँखें/न उठा पाना

स्वाभिमान या साहसपूर्वक किसी की ओर न देख सकना; जैसे—खानदान का रुतबा रसातल में चला जाता, दुनिया उन पर उँगली उठाती और वे दुनिया के सामने आँख न उठा पाते। —रा० रा० प्र० सिंह।

आँख/आँखें/न खुलना

वस्तुस्थिति या वास्तविकता का ज्ञान न हो पाना; जैसे—घर की दशा देखकर भी उसकी आँखें नहीं खुलतीं।—प्रेमचंद।

आँख/आँखें/न खोलना

रोग, शिथिलता आदि के कारण बेसुध पड़े रहना; जैसे—दो दिन से इस बच्चे ने आँख तक नहीं खोली।

आँख/आँखें/न ठहरना या टिकना

तीव्र गति, चमक-दमक आदि के कारण किसी चीज़ पर निगाह न टिकना; जैसे—चलती मोटर में नामपट के अक्षरों पर मेरी तो आँखें नहीं ठहरतीं।

आँख/आँखें/न मिलाना

सामना न करना; जैसे—उसकी क्या बिसात जो हमसे आँख मिलाए। —प्रेमचंद।

आँख न लगना

झपकी न लगना, नींद न आना; जैसे—दौड़ते-दौड़ते शरीर के जोड़-तोड़ ऐसे ढीले पड़ गए हैं कि रात में आँख भी नहीं लग पाती।—सीताराम चतुर्वेदी।

आँख/आँखें/निकालना

१. दंडस्वरूप किसी की आँखें बाहर निकाल लेना जिससे उसकी आँखों की ज्योति नष्ट हो जाए।

२. किसी के सामने क्रोधपूर्वक आँखें तरेरकर देखना; जैसे—आँखें निकालिए ज़रा देख-भाल कर।

आँख/आँखें/नीची कर लेना

ऐसी स्थिति में ला देना कि कोई लज्जा, संकोच आदि के कारण स्वाभिमान-पूर्वक किसी की ओर न देख सके; जैसे—मुँह से यह बात निकालकर तुमने उनके सामने मेरी आँखें सदा के लिए नीची कर दीं।

आँख/आँखें/पटपटाना

आँख या आँखों की ज्योति नष्ट होना।

आँख पड़ना/पड़ जाना

किसी वस्तु या व्यक्ति का दृष्टि या निगाह में आना, दिखाई देना; जैसे—(१) उधर से निकलते समय तुम्हारी गाड़ी पर मेरी आँख पड़ी थी। (२) पर भगवान न करे कि उनमें से किसी एक की भी आँख उस पर पड़े।—शिवानी।

आँख/आँखें/पथराना

१. मरणासन्न होने के समय पुतलियों का निश्चल होना।

२. टक लगाकर राह देखते रहने के कारण आँखों का कठोर तथा निश्चल हो जाना।

आँख पर चढ़ना

नज़र पर चढ़ना (दे०)।

आँख/आँखों/पर पट्टी बाँधना/बाँध लेना

सामने होती हुई घटना या काम को देखते हुए भी न देखना, अनदेखी करना।

आँख/आँखों/पर पर्दा पड़ना

अज्ञान, भ्रम या मोह के कारण अच्छाई-बुराई, उद्देश्य, कर्तव्य आदि न सूझना; जैसे—उस समय मेरी आँख पर पर्दा पड़ गया था।

आँख/आँखें/पलटना

आँख (आँखें) फेर लेना (दे०); जैसे-औलाद नमकहराम निकली। इस बात का उन्हें उतना दुख नहीं था, जितना पत्नी की आँख पलटने का। —मे० परवेज।

आँख/आँखें/पसारना

ध्यानपूर्वक देखना या देखने का प्रयत्न करना; जैसे—आँख पसारकर देखो, कलम आलमारी में पड़ी है।

आँख/आँखें/पसीजना

दया, करुणा आदि के कारण आँखों में जल भर आना, आँखें आर्द्र होना, जैसे—मेरी करुण कहानी सुनकर उनकी आँखें पसीजी नहीं।

आँख फड़कना

पलक या भौंह का (कुछ देर तक) रह-रहकर सहज रूप से हिलना। (लोक में आँख का फड़कना शुभ-अशुभ माना जाता है।)

आँख/आँखें/फाड़कर देखना

आश्चर्यपूर्वक एकटक देखना।

आँख/आँखें/फूटना या फूट जाना

देखने की शक्ति नष्ट होना; जैसे—आँखें फूटी हैं क्या जो सामने रखी घड़ी नहीं दिखाई देती।

आँख/आँखें/फेर लेना

पहले जैसा सद्भावनापूर्ण व्यवहार छोड़कर उसके विपरीत आचरण करना; जैसे—हाँ, लड़के अलबत्ता

जहाँ चार पैसे कमाने लगे कि माँ-बाप से आँखें फेर लीं।—प्रेमचंद।

आँख/आँखें/फोड़ देना

दंड देने के लिए किसी की आँखों पर आघात करके उसे अंधा बना देना।

आँख/आँखें/फोड़ लेना

बहुत देर तक लगातार ऐसा बारीक या परिश्रमसाध्य काम करते रहना जिससे आँखों को बहुत कष्ट हो या उन पर बहुत ज़ोर पड़े; जैसे—हमने ये आँखें तो प्रूफ़ पढ़कर फोड़ ली हैं।

आँख/आँखें/बंद करके

बिना सोचे-समझे या जल्दबाज़ी में; जैसे—तुम्हें तो आँख बंद करके काम करने की बुरी आदत पड़ गई है।

आँख/आँखें/बंद कर लेना

१. होते हुए किसी ग़लत काम को देखते हुए भी न देखना फलतः उसे रोकने का प्रयास न करना।

२. मरना।

आँख/आँखें/बंद होना या हो जाना

मृत्यु होना; जैसे—(१) किसी को यह कहने का अवसर मत दो कि एक भाई की आँख बंद होते ही आपस में ऐसी अनबन हो गई कि अब····। —प्रेमचंद। (२) मीर साहब अपने ज़माने के बहुत बड़े ज़मींदार और धनी आदमी थे, परंतु आँख बंद होते ही सारी जायदाद चार बेटों में विभाजित हो गई।—भूषण बनमाली।

आँख/आँखें/बचाकर

(किसी से) कतराकर या चोरी-छिपे; जैसे—(१) चोर हम सबकी आँख बचाकर निकल भागा। (२) सावित्री से लेकर कैलासी तक हर एक पाँच पाँच दस दस मन गल्ला घरवालों की आँख बचाकर बेच डालतीं।—सुखदेव।

आँख/आँखें/बदलना

पहले जैसा स्नेह-संबंध या कृपा-भाव न रखना; जैसे—ज़मींदार से आँखें बदलना ख़ाला जी का घर नहीं है।

आँख/आँखें/बनना

शल्य-चिकित्सा द्वारा मोतियाबिंद दूर किया जाना; जैसे—दो वर्ष हुए मेरी दाहिनी आँख बनी थी।

आँख/आँखें/बनाना

शल्य-कर्म द्वारा मोतियाबिंद दूर करना; जैसे—दो वर्ष पहले मेरी दाहिनी आँख इन्हीं डाक्टर साहब ने बनाई थी।

आँख/आँखें/बराबर करना

आँखें मिलाना (दे०)।

आँखें/आँखें/बिगड़ना या बिगड़ जाना

आघात, विकार आदि के कारण आँख की ज्योति नष्ट होना।

आँख/आँखें/बैठना या बैठ जाना

नेत्र-ज्योति का नष्ट होना।

आँख/आँखें/भर आना

आँसू टपकने को होना; जैसे—(१) महाराज के विनय और सौजन्य से मेरी आँखें भर आईं।—शिवानी। (२) घर से स्टेशन के लिए रवाना होते वक्त सबकी आँखें फिर भर आईं।—गिरधर गोपाल। (३) घर के भीतर का दृश्य देखकर ख़ुद मेरी आँखें भर आईं। —वीरेंद्र मंडल।

आँख भर देखना/देख लेना

जी भर देखना; विशेषतः इस प्रकार देखना कि मन को सुख और संतोष मिले; जैसे—अब तुम अपने प्यारे की न तो बात-चीत ही सुन सकती हो और न उसे आँख भर ही देख सकती हो। —सीताराम चतुर्वेदी। (२) अच्छा, तब तक निश्चिंत होकर वृक्षों की ओट से इसे आँख भर देख तो लूँ। —सीताराम चतुर्वेदी।

आँख/आँखें/मटकाना

ओछे ढंग से आँखें नचाना।

आँख मारते ही

पलक झपकते ही।

आँख मारना
आँख से इशारा करना; जैसे—(१) इधर उसने आँख मारी और उधर उसने बंदूक दागी। (२) इंस्पेक्टर ने दरोगा की ओर देखकर आँख मारी, मानो कह रहे हों, आ गया पंजे में।—प्रेमचंद।

आँख मिचना
आँख बंद होना, मरना।

आँख/आँखें/मिलना
परस्पर देखना, एक दूसरे को देखना।

आँख/आँखें/मिलाना
सामना या मुलाकात होने पर किसी की ओर अच्छी तरह देखना; जैसे—(१) ....दोनों में से कोई भी एक दूसरे से आँख मिलाने को तैयार न हो।—भूषण वनमाली। (२) वह निगाह उठाता है, किंतु मुझसे आँखें नहीं मिलाता। —मनहर चौहान। (३) वे लोग अब अधिक समय तक उससे आँख न मिला सके और एक-एक करके खिसकने लगे।—गुलशन नंदा।

आँख/आँखें/मूँदकर
बिना अच्छी तरह देखे या सोचे-समझे; जैसे—आख़िर क्यों हम....पश्चिम से चली फ़ैशन नग्नता का आँख मूँदकर अनुसरण करें....।—मनहर चौहान।

आँख/आँखें/मूँदना या मूँद लेना
मर जाना।

आँख/आँखों/में खटकना
देखने में अत्यंत कष्टकर प्रतीत होना, चुभना; जैसे—कुछ लोगों की आँखों में यह रकम खटक गई।—अजित पुष्कल।

आँख/आँखों/में ख़ून उतर आना
१. अधिक क्रोध के कारण आँखों का लाल होना।
२. बहुत अधिक क्रुद्ध या रुष्ट होना; जैसे—उसकी बातें सुनकर मेरी आँखों में ख़ून उतर आया।

आँख/आँखों/में गड़ना
अप्रिय या बुरा लगना; जैसे—(१) कभी एकाध वस्तु बनवा लेती हूँ तो वह आँखों में गड़ने लगती है।—प्रेमचंद। (२) अंग्रज़ों की आँखों में वह गड़ा किया।—रा० रा० प्र० सिंह।

आँख/आँखों/में घर करना
इतना भला मालूम पड़ना कि आँखें उसे बराबर देखती रहें या सदा देखती रहना चाहें, मुग्ध कर लेना।

आँख/आँखों/में चरबी छा जाना
इतना अभिमान होना कि अन्य लोग या सब चीज़ें हेय या तुच्छ जान पड़ने लगें।

आँख/आँखों/में नमी आना
आँखों में आँसू आना; जैसे—आदमी की आँख में जब नमी आती है, तब वह सिर्फ़ छल करता है।—कमलेश्वर।

आँख/आँखों/में पानी होना
शर्म-लिहाज होना; जैसे—जो पानी में आग लगाने आए थे, वे चुल्लू भर पानी की तलाश में रह गए। आँख में पानी होता तो पानी पानी हो जाते। —रा० रा० प्र० सिह।

आँख/आँखों/में फिरना
परोक्ष में होने पर भी प्रत्यक्ष-सा दिखाई देते रहना, सदा ध्यान में बने रहना।

आँख/आँखों/में बसना
सदा मानसिक चक्षुओं के सामने रहना।

आँख रखना
१. किसी व्यक्ति अथवा उसकी गति-विधियों पर दृष्टि रखना; जैसे—(१) नशा-पानी की लत लग गई है, उसी पर आँख रखनी पड़ती है।—रा० रा० प्र० सिंह। (२) एक बार तो उसे यह भी लगा कि इस औरत के लक्षण अच्छे नहीं हैं और वह हर समय उस पर चौकसी रखने लगा।—श्रवणकुमार।
२. पहचान या परख होना।

आँख/आँखें/लगना
१. झपकी लगना।
२. किसी की चीज़ ले लेने की प्रबल

इच्छा होना; जैसे—उनकी आँख हमारी पुस्तक पर लगी है।

आँख लगाना

रास्ता देखना, प्रतीक्षा करना; जैसे—एक और स्त्री झरोखे में आँख लगाए खड़ी थी।—सीताराम चतुर्वेदी।

आँख/आँखें/लड़ना/लड़ जाना

स्त्री और पुरुष का एक दूसरे की आँखों में एक साथ कुछ देर तक देखना जो प्रेम प्रस्फुटन का लक्षण माना जाता है; जैसे—हमारी तो बचपन में ही आँखें लड़ी थीं।

आँख/आँखें/लड़ाना

प्रेम से अभिभूत होने पर प्रेमियों का एक दूसरे की ओर ताकना।

आँख/आँखें/सेंकना

(पुरुष का) किसी सुंदरी के रूप को देख देखकर सुख प्राप्त करना।

आँख/आँखों/से ओझल होना

दृष्टि-क्षेत्र से परे चले जाना; जैसे—(१) लिखते समय ध्यान सदा अच्छेपन की ओर रहना चाहिए। सुधार का तत्त्व कभी आँखों से ओझल नहीं होना चाहिए। —रामचंद्र वर्मा। (२) मैं तो चाहती हूँ कि इंद्र मेरी आँखों से ओझल न हो। —जयशंकर प्रसाद। (३) पुराने माडल की डॉज कार के आँखों से ओझल होते ही पुलिस की जीपगाड़ी वहाँ आ पहुँची। —गुलशन नंदा।

आँख/आँखों/से ख़ून टपकना

क्रोध से आँखों का लाल हो जाना।

आँख/आँखों/से गिरना या गिर जाना

किसी की नज़रों में हेय होना; जैसे—मैं तो अपनी ही करनी से उनकी आँख से गिर गया हूँ।

आँख/आँखों/से चिनगारियाँ छूटना

मारे क्रोध से आँखें लाल हो जाना।

आँख/आँखों/से नीर ढलना

मरने से कुछ क्षण पहले आँखों से अंतिम बार जल निकलना।

आँख/आँखों/से लगाना

आदरभाव से या श्रद्धापूर्वक किसी चीज़ को आँखों से लगाना।

आँख होना[1] (किसी को)

१. अभिमान या घमंड होना; जैसे—पैसे देखे तो आँख हो गई।—प्रेमचंद।

२. परख होना; जैसे—जिन्हें आँख होगी वही तो इस रत्न का मूल्य आँकेंगे।

आँख होना[2] (किसी वस्तु पर)

(किसी की) कोई वस्तु प्राप्त करने की उत्कट इच्छा होना; जैसे—ज़मींदार के घर लोगों की आँख उस (वस्तु) पर है।—प्रेमचंद।

आँख होना[3] (किसी व्यक्ति पर)

किसी व्यक्ति की गतिविधि पर ध्यान रखना; जैसे—(१) पुलिस की इन पर आँख है। (२)····वही अकेला उस पर नहीं मरता था, शहर के दूसरे गुंडों की भी उस पर आँख थी।—अश्क।

आँख-कान खुले रखना

पूरी तरह से चौकस रहना।

आँख-कान देना

ध्यान देना।

आँख-कान होना

देखने और सुनने की क्षमता होना।

आँखवाला

पारखी, जौहरी।

आँखें अकुलाने लगना

किसी को देखने के लिए अत्यंत विकल होना।

आँखें उलझना

आँखें चार होना, प्रेम-बंधन में बँधना।

आँखें खुलना

रहस्य या कुचक्र का पता चलना, वस्तुस्थिति समझ में आना; जैसे—(१) फिर पत्रों में स्त्रियों के अधिकारों की चर्चा पढ़ पढ़कर उसकी आँखें खुलने लगीं।—प्रेमचंद। (२) इस देश की ज़िंदा लाशों में यह स्पंदन क्या आया, अंग्रेज़ों के दाँतों तले उँगली आई और

दुनिया की आँखें भी जैसे खुल पड़ीं कि आग बुझी हुई नहीं है, बस दबी हुई थी। —रा० रा० प्र० सिंह। (३) जब मीर साहब की आँखें खुलीं, पानी सिर से ऊँचा निकल चुका था।—भूषण वनमाली।

आँखें खुली की खुली रह जाना
कोई अप्रत्याशित बात पूछने या देखने पर हक्का-बक्का हो जाना।

आँखें खुली रखना
सचेत और सावधान रहना; जैसे—अरे भाई आँख खुली रखना, ऐसा न हो कि इस बार कोई तुम्हें उठाकर ले जाए।

आँखें खोलकर देखना
अत्यंत सतर्क होकर देखना, वस्तु-स्थिति को समझने का प्रयास करना।

आँखें चढ़ना
१. क्रोध से त्योरी चढ़ी होना।
२. नशे के कारण आँखों का लाल तथा भारी होना।

आँखें चढ़ाना
आँखों से क्रोध प्रदर्शित करना; जैसे—···इस पर लड़की कुछ आँखें चढ़ाकर धत् कहकर दौड़ गई।—गुलेरी जी।

आँखें चढ़ी होना
नशे का गहरा असर होना।

आँखें चरने जाना
भाव-विह्वलता, अन्यमनस्कता आदि के कारण सामने रखी हुई चीज़ भी न देख पाना।

आँखें चार करना
किसी की नज़रों से नज़र मिलाना; जैसे—आध घंटे बाद जब वह बन-सँवर कर बाहर भी आई, तो कतराकर चलती रही—आँखें चार न कर सकी।—रा० रा० प्र० सिंह।

आँखें चार होना
१. किसी से भेंट-मुलाकात या आमना-सामना होना; जैसे—गली की नुक्कड़ पर मोहन बाबू से आँखें चार होंगी। —रा० रा० प्र० सिंह।
२. नज़रों से नज़रें मिलाना; जैसे—(१) वे कनखियों से एक दूसरे की ओर देखते थे और आँखें चार होते ही एक दूसरे को देखकर लज्जा से आँखें नीची कर लेते थे।—सीताराम चतुर्वेदी। (२) एक बार आँखों से आँखें चार होने पर कोई भी सहज में आँखें फेर नहीं सकता था।—शिवानी।

आँखें चुराना/चुरा लेना
सामना न करना, मुँह फेर या घुमा लेना; जैसे—(१) आख़िर जहान न भी कहे, आँख तो उगल ही देती है दिल की लगी—फिर आँखें चुराने से फ़ायदा।—रा० रा० प्र० सिंह। (२) जब मीर साहब की आँखें खुलीं, पानी सिर से ऊँचा निकल चुका था। दोस्तों ने आँखें चुरा लीं और चापलूस छोड़कर चले गए।—भूषण वनमाली।

आँखें चौंधिया जाना
प्रकाश, सौंदर्य आदि की तेज़ी के कारण कुछ देखने के लिए असमर्थ-सा हो जाना; जैसे—इस बीच अचानक एक ऐसा प्रकाशपुंज सेना के आगे उठता दिखाई दिया, जिसे देखकर सब सैनिकों की आँखें चौंधिया गईं।—सीताराम चतुर्वेदी।

आँखें छलछला उठना
आँखों में आँसू भर आना; जैसे—(१) उसने क्षमा माँगने के स्वर में कहा तो भगवती की आँखें छलछला उठी थीं। —शिवानी। (२) ताबूत के गड्ढे में उतरते ही दर्शकों की आँखें छलछला उठीं····।—गुलशन नंदा।

आँखें जाना
१. आँखों की ज्योति नष्ट होना; जैसे—हमारी आँखें प्रूफ़ देखते देखते ही गई हैं।
२. दृष्टि की पहुँच होना; जैसे—जहाँ

तक आँखें जातीं टैंक ही टैंक दिखलाई पड़ते।—दिनमान।

३. ध्यान जाना (दे०)।

आँखें जुड़ाना

आँखें ठंडी करना; जैसे—इसी से मुँह फुलाए वह कहीं से एक जीर्ण-शीर्ण फ़िल्मी पत्रिका जुटाकर आँखें जुड़ा रही थी।—शिवानी।

आँखें टँगी होना

राह देखते देखते आँखों का कुछ कुछ सूज जाना।

आँखें ठंडी हो जाना

दर्शन-लाभ से आँखों को सुख मिलना; जैसे—बरसों बाद विदेश से मुझे लौटा देख माँ की आँखें ठंडी हो गईं।

आँखें डबडबाना/डबडबा आना

आँखों में आँसू भर आना; जैसे—शीशे के सामने जाकर वह बहुत देर तक अपने को देखती रही थी, अपने रूप को परखती रही थी··· तब उसे अपना चेहरा पहली बार कुरूप और बेडौल लगा था ···आँखें डबडबा आई थीं। —कमलेश्वर।

आँखें डालना

देखना दृष्टिपात करना; जैसे-जब सुनंदा कह चुकी तब इंदुमति ने संकोच छोड़कर अपनी हँसती हुई आँखें अज पर डालीं।—सीताराम चतुर्वेदी।

आँखें तरसना

जिसे बहुत दिनों से न देखा हो उसे देखने की मन में लालसा होना; जैसे—भगवान के दर्शन के लिए भक्त की आँखें तरस रही हैं।—सीताराम चतुर्वेदी।

आँखें तरेरना

आँखों से कोध प्रदर्शित करना; जैसे—छोटी ने आँखें तरेरकर कहा—क्या सुसराल जाना है जो पाँचों पोशाक लाई हो।-प्रेमचंद।

आँखें दिखाना

आँखों से रोष प्रकट करना; जैसे—आप का क्या बिगाड़ा है जो मुझे आँखें दिखा रहे हैं।

आँखें देना

दृष्टिपात करना, देखना; जैसे—मगर उसने आँखें मेरी ओर दीं ही नहीं। —रा० रा० प्र० सिंह।

आँखें धरती में गड़ना

संकोच या लज्जा के कारण आँखें नीची होना; जैसे—उनकी ग्रीवा झुकी हुई थी, आँखें धरती में गड़ी हुई थीं। —हजारीप्रसाद द्विवेदी।

आँखें न ठहरना

एकटक न देख पाना, जैसे—पच्चीकारी ऐसी हो रही थी कि आँखें नहीं ठहरती थीं।—प्रेमचंद।

आँखें नीची हो जाना

शर्म से सिर नीचा हो जाना; जैसे—बेटा सही होता तो मेरी आँखें आज पंचों के आगे नीची न होतीं।

आँखें फटी की फटी रह जाना

भौंचक्का होकर देखते रह जाना; जैसे—(१) गोलक दा की पत्नी के मुँह से मैंने जो कुछ सुना, उससे तो मेरी आँखें फटी की फटी रह गई थीं—वीरेंद्र मंडल।(२) आख़िर एक दिन सबकी आँखें फटी रह गईं जब पता चला कि तमाम नवाबों, राजाओं वगैरह की कोशिशें बेकार चली गईं, उनकी जगह अट्ठारह साल के एक सजीले नौजवान ने बाज़ी मार ली है। —कमलेश्वर।

आँखें फाड़कर देखना

आँखें फाड़ फाड़कर देखना (दे०)।

आँखें फाड़ फाड़कर देखना

आश्चर्य मिश्रित विकलता से देखना; जैसे—इस पहाड़ी से जब तुम ऊपर उड़ोगे तब तुम्हारा उड़ना देखकर सिद्धों की भोली-भोली स्त्रियाँ आँखें फाड़ फाड़कर तुम्हारी ओर देखती हुई सोचेंगी कि कहीं पहाड़ की चोटी को पवन तो नहीं उड़ाए लिए चला जा रहा है।

—सीताराम चतुर्वेदी।

आँखें फिरना

कृपा-दृष्टि न रह जाना; जैसे—भोला की आँखें कुछ ऐसी फिरीं कि उसे अब रग्घू में सब बुराइयाँ ही बुराइयाँ नज़र आतीं।—प्रेमचंद।

आँखें फेरना

आँखें बदल लेना (दे०); जैसे—एक बार उन आँखों से आँखें चार होने पर कोई भी सहज में आँखें फेर नहीं सकता था।—शिवानी।

आँखें बँधी की बँधी रह जाना

एकटक देखते रह जाना; जैसे—पहले-पहल जब मैंने उसे देखा था मेरी आँखें बँधी की बँधी रह गई थीं।

आँखें बदल जाना

पहले जैसे स्नेहपूर्ण या मधुर संबंध न रह जाना; जैसे—शहर का दाना-पानी लगने से लौंडे की आँखें बदल गईं। —प्रेमचंद।

आँखें बदल देना

आँखें बदल लेना (दे०); जैसे—मगर अभी गया ही क्या है, ज़रा आँखें बदल दें, वह अभी ढेर हुई जाती है। —रा० रा० प्र० सिंह।

आँखें बदल लेना

किसी से स्नेहपूर्ण या मधुर संबंध ख़त्म करना; जैसे—उन्हें क्या ख़बर कि चौधरी आज आँखें बदल लें तो यह सारी ईद मुहर्रम हो जाए।—प्रेमचंद।

आँखें बरसना

आँखों से लगातार आँसू बहना; जैसे—माँ ने दौड़कर उसे बाहों में भर लिया था। बाहों में भरते ही उसकी आँखें बरसने लगी थीं।—गिरिधर गोपाल।

आँखें बिछाना

स्नेह या आदरपूर्वक किसी का स्वागत करना; जैसे—घर पर कौन तुम्हारी स्त्री है कि तुम्हारे लिए आँखें बिछाए बैठी होगी।—जवाहर सिंह।

आँखें भारी होना

झपकी या नींद आने को होना; जैसे—चेतन की आँखें भारी होने लगी थीं। —अश्क।

आँखें मिचना/मिच जाना

मरना; जैसे—बाप की आँखें मिचते ही लड़के शेर हो गए।—रा० रा० प्र० सिंह।

आँखें मिलना/मिल जाना

प्रेमपूर्वक एक दूसरे को देखना।

आँखें मिलाना

प्रेमियों का एक दूसरे के प्रति मौन स्नेह व्यक्त करना।

आँखें मूँद लेना

१. न देखना; जैसे—यदि आपने इन दोषों की ओर से आँखें मूँद लीं तो हमारा एक दिन सर्वनाश हो जाएगा। —सीताराम चतुर्वेदी।

२. मर जाना।

आँखें लगाए बैठना

उत्सुकतार्पूक प्रतीक्षा करना; जैसे—हम तो न जाने कब से आँखें लगाए बैठे थे।

आँखें सेंकना

किसी का सुंदर रूप देख-देखकर अपनी आँखों को तृप्त करना; जैसे—(१) तुम्हें देखते हैं रात दिन, आँखें सेंकते हैं रात दिन।—देवीप्रसाद। (२) बेटा, तुम आँखें सेंक रहे थे और एहसान इस ग़रीब पर (कि तुम्हारा इंतज़ार कर रहे थे)। —गिरिधर गोपाल।

आँखों आँखों में

दृष्टि द्वारा, दृष्टि के माध्यम से; जैसे—तब इंदुमति ने संकोच छोड़कर अपनी आँखें अज पर डालीं और आँखों आँखों में उन्हें वर लिया।—सीताराम चतुर्वेदी।

आँखों का तेल निकल जाना

कसीदा काढ़ने, लिखने-पढ़ने आदि जैसा कोई महीन काम करते करते आँखों का दुखने लगना और थक

जाना; जैसे—प्रूफ़ पढ़ते-पढ़ते आँखों का तेल और कमर का कचूमर निकल गया।—पद्मसिंह शर्मा।

आँखों की सुइयाँ निकालना

किसी बड़े काम का बचा हुआ थोड़ा-सा अंश पूरा करके सारे काम का श्रेय प्राप्त करना।

आँखों के आगे

सामने; जैसे-ये सारी घटनाएँ मेरी आँखों के आगे घटी हैं।

आँखों के आगे/सामने अँधेरा छाना

१.चक्कर आने, झाँई पड़ने या कमज़ोरी के कारण थोड़ी देर के लिए देखने की शक्ति खो बैठना।

२. निराशापूर्ण वातावरण या अंधकार-पूर्ण भविष्य प्रतीत होना; जैसे—राशि वर्ष ठीक हो जाने पर जब लेन-देन की बातें होने लगतीं तब कृष्णचंद्र की आँखों के सामने अँधेरा छा जाता था।—प्रेमचंद।

आँखों के सामने उभर आना

मानसिक चक्षुओं को स्पष्ट दिखाई पड़ना; जैसे—और तो और इलियट लेन का वह छोटा-सा मकान जहाँ बरसों सोया और जागा, रोया और हँसा उभर आया इन आँखों के सामने। —रा० रा० प्र० सिंह।

आँखों के सामने नाचना

मानसिक चक्षुओं के सामने उपस्थित रहना; जैसे—उसका आकर्षक व्यक्तित्व, अग्नि उगलती उसकी बड़ी-बड़ी प्रज्वलित आँखें, आज भी मेरी आँखों के समक्ष नाचने लगती हैं। —मनु शर्मा।

आँखों को बाँध लेना

इस प्रकार ध्यान आकृष्ट कर लेना कि कोई देखता ही रह जाए; जैसे—एक सोपान पर पग धरते ही निर्माणकर्ताओं का स्थापत्य-चातुर्य, सूक्ष्म सौंदर्य-बोध आँखों को बाँध लेता।—शिवानी।

आँखों पर पट्टी बँधी होना

अनजान बनना, सामने होते हुए काम पर भी ध्यान न देना।

आँखों पर पर्दा पड़ जाना

कुछ न सूझना।

आँखों पर बैठाना

(आगत या अभ्यागत का) अत्यधिक आदर-सम्मान करना; जैसे—वह आए तो सही मैं उसे आँखों पर बैठाकर रखूँगी।—रा० रा० प्र० सिंह।

आँखों में

नज़र में; जैसे—उनकी आँखों में हम सब चोर हैं।

आँखों में आँखें डालना

वस्तुस्थिति या तथ्य जानने के लिए किसी की आँखों में एकटक देखना।

आँखों में आँसू छलक आना

अश्रुपात होना; जैसे—जब मार्ग के आश्रमवासियों ने उन्हें वे वृक्ष दिखाए जिनके तले राम और लक्ष्मण जाते हुए टिके थे तो उनकी आँखों में आँसू छलक आए।—सीताराम चतुर्वेदी।

आँखों में आना

मानसिक चक्षुओं को दिखाई पड़ना; जैसे—बिजली के पंखे से लैस, सरदार जगदीश सिंह के मकान का वह स्वच्छ हवादार कमरा अपने सरदई रोगनवाले दरवाज़ों के साथ बार बार उसकी आँखों में आता था।—अश्क।

आँखों में उँगलियाँ डालना

अच्छी तरह दिखाना, तिखारना; जैसे—इस मुसकान की नोक ने उनकी आँखों में उँगलियाँ डाल के दिखा दिया कि वह कितने पानी में है अब। —रा० रा० प्र० सिंह।

आँखों में काँटे की तरह चुभना

बहुत बुरा लगना, देखने से हृदय में पीड़ा होना; जैसे—उसकी परछाईं भी मेरी आँखों में काँटे की तरह चुभती है।—रामलाल।

आँखों में खटकना
अप्रिय लगना, न सुहाना; जैसे—हम भाई-बहन अपनी सौतेली माँ और सगे बाप की आँखों में बराबर खटकते ही रहे।

आँखों में ख़ून उतर आना
गुस्से के मारे आँखें लाल सुर्ख हो जाना; जैसे—उसे (दिल्लीपत को) पटवारी की गद्दारी पर गुस्सा आया। उसकी आँखों में ख़ून उतर आया और उसका मन काबू से बाहर हो गया। —अजित पुष्कल।

आँखों में घर करना
अत्यंत प्रिय लगना।

आँखों में चरबी छा जाना
अहंकार या मद से अंधा होना।

आँखों में चुभना/चुभने लगना
अप्रिय लगना।

आँखों में धूल झोंकना/डालना
(इस प्रकार) किसी को भ्रमित करना कि उसे (भ्रमित होनेवाले को) सहसा पता न चले; जैसे—(१) शासन और समाज की आँखों में धूल झोंकने की प्रवीणता लोगों ने पहले ही प्राप्त कर ली थी।—अखंड ज्योति। (२) देखिए आप सारी दुनिया को धोखा दे सकते हैं परंतु एक अनुभवी डाक्टर की आँखों में धूल नहीं झोंक सकते।—कन्हैयालाल कपूर। (३) समझ बैठी हो कि पर्दे के पीछे नाटक खेल लिया, तो सबकी आँखों में धूल झोंक ली।—अजित पुष्कल। (४) तुम एक पाकिटमार लड़की हो। आज तक तुम मेरी आँखों में धूल झोंकती रही हो।—गुलशन नंदा।

आँखों में फिरना
बराबर याद आना; जैसे—मुँह-अँधेरे पलकें जो खुल पड़ीं तो अतीत की जाने कितनी तस्वीरें लगीं आँखों में फिरने। —रा० रा० प्र० सिंह।

आँखों में बैठाना
आदरपूर्वक स्थान देना; जैसे—नारी तो एक बार जिसे आँखों (के कोए) में बिठा लेती है उसे उतार नहीं पाती। —रा० रा० प्र० सिंह।

आँखों में मूँदकर रखना
आँख की पुतली बनाकर रखना; जैसे—वैसे तो वह सुंदरी पुत्री को दिन-रात आँखों में मूँदकर रखती थी। —शिवानी।

आँखों में रात काटना/बिताना
(रोग, कष्ट, प्रतीक्षा आदि के कारण) रात जागकर बिताना।

आँखों में समाना
आँखों में घर करना (दे०)।

आँखों में सरसों फूलना
हरियाली ही हरियाली दिखाई पड़ना: जैसे—जैसे मालिक वैसे नौकर सभी की आँखों में सरसों फूली हुई है। —प्रेमचंद।

आँखों में सलाई फेरना/फिरवाना
आँखों में गर्म सलाई फेरकर या फिरवा-कर आँखें जला देना। (प्राचीन दंड)

आँखों से ख़ून टपकना
मारे क्रोध के आँखों का लाल हो जाना; जैसे—बेटे को देखते ही बाप की आँखों से ख़ून टपकने लगा।

आँखों से चिनगारियाँ निकलना
क्रोध से आँखें लाल हो जाना; जैसे—एकाएक उसके चेहरे का रंग बदल गया, उसकी आँखों से चिनगारियाँ निकलने लगीं।—गुलशन नंदा।

आँखों से पर्दा उठ जाना
आवरण हट जाने से असलियत का पता लगना; जैसे—जिस पल यह पर्दाफ़ाश हुआ, हमारी आँखों से भी बस पर्दा उठ गया।—रा० रा० प्र० सिंह।

आँखों से लगाकर रखना
पूरा आदर-सम्मान देना।

आँच आना

कष्ट या हानि होना; जैसे—(१) बेटा! हमारे होते तुम पर कभी आँच नहीं आएगी। (२) ईश्वर न करे कि तुम पर कोई आँच आवे।—रामकुमार वर्मा। (३) उठती जवानी तो बराबर किसी लौ से खेलती है, आँच आने की परवा नहीं करती।—रा० रा० प्र० सिंह। (४) तुम निर्भीक होकर कहो बसंती। तुम्हें किसी प्रकार की आँच नहीं आ सकती। —यज्ञदत्त।

आँच खाना

तेज़ आग से प्रभावित होना; जैसे—आँच खाने पर सोना कुंदन बनता है।

आँच देना

कष्ट या दुख देना।

आँच न आने देना

हर प्रकार की मुसीबतों से रक्षा करना; जैसे—उनका मेरे सिर पर हाथ रहा और उन्होंने कभी मुझपर आँच नहीं आने दी।

आँचल थामना

दृढ़ता तथा विश्वासपूर्वक किसी का सहारा लेना; जैसे—हमारे जीवन के सब से मधुर क्षण वही होते हैं, जब हमारी नाव ब्रह्मपुत्र की विशाल जलधारा का आँचल थामे आगे बढ़ती है।—देवेन्द्र सत्यार्थी।

आँचल पसारना/फैलाना

दीन भाव से कुछ माँगना।

आँचल में बाँधना/बाँध लेना

याद रखना; जैसे—मैंने उसकी यह सीख सदा के लिए आँचल में बाँध ली थी।

आँचल से बाँधना/बाँध लेना

सहेज लेना, अपना लेना; जैसे—आँचल से क्यों बाँध लिया मुझ परदेसी का प्यार।—गीत।

आँतें कुलकुलाना

भूख से विकल होना।

आँतें गले को आना

मृत्यु के सन्निकट होना।

आँतें ढीली करना

भयभीत करना; जैसे—मगर उस चिड़िया की आवाज़ जैसे उसकी भीतरी आँतें ढीली किए दे रही थी। —अजित पुष्कल।

आँतें बाहर निकल आना

पेट फाड़े जाने के कारण आँतों का बाहर निकल आना।

आँतें भरना

ख़ूब खाना; छकना; जैसे—···पेट बजानेवालों की आँतें भर गईं।—रा० रा० प्र० सिंह

आँतों के बल खुलना/खुल जाना

छककर भोजन करना; भोजन से अत्यंत तृप्त होना।

आँधी आना

१. अत्यधिक जल्दी होना; जैसे—खाने की ऐसी क्या आँधी आई है।

२. वेगपूर्वक तथा अत्यधिक मात्रा में आना; जैसे—(१)···फिर प्रयोगवादी कविताओं की आँधी आई। (२) फिर ···महामारी की वह आँधी इस देश में आई।—यशपाल।

आँधी के आम

अधिक मात्रा में तथा बहुत सस्ते में मिलनेवाली वस्तु।

आँवाँ का आँवाँ बिगड़ा होना

घर के सभी लोगों का परस्पर आपत्ति-जनक व्यवहार करनेवाला होना।

आँसू पीकर रह जाना

असमर्थता के कारण व्यथाजन्य आक्रोश प्रकट न कर पाना; जैसे—उस आततायी के आगे उसकी एक न चली। बेचारी क्या करती आँसू पीकर रह गई।—शिवानी।

आँसू आना/निकलना

रोना, दुखी होना।

आँसू पीना

घोर दुख होने पर भी शांत रहना और

आँखों में आँसू तक न आने देना; जैसे—गाँठ में पैसे भी न थे कि सूखे गले को सींचता ... आँसू पीने के सिवा आज पीने को था ही क्या? —रा० रा० प्र० सिंह।

आँसू पुछना/पुछ जाना

किसी के द्वारा ढारस बँधाई जाना या सहायता की जाना; जैसे—अनाथालय में नौकरी मिलने से उस ग़रीब के कुछ आँसू तो पुछे।

आँसू पोंछना

दुखी व्यक्ति को सांत्वना देना; जैसे—(१) पति का प्रेम तो उसने जाना ही नहीं, तुमने उसके आँसू अवश्य पोंछे। —रा० रा० प्र० सिंह।
(२) सहृदयता और शालीनता इसी में थी कि मुझसे सहानुभूति प्रकट करते, मेरे आँसू पोंछते।—प्रेमचंद।

आँसू बहाना

विलाप करना; जैसे—हाकी के खेल में भारतीय पराजय पर देश ने आँसू बहाए।—खेल खिलाड़ी।

आ टपकना

सहसा विशेषतः अप्रत्याशित रूप से आ जाना या आ पहुँचना; जैसे—अभी हम लोगों ने उसकी चर्चा छेड़ी ही थी कि इतने में वह आ टपका।

आ टूटना

वेगपूर्वक आना; जैसे—नागकेशर के फूलों पर बैठे हुए भौरों को जैसे ही खजूर की डालों से बँधे हुए हाथियों के कपोलों से टपकते हुए मद की गंध मिली कि वे उन्हें छोड़कर इन पर आ टूटे।—सीताराम चतुर्वेदी।

आ धमकना

सहसा (विशेषतः अवांछित रूप से) कहीं आना या पहुँचना; जैसे—(१) अभी अपनी दुकान खोली थी, बोहनी भी नहीं हुई कि इतने में वे महाशय किराया माँगने के लिए आ धमके। (२) अभी यह विपत्ति टली नहीं कि उधर फोड़े के ऊपर फुंसी के समान दूसरी विपत्ति आ धमकी है। —सीताराम चतुर्वेदी।

आ पड़ना

सहसा कोई विपत्ति या मुसीबत आना; जैसे—जब आ पड़ती है तब आदमी इधर-उधर हाथ मारता ही है।

आ बनना

कष्ट या संकट की घड़ी सिर पर आ जाना; जैसे—किसी को क्या कहें इस वक्त तो हम पर ही आ बनी है।

आई आ जाना

मौत आना; जैसे—बहुत ही कायर स्वभाव और डरपोक होने के बावजूद इस समय वह ख़ुदा से यही दुआ माँग रहे थे कि किसी की आई मुझे न आ जाए।—भूषण वनमाली।

आए दिन

अक्सर, प्रायः, नित्य; जैसे—आए दिन यहाँ दंगे होते हैं।

आकाश खुलना

आस्मान साफ़ होना, बादलों का छँटना; जैसे—आकाश खुलने का नाम ही नहीं लेता था।—नरेश मेहता।

आकाश छूना

बहुत ऊँचा होना; जैसे—वे चोटियाँ आकाश छूती हैं।

आकाश-पाताल एक करना

ख़ूब दौड़-धूप या उद्योग करना।

आकाश-पाताल का अंतर

बहुत बड़ा अंतर; जैसे—उनकी कथनी और करनी में तो आकाश-पाताल का अंतर है।

आख़िरी दम तक

अंतिम साँस तक; जैसे—उसने आख़िरी दम तक तुम्हारे नाम की रट लगाए रखी।

आग उगलना

१. (आग की तरह) धधकने लगना;

जैसे—सूर्यकांत मणि यों तो छूने में ठंडी लगती है, पर जब सूर्य उस पर अपना प्रकाश डालता है, तब वह भी आग उगलने लगती है।—सीताराम चतुर्वेदी।

२. आवेश में आकर जली-कटी सुनाना; जैसे—(१) न जाने क्यों उसको मुझसे कैसी चिढ़ है कि मेरी शक्ल देखते हा आग उगलने लगता है। (२) और ये दूसरे मोटे से, गोरे से जो मंत्री हैं ---जब भाषण करते थे तब आग उगलते थे।—गिरधर गोपाल।

आग देना

(मृतक का) दाह संस्कार करना; जैसे—होनी थी कि बूढ़े बाप को अपने बेटे की चिता में आग देनी पड़ी।

आग पर तेल छिड़कना

ऐसा काम करना जिससे रोष, विरोध आदि और भड़के; जैसे—वह तो भरा बैठा था ही कि तुम्हारे शब्दों ने आग पर तेल छिड़कने का काम कर दिया।

आग बबूला होना

क्रोध से उन्मत्त हो जाना; जैसे—उसके इस सवाल पर वह आग बबूला हो उठता और डाँट-डपटकर उसे ठंडा कर देता।—अजित पुष्कल।

आग बरसना

बहुत अधिक गर्मी पड़ना; जैसे—मरुस्थल की गर्मी का क्या कहना, वहाँ तो दिन चढ़ते ही आग बरसने लगती है।

आग बरसाना

शत्रु पर गोलाबारी करना।

आग भड़क उठना

विरोध या विद्रोह का उग्र रूप धारण करना; जैसे—इलाके में आग सुलग रही थी, हवा पाते ही भड़क उठी।—प्रेमचंद।

आग में कूदना

बहुत बड़ा जोखिम उठाना; जैसे—मित्र मित्र के लिए आग में कूद सकता है।—अजित पुष्कल।

आग में घी पड़ना

विवाद या उत्तेजना का और अधिक उग्र होना; जैसे—आग में घी पड़ गया मगर राय साहब ने क्रोध को दबाया।—प्रेमचंद।

आग में झोंकना/झोंक देना

ख़तरे में डालना; जैसे—वह पागल लड़की जान-बूझकर अपने आपको इस आग में झोंक रही है।—गुलशन नंदा।

आग में मूतना

ऐसा दुस्साहसपूर्ण आचरण करना जिसका परिणाम स्वयं के लिए भयावह हो; जैसे—मेरे लिए तो उस काने के मुँह पर उसको काना कहना आग में मूतने के समान सिद्ध हुआ।

आग लगना/लग जाना

१. (वस्तु का) दुष्प्राप्य या दुर्लभ होना; जैसे—चीनी को तो जैसे आग लग गई है।

२. ईर्ष्या या क्रोध से जलने लगना; जैसे—(१) तुम्हारा पराक्रम सुनकर मेरे शरीर में आग लग गई है।—सीताराम चतुर्वेदी। (२) मुझे आग लग गई यह बात सुनकर।—मनहर चौहान।

३. झगड़ा-फ़साद होना; जैसे—छोटी बहू ने अभी घर में पैर रखा कि भाइयों की तूतू—मैंमैं से घर में आग लग गई।

आग लगने पर कुआँ खोदना

स्थिति के उग्र या विकट रूप धारण कर लेने पर ही उसके प्रशमन का प्रयास करना (अर्थात् पहले से कोई उपाय न करना)।

आग लगाकर पानी को लेकर दौड़ना

प्रथमतः विवाद या झगड़ा खड़ा करना फिर उसे शांत करने का प्रयत्न करना; जैसे—आग लगाकर पानी लेकर दौड़ने

से कोई निर्दोष नहीं हो जाता।

आग लगाना/लगा देना

१. दो घरों, पक्षों, दलों आदि में बहुत बड़ा झगड़ा खड़ा करना जिससे वे परस्पर शत्रुवत् व्यवहार करने लगें; जैसे—मामा ने जो आग लगा दी है वह मेरे बुझाए नहीं बुझ सकती। —प्रेमचंद।

२. ऐसी बात कहना या काम करना जिससे कोई क्रोध से भड़क उठे; जैसे—एक तो ऐसे ही दिमाग गरम है, ऊपर से तू उलटा-सीधा बोलकर और भी आग लगा देती है।—सरोजिनी वर्मा।

आग लगी होना

कुछ समय से (किसी वस्तु का अत्यधिक दाम बढ़े होने के कारण) दुष्प्राप्य या दुर्लभ होना।

आग लगे

नष्ट या चौपट हो जाए, राख हो जाए; जैसे—आग लगे तुम्हारी जवानी में। —कमलेश्वर।

आग सुलगना

असंतोष के फलस्वरूप बैर, विरोध, विद्रोह आदि की भावना धीरे-धीरे फैलना; जैसे—इलाके में आग सुलग रही थी, हवा पाते ही भड़क उठी।—प्रेमचंद।

आग से खेलना

विपत्तिमूलक विशेषतः दुस्साहपूर्ण कार्य करना; जैसे—मुझे ललकारो मत, आग से खेलना अच्छा नहीं होगा।

आग होना/हो जाना

इतना अधिक क्रुद्ध होना कि चेहरा आग की तरह धधकने लगे; जैसे—मेरी शक्ल देखकर वह आग हो जाता।

आगा-पीछा न देखना

आगा-पीछा न सोचना (दे०)।

आगा-पीछा न सोचना

हित-अहित का विचार न करना; जैसे—...मैं प्रेम की तरंग में आगा-पीछा कुछ न सोचता था।—प्रेमचंद।

आगे अँधेरा होना

भविष्य अंधकारपूर्ण प्रतीत होना; जैसे—जिसके आगे अँधेरा है, उसके लिए धन-दौलत किस काम की। —प्रेमचंद।

आगे आना

१. साहसपूर्ण कोई काम करने के लिए औरों से पहले प्रस्तुत होना; जैसे—अच्छे काम के लिए जल्दी कोई आगे नहीं आता।

२. प्रतिफलित होना; जैसे—तुम्हारा किया एक दिन तुम्हारे आगे आएगा।

आगे कर देना

अगुआ बनाना; जैसे—(१) सब पीछे हो जाते थे और मुझे आगे कर देते थे। (२) इन्होंने भी हमें ही आगे करके बात कहलवाई।—यशपाल।

आगे को

भविष्य में; जैसे—आगे को ऐसा मत करना।

आगे चलकर

भविष्य में, आनेवाले समय में; जैसे—(१) अगर अभी से लड़के को नहीं रोकोगे तो आगे चलकर पछताओगे। —शिवनाथप्रसाद बेरी। (२) आगे चलकर मैं भी इस काम में तुम्हारे साथ (तुम्हारा) हाथ बटाऊँगा।—प्रेमचंद।

आगे नाचना

मानसिक चक्षुओं के सामने घटित होता हुआ प्रतीत होना; जैसे—जब कभी उसकी याद आती है उसकी भोली-भाली शक्ल मेरे आगे नाचने लगती है।

आगे निकलना/निकल जाना

गुण, प्रभाव, पद, स्पर्धा आदि में किसी से बढ़ जाना; जैसे—बेटा तो बाप से भी आगे निकल गया।

आगे बढ़ना/बढ़ जाना

(अपेक्षाकृत अधिक) सफलता प्राप्त करना, फलतः उन्नत और समृद्ध हो

जाना; जैसे—जो देश हमसे पीछे स्वतंत्र हुए वे भी कई क्षेत्रों में हमसे आगे बढ़ गए हैं।

आगे होना

बढ़-चढ़कर होना; जैसे—(१) गेहूँ की उपज में पंजाब सब राज्यों से आगे है। (२) अभिमन्यु अर्जुन से भी आगे था।

आगे-पीछे

देर-सबेर; जैसे—खेलने-खाने के ये ही तो दिन होते हैं। अरे, आगे-पीछे चूल्हे-चक्की में तो बेचारी को खटना ही है।—नरेश मेहता।

आगे-पीछे की न सोचना

आगा-पीछा न सोचना (दे०); जैसे—करनेवाला सूरमा आगे-पीछे की नहीं सोचता।—अजित पुष्कल।

आगे-पीछे कोई न होना

कोई रिश्तेदार या अपना न होना; जैसे—सोलह वर्ष की आयु, आगे-पीछे कोई नहीं, छोटी-सी बच्ची और सामने अनुभवहीन ज़िंदगी, अपरिचित हिंस्र संसार।—गिरिधर गोपाल।

आगे-पीछे फिरना/रहना/होना

जी-हुजूरी या ख़ुशामद में लगे रहना; जैसे—जब से वे मंत्री हुए हैं दो चार आदमी उनके आगे-पीछे फिरा करते हैं।

आज-कल करना

झूठा वादा करके टालना, यह कहना कि आज नहीं कल आपका काम करेंगे; जैसे—यह दर्जी बिना दस बार दौड़ाए कपड़े नहीं देता, तीन-चार बार उसके यहाँ हो आया हूँ, रोज आज-कल करता है।—रा० रा० प्र० सिंह।

आज-कल में

एक-दो दिन में; जैसे—आज-कल में वह आता ही होगा।

आटे में नमक के बराबर

जिस अनुपात में (ढेर) आटे में (थोड़ा-सा) नमक उपयुक्त होता है उसी प्रकार थोड़ी और सही मात्रा में, जैसे—आपको अपने व्यापार में नमक के बराबर ही मुनाफ़ा लेना चाहिए।

आटे-दाल का भाव मालूम होना/हो जाना

यह समझ में आना कि घर-गृहस्थी का काम कितनी मुश्किलों से चलता है; जैसे—करते क्या बेचारे—जब चादर छोटी हो तो पैर फैलाने की गुंजाइश होने से रही—आटे-दाल का भाव मालूम हो जाता।—रा० रा० प्र० सिंह।

आठ-आठ आँसू रोना

बहुत अधिक रोना; जैसे—जब माँ की याद आती है वह आठ आठ आँसू रो लेता है।

आठ आने का

आधे का; जैसे—इस कोठी में वे आठ आने के मालिक हैं।

आठों पहर

दिन-रात, चौबीसों घंटे; जैसे—आठों पहर मेरी जान खाती है।

आड़ में

बहाने से, नाम पर; जैसे—धर्म की आड़ में सब दुष्कर्म सुकर्म मनवाए जाते हैं।

आड़े आना

बाधक होना।

आड़े वक्त/समय

कठिन समय में, दुर्दिन में; जैसे—सच्चा मित्र वही है जो आड़े वक्त काम आए।

आड़े वक्त/समय/के लिए

कठिन समय के लिए, दुर्दिन के लिए; जैसे—हरि भैया ने भाइयों से पृथक होकर इतनी रकम सेठ जी के यहाँ आड़े समय के लिए रख दी थी।—यशपाल।

आड़े हाथों लेना

अवसर पाकर खरी-खोटी सुनाना;

जैसे—(१) मिर्ज़ा ने मुझे आड़े हाथों लिया और बोले, अक्ल के नाख़ून लो यह भी कोई मौसम है।—कन्हैयालाल कपूर। (२) कुछ देर तक तो वह उनकी बातें सुनती रहीं, पर फिर उसने उन्हें आड़े हाथों लेना शुरू किया तो उनके पसीने छुड़वा दिए।—भूषण बनमाली।

आता-जाता

१. आने, जाने या लौटनेवाला; जैसे—किसी आते-जाते के हाथ पुस्तक भेज देना।

२. जानकारी, ज्ञान; जैसे—मैं जानता हूँ कि मुझे कुछ आता-जाता नहीं है। —सीताराम चतुर्वेदी।

आत्मा ठंडी होना

१. मनोकामना पूरी होने पर पूर्ण संतोष होना।

२. परम प्रसन्नता होना।

आत्मा दुखी होना

(किसी के व्यवहार से) हृदय पर आघात लगना।

आदत डालना

अभ्यास बनाना; जैसे—बहुत-सी बातों को देखकर न देखने की, एक कान से सुनकर दूसरे से निकाल देने की, पी जाने की आदत डालनी चाहिए। —गिरिधर गोपाल।

आदमी न समझना

किसी के प्रति शिष्ट व्यवहार न करना; जैसे—मुझ जैसे दलित को उस अहंकारी ने कभी आदमी नहीं समझा।

आदमी बनना

मानवोचित आचरण करने लगना; जैसे—ठोकर खाएगा तो आदमी बन जाएगा और घर का काम-काज करने लगेगा।—अजित पुष्कल।

आदमी लगना

भला व्यक्ति प्रतीत होना; जैसे—वह थानेदार देखने में तो आदमी लगता है।

आदमी लगाना

आदमी विशेषतः राज, मज़दूर, बढ़ई आदि (किसी काम को पूरा करने के लिए) नियोजित करना; जैसे—दस आदमी लगाओ तब कहीं यह काम चार दिन में पूरा होगा।

आदि-अंत न मिलना

सही व पूरी जानकारी न प्राप्त होना; जैसे—हमें तो इस झगड़े का आदि-अंत नहीं मिला।

आधा तीतर आधा बटेर

आधा एक रंग-ढंग का और आधा दूसरे रंग-ढंग का, फलतः देखने में भद्दा।

आधा रह जाना

बहुत दुर्बल हो जाना; जैसे—इस बीमारी से उसका शरीर आधा रह गया है।

आधी बात न कहना

कुछ भी रोष न प्रकट करना; जैसे—जिसने कभी आधी बात न कही, कभी तू करके नहीं पुकारा, वह मालिक अब उसे छोड़े चला जा रहा था।

आनंद लूटना

मौज-मस्ती करना; जैसे—हम यहाँ बैठे झक मार रहे हैं और वह वहाँ आनंद लूट रहा होगा।

आन का पक्का

दृढ़व्रत; जैसे—इधर अपनी आन का पक्का वह चालक भी बाईं ओर अपनी मीठी बोली बोल रहा है। —सीताराम चतुर्वेदी।

आन की आन में

तुरंत, फ़ौरन।

आन पर

आन या प्रतिष्ठा के लिए; जैसे—इन मूँछों की ही आन पर कितनी सल्तनतें बनी और बिगड़ी हैं।—महेंद्र सिंह परमार।

आना

सीखा होना; जैसे—खफ़ा होना तो उसे

आता ही नहीं था।—बलवंत सिंह।

आनाकानी करना

न-नुकर करना; जैसे—अब मैं प्रार्थना करता हूँ कि आप ये अस्त्र ले लीजिए, आनाकानी न कीजिए।—सीताराम चतुर्वेदी।

आना-जाना

१. एक दूसरे के यहाँ बराबर मिलने के लिए आते-जाते रहना; जैसे—दोनो परिवारों में आना-जाना इतना ज़्यादा बढ़ गया है कि एक को दूसरे का हाल जाने बिना चैन नहीं पड़ता।—गिरिधर गोपाल।

२. सूझना; जैसे—मन में इस वक्त कुछ भी आ-जा नहीं रहा था।—कमलेश्वर।

३. जनमना और मरना; जैसे—दुनिया यों ही चलती रही है, चलती रहेगी। किसी के आने-जाने से कोई ख़ास फ़र्क नहीं पड़ता।—गिरिधर गोपाल।

४. नफ़ा-नुक़सान, हानि-लाभ; जैसे—बस आए दिन टंटा। ....ख़ैर, जाने दीजिए, जब तकदीर ही काले पानी की सज़ा दे रही है तो फिर किसी तदबीर से क्या आना-जाना।—रा० रा० प्र० सिंह।

आप-से-आप

१. बिना किसी प्रयास के, अनायास; जैसे—उसने कुछ दवा-दारू नहीं किया तो भी आप-से-आप चंगा हो गया।

२. स्वतः, ख़ुद ही; जैसे—मैंने उसे नहीं बुलाया था। वह तो आप-से-आप आया था।

आपस में पटने लगना

आपस में सुखद संबंध तथा सुखद निर्वाह होना, निभना; जैसे—अश्वत्थामा और वृषसेन की आपस में खूब पटने लगी थी।—ओम शिवराज।

आपा खोना

१. अभिमान त्यागना; जैसे—ऐसी बानी बोलिए, मनका आपा खोए। —कबीर।

आपाधापी में लगना

अंधस्वार्थ के कारण लूट-खसोट में लगे होना; जैसे—देश की फ़िक्र ही किसे, सभी तो आपाधापी में लगे हुए हैं। —दिनमान।

आपा पीटना

(दुख या क्रोध से अभिभूत होने पर) अपने हाथों से अपना मुँह, छाती आदि पीटना।

आपे में न रहना

संयम से न रहना; जैसे—ये शब्द सुनकर वह आपे में न रही।—भूषण वनमाली।

आपे से बाहर होना

इतना अधिक क्रुद्ध होना कि संयम जाता रहे; जैसे—(१) झुनिया संयम हाथ से न जाने देती थी और धनिया आपे से बाहर थी।—प्रेमचंद।

(२) उसकी बुरी नियत के बारे में सोचकर (वह) आपे से बाहर हो गया। —गुलशन नंदा।

आफ़त उठानी पड़ना

कष्ट झेलना; जैसे—उनके यहाँ उसे बहुतेरी आफ़तें उठानी पड़ीं।

आफ़त का परकाला

१. विकट विशेषतः दुस्साहसपूर्ण काम कर दिखानेवाला; जैसे—आफ़त का परकाला है, गुड्डी लूटने कोसों दौड़ा जाएगा।

२. प्रचंड; जैसे—अग्गू दा की बीबी तो फिर भी ज़रा सीधी थी, मगर अब्बू दा की बीबी आफ़त की परकाला थी। —राही मासूम रजा।

आफ़त का मारा

दुखों तथा कष्टों से विकल और संत्रस्त; जैसे—इस आफ़त के मारे को तुम तो और मत मारो।

आफ़त खड़ी करना

ऐसा काम करना जिससे दूसरों को कष्ट या परेशानी हो; जैसे—तकदीर की बात

है जो आता है एक न एक आफ़त खड़ी कर जाता है।—सीताराम चतुर्वेदी।

आफ़त ढाना
दुख पहुँचाना; जैसे—जाने भी दो, अब उस बेचारे पर और आफ़त मत ढाओ।

आफ़त मचाना
१. होहल्ला करना।
२. जल्दी करने के लिए शोर मचाना; जैसे—(१) पता नहीं तुम्हें वहाँ से क्या मिलने को है जो तुमने वहाँ चलने के लिए आफ़त मचा रखी है। (२) माँ उसे बैठाकर कोई काम करना चाहती तो वह आफ़त मचा देता।—गिरिधर गोपाल।

आफ़त में पड़ना
किसी झंझट या विपत्ति में फँसना; जैसे—यहाँ जान आफ़त में पड़ी है और तुम्हें हरी हरी सूझ रही है।

आफ़त मोल लेना
जान-बूझकर ऐसी स्थिति उत्पन्न करना जिससे कष्ट या विपत्ति झेलनी पड़े; जैसे—बैठे-बैठाए हमने भी यह अच्छी आफ़त मोल ले ली।

आबनूस का कुंदा
अत्यधिक काला व्यक्ति।

आबरू पर बट्टा लगना
कलंकित होना; जैसे—मैं नहीं चाहता कि मेरी वजह से आपकी आबरू पर बट्टा लगे।—प्रेमचंद।

आबोदाना उठना
जीविका उपार्जन के लिए कहीं और जाना पड़ना; जैसे—लगता है कि मेरा यहाँ से आबोदाना उठ गया है, अब चलकर किसी और का दरवाज़ा खटखटाऊँगा।

आम होना
सामान्य रूप से प्रचलन में होना; जैसे—लेकिन ये गलतियाँ आम हो जाएँगी तो उस्ताद लोग उसी भाषा को आम-फ़हम और इसीलिए सही मान लेंगे।—अश्क।

आमदनी गिरना/टूटना
आय कम हो जाना; जैसे—(१) दुकान उठने से उनकी आमदनी टूट गई है। (२) महँगाई और आधुनिकता का ज़ोर बढ़ने के कारण पंडित जी की आमदनी काफ़ी गिर गई थी।—गिरिधर गोपाल।

आमना-सामना होना
भेंट या मुलाकात होना।

आया-गया
अभ्यागत; जैसे—आए-गए की कुछ तो ख़ातिर करनी पड़ती है।

आया-गया समझना
बीता हुआ या समाप्त-प्राय समझना; जैसे—जाने दीजिए मिसेज चौहान, उस बात को आया-गया समझिए। —यशपाल।

आया-गया हो जाना
याद से उतर जाना, भुला जाना।

आरती उतारना/करना
सिर चढ़ाना; जैसे—वह अपनी बीबी की आरती उतारता है, माँ-बाप को पूछता तक नहीं।

आराम से
१. धीरे-धीरे; जैसे—यह काम आराम से होता रहेगा।
२. सुखपूर्वक; जैसे—फिर उसकी ज़िंदगी आराम से कटी।

आराम हराम करना/कर देना
इतना तंग करना कि सोने के समय भी कोई सो न सके।

आराम हराम होना/हो जाना
बिल्कुल आराम न कर पाना, निरंतर उद्योग में लगे रहना।

आव देखना न ताव
(कोई काम करने से पहले) न सोचना न विचारना; जैसे—(१) उसने आव देखा न ताव, खींचकर चाकू विरोधी

नेता को दे मारा।—अश्क। (२) और ऐसी बातें करूँगी तो आप गुस्से में आकर न आव देखेंगे न ताव, फ़ौरन महज़बीं से शादी कर लेंगे।—भूषण वनमाली।

आवागमन छूटना

जीवन-मरण के बंधन से मुक्ति मिलना; जैसे—पुण्य कर्मों से ही आदमी आवागमन से छूटता है।

आवाज़ उठाना

असंतोष या विरोध प्रकट करना; जैसे—सामाजिक अत्याचार के विरुद्ध पहले-पहल उन्हीं ने आवाज़ उठाई थी।

आवाज़ कसना

आवाज़ा कसना (दे०); जैसे—ये बदमाश भले घर की बहू-बेटियों पर भी आवाज़ कसते हैं।

आवाज़ खुलना

१. मुँह से बात निकलना।

२. बैठी हुई आवाज़ का फिर से साफ़ होना।

आवाज़ देना

बुलाना, पुकारना; जैसे—तुम जब आवाज़ दोगे, मैं दौड़ा चला आऊँगा।

आवाज़ बैठना

गले में सूजन या कफ़ आदि के कारण बोल का पूरा और स्पष्ट उच्चारण न होना, फलतः मुँह से मोटी या भारी आवाज़ निकलना।

आवाज़ भर्रा जाना

चिंता, भय आदि के कारण गले में से आवाज़ का कुछ कुछ काँपते हुए-सा निकलना; जैसे—जाने क्यों कहते कहते जमीला की आँखें भर आईं और आवाज़ भर्रा गई।—भूषण वनमाली।

आवाज़ मारी जाना

गायक की आवाज़ का सुरीलापन जाता रहना; जैसे—वह गाता तो बहुत अच्छा था, अब बुढ़ापे में उसकी आवाज़ मारी गई है।

आवाज़ में आवाज़ मिलाना

किसी के विचार या राय का समर्थन करना।

आवाज़ लगाना

आवाज़ देना (दे०)।

आवाज़ा कसना

व्यंग्यपूर्ण बात कहना।

आशा टूटना

आशा या उम्मीद न रह जाना।

आशा बँधना

इस बात का विश्वास होने लगना कि हमारी आशा पूरी हो सकती है; जैसे—उनके आश्वासन से कुछ तो आशा बँधी ही।

आश्चर्य का ठिकाना न रहना

अत्यधिक आश्चर्यचकित होना, भौचक्का होना; जैसे—यह देखकर लोगों के आश्चर्य का ठिकाना न रहा कि राम के मुँह का भाव जैसा राज्यभिषेक के रेशमी वस्त्र पहनते समय था, ठीक वैसा ही वन जाने के लिए पेड़ की छाल के वस्त्र पहनते समय भी था।—सीताराम चतुर्वेदी।

आसन जमाना

१. किसी मुद्रा में (स्थिर होकर) बैठना।

२. किसी पद पर अधिकारपूर्वक प्रतिष्ठित होना।

आसन डिगना/डोलना/हिलना

गद्दी, पद आदि से हटने या हटाए जाने की स्थिति उत्पन्न होना; जैसे—(१) दल-बदलुओं के इस युग में किसी का आसन डोलते क्या देर लगती है। —दिनमान। (२) मगर, यहाँ मदन-दहन हो गया किसी देवता का आसन नहीं डोला।—रा० रा० प्र० सिंह।

आसन देना

आसन पर बैठने के लिए कहना।

आसन लगाना

किसी विशेष मुद्रा में बैठ जाना।

आसरा देखना
उत्सुकतापूर्वक प्रतीक्षा करना; जैसे—वह वर्षों तक अपने पति का आसरा देखती रही परंतु वह फिर लौटकर न आया।

आसरे रहना
उम्मीद पर रहना; जैसे—मैं तो तुम्हारे आसरे रही कि दफ़्तर से आओगे तो मुझे अपने साथ अस्पताल ले चलोगे।

आस्तीन का साँप
साथ में रहनेवाला ऐसा व्यक्ति जो ऊपर से मित्र या वफ़ादार बना रहता हो परंतु अंदर ही अंदर जड़ काटने में लगा हो; जैसे—जब ब्रिटिश सरकार और जिलाधीश को आस्तीन का साँप पालते न बना तो दोनो राजकुमारों को कलकत्ता से आगरा जाने का हुक्म दिया।—रा० रा० प्र० सिंह।

आस्तीन में साँप पालना
ऐसे आदमी का पालन-पोषण करना या अपने साथ रखना जो आगे चलकर बहुत बड़ी हानि करने को हो; जैसे—दूध पिलाकर मैंने आस्तीन में साँप पाला था, यह अब समझ में आया।—शिवानी।

आस्मान के तारे तोड़ना
कोइ असंभव या विकट काम कर दिखाना; जैसे—हमने तो कुछ नहीं किया, पर आप कौन से आस्मान के तारे तोड़ लाए हैं।

आस्मान को छूना
बहुत ऊँचा होना; जैसे—आस्मान को छूती ऊँची-ऊँची इमारतें चारो तरफ़ खड़ी थीं।—कमलेश्वर।

आस्मान खुलना
बादलों का छटने लगना; जैसे—आज कहीं तीन दिन बाद आस्मान खुला है।

आस्मान ज़मीन के कुलाबे मिलाना
लंबी-चौड़ी बातें करना; जैसे—वे आस्मान ज़मीन के कुलावे तो नित्य मिलाते थे परंतु आज जब काम का समय आया है तो मुँह तक नहीं दिखाया।

आस्मान टूटना/टूट पड़ना/या जाना
सहसा बहुत बड़ी विपत्ति सिर पर आना; जैसे—वह तो पहले से ही विपत्तियों का मारा था, अब तो जैसे उस पर आस्मान ही टूट पड़ा है।

आस्मान दिखाना
चित्त (या परास्त) करना; जैसे—ऐसे पहलवानों को तुम आस्मान दिखा सकोगे, इसमें संदेह ही है।

आस्मान पर उड़ना
अवास्तविक लोक में विचरण करना; जैसे दस पैसे क्या कमा लिए, आस्मान पर उड़ने लगे।

आस्मान पर चढ़ाना
१. किसी की बहुत अधिक प्रशंसा करना जिससे वह अपने को औरों से श्रेष्ठ समझने लगे।
२. अत्यधिक सुविधाएँ दे या लाड़-प्यार दिखाकर धृष्ट बनाना; जैसे—तुम लोगों ने तो नौकरों को आस्मान पर चढ़ा रखा है।

आस्मान पर थूकना
किसी के महान व्यक्तित्व पर कीचड़ उछालना जिससे उलटे अपनी जग-हँसाई हो।

आस्मान फट पड़ना/फट जाना
वज्रपात होना; जैसे—साल जाते-जाते विलास के घर आस्मान फट गया।—रा० रा० प्र० सिंह।

आस्मान में छेद करना
असंभव काम कर दिखाना।

आस्मान में छेद हो जाना
बहुत अधिक पानी बरसते चलना।

आस्मान में थिगली/चकती/लगाना
असंभव काम कर दिखाना।

आस्मान सिर पर उठाना
बहुत अधिक उत्पात मचाना या उपद्रव

खड़ा करना; जैसे—छोटी बहू का मिज़ाज गरम था। जब वह मैदान लेती, रामू के सीने पर सवार हो, मुहल्ले को सुना सुनाकर कोसती—आस्मान सिर पर उठा लेती।-रा० रा० प्र० सिंह।

आस्मान से गिरकर खजूर पर अटकना

उपयुक्त या उत्तम स्थान से हटकर ऐसे स्थान पर आना जहाँ अपेक्षाकृत अधिक कष्ट हो; जैसे-उसे लगा था कि जालंधर में अपने हाईस्कूल की नौकरी छोड़कर लाहौर के उस अख़बार में आना आस्मान से गिर कर खजूर में (पर) अटकने के ही बराबर है। —अश्क।

आह करना/खींचना

कष्ट या दुख के कारण साँस लेते हुए 'आह' शब्द कहना।

आह न करना

दुखी होने पर भी दुख व्यक्त न करना।

आह पड़ना/लगना

जिसको बहुत सताया गया हो उसकी आह या वेदना का कुफल प्राप्त होना; जैसे—कहीं उसे मेरी ही आह न लगी हो।—दिनकर।

आह/आहें/भरना

विलाप करना; जैसे—उसके हाथ से एक एक कर सब-कुछ निकल गया परंतु उसने आह (तक) नहीं भरी।

आह लेना

ऐसा काम करना जिससे किसी को कष्ट हो और वह उस काम करनेवाले को कोसे।

आहट मिलना/लगना

किसी के आने-जाने, बोलने-चालने, हिलने-डोलने आदि से होनेवाले शब्द से यह पता चलना कि कहीं कोई आया है या कोई बात हो रही है; जैसे—जैसे ही मुझे आहट लगी कि उठ बैठा और डंडा लेकर चोरों के पीछे भागने लगा।

आहट लेना

किसी प्रकार का शब्द सुनाई पड़ने पर या संदेह, संभावना आदि होने पर धीरे से छिपकर यह जानने की कोशिश करना कि कौन आया है या क्या बात हो रही है, टोह या थाह लेना।

आहुति देना

अर्पित करना; जैसे—संस्कृत के पंडित और दार्शनिक सब मूलतः ठलुए होते हैं। वे अध्ययन सागर में गोता मारकर यह भूल जाते हैं कि जीवन धारण किए रहने के लिए जठराग्नि को नियमित आहुति देनी होती है।—भानु शंकर मेहता।

इ

इंतकाल हो जाना

मृत्यु हो जाना, मर जाना।

इक्कीस पड़ना/होना

अपेक्षाकृत श्रेष्ठ होना; गुण, महत्त्व आदि में बढ़कर होना; जैसे—गणित में तो वह निश्चय ही इक्कीस है।

इच्छा/इच्छाएँ/मरना या मर जाना

मन में किसी बात की पहले जैसी इच्छा या इच्छाएँ न रह जाना; जैसे—(१) मनुष्य स्वयं भले ही मर जाए पर उसकी इच्छाएँ नहीं मरतीं। (२) भारत में कुछ वर्ष गुज़ार आने की इच्छा मर गई है। —मनहर चौहान।

इज़्ज़त उतारना

बेइज़्ज़त करना; जैसे—उसने तो भरे बाज़ार में उनकी इज़्ज़त उतारी थी।

इज़्ज़त के लिए मरना

कष्ट सहते हुए भी सदाचारपूर्वक रहना जिससे समाज में बदनामी न हो; जैसे—हम तो इज़्ज़त के लिए मरते हैं और तुम उसे बिगाड़ने पर तुले हो।

इज़्ज़त ख़ाक में मिल जाना

दूसरों की नज़रों में गिर जाना, अपमानित होना; जैसे—तुम्हारे कारण

सारे ख़ानदान की इज़्ज़त ख़ाक में मिल गई।

इज़्ज़त पर बट्टा लगना

नाम पर बट्टा लगना (दे०)।

इज़्ज़त पर हाथ डालना

१. बेइज़्ज़त करने की कोशिश करना; जैसे तुम्हें शर्म नहीं आती बड़ों की इज़्ज़त पर हाथ डालते।—सीताराम चतुर्वेदी।

२. किसी स्त्री के साथ छेड़छाड़ करना।

इज़्ज़त बिगाड़ना

१. सार्वजनिक रूप से अपमानित करना।

२. (स्त्री का) सतीत्व नष्ट करना; जैसे—ये हद तक दूसरों की बहू-बेटियों की इज़्ज़त बिगाड़ने के लिए आमादा हैं।—शौकत थानवी।

इज़्ज़त बेचना

१. इज़्ज़त गँवा देना।

२. (स्त्री का) धन के लिए व्यभिचार करना।

इज़्ज़त मिट्टी में मिलना

इज़्ज़त ख़ाक में मिलना।

इज़्ज़त लुटा देना

ऐसा काम करना जिससे इज़्ज़त बिगड़ जाए; जैसे—उसने अपने पुरखों की सारी इज़्ज़त लुटा दी है।

इज़्ज़त लूटना

१. बेइज़्ज़त करना ।

२. बलात्कार करना; जैसे—एकाएक उसे वे अजनबी मर्द याद आ गए जिन्होंने दंगे के दिनों में उसकी बार-बार इज़्ज़त लूटी थी।—बलवंत सिंह।

इज़्ज़त लेना

बेइज़्ज़त करना।

इतने में

१. इस बीचवाले समय में, इस अवधि में, इतनी देर में; जैसे—आप वहाँ से हो आइए इतने में भोजन तैयार हो जाएगा।

२. ठीक उसी अवसर पर; जैसे—अभी उसका जिक्र छिड़ा ही था कि इतने में वह वहाँ आ पहुँचा।

इतिश्री होना

अंत होना; जैसे—तुम्हें प्राप्त कर के दोनो रानियों के निराशापूर्ण जीवन की इतिश्री हो जाएगी और तुम्हारे जीवन में भी सुख का संचार हो जाएगा। —यज्ञदत्त।

इतिहास दुहराना

ऐसा काम करना या होना जिससे किसी ऐतिहासिक घटना की पुनरावृत्ति हो।

इतिहास हो जाना

किसी बात का पुरानी पड़ जाना।

इधर-उधर करना

१. अस्त-व्यस्त, उलट-पुलट या तितर-बितर करना; जैसे—जब तुम अपनी चीज़ ढूँढ़ने लगते हो, तब कमरे की हर चीज़ इधर-उधर कर देते हो।

२. (किसी काम या बात के संबंध में) प्रतिज्ञा या वचन पूरा न करके यह कहते रहना कि अब कर देंगे, टाल-मटोल या हीला-हवाली करना; जैसे—आप बरसों से इधर-उधर करते आ रहे हैं, पर मेरी पुस्तक लौटाने का नाम नहीं लेते।

इधर-उधर का

१. अज्ञात या अनिर्दिष्ट स्थान (स्थानों) का और फलतः कम महत्त्व का, साधारण; जैसे—उनकी यह पुस्तक तो बस इधर-उधर की बातों से भरी है।

२. ग़ैर, अनुपयुक्त या असंबद्धः जैसे—देखो इधर-उधर का आदमी कमरे में न जाने पाए।

३. कुछ यहाँ का कुछ वहाँ का, कई जगहों का थोड़ा-थोड़ा; जैसे—उनके पत्र में इधर-उधर की भी कई अच्छी बातें थीं।

इधर-उधर की बात

जिस बात से अपना विशेष संबंध न हो;

जैसे—बस घंटों इधर-उधर की बातें करते रहे।

इधर-उधर की बातें करना/हाँकना
अनावश्यक, महत्त्वहीन या झूठमूठ की बातें करना; जैसे—पर अब जब कभी ननद-भाभी मिलतीं, औपचारिक शिष्टाचार निभातीं, हँसतीं-बोलतीं, इधर-उधर की बातें करतीं।—शिवानी।

इधर-उधर झाँकना
बगलें झाँकना (दे०)।

इधर-उधर में रहना
अपना सारा समय गँवाना या नष्ट करना; जैसे—तुम कुछ करते-धरते तो हो नहीं, दिन भर इधर-उधर में रहते हो।

इधर-उधर से
अज्ञात, अनिर्दिष्ट या अप्रमाणिक स्थान (स्थानों) से; ऐसी जगह (जगहों) से जिसका (जिसका) ठीक ठिकाना न हो; जैसे—उस पंजाबी की दुकान से सामान लाना उधर-उधर से मत उठा लाना।

इधर-उधर होना
अपने उपयुक्त स्थान से (किसी चीज़ का) हटा दिया जाना; जैसे—कलम वहीं पड़ी थी, शायद इधर-उधर हो गई है।

इधर की उधर करना/लगाना
एक व्यक्ति या पक्ष की बात दूसरे व्यक्ति या पक्ष से इस प्रकार कहना कि दोनों में मनमुटाव या झगड़ा खड़ा हो जाए।

इधर की दुनिया उधर होना
कोई अनहोनी या असंभव बात घटित होना; जैसे—(१) चाहे इधर की दुनिया उधर हो जाए पर वह अपनी बात से टस से मस नहीं होनेवाला। (२) बीबी, इधर की दुनिया उधर हो जाए. मैं तो नहीं जाऊँगी।—भूषण वनमाली।

इधर या उधर होना
अंतिम रूप से निर्णीत होना या निश्चित होना।

इल्लत पालना
कोई बुरी विशेषत: खर्चीली आदत लगाना, जैसे—तुमने पीने की वह अच्छी इल्लत पाल ली है।

इशारे/इशारों/पर नाचना
दूसरों के संकेत पर चलना; जैसे—(१) चमन, मैं उमर भर तुम्हारे पाँव धो धोकर पिऊँगी, तुम्हारी नौकरानी बन कर रहूँगी, तुम्हारी आँख के इशारे पर नाचूँगी।—बलवंत सिंह। (२) वे पति पत्नियों के इशारों पर नाचनेवाले हैं।

इश्क लड़ाना
पुरुष का पर-स्त्री से या स्त्री का पर-पुरुष से प्रेम करना।

इस कान सुनना उस कान निकाल देना
बिल्कुल ध्यान न देना।

इसके चलते
जहाँ तक इसका वश होगा वहाँ तक; जैसे—इसके चलते हम पर कोई आँच नहीं आ सकती।—दिनमान।

ई

ईंट ईंट बिक जाना
पल्ले कुछ भी न रह जाना, कंगाल हो जाना।

ईंट का जवाब पत्थर से देना
कड़ा प्रतिरोध करना, मुँहतोड़ उत्तर देना; जैसे—ईंट का जवाब पत्थर से देना; गांधीवादी सिद्धांतों के विपरीत है।

ईंट से ईंट बजना/बज उठना
मार-पीट, लड़ाई या युद्ध होना; जैसे—अगर यह दाँव बैठ गया तो ईंट से ईंट बज उठेगी।—अजित पुष्कल।

ईंट से ईंट बजा देना
डटकर प्रतिरोध करना; जैसे—कोई और कालेज होता न, तो पेपर देखते ही लड़के उबल पड़ते और प्रिंसिपल के कमरे की ईंट से ईंट बजा देते।

—मालती जोशी।

ईंट-पत्थर

कुछ नहीं; जैसे—घर में क्या रखा है ईंट-पत्थर।

ईद का चाँद

वह जिससे भेंट मुद्दत बाद हुई हो।

ईद का चाँद होना

बहुत दिनों पर दिखाई पड़ना; जैसे—(१) अरे ! तुम तो ईद के चाँद हो गए हो, कभी सूरत नहीं दिखाते। (२) मगर सत्य का आवाहन तो उस मकान में ईद का चाँद था।—रा० रा० प्र० सिंह।

ईमान की कहना

ईश्वर को साक्षी मानते हुए सत्य कहना।

ईमान देना/बेचना

झूठ बोलना अथवा अपने धर्म, सिद्धांत आदि के विरुद्ध आचरण करना, सत्य को तिलांजलि देना।

ईमान से कहना

सत्य-निष्ठापूर्वक बात कहना।

उ

ऊँगलियाँ चमकाना/नचाना/मटकाना

बात-चीत या लड़ाई के समय नपुंसकों या स्त्रियों की तरह हाथ की उँगलियाँ हिलाना या मटकाना।

उँगलियों पर गिनने योग्य ही

संख्या में कुछ ही, बहुत थोड़े; जैसे—उस पार्टी में उँगलियों पर गिनने योग्य ही लोग थे।

उँगलियों पर नचाना

१. (किसी को) इस प्रकार अपने वश में करना कि उससे मनमाने ढंग से काम कराया जा सके; जैसे—हम ब्राह्मण हैं और कायस्थों को उँगली (उँगलियों) पर नचाते हैं।—प्रेमचंद।

२. किसी को बहुत अधिक परेशान कर डालना; जैसे—इस दर्ज़ी ने तो हमें उँगलियों पर नचा डाला है।

उँगली उठना

आक्षेप या दोषारोप होना।

उँगली उठाना

१. कोई कार्य करने के लिए हाँ करना; जैसे—अंगुली (उँगली) उठाते ही तुम एक साथ सहस्त्र राजपुत्रों का स्वयंवर अपने आँगन में ही रचा सकती हो। —शिवानी।

२. दोषारोप करना; जैसे—(१) अगर पसीनें की मजूरी करता, तो खानदान का रुतबा रसातल में चला जाता; दुनिया उनके ऊपर उँगली उठाती वे दुनिया के सामने आँख न उठा पाते। —रा० रा० प्र० सिंह। (२) आज जो लोग तुम्हारा उदाहरण देते हैं, ऐसा न हो कि कल वे ही तुम पर उँगली उठाने लग जाएँ।—गुलशन नंदा।

३. दोष निकालना; जैसे—(१) जब कभी कोई सहेली उसके स्वास्थ्य पर अंगुली (उँगली) उठाती तो वह उसका हाथ पकड़ लेती।—अजित पुष्कल। (२) आपने तो पहले ही ऐसा अच्छा प्रबंध कर दिया है कि कोई उँगली नहीं उठा सकता।—सीताराम चतुर्वेदी।

उँगली/उँगलियाँ/चटकाना

व्यर्थ का काम करना; जैसे—उन्हें उँगलियाँ चटकाने से फ़ुर्सत मिले तब तो…।

उँगली दिखाना

दोषी की ओर संकेत करना, यह कहना कि अमुक व्यक्ति ने ग़लत काम किया है; जैसे—वह उँगली दिखानेवालों को मुँह की देगी।—प्रेमचंद।

उँगली न दिखा सकना

दोषारोप न कर सकना; जैसे—…उनके पास ऐसी दलीलें थीं कि कोई उँगली न दिखा सकता था।—प्रेमचंद।

उँगली रखना

दोष या भूल बतलाना; जैसे—किसकी मजाल थी कि उनके लेख पर उँग

रखता।—सीताराम चतुर्वेदी।

उकड़ू बैठना

घुटनों को छाती से जोड़कर बैठना; जैसे—रात भर पानी बरसता रहा और उस अँधेरी रात में वह खाट पर चादर लपेटे उकड़ू बैठा रहा।—कमलेश्वर।

उखड़ पड़ना

क्रोधाभिभूत होकर बकने लगना; जैसे—वह जो हमारी घर में हैं न कुछ अजीब सी हो रही है जब तब ---- वह तड़प-झड़प, वह चीख, वह बात-बात पर उखड़ पड़ना कि बस ----।—रा० रा० प्र० सिंह।

उखड़ी उखड़ी बातें करना

सौजन्य या सौहार्द छोड़कर उदासीन या खिन्न भाव से बातें करना; जैसे—न जाने आज बहू ने कैसी पट्टी पढ़ाई है कि वह उखड़ी-उखड़ी बातें करने लगा है।

उखाड़ फेंकना

जड़ से हिला देना, असहाय बना देना; जैसे—(१) अब तुम भी एक तकरीर कर डालो खन्ना, नहीं ---- तुम्हें उखाड़ फेंकेगा।—प्रेमचंद। (२) जयचंदों और मीर जाफ़रों को इस मुल्क की जनता ने उखाड़ फेंका है।—गिरिधर गोपाल। (३) दुनिया की सारी बगावतें, सारे इन्कलाब सदियों से इकट्ठे होते हुए झूठ को उखाड़ फेंकने के लिए ही बरपा होते हैं।—अश्क।

उगल देना

रहस्य या भेद खोल देना, वास्तविकता प्रकट कर देना; जैसे—(१) मोहन बाबू के लाख इशारे पर भी जो कुछ उनसे सुना था; हमने साफ़-साफ़ उगल दिया।—रा० रा० प्र० सिंह। रहलू हाँकनेवाला श्यामली की ओर इस तरह देखने लगा, जैसे वह अभी सारा कुछ उगल देगी।—अजित पुष्कल।

उगलवा लेना

कबूल करवा लेना; जैसे—पुलिस डंडे के ज़ोर से सब-कुछ उगलवा लेती है।

उघरकर नाचना

लोक-लज्जा की परवाह न करते हुए ओछा और मनमाना आचरण करना।

उच्च का चंद्रमा होना

जन्मकुंडली में चंद्रमा का उच्च घर में होना, फलतः सुख और समृद्धि का परिचायक होना।

उछल-कूद करना/मचाना

दौड़-धूप करना, हर संभव प्रयत्न करना; जैसे—उन्होंने टिकट लेने के लिए उछल-कूद तो बहुत मचाई परंतु उनकी दाल गली नहीं।—आज।

उछल पड़ना

ख़ुशी से नाचने लगना; जैसे—यह सुनते ही कि प्रथम श्रेणी में उत्तीर्ण हुआ हूँ वह ख़ुशी से उछल पड़ा।

उजड़ा घर बसा लेना

पत्नी की मृत्यु हो जाने पर दूसरी शादी कर लेना।

उजागर करना

रोशन करना; जैसे—वैसे ही परस्पर (पारस्परिक) प्रेम से उन चारो राजकुमारों ने पवित्र रघुकुल को उजागर कर दिया।—सीताराम चतुर्वेदी।

उजला चेहरा होना

व्यक्ति का सदाचारी सिद्ध होना, निष्कलंक होना।

उजाला करना

प्रकाशित करना; जैसे—वह बालिका उस घने जंगल में उजाला करती फिरती थी।—रा० रा० प्र० सिंह।

उठ जाना

१. न रह जाना, समाप्त हो जाना; जैसे—प्रेम-भाव तो जैसे संसार से उठ गया हो।—सीताराम चतुर्वेदी।

२. संसार से उठ जाना; जैसे—आज भूमि से धर्म, समाज और राजनीति

शास्त्र का प्रकांड पंडित उठ गया। —यज्ञदत्त।

३. उपभोग में आना; जैसे—दो किलो आटा इस छोटी-सी गृहस्थी में रोज उठ जाता है।

उठती जवानी

नया यौवन; जैसे—सौंदर्य और वह भी उठती जवानी का किसे पागल नहीं बना देता।

उठते-बैठते

हर क्षण; जैसे—(१) वह तो उठते-बैठते तुम्हें याद करती है। (२) मुंशी लोग उठते-बैठते फ़िकरे कस देते। —कमलेश्वर।

उठना

१. ख़त्म होना, ख़र्च या व्यय होना; जैसे—तीन सौ रुपए महीना यहाँ उठता है।

२. चलने-फिरने के योग्य होना; जैसे—और उसके बाद जो वह बीमार पड़ा था तो महीनों तक न उठा था।—अश्क।

३. आगे बढ़ना, उन्नति करना; जैसे—ख़ुद ही चुन चुनकर लोगों को लाते थे और जहाँ देखा कि कोई अपेक्षा से ज़्यादा उठ रहा है, वहीं उसकी डोर काट दी।—श्रवणकुमार।

४. किराए पर चढ़ाना; जैसे—यह दुकान तो आज ही उठी है।

उठना-बैठना

बहुत घनिष्ठता होना; जैसे—उनका उठना-बैठना तो हमारे यहाँ ही होता है।

उठा देना

१. बना देना, निर्मित कर देना; जैसे—बाकर मियाँ ने जोड़-तोड़कर एक कमरा उठा दिया था और दरवाज़े के ऊपर हिंदी में 'हिंदी-मंदिर' भी तराश दिया था।—कमलेश्वर।

२. किराए पर देना; जैसे—बजरंगी ने भी मकान का हिस्सा उठा दिया। —प्रेमचंद।

उठा लेना

१. ले लेना, वापस लेना; जैसे—अब उन्होंने मुकदमा उठा लिया है।

२. ईश्वर (?) का किसी को अपने पास बुलाना; जैसे—(१) इस कष्टभोग से तो कहीं अच्छा है कि भगवान उन्हें उठा ले। (२) कौन जाने कब किसे वक्त उठा ले जाए या अपंग कर दे।—कमलेश्वर।

उठाना

आरंभ करना; जैसे—मैंने कतई नहीं सोचा था कि इस प्रसंग को आपके सामने रखूँगा। मैं तो अपनी कहानी किसी दूसरी जगह से उठाना चाहता था।—अजित पुष्कल।

उठाना-बैठाना

नाच नचाना; जैसे—वह जानती थी कि अम्मा चाहे मुँह से कुछ न कहे, किंतु अपनी ख़तरनाक आँखों के डमरू बजाकर उसे शाखामृगी-सी ही उठा-बैठा सकती थी।—शिवानी।

उड़ चलना

१. इतनी तेज़ी से चलना कि उड़ता हुआ-सा जान पड़े।

२. कोई कला या विधा सीखते ही उसमें अच्छी प्रगति करना या योग्यता प्राप्त कर लेना; जैसे—चार ही दिन में वह गायन-वादन में उड़ चली।

३. किसी वस्तु का बहुत ही मनोहर, रुचिकर या सुखद प्रतीत होना; जैसे—ज़रा-सा केशर पड़ जाए तो भाँग उड़ चले।

उड़ जाना

१. व्यक्ति का कहीं से चले या खिसक जाना।

२. न रह जाना, मिट जाना; जैसे—(१) विनोद का दुख उड़ गया। —प्रेमचंद। (२) वर्ष भर के उपालंभ रोबीले पति की एक ही धमकी में उड़

जाते।—शिवानी। (३) उँगलियों की (के) पोरों पर दिन गिनते ही उड़ गए। —अमृतलाल नागर।

३. व्यय हो जाना; जैसे—(१) सैकड़ों रुपए हर साल कर्मचारियों की नज़र-नियाज़ में उड़ जाते हैं।—प्रेमचंद। (२) फिर आटा-दाल, घी-तेल में ही सौ रुपए उड़ जाते हैं।—गिरिधर गोपाल। (३) यहाँ तो मुश्किल से महीना पार होता है। सब किराए-भाड़े में ही उड़ जाता है।—श्रवणकुमार। (४) सब करते-कराते समय कहाँ उड़ गया, पता ही नहीं चला।—मालती जोशी।

उड़ता बनना/होना

अत्यंत शीघ्रतापूर्वक कहीं से चल देना; जैसे—काम होते ही वह उड़ता बना।

उड़ती आँख से

सरसरी तौर पर; जैसे—सुखदा ने पत्र को उड़ती आँख से देखकर कहा। —प्रेमचंद।

उड़ती उड़ती बात

अफ़वाह; जैसे—अमर ने जब-तब पड़ोसी कोहलियों और टंडनों के यहाँ उड़ती उड़ती असंबद्ध बातें सुनी थीं।—यशपाल।

उड़ती ख़बर

अफ़वाह; जैसे—कुछ इसी आशय की उड़ती ख़बर हमें भी सुनाई पड़ी थी।

उड़ती चिड़िया पहचानना

दूर से ताड़ या भाँप लेना; जैसे—यहाँ (ऐसा) अनाड़ी नहीं हूँ उड़ती चिड़िया पहचानना हूँ।—प्रेमचंद।

उड़ती निगाह फेंकना

सरसरी तौर से देखना; जैसे—वह अपनी साड़ी ठीक करती हुई उठ बैठी थी और हिकारत से हम पर एक उड़ती निगाह फेंकती हुई, हमारी ओर पीठ करके दूसरी तरफ़ देखने लगी थी। —श्रवणकुमार।

उड़न छू होना

चंपत होना; जैसे—(१) और फिर हमारा स्वप्न संसार उड़न छू हो गया। (२) अब इसी में घर से एक-दम स्वतंत्र होकर रहता हूँ और ग़रीबी में भी बड़ी बादशाही का अनुभव करता हूँ। माया चाय-नाश्ता लेकर यथासमय आ गई। उनका चेहरा मुझे अपार शोकमग्न लगा। देखते ही बादशाही उड़न छू हो गई।—अमृतलाल नागर।

उड़ाकर रख देना

ख़त्म कर देना, हवा कर देना; जैसे—भगवती टोकती, तो हँसकर उसके उपालंभ को वह उड़ाकर रख देती। —शिवानी।

उड़ा जाना

खा जाना; जैसे—महाशय एक ही बार में कोई चार रुपए का माल उड़ा गए।—प्रेमचंद।

उड़ा देना

१. (धन, संपत्ति) अल्प समय में अपव्यय कर देना; जैसे—(१) लगता था बिना आगा-पीछा सोचे, विवेक-हीन धरणीधर ने खुले हाथों से अपना पूरा संचित धन ही इस कोठी के पीछे उड़ा दिया था।—शिवानी। (२) लोगों की जायदाद भोग-विलास में उड़ा दी।—प्रेमचंद।

२. किसी की बात को हवा कर देना; जैसे—वर्मा जी 'के ऊपर' हटाकर सर्वत्र 'पर' लगाकर दूसरों का मतलब ही उड़ा देना चाहते हैं।—किशोरी दास वाजपेयी।

३. गोली से उड़ा देना (दे०)।

उड़ा लाना

उठा लाना, बलात् ले आना; जैसे—ऐसी डील-डौलवाली सरदारनी भी बधावा सिंह के लिए काफ़ी सिद्ध नहीं हुई। अतएव उसे एक छोटी सरदारनी भी कहीं से उड़ा लानी पड़ी।—बलवंत

सिंह।

उड़ा लेना

चोरी या छल से अथवा बलात् ले लेना; जैसे—महात्मा जी ने उन्हें सब्ज़ बाग दिखाकर उनकी घड़ी, अँगूठियाँ, रुपए सब उड़ा लिए।—प्रेमचंद।

उड़ाया जाना

(धन का) खर्च किया जाना; जैसे—वहाँ से बड़ी रकमें आ जातीं और उन रुपयों को (फिर से) बड़ी बेदर्दी से उड़ाया जाता।—भूषण वनमाली।

उतर कर होना

गुण, योग्यता आदि में घटकर होना; जैसे—यह रंग रूप में उससे उतर कर है।

उतर चलना

१. (अवधि या भोग काल का) समाप्ति पर होना; जैसे—अब यह वर्ष भी उतर चला। २. (नक्षत्रों, ग्रहों आदि का) अवसान की ओर उन्मुख होना।

उतर जाना

१. दिल से उतर जाना (दे०)।
२. ध्यान से उतर जाना (दे०)।
३. (संतान का) मर जाना; जैसे—इसके बच्चे हो-होकर उतर जाते हैं।
४. (खाद्य पदार्थ का) बासी होने के कारण ख़राब हो जाना; जैसे—तरकारी उतर गई है।
५. कमज़ोर तथा शिथिल पड़ जाना कुम्हला तथा कुपित हो जाना; जैसे—इस वक्त तो मैं पहले से भी उतर गई हूँ।—प्रेमचंद।

उतरना

किसी प्रकार का अनुचित या निंदनीय कार्य करने के लिए सचेष्ट होना; जैसे—उन्हें लगा कि पुलिसवाला कुछ बदमाशी पर उतर रहा है। —कमलेश्वर।

उतर पड़ना

तुल जाना, उतारू हो जाना; जैसे—जब वह गालियाँ देने पर उतर पड़ता है तब उससे भगवान ही बचाए।

उतार पर होना

घटने लगना; जैसे—(१) अब जाकर कहीं गंगा का पानी उतार पर है। —आज (२) चोटी का अभिनेता अब उतार पर हैं।

उतार-चढ़ाव

अवनति और उन्नति; जैसे—उन्होंने अपने जीवन में बहुतेरे उतार-चढ़ाव देख लिए हैं।

उतारू होना

कटिबद्ध या सन्नद्ध होना; जैसे—जब कभी गवाह बदलने लगता है या कलई खोलने पर उतारू हो जाता है; पुलिसवाले उसके घरवालों को दबाते हैं।—प्रेमचंद।

उत्तर न बन पड़ना

कोई उत्तर न सूझना, उत्तर देने में असमर्थ होना; जैसे—चेतन को लगा, वे कोने से छड़ी लाकर उसे अभी पीटेंगे। वह अपने आप में सिमट गया और उससे कोई उत्तर नहीं बन पड़ा। —अश्क।

उथल-पुथल मचना/मच जाना

घोर अव्यवस्था या अराजकता फैल जाना।

उथल-पुथल मचाना/मचा देना

घोर अव्यवस्था उत्पन्न करना, गड़बड़ी करना; जैसे—इन नए मंत्रियों ने तो सारे प्रशासनिक ढर्रे में उथल-पुथल मचा दी है।—आज।

उधार खाए बैठना/होना

१. किसी काम या बात पर तुले होना; जैसे—(१) मटके की भाँति तोंद निकली हुई है, लेकिन आज भी अपना नृत्य-कौशल दिखाने पर उधार खाए हुए हैं।-प्रेमचंद। (२) कुछ लोग तो उधार खाए बैठे हैं कि कोई बात हो और विरोध करें।—भानुशंकर

मेहता।

२. ताक में होना; जैसे—वे तो इस विधवा के मरने के नाम पर उधार खाए बैठे हैं।

उधेड़-बुन में लगे रहना

गहरी सोच में पड़े रहना; जैसे—कुछ करो-धरोगे भी या यों ही उधेड़-बुन में लगे रहोगे।—सीताराम चतुर्वेदी।

उन्नीस होना/पड़ना

कुछ घट कर होना; जैसे—यह कपड़ा उस कपड़े से उन्नीस है।

उन्नीस-बीस का अंतर

बहुत थोड़ा अंतर; जैसे—उन दोनो भाइयों में बस उन्नीस-बीस का ही अंतर समझो।

उन्नीस-बीस होना

दोनों में बहुत कम या नगण्य अंतर होना; जैसे—चाहे इसे रखो या उसे, दोनों उन्नीस-बीस ही हैं।

उफ़ (तक) न करना

कष्ट या व्यथा नाम मात्र को भी प्रकट न करना; जैसे—(१) आदमी तो वही है जो दिक्कतों के बावजूद मुँह से उफ़ तक न करे।—श्रवणकुमार। (२) उसे फटे-पुराने कपड़े पहनने (पड़ते), कभी रात को भूखा भी सोना पड़ता, पर उसने कभी उफ़ न की।—भूषण वनमाली।

उबर आना

उद्धार होना; जैसे—शायद जिस मुश्किल में मैंने उन्हें डाल दिया था, उससे सब सहज ही उबर आए थे। —श्रवणकुमार।

उभरकर आना

पूर्णतः स्पष्ट रूप से प्रकट होना; जैसे—इस टकराहट में उनके जीवन के काले-उजले पहलू उभरकर सामने आते हैं।—अजित पुष्कल।

उबल पड़ना

१. सहसा क्रोध में आकर भला-बुरा कहना; जैसे—आज तो पिता जी बिना कारण ही मुझ पर उबल पड़े।

२. दबा हुआ रोष अभिव्यक्त करना; जैसे—मैं ऐसी कच्ची नहीं कि थोड़े में उबल पड़ूँ।

उमंग उठना

तीव्र इच्छा होना; जैसे—उसके मन में भी तो मनोरंजन की उमंग उठती होगी।—भूषण वनमाली।

उमड़ पड़ना

वेगपूर्वक तथा अधिक मात्रा में आना, निकलना या एकत्र होना; जैसे—फिर उसके आँसू उमड़ पड़े।

उम्र उम्र से

उपयुक्त अवस्था के विचार से; जैसे—नाचना-गाना उम्र उम्र से अच्छा लगता है।

उम्र ढलना

जवानी उतार पर होना; जैसे—उमर ढलने से पहले ही मेरे बाल पकने लगे थे।

उलझ जाना

उलझ पड़ना (दे०); जैसे—धनसिंह और रतन इस बात पर उलझ जाते हैं कि आरती और जूनतारा में सुंदरता के नंबर किसको अधिक दिए जाएँ।—देवेन्द्र सत्यार्थी।

उलझ पड़ना

झगड़ने लगना; जैसे—(१) जिससे देखो, उसी से उलझ पड़ता है। —प्रेमचंद। (२) मैं जब उससे उलझ पड़ा था, तब मेरे दूसरे साथियों ने भी उसे धर दबाया।—श्रवणकुमार।

उलटकर जबाब देना

(आरोपकर्ता को) तुरंत तथा क्रोध-पूर्वक करारा उत्तर देना; जैसे—बेटे ने जब बाप को उलटकर जवाब दिया था तो वह कलेजा थामकर बैठ गया था।

उलट जाना

१. मुकर या बदल जाना; जैसे—कल

तो उसने यही कहा था, परंतु आज वह उलट गया।

२. स्थिति का पूर्णत: विपरीत हो जाना; जैसे—खाते-पीते थे परंतु इस नए रोज़गार में वे उलट गए।

उलट देना

बहुत बड़ा परिवर्तन लाना; जैसे—(१) फिर तकदीर ने उनका तख्ता ही उलट दिया। (२) मुख्य सचिव का ट्रांसफ़र नहीं होता (न हुआ?) तो हम सरकार उलट देंगे।—गिरिधर गोपाल।

उलट-फेर

परिवर्तन; जैसे—किस्मत के उलट-फेर देखते देखते ये आँखें बूढ़ी हो गई हैं।

उलटा ज़माना

ख़राब समय।

उलटा पाठ पढ़ाना

उलटी-सीधी बातें समझाकर किसी को बहका देना।

उलटा-सीधा करना

कोई काम अनुचित या ग़लत ढंग से करना या उसे बिगाड़ देना; जैसे—कुछ उलटा-सीधा करना पड़ेगा तभी चैन मिलेगा।—अजित पुष्कल।

उलटा-सीधा काम करना

सही ढंग से काम न करना; जैसे—उलटा-सीधा काम करोगे तो तुम्हारी छुट्टी कर दी जाएगी।

उलटा-सीधा जवाब देना

अनुचित ढंग से या ऊटपटांग उत्तर देना।

उलटी खोपड़ी

ऐसा व्यक्ति जो उचित ढंग के विपरीत आचरण करता हो।

उलटी चाल चलना

मर्यादित, प्रत्याशित अथवा निर्देशित कार्य के विरुद्ध आचरण करना; जैसे—जब देखो तब यह लड़का उलटी चाल ही चलता है।

उलटी छुरी से गला रेतना

घोर कष्ट देना या हानि पहुँचाना; जैसे—तुमने मेरे साथ भलाई की है या उलटी छुरी से गला रेता है।—प्रेमचंद।

उलटी पट्टी पढ़ाना

ग़लत या अनुचित कार्य या बात के लिए प्रेरित करना; जैसे—उसी ने इसे उलटी पट्टी पढ़ाई होगी।

उलटी माला फेरना/जपना

किसी का अशुभ चेतना।

उलटी साँस चलना

रोगी या घायल व्यक्ति की साँस अपेक्षया बहुत अधिक तेज़ी से चलने लगना जो मृत्यु की सूचक होती है।

उलटी-सीधी राय देना

किसी को ऐसी बातें समझाना जो अंशत: उचित हों और अंशत: अनुचित; जैसे—समझदार आदमी दूसरों को उलटी-सीधी राय नहीं देता।

उलटी-सीधी सुनना

दूसरे की अनुचित बातें सुनना; जैसे—जिस बस में और लोग कंडक्टर-ड्राइवर की उलटी-सीधी सुनने हैं, उन्हीं के साथ यह भी सुनता है।—श्रवणकुमार।

उलटी-सीधी सुनाना

(क्रोध या रोषपूर्वक) अनुचित बातें कहना, खरी-खोटी सुनाना; जैसे—चाचा जब आते हैं उलटी-सीधी सुना जाते हैं।

उलटी हवा चलना

ऐसी स्थिति या परिस्थिति होना, जिसमें परंपरा के विरुद्ध सब काम हो रहे हों।

उलटे छुरे से मूँड़ना

किसी को मूर्ख बनाकर उससे धन ऐंठना या अपना काम निकालना; जैसे—ये पुरोहित यजमानों को उलटे छुरे से मूँड़ने में सिद्धहस्त हैं।

उलटे पाँव लौटना/वापस जाना

कहीं पहुँचते ही वहाँ से पूर्व स्थान की

ओर चल पड़ना; जैसे—(१) उनका इतना कहना था कि मैं वहाँ से उलटे पाँव लौट पड़ा। (२) पुलिस से कौन उलझे। वे दोनो राहगीर उलटे पाँव लौट गए।—अजित पुष्कल।

उलटे रास्ते चलना
कुमार्ग पर चलना; जैसे—बुरी संगत से यह लड़का भी उलटे रास्ते चलने लगा है।

उलटे होकर टँग जाना/टँगना
पूरी ताकत लगाना और असंभव उपाय करना; जैसे—तुम भले ही उलटे होकर टँग जाओ, यह काम होनेवाला नहीं।

उल्लू का पट्ठा
अव्वल दर्जे का मूर्ख।

उल्लू फँसना
ऐसा व्यक्ति मिलना, जिसे आसानी से ठगा या मूर्ख बनाया जा सके।

उल्लू बनना
मूर्ख बनना; जैसे—ऐसी बात दस भले आदमियों में कहकर तुम भी आज अच्छे उल्लू बने।

उल्लू बनाना
मूर्ख बनाना; जैसे—(१) भोले-भोले नवयुवकों को उल्लू बनाकर (उसे?) बड़ा आनंद आता था।—कन्हैया लाल कपूर। (२) अपना उल्लू सीधा करने के लिए लोगों को उल्लू बनाना! 'जय बसंत अकादमी'।—मनहर चौहान।

उल्लू बोलना
(स्थान के संबंध में) वीरान होना; जैसे—रात को जहाँ महफ़िल सजी थी दिन को वहीं उल्लू बोलने लगे। —सीताराम चतुर्वेदी।

उल्लू समझना
(किसी को) मूर्ख समझना; जैसे—इस अधिकारी को सभी कर्मचारी उल्लू समझते हैं।

उल्लू सीधा करना
अपना उल्लू सीधा करना (दे०)।

उस्ताद निकलना
चतुराई में बढ़कर होना, ठगने या धोखा देनेवाले को भी ठग लेना या धोखा देना; जैसे—वह तो हमारा भी उस्ताद निकला।

ऊ

ऊँच-नीच
भला-बुरा, हित-अहित; जैसे—(१) महिपाल शीला से मिलने की तड़प लिए ऊँच-नीच सोचकर कमरे से बाहर निकला।—अमृतलाल नागर। (२) आपने संदेशा दे दिया, मैंने सुन लिया। अब हर तरह की ऊँच-नीच देखकर फैसला करना मेरा काम है। —भूषण वनमाली। (३) मुझे तो लगे कि बड़े की बहू ने ज़रूर ऊँच-नीच कह दिया होगा।—नरेश मेहता।

ऊँचा उठना
उन्नत या समृद्ध होना; जैसे—स्वतंत्रता के पचास वर्ष बाद तो हमारा राष्ट्रीय चरित्र ऊँचा उठना चाहिए था।

ऊँचा काम
समाज की दृष्टि से सभ्य लोगों द्वारा किया जानेवाला काम या व्यवसाय; जैसे—पान बेचना कोई ऊँचा काम नहीं है।—प्रेमचंद।

ऊँचा ख़्याल
आदर्श या श्रेष्ट विचार; जैसे—दीन-हीनों की सेवा-शुश्रूषा करना ऊँचा ख़्याल है।

ऊँचा पद होना
पद में ऊँचा होना; जैसे—जेठानी उमर में देवरानी से छोटी ही सही पर उसका ऊँचा पद तो होता ही है।

ऊँचा पीढ़ा देना
आदर-सम्मान प्रकट करते हुए ऊँचे आसन पर बैठाना।

ऊँचा सुनना
कुछ बहरे होने के कारण ऐसा ही शब्द

सुन सकना जो ऊँचा अर्थात् ज़ोर से बोला गया हो; जैसे—वह कुछ ऊँचा सुनता है।

ऊँचा होना

बढ़कर या श्रेष्ट होना; जैसे—मुहब्बत को भावुकता से ऊँचा होना चाहिए। —भूषण वनमाली।

ऊँची पहुँचवाला

जो ऊँचे लोगों तक आसानी से पहुँचता हो और उनसे अपना काम करा लेता हो।

ऊँचे घर का

कुलीन, संभ्रांत।

ऊँचे विचार का

श्रेष्ठ तथा स्तुत्य विचारोंवाला।

ऊँचे-नीचे पैर पड़ना

कुर्माग पर चलना विशेषत: किसी स्त्री का पर-पुरुष से अनुचित संबंध स्थापित होना।

ऊँट के मुँह में जीरा

आवश्यकता से बहुत कम प्राप्त होने-वाली चीज़; जैसे—पाँच के बीच दो मुट्ठी चने क्या हैं ऊँट के मुँह में जीरा। —रा० रा० प्र० सिंह।

ऊपर उठना

उन्नत स्थिति प्राप्त करना; जैसे—तुम्हें इन छोटे-मोटे भेद-भावों से ऊपर उठकर समाज की सच्चे हृदय से सेवा करनी चाहिए।

ऊपर ऊपर की बातें

बनावटी बातें; जैसे—ये सब ऊपर-ऊपर की बातें हैं, जब मतलब निकल जाएगा तो शक्ल भी नहीं दिखाएँगे।

ऊपर जाना/चले जाना

मर जाना; जैसे—बूढ़ा गत वर्ष ही ऊपर चला गया था।

ऊपर से

१. नाजायज़ रूप से; जैसे—उनका वेतन तो सौ ही रुपया है, पर ऊपर से तीन सौ मिल जाते हैं।

२. उच्च अधिकारियों के द्वारा।

ऊपर ही ऊपर

सामान्य कार्यकलाप को तिलांजलि देते हुए; जैसे—और चालाकी देखो ऊपर ही ऊपर काम करनेवाले लोगों को खिला-पिलाकर मुकदमे का फैसला भी करा लिया।—भूषण वनमाली।

ऊपर होना

श्रेष्ठ होना; जैसे—यह कविता उस कविता से हर माने में ऊपर है।

ऊपरवाला

१. ईश्वर।

२. ऊँचा अधिकारी; जैसे—यहाँ की कमाई का आधा हिस्सा ऊपरवालों के पास चला जाता है।

ऋ

ऋण उतार देना/चुका देना

१. लिया हुआ ऋण वापस करना।

२. मित्र अथवा उपकार करनेवाले के प्रति उपकार करना; जैसे—जटायु ने सीता के चुरा ले जानेवाले रावण से लड़कर अपने मित्र दशरथ का ऋण चुका दिया।—सीताराम चतुर्वेदी।

ए

एक अरसा

बहुत समय; जैसे—नौकरी छूटे एक अरसा हो चुका है।—गिरिधर गोपाल।

एक आँख न भाना/सुहाना

बिल्कुल न सुहाना; जैसे—मेरी शक्ल तो उसे एक आँख भी नहीं भाती।

एक आँख से देखना

सब को एक-सा समझना और उनके साथ एक-सा व्यवहार करना; जैसे—हमारी माता हम सब भाइयों को एक आँख से देखती हैं।

एक आँच की कसर होना

सीझने या पकने में अभी कुछ कमी होना।

एक आँवें के बर्तन
गुण-धर्म में एक जैसे लोग।

एक एक करके
एक के बाद दूसरे को, दूसरे बाद तीसरे को तथा इसी क्रम से।

एक एक की सुनना
हर एक की सुनना।

एक एक दिन गिनना
समय बीतता हुआ न जान पड़ना; जैसे जेल में हमारा एक-एक दिन गिनते बीता।

एक एक दिन पहाड़-सा लगना
दुख, व्यथा आदि के कारण दिन बीतता हुआ-सा न जान पड़ना, पहाड़ की तरह अधिक विस्तार वाला जान पड़ना; जैसे—तुम्हारी प्रतीक्षा में एक एक दिन पहाड़-सा लग रहा है।

एक एक पल भारी होना
समय बीतता हुआ न जान पड़ना।

एक एक पैसे के लिए तरसना
अत्यंत निर्धन होना।

एक एक पैसे के लिए मरना
अत्यंत लोभी होना।

एक एक से समझ लेना
(अपने) हर एक विरोधी को बाद में अहित करने की चेतावनी देना; जैसे—आज तुम लोग भारी पड़ रहे हो, कल को मैं भी एक एक से समझ लूँगी।

एक ओर जा बैठना
किसी काम में सहयोग न करना या दख़ल न देना, जैसे—छोटा भाई विवाह के दिनों में एक ओर जा बैठा।

एक और एक ग्यारह होना
संघटन द्वारा शक्ति में कई गुणी वृद्धि होना।

एक करना/कर देना
१. संयुक्त तथा संघटित कर देना; जैसे—उन्होंने इन कई छोटे-मोटे दलों को एक कर दिया है।
२. (स्थानों के विषय में) जल्दी जल्दी यहाँ से वहाँ और वहाँ से यहाँ आते-जाते रहना, एक पैर यहाँ होना तो दूसरा वहाँ; जैसे—पिछले सात दिनों से उसने हस्पताल (अस्पताल) और घर एक कर दिया था।—अश्क।

एक का दो करना/बनाना
एक के दो करना (दे०)।

एक की चार लगाना
आरोपों को बहुत बढ़ा-चढ़ाकर किसी से कहना।

एक के दो करना/बनाना
व्यापार द्वारा रकम दुगनी करना; जैसे—हम क्या सभी एक के दो करने में लगे हुए हैं।—रा० रा० प्र० सिंह।

एक कोने होना
उपेक्षित होना; जैसे—लड़की को वापस लाने की बात एक कोने हो गई थी।—अजित पुष्कल।

एक ख़ून होना
गहरा संबंध होना, एक ही कुल के होना।

एक चाल चलना
एक-सी नीति अपनाए रखना।

एक जबान होना
वचन का पक्का होना।

एक जान होना
घनिष्ठता होना।

एक जैसे
एक ही रंग रूप, आकार-प्रकार या आचार-व्यवहारवाले; जैसे—नीचे से ऊपर तक सब एक जैसे हैं।—श्रवणकुमार।

एक झटके में
चतुराई-भरी एक चाल से; जैसे—पुत्री ने ही माँ के हृदय में वर्षों से जमी बुआ के स्नेह की गहरी जड़ को एक झटके में उखाड़कर दूर फेंक दिया था। —शिवानी।

एक टक देखना
बिना पलक झपकाए देखते रहना;

जैसे—(१) ---- जैसे काठ मार गया, वह आँखें फाड़ बेदर्द दादी की करतूत एक टक देखने लगी। —रा० रा० प्र० सिंह। (२) देवयानी ने आकाश में मुस्कराते हुए चंद्रमा की ओर देखा और एक टक देखती ही रही तो उसे लगा कि वह चंद्रमा नहीं आचार्य कच मुस्करा रहे हैं। —यज्ञदत्त।

एक टाँग फिरना/दौड़ना

किसी काम की धुन में बराबर दौड़ते रहना; जैसे—भाई को जेल से छुड़ाने के लिए वह एक टाँग अधिकारियों के पास फिरता रहा।

एक तार

बिना टूटे या खंडित हुए, लगातार; जैसे—पानी चार दिन तक एक तार बरसता रहा।

एक दम

पूर्णतः बिल्कुल; जैसे—आपकी लड़की तो एक दम बच्ची है।—शिवानी।

एक दूसरे का मुँह ताकने लगना

यह देखना कि कौन पहल करता है; जैसे सभा में निस्तब्धता छा गई। सब एक दूसरे का मुँह ताकने लगे। —यज्ञदत्त।

एक दो तीन होना

धीरे से खिसक या निकल भागना; जैसे—रमेश, जयकिशोर, कम्मी और गोडबोले को (पुलिस ने) गिरफ़्तार कर लिया। छैलू इसी बीच में ही एक दो तीन हो गया।—अमृतलाल नागर।

एक नंबर

सर्वश्रेष्ठ, बहुत बढ़िया; जैसे—यह उपदेश ---- दुनियादारी और मिलनसारी बरतने में (के लिए?) एक नंबर। —अमृतलाल नागर।

एक न एक दिन

कभी न कभी; जैसे वह एक न एक दिन घर अवश्य लौटेगी।

एक न चलना

कोई उपाय सार्थक न होना, हर तर्क असिद्ध हो जाना; जैसे—(१) आज धनिया के सामने होरी की एक न चली।—प्रेमचंद। (२) उनके (भीष्म के) युद्ध-कौशल के आगे अर्जुन की एक न चलती।

एक नज़र से देखना

सब के प्रति समान व्यवहार करना; जैसे—वह अपने चारो पुत्रों को एक नज़र से देखता था।

एक न मानना

एक भी बात न मानना; जैसे—बेटे ने बाप की एक न मानी।

एक न सुनना

अपनी बात, निश्चय या हठ के आगे दूसरे के तर्क या मत की पूर्णतः उपेक्षा करना; जैसे—(१) भाई ने बहुत समझाया पर उसने एक न सुनी। —शिवानी। (२) मैंने लाख कहा कि मैं बीमार था, मुझे मालूम नहीं कि चक्रवर्ती हिसाब लाना है, पर मेरी एक न सुनी और मार मारकर मुझे अधमरा कर दिया।—अश्क।

एक मंच पर आना

विभिन्न दलों के नेताओं का एक साथ एकत्र होना; जैसे—इधर समाजवादी और साम्यवादी नेता एक मंच पर आए हैं।

एक मुँह से

एक स्वर से; जैसे—रानी ने मन्नो के विवाह में पिछले चार दिनों से अथक परिश्रम किया है, सब एक मुँह से तारीफ़ करते हैं।—अमृतलाल नगर।

एक सूत्र में बाँधना

संघटित करना, जोड़ना; जैसे—फिर उन्हें एक सूत्र में बाँधने का काम राष्ट्रभाषा करेगी।—कमलेश्वर।

एक से एक

भव्यता, महत्त्व, विशेषता आदि में

अपनी अपनी जगह; जैसे—(१) कलकत्ते में एक से एक भड़कीले प्रासाद हैं।—शिवानी (२) उनकी पाल्टी (पार्टी) में एक से एक बदमाश और नंगे-लुच्चे भर गए हैं।—शिवप्रसाद सिंह।

एक से दो होना/हो जाना
गिनती या संख्या में वृद्धि होना; जैसे—बड़ी अड़चनों के बाद आज हम एक से दो हुए हैं।

एक स्वर से
सर्वसम्मति से; जैसे—जनता ने एक स्वर से उसे अपना नेता चुन लिया।

एक होना/हो जाना
१. संघटित होना; जैसे—जब तक हम एक हैं तो हमारा कोई बाल बाँका नहीं कर सकता।
२. मिल-जुल जाना; जैसे—यह ठीक है कि फारसवाले आर्य हैं और अरबवाले सामी या सेमेटिक ; परंतु धार्मिक, सामाजिक, राजनीतिक और सांस्कृतिक दृष्टियों से अरब और फारस के लोग आपस में मिलकर बहुत-कुछ एक हो गए हैं।—रामचंद्र वर्मा।

एक-आध
आधे से एक तक या एक के आस-पास, जैसे—हमें एक-आध दिन वहाँ ठहरना पड़ेगा।

एकछत्र साम्राज्य
पूर्ण आधिपत्य; जैसे—माझे-मलवे के होंगे, जहाँ अशिक्षा और जहालत का एकछत्र साम्राज्य है।—अश्क।

एक-सा
१. समान, समरूप।
२. एक ही रूप में निरंतर; जैसे—फाटक के सामने एक तरफ़ औरतों की काँय-काँय चल रही थी और दूसरी ओर रम्मू की ज़बान राँड के चर्खे जैसी एक-सी चल रही थी।—अमृतलाल नागर।

एड़ लगाना
घोड़े को वेगपूर्वक बढ़ाने के लिए उसके पेट पर एड़ या एड़ी से आघात करना।

एड़ियाँ घिसना/रगड़ना
अपना काम निकालने या बनाने के लिए बार बार दौड़-धूप करना जैसे-(१) लड़कीवालों को लड़केवालों के यहाँ एड़ियाँ घिसनी ही पड़ती हैं। (२) ⋯⋯वर्ना अभी जनरल वार्ड में ले जाकर तुम्हें दिखाती कि जवान और बूढ़ी स्त्रियाँ किस तरह एड़ियाँ रगड़ रही हैं।—भूषण वनमाली।

एड़ी चोटी का ज़ोर लगाना
पूरा ज़ोर लगाना; जैसे—हमें अपनी ओर खींचने के लिए उन्हें एड़ी चोटी का ज़ोर लगाना पड़ा था।

एड़ी चोटी का पसीना एक करना
इतना अधिक परिश्रम करना कि शरीर पूरी तरह से थक जाए।

एड़ी से चोटी तक
नीचे से ऊपर तक, कुल।

एतबार उठना/जाना
(किसी का) पहले से बना या चला आया विश्वास या साख न रह जाना।

एहसान उतारना
उपकारकर्ता का उपकार करना, जिसने उपकार किया हो उसका भी उपकार करना; जैसे—अगर हमारे उन पर कुछ एहसान थे भी तो, आज उन्होंने सब उतार दिए।—भूषण वनमाली।

एहसान जताना
किए हुए उपकार का उल्लेख करना।

एहसान मानना
उपकार करनेवाले के प्रति कृतज्ञता जतलाना; जैसे—इस सूचना के लिए मैंने उसका जीवन भर एहसान माना।

ऐ

ऐंठ जाना
ऐंठकर रह जाना (दे०)।

ऐंठकर रह जाना
१. विवशता के फलस्वरूप चटपट मर जाना।
२. कुछ न कर पाने के कारण दिल मसोसकर रह जाना।

ऐंठ लेना
बलात् या छल से किसी से धन आदि प्राप्त कर लेना; जैसे—(१) बुड्ढों का बुड़भस से कुछ ऐंठ भी लिया जाए तो कोई दोष, पाप नहीं। —प्रेमचंद। (२) यही नहीं, वे अक्सर महँगाई का रोना रोकर चालीस-पचास रुपए ऐंठ भी ले जाते थे। —गिरिधर गोपाल।

ऐब निकालना
त्रुटियाँ या दोष दिखलाना।

ऐब लगाना
कलंक या लांछन लगाना।

ऐरा-गैरा नत्थू खेरा
बेकार का या फ़ालतू आदमी; जैसे-इस मीटिंग में उन्होंने हर ऐरे-गैरे नत्थू खेरे को बुला रखा था।

ऐश करना
मौज करना, मज़ा लेना; जैसे—यह नौजवान अभी अपने करोड़पति पिता के पैसे पर ही ऐश कर रहा था। —कमलेश्वर।

ऐसा-वैसा
अप्रिय तथा अनुचित; जैसे—वहाँ कोई ऐसी-वैसी बात न हो जाए।

ऐसी की तैसी करना
पूरी दुर्दशा करना; जैसे-ये मेरी ऐसी की तैसी कर देंगे।—मनहर चौहान।

ऐसी पड़ना
अत्यंत आवश्यकता होना; जैसे—(१) किसी को कहाँ की ऐसी पड़ी थी कि सफ़ाई तलब करे।—रा० रा० प्र० सिंह। (२) तुम्हें ऐसी क्या पड़ी थी कि रेवरेण्ड फ़ादर के सिर हो गए।—रा० रा० प्र० सिंह।

ऐसी-तैसी करना
ख़ूब खरी-खोटी सुनाना; जैसे—दाल में कंकड़ और राशन के आटे में रेत तंदूरवालों की ऐसी-तैसी करके वापस लौट आया था।—बलवंत सिंह।

ऐसी-वैसी बात
ऐसी बात जिससे किसी का अहित हो, कोई क्रुद्ध हो उठे या कोई झमेला खड़ा हो जाए।

ओ

ओखली में सिर देना
जान-बूझकर अपने को जोखिम में डालना; जैसे—(१) पतलून ऊपर चढ़ाया, रूमाल से मुँह पोंछा और इस तरह हिरन को देखा मानो ओखली में सिर देने जा रहे हों।—प्रेमचंद। (२) जब पत्नी ही वीतरागी हो जाए, तब भला कौन पति चाहेगा कि ओखली में सिर दे। —नरेश मेहता।

ओट में शिकार खेलना
आड़ में रहकर आक्रमण या वार करना।

ओठ काटना/चबाना
विवशता के कारण अथवा मर्यादा पालन हेतु अपना क्रोध दबाना।

ओठ चाटना
कोई चटपटी या स्वादिष्ट वस्तु खाते समय ओठों पर जीभ फेरते हुए उसका और अधिक स्वाद लेना।

ओठ फड़कना
अत्यधिक आवेश या क्रोध के कारण ओठों का हिलने लगना।

ओठ हिलाना
बहुत कठिनता से कुछ कहना या बोलना; जैसे—घंटों ख़ुशामद करने के

बाद कहीं जाकर उसने ओठ हिलाए।

ओढ़ लेना
अपने ऊपर लेना, ज़िम्मेदारी लेना; जैसे—चोरी का इल्ज़ाम उन्होंने फिर अपने ऊपर ओढ़ लिया।

ओढ़ना उतारना
बेइज़्ज़त करना।

ओढ़ना या बिछाना
किसी महत्त्वपूर्ण वस्तु का उपयोग तुच्छ कार्य में करना; जैसे—इस आज़ादी को ओढ़ूँ या बिछाऊँ।

ओढ़ना-बिछौना होना
नित्य व्यवहार की वस्तु होना; जैसे—ये शब्द और उनका अर्थ-विवेचन वर्मा जी का ओढ़ना-बिछौना था।

ओढ़नी उतारना/उतार देना
नंगा कर देना, बेइज़्ज़त कर देना; जैसे—सरे बाज़ार उसकी ओढ़नी उतार दी गई।

ओढ़नी बदलना/बदल लेना
दो स्त्रियों का एक दूसरी को अपनी प्रिय सखी बना लेना।

ओर-छोर न मिलना
आदि और अंत का कहीं पता न चलना।

ओस चाटना
बहुत कम खाना; जैसे—ओस चाटकर ही लगता है कि वह जीती है।

औ

औक़ात पहचानना
यह जानना कि किसी में कितनी सामर्थ्य है; जैसे—वह अधिकारी इन नेताओं की औक़ात पहचानता था।

औक़ात भूल जाना/भूलने लगना
यह भूल जाना कि हम क्या हैं या क्या थे; जैसे—कुर्सी पर जाने पर वह औक़ात भूलने लगा था।

औक़ात में रहना
अपनी सीमा में रहना।

औने-पौने करना
कोई चीज़ आधे, तिहाई या तीन-चौथाई (अर्थात् उचित से बहुत कम) मूल्य पर बेच डालना; जो दाम मिल जाए उसी पर बेच डालना; जैसे-जैसे हो औने-पौने करके यह मकान जल्दी निकालो।

औने-पौने दामों में
उचित से बहुत कम मूल्य पर; जैसे-परंतु मरता क्या न करता, औने-पौने दामों में ज़ेवर बेचकर सूद चुकता किया गया।-भूषण बनमाली।

और का और हो जाना
पहले जैसा न रह जाना, बिल्कुल बदल जाना; जैसे—इस विमाता के घर आते ही हमारे पिता और के और हो गए।

और कुछ
प्रस्तुत से पूर्णतः भिन्न या अतिरिक्त; जैसे—वहाँ जाकर और कुछ मत कह बैठना।

क

कंघी-चोटी करना
सिर के बालों में कंघी करना और उन्हें सँवारकर बाँधना; जैसे—तुम तो कंघी-चोटी करने में घंटों लगाती हो।

कंचन बरसना
बहुत अधिक धन-प्राप्ति या लाभ होना; जैसे—थानेदारी उसे क्या मिली घर में कंचन बरसने लगा है।

कंठ खुलना/फूटना
कंठ या मुँह से शब्द निकलने लगना।

कंठी तोड़ना
कंठी लेने के बाद पुनः मछली, मांस आदि खाने तथा शराब पीने लग जाना अर्थात् वैष्णव मान्यताएँ छोड़ देना।

कंठी लेना
वैष्णव मान्यताएँ अपनाना अर्थात् मछली, मांस आदि खाना तथा शराब पीना छोड़ देना।

कंधा देना

१. अरथी को कंधे पर उठाकर अंतिम संस्कार के लिए श्मशान ले जाना।

२. (किसी काम में) भार आदि उठाने या किसी काम के संपादन में सहायक होना।

कंधा लगना

जूए की रगड़ से बैल आदि के कंधे पर घाव हो जाना।

कंधे से कंधा छिलना

इतनी अधिक भीड़ होना कि लोग एक दूसरे से चिपके या सटे जा रहे हों; जैसे—प्रधान मंत्री का भाषण सुनने के लिए इतनी भीड़ उमड़ पड़ी थी कि कंधे से कंधा छिला जा रहा था।

कंधे से कंधा मिलाकर

एकजुट होकर; जैसे—भील लोग राजपूतों के साथ कंधे से कंधा मिलाकर लड़ने का सम्मान पाकर गौरवान्वित हो उठे।—समर बहादुर सिंह।

ककड़ी-खीरा समझना

(किसी व्यक्ति को) बहुत तुच्छ या हेय समझना; जैसे—अगर तुम अपने इन लोगों को ककड़ी-खीरा समझते रहोगे तो जल्द ही इनके मन से उतर जाओगे।

क ख ग न जानना

किसी विषय के प्राथमिक ज्ञान से भी रहित होना; जैसे—लोकतंत्र का क ख ग नहीं जानते।—गिरिधर गोपाल।

कगार पर खड़ा होना

विनाश के सन्निकट होना; जैसे-लगता है कि हमारी पुरानी सभ्यता आज कगार पर आ खड़ी हुई हो।

कचरा कर देना

चौपट कर देना, बिगाड़ देना।

कचीची बटना

क्रोध से अभिभूत होने से जबड़े पर जबड़ा या दाँत पर दाँत रखकर उन्हें दबाना।

कचूमर निकाल देना/डालना

१. किसी को इतना अधिक मारना-पीटना कि वह अधमरा हो जाए; जैसे—बानर ···· लड़ाकू हाथियों के सिरों पर बड़ी-बड़ी चट्टानें पटक-पटककर उनका कचूमर निकाल देते। —सीताराम चतुर्वेदी।

२. किसी चीज़ की पूरी तरह दुर्दशा कर डालना; जैसे—तुमने खरबूज़ा क्या काटा है, उसका कचूमर निकाल डाला है।

कचोट उठना

(मन) व्यथित हो उठना।

कच्चा खा/चबा जाना

क्रोध में भरकर (सहसा) किसी व्यक्ति का अस्तित्व मिटा देना; जैसे—(१) पुलिसवाले ख़ूब दाँत पीसेंगे ···· शायद मुझे कच्चा ही खा जाएँ।—प्रेमचंद। (२) बात खुल गई तो दिल्लीपत ····· बाप रे कच्चा ही चबा जाएगा।—अजित पुष्कल। (३) इस भोली लड़की को प्यार जताकर यदि तूने इसे नगीना बना दिया तो तुझे कच्चा चबा जाऊँगा।—गुलशन नंदा। (४) ये मर्द अकेली लड़की को देखकर यों घूरते हैं जैसे कच्चा ही खा जाना चाहते हों।—गुलशन नंदा।

कच्चा खिलाड़ी

अनुभवहीन व्यक्ति।

कच्चा चिट्ठा

वास्तविक किंतु गुप्त विवरण; जैसे--भ्रू-भंगिमा की टेढ़ी नोक ने उसके दिल का सारा कच्चा चिट्ठा खोलकर रख दिया।—रा० रा० प्र० सिंह।

कच्चा जाना

गर्भपात होना; जैसे—दो बार कच्चा जाने से उसका शरीर हिल गया है।

कच्चा पड़ना/पड़ जाना

(बात) हलकी या झूठी पड़ना; जैसे—उसकी बात कच्ची पड़ गई।

कच्चा मन
अपरिपक्व अर्थात् बालहृदय; जैसे—मेरे कच्चे मन पर जो छाप पड़ी वह फिर जीवन भर पड़ी ही रही।

कच्चा होना
हुनर, विद्या या समझदारी में पारंगत या सिद्धहस्त न होना, जैसे—मास्टर जी ...इतने कच्चे भी नहीं थे कि रहस्य न समझ पाते।—यशपाल।

कच्ची उमर/उम्र
अल्पवयस्क होने की अवस्था; जैसे वह सोचने लगी—क्या दिमाग फिर गया है राजी का जो इस कच्ची उमर में उसके विवाह की सोच रही है। —शिवानी।

कच्ची गोली न खेलना
ऐसा काम न करना जिससे मूर्ख बनना पड़े या विफलता हाथ लगे; जैसे—आप शायद चाहते होंगे, जब आपको राजा साहब से रुपए मिल जाते तो आप मुझे दो हज़ार रुपए दे देते... तो मैं ऐसी कच्ची गोली नहीं खेलता।—प्रेमचंद।

कच्ची बात मुँह से निकालना
अनुचित रूप से कोई अपरिपक्व या अप्रमाणिक बात कहना; जैसे—अगर तुम कच्ची बात मुँह से न निकालते तो तुम्हें नीचा भी न देखना पड़ता। —सीताराम चतुर्वेदी।

कच्ची-पक्की बात कहना/सुनाना
खरी-खोटी सुनाना, बुरा-भला कहना; जैसे—सास तो स्वभाव से उग्र हैं ही, बहू भी कच्ची-पक्की बात कहने से पीछे नहीं रहती।

कच्चे बच्चे
छोटे छोटे मासूम बच्चे।

कछुए की चाल चलना
अत्यंत धीमी गति से चलना।

कटकर रह जाना
अवमानित या अपमानित होने पर हतप्रभ हो जाना; जैसे—(१) चित्रकार ने प्रत्येक चित्र ... ऐसी कुशलता से अंकित कर दिया था कि लोग मन ही मन कटकर रह जाते थे।—प्रेमचंद। (२)... उस पर जो बीती हो, जाने वह, पर साहब बेचारे तो कटकर रह गए।—रा० रा० प्र० सिंह। (३)... उसके प्रश्न का करारा चाँटा पड़ते ही कर्नल पुत्री के सामने कटकर रह गया।—शिवानी। (४) ऐसे ताने देती हो कि आदमी दिल ही दिल में कटकर रह जाए।—भूषण वनमाली।

कट जाना
हतप्रभ हो जाना; जैसे—(१) बेटे की इस तरफ़दारी पर रतन कट गई।—रा० रा० प्र० सिंह। (२) श्यामली ने देखा कि जंगा चुप हो गया है और अंदर ही अंदर कटता जा रहा है।—अजित पुष्कल।

कटा कटा सा
अलग-थलग; जैसे—वे तो इधर कुछ दिनों से हम लोगों से कटे कटे से रहते हैं।

कटे पर नमक छिड़कना
दुखी व्यक्ति को और अधिक कठोर बात कहना।

कठपुतली की तरह नचाना
जैसा काम चाहना दूसरे से अपने प्रभाव, दबाव या शक्ति द्वारा करा लेना; जैसे—यही लोग उन बेचारों को कठपुतली की तरह नचा रहे हैं। —प्रेमचंद।

कड़की होना/चलना
आमदनी बंद सी होना, जैसे-चाह कर भी भाई को कुछ दे न सका, महीनों से यहाँ कड़की चल रही थी।

कड़वा घूँट पीकर रह जाना
चुपचाप अपमान सह लेना; जैसे—आज वह कड़वा घूँट पी तो गया, परंतु इसका बदला तुमसे लेना नहीं चूकेगा।

कड़वा लगना
अप्रिय या बुरा लगना; जैसे—मेरी बात तुम्हें ज़रूर कड़वी लगी होगी लेकिन है तुम्हारे लाभ की।

कड़वी बात
ऐसी बात जो अत्यंत अप्रिय लगे, चुभनेवाली बात।

कड़ा कदम उठाना
कठोर कार्रवाई करना; जैसे—सरकार ने ज़खीरेबाज़ों के विरुद्ध कड़ा कदम उठाया है।

कड़ाका होना
फ़ाका होना; जैसे प्रायः एक जून तो चबैने पर ही कटता था, दूसरे जून भी कभी आधा पेट भोजन मिला कभी कड़ाका हो गया।—प्रेमचंद।

कड़ा पड़ना
१. कठोरता अपनाना; जैसे—बिना तुम्हारे कड़े पड़े अब काम चलनेवाला नहीं।
२. उग्र होना; जैसे—सूरज कड़ा पड़ गया तो धरती का ताप भी बढ़ने लगा।—अजित पुष्कल।

कड़ाके का जाड़ा
बहुत सख़्त सर्दी; जैसे—·····और चाहे कैसा भी कड़ाके का जाड़ा क्यों न पड़ रहा हो, प्रतिदिन ठंडे पानी से स्नान करें।—अश्क।

कड़ी नज़र रखना
किसी के हर काम पर निगाह जमाए रखना।

कड़ी बात कहना
ऐसी बात कहना जो किसी को कष्टकारक प्रतीत हो; जैसे—मेरे मुँह से अनजाने कोई कड़ी बात निकल गई हो तो उसके लिए मुझे क्षमा करें।

कड़े शब्दों में कहना
कठोर या अप्रिय भाषा का प्रयोग करना।

कतर-ब्योंत करना
विभिन्न मदों में धन कम खर्च करना; जैसे—यदि आलमारी लेनी है तो और खर्चों में कतर-ब्योंत करनी होगी।

कतरनी की तरह ज़बान चलना
बिना अवसर-अनवसर देखे अथवा बिना छोटे-बड़े का लिहाज़ किए, जो मन में उलटा-सीधा आए बक देना; जैसे—कल की छोकरी, गज़ भर लंबी ज़बान और वह भी कतरनी की तरह चलनेवाली।

कतल की रात
घोर विकलता, निराशा, दौड़-धूप से भरी वह रात जिसके बाद निर्णय या परिणाम मिलने को हो।

कतरा जाना
दूसरे की आँख बचाकर निकल जाना या पीछे हट जाना; जैसे—कभी रामनाथ ने सोचा भी नहीं कि इस ठहराव से कतरा जाए। —कमलेश्वर।

कद ऊँचा हो जाना
मान-सम्मान बढ़ जाना; जैसे—इस सफलता से समाज में उनका कद ऊँचा हो गया।

कदम उठाना
१. अग्रसर होना।
२. कार्रवाई करना; जैसे—यह कदम उन्होंने हमारे खिलाफ़ उठाया है।

कदम कदम पर
हर कदम पर, थोड़ी थोड़ी दूरी पर।

कदम चूमना
(१) आदर या श्रद्धा दिखलाना। (२) ख़ुशामद करना; जैसे—वह मुझसे यह उम्मीद करता है कि मैं उसके कदम चूमूँ।—प्रेमचंद।

कदम छूना
नतमस्तक होना, प्रणाम करना; जैसे—बड़ों के कदम छूने में हर्ज़ ही क्या है।

कदम ज़मीन पर न पड़ना
बहुत अधिक घमंडी होना; जैसे—

थानेदारी मिलने के बाद से उनके कदम ज़मीन पर नहीं पड़ते।

कदम फूँक फूँककर रखना
अत्यंत सावधनी बरतना; जैसे—इस कार्यालय में हर एक को कदम फूँक-फूँककर रखना होता है।

कदम बढ़ाना
(तेज़ी से) चलना; जैसे—जल्दी जल्दी कदम बढ़ाओ, तब तो शाम तक कहीं पहुँचोगे।

कदम रखना
कहीं आना, पहुँचना या प्रवेश करना; जैसे—(१) जिस दिन उस कमबख़्त ने इस घर में कदम रखा, उसी दिन से यह घर राजनीति का अखाड़ा बन गया। (२) पहली बार तो तुमने उस घर में कदम रखा है।—गुलशन नंदा।

कनखियों से देखना
आँखों के कोरों से देखना; जैसे—किसी तरह चुपके चुपके कनखियों से आपको देखती है।—भूषण वनमाली।

कनी खाना
हीरे का बहुत छोटा टुकड़ा खाकर आत्महत्या कर लेना।

कन्नी काटना
किसी का सामना न करना, उससे दूर ही दूर रहना; जैसे—(१) जब आप मामूली शिष्टाचार से अधिकारियों का सहयोग प्राप्त कर सकते हैं, तो क्यों उनसे कन्नी काटते हैं।—प्रेमचंद। (२) देवर-देवरानी पहले ही कन्नी काटकर न्यारे हो चुके थे।—शिवानी।

कन्नी खाना
पतंग का किसी एक ओर झुकते जाना; अर्थात उड़ते समय संतुलित न रहना।

कपड़े उतरवा लेना
किसी से उसका सब-कुछ छीन या लूट लेना; जैसे—यहाँ तो तीर्थ-यात्रियों के कपड़े उतरवा लेनेवालों की कमी नहीं।

कपड़ों से होना
स्त्री का मासिक धर्म से होना।

कफ़न को कौड़ी न रखना
आड़े वक्त के लिए कुछ भी बचाकर न रखना।

कफ़न फाड़कर चिल्लाना
सहसा ज़ोर से चिल्ला उठना।

कबाब होना
(क्रोध से) जल-भुन जाना; जैसे—वह तो बिना बात के कबाब हुआ जा रहा है।

कब्र का मुँह झाँक आना
मरते-मरते बचना।

कब्र खोदना
किसी को हानि पहुँचाने का उपाय करना; जैसे—जो किसी के लिए कब्र खोदता है उसका जनाज़ा पहले ही उठ जाता है।

कब्र में पाँव लटकना
वृद्ध तथा जर्जर होना, मरने के करीब होना।

कभी कभी
बहुत कम; जैसे—वह कभी कभी इधर आता है।

कभी का
बहुत पहले ही, काफ़ी समय पहले; जैसे—वह स्वप्न-विलास तो वास्तव की चट्टान पर (से) टकराकर चूर-चूर हो गया कभी का।—रा० रा० प्र० सिंह।

कभी तो
जब भी मौका मिले या उचित समय आने पर; जैसे—(१) कभी तो शक्ल दिखा जाया करो। (२) कभी तो तुम्हें भी दाँतों चने चबाने पड़ेंगे।

कभी तोला कभी मासा
कभी संतुष्ट तो कभी असंतुष्ट, कभी प्रसन्न तो कभी अप्रसन्न।

कभी न कभी
किसी न किसी समय; जैसे—कभी न कभी तो उसे हमारी याद आती ही होगी।

कम न होना
घट कर न होना; जैसे—उन स्कूलों के कुछ मैनेजर भी, किसी अंश में उन बेहूदे सीटी बजानेवाले छोकरों से कम नहीं थे।—शिवानी।

कम होना
मान, पद आदि में घटकर होना; जैसे—परंतु मानव का यह अभिमान कि हम भी क्या कोई कम हैं—उसे किसी के सामने झुकने नहीं देता। —प्रकाशानंद।

कमज़ोरी का फ़ायदा उठाना
दूसरे के किसी दोष या त्रुटि से लाभान्वित होना।

कमर कसना
उद्यत या सन्नद्ध होना; जैसे—(१) और दूसरे तुम हो जो मेरी कीर्ति छीनने पर कमर कसे बैठे हो।—सीताराम चतुर्वेदी। (२) वह किसी भी तरह के अपमान का मुकाबला करने के लिए, कमर कसने लगता।—अजित पुष्कल।

कमर खोलना
१. विश्राम करना।
२. विफल या हताश होने पर किसी कार्य से विरत होना।

कमर टूटना/टूट जाना
(पहले जैसी) शक्ति, बल या साहस न रह जाना; जैसे—उसने पति की पत रख ली। वे छूट तो गए, पर कमर टूट गई।—रा० रा० प्र० सिंह।

कमर टेढ़ी होना
काम करते रहने से थक जाना या शिथिल हो जाना; जैसे—दस की जूतियाँ सीधी करते करते कमर टेढ़ी हो चली है।—रा० रा० प्र० सिंह।

कमर ठोंकना
पीठ ठोंकना (दे०)।

कमर तोड़ना/तोड़ देना/तोड़ डालना
बेदम या बलहीन करना; जैसे—चार बेटे और पाँच बेटियाँ किसी लखपति की कमर तोड़ने के लिए काफ़ी हैं। —रा० रा० प्र० सिंह।

कमर बाँधना/बाँध लेना
उद्यत या सन्नद्ध होना; जैसे—तुम्हें देश पर मर मिटने के लिए कमर बाँधना (बाँधनी) है।—रा० रा० प्र० सिंह।

कमर बैठ जाना
दे० 'कमर टूटना'।

कमर सीधी करना
थक जाने पर विश्राम करने के लिए (सीधे) लेटना; जैसे—फ़ुरसत रही तो कमर सीधी की ··· चना चबेना हुआ ··· चुस्की का चसका चला।—रा० रा० प्र० सिंह।

कमल के पत्ते की तरह
पूर्णतः निर्लिप्त; जैसे—घर के झगड़ों-टंटों में वे सदा कमल के पत्ते की तरह रहते थे।—अश्क।

कमल खिलना/खिल जाना
(किसी का) अत्यधिक प्रसन्न होना।

कमा खाना
मेहनत-मज़दूरी से रोज़ी चलाना।

कमान चढ़ना
१. (किसी की) त्योरी में बल पड़ना।
२. उन्नति के शिखर पर होना।

कमान तनना
त्योरी में बल पड़ना; जैसे—घर में ही बेबात की बात पर दोनो ओर से कमान तन जाती।—रा० रा० प्र० सिंह।

कमान बोलना
सेना को रणभूमि में जाने के लिए आज्ञा देना।

कमी न करना
हर दृष्टि से सहायता देना या सहयोग करना; जैसे—उन्होंने मेरे लिए कभी कुछ कमी नहीं की।

कमी न होना
यथेष्ट मात्रा में होना; जैसे—खाने-पीने की कमी नहीं थी।—अजित पुष्कल।

कयामत का दिन

अंतिम निर्णय का दिन।

कयामत ढाना/बरपा करना

(किसी के लिए) घोर संकट उत्पन्न करना।

कयामत तक

जब तक यह सृष्टि रहेगी तब तक; जैसे—उन्होंने कयामत तक हमसे लड़ने की कसम खाई है।

कर गुज़रना

कोई बहुत बड़ा विलक्षण या साहसपूर्ण काम कर डालना; जैसे—...... जिनमें जीवट मौजूद है, वे विपन्नता की चोट खाकर तिलमिला उठते हैं और कुछ कर गुज़रने के लिए उतारू हो जाते हैं। —अखंड ज्योति।

कर डालना

पूरा या संपादित करना; जैसे—(१) उसने चुपके-चुपके बच्चों का मुंडन कर डाला और हमें बताया तक नहीं। (२) आज उसने अपने साथी का काम कर डाला।

करम फूट जाना

भाग्य बिगड़ जाना, बहुत बड़ी हानि होना।

करम भोगना

अपने कर्मों का फल पाना।

करवट बदलना

१. (लेटे हुए व्यक्ति का) एक बल से दूसरे बल घूमना; जैसे—उसने करवट बदलने की कोशिश की .... ज़रा हिली कि रग रग में दर्द दौड़ गया। —शिवानी।

२. एक दल या पक्ष छोड़कर दूसरे में जाना।

३. स्थिति में परिवर्तन आना; जैसे—ज़माना रुकता नहीं वह तो करवटें बदलता रहता है।

करवट लेना

१. (किसी चीज़ का) सीधे खड़े न रहकर किसी ओर झुकना या लुढ़कना; जैसे—जहाज़ या नाव का करवट लेना।

२. काशी करवट लेना। (दे०)

करवटें बदलना

लेटे हुए व्यक्ति का (कष्ट, रोग, अनिद्रा आदि के कारण) बार बार पहलू या पार्श्व बदलते रहना; जैसे—रात तो उसकी करवटें बदलते ही बीती।

करारा जवाब देना

ऐसा जवाब देना जिससे किसी की बोलती बंद हो जाए।

कर्ज़ उतारना

ऋण चुकाना; जैसे—ये किसान बाप-दादा का कर्ज़ उतारते-उतारते मर जाते हैं।

कर्ज़ खाए बैठे होना

कटिबद्ध या उतारू होना; जैसे—वह तो तुम्हारी बुराई करने के लिए कर्ज़ खाए बैठा है।

कर्ज़ खाए होना

किसी के ऋण या उपकारों से दबा होना।

कर्ज़ पाटना/पाट देना

कर्ज़ चुकाना; जैसे—मज़दूरी के रूप में मिली ज़मीन से अन्न उगाकर पेट भी पालते हैं, कर्ज़ भी पाटते हैं।—अजित पुष्कल।

कर्ज़ पूरा न होना

पूरा कर्ज़ चुकाया न जाना; जैसे—चमार हैं तो बहुत, मगर दूसरों की गुलामी करते हैं, क्योंकि उनके बाप-दादा का कर्ज़ अभी तक पूरा नहीं हुआ है।—अजित पुष्कल।

कर्ज़ से लदना/लद जाना

सिर पर बहुत अधिक कर्ज़ होना; जैसे—कुछ खेत बिके और (वह) कर्ज़ से लद गया।—अजित पुष्कल।

कलंक धोना/धो डालना

अपयश का कुप्रभाव दूर करना; जैसे—इस कलंक को धोने के लिए उन्होंने क्या

नहीं किया।

कलंक लगना

लांछन लगना।

कल का

१. सामान्यत: छोटी अवस्था का; जैसे—ये कल के छोकरे हमें उपदेश देंगे?

२. कुछ ही दिन पहले का; जैसे—अभी जैसे यह कल की ही बात हो।

कल न पड़ना

चैन न पड़ना।

कल पर न छोड़ना

फ़ौरन (कोई काम) करने लगना।

कल पाना/मिलना

शांति मिलना, चैन या राहत होना।

कलई खुलना

भेद या रहस्य खुलना, भंडा फूटना; जैसे—उन्हें सबसे विषम वेदना यही थी कि मेरे मनोभावों की कलई खुल गई।—प्रेमचंद।

कलई खोलना

रहस्य प्रकट करना; जैसे—(१) मैं मिस मालती से आपकी कलई खोलूँगा।—प्रेमचंद। (२) कभी कभी जब गवाह... कलई खोलने पर उतारू हो जाता है, पुलिसवाले उसके घरवालों को दबाते हैं।—प्रेमचंद।

कलई बदलना

ऊपरी आवरण बदलना; जैसे—आदमी के रंग-ढंग की कलई बदलती है, उसके सुख-दुख की भित्ति नहीं बदलती।—रा० रा० प्र० सिंह।

कलपना लेना

जिसे सताया हो उसकी हाय लेना।

कलम उठाना

निश्चयबद्ध होकर लिखना; जैसे—मुझे विवश होकर समाचार-पत्रों का सहारा लेना पड़ रहा है और तुम्हारे विरुद्ध कलम उठानी पड़ रही है।

कलम करना/कर देना

काट देना; जैसे—फिर देखते ही उन्होंने उसका सिर कलम करने का हुकुम दे दिया।

कलम की नोक से

लेखनी के बल पर।

कलम घिसना

बराबर लिखने का काम करना; जैसे—वह जीवन भर मुनीमी करता और कलम घिसता रहा।

कलम चलाना

१. कुछ लिखना; जैसे—जो विषय हमारे मानस क्षेत्र के जितने समीप होगा... उससे हमारा उतना ही घनिष्ठ संबंध भी होगा और उसी पर हम कलम चलाने के अधिकारी भी होंगे।—रामचंद्र वर्मा।

२. लेख, रचना आदि में संशोधन-परिवर्तन या काँट-छाँट करना।

कलम चूमना

शैली, लिखावट आदि पर मुग्ध हो जाना; जैसे—क्या मोती पिरोए हैं, जी चाहता है कि तुम्हारी कलम चूम लूँ। (आशय यह कि तुम्हारी कृति का अत्यंत प्रशंसक हूँ।)

कलम तोड़ देना/तोड़कर रख देना

अति उत्तम शब्दों तथा शैली में अभिव्यक्ति करना; जैसे—ताजमहल की सुंदरता के वर्णन में तो उन्होंने कलम ही तोड़कर रख दी है। आशय यह है कि इससे अच्छा और भला कोई क्या लिख सकता है।

कलम फेरना/फेर देना

१. लेख आदि को काट डालना।

२. अत्यधिक संशोधन-परिवर्तन करना।

कलम से निकलना

लिखा जाना; जैसे—आज-कल संदेशों की ही भरमार है, इसीलिए हम भगवान बुद्ध के 'उपदेश' तो भूल जाते हैं अ... हमारे दिमाग में चक्कर खानेवाले सं...

बरबस हमारी कलम से निकल पड़ते हैं।—रामचंद्र वर्मा।

कलेजा उछलना
प्रसन्नता, भय आदि के कारण कलेजे का जल्दी जल्दी और ज़ोर ज़ोर से चलने लगना।

कलेजा काँपना
भय से विचलित होना; जैसे—उसकी शक्ल देखते ही मेरा कलेजा काँपने लगता है।—शिवानी।

कलेजा खाना
(किसी को) तंग या परेशान कर डालना, जान खाना।

कलेजा खिलाना
सब कुछ दे देना।

कलेजा छलनी होना/हो जाना
कठोर वचन सुनते-सुनते अत्यधिक दुख होना; जैसे—ऐसा बान मारती हो कि कलेजा छलनी हो जाता है।—अजित पुष्कल।

कलेजा छेदना
ऐसी कड़ी बात कहना जिससे कोई घायल की तरह तड़पने लगे।

कलेजा जलना/जल जाना
दुख से संतप्त होना।

कलेजा टुकड़े टुकड़े होना/हो जाना
१. बहुत अधिक मानसिक कष्ट या संताप होना।
२. उत्साह या धैर्य नष्ट होना।

कलेजा टूक टूक होना/ हो जाना
कलेजा टुकड़े टुकड़े होना (दे०); जैसे—कल की ब्याही बेटी को आज विधवा होते देखकर मेरा कलेजा टूक टूक हो गया।

कलेजा टूटना
१. उत्साह और साहस नष्ट हो जाना।
२. कलेजा फटना (दे०)।

कलेजा ठंडा/तर/होना
१. (विरोधी, प्रतिस्पर्धी, शत्रु आदि की) हानि या अहित देखकर शांति अनुभूत करना।
२. (अपने व्यक्ति की) उन्नति देखकर अत्यंत प्रसन्नता होना।

कलेजा डोलना/डोलने लगना
दिल काँपना; जैसे—दरोगा जी के नाम से ही उसका कलेजा डोलने लगा था।—अजित पुष्कल।

कलेजा थामकर बैठ/रह/जाना
किंकर्तव्यविमूढ़, शिथिल और हतोत्साह होकर चुपचाप बैठ जाना।

कलेजा दहल उठना/जाना
अत्यंत भयभीत हो जाना; जैसे—(१) अपने आपको पुलिस इंस्पेक्टर के सामने खड़ा देखकर उसका कलेजा दहल उठा।—गुलशन नंदा।
(२) चितौड़ पतन से बहुत से राजपूत राजाओं का कलेजा दहल उठा। —समर बहादुर सिंह।

कलेजा दहलना
कलेजा दहल उठना (दे०); जैसे—तुम्हारे इस तरह गुमसुम रहने से मेरा कलेजा दहल रहा है।—प्रेमचंद।

कलेजा दूना होना
प्रोत्साहन से उत्साह द्विगुणित होना; जैसे—आपके पदार्पण से इस संस्था के कार्यकर्ताओं को बल मिला है और उनका कलेजा दूना हो गया है।

कलेजा धक धक करना
(भय के कारण) कलेजा धड़कने लगना।

कलेजा धक से रह जाना
कोई अप्रत्याशित या भयानक बात सुनने पर या कोई ऐसा दृश्य देखने पर हृदय की गति क्षण भर के लिए रुक जाना; जैसे—साइकिल स्टैण्ड पर आया तो उसने देखा कि साइकिल नहीं है। उसका कलेजा धक से रह गया।

कलेजा धड़कना
अशक्तता, भय, रोग आदि के कारण कलेजे में धड़कन होना; जैसे—हमारा तो उस कलमुँहे इंजन को देखते

ही कलेजा धड़कने लगता है।—शिवानी।

कलेजा निकालकर रख देना

जान तक निछावर कर देना; जैसे—वे तो हमारे उन हितैषियों में से हैं जो हमारे लिए कलेजा निकालकर रख दें। —शिवानी।

कलेजा निकालना/निकाल लेना

१. प्राण ले लेना; जैसे—अगर जेल से छूट पाया तो झूठे गवाहों का कलेजा निकाल लूँगा।—अजित पुष्कल।

२. (किसी को) इस प्रकार सहसा डराना कि उसे ऐसा लगे कि मेरे प्राण ही निकल चले हों; जैसे—तुमने सी आवाज़ करके मेरा कलेजा ही निकाल लिया।

कलेजा पक जाना

अपवचन सुनते-सुनते या दुख सहते-सहते अधीर या विकल हो उठना।

कलेजा पत्थर का होना

दयाशून्य होना; जैसे—उसका कलेजा तो पत्थर का है, तुम गिड़गिड़ाती रहो। उसके कान पर तो जूँ भी नहीं रेंगेगी।

कलेजा पसीजना

दुखी या दीनहीन व्यक्ति को देखने पर मन में करुणा उत्पन्न होना, द्रवित होना।

कलेजा फटना

दुर्व्यवहार, दुर्वचन, दुर्घटना आदि के कारण अत्यंत दुखी होना; जैसे—बड़े-बड़े अफ़सरों के साथ दावतें उड़ाते थे, हज़ारों रुपए महीने की शराब पी जाते थे और हर साल फ्रांस और स्विट्ज़रलैंड की सैर करते थे। आज मज़दूरों की दशा पर उनका कलेजा फटता है।—प्रेमचंद।

कलेजा बढ़ जाना

साहस या हौसला बढ़ जाना।

कलेजा बाँसों उछलना

मानसिक विकलता या आघात से दिल का ज़ोरों से धड़कने लगना।

कलेजा बैठ जाना

१. उत्साह मंद पड़ जाना, साहस नष्ट हो जाना; जैसे—भीतर ही भीतर एक अनजानी धड़कन में धड़कती राज-राजेश्वरी का कलेजा बैठ गया। —शिवानी।

२. ऐसा प्रतीत होने लगना कि जान निकल जाएगी; जैसे—(१) कभी कलेजा उछलकर मुँह को आता, कभी बैठ जाता।—रा० रा० प्र० सिंह। (२) बहू के माथे से लटके लंबे घूँघट में चेहरे की पहली झलक से ही ननद का कलेजा बैठ गया।—यशपाल।

कलेजा पसीजकर रह जाना

विवशता के कारण चुप रह जाना और चाहते हुए भी कुछ न कर पाना।

कलेजा मुँह को आना

अत्यधिक विकलता के कारण ऐसा जान पड़ना कि अब जान नहीं बचेगी; जैसे—(१) स्वीकार करे तो मुश्किल, इन्कार करे तो मुश्किल; कभी कलेजा (उछलकर) मुँह को आता, कभी दिल बैठ जाता।—रा० रा० प्र० सिंह। (२) तभी माँ का ध्यान उसके कानों और तमतमाए गालों पर गया और उसका कलेजा मुँह को आ गया।—अश्क।

कलेजा हिलना/हिल जाना

अत्यधिक विकल होना; जैसे—वह कहानी एक पर्दे पर आती तो मेरा कलेजा हिल जाता।—रा० रा० प्र० सिंह।

कलेजा होना

साहस या हिम्मत होना; जैसे—(१) पैसा होने से क्या होता है कलेजा भी तो होना चाहिए। (२) अरे कलेजा हो तो खुल्लमखुल्ला करो न, जो करना है। —सरोजिनी वर्मा।

कलेजे का

साहसी, वीर।

कलेजे पर पत्थर रखना

घोर दुख या शोक को कड़ा दिल करके

सहन करना और व्यथा व्यक्त न करना; जैसे—उसने यह सारी विनाश-लीला कलेजे पर पत्थर रखकर देखी थी।

कलेजे पर मूँग दलना
ऐसा काम करना जिससे किसी को घोर क्लेश या संताप हो। देखें—छाती पर मूँग दलना।

कलेजे पर साँप लोटना
किसी अप्रिय या असह्य बात या स्थिति के कारण बहुत अधिक संतप्त होना; जैसे—हमारा रहन-सहन देखकर उनके कलेजे पर साँप लोटने लगा।

कलेजे में आग लगना
बहुत अधिक मानसिक कष्ट या क्लेश होना।

कलेजे में ठंडक पड़ना
चैन या राहत मिलना; जैसे—चलो हमारी हानि हुई तो क्या, उसके कलेजे में ठंडक तो पड़ी।

कलेजे में पैठना
किसी के मन की थाह लगाने के लिए उससे घनिष्ठता बढ़ाना।

कलेजे से लगाना/लगा लेना
गले से लगाना, अपना लेना; जैसे—हमें इन दलितों को कलजे से लगाना होगा।

कलेवर चढ़ाना
गणेश, हनुमान आदि की प्रतिमा पर सिंदूर आदि का लेप करना।

कस में रखना
वश या नियंत्रण में रखना।

कसक निकालना
वैर या बदला चुकाकर, फलतः दूसरे की हानि करके या आघात पहुँचाकर अपनी साध पूरी करना।

कस-बल निकाल देना
निढाल कर तथा कमज़ोर बना देना; जैसे—था तो मलेरिया, लेकिन उसने मेरे सारे कस-बल निकाल दिए। —भूषण वनमाली।

कसम खाए बैठे होना
कोई काम न करने का निश्चय किए होना।

कसम/कसमें/खाना या खा लेना
शपथपूर्वक कुछ करने या न करने की प्रतिज्ञा या निश्चय करना; जैसे—(१) मन ही मन श्यामली से संबंध तोड़ लेने की उसने कसमें खाईं।—अजित पुष्कल। (२) भाई वाह, लगता है, आज तुमने हँसने-बोलने की कसम खा ली हो।—शिवानी।

कसम तोड़ना
१. शपथ लेकर भी कोई काम या बात पूरी न करना।
२. जो बात (उपेक्ष्य या बुरी समझी जाने के कारण) कभी न की हो वह कर बैठना।

कसर खाना
घाटे में रहना, घाटा सहना; जैसे—इस सौदे में वे तो फ़ायदे में रहे, कसर हमें ही खानी पड़ी।

कसर न छोड़ना
(अपनी ओर से) पूरा-पूरा प्रयत्न करना, कोई बात उठा न रखना; जैसे—उन्होंने हमारी इज़्ज़त मिट्टी में मिलाने के लिए अपनी तरफ़ से कोई कसर नहीं छोड़ी।

कसर निकालना
(किसी से) किसी विशिष्ट अवसर पर बदला चुका लेना; जैसे—बहुत दिनों से तुम्हारे रंग देख रहा हूँ, आज सारी कसर निकाल लूँगा।—प्रेमचंद।

कसर रह जाना
कुछ कमी रह जाना; जैसे—विधाता की इस अनुपम कृति में भी एक कसर रह गई थी।

कसर लगना
हानि या क्षति होना; जैसे-इस सौदे में उन्हें दो हज़ार की कसर लग गई।

कसाई के खूँटे से बाँधना
(किसी निरीह प्राणी को) क्रूर या दुष्ट

व्यक्ति या जीव के हवाले करना; जैसे-मुझे मालूम नहीं था कि मैं बेटी का उससे ब्याह नहीं कर रहा हूँ बल्कि उसे कसाई के खूँटे से बाँध रहा हूँ।

कसौटी पर खरा उतरना

परीक्षण में सही सिद्ध होना; जैसे—सोने की शुद्धता तभी मानी जाएगी जब वह कसौटी पर खरा उतरे।

कहते न बनना

वर्णन न कर पाना; जैसे—मुझसे उसका दुख-दर्द कहते नहीं बनता।

कहना मोड़ना/मोड़ देना

बात टालना; जैसे—पंडित रत्न ने पूछा कि आज़ाद लाला से कहलवा दिया जाए तो कैसा रहे? महाशय वेदव्रत तो उनका कहना मोड़ते नहीं। —अश्क।

कहना ही क्या

(किसी चीज़ की) पराकाष्ठा होना; जैसे—उनकी वज़ादारी का कहना ही क्या।—रा० रा० प्र० सिंह।

कहना-सुनना

१. बात-चीत करना; जैसे—वहाँ जाना तो कुछ देर रुकना, कुछ कहना-सुनना और तब अपनी गरज बतलाना।

२. समझाना-बुझाना; जैसे—(१) उसके बाद कहने-सुनने पर राम मियाँ ने उसे गाड़ी में बैठा दिया था।—श्रवणकुमार। (२) मुहल्लेवालों के कहने-सुनने पर लाला बैजू ने अनाथ विधवा ब्राहाणी को अपनी कोठी में ही एक कोठरी दे दी।—अमृतलाल नागर।

कहने को

१. जैसा कि कहा जाता है; जैसे—वह कहने को तो राजा है, पर खर्च धेला नहीं करता।

२. नाम मात्र या नाम गिनाने के लिए; जैसे—तुम तो कहने को शक्ल दिखाने आए थे।

कहने पर

किसी की राय के अनुसार; जैसे उन्हीं के कहने पर आपके यहाँ आया था।

कहने पर चलना

जैसा कोई सिखाए-पढ़ाए ठीक वैसा ही आचरण करना (फलतः अपनी बुद्धि से काम न लेना); जैसे—लड़का तो बीबी के कहने पर चलता है।

कहने भर की देर

कोई बात मुँह से निकालते ही, तत्क्षण; जैसे—मेरे कहने भर की देर थी कि वह उठकर चला गया।

कहने भर को

कहने को (दे०)।

कहने में आना

(अपनी बुद्धि से काम न लेकर) दूसरे की इच्छा के अनुसार कार्य करना; जैसे—तुम तो उनके कहने में आ गए।

कहने में होना

(किसी के) वश में होना और उसी की बात मानना।

कहने-सुनने के लिए

कहने-सुनने को (दे०); जैसे—ये सारी बातें दूसरों को कहने-सुनने के लिए होती हैं।—अजित पुष्कल।

कहने-सुनने को

बात या चर्चा भर के लिए; जैसे—राजा दिलीप का अपने राज्य में ऐसा दबदबा था कि चोरी शब्द केवल कहने-सुनने को ही रह गया था।—सीताराम चतुर्वेदी।

कहने-सुनने पर

समझाने-बुझाने पर; जैसे—(१) बहुत कहने-सुनने पर तब कहीं वह राज़ी हुआ। (२) कहने-सुनने पर राम मियाँ ने उसे गाड़ी में बैठा दिया था। —श्रवणकुमार।

कहर करना

१. बहुत ही भयानक, भीषण या विकट काम करना।

२. किसी के प्रति घोर अन्यायपूर्ण कार्य करना या अत्याचार करना।

कहर टूटना

घोर संकट ऊपर आना।

कहर ढहना

घोर विपत्ति या आफ़त सिर पर पड़ना।

कहर ढाना

१. बहुत बड़ी आफ़त खड़ी करना; जैसे—सन् ७१ के अक्टूबर मास में उड़ीसा के समुद्र तट पर तूफ़ान ने जो कहर ढाया उसकी याद करके रोंगटे खड़े हो जाते हैं।—अखंड ज्योति।

२. गज़ब ढाना, जैसे—सभी को विश्वास था कि शारदा बाई कहर ढाएगी और उस्ताद का नाम रोशन करेगी।

कहर मचना

बहुत बड़ा उत्पात या उपद्रव खड़ा होना।

कहा-सुना

जान या अनजान में कही हुई (अप्रिय या कष्टकारक) बात; जैसे—हमारा कहा-सुना माफ़ करना।

कहीं और

दूसरी जगह; जैसे—लगता है वह दुकान कहीं और चली गई है।

कहीं का न रखना/छोड़ना

किसी काम लायक न रहने देना; जैसे—(१) आपने सारी जायदाद चौपट कर दी, हम लोगों को कहीं का न रखा।—प्रेमचंद। (२) धन धनासक्त कर व्यक्ति को कहीं का नहीं रखता। —प्रकाशानंद। (३) उस दुश्मन दिल्लीपत ने मुझे कहीं का नहीं रखा।—अजित पुष्कल।

कहीं का न रहना

१. दोनो या सभी पक्षों द्वारा तिरस्कृत होना, सब तरफ़ से ठुकराया जाना; जैसे—(१) तुम्हारी यह कुत्ती जबान तुम्हें कहीं का नहीं रहने देगी। (२) चुप रहने से बात समाप्त हो जाएगी, कुछ बिगड़ेगा नहीं। कहने से मेरी बदनामी होगी परंतु लड़की कहीं की न रहेगी।—यशपाल। (३) वह बराबर सोचती रही अगर शिरोमन की ज़बान खुल गई तो वह कहीं की न रहेगी।—अजित पुष्कल।

२. सब-कुछ खो या गँवा बैठना और असहाय हो जाना; जैसे—(१) आपके इस निर्णय से तो हम कहीं के नहीं रहेंगे। (२)...... यदि उसकी बेटी ने विद्रोह कर दिया तो वह कहीं का न रहेगा।—गुलशन नंदा।

कहीं ठिकाना न लगना

किसी भी जगह शरण न मिलना; जैसे—महीनों नौकरी की खोज में मारा मारा फिरा, लेकिन कहीं ठिकाना न लगा।—प्रेमचंद।

कहीं न कहीं

किसी स्थान पर तो अवश्य; जैसे—तुम्हें ढूँढ़ ही लेंगे कहीं न कहीं।

कहे की लाज रखना

दिए हुए वचन को पूरा करना।

काँटा डालना

किसी को फँसाने की युक्ति करना।

काँटा बनना/बन जाना

बाधक या कष्टकारक सिद्ध होना; जैसे—क्यों वेश्याओं के मुजरे होते, क्यों यह संदेह और बनावट और अशांति जीवन-पथ में काँटा बनती।—प्रेमचंद।

काँटा होना/हो जाना

१. (किसी वस्तु का) सूखकर कड़ा हो जाना।

२. (किसी व्यक्ति का) रोग, चिंता आदि के कारण क्षीणकाय हो जाना; जैसे—अब तो आप इन्हें अच्छी देखती हैं, ये तो घुलकर काँटा हो गई थीं। —प्रेमचंद।

काँटे का

जोड़ या बराबरी का; जैसे—उन दोनो राष्ट्रों में काँटे की लड़ाई हुई।

काँटे की तरह चुभना
अत्यंत कष्ट देना; जैसे—सन् १९२० के आस-पास ब्रिटिश सरकार ने उन्हें 'राजा' की उपाधि से विभूषित किया ... पर वह उपाधि आरंभ से ही उनके मन-प्राण में काँटे की तरह चुभती रही।—रा० रा० प्र० सिंह।

काँटे की तौल
सही तौल; जैसे—उस तुला की तौल काँटे की होती थी।

काँटे की बात
ठीक और नपी-तुली बात।

काँटे बिछाना
मार्ग में इतनी अधिक रुकावटें खड़ी करना जिससे कोई आगे न बढ़ सके।

काँटे बोना
ऐसा काम करना जिससे अपने या दूसरों को आगे चलकर कष्ट हो; जैसे—मुझे नहीं मालूम था कि यह काँटे मैं अपने लिए ही बो रहा हूँ।

काँटों में घसीटना
१. किसी को ऐसी परिस्थितियों में ले आना जिनमें उसे उलझना और कष्ट भोगना पड़े; जैसे— ... लेखक की प्रतिबद्धता यहीं से शुरू होती है कि वह गतिरोध पैदा करनेवालों को बेनकाब करे ... और ज़रूरत पड़ने पर उन्हें काँटों पर (में) घसीटे।—श्रवणकुमार।

काँप उठना
भयभीत होना, थर्राने लगना; जैसे—राम के बाण से ताड़का की छाती फट गई और जब नीचे गिरी तब उसके गिरने से वह जंगल ही नहीं वरन् तीनो लोकों को जीतकर पाई हुई रावण की राजलक्ष्मी भी काँप उठी।—सीताराम चतुर्वेदी।

काँव काँव करना
शोर करना, हल्ला मचाना; जैसे—बिरादरी का झंझट जो है, सारा गाँव काँव काँव करने लगेगा।—प्रेमचंद।

कागज़ काला करना
कागज़ पर (काली स्याही से) लिखना।

कागज़ रँगना
अधिक विस्तार से और प्रायः व्यर्थ ही लिखते जाना।

कागज़ी घोड़े दौड़ाना
मात्र पत्र लिख और भेजकर संतोष कर लेना (अर्थात् अपने कार्य की सिद्धि के लिए दौड़-धूप न करना)।

काछा कसना
सन्नद्ध होना, उद्यत होना।

काछा काछना
भेष बनाना, स्वाँग रचना।

काछा खोलना
१. हिम्मत छोड़ना।
२. भाग खड़े होना, पीठ दिखाना।
३. संभोग करना।

काछा लगना
काछे की रगड़ से घाव होना।

काज सँवारना
किसी बिगड़े हुए या अधूरे काम को ठीक प्रकार से संपादित करना।

काजल घुलाना
(आँखों में) बहुत अधिक काजल लगाना।

काजल पारना
दीपक के धुएँ को कालिख के रूप में जमाकर इकट्ठा करना।

काजल सारना
आँखों में काजल लगाना।

काट खाने को दौड़ना
काटने दौड़ना (दे०)।

काट देना
१. बिता देना; जैसे—अनवर मियाँ ने सारी ज़िंदगी उनकी ड्योढ़ी में काट दी।—अजित पुष्कल।
२. असिद्ध कर देना; जैसे—उन्होंने इस सिद्धांत को काट दिया है।

काटने को दौड़ना
काटने दौड़ना (दे०); जैसे—अब तो

यह घर और भी काटने को दौड़ता है।—कमलेश्वर।

काटने दौड़ना

इस तरह चिल्लाना मानो कुत्तों आदि की तरह काटने को उतारू हो; जैसे—तू जो सारे दिन अपने ही मन की किया करती है, ---मैं तेरा क्या बिगाड़ लेता हूँ जो काटने दौड़ती है।—प्रेमचंद।

काटे खाना

(किसी चीज़ का) बहुत ही अप्रिय और कष्टदायक लगना या प्रतीत होना।

काठ का उल्लू

वज्र मूर्ख; जैसे—अपने से पूछो ना, तुम्हीं ने मुझे काठ का उल्लू बना दिया है।—अमृतलाल नागर।

काठ का कलेजा

क्रूर हृदय; जैसे—उन लोगों का काठ का कलेजा होगा जो इतने ग़रीबों को बेकसूर फाँसी पर चढ़वाए देते हैं। —प्रेमचंद।

काठ बनना/होना

काठ की तरह निर्जीव हो जाना, बिल्कुल न हिलना-डोलना; जैसे—चंदन काठ बनी चुपचाप खड़ी रह गई।—शिवानी।

काठ मार जाना

स्तब्ध या हतबुद्धि हो जाना; जैसे—(१) -----देवताओं की सेना लेकर विजयी कार्तिकेय सचमुच सेनापति बनकर आए हैं।. तब तो दैत्यों के नगर के रहनेवाले बहुत देर तक घबराए ऐसे बैठे रहे मानो उन्हें काठ मार गया हो।—सीताराम चतुर्वेदी। (२) ---और उस शांता ने आत्महत्या कर ली, यह ख़बर पाकर मुझे काठ मार गया था। —कमलेश्वर।

काठ में (अपने) पाँव डालना/देना

जान-बूझकर किसी बहुत बड़ी विपत्ति या संकट में पड़ना।

काठ होना

काठ की तरह कड़ा या निश्चेष्ट हो जाना; जैसे—पंडित रामपत की ज़बान काठ हो गई थी।—अजित पुष्कल।

कान उठना

(पशुओं आदि के संबंध में) आहट होने पर सचेत होना।

कान उमेठना

१. सावधान करने या दंड देने के लिए (किसी व्यक्ति के) कान मसलना या मरोड़ना; जैसे—घर का दिया काम न करने पर आज गुरुजी ने उसके कान उमेठे।

२. (अपने कान पकड़ या छू तथा मरोड़कर) तोबा करना, भविष्य में कोई (विशिष्ट) काम न करने की प्रतिज्ञा करना।

कान ऊँचे करना

(पशुओं के संबंध में) आहट होने पर सचेत होना।

कान ऐंठना

कान उमेठना (दे०)।

कान करना

(कोई बात) ध्यानपूर्वक सुनना और उसके अनुसार चलना; जैसे—बड़ों की बात तुम कान नहीं करते, इसीलिए दुख भोगते हो।

कान का कच्चा

जो बिना सोचे-समझे दूसरों की बातों को सच मान लेता हो।

कान काटना

चालाकी, धूर्तता आदि में किसी से बढ़कर होना; जैसे—(१) उसमें अद्भुत साहस है और समय पड़ने पर वह मर्दों के भी कान काट सकती है।—प्रेमचंद। (२) कभी कभी बच्चों की चालाकी बड़े बड़ों के कान भी काटने लगती है।—सुशीला गुप्ता।

कान के पर्दे फाड़ना

बहुत ऊँची आवाज़ में चीखना या शोर

मचाना।

कान खड़े होना/हो जाना

१. आशंका या खटका होने पर चौकन्ना होना; जैसे—(१) मैंने जब इनके यहाँ आने-जाने की ख़बर पाई तो उसी वक्त मेरे कान खड़े हो गए।—प्रेमचंद। (२) पर जब बाहर के लोग यहाँ की हरियाली से ललचकर या लूटपाट करने के मन से इधर आने-जाने और धावा मारने लगे तब से आर्य लोगों के कान खड़े हुए।—सीताराम चतुर्वेदी।

२. (पशुओं के संबंध में) आहट होने पर चौकन्ना या सचेत होना।

कान खाना/खा जाना या खा डालना

बहुत अधिक या इतना अधिक शोर करना कि और लोग तंग या परेशान हो जाएँ; जैसे—...कोई बच्चा...पैसा माँगते माँगते रो रोकर उनके कान खा डालता।—गिरिधर गोपाल।

कान खोलकर सुनना

सावधानी से सुनना; जैसे—कान खोलकर सुन लो, अब ऐसी हरकत की तो घर से निकाल बाहर करूँगा।

कान देना

ध्यानपूर्वक सुनना; जैसे—अब तक हम उनकी बातें यों ही सुनते रहे...अब लगे कान देने।—रा० रा० प्र० सिंह।

कान न देना/धरना

(उपदेश या सीख) सुनकर भी अनसुनी करना; जैसे—(१) मैं तुम्हें बराबर समझाती आती थी कि देहातियों से राड़ न करो...लेकिन तुमने कभी कान न दिए।—प्रेमचंद। (२) वे सदा अपनी ही करते हैं, जल्दी दूसरों की बातों पर कान नहीं देते।

कान न फड़कना

चूँ तक न करना।

कान पक चुकना/जाना

कोई बात बार बार सुनते सुनते ऊब जाना, जैसे—सरकार के कान जनता के कर्कश प्रलाप से पक चुके हैं।

कान पकड़कर निकाल देना

बलात् तथा अनादरपूर्वक किसी को कहीं से बाहर करना या निकालना।

कान पकड़ना

१. किसी के कान मसलना या उमेठना (दंडित करने के अभिप्राय से)।

२. तोबा करना, भविष्य में कोई (विशिष्ट) काम न करने का निश्चय करना; जैसे—(१) समझती तो ख़ैर क्या वह हमसे, मगर जी भिन्ना उठा और हमने तो अपने कान पकड़े कि फिर जो इधर रुख किया...।—रा० रा० प्र० सिंह। (२) ...वहाँ की स्त्रियाँ...अपने प्रेमियों को तब तक अवश्य डाँटती हैं जब तक वे प्रेमी आगे के लिए अपने कान न पकड़ लें।—सीताराम चतुर्वेदी।

कान पकना/पक जाना

एक ही बात बार बार सुनते सुनते परेशान हो जाना।

कान पड़ना

कान में पड़ना (दे०)।

कान/कानों/पर जूँ (तक) न रेंगना

उपेक्षा, उदासीनता आदि के कारण किसी प्रकार की अनुक्रिया न करना; जैसे—(१) अपना दुखड़ा किससे कहूँ, अपने दिल की जलन किसके सामने रखूँ, जब भगवान के कान पर जूँ नहीं रेंगती।—रा० रा० प्र० सिंह। (२) और बादू!...इन हरामज़ादों के कान पर जूँ नहीं रेंगती है।—गिरिधर गोपाल।

कान फटना

इतने ज़ोर का शब्द होना कि ऐसा लगे मानो कान फट जाएँगे, ऐसा शब्द होना जिससे कानों को कष्ट हो।

कान फुँकवाना

गुरुमंत्र लेना (दे०)।

कान फूँकना

१. किसी को अपना चेला बनाने के लिए उसे दीक्षा देना, गुरुमंत्र देना।

२. कान भरना (दे०)।

कान फोड़ना

इतना शोर-गुल या आवाज़ करना कि कान फटने लगें; जैसे—दिन-रात यही हल्ला कान फोड़े डालता है—यह मृग आया, वह सुअर निकला, यह रहा सिंह।—सीताराम चतुर्वेदी।

कान बंद रखना

न सुनना; जैसे—वह पहले तो नई जोरू की ख़्वाहिशें पूरी करता रहा और फिर जब हद हो गई तो वह कान बंद रखने लग गया।

कान बजना

रोग, सर्दी आदि के कारण कानों में साँय-साँय शब्द सुनाई पड़ना।

कान भर जाना

कोई बात बार बार सुनाई जाने पर उकता जाना।

कान भरना/भर देना

प्राय: (किसी के विरुद्ध) किसी के मन में कोई बात जमा या बैठा देना; जैसे—(१) किसी मुहल्ले-टोलेवाली ने तुम्हारे कान भर दिए क्या?—रा० रा० प्र० सिंह। (२) बिरादरी कहीं बड़ी मुश्किल से मिले इस जामाता के कान न भर दे, यह सोचकर महिम तिवारी विवाह कराने के लिए पत्नी और पुत्री को लेकर अल्मोड़ा से हलद्वानी चले गए।—शिवानी।

कान मलना

कान उमेठना (दे०)।

कान/कानों/में खटकना

सुनने में सही या उपयुक्त न लगना; जैसे—ऐसे शब्द मेरे कानों में खटकते हैं।

कान/कानों/में डाल देना

किसी तक कोई बात पहुँचा देना; जैसे—ख़बर बड़े भइया के कारिंदा अनवर मियाँ के कानों में डाल दी गई थी और वह साँप की तरह फनफनाता हुआ बाग़ की ओर जा रहा था। —अजित पुष्कल।

कान/कानों/में तेल/रुई/डालकर बैठना

किसी की बात सुनकर भी उसपर ध्यान न देना और चुप बने रहना; जैसे—बेचारी कई बार संदेश भिजवा चुकी थी। हमारे जेठ कान में तेल डाले बैठे रहे। पर इनकी तो माँ जाई बहिन है। —यशपाल।

कान में बात कहना

इस प्रकार किसी से कोई बात कहना कि दूसरा सुन न ले।

कान/कानों/में पड़ना

सुनाई पड़ना; जैसे—(१) मिसेज चौहान की मार्फ़त बात मिसेज पंडित के कान में पड़ी।—यशपाल। (२) ये सारी बातें रामपत के कान में पड़तीं तो वे अनसुनी कर जाते।—अजित पुष्कल। (३) उसी समय ऊपरी तल्ले से अत्यंत क्षीण कंठ के कराहने की ध्वनि उनके कानों में पड़ी।—हजारीप्रसाद द्विवेदी।

कान/कानों/में पारा भरना

अपराधी के कानों में पारा डालना फलत: उसे बहरा बनाना। (प्राचीन दंड)।

कान/कानों/में भनक पड़ना

१. हलका शब्द सुनाई देना।

२. कोई बात विशेषत: अपुष्ट या अप्रिय बात सुनने में आना; जैसे—(१) छोटी बहू के कान में भनक पड़ी तो वह भूत हो गई।—रा० रा० प्र० सिंह। (२) भाई साहब उस रस्म पर नाक-भौं सिकोड़ रहे थे और नख़रा कर रहे थे और लड़कीवाले परेशान थे, तभी पंडित शादी राम के कानों में उसकी भनक पड़ी।—अश्क।

कान/कानों/में सीसा भरना

अपराधी के कानों में गरम गरम सीसा भरकर उसे बहरा बना देना। (प्राचीन

दंड)।

कान लगाकर सुनना

अत्यंत सतर्क होकर सुनना; जैसे—यद्यपि यह स्वयं मुझसे बात-चीत नहीं करती, फिर भी जब मैं बोलने लगता हूँ तब कान लगाकर मेरी बातें सुनने लगती है।—सीताराम चतुर्वेदी।

कान लगे होना

कान लगाकर सुनना (दे०)।

कान होना

सुनने की शक्ति या समर्थता होना; जैसे—बेटा! ज़ोर से नहीं बोलते दीवारों के भी कान होते हैं।

कानाफूसी करना

कान में धीरे से किसी के विरोध में कोई बात कहना; जैसे—इस नए डिजाइन के मुंडन पर गाँव में कुछ लोगों ने कानाफूसी की, लेकिन दूसरों ने उन्हें फटकार दिया।—गिरिधर गोपाल।

कानी कौड़ी

हेय वस्तु।

कानून अपने हाथ में लेना/ले लेना

अनधिकार चेष्टा करना।

कानून छाँटना/बघारना

व्यर्थ की दलीलें देना; निरर्थक तर्क उपस्थित करना।

कानों कान ख़बर न होना

पास-पड़ोस के लोगों तक को भी कोई जानकारी न हो पाना।

कानों पर जूँ तक न रेंगना

कान पर जूँ न रेंगना (दे०); जैसे—हम एक एक चीज़, कागज़-पेंसिल तक माँग माँगकर थक जाते हैं और आपके कानों पर जूँ तक नहीं रेंगती।—श्रवणकुमार।

कानों पर हाथ रख लेना

१. अपनी भूल के लिए क्षमा चाहना।

२. साफ़ साफ़ इन्कार करना।

कानों में उँगलियाँ देना

किसी की बात (विशेषत: प्रार्थना, निवेदन या शिकायत) ही न सुनना।

कानों में गूँजना

ध्वनित होना; जैसे—पिता जी के वे वचन आज बीस वर्ष बाद भी मेरे कानों में गूँज रहे हैं।

काफ़िया तंग करना

नाकों दम कर देना।

काफ़िया मिलाना

१. शब्दों का अनुप्रास या तुक मिलाना।

२. किसी चीज़ या बात के सामने कोई ऐसी चीज़ या बात रखना जो गुण, प्रकार, रूप आदि के विचार से ठीक वैसी ही हो।

३. (किसी के साथ) दोस्ती करके उसके ठीक अपने समान बन जाना।

काफ़ूर हो जाना

सहसा ओझल या ग़ायब हो जाना।

काबू पाना/पा जाना

वश में कर लेना।

काम अटकना

काम में रुकावट उत्पन्न होना।

काम आ पड़ना

ऐसा कार्य आ उपस्थित होना, जिसमें तुरंत लगना आवश्यक हो; जैसे—...ऐसा कौन-सा काम आ पड़ा है जिसने आपके इस सुकुमार शरीर को तपोवन तक लाने का कष्ट दिया है।—सीताराम चतुर्वेदी।

काम आना/आ जाना

१. (किसी चीज़, बात या व्यक्ति का) कार्य में सहायक सिद्ध होना; जैसे—(१) आदमी वही जो समय पर काम आए। (२) बाकी ज़िंदगी घसीटने के लिए जाति बिरादरी ही काम आती है।—अजित पुष्कल।

२. (किसी व्यक्ति का) युद्धक्षेत्र में मारा जाना।

काम करना/कर जाना

(किसी वस्तु का) अपना गुण या प्रभाव दिखाना; जैसे—हमारी यह युक्ति काम

कर गई।—अमृतलाल नागर।

काम का

उपयोगी, कार्य-सिद्धि में सहायक; जैसे—(१) कुछ ऐसे मूल सिद्धांत और तत्त्व ही यहाँ बतलाना चाहते हैं जो साधारण विद्यार्थियों के काम के हों। —रामचंद्र वर्मा। (२) देखने में कैसी भी हो, बहुत काम की लड़की है। —शिवानी।

काम चमक जाना

कारोबार में उन्नति होना।

काम चलना

(किसी न किसी प्रकार) काम पूरा हो जाना; जैसे—(१) उनका भी भगवान है, और उनका काम किसी न किसी तरह चल ही जाएगा।—अश्क। (२) यूँ टाल-मटोल से काम नहीं चलेगा। —भूषण वनमाली।

काम चलाना

जैसे-तैसे कार्य का निर्वाह करना; जैसे—कंचे ख़त्म हो जाने पर इमली के बीजों से काम चलाया जाता था। —गिरिधर गोपाल।

काम तमाम करना

मार डालना; जैसे—उसने दयाकृष्ण के पीछे कई शोहदे लगा रखे थे कि वे उसे जहाँ पाएँ; उसका काम तमाम कर दें।—प्रेमचंद।

काम देखना

१. व्यावसायिक कार्यों को करना; जैसे—अब उनका लड़का काम देखने लायक हो गया है।

२. नौकरी की तलाश में होना।

काम दे जाना

उपयोगी सिद्ध होना; जैसे—इस मौके पर पुरानी साइकिल भी काम दे गई।

काम निकलना/निकल जाना

आवश्यकता पूरी होना या प्रयोजन सिद्ध होना; जैसे—अब वह क्या करने आएगा, अब तो उसका काम निकल गया है न!

काम निकालना/निकाल देना

ऐसी व्यवस्था कर देना कि किसी का काम हो जाए; जैसे—इस वक्त जैसे भी हो, मेरा काम निकाल दो।—कमलेश्वर।

काम निकाल लेना

(दूसरों से) अपना काम करा लेना; जैसे—वे अपनी तीखी बुद्धि और धनुष पर चढ़ी डोरी इन दो से ही अपना सब काम निकाल लेते थे। —सीताराम चतुर्वेदी।

काम पड़ना/पड़ जाना

ऐसी स्थिति उत्पन्न हो जाना जिसमें किसी दूसरे से सहायता के लिए कहना पड़े अथवा कोई अनुरोध करना पड़े; जैसे—जब काम पड़ेगा तब वह आएगा ही।

काम पर जाना

दुकान, कार्यालय, कारख़ाने आदि में जाकर अपना नियमित कार्य करना; जैसे—पिता जी दो दिन से काम पर जा रहे हैं।

काम पर रखना/लगाना

सेवा में नियुक्त करना; जैसे—आज हमने एक नया कंप्यूटर इंजीनियर काम पर रखा है।

काम बढ़ाना

१. व्यापार आदि का विस्तार करना।

२. होते हुए काम में ऐसी बाधा खड़ी कर देना जिससे उसे पूरा करने में और अधिक समय लगाना पड़े।

काम बनना/बन जाना

कार्य संपन्न होना; प्रयोजन सिद्ध होना; जैसे—(१) बिना दिल्ली गए यह काम बननेवाला नहीं है। (२) घर जाकर देखो, कोई कागज़-पत्र हो, तो काम बन जाएगा।—कमलेश्वर।

काम में आना

उपयोग में आना; जैसे—हमारा कूड़ा-करकट भी उनके काम आ जाता है।

काम में पैर डालना
काम में हाथ डालना (दे०)।

काम में हाथ डालना
कार्य या व्यापार आरंभ करना; जैसे—जिस काम में उन्होंने हाथ डाला दो चार हज़ार गँवाया ही।

काम रह जाना
होता हुआ काम बीच में रुक जाना; जैसे—कल जो काम रह गया था अभी उसी में लगा हूँ।

काम रहना
प्रयोजन होना; जैसे—काम रहा तभी तो आपके आज दर्शन हुए।

काम लेना
१. (वस्तु को) उपयोग या व्यवहार में लाना।
२. (व्यक्ति को) काम में लगाना या (उससे) काम कराना; जैसे—वह जानता था कि युवराज जी बीस रुपए देंगे तो चालीस का काम लेंगे।—अश्क।

काम से जाना
१. काम चौपट होना या हाथ से निकल जाना; जैसे—फिर मैंने तो लड़की भी तय कर ली है अपने लिए।...तुम्हें नहीं बताऊँगा। कहीं भाँजी मार दी तो हम गए काम से।—गिरिधर गोपाल।
२. कोई काम करने के योग्य न रह जाना; जैसे—गिर पड़ा; हाथ में प्लास्टर बंध गया। अब वह चार महीने के लिए गया काम से।

काम से लगना
कोई व्यापार या धंधा करने लगना; जैसे—लड़का काम से लग गया है, अब उसकी शादी की भी फ़िक्र होनी चाहिए।

काम होना/हो जाना
काम का पूरा किया जाना; जैसे—जैसे भी हो यह काम होना चाहिए।

काम मिलना/मिल जाना
कोई नौकरी मिलना।

कामधेनु होना
हर इच्छा पूरी करनेवाला होना; जैसे—केन नदी से निकली हुई बड़ी नहर कामधेनु हो गई है।—अजित पुष्कल।

कायल करना
तर्क, गुण, योग्यता, व्यवहार आदि से किसी को निरुत्तर करना; जैसे—उनके मन में मंत्र की बात बैठ गई थी और तर्क द्वारा उन्हें कायल करना कठिन था।—प्रेमचंद।

कायल होना
(किसी व्यक्ति अथवा उसके) गुण, योग्यता, शक्ति आदि का प्रशंसक होना; जैसे—(१) हम उनकी इस कदरदानी के कायल हैं।—अमृतलाल नागर। (२) हम तो केले के कायल हैं।

काया पलट जाना/हो जाना
रूप या स्वरूप ही बदल जाना; विशेषतः पहले की अपेक्षा बहुत अच्छी स्थिति उत्पन्न होना; जैसे—इस अक्खड़ लौंडे ने डिप्टी साहब पर न जाने क्या जादू कर दिया कि उनकी काया पलट हो गई।—प्रेमचंद।

कार्टून बनना/बन जाना
उपहासास्पद सिद्ध होना।

काल आना
मृत्यु का समय आना; जैसे—मैंने सामने जब उस हत्यारे को खड़ा पाया तो झट समझ में आ गया कि मेरा काल आ गया है।

काल के गाल में/मुँह में/जाना
मर जाना; जैसे—तुम पार्वती और शंकर के इकलौते पुत्र होकर मेरे तीखे बाणों से बिंधकर क्यों काल के गाल में जाना चाहते हो।—सीताराम चतुर्वेदी।

काल बनकर बैठना
ऐसी स्थिति में होना कि दूसरे को जान से मार डालने में समर्थ हो; जैसे—जब तक यहाँ हो किसी से डरने का काम नहीं। यह सखाराम बाइन्डर सबका

काल बनकर बैठा है यहाँ।—सरोजिनी वर्मा।

काल बनना/बन जाना

मृत्यु के रूप में सामने आना।

काल होना

१. पूर्ण अभाव होना; जैसे—लड़के को पढ़ लेने दीजिए, उसके लिए लड़कियों का काल न होगा।—यशपाल।

२. काल बन जाना (दे०)।

काला कानून

अनुचित और क्रूर विधान; जैसे—इन काले कानूनों के युग में वह और कर ही क्या सकते हैं।

काला काम

नीच कर्म, बुरा काम; जैसे—यह सफ़ेद दाढ़ी देखो तो फ़रिश्ता मालूम होता है, काले काम देखो तो शैतान के कान काटता है।—भूषण वनमाली।

काला चोर

कुख्यात चोर; जैसे—(१) हमें तो अपनी रकम चाहिए चाहे कोई दे, भले ही वह काला चोर क्यों न हो। (२) मैं दावा ... ज़रूर करूँगा, चाहे साहब दें, चाहे सरकार दे, चाहे काला चोर दे। मुझे तो अपने रुपए से काम है। —प्रेमचंद।

काला बाज़ार

अवैध रूप से अथवा नियंत्रित मूल्य से अधिक मूल्य पर वस्तुएँ बेचने का स्थान या पद्धति।

काला मुँह करना

मुँह काला करना (दे०); जैसे—चुपचाप बाप का कहना मान लूँ और गाँव से काला मुँह करके चली जाऊँ।—अजित पुष्कल।

कालिख पोतना

कलंकित करना; जैसे—अब मेरी जान बख्शो मालती, क्यों मेरे मुँह में (पर) कालिख पोत रही है।—प्रेमचंद।

कालिख लगाना

बदनामी का दाग लगाना।

काली करतूत

दुष्कृत्य; जैसे—यह उसी की काली करतूत हो सकती है जिसमें दयाभाव नाम को नहीं।—विद्याधर।

काली पट्टी बाँधना

काली पट्टी बाँधकर मौन विरोध जतलाना या शोक प्रकट करना।

काले कारनामे

अत्यंत निकृष्ट काम; जैसे—वह मुंडा था और अपने काले कारनामों से ही इस बस्ती में जाना जाता है।

काले कोसों

बहुत दूर; जैसे—(१) असम यहाँ से अभी काले कोसों है।—नमिता। (२) ना बाबा, मैं अपनी बच्ची को काले कोसों भेजने से रही।—भूषण वनमाली।

काले दिल का

(व्यक्ति) जिसके मन में दुष्ट भावना हो।

काशी करवट लेना

काशी में पहुँचकर मोक्ष-प्राप्ति के उद्देश्य से वहाँ के प्रसिद्ध आरे से अपना गला कटवाना।

किंतु-परंतु करना/लगाना

बहाने बनाना।

किए-कराए पर पानी फिरना/फिर जाना

१. ऐसा काम करना जिससे किए हुए पहले के उपकारों का महत्त्व भी नष्ट हो जाए।

२. बना हुआ काम ख़राब हो जाना।

कितने पानी में है

कैसी स्थिति अथवा कितनी योग्यता या औक़ात है; जैसे—इस मुसकान की नोक ने उनकी आँखों में उँगलियाँ डालकर दिखा दिया कि वह कितने पानी में है अब।—रा० रा० प्र० सिंह।

किताब का कीड़ा

पुस्तकों में ही खोया रहनेवाला व्यक्ति;

जैसे—मेरे जैसे किताब के कीड़ों को कौन औरत पसंद करेगी।—प्रेमचंद।

किनारा कर लेना/खींच लेना

नाता न रखना, संबंध-विच्छेद करना; जैसे—अब मैंने उस सांप्रदायिक संस्था से किनारा कर लिया है।

किनारे न जाना

पास या समीप न जाना, नाता या संबंध न रखना।

किनारे पहुँचना

१. गंतव्य के समीप आना, मंज़िल के पास पहुँचना।

२. मरने को होना।

किनारे बैठना/रहना

दूर या अलग ही रहना।

किनारे लगना

१. (कार्य का) पूर्ण या लगभग पूर्ण हो जाना।

२. (व्यक्ति का) झंझट, संकट आदि से उद्धार होना।

किनारे हो जाना

किसी चलते हुए काम से संबंध हटा लेना, हाथ खींच लेना।

किरकिरी होना

अप्रतिष्ठा होना; जैसे—यदि इनके पास नए फैशन की साड़ी आज नहीं आती तो साहब इनकी किरकिरी हो जाएगी। —रामसिंह।

किरण फूटना

दिन चढ़ना; सूर्योदय होना।

किराए पर उठना/चढ़ना

(मकान, दुकान आदि) किराए पर दिया जाना; जैसे—यह मकान २००) में किराए पर उठा था।

किराए पर होना

(मकान, दुकान आदि) किराए पर चढ़ा होना; जैसे—दूसरी मंज़िल के एक खंड में मालिक मकान रहता था और दूसरा किराए पर था।—अश्क।

किला टूटना

बाधा या रुकावट दूर होना, विजय मिलना।

किला फ़तेह करना

विजय पाना, विकट या दुस्साहसपूर्ण कार्य पूरा कर डालना।

किला बाँधना

शतरंज में, इस प्रकार किलेबंदी करना कि बादशाह को शह न लग सके।

किल्ली ऐंठना/घुमाना

(किसी को) काम करने के लिए उकसाना या भड़काना।

किल्ली गाड़कर बैठना

अपनी बात या हठ पर अड़े रहना, टस से मस न होना।

किवाड़ देना/लगाना

दरवाज़ा बंद करना।

किवाड़ से लगना

किवाड़ के अति समीप होना; जैसे—रातों किवाड़ से लगी खड़ी थी।—रजिया स० ज़हीर।

किश्ती डूबना/डूब जाना

बहुत बड़ी हानि होना।

किस काम का

निरर्थक, किसी काम का नहीं; जैसे—

(१) हमारा जीना भी किस काम का!

(२) आप अपने घर के राजा हों, तो भी हमारे किस क़ाम के।—रामचंद्र वर्मा।

(३) यह हजरतगंज में बेमतलब घूमना किस काम का।—गिरिधर गोपाल।

किस गिनती में

मान या महत्त्व से रहित।

किस मर्ज़ की दवा

कौन-सा काम करने के लिए उपयुक्त; जैसे—मैंने बच्चे को समझा दिया है। इसे मेरे पास आना चाहिए था। मैं आख़िर किस मर्ज़ की दवा हूँ। —अश्क।

किस मुँह से

अपने को दीन-हीन, परम कृतज्ञ या

परम लज्जित समझते हुए, अपनी हीनता का विचार करके; जैसे—(१) हम किस मुँह से उनसे अब कुछ माँग सकते हैं। (२) बहू से अब यह कहती भी तो किस मुँह से। —शिवानी।

किसी अर्थ का न होना

बेकार या व्यर्थ होना; जैसे—पढ़-लिखकर भी यह लड़का किसी अर्थ का न हुआ।

किसी अर्थ न आना/लगना

अनुपयोगी सिद्ध होना।

किसी का दिया खाना

दूसरे के अन्न से पलना; जैसे—हम उसका दिया नहीं खाते जो उसके आगे दबें।

किसी की ओर ताकना/देखना

आतुरतापूर्वक किसी का कृपाभाव चाहना।

किसी के लेखे

किसी के विचार या मत से; जैसे—इनके लेखे तो उसके जैसा सत्यवादी कोई है ही नहीं।—शिवप्रसाद सिंह।

किसी पर जाना

१. स्वभावत: किसी के आचरण जैसा आचरण करना; जैसे—वह अपने छोटे चाचा पर गया है।

२. शक्ल से किसी के अनुरूप होना।

किसी लेखे न आना

किसी उपयोग में न आना; जैसे—हमारी यह सारी दौड़-धूप किसी लेखे न आई।

किसी सूरत में

किसी हालत में।

किस्मत आज़माना

कोई काम करके यह देखना कि शायद इसी में सफलता मिल जाए।

किस्मत का चक्कर/फेर

ऐसी बात जो दुर्दशा या हानि की सूचक हो; जैसे—घर से बेघर हुए फिर शरणार्थी बने, सब किस्मत का चक्कर ही था।

किस्मत का धनी

ऐसा व्यक्ति जिसका भाग्य उसका साथ देता हो, भाग्यशाली।

किस्मत काली-सफ़ेद करना

किसी की किस्मत कलम के ज़ोर से बिगाड़ या बना देना; जैसे—पटवारी साहब अपनी कलम से श्रीनाथ के इशारे पर कितने ही काश्तकारों की किस्मत काली-सफ़ेद करते रहते थे। —अजित पुष्कल।

किस्मत खुलना/खुल जाना

(किसी कार्य में) पूर्ण सफलता मिलना तथा अत्यधिक लाभ होना।

किस्मत चमकना

सुख-सौभाग्य या यश मिलना।

किस्मत जागना/जाग उठना

कष्ट के दिन समाप्त होना और अच्छे दिन आना।

किस्सा खड़ा करना

१. कहानी गढ़ना; जैसे—शुरू में युनिवर्सिटी में वे दोनों एक दूसरे से कम ही मिलते थे; इस डर से (कि) कहीं लड़के कोई किस्सा न खड़ा कर दें। —गिरिधर गोपाल।

२. झंझट खड़ा करना; जैसे—यहाँ तो रोज़ ही एक न एक किस्सा खड़ा किया जाता है।

किस्सा ले बैठना

व्यर्थ की या विवादास्पद बात छेड़ बैठना।

कीचड़ उछालना

निंदापरक बातें कह या प्रचारित कर किसी को बेइज़्ज़त करना; जैसे—जो आस-पास के सुनते वह (वे) उबल पड़ते—बड़े आए हैं अपने जोम में कुँवर साहब पर कीचड़ उछालने। —रा० रा० प्र० सिंह।

कीचड़ में धकेलना

ऐसी स्थिति में लाना जिसमें पूरी तरह से

दुर्दशा तथा बदनामी हो; जैसे—महाराज पाण्डु की मृत्यु ने कुरु वंश को इस दुर्भाग्य की (के) कीचड़ में धकेल दिया।—यज्ञदत्त।

कीचड़ में फँसना

झंझट या संकट में पड़ना।

कीड़े पड़ना/पड़ जाना

शरीर के किसी अंग का गल-सड़ जाना और उसमें कीड़े उत्पन्न होना; जैसे—तू बुढ़िया को गाली देता है जा तेरी ज़बान में कीड़े पड़ें।

कीड़े लगना/लग जाना

कीड़ों द्वारा खाया जाना; जैसे—आम को कीड़े लग गए हैं।

कीमत चुकाना

बहुत बड़ा त्याग करना या हानि सहना; जैसे—अपनी इस भूल की कीमत वे ज़िंदगी भर चुकाते रहे।—बच्चन।

कीमत वसूल करना

पूरा या ज़रूरत से ज़्यादा मूल्य प्राप्त करना; जैसे—आज जैसे यह अपने हर त्याग की, हर बलिदान की कीमत, देश की असहाय जनता से वसूल कर चुके हैं।—गिरिधर गोपाल।

कील काँटे से लैस

पूरी तरह तैयार; जैसे—एवरेस्ट पर चढ़ने के लिए पूरा दल का दल कील काँटे से लैस था।

कुंजी हाथ में होना

संचालन-सूत्र से युक्त होना; जैसे—जैसा चाहूँगा उसे वैसा नचाऊँगा, उसकी कुंजी मेरे हाथ में है।

कुंडली मार कर बैठना

जमकर या स्थायी रूप से टिकना या रहना; जैसे—वह जो कुंडली मारकर बैठ गई उसकी भी दुर्गति होगी बदज़ात की।—अजित पुष्कल।

कुंडी खोलना

दरवाज़ा खोलना; जैसे—माँ ने कुंडी क्या खोली, चोर अंदर घुस आए।

कुंडी चढ़ाना/लगाना

दरवाज़ा बंद करना।

कुआँ खोदना

१. किसी को फँसाने के लिए जाल रचना।

२. जीविका के उपार्जनार्थ परिश्रम और प्रयत्न करना।

कुआँ चलाना

खेत सींचने के लिए कुएँ से पानी निकालना।

कुआँ/कुएँ/झाँकना

खोज या तलाश में होना, बहुत जगह खोज करना; जैसे--बाल सफ़ेद होने को आए और यह नहीं मालूम कि लड़कीवाले कितने कुएँ झाँकते हैं।—भूषण वनमाली।

कुआँ बेचा है कुएँ का पानी नहीं बेचा

झूठ-मूठ की हुज्जत करना।

कुएँ पर से प्यासे लौटना/लौट आना

ऐसे स्थान पर से निराश लौटना जहाँ सहज में काम निकल या बन सकता हो।

कुएँ में गिरना

ऐसी विपत्ति या संकट में पड़ना, जिससे सहज में उद्धार न हो सके।

कुएँ में बाँस डालना

व्यर्थ परिश्रम करना, ऐसा काम करना जो सिद्ध न हो सकता हो।

कुएँ में भाँग पड़ना

सब के सब लोगों का अनुचित या उच्छृंखल आचरण करने लगना। (जैसे कुएँ का भाँग मिला पानी पीकर नशे में आ गए हों।)

कुएँ में से बोलना

इतना धीरे बोलना कि पास में बैठा हुआ व्यक्ति भी न सुन सके।

कुचल देना

पददलित करना; जैसे—महाराज ययाति के सम्मुख जिस आचार्य राजा ने सिर उठाया उसे उन्होंने कुचल

दिया। —यज्ञदत्त।

कुछ और

१. थोड़ी ही मात्रा में सही; जैसे—कागज़ कुछ और ले लो।

२. प्रस्तुत से भिन्न या अतिरिक्त; जैसे—उससे हमारी कुछ और बातें भी हुईं।—शिवानी।

कुछ उठा न रखना

पूरी शक्ति लगाना, पूरा पूरा प्रयत्न करना; जैसे—तुम्हें न्याय मिले इसके लिए मैंने कुछ उठा नहीं रखा था। —उग्र।

कुछ कर बैठना

अनुचित विशेषतः अपनी सीमा का उल्लंघन करते हुए कोई कार्य करना; जैसे—जमीला तुम्हारी बना दी जाएगी ···यह बात इनाम के लिए इतना ख़ुश कर देनेवाली थी कि मुझे संदेह होने लगा कि कहीं ख़ुशी में कुछ कर न बैठे।—भूषण वनवाली।

कुछ कहते न बनना

कुछ न कह पाना; जैसे—उसकी मूर्खता के संबंध में कुछ कहते नहीं बनता।

कुछ का कुछ

कुछ और ही काम या चीज़; जैसे—बुड्ढा सठिया गया है, कुछ का कुछ करता रहता है।

कुछ धरा न होना

सार से रहित होना, बेदम होना; जैसे—उसकी सारी सेना को एक कनखी से देखकर निडर कार्तिकेय ने समझ लिया कि इस सेना में कुछ धरा नहीं है। —सीताराम चतुर्वेदी।

कुछ न कुछ

थोड़ा-बहुत; जैसे—नेता के साथ लगे रहने पर कुछ न कुछ पा ही गया।

कुछ न बनना

कार्य सिद्ध न होना; जैसे—बातें हवा में उछल जाएँगी तो कुछ भी न बनेगा। —अजित पुष्कल।

कुछ न समझना

महत्त्व या भय बिल्कुल न मानना; जैसे—(१) हमी से उसकी रग दबती है, तुम्हें तो वह कुछ समझता ही नहीं। (२) ई साले सब के सब एक से एक हरामी हैं। किसी को कुछ समझते ही नहीं।—शिवप्रसाद सिंह।

कुछ लगाना/समझना

यह समझना कि हम भी कुछ हैं या हमारा भी कुछ महत्त्व हैं।

कुछ हो जाना

शारीरिक विकार या अपघात होना; जैसे—जब भी चंपा ड्यूटी पर जाने लगती, उसे यही लगता था कि पुत्री के लौटने तक निश्चय ही उसे कुछ हो जाएगा।—शिवानी।

कुछ हो हुआ जाना

कोई अप्रत्याशित विशेषतः अशोभनीय घटना घटित होना; जैसे—···कल को कुछ हो हुआ जाए तो हम कहीं बोझ न बन जाए।—नरेश मेहता।

कुछ होना

१. (कार्यालय, संस्था आदि में) किसी पद पर होना; जैसे—वे सभा के मंत्री न सही कुछ तो हैं ही।—रमाकांत।

२. योग्यता, विद्वता आदि से संपन्न होना; जैसे—उन्हें नीची निगाह से मत देखो, इस क्षेत्र में वे भी कुछ हैं। —सरोजिनी वर्मा।

कुठाराघात करना

तीव्र या ज़ोरदार प्रहार करना।

कुड़ुक बोलना

मुर्गी का अंडे देना बंद करना।

कुत्ते की ज़िंदगी जीना

घोर दुर्दशा भोगना; जैसे जब बेटे ने पूछा ही नहीं तब बाप को कुत्ते की ज़िंदगी जीनी पड़ी।

कुत्ते की तरह दुम हिलाना

ख़ुशामद में हर दम लगे रहना; जैसे—मीठी मीठी बातों से कहलाती रहती तो

वह ख़ुद ही कुत्ते की तरह दुम हिलाता रहता।—अजित पुष्कल।

कुत्ते की मौत मरना
अत्यंत दुर्दशा भोगते हुए मरना।

कुत्ते घसीटना
तुच्छ या निंदनीय काम करना।

कुनबा जोड़ना
इधर-उधर से चीज़ें बटोरकर एक नई विलक्षण चीज़ तैयार करना।

कुप्पा होना/हो जाना
१. फूलकर बहुत मोटा हो जाना।
२. (गर्व, क्रोध आदि से मुँह) फूल जाना।
३. कुप्पे-सा मुँह फुला लेना (दे०)।

कुप्पे-सा मुँह फुला लेना
अत्यधिक क्रोध के कारण मुँह फुला लेना; जैसे—दूसरों के साथ तो हँसती है, मुझे देखा तो कुप्पे-सा मुँह फुला लिया।—प्रेमचंद।

कुरान उठाना
कुरान हाथ में लेकर कसम खाना।

कुर्की बैठना
माल या जायदाद का कुर्क किया जाना।

कुर्बान जाना
अपने को निछावर करना।

कुर्बानी देना
मूल्य चुकाना, हानि सहना या दुख भोगना; जैसे—... यह भी ठीक है कि तुम घर में एक छोटा फ्रिज और सोफ़ा-डायनिंग टेबुल भी देखते हो। लेकिन ये सब चीज़ें कितनी कुरबानी देकर बनानी पड़ी हैं।—श्रवणकुमार।

कुर्सी की लड़ाई
सत्ता के लिए संघर्ष।

कुर्सी खाली कर देना
पद छोड़ देना।

कुर्सी तोड़ना
(कार्यालय आदि में) कोई काम न करना, व्यर्थ बैठे रहना।

कुर्सी देना
आदरपूर्वक बैठाना, आसन देना।

कुर्सी सँभालना
पद-भार ग्रहण करना।

कुल बखानना
किसी के कुल के लोगों को गालियाँ देना।

कुल्हिया में गुड़ फोड़ना
चुपके चुपके कोई शुभ काम (मुंडन, ब्याह आदि) कर डालना और बंधु-बांधवों को भी सूचना तक न देना।

कुशल पूछना
खोज-ख़बर लेना; जैसे-बेटा माँ का कुशल पूछने छठे-छमाही आ जाता है।

कुश्ती खाना
कुश्ती में हार जाना।

कुश्ती बदना
परस्पर कुश्ती लड़ने का निश्चय करना।

कुश्ती माँगना
(किसी को) कुश्ती लड़ने के लिए ललकारना।

कुश्ती मारना
कुश्ती में पटककर चित गिराना।

कुश्ती लड़ाना
(किसी को) कुश्ती लड़ने की कला सिखलाना।

कुहराम मचाना/मचा देना
अशांति फैलाना; जैसे—...फिर उन्होंने अपने बाणों से अनगिनत राक्षसों को मारकर लंका में कुहराम मचा दिया।—सीताराम चतुर्वेदी।

कूच कर जाना
मर जाना; जैसे—(१) विलास...बीमार जो पड़ा खाट थाम ली। महीनों भुगतकर कूच कर गया। (२) कौरव उनकी (युधिष्ठिर की) खिल्ली उड़ाते थे (परंतु) भीम को देखकर उनके देवता कूच कर जाते थे।—यज्ञदत्त।

कूच का डंका/नक्कारा/बजना
सेना का युद्ध के लिए निकलना।

कूच बोलना
राजा या सेनापति का सेना को युद्धक्षेत्र में जाने की आज्ञा देना।

कूट कूटकर भरना
ठूँस ठूँसकर भरना।

कूट कूटकर भरा होना
(गुण आदि से) ओतप्रोत होना; जैसे—(१) वह (वे) जानते थे कि इसमें आत्मसम्मान कूट कूटकर भरा हुआ है।—प्रेमचंद। (२) स्वाभिमान की प्रकृति भी उसमें कूट कूटकर भरी हुई थी।—भूषण वनमाली।

कूद पड़ना
किसी होते या चलते हुए कार्य या व्यापार में एकाएक सम्मिलित होना; जैसे—और ये दूसरे मोटे से, गोरे से जो मंत्री हैं⋯ पूरे परिवार के साथ आज़ादी की लड़ाई में कूद पड़े थे।—गिरिधर गोपाल।

कूदना
बड़ी बड़ी बातें करना या योजनाएँ बनाना; जैसे—वह इनके बल पर ही कूद रहा था।—शिवानी।

केंचुल बदल/उतार देना
पुराना भेस छोड़कर नया भेस धारण करना; जैसे—आज वह भिखारिन-सी नहीं दीखती⋯ उसने तो जैसे अब अपनी केंचुल बदल दी है।—रा० रा० प्र० सिंह।

केस न टार सकना
कुछ भी न बिगाड़ सकना, बाल न बाँका कर सकना।

कैंची करना
काटना-छाँटना।

कैंची की तरह ज़बान चलना
उद्दंडतापूर्वक व्यंग्यपूर्ण या आक्षेपपूर्ण बातें कहना; जैसे—उसकी दिन-रात कैंची की तरह ज़बान चला करती है।—प्रेमचंद।

कैंची लगाना
१. काँट-छाँट करना।
२. दो या अधिक तीलियों, लकड़ियों आदि को (कैंची के फलों की तरह गुणाकार रूप में) एक दूसरे के ऊपर रखना या जड़ना; जैसे—इतना बड़ा रावण का पुतला बिना कैंची लगाए खड़ा नहीं हो सकता।

कैद काटना/भोगना
बंदीगृह या जेल में रहकर सज़ा काटना।

कैफ़ियत तलब करना
अपने अधीनस्थ से यह पूछना कि कोई काम कैसे बिगड़ा अथवा तुमने ऐसा क्यों किया।

कैसे भूल पड़ना
कैसे (यहाँ की) याद आ गई; जैसे—मियाँ आज इधर कैसे भूल पड़े।

कोई कसर न करना/छोड़ना
कोई कमी न रहने देना; जैसे—(१) देखता हूँ, लड़की को भी अपनी ही तरह जंगली बनाने में कोई कसर नहीं छोड़ी है।—शिवानी। (२) वे आपकी शांति भंग करने में कोई कसर नहीं छोड़ेंगे।—मनहर चौहान।

कोई कोर-कसर न रहना
कोई कमी या त्रुटि न रहना; जैसे—जिस प्रकार मूर्तिकार मूर्ति गढ़ते समय⋯ इस बात का ध्यान रखते हैं कि कोई कोर-कसर न रहने पाए, उसी प्रकार लेखक को भी ध्यान रखना चाहिए कि मेरी रचना में कोई त्रुटि न रहने पाए।—रामचंद्र वर्मा।

कोई घड़ी का मेहमान
जिसके जीवन के दिन बहुत थोड़े रह गए हो; जैसे—मुझे अपनी फ़िक्र ही क्या, कोई घड़ी का मेहमान ठहरा।—रा० रा० प्र० सिंह।

कोई तुक न होना
कोई औचित्य न होना; जैसे—भागी हुई लड़की के लौट आने का कोई तुक नहीं

है।—अजित पुष्कल।

कोई बात नहीं

(इससे) कुछ हर्ज़ या हानि नहीं; जैसे—कोई बात नहीं जो वह नहीं आया।

कोई वास्ता न होना

किसी प्रकार का संबंध न होना; जैसे—यदि भारत का कोई राष्ट्रीय चरित है तो यही कि ईमानदारी का हम से फ़िलहाल कोई वास्ता नहीं। —दिनमान।

कोई सूरत न निकलना/होना

कोई उपाय न दिखाई देना या न सूझना।

कोख उजड़ना

संतान का मर जाना।

कोख खुलना

ऐसी स्त्री को बच्चा होना जिसे पहले बच्चा न हुआ हो या बहुत वर्षों से न हुआ हो।

कोख बंद होना

औरत को बच्चा होना बंद हो जाना।

कोख-माँग से ठंडी/भरी-पूरी/रहना

संतान और पति का सुख प्राप्त होना।

कोख मारी जाना

औरत को बच्चा होना बंद हो जाना।

कोठा बिगड़ना

अपच होना, बदहज़्मी होना।

कोठा भरना

पेट भरना।

कोठा साफ़ होना

पेट का दूषित मल निकल जाना।

कोठी बैठना

घाटे, हानि आदि के कारण करोबार बंद होना।

कोठे पर बैठना/जा बैठना

वेश्या का पेशा अपनाना; जैसे—इस समाज ने ही इन अभागी अबलाओं को कोठे पर बैठने के लिए विवश किया है।-शिवानी।

कोढ़ चूना/टपकना

अंगों का गलकर गिरने लगना।

कोढ़ में खाज

एक मुसीबत या परेशानी पहले से होना और उसपर एक नई मुसीबत या परेशानी का और आ घेरना।

कोदों दलना

छाती पर कोदों दलना (दे०)।

कोदों देकर पढ़ना/सीखना

अधूरी या ग़लत शिक्षा पाना।

कोना कोना छान डालना

हर अलग अलग स्थान पर खोजने जाना; जैसे—उन्होंने मेरी खोज में वन का कोना-कोना छान डाला होगा। —यज्ञदत्त।

कोने कोने में

हर दूर दूर के स्थान में; जैसे—महाराज ययाति के गौरव की पताका देश के कोने कोने में फहरा रही थी। —यज्ञदत्त।

कोने कोने से

दूर दूर की सभी जगहों से; जैसे—लोग यह मेला देखने के लिए कोने कोने से आ रहे हैं।—आज।

कोर दबना

१. किसी के दबाब या वश में होना।

२. किसी के सामने हलका या फीका पड़ना; जैसे—जिससे चार आँखें हुईं उसने ज़मीन चूमकर सलाम किया... अच्छे अच्छे बाँकों की कोर दबने लगी।—प्रेमचंद।

कोर मारना

औज़ार के अधिक बढ़े हुए या तीक्ष्ण किनारे को बराबर और हलका करना। (बढ़ई और संगतराश)

कोरा जवाब

स्पष्ट नकरात्मक उत्तर; जैसे—उस सेठ के यहाँ से हमें कोरा जवाब ही मिला था।

कोरा होना

अपरिचित या अनभिज्ञ होना; जैसे—

.....कृषि के नए आविष्कारों से कोरे थे।—प्रेमचंद।

कोसना-काटना
कोसना और गालियाँ देना।

कोसों दूर रहना
किसी का सामना न करना और उससे दूर रहना; जैसे—ऐसी दोस्ती से कोसों दूर रहने में ही भला है।

कोल्हू का बैल
दिन-रात परिश्रम करनेवाला व्यक्ति; जैसे—इस घर में नौकर को कोल्हू का बैल बनना पड़ता है।

कोल्हू काटकर मोंगरी बनाना
थोड़ी-सी बचत या लाभ के लिए अपनी बहुत बड़ी हानि करना।

कोल्हू में डालकर पेरना
(किसी को) बहुत अधिक शारीरिक यंत्रणा देना।

कोहनी मारना
कुछ न कहने का संकेत करना।

कौआ उठाना
गले की लटकती हुई घंटी को दबाकर ऊपर चढ़ाना।

कौआ उड़ाना
कहीं बैठे हुए कौए को उड़ाकर किसी प्रिय के आने या न आने का शकुन देखना।

कौआ-रौर मचाना
शोर या हो-हल्ला मचाना; जैसे—कुआँवाले घरों में इधर-उधर से रस्से-गगरे लाकर पानी भरनेवालों ने 'जल्दी करो जल्दी करो' की कौआ-रौर मचा दी।—अमृतलाल नागर।

कौए उड़ाना
बेकार के काम करना; जैसे—उधर बुद्धू मियाँ सिवाय कौए उड़ाने के और कुछ नहीं करते।

कौड़ी का हो जाना
धन-संपत्ति या मान-प्रतिष्ठा अथवा दोनों से रहित हो जाना।

कौड़ी के तीन होना
दीनहीन, असहाय या अपमानित होना।

कौड़ी/कौड़ियों/के दाम
बहुत सस्ता।

कौड़ी/कौड़ियों/के मोल बिकना
(वस्तु का) बहुत अधिक सस्ता होना, मारा मारा फिरना; जैसे—इस वर्ष आलू कौड़ियों के मोल बिकते रहे।

कौड़ी को न पूछना
फ़ालतू और बेकार समझना और अल्प मूल्य पर भी खरीदने को तैयार न होना।

कौड़ी कौड़ी अदा करना/चुकाना
उधार, कर्ज़ आदि पूरा का पूरा चुकता कर देना।

कौड़ी कौड़ी जोड़ना
पैसा पैसा जोड़कर या बहुत किफ़ायत से रहकर धन इकट्ठा करना।

कौड़े करना
(चीज़ बेचकर) हाथ में रुपया करना, नकद दाम खड़ा करना।

कौमार्य भंग करना
किसी कुमारी के साथ दुष्कर्म करना।

कौल करना
प्रतिज्ञा करना, वचन देना।

कौल तोड़ना
दिया हुआ वचन पूरा न करना, अपनी बात से पीछे हट जाना।

कौले सींचना
शुभ अवसरों पर मुख्य द्वार के सामने और इधर-उधर पानी छिड़कना।

क्या कहना
१. (प्रशंसा या व्यंग्य सूचनार्थ) बहुत चढ़कर या बहुत घटकर होना; जैसे—(१) इनकी स्मरणशक्ति का क्या कहना!—कन्हैयालाल कपूर। (२) कहीं सुखदेवराम और सूरज मिल जाएँ, तब तो और क्या कहना! (३) उनकी बुद्धि का क्या कहना!

क्या कुछ न कहना
सब-कुछ कह डालना, कोई बात शेष

न छोड़ना; जैसे—उन्होंने मुझसे क्या कुछ नहीं कहा!

क्या क्या नहीं कहा
जो बातें नहीं कहनी चाहिए थीं वे भी कह डालीं; सब-कुछ कहा; जैसे—आज सबने बहू को क्या-क्या नहीं कहा।

क्या खाकर के
किस बूते पर; जैसे—मालिक क्या खाकर मुझसे लड़ेंगे।

क्या जाता है
कुछ हानि नहीं; जैसे—वे हम से नहीं बोलते न बोलें, हमारा क्या जाता है।

क्या बला है
यह है क्या चीज़, इसका नाम क्या है; जैसे—अब तक हम समझते थे कि व्यंग्य व्यंग्य है, यह गंभीर व्यंग्य क्या बला है।—गोपाल चतुर्वेदी।

क्या पड़ी थी
आवश्यकता ही क्या थी; जैसे—उनके दुश्मनों को क्या पड़ी थी कि मुझे बुलाने का कष्ट करते।—भूषण वनमाली।

क्या रखा है
बिल्कुल साधारण है; जैसे—इसमें क्या रखा है, लाओ मैं ही कर दूँ।

क्या लेना-देना
कुछ मतलब न होना; जैसे—(१) कंबख़्त भाड़ में जाए, हमें उससे क्या लेना-देना। (२) ऐसे पड़ोस से हमें क्या लेना-देना।—यशपाल।

क्या से क्या होना/हो जाना
स्थिति या दशा बिल्कुल बदल या उलट जाना; जैसे—उन्हें मालूम नहीं कि पिछले तीन चार साल में करैता क्या से क्या हो गया है।—शिवप्रसाद सिंह।

क्यों नहीं
अवश्य; जैसे—वह वहाँ क्यों नहीं जाएगा।

ख

खंजर की नोक पर
डरा-धमका कर।

खंडहर हो जाना
ध्वस्त या वीरान हो जाना।

खज़ाना भरना
ख़ूब धन जमा करना; जैसे—सेठ ने बिलेक का चावल बेचकर खज़ाना भर लिया है।—अजित पुष्कल।

खट से
तुरंत, तत्काल; जैसे—उसने खट से जेब से चाकू निकाल लिया।

खटका होना
आशंका होना; जैसे—दरवाज़ा भीतर से बंद देखकर उन्हें खटका हुआ। —कमलेश्वर।

खटना
छोटे-मोटे काम परिश्रमपूर्वक करते रहना; जैसे—(१) घर के लिए सबेरे से रात तक खटना काफ़ी नहीं है। —गिरिधर गोपाल। (२) ---समाचार-पत्र की नौकरी छोड़ देगा, जिसमें --- उसे तेरह तेरह घंटे खटना पड़ता था।—अश्क।

खटाई में पड़ना
(काम का) लटक जाना, अनिश्चय की स्थिति में पड़ जाना; जैसे—मामला साल भर से खटाई में पड़ा हुआ है अब तो उसे नक्की कर दो।

खटाखट
जल्दी जल्दी, चटपट; जैसे—तीनो लड़कियों की शादियाँ खटाखट करता गया।—कमलेश्वर।

खटिया खड़ी करना/कर देना
अत्यधिक परेशान कर डालना।

खटिया तोड़ना
घर पर पड़े रहना और कुछ न करना।

खट्टी छाछ से भी जाना
जो थोड़ा-बहुत मिल रहा हो उससे भी

हाथ धो बैठना।

खड़ा करना

१. निर्वाचन में प्रत्याशी बनाना; जैसे—उन्हें कांग्रेस ने खड़ा किया है।

२. बनाना, निर्मित करना; जैसे—बुढ़ापे की चपेट में आते आते उसने मंदिर खड़ा कर दिया।—अजित पुष्कल।

खड़ा हो जाना

१. सन्नद्ध हो जाना; जैसे—श्रीधर विवश होकर कुछ करेगा ही और तब वे लोग इस घर में हिस्सा माँगने खड़े हो जाएँगे।—नरेश मेहता।

२. उपस्थित होना; जैसे—बेटी के ब्याह में भाई तक न खड़े हुए।

३. बन जाना; जैसे—देखते-देखते वह हवेली खड़ी हो गई।

खड़े खड़े

चटपट, तुरंत, ठीक उसी समय; जैसे—(१) मुझे उसी वक्त क्लास में बुलाया गया था और खड़े खड़े हिसाब कर दिया गया था।—कमलेश्वर। (२) माता जी के विरोध के बावजूद उसने चाचा को खड़े खड़े घर से बाहर निकाल दिया।—गिरिधर गोपाल।

खड़े खड़े मुँह ताकते रह जाना

बुद्धुओं की तरह देखते रह जाना।

खत आना/निकलना

(बालक की) कनपटी और गाल पर बाल उगने लगना जो यौवन के आगमन के सूचक हैं।

ख़तम करना

मार डालना; जैसे—कभी सोचता श्यामली को ही ख़तम कर दे और फ़रार हो जाए।—अजित पुष्कल।

ख़तरनाक मोड़

विकट या भयानक स्थिति।

ख़तरे की घंटी

ख़तरे की सूचना।

ख़तरे से खाली न होना

ख़तरे की अत्यधिक संभावना होना; जैसे—हिंदी शोध की दशा और दिशा के बारे में ज़बान खोलना ...... ख़तरे से खाली नहीं है।—इंद्रनाथ मदान।

खदेड़ा जाना

१. कहीं से भगाया जाना।

२. सदा के लिए घर-बार छोड़कर चले जाने के लिए विवश कर दिया जाना; जैसे—काफ़ी पहले ही मुसलमानों को पता चल गया था कि हिंदू-सिक्खों को पाकिस्तान से खदेड़ा जाएगा।—श्रवणकुमार।

खप जाना

प्रयोग में आ जाना; जैसे—बासी पूरी तो खप जाएगी परंतु बासी दाल नहीं चलेगी।

खपा देना

उपयोग कर डालना।

ख़बर उड़ना

जगह जगह किसी ख़बर की चर्चा होना।

ख़बर तक न करना/देना

सूचना भी न देना; जैसे—व्यंग्य की संभावनाओं से यह इतना बड़ा हादसा हो गया और तुमने हमें ख़बर तक न दी।—गोपाल चतुर्वेदी।

ख़बर देना/करना

सूचना देना; जैसे—हर वर्ग में इनके प्रतिनिधि मौजूद हैं जो इनके खिलाफ़ होनेवाली साज़िशों की इन्हें ख़बर देते हैं।—गिरिधर गोपाल।

ख़बर रखना

हाल-चाल पूछते रहना।

ख़बर लेना

१. किसी का हाल-चाल पूछने या सेवा-शुश्रूषा के लिए उसके यहाँ जाना; जैसे—अस्पताल में वह मेरी रोज़ ख़बर लेने आता था।—रजनी पणिकर।

२. किसी को मारना, पीटना, बुरा-भला कहना, उसके विरुद्ध कोई कठोर कार्रवाई करना; जैसे—(१) वह गाँव में

क्रोधाग्नि भड़का सकता था; खाँ साहब और उनके साथियों की ख़बर ले सकता था।—प्रेमचंद। (२) ----पर आप अपनी फ़ीस ज़रूर बता दीजिए, वर्ना आप तो चले जाएँगे और महज़बीं मेरी वह ख़बर लेगी कि भागते रास्ता न मिलेगा।—भूषण वनमाली।

ख़बरों में रहना

चर्चित होना, चर्चा का विषय होना; जैसे—इधर आलू और प्याज भी ख़बरों में रहे।

ख़म खाना

१. (वस्तु का अधिक दाब के कारण) टेढ़ा होना या मुड़ जाना।

२. (दबाव या विवशता के फलस्वरूप किसी का किसी के सामने) झुकना या दबना।

ख़मियाज़ा उठाना

भूल-चूक का दंड या फल पाना।

ख़याल करना

किसी की इच्छा, मत आदि को ध्यान में रखकर कार्य करना; जैसे—हमें तो आशा थी और कुछ नहीं तो तुम माँ की बात का ही ख़याल करोगी। —यशपाल।

ख़याल से उतर जाना

याद न रहना; जैसे—उनके यहाँ जाना था, पर यह बात मेरे ख़याल से ही उतर गई।

ख़याली पुलाव पकाना

हवाई किले बनाना; ऊँची उड़ान भरना।

खर करना

घी को इतना गरम करना कि उसमें का मठा जल जाए।

खरका करना

(भोजन के उपरांत) दाँतों में फँसे हुए अन्न-कण आदि तिनके से निकालना।

खरची कमाना

वेश्यावृत्ति द्वारा जीविका उपार्जित करना।

खरची पर चलना

स्त्रियों का वेश्यावृत्ति कर धन कमाना।

खरचे में डाल देना

खर्च करा देना; जैसे—सीढ़ी बनवाने की क्या राय उन्होंने दी, हमें तो लंबे खरचे में डाल दिया।

खरल करना

खरल में डालकर महीन करना।

खरा उतरना

परीक्षा में सफल होना।

खरा होना

१. प्राप्य धन के मिलने में कुछ भी संशय न रह जाना; जैसे—हमारे रुपए तो खरे हैं, जब चाहेंगे उनके यहाँ से ले आएँगे।

२. (किसी व्यक्ति का) लेन-देन में ईमानदार होना; जैसे—वह आदमी बड़ा खरा है तुम्हारा पैसा मरेगा नहीं।—डा० ब्रजमोहन।

खराद पर उतरना

सुडौल और सुंदर आकार-प्रकार प्राप्त करना।

ख़राब करना/कर देना

१. शील-भंग करना; जैसे—इस पाजी ने मुहल्ले की कई लड़कियों पर डोरे डाले और उन्हें ख़राब किया है।

२. नष्ट करना; जैसे—उन्होंने हमें अपने साथ ले जाकर हमारा दिनभर ख़राब कर दिया।

ख़राब होना

१. इतना परेशान होना कि दुर्गति हो जाए; जैसे—महीनों उनके साथ जंगलों में हमें भी ख़राब होना पड़ा।—बी० एन० सिंह।

२. बिगड़ जाना, विकारग्रस्त होना; जैसे—वास्तव में बिना ज़रूरत दवाएँ खाने से चेतन का मेदा सचमुच ख़राब हो गया था।—अश्क।

खरी खरी सुनाना

निःसंकोच होकर सच्ची किंतु लगती हुई

बातें कहना; जैसे—(१) उन्होंने अपनी अम्मा को ख़ूब खरी खरी सुनाईं।—शिवानी। (२) वहाँ भी ऐंड़ा-बैंड़ा बोलनेवालों को खरी खरी सुना दी जाती हैं।—श्रवणकुमार।

खरी-खोटी सुनाना

भला-बुरा कहना; जैसे—...कात्यायन ने वार्तिक में...पाणिनि की खुलकर जाँच-परख करके उन्हें खरी-खोटी सुनाई है।—सीताराम चतुर्वेदी।

खरीद लेना

गुलाम बना लेना; जैसे—रुपए और शराब से तो जैसे उन्होंने उसे खरीद ही लिया है।—अजित पुष्कल।

खर्च चलाना

गृहस्थी की व्यवस्था के लिए धन व्यय करना; जैसे—दिल्ली जैसे बड़े और खर्चीले शहर में वह सिर्फ़ सौ रुपए में अपना खर्च चला रहा था।—गिरिधर गोपाल।

खलना/खल जाना

बुरा लगना; जैसे—(१) विरोधाभास में स्वयं अपने पिता की निष्क्रियता खल गई।—अमृतलाल नागर। (२) उनकी दिलदारी हम पर वैसी नहीं चलती, पर उसकी (उनकी) तोता-चश्मी हमें बराबर खलती है।—रा० रा० प्र० सिंह। (३) तुम्हारी यह बेबसी ही मुझे सबसे अच्छी लगती है और तुम्हारा अकेलापन मुझे खलता है।—कमलेश्वर। (४)...और माँ को बेटी का तथा भाइयों को बहन का अभाव हमेशा खलता रहा।—अश्क। (५) कहने को तो उन्होंने कह दिया था, पर बात का खोखलापन उन्हें खुद खल रहा था।—कमलेश्वर।

खलबली मचना/मच जाना

क्षोभ या आतंक फैलना; जैसे—(१) जब दैत्यों के नगर में हल्ला मचा कि...इंद्र युद्ध करने के लिए चले आ रहे हैं तो दैत्यों में बड़ी खलबली मच गई।—सीताराम चतुर्वेदी। (२) सिनेमा घर के बाहर भीड़ में एक खलबली-सी मच गई।—गुलशन नंदा।

खवे से खवा छिलना

भीड़ या रेलों में धक्के खाना।

ख़सम करना

(स्त्री का परपुरुष से) पति का-सा संबंध स्थापित करना।

ख़स्ता हाल

दुर्दशाग्रस्त; जैसे—सब (प्याले-तश्तरियाँ) नब्बू मियाँ की तरह ही ख़स्ता हाल थे।—गिरिधर गोपाल।

खा जाना

१. (किसी व्यक्ति को) मार डालना; जैसे—(१) वे मुझे अकेले पाकर खा जाएँगे। (२) इसकी सास कहे...डायन है, आई तो महीने भर में ससुर को खा गई। डायन के पेट से डायन हुई। वह छह महीने में बाप को खा गई। —यशपाल।

२. (किसी चीज़ को) ले या हड़प लेना; जैसे—हमारा धन तो आप ही खा गए हैं।

खा-पका जाना

खर्च कर डालना; जैसे—उसके पास रखा ही क्या है, जो था वह सब खा-पका गया है।

खा-पीकर बराबर करना

जितना पाना या कमाना वह सब का सब खर्च कर डालना; जैसे—इन लोगों ने सब खा-पीकर बराबर कर दिया। —प्रेमचंद।

खाई और चौड़ी हो जाना

मतभेद और अधिक बढ़ जाना; जैसे—दोनों घरों में इधर जो तूतू-मैंमैं हुई उससे इनमें की खाई और चौड़ी हो गई।

खाए जाना

घोर कष्ट देना, सदा संत्रस्त रखना; जैसे—(१) मोह और अपनत्व का भ्रम

उसे खाए जा रहा था।—अजित पुष्कल। (२) उन्हें भीतर ही भीतर कोई दुख खाए जा रहा है।—कमलेश्वर। (३) यह चिंता मुझे घुन के समान खाए जा रही है।—गुशलन नंदा।

ख़ाक उड़ना

१. (किसी की) कुख्याति होना, बदनामी फैलना।

२. (कहीं पर) पूर्ण विनाश दिखाई पड़ना।

ख़ाक उड़ाना

१. व्यर्थ काम करना।

२. व्यर्थ इधर-उधर मारे मारे फिरना।

ख़ाक करना

पूर्णतः नष्ट करना, बरबाद करना।

ख़ाक छानना

व्यर्थ मारे मारे फिरना; जैसे—हमने सोचा कि पुस्तकालयों की ख़ाक छानने की (के) बजाए क्यों न सर्वज्ञ जी की योग्यता का लाभ उठाया जाए। —कन्हैयालाल कपूर।

ख़ाक डालना

(किसी चीज़ या बात को) उपेक्ष्य समझकर (उस पर) ध्यान न देना।

ख़ाक में मिलाना/मिला देना

पूर्णतः नष्ट करना; जैसे—(१) जिनकी यह हरकत है उन्हें ख़ाक में मिला दूँगा।—प्रेमचंद। (२) मेरा आशय केवल यही है कि लोकनिंदा के भय से अपने प्रेम या अरुचि को छिपाना अपनी धार्मिक स्वतंत्रता को ख़ाक में मिलाना है। —प्रेमचंद।

ख़ाक होना

१. धूल में मिल जाना; ध्वस्त या नष्ट हो जाना।

२. कुछ या बिल्कुल न होना, नहीं के बराबर होना; जैसे—(१) वह क्या देगा? उसके पास रखा क्या है ख़ाक! (२) गाँठ में जब पैसे नहीं, तब जवानी की ऐंठ ख़ाक होती है।—रा० रा० प्र० सिंह।

ख़ाका उड़ाना

(किसी बात या व्यक्ति का) उपहास करना, दिल्लगी उड़ाना।

ख़ाका उतारना

(किसी चीज़ का) आकार-प्रकार कागज़ पर उतारना।

ख़ाका झाड़ना

चित्रकला में एक विशिष्ट प्रक्रिया द्वारा किसी चित्र की मुख्य रेखाएँ किसी दूसरे कागज़ पर उतारना।

खाट काटना

(किसी की) चारपाई में गड्ढा बनाना जिससे घायल या रुग्ण व्यक्ति उस पर लेटे लेटे मल-मूत्र त्याग सके।

खाट पकड़ना/पकड़ लेना

(बीमार होने के कारण) चारपाई (पर लंबे अर्से तक) लेटे या पड़े रहना; जैसे—(१) बुख़ार ने ज़ोर पकड़ा, बहू ने खाट पकड़ी।—रा० रा० प्र० सिंह। (२)···को विदा करने के बाद राजेश्वरी ने खाट पकड़ी तो फिर नहीं उठी।—शिवानी (३) जब से माँ ने खाट पकड़ी है घर का सारा काम-काज सुधा और संजू करते हैं।—गिरिधर गोपाल।

खाट पर पड़ना

खाट पकड़ना।

खाट से उतारना

मरणासन्न व्यक्ति को खाट से उतारकर ज़मीन पर लिटाना।

खाता खोलना

१. (बही में) किसी का नाम चढ़ाकर उसके साथ होनेवाले लेन-देन का हिसाब शुरू करना।

२. (बैंक में) रुपए जमा करके लेन-देन का हिसाब शुरू करना।

खाता-पीता

सुखी और समृद्ध; जैसे—(१) अच्छी जात के खाते-पीते लोगों पर ईसा का उपदेश असर नहीं करता।—यशपाल।

(२) धुआँ देखकर ही अंदाज़ लग जाता है कि खाता-पीता गाँव है। —अजित पुष्कल।

खाते में डालना
किसी के नाम लिखना; जैसे—अलनिसा बेगम घर आईं तो सबसे ज़्यादा चिंता उन्हें यही थी कि हकीम नवाब अली के रुपए उन्हें वापिस करें। वह हृदय से उनकी आभारी थीं पर किसी भी मूल्य पर वह (वे) यह सहन नहीं कर सकती थीं कि इस रकम को दोस्ती के खाते में डाल दें।—भूषण वनमाली।

खाना-कमाना
काम-धंधे से लगे होना और अपनी जीविका अच्छी तरह चलाना।

खाना न पचना
बेचैन होना, चैन से न बैठना; जैसे—बिना इधर की बात उधर लगाए उसका खाना नहीं पचता।

खाना हज़म न होना
कोई बात पेट में न पचना; जैसे—जब तक कोई बात चार जगह कह नहीं लेते तब तक उनका खाना हज़म नहीं होता।

खाने (को) दौड़ना
बहुत अधिक क्रुद्ध होने पर ऐसी स्थिति में होना मानो खा जाने को तैयार हो; जैसे—कुनबा जैसा भी था, उलझे तो थे। अकेले जिंदगी ज़रूर बोझ लगेगी। खाली मकान खाने को दौड़ता होगा। —यशपाल।

खाना-पिया अंग न लगना।
बहुत दुर्बल होना।

खाया-पिया निकाल देना
बुरी तरह पीटना।

ख़ार खाना
किसी की बढ़ती अथवा उसकी कोई चीज़ देखकर ईर्ष्या से जलना और उसे हानि पहुँचाने की ताक में रहना; जैसे—जब से हमने मकान खरीदा है वह हमसे ख़ार खाने लगा है।

ख़ार निकालना
मन में छिपे हुए द्वेष के कारण किसी को कष्ट पहुँचाकर अथवा उसकी हानि करके संतुष्ट या सुखी होना।

ख़ारिज करना
(पंजी, संस्था आदि से) नाम काट या हटा देना; जैसे—जिन दस लड़कों ने फ़ीस नहीं दी थी प्रधानाध्यापक ने उनका नाम आज ख़ारिज कर दिया।

खाल उधेड़/खींच/लेना
कोड़ों, बेंतों आदि से बहुत बुरी तरह मारना; जैसे—.... चलो भागो यहाँ से। सिनेमा हो रहा है क्या यहाँ कि नौटंकी? सालो! खाल खींच लूँगा एक एक की।—सरोजिनी वर्मा।

खाल में भूसा भरना
मारना-पीटना, दुर्दशा करना; जैसे—गऊ जैसा सीधा बाप पाकर सब-कुछ कर लेती है तू। उसकी जगह कोई जल्लाद बाप होता तो खाल में भुसा भर देता।—अजित पुष्कल।

खाल मोटी होना
जल्दी प्रभावित न होना; जैसे—मेरी और नरगिस की खाल बहुत मोटी है।—मनहर चौहन।

खाला जी का घर समझना
किसी स्थान को अनधिकारिक रूप से अपना समझना।

खाली कर देना
(मकान, दुकान आदि) छोड़कर तथा अपना सामान उठाकर चले जाना; जैसे—अभी दो हफ़्ते पहले वे यह मकान खाली कर गए हैं।

खाली पेट
बिना कुछ खाए।

खाली हाथ
१. बिना कुछ हाथ में लिए हुए।
२. बिना कुछ अर्जित या प्राप्त किए; जैसे—कौरव सेना खाली हाथ

हस्तिनापुर लौट आई।—यज्ञदत्त।

३. बिना उद्देश्य की सिद्धि हुए।

ख़ास लगना/होना

रिश्तेदार होना, निकट संबंधी होना; जैसे—यों भी मंत्री जी के कोई ख़ास होंगे।

खिंचा खिंचा-सा

मन ही मन अप्रसन्न और फलतः दूर दूर रहनेवाला; जैसे—फिर दो दिन तक जमीला और ज़बीं में कोई बात नहीं हुई। दोनों अपने तईं (एक दूसरे से) कुछ खिंची खिंची-सी थीं।—भूषण वनमाली।

खिचड़ी पकाना

गुप्त मंत्रणा करना; जैसे—मुझे इस पद से हटाने के लिए इन लोगों ने खिचड़ी पकाई थी।

खिचड़ी बाल

(खिचड़ी में दाल और चावल की तरह मिले हुए) सिर पर एक साथ होनेवाले सफ़ेद और काले बाल; जैसे—...एक अधेड़, साँवले रंग के खिचड़ी बालोंवाले अध्यापक आए।—गिरिधर गोपाल।

खिल उठना/जाना

प्रसन्न तथा प्रफुल्लित होना; प्रसन्नता का प्रस्फुटित हो उठना; जैसे—(१) सावित्री का चेहरा एक क्षण के लिए खिल उठा, लेकिन उसने बनावटी क्रोध से कहा...।—जवाहर सिंह। (२) जब उन्हें यह ढाढस दे दिया गया कि आप लोगों की प्राण-रक्षा हो जाएगी, तो वे सब खिल उठे।—सीताराम चतुर्वेदी। (३) अपनी सुघड़ पुत्री के अदब-कायदे देखकर कर्नल मन ही मन खिल उठा।—शिवानी। (४) ब्रह्मचारी का यह संक्षिप्त उत्तर सुनकर अचार्य शुक्राचार्य का मुख-मंडल खिल उठा।—यज्ञदत्त। (५) उनका चेहरा तना हुआ था, लेकिन चेतन को देखते ही वह खिल गया।—अश्क।

खिलना

अपने पूर्ण उत्कृष्ट रूप में प्रस्तुत होना; जैसे-मेरीन ड्राइव की बत्तियाँ जल गई थीं, पर उनकी रोशनी अभी खिली नहीं थी।—कमलेश्वर।

खिलवाड़ करना

(उचित महत्त्व न आँकते हुए) किसी के प्रति अनुचित और अशोभनीय व्यवहार करना; जैसे—(१) उसे उसकी युवा सुलभ भावनाओं से खिलवाड़ नहीं करना चाहिए था।—रा० रा० प्र० सिंह। (२) हमारी किस्मत से खिलवाड़ करनेवाले इन अवध के नए सिर-फिरे ऐयाशों-नवाबों को कुत्तों से नुचवा देना चाहिए।—गिरिधर गोपाल।

खिलवाड़ समझना

(काम) अत्यंत सरल समझना; जैसे—ऐसे काम हमें मुश्किल दिखलाई पड़ते हैं। वह तो ऐसे कामों को खिलवाड़ समझता है।—अमृतलाल नागर।

खिला खिलाकर मारना

(अपने प्रमोद के लिए शिकार से) पहले खेलना फिर मार डालना; जैसे—छलनामयी मृत्यु तो उसे बिल्ली के क्रूर पंजों में दबी चुहिया की ही भाँति खिला-खिलाकर मार रही थी।—शिवानी।

खिलाना-पिलाना

रिश्वत देना; जैसे—और चालाकी देखो, ऊपर ही ऊपर काम करनेवाले लोगों को खिला-पिलाकर मुकदमे का फैसला भी करा लिया।—भूषण वनमाली।

खिल्ली उड़ाना

(किसी की) इस प्रकार हँसी उड़ना कि और लोग उस पर हँसे और उसे अपमानित समझें; जैसे—(१) कुछ हवा में उड़ती रंगीन झंडियाँ ही अपूर्व महोत्सव की खिल्ली-सी उड़ाती उड़ रही थीं।—शिवानी। (२) कौरव उनकी

(युधिष्ठिर की) खिल्ली उड़ाया करते थे परंतु भीम को देखकर उनके देवता कूच कर जाते थे।—यज्ञदत्त।

खिसक जाना
धीरे से या चुपचाप चलते बनना; जैसे—रात की हाज़िरी के बाद लड़के चुप-चाप थियेटर देखने खिसक जाते थे।—अश्क।

खिसिया जाना
खीझ उठना; जैसे—सुरैया के उदास चेहरे पर भी एक अर्थपूर्ण मुस्कराहट इस तरह आई कि मुन्नू भैया खिसिया गए।—रजिया स० ज़हीर।

खिसियानी हँसी हँसना
खीझ या झेंप मिटाने के निमित्त सप्रयत्न हँसना; जैसे—⋯खिसियानी हँसी हँसकर कर्नल ने मज़ाक में ही बात को टालने की चेष्टा की।—शिवानी।

खीझ निकालना
किसी को ख़ूब चिढ़ानेवाली कोई बात ढूँढ़ निकालना या पैदा करना।

खीर चटाना
अन्न-प्राशन करना।

खीरा-ककड़ी समझना
दुर्बल और तुच्छ समझना; जैसे—यहाँ के बराती⋯बात बढ़ जाए तो लाठी उठा लें, बहन बेटी एक कर डालें⋯दुश्मन को खीरा-ककड़ी ही समझते हैं।—अजित पुष्कल।

खीस काढ़ना
कसूर, ग़लती आदि पकड़ी जाने या दोषी सिद्ध हो जाने पर निर्लज्जतापूर्वक हँसना।

खुचड़/खुच्चड़/निकालना
तंग करने के लिए दोष निकालना; जैसे—⋯चंडी का रूप धारण कर एक न एक खुच्चड़ निकालती रहतीं। —रा० रा० प्र० सिंह।

ख़ुदा की पनाह
ईश्वर बचाए; जैसे—सास-बहुओं के झगड़े, ननद-भावजों के बखेड़े⋯मियां-बीबी की जूती-पैजार से ख़ुदा की पनाह।—प्रेमचंद।

खुदा खुदा करके
अत्यंत कठिनता या बड़ी मुश्किल से; जैसे—आख़िर ख़ुदा ख़ुदा करके सुबह हुई।—भूषण वनमाली।

ख़ुदा लगती कहना
सच्ची बात कहना, न्याय की बात कहना।

खुरी करना
१. (सुमवाले पशुओं का पैर से) ज़मीन खोदना अर्थात् खूँटे से खोले जाने की आतुरता दिखलाना।
२. जल्दी मचाना।

खुर्राटे भरना/मारना
खुर्राटे लेना (दे०)।

खुर्राटे लेना
सोए सोए व्यक्ति की नाक बजना अर्थात् ख़ूब गहरी नींद सोना; जैसे—रात गुज़रने लगी तो कुछ ठंडक हुई और लोग तुरंत खुर्राटे लेने लगे।—अजित पुष्कल।

खुल पड़ना
सच्चाई कह देना; जैसे—गाँववालों पर ज़रा सख्ती की कि सब खुल पड़ेंगे और सारा अपराध भाई साहब के सिर डाल देंगे।—प्रेमचंद।

खुलकर
१. निस्संकोच अथवा बेधड़क होकर; जैसे—वह मुझसे दबे हुए हैं, खुलकर मेरे विरुद्ध कुछ नहीं कह सकते।
२. प्रकट रूप से; जैसे—वे खुलकर नहीं तो चुपचाप हमारी मदद करें। —अजित पुष्कल।

खुलकर कहना
बेधड़क होकर और साफ़ साफ़ कहना; जैसे—हत्या पंडित जी ने नहीं की थी। हत्या की थी महेश गुंडे ने। रामपत तो यह बात किसी के सामने खुलकर कहना भी नहीं चाहते थे। —अजित पुष्कल।

खुलकर खेलना

अपमान, लांछन, लज्जा आदि का विचार छोड़कर मनमाना आचरण करना।

खुलना

१. (मन में दबा रखी हुई) भेद की बात कहना; जैसे—कुछ दिनों तक तो उन आँखों की भाषा मुझ पर खुलती न थी।—रा० रा० प्र० सिंह।

२. साहसपूर्वक अपने दिल की बात कहना; जैसे—(१) लड़कियाँ लेखकों के सपने देखती हैं, पर खुल नहीं पातीं।—कमलेश्वर। (२) संजीव को बार बार यह अनुभव हो रहा था कि कावेरी हर क्षण खुलती जा रही है। —गुलशन नंदा।

३. प्रकट होना; जैसे—नहीं तो बात की बात में असलियत खुल सकती थी। —अजित पुष्कल।

खुली छूट

अबाध स्वतंत्रता; जैसे—(१) दुनिया की खुली छूट थी, लेकिन दुनिया देखने के लिए भाइयों को पिताजी और सविता की माँ की आँखें उधार लेनी पड़ती थीं।—कमलेश्वर। (२) जब गंगा स्नान, तीर्थ दर्शन ... पाप के ... प्रतिफल से छुटकारा दिला सकते हैं तो फिर पाप की खुली छूट का द्वार खुल गया। —अखंड ज्योति।

खुली तबीयत का

ख़ुश और मस्त रहनेवाला।

खुले आम

प्रकटतः, सबके सामने; जैसे— ... उस चोरा-छिप्पी के अतिरिक्त, जो भूतना की एन नाक के नीचे चलती, लड़के कभी कभी भूतना के उस ज़ुल्म का बदला खुले आम लेने से भी न चूकते।—अश्क।

खुले खज़ाने

सबके सामने, खुले आम, डंके की चोट पर; जैसे—आपने सिद्धांत ही ऐसा लिया है कि खुले खज़ाने पब्लिक को लूट सकते हैं।—प्रेमचंद।

खुले दिल से

१. सच्चे दिल से।

२. उदारतापूर्वक।

खुले बंदों

सब के सामने, डंके की चोट पर; जैसे—लोग उन्हें आते-जाते देखकर खुले बंदों उनका उपहास करते थे। —प्रेमचंद।

खुले मैदान

सबके सामने, खुले खज़ाने।

खुले हाथ

अत्यंत उदारतापूर्वक (धन किसी को देना या खर्च करना)।

ख़ुशामदी टट्टू

सदा ख़ुशामद में लगा रहनेवाला व्यक्ति।

ख़ुशी के मारे

ख़ुशी की अत्यधिकता के कारण; जैसे—उस रात चेतन को ख़ुशी के मारे नींद न आई थी।—अश्क।

खूँटा गाड़ना

१. ठहरने या रहने का स्थान निर्धारित करना।

२. सीमा निश्चित करना, हद बाँधना।

खूँटे से बाँध देना

किसी पर पाबंदियाँ लगा देना, घर से बाहर न निकलने देना; जैसे—जब से ब्याह कर इस घर में आई हुई हूँ, खूँटे से बाँध दी गई हूँ।

ख़ून उबलना

अत्यधिक क्रुद्ध होना।

ख़ून करना

हत्या करना; जैसे—मेरे बाबा की आड़ लेकर मंगलू ने राजू का ख़ून कर दिया।—गुलशन नंदा।

ख़ून कराना

हत्या कराना; जैसे—वे ख़ून चूस सकते थे ... ख़ून करा सकते थे।—अजित

ुष्कल।

ख़ून का घूँट पीकर रह जाना
अपना क्रोध प्रकट या दुख लक्षित न होने देना; जैसे—होरी ख़ून का घूँट पीकर रह गया।—प्रेमचंद।

ख़ून का घूँट भरकर रह जाना
ख़ून का घूँट पीकर रह जाना (दे०); जैसे—बी० ए० पास करके बंडल-ब्वाय की नौकरी। ख़ून के (का) घूँट भर कर रह गया।—यशपाल।

ख़ून का प्यासा होना
किसी का वध करने के लिए कटिबद्ध या उतावला होना; जैसे—⋯तब से स्त्री पुरुष एक दूसरे के ख़ून के प्यासे थे। —प्रेमचंद।

ख़ून का रिश्ता
बहुत गहरा संबंध; जैसे—इन दोनों में ख़ून का रिश्ता भी है।

ख़ून की नदी/नदियाँ/बहाना
नर-संहार करना।

ख़ून के आँसू रोना
असह्य कष्ट से अत्यंत दुखी होना; जैसे—मुँह उनका बंद था और दिल ख़ून के आँसू रोता था।—भूषण वनमाली।

ख़ून ख़ुश्क होना
अत्यंत भयभीत होना।

ख़ून खौलना/खौल उठना
अत्यधिक कुपित होना; जैसे—बड़े-बड़े बाल, लंबे गलमुच्छे और नीले-पीले कुरतेवाले तनवीर बेग को देखकर तो भगवती का ख़ून खौल उठता था। —शिवानी।

ख़ून गर्म होने लगना
(गुस्से से) आवेश में आना; जैसे—आज की घटना से दिल्लीपत की पुरानी ज़िंदगी लौट आई थी और धीरे-धीरे उसका ख़ून गर्म लोने लगा था। —अजित पुष्कल।

ख़ून चूसना/पीना
(किसी को) बहुत अधिक तंग करना या उससे धन ऐंठना; जैसे—(१) कोई राजा है, कोई ताल्लुकेदार, कोई महाजन, सभी ग़रीब का ख़ून चूसते हैं⋯।—प्रेमचंद। (२) उसे लगता जैसे आत्मा के अंदर कोई प्रेतनी घुस गई है जो बराबर उसका ख़ून चूसती रहती है।—अजित पुष्कल।

ख़ून पसीना एक कर देना
घोर परिश्रम करना; जैसे—उनकी दुकान जमाने में हमने भी ख़ून पसीना एक किया है।

ख़ून पानी हो जाना
रक्त-संबंधों अर्थात् रिश्तेवालों के प्रति अपनत्व न रह जाना।

ख़ून पी जाना
बहुत अधिक तंग करना; जैसे—मेरी यह औलाद ख़ून पी जानेवाली है।

ख़ून बहाना
१. काट डालना, इस प्रकार हत्या करना कि ख़ून बहे।
२. कठोर परिश्रम करना।

ख़ून बिगड़ना
रक्त-दोष के कारण फोड़े, फुंसियाँ आदि होना।

ख़ून मुँह लगना
(अनुचित रूप से धन प्राप्त करने की) बुरी आदत या बान पड़ना; जैसे—अब इन बाबुओं के मुँह ख़ून लग गया है इसलिए ये बिना रिश्वत लिए कोई काम नहीं करेंगे।

ख़ून सफ़ेद हो जाना
सहज मानवीय गुणों तथा मूल्यों से रहित हो जाना, मुहब्बत न रह जाना; जैसे—तुम उपकार को भूल जाओ, मैं नहीं भूल सकता। मेरा ख़ून सफ़ेद नहीं है। —प्रेमचंद।

ख़ून सर्द होना
उमंग या उत्साह न रह जाना।

ख़ून सूखना/सूख जाना
अत्यंत भयभीत होना।

ख़ून सिर पर चढ़ना या सवार होना
किसी के वध या हत्या के लिए उतावला होना।

ख़ून से हाथ रँगना
हत्या करना; जैसे—इसी दलाली के लिए हम एक दूसरे के ख़ून से अपने हाथ रँगते हैं।—प्रेमचंद।

ख़ून-ख़राबा होना
मार-काट होना।

ख़ून-पसीना एक करना
कठोर परिश्रम करना।

ख़ून-पसीने की कमाई
कठोर परिश्रम से अर्जित धन; जैसे—यह सरकार ग़रीबों के ख़ून-पसीने की कमाई भी लूटने के लिए तैयार रहती है।

खेत आना
रणक्षेत्र में मारा जाना।

खेत कमाना
खाद आदि डालकर खेत को उपजाऊ बनाना।

खेत करना
खेती-बारी के निमित्त खेत को समतल करना।

खेत काटना
खेत की उपज या फसल काटना।

खेत रहना
युद्ध में मारा जाना; जैसे—(१) इस टुकड़ी के सभी युवक युद्धभूमि में खेत रहे।—यज्ञदत्त। (२) दोनो ओर से कोई ५०० सैनिक खेत रहे।—समर बहादुर सिंह।

ख़ेमा गाड़ना
अभियान, यात्रा आदि के समय ख़ेमा खड़ाकर कुछ समय के लिए कहीं रुकना; पड़ाव डालना।

खेल खिलाना
झूठ-मूठ के कामों में किसी को उलझाए-फँसाए रखना।

खेल खेल में
अत्यंत सरलता से; जैसे—उसने खेल खेल में हमें यह हुनर सिखा दिया।

खेल बिगाड़ना/बिगाड़ देना
बने या बनते हुए काम को चौपट करना।

खेलना-खाना
मौज करना; जैसे—खेले-खाएगा और किसी ग्राहक को पटाकर उसके हाथ बेच देगा।—अजित पुष्कल।

खेलने-खाने के दिन
(बचपन तथा जवानी का) वह समय जब व्यक्ति निश्चिंततापूर्वक मौज-मस्ती लेता है; जैसे—यही तो उसके खेलने-खाने के दिन हैं।—सुरेश सिनहा।

ख़ैर मनाना
कुशलता की कामना करना; जैसे—(१) जिस गड़रिए के बकरियों के झुंड से पट्ठा बकरा ग़ायब रहता है⋯वह यह सोचकर संतोष कर लेता है कि बकरे की माँ कब तक ख़ैर मनाएगी।—अजित पुष्कल। (२) इसकी ख़ैर मनाओ कि बच्चे का अहित नहीं हुआ।—अश्क।

खो जाना
मग्न या लीन हो जाना; जैसे—⋯गृहस्वामिनी⋯अपने राजसी वैभव को स्वेच्छा से ठुकराकर, बदरीनाथ की किसी गहन कंदरा में जाकर वैराग्य साधना में खो गई थी।—शिवानी।

खो बैठना
गँवा देना, भुला या छोड़ देना; जैसे—आदमी को उतना ही उकसाना चाहिए, जितने से वह अपनी समझदारी न खो बैठे।—अजित पुष्कल।

खोज मिटाना
चिह्न मिटाना (जिससे अपराधी की खोज न हो सके)।

खोज-ख़बर न मिलना
कोई समाचार प्राप्त न होना; जैसे—इस बार वह ऐसा भागा कि महीनों तक उसकी खोज-ख़बर न मिली।-अश्क।

खोज-ख़बर न लेना
हाल-चाल न पूछना; जैसे—... वर्ष में एक बार भी कर्नल ने पत्नी-पुत्र की कोई खोज-ख़बर नहीं ली।—शिवानी।

खोटी करना
(किसी के साथ) विश्वासघात करना या उसे धोखा देना; जैसे—हमारे साथ खोटी करने का फल तुम्हें ईश्वर देगा।

खोद खोदकर पूछना
वास्तविकता या रहस्य जानने के लिए उत्सुकतापूर्वक अनेकानेक प्रश्न करना; जैसे—उसने खोद-खोदकर पूछने की चेष्टा तो बहुत की परंतु उसके पल्ले कुछ पड़ा नहीं।

खोनचा लगाना
सौदा खोनचे में रखकर, गली गली घूमते हुए बेचना।

खोपड़ी खाना
बहुत अधिक बातें करके तंग कर डालना, दिमाग चाटना; जैसे—मगर शिरोमन ... झूठ-मूठ की बातें करेगा और बेमतलब खोपड़ी खा लेगा। —अजित पुष्कल।

खोपड़ी खुजलाना
ऐसा अनुचित या घृणित काम करना जिससे मार खाने की नौबत आ जाए।

खोपड़ी खुलना
सिर फटना; जैसे—अगर यह दाँव बैठ गया तो ईंट से ईंट बज जाएगी, दो-चार की खोपड़ियाँ खुलेंगी, दो-चार की टाँगें टूटेंगी।—अजित पुष्कल।

खोपड़ी गंजी करना
सिर पर बहुत प्रहार करना।

खोपड़ी चटकना
गर्मी, पीड़ा, प्यास आदि के कारण जी व्याकुल होना।

ग्वोपड़ी चाटना
बहुत अधिक बातें करके तंग कर डालना।

खोपड़ी पर नाचना
सिर पर नाचना (दे०); जैसे—अब भी ख़तरा उनकी खोपड़ी के ऊपर (पर) नाच रहा था।—अजित पुष्कल।

खोया खोया रहना
किसी विचार में डूबे रहना; जैसे—पता नहीं क्या बात है कि लड़का खोया खोया रहता है।

खोलकर कहना
(अच्छी तरह समझाते हुए) विस्तारपूर्वक कहना; जैसे—मैंने उसे लेन-देन के बारे में खोलकर समझा दिया है।

ख़्वाब देखना
आशा सँजोना; जैसे—(१) रंडी-मुंडी पटरानी बनने का ख़्वाब देखती है। —अजित पुष्कल। (२) मैं साधारण विधार्थी रहा हूँ। आई० ए० एस०, पी० सी० एस० के ख़्वाब देखना मूर्खता है।—गिरिधर गोपाल।

ग

गंगा नहाना
कर्तव्य या दायित्व पूरा करके निश्चिंत होना; जैसे—लड़की का ब्याह राज़ी-ख़ुशी हो जाए तो वह भी गंगा नहाए।

गंगाजल/गंगाजली/उठाना
हाथ में गंगाजल से भरा पात्र लेकर कोई बात शपथपूर्वक कहना।

गंध लगना
कुछ पता चलना, सुराग मिलना; जैसे—पुलिस को न जाने कैसे गंध लगी कि चोर इसी मकान में छिपा है।

गई कर जाना
किसी के द्वारा अनुचित काम करने पर भी उसे उदारतापूर्वक कुछ न कहना।

गगरी उलट जाना
सार तत्त्व निकल या बह जाना; जैसे—आवेग को सीमा में बाँधकर चलने का प्रयास करो। ऐसा न हो कि वह बहता

हुआ मरुभूमि में पहुँचकर सूख जाए और तुम्हारे जीवन के संचित रस की गगरी उलट जाए।—यज्ञदत्त।

गच्चा खाना/खा जाना

किसी के फेर में पड़कर धोखा खाना; जैसे—(१) चौधरी उसे धक्का देकर—नारी जाति पर बल का प्रयोग करके, गच्चा खा चुका था।—प्रेमचंद। (२) वह बदमाश है, हिम्मती है मगर है तो आदमी। कभी तो घात में पड़ेगा तभी गच्चा खा जाएगा।—अजित पुष्कल।

गज भर की ज़बान रखना/होना

लगती-चुभती बातें कहने का अभ्यस्त होना; जैसे—मैं उँगली उठाकर ''' ऐसे कई लोगों को बतला सकता हूँ जो सन् १९४२ तक आभ्यंतर देशभक्त या कायर दब्बू थे, वे आज देशभक्त हैं और मुझे कम्युनिस्ट और नास्तिक तक कहने लायक गज़ भर की ज़बान रखते हैं। —अमृतलाल नागर।

ग़ज़ब करना

अत्यंत अनुचित या अप्रत्याशित काम करना; जैसे—मियाँ ग़ज़ब मत करो।

ग़ज़ब का होना

अति उत्कृष्ट होना; जैसे—रीता फरिया ग़ज़ब की सुंदरी थी।

ग़ज़ब ढाना

१. किसी के लिए घोर विपत्ति या संकट उत्पन्न करना।

२. अपने रूप, सौंदर्य आदि से किसी को विकल कर देना; जैसे—(१) उनकी आँखें ग़ज़ब ढाती हैं। (२) सबसे ज्यादा ग़ज़ब ढा रही थी उसकी नारंगी शिफ़ान की साड़ी।—मालती जोशी।

ग़ज़ब होना

अत्यंत अनुचित या अप्रत्याशित बात होना; जैसे—उनका जवान लड़का मर गया, ग़ज़ब हो गया।

ग़ज़ब ख़ुदा का

ईश्वर का कोप है!

गट्ठर साधना

शरीर को गट्ठर का रूप देकर नदी, नाले आदि में ऊँचाई से कूदना।

गठरी कर देना

(किसी को) मार-पीटकर या बाँधकर बेकाम कर देना।

गठरी बाँधना/बाँध लेना

कहीं चलने की तैयारी करना।

गड़ना

अप्रिय और कष्टकर प्रतीत होना; जैसे—मर्द की पहचान उसकी मूँछ ही तो है ''' नामर्दों को मूँछ गड़ती है। —महेन्द्र सिंह परमार।

गड़े मुरदे उखाड़ना

१. ऐसी पुरानी बातों को छेड़ना जिनसे झगड़ा-फ़साद की संभावना हो; जैसे—(१) अपने उठने की मुद्रा से ही, उसने बिना कुछ कहे भी स्पष्ट कर दिया कि वह अब गड़े मुर्दे उखाड़ने के मूड में नहीं है।—शिवानी। (२) भाभी ने ''' माँ और भाई साहब को सुनाकर वे गड़े मुर्दे उखाड़ने शुरू किए थे और ऐसी ऐसी बातें कही थीं, जो न सुनी जा सकती थीं, न कही जा सकती थीं।—अश्क।

२. पुरानी बातों की व्यर्थ चर्चा छेड़ना; जैसे—बेटा गड़े मुर्दे मत उखाड़, आगे की सोच।

गड्ढा खोदना

ऐसा काम करना जिससे कोई विपत्ति में पड़े या उसे संकट का सामना करना पड़े।

गढ़ जीतना

बहुत बड़ी सफलता प्राप्त करना।

गत बनना

दुर्गति होना, ख़ूब पिटना; जैसे—पिछली बैंचों के लड़के सीधे मानीटर की गत बनती न देख सकते थे। —अश्क।

गत बनाना

दुर्गति करना; जैसे—(१) उन्हें वे अकेले-दुकेले पाएँ तो शायद उनकी बुरी गत बनाएँ।—प्रेमचंद। (२) आते ही उसे बतलाएगी कि उसकी (तुम्हारी) ज़िद के कारण आज उसकी (मेरी) ख़ूब गत बन गई।—शिवानी।

गति होना

किसी विषय या कार्य-विशेष की (थोड़ी-बहुत) जानकारी होना; जैसे—हमारी इस विषय में कुछ भी गति नहीं है।

गदगद होना

प्रसन्नता से फूले न समाना; जैसे—ब्रह्मचारी कच के मुख से अपने पिता की प्रशंसा सुनकर देवयानी गदगद हो गई।—यज्ञदत्त।

गद्द करना

(खाद्य पदार्थ का) कब्ज़ करना, फलतः पेट का भारी होना।

गद्दी पर बैठना/बैठ जाना

शासन या सत्ता संभालना; जैसे—बाबर के बाद हुमायूँ गद्दी पर बैठा।

गद्दी से उतारना/उतार देना

शासन या सता छीन लेना, सत्ताच्युत कर देना।

गधे से हल चलवाना

(किसी स्थान को) पूरी तरह से उजाड़ना या नष्ट करना।

गप्प उड़ाना

झूठी और व्यर्थ की बात लोगों में प्रचारित-प्रसारित करना।

गप्प/गप्पें/लड़ाना

इधर-उधर की और प्राय: व्यर्थ की बातें करना; जैसे—लोग दफ़्तर में गप्पें लड़ाने और तफ़रीह करने जाते हैं।—देवेन्द्र सिंह।

ग़म उठाना

अत्याचार सहना।

ग़म खाना

१. अपमानित, उत्तेजित, दुखित अथवा पीड़ित होने पर भी प्रतिकार न करना और शांत रहना, बल खाना, सहना, बर्दाश्त करना; जैसे—(१) जन्म तो उन्हीं ने दिया, पालपोस कर जवान तो उन्हीं ने किया, अब वह हमें चार बात भी कहें, तो हमें ग़म खाना चाहिए।—प्रेमचंद। (२) अब वह लड़कपन छोड़ देना, कोई चार बात कहे तो ग़म खाना।—प्रेमचंद।

ग़म ग़लत करना

दुख-शोक को भुलाने का प्रयास करना; जैसे—वे अपना ग़म ग़लत करने को चोरी-छिपे शराब भी पीने लगे।—बच्चन।

ग़म में घुला जाना

दुख-चिंता के कारण शरीर का सूखते चलना; जैसे—बेग़म साहिबा तो इसी ग़म में घुली जा रही हैं कि ज़बीं का कोई अच्छा-सा संदेशा कहीं से आए।—भूषण वनमाली।

ग़मी होना/हो जाना

मौत हो जाना; जैसे—कल उनके यहाँ कोई गमी हो गई थी।

गया-गुज़रा

१. बीता हुआ (विशेषतः निरर्थक और त्याज्य); जैसे—अब गई-गुज़री बातों को छोड़ो, काम की बात करो।

२. उपयोगी या सहायक न होनेवाला, बेकार; जैसे—(अपना) न कोई भाई न बहन! रिश्तेदार हैं सो परायों से भी गए-गुज़रे।—भूषण वनमाली।

गया-बीता

१. (अपेक्षाकृत) घटिया, निकम्मा या निम्न श्रेणी का; जैसे—(१) मेरी दृष्टि में वह वेश्याओं से भी गई-बीती है, क्योंकि वह पर्दे के (की) आड़ में शिकार खेलती है।—प्रेमचंद। (२) वह अंग्रेज़ी लिपि को ही बेतुकी समझता

था। उर्दू लिपि तो उससे भी गई-बीती है।—अमृतलाल नागर।

२. गया-गुज़रा (दे०)।

गरज़ बावली होना

अपनी आवश्यकता कुछ भी (विशेषत: कोई अप्रिय काम) करने के लिए विवश करती है।

गरदन उठाना

विरोध में खड़ा होना, प्रतिरोध या विद्रोह करना।

गरदन उतारना/काटना

१. सिर काटना; जैसे—छोकरे की गरदन उतार लूँगा और आग में भूनकर कुत्तों के सामने डाल दूँगा।

२. बहुत बड़ी हानि करना।

गरदन छुड़ाना

मुसीबत से बच निकलना; जैसे—उनसे अपनी गरदन छुड़ाने में बड़े पापड़ बेलने पड़े।

गरदन झुकना

१. नतमस्तक होना, अधीन होना; जैसे—मेरी गरदन उसके आगे नहीं झुक सकती।

२. लज्जित होना।

गरदन झुकाना/झुका देना

१. अधीनता स्वीकार करना, समर्पण करना।

२. लज्जित होकर सिर नीचा करना।

गरदन ढलकना/ढलना

१. मरने के बहुत समीप होना।

२. मर जाना।

गरदन दबाना

कुछ देने या हानि सहने के लिए विवश या मजबूर करना; जैसे—ऐसे आदमियों से हम मिल जाते हैं और उनकी मदद से दूसरे आदमियों की गरदन दबाते हैं। —प्रेमचंद।

गरदन न उठाना

१. बीमारी की हालत में बेसुध पड़े रहना, गरदन तक हिलाने की हिम्मत न होना।

२. (शर्म से) सिर न उठाना।

गरदन नापना/नाप देना

किसी को गरदन से पकड़कर धक्का देते हुए बाहर करना; जैसे—क्यों नहीं उन्होंने जूनियर अध्यापक की गरदन नाप दी।—गिरिधर गोपाल।

गरदन पर छुरी चलाना

अपने स्वार्थ के लिए दूसरे का बहुत बड़ा अहित करना, जीविका छीन लेना; जैसे—इतनी उमर गुज़र गई, इतने पढ़े-लिखे आदमियों को देखा, पर आपके सिवा कोई ऐसा न मिला जिसने हमारी गरदन पर छुरी न चलाई हो।—प्रेमचंद।

गरदन पर जुआ रखना

जान-बूझकर मुसीबत मोल लेना।

गरदन पर सवार होना

सिर पर सवार होना (दे०); जैसे—कभी मौका मिला तो गरदन पर सवार होकर पूछूँगी।—अजित पुष्कल।

गरदन फँसना

संकट में पड़ना।

गरदन मरोड़ना

गला दबाकर किसी को मार डालना।

गरदन मारना

सिर काटना।

गरदन में हाथ देना/डालना

कहीं से निकाल बाहर करने के लिए गरदन पकड़ना।

गरदन में हाथ पाना (अप्रचलित)

गरदनिया देकर निकाला जाना; जैसे—और तुम्हारे यहाँ भी वह गरदन में हाथ पाएगी।—रा० रा० प्र० सिंह।

गरदनिया देना

गरदन से पकड़कर धकेलना; जैसे—उस भोले चेहरे के स्वामी के जेब में बोतल में जो 'गंगाजल' भी साथ चल रहा था, अनादि संस्कार शीला राजेश्वरी तो उसे निश्चय ही गरदनिया देकर बाहर निकाल देती।—शिवानी।

गरम रहना
चूल्हे आदि में आग बराबर जलती रहना; जैसे—भड़भूँजे का भाड़ दिन भर गरम रहता है।—अजित पुष्कल।

गरम होना
गुस्से में आना; जैसे—बिना बात क्यों आप गरम हो रहे हैं।

गरमागरमी होना
गुस्से में आकर एक दूसरे से बातें करना; जैसे—अख़बार देखते देखते उसे चिढ़ होने लगी और एक शाम को मित्र-मंडली में नौकरी के प्रश्न पर कुछ गरमागरमी भी हो गई।—गिरिधर गोपाल।

गरमी खाना
गुस्से या तैश में आना।

गरमी निकालना
(किसी का) दर्प चूर्ण करना, प्रतिकार के द्वारा शांत करना; जैसे—रुपए की गरमी है, निकाल दी जाएगी।

गरमी होना
अभिमान या घमंड होना; जैसे—मालूम होता है, रुपए की गरमी हो गई है। —प्रेमचंद।

ग़र्क होना/हो जाना
डूब जाना, नष्ट हो जाना; जैसे—जुए में इनका सारा कुनबा ही ग़र्क हो गया।

गर्दिश में होना/चलना
मुसीबत में होना; जैसे—आज-कल उनके दिन गर्दिश में चल रहे हैं।

गर्भ गिरना
गर्भपात होना।

गर्भ रहना
पेट में बच्चा आना।

गला आना
गला पड़ना (दे०)।

गला उठाना
घंटी उठाना (दे०)।

गला काटना
१. चटपटी या तीखी चीज़ खाने पर उसका गले के भीतरी भाग में हलकी खुजली, चुनचुनाहट या जलन पैदा करना; जैसे—ज़मीकंद गला काटता है।
२. चालाकी या छल से किसी को ठग लेना; जैसे—(१) चंदे के नाम पर आप तो हमारा गला काट लेना चाहते हैं। (२) मैत्री के पीछे क्या ग़रीबों का गला काट लिया जाए।—प्रेमचंद। (३) ताई का स्वभाव था, किंतु उस स्वार्थ की सिद्धि के लिए वह जान-बूझकर कभी किसी का गला काटना नहीं जानती थी।—शिवानी। (४) ये ऐसे ही ग़रीबों का गला काटते रहेंगे।—गिरिधर गोपाल।

गला खुलना
गले से स्वर ठीक से निकलना।

गला गरमाना
इस प्रकार धीरे धीरे कुछ बोलना या गुनगुनाना कि गले से उच्च या पूरा स्वर निकल सके।

गला घुटना
धुएँ, घुटन आदि के कारण साँस लेना कठिन होना, दम घुटना; जैसे—ऐसे वातावरण में तो गला घुटता है।

गला घोंटना/घोंट देना
१. गला दबाकर मार डालना; जैसे—फिर उस भयानक काल कोठरी की अमानवीय निस्तब्धता ही उसका गला घोंट देने के लिए पर्याप्त थी।—शिवानी।
२. बहुत बड़ी हानि करना; जैसे—(१) लेकिन लाचारी ने उसके हृदय की भावनाओं का गला घोंट दिया। —गुलशन नंदा। (२) उसने हमेशा अपना मुँह बंद रखा। अपने अरमानों और हसरतों का गला घोंट दिया। —भूषण वनमाली। (३) मैंने केवल यही हत्या नहीं की, बल्कि एक पिता की अभि-लाषाओं का भी गला घोंटा है।—गुलशन नंदा।

गला छुड़ाना
पीछा छुड़ाना; जैसे—...ऐसे बहुत कम हैं जो लोभ से अपना गला छुड़ा सकें।—प्रेमचंद।

गला छूटना
त्राण या छुटकारा मिलना; जैसे—(१) कितने मज़े से गला छूटा जाता था, लेकिन धनिया जब जान छोड़े तब तो।—प्रेमचंद। (२) बस इस साल रिन (ऋण) से गला छूट जाए, तो दूसरी ज़िंदगी हो।—प्रेमचंद।

गला जकड़ना
गले में पीड़ा, सूजन या और कोई विकार होना जिसके फलस्वरूप कुछ खाया-पिया न जा सके।

गला जोड़ना
(किसी से) मेल-जोल या घनिष्ठता स्थापित करना।

गला टीपना
गला दबाना (दे०)।

गला दबाना
१. गला दबाकर जान से मारना।
२. बलात् किसी से कुछ ऐंठ लेना; जैसे—(१) औरों की तरह तुमने भी दूसरों का गला दबाया होता...तो तुम भी भले आदमी होते।—प्रेमचंद। (२) अपना धरम यह नहीं है कि मित्रों का गला दबाएँ।—प्रेमचंद।

गला न छूटना
पीछा न छूटना, छुटकारा न मिलना; जैसे—(१) हर तरह का कष्ट उठाने पर भी गला नहीं छूटता।—प्रेमचंद। (२) तरह तरह का कष्ट उठाने पर भी गला नहीं छूटता।—प्रेमचंद।

गला पकड़ना
१. किसी को किसी बात के लिए उत्तरदायी ठहराना; जैसे—नुकसान चाहे जिसने किया हो, वह गला हमारा ही पकड़ेगा।
२. खट्टी चीज़ खाने से गले में कष्ट होना।

गला पड़ना
गले में सूजन तथा पीड़ा होना।

गला फँसना
बंधन या संकट में पड़ना।

गला फटना
गले में ऐसा विकार होना जिससे मधुर स्वर न निकल पाए।

गला फाड़ना
ज़ोर से चिल्लाकर कुछ बोलना या गाना।

गला फिरना
गाने के समय स्वरों और उनकी ध्वनियों पर बहुत ही सहज में और सुंदरतापूर्वक अथवा सुरीलेपन से कंठस्वर का उच्चरित होना अथवा ऊपर और नीचे के स्वरों पर सरलतापूर्वक आना-जाना; जैसे—हर गिटकिरी, तान, पलटे और फंदे पर उसका गला इस तरह फिरता था कि तबियत ख़ुश हो जाती थी।

गला बैठना
अधिक बोलने, गाने या किसी रोग के कारण गले से आवाज़ न निकलना या बहुत मंद या बेसुरी आवाज़ निकलना।

गला भर आना
भावातिरेक के कारण गले से आवाज़ न निकलना; जैसे—हाय, समृद्धि की रानी, रूप की लक्ष्मी, शोभा की स्रोतस्विनी, अनुराग की तरंगिणी, मंजुला की आज यह दशा! उनका गला भर आया।—हजारीप्रसाद द्विवेदी।

गला भर्राना
गला भर आना, किसी कारण आवाज़ न निकलना (दे०); जैसे—मालती का गला भर्रा गया और उसने मुँह फेरकर रूमाल से आँसू पोछे।—प्रेमचंद।

गला मरोड़ना
धन ऐंठना या बलात् ले लेना; जैसे—बिसेसर...गाँव भर का गला मरोड़ता है।—प्रेमचंद।

गले उतारना/उतार लेना

अनिच्छापूर्वक ग्रहण या स्वीकार करना; जैसे—सफल लोगों से पूछा जा सकता है कि उनने कितनी ठोकर खाई और कितनी असफलताएँ गले उतारीं। —अखंड ज्योति।

गले का हार

अत्यंत प्रिय या मूल्यवान वस्तु; जैसे—तुमने मेरी मृत्यु को अपने गले का हार बना लिया है।—यज्ञदत्त।

गले की फाँसी

अत्यंत कष्टदायक बात या काम; जैसे—बी० ए० में उन्होंने गणित ले ली और वह उनके गले की फाँसी बन गई।—बच्चन।

गले न उतरना

(बात का) न जँचना, फलतः स्वीकार्य न होना; जैसे—मेरी बात उनके गले नहीं उतरेगी।

गले पड़ना

१. (व्यक्ति का) पीछे पड़ जाना; जैसे—वह तो बिना बात किसी के गले पड़ जाती है।

२. भारस्वरूप होना; जैसे—यह मुफ़्त की मुसीबत हमारे गले पड़ी है।

गले पड़ा ढोल बजाना

विवश होकर कोई काम करना या दायित्व निभाना।

गले पर छुरी चलाना

बहुत बड़ा अहित करना; जैसे—वह स्वार्थ के लिए किसी के गले पर छुरी चला सकता है।—प्रेमचंद।

गले बाँधना

गले मढ़ना; जैसे—आपको बेटी बहुत प्यारी है तो इसे अपने पास रखिए हमारे गले मत बाँधिए।—प्रेमचंद।

गले में उतारना

१. पीना; जैसे—गंदे शराबख़ाने में बैठे दोनो शराब के घूँट गलों में उतार रहे थे।—गुलशन नंदा।

२. अच्छी तरह समझा देना।

गले मढ़ना/मढ़ देना

बलात् सौंपना; जैसे—गृहस्थी का सारा काम मेरे भाइयों ने मेरे गले मढ़ दिया है।

गले में चक्की का पाट बाँधना

इतना बड़ा दायित्व सौंपना, जिसका निर्वाह संभव न हो; जैसे—तब इन्हें मालूम हुआ कि पंडित सादीराम ने अपनी बेपरवाही से अपने बड़े लड़के के गले में कितना बड़ा चक्की का पाट बाँध दिया है।—अश्क।

गले लगना/लग जाना

प्यार से किसी से लिपट जाना।

गले लगाना/लगा लेना

१. आलिंगन करना; जैसे—चेतना के न जाने किस अज्ञात नेपथ्य से चंद धूमिल शक्लें उभर आईं और बस, जी मचल पड़ा कि चलकर उन्हें गले लगाएँ। —रा० रा० प्र० सिंह।

२. अपनाना; जैसे—ये हरिजन हमारे भाई हैं। इन्हें गले लगाइए।

गले से उतारना

खाना, पेट में डालना।

गवाह गुज़रना

अदालत में गवाह द्वारा गवाही देना; जैसे—और चालाकी देखो, ऊपर ही ऊपर काम करनेवाले लोगों को खिला-पिलाकर मुकदमे का फ़ैसला भी करा लिया गया। न पेशी हुई और न मुकदमा चला, न बयान लिए, न गवाह गुज़रे।—भूषण वनमाली।

गवाही देना

किसी साक्षी का किसी पक्ष की ओर से समर्थन करना या उसे ठीक बतलाना।

गस्सा मारना

जल्दी-जल्दी और बड़े-बड़े कौर मुँह में डालना।

गहरा हाथ मारना

बहुत अधिक धन हाथ में कर लेना;

जैसे—ससुर की दौलत पर उसने गहरा हाथ मारा था।

गहरी छनना

१. घनिष्ठता होना; जैसे लाला हरदेव नंदन बचपन से ही कुँवर साहब के जाने-माने दोस्त रहे। गहरी छनती रही दोनो में।—रा० रा० प्र० सिंह।

२. ऐसी भाँग छानना जिससे तेज़ नशा हो।

गहरे में चलना

इस प्रकार आचरण या व्यवहार करना कि लोगों को वास्तविक उद्देश्य का आभास न लगे।

गाँठ कतरना/काटना

चोरी या चालाकी से किसी के पास का धन ले लेना।

गाँठ का पूरा

धनी, मालदार।

गाँठ खुलना

कठिनाई या उलझाव दूर होना, समस्या का समाधान मिलना या निरा-करण होना।

गाँठ खोलना

मन में छिपा हुआ द्वेष-भाव स्पष्ट रूप से व्यक्त करना कि भविष्य में पुनः परस्पर दुर्भावना न उत्पन्न हो।

गाँठ जोड़ना

१. विवाह के समय वर और वधू या किसी धार्मिक कृत्य के समय पति-पत्नी के दुपट्टे में गाँठ बाँधना।

२. परस्पर बहुत ही घनिष्ठ संबंध स्थापित करना।

गाँठ निकालना

जिसने अपकार किया हो उसका जी भरकर अपकार करना।

गाँठ पड़ना

(दो व्यक्तियों या पक्षों में) द्वेष या वैमनस्य हो जाना, जैसे—ऊपर से फुसलाए रहते हैं, भीतर तो गाँठ पड़ी हुई है।—अजित पुष्कल।

गाँठ बाँधना

१. (कोई बात) सदा स्मरण रखना।

२. गाँठ जोड़ना (दे०)।

गाँठ में कुछ होना

पल्ले धन होना; जैसे—यहाँ हम मज़दूरों का कहाँ गुज़र है महाराज! गाँठ में कुछ हो भी तो।—प्रेमचंद।

गाँठ में बाँध लेना

सदा स्मरण रखना; जैसे—पसेरी लाल ने मालिक की बात जैसे गाँठ में बाँध ली थी। वह अपने आप चल पड़ा था, न श्यामली ने कहा था न जंगा ने।—अजित पुष्कल।

गाँठ में होना

गाँठ में अर्थात् पल्ले धन होना; जैसे—एक दिन हाथ पीले करने को दो कपड़े. दो-चार भांडे-बर्तन लायक गाँठ में न होगा तो उसे कैसे विदा करेगी।—यशपाल।

गाँठ रखना

(व्यक्ति को) पहले से मिला या पटा लेना; जैसे—पेशकार को उसने गाँठ रखा था।—प्रेमचंद।

गाँठ से

पल्ले से, पास से; जैसे—कुछ न मिला हमें बरस-गाँठ से, एक बरस और गया अपनी गाँठ से।

गाँठ लगाना/लगा लेना

याद रखना, गाँठ में बाँध रखना।

गागर में सागर भरना

गिनती के या थोड़े से शब्दों में बहुत अधिक भाव या विचार सँजोना या व्यक्त करना।

गाज गिरना

गाज पड़ना (दे०)।

गाज पड़ना

बहुत बड़ी हानि या अनिष्ट होना, फलतः नष्ट या बरबाद होना।

गाजर-मूली समझना

(किसी व्यक्ति को) कमज़ोर, बेदम,

उपेक्ष्य या हेय समझना।

गाड़ी अटकना/अटक जाना

काम कुछ समय के लिए रुक जाना; जैसे—बरसात शुरु हो जाने से हमारी गाड़ी अटक गई।

गाड़ी खिंचना/चलना

निर्वाह होना; जैसे—दो ही साल की बात है। जैसे इतने दिन गाड़ी खिंची है दो साल और खिंच जाएगी।

गाड़ी ठीक से चलना

क्रम, गति या निर्वाह उचित रीति से होना; जैसे—मैं उससे उलझ पड़ा था तब मेरे साथियों ने भी उसे धर दबाया था और आख़िर उसे हार माननी पड़ी थी और मैंने सोचा था कि अब गाड़ी ठीक से चलेगी।—श्रवणकुमार।

गाड़ी बीच में अटकना

काम का बीच में ही विघ्न-बाधा के आ जाने से रुक जाना; जैसे—फिर हमने यह भी ध्यान रखा है कि ऐसे (ऐसा) कोई शब्द बीच में न आ जाए जिसका अर्थ न समझ पाने से गाड़ी बीच में ही अटकी रह जाए। —सीताराम चतुर्वेदी।

गाढ़ा समय

कष्ट या मुसीबत के दिन; जैसे—पचीस रुपए का कागज़ लिखा तो सत्रह रुपए हाथ लगते थे, मगर इस गाढ़े समय में और क्या किया जाए।—प्रेमचंद।

गाढ़ी कमाई

ख़ून-पसीने की कमाई; जैसे—विश्वनाथ मुखर्जी इतना बेहया नहीं है कि ग़रीब जनता की गाढ़ी कमाई के पैसों से गुलछर्रे उड़ावे।—राधाकृष्ण।

गाढ़ी छनना

अत्यंत घनिष्ठता होना; जैसे—नीलमणि और कल्याण भगत की नाल एक ही जगह दबाई गई होगी तभी तो उनमें गाढ़ी छनती है।—देवेन्द्र सत्यार्थी।

गात से होना

गर्भवती होना।

ग़ायब करना

(कोई चीज़) चुरा लेना या हटा-बढ़ा देना।

गारद में रखना

(अपराधियों आदि को) पहरे में रखना।

गाल करना

बढ़-बढ़कर और उद्दंडतापूर्वक बातें करना।

गाल फुलाना

चेहरे से रोष और क्रोध झलकना; जैसे—तुम्हारी यह लाडली तो बिना बात के गाल फुलाए रहती है।

गाल बजाना

१. बहुत बढ़-बढ़कर बातें करना या डींग मारना।

२. शिव के पूजन के समय मुँह में हवा भरकर दोनो गालों पर इस प्रकार हलका आघात करना कि बम बम शब्द निकले।

गाल मारना

गाल बजाना (दे०)।

गाल में चावल भरे होना

मुँह से ठीक तरह बात न निकलना।

गाल में जाना

काल के गाल में जाना (दे०)।

गाल में भरना

(कोई चीज़) मुँह में डालना या रखना।

गाली/गालियाँ/खाना

चुपचाप अपने संबंध में किसी के द्वारा कहे हुए अपशब्द सुनना; जैसे—कमबख़्त पिटती है, गालियाँ खाती है लेकिन वह है कि पड़ी वहीं की वहीं रहती है।

गाली/गालियाँ/देना

अपशब्द कहना।

गिटपिट करना

१. ऐसी भाषा में बोलना, जिसे सुननेवाला न समझता हो।

२. अस्पष्ट बोलना।

गिनती के ही

बहुत कम. जैसे—वहाँ गिनती के ही लोग थे।

गिनती में लाना

प्रतिष्ठा या आदर के योग्य समझना; जैसे—वह हमें किस गिनती में लाता है।

गिनती ही न होना

संख्या में इतना अधिक होना कि सहसा गिनती न हो सके; जैसे—उनके पास सभी भाषाओं की पुस्तकें थीं। अंग्रेज़ी उपन्यासों की तो गिनती ही न थी।

गिरगिट की तरह रंग बदलना

कभी कुछ और कभी कुछ करना, कहना या मानना; एक बात पर स्थिर न रहना।

गिरते-पड़ते

किसी न किसी तरह, बड़ी-बड़ी मुसीबतें उठाते हुए, जैसे—वह गिरते-पड़ते उनके दरवाज़े पर जा पहुँचा।

गिरफ़्त में आना

पकड़ा जाना; जैसे—असली भेड़िए पकड़ लीजिए तो नकली भेड़िए ख़ुद-ब-ख़ुद गिरफ़्त में आ जाएँगे।—श्रवणकुमार।

गिरह बाँधना

गाँठ बाँधना; जैसे—उसने हर वैसी बात को गिरह बाँधकर रख लिया था।—रा० रा० प्र० सिंह।

गिरा-पड़ा

उपेक्ष्य और तिरस्कृत; जैसे—मेरी बच्ची कोई गिरी-पड़ी तो नहीं है कि जो आए उसके हाथ में थमा दे।—भूषण वनमाली।

गिर-पड़ा वक्त

दुर्दिन; जैसे—बीबी जी कुछ आगे की चिंता करो गिरे-पड़े वक्त के लिए कुछ रख लो।—भूषण वनमाली।

गिरे-पड़े दामों पर

उचित से बहुत कम मूल्य पर; जैसे—ये ढेरों पुस्तकें गिरे-पड़े दामों पर मिल गई थीं इसलिए खरीद लाया।—ब्रजमोहन।

गीत गाना

(किसी की) प्रशंसा या बड़ाई करना; जैसे—इस (विजय) पर किन्नरों ने मिलकर रघु की वीरता के गीत गाए। —सीताराम चतुर्वेदी।

गीदड़ बोलना

(किसी स्थान का) बिल्कुल उजाड़ या निर्जन होना।

गीदड़-भभकी

बंदर-घुड़की; जैसे—अदालत में तुम्हारी गीदड़-भभकी नहीं चल सकती।—श्रीदास।

गुंचा खिलना

१. नाच-रंग या आमोद-प्रमोद होना।
२. चेहरे का प्रफुल्लित होना।
३. किसी अनुचित बात या कार्य का प्रकाश में आना।

गुज़र करना

गुज़ारा करना, जीविका चलाना; जैसे—बेटा किसी तरह गुज़र कर लेता है।

गुज़र जाना

मर जाना; जैसे—आज उसके चाचा जान गुज़र गए।

गुज़र न होना

निर्वाह न होना; जैसे—चोटी का पसीना एड़ी तक आता है तब भी गुज़र नहीं होता।—प्रेमचंद।

गुज़र होना

निर्वाह होना, काम चलना; जैसे—बंधी पर दूध न पहुँचे तो गुज़र कैसे हो। —प्रेमचंद।

गुड़ गोबर होना

चौपट या नष्ट-प्राय होना; जैसे—ज़रा आँख चूकी नहीं कि सब गुड़ गोबर हुआ नहीं।

गुड़ च्यूँटा होना

अत्यधिक मेल-जोल या घनिष्ठ संबंध होना।

गुण गाना
किसी के सद्गुणों या सद्व्यहार की भूरि भूरि प्रशंसा करना।

गुत्थी सुलझाना
उलझन, विकट प्रश्न, समस्या आदि का समाधान या निराकरण करना।

गुबार निकालना
किसी को डाँट-फटकार कर अपने मन का दुख-भार या संताप कम करना; जैसे—वह बिना बात अप्रसन्न हो जाता है और दिन भर का गुबार मुझ पर निकालता है।

गुरु घंटाल
धूर्तों का सरताज।

गुल करना/कर देना
(दीपक) बुझाना।

गुल खिलना
१. किसी अप्रत्याशित कांड का रहस्य खुलना।
२. एक नया झगड़ा शुरु होना; जैसे—साल जाते जाते एक नया गुल खिला। —रा० रा० प्र० सिंह।

गुल खिलाना
नई उलझनें या झंझट पैदा करना; जैसे—लड़के ने ही नहीं, लड़की ने भी कई गुल खिलाए।

गुल-गपाड़ा होना
हो-हल्ला होना।

गुलछर्रे उड़ाना
ख़ूब मौज करना; जैसे—देखो न विकास के नाम पर सरकारी पैसों से गुलछर्रे उड़ाते हैं।—जवाहर सिंह।

गुलाब छिड़कना
तिलक, विवाह आदि के समय अभ्यागतों पर गुलाब-जल छिड़कना।

गुलाबी जाड़ा
हलकी सर्दी जो सुखद प्रतीत होती है।

गुलामी करना
छोटी छोटी सेवाएँ करना; जैसे—(गाँव में)···चमार हैं तो बहुत मगर दूसरों की गुलामी करते हैं।—अजित पुष्कल।

गुल्ली बँधना
युवावस्था में शरीर के अंदर वीर्य का एकत्र होकर पुष्ट होना।

गुल्ली-डंडा खेलना
खेल-कूद अथना इधर-उधर के फ़ालतू कामों में समय नष्ट करना।

गुस्सा उतारना
क्रुद्ध व्यक्ति का किसी पर ख़ूब बिगड़ना; जैसे—वह बिचारी तो उनके सामने पत्थर की तरह चुपचाप खड़ी रहती है और वे अपना सारा गुस्सा ख़ामख्वाह उस पर उतारते रहते हैं।—सुरेश सिनहा।

गुस्सा चढ़ना
किसी पर क्रोध आना।

गुस्सा निकालना
गुस्सा चढ़ने पर ख़ूब बिगड़ना या मारना-पीटना; जैसे—भूतना जब क्रोध में आते थे तो जो छात्र सामने पड़ जाए, उसी पर अपना सारा गुस्सा निकाल देते थे।—अश्क।

गुस्सा पीना/पी जाना
गुस्सा आने पर भी चुप रह जाना; जैसे—पंडित जी को श्रीनाथ की बात पर गुस्सा आ गया। थोड़ी देर के लिए वे गुस्सा पीकर नम्र हो गए।—अजित पुष्कल।

गुस्सा हवा हो जाना
क्रोध जाता रहना।

गू उछालना
किसी के निंदनीय कार्यों की जगह-जगह चर्चा करना।

गू उठाना
१. पाख़ाना साफ़ करना।
२. किसी की बहुत अधिक सेवा करना और उसका गू-मूत्र उठाकर फेंकना।

गू खाना
अत्यंत निंदनीय कार्य करना; जैसे—गू

खाऊँ जो वहाँ जाने का नाम भी लूँ।

गू में घसीटना

किसी को ऐसे स्थान या स्थिति में ले जाना जहाँ उसका बहुत अधिक अपमान या दुर्दशा हो।

गू में ढेला फेंकना

नीच के साथ ऐसा व्यवहार करना जिसका प्रतिफल अपने लिए ही अहितकर हो।

गू में नहलाना

(किसा की) बहुत अधिक दुर्दशा करना।

गू-मूत करना

छोटे बच्चों के गू-मूत के ख़राब हुए कपड़े साफ़ करना।

गोटी जमना/बैठना

चाल या युक्ति सफल होना।

गोटी बैठाना

उपाय करना, युक्ति निकालना, जैसे—जो इस समय में अपने बेटे बेटियों के ब्याह-गौने नहीं कर सके वे आगामी लगन के लिए गुट्टी बिठा (गोटी बैठा) रहे हैं।—अजित पुष्कल।

गोटी लाल होना

युक्ति सफल होने से यथेष्ट धन की प्राप्ति या फल-सिद्धि होना; जैसे—आप एक लाख के लोभ से (चुनाव में) खड़े हो गए, अगर गोटी लाल हो जाती तो आप एक लाख के स्वामी होते।—प्रेमचंद।

गोड़ पड़ना

१. पैर छूकर प्रणाम करना।

२. पैर छूकर अनुनय-विनय करना।

गोड़ भरना

पैरों में महावर लगाना।

गोड़ लगना

गोड़ पड़ना (दे०)।

गोता खाना

१. बहुत बड़ी भूल या हानि कर बैठना।

२. छला या ठगा जाना, धोखा खाना।

गोता देना

इस प्रकार किसी को गहरे पानी में ले जाना कि उसके मुँह और नाक में पानी चला जाए।

गोता लगा जाना

ग़ायब हो जाना।

गोता लगाना

कुछ प्राप्त करने के लिए सहसा प्रयत्नशील हो उठना; जैसे—मुझे निमित्त बनाकर अमीना ने अपने अतीत में गोता लगाया था।—बसंत पोतदार।

गोद का

१. गोद लिया हुआ।

२. गोदी में खेलनेवाला।

गोद पसारकर विनती करना

दौलत या अधीरता प्रकट करते हुए कुछ माँगना या प्रार्थन करना।

गोद भरना

१. सौभाग्यवती स्त्रियों के आँचल में नारियल, मिठाई आदि रखना, जिससे उसकी गोद जल्दी भरे। (मंगलसूचक)

२. संतान होना; जैसे—गनीमत थी कि गोद भर चुकी···(नहीं) तो वह भटककर रसातल तक लुढ़क जाती।—रा० रा० प्र० सिंह।

गोद लेना

संतानहीन व्यक्ति के द्वारा किसी के पुत्र (या पुत्री) को विधिवत् अपना पुत्र (या पुत्री) बनाना।

गोद हरी होना

पुत्रवती होना; जैसे—हरि भैया गाँधी जी के उपदेशानुसार पत्नी को बहिन मानना चाहते थे परंतु बहू की गोद हरी हो गई।—यशपाल।

गोदाम खाली हो जाना

सारा माल बिक जाना; जैसे—प्याज़ की ऐसी माँग हुई कि तीन दिन में तीन गोदाम खाली हो गए।

गोदाम भरना/भर लेना

गोदाम में माल का भरपूर संग्रह करना; जैसे—बरसात से पहले कोयलेवाले

गोदाम भर लेते हैं।

गोबर खाना
समझते-बूझते हुए भी कोई निंदनीय आचरण करना।

गोरख-धंधा
सरलता से न सुलझनेवाली समस्या।

गोल कर जाना/देना
१. कोई चीज़ कहीं से चुरा लेना या हटा-बढ़ा देना; जैसे—उसने मिनटों में मेरी घड़ी गोल कर दी।
२. किसी बात या विचार को जान-बूझकर उड़ा देना; जैसे—आशिष ने मुझे निरुत्तर कर दिया था। लेकिन साथ साथ वह असली बात को भी गोल कर गया था।—श्रवणकुमार।

गोल हो जाना
कहीं से चल देना या खिसक जाना; जैसे—दो-चार दिनों बाद उन्होंने रामपत को सत्यनारायण की कथा बाँचने के लिए बुलवा भेजा। पंडित जी डर के कारण गोल हो गए।—अजित पुष्कल।

गोलक भरना
धन एकत्र करना; जैसे—डाँडी मारकर गोलक भरती जा रही है।—अजित पुष्कल।

गोला उठाना
जलता हुआ लोहे का गोला इस दृष्टि से उठाना कि मैं यदि निर्दोष हूँ तो मेरा हाथ नहीं जलेगा।

गोला लाठी करना
हाथ पैर बाँधकर दोनो घुटनों के बीच डंडा लगाना।

गोली खाना
बंदूक, रिवाल्वर आदि की गोली से घायल होना।

गोली मारना
उपेक्ष्य समझकर त्यागना; जैसे—मेरी तो राय है कि आप एलेक्शन को गोली मारें और अपने सालों पर मुकदमा दायर कर दें।—प्रेमचंद।

गोली से उड़ाना
गोली से उड़ा देना (दे०) जैसे—मैं अपने स्कूटर से किसी को गिराकर या किसी को गोली से उड़ाकर साफ़ बच नहीं सकता।—श्रवणकुमार।

गोली से उड़ा देना
बंदूक, पिस्तौल आदि दागकर मार डालना; जैसे—गत वर्ष नक्सलपंथियों ने उन्हें अकारण ही गोली से उड़ा दिया।—शिवानी।

गौं गाँठना
अपना मतलब निकालना, स्वार्थ साधन करना।

गौं ताकना
स्वार्थ-साधन के लिए उपयुक्त अवसर की ताक में रहना।

गौं पड़ना
मतलब होना।

ग्रह उलटे हो जाना
बुरा समय आना, दुर्दशा होना।

घ

घँघोल डालना
गँदला या गंदा कर देना; जैसे—गृहस्थीवाले घरों में भी ऐसी औरतें होती हैं जो चुपचाप अगल-बगल घंघोले डालती हैं और सती-सावित्री बनी रहती हैं।—अजित पुष्कल।

घंटा दिखाना
ऐसा उत्तर देना या मुद्रा बनाना जिससे आवेदक या इच्छुक पूरी तरह से निराश हो जाए।

घंटा हिलाना
१. व्यर्थ बैठे रहना।
२. व्यर्थ का काम करना।

घंटी उठाना/बैठाना
गले में घंटी के बढ़ या लटक जाने पर उसे ऊँचा कर देना।

घंटे-मोरछल से उठाना
गाजे-बाजे के साथ किसी भाग्यवान की अर्थी निकालना।

घट घट में बसना
हर एक में व्याप्त होना; जैसे—ईश्वर तो घट घट में बसता है।

घट में बसना/बैठाना
१. हृदय में बसना।
२. ध्यान पर चढ़ा रहना।

घड़ियाँ गिनना
१. अत्यंत उत्सुकतापूर्वक प्रतीक्षा करना।
२. मरणासन्न होना, मृत्यु की इंतजार में होना।

घड़ी टेढ़ी होना
समय विपरीत होना; जैसे—मगर घड़ी कुछ टेढ़ी न थी। इम्तहान के परचे आसान निकले।—रा० रा० प्र० सिंह।

घड़ी देना
(ज्योतिषी का) मुहुर्त या सायत बतलाना।

घड़ी दो घड़ी का
कुछ ही क्षणों का; जैसे—अब वह घड़ी दो घड़ी का ही मेहमान है।

घड़ी पहाड़ हो जाना
थोड़ा समय भी न बीतना; जैसे—उसकी बाट जोहते जोहते घड़ी भी पहाड़ हो गई।

घड़ों पानी पड़ना
लोगों के सामने हेय या हीन सिद्ध होने पर अत्यंत लज्जित होना; जैसे—(१) अपनी करतूतों का कच्चा चिट्ठा राजा साहब के मुँह से सुनकर उन पर घड़ों पानी पड़ गया। (२) हमारी पट्टी में कोई बेहोश होनेवाला नहीं था, इसीलिए जब ... उत्तर पट्टी का कोई बुजुर्ग बेहोश मश्शू भाई के मुँह पर केवड़ा छिड़कता तो दक्खिन पट्टी के लड़कों पर घड़ों पानी पड़ जाता।—राही मासूम रज़ा।

घपले में डालना/डाल देना
किसी कार्य में बाधा खड़ी करना जिस से वह जल्दी पूरा न हो सके।

घपले में पड़ना/पड़ जाना
१. खटाई में पड़ना; जैसे—उन भाइयों के आपसी झगड़े के कारण हमारी रकम तो घपले में पड़ गई है।
२. भ्रमित होना।

घबरा उठना
बेचैन होना; जैसे— ... सारा संसार रावण के अत्याचारों से घबड़ा (घबरा) उठा है।—सीताराम चतुर्वेदी।

घमंड में चूर
घमंड से ओतप्रोत; जैसे—बार बार ऐसे बुरे बुरे असगुन होने पर भी जब वह घमंड में चूर दैत्य न लौटा तब आकाश से यह देववाणी सुनाई दी।—सीताराम चतुर्वेदी।

घर आँगन हो जाना
घर का टूट-फूट कर खँडहर या मैदान हो जाना; जैसे—ऐसा सुंदर घर अब आँगन हो गया।

घर उजड़ना
गृहस्थी चौपट होना; जैसे—पत्नी के मरते ही उस ग़रीब का घर उजड़ गया।

घर उजाड़ना/उजाड़ देना
गृहस्थी चौपट करना; जैसे—जुए और शराब के फेर में पड़कर उसने अपना घर उजाड़ दिया।

घर कर जाना
घर क़र लेना (दे०); जैसे—एक बार किसी परिवार में यह खाँसी घर कर जाती है तो परिवार का परिवार साफ़ कर जाती है।—अश्क।

घर कर लेना
१. अपना स्थायी निवास बना लेना; जैसे—(१) इस कोठरी में तो चूहों ने घर कर लिया है। (२) लेकिन बीमारी ने उसके बाद जैसे माँ के जर्जर शरीर में घर कर लिया।—गिरिधर गोपाल।
२. अपने रहने या स्थित होने के लिए उपयुक्त स्थान बनाना; जैसे—दो दिन में

पैर जूते में घर कर लेगा।

घर करना

१. जमना, बैठना या प्रविष्ट होना; जैसे—(१) सुनंदा की बातें इंदुमती के मन में वैसे ही नहीं घर कर सकीं जैसे सूर्य के दिखाई देने पर कमल के भीतर चंद्रमा की किरणें नहीं पहुँच पातीं। —सीताराम चतुर्वेदी। (२) श्री मौर सिंह के छोटे भाई के मन में यह सलाह घर कर गई है।—अजित पुष्कल। (३) उनके दिमाग में यह बात घर कर गई थी कि दुनिया का हर आदमी उनका मज़ाक उड़ाता है।—गिरिधर गोपाल।

२. पुरुष और स्त्री का पति-पत्नी के रूप में रहकर गृहस्थी चलाना; जैसे—आओ मीता घर करें आया सावन मास।

घर का आदमी

परिवार का सदस्य, घनिष्ठ मित्र अथवा संबंधी।

घर का घर

घर भर के लोग; जैसे—घर का घर मेरे पीछे पड़ा रहता है।

घर का न घाट का

जिसकी कहीं पूछ न हो; जैसे—उनके फेर में मैं न घर का ही रहा और न घाट का ही।

घर का रास्ता समझना

(कोई काम) सुगम और सुपरिचित समझना।

घर काटने को दौड़ना

घर का सुनसान और भयावना लगना।

घर के घर

घर की सीमा में ही, आपस में ही; जैसे—सब झगड़े घर के घर तय हो गए।

घर के घर रह जाना

(किसी व्यक्ति का) ऐसी स्थिति में होना कि व्यापार, लेन-देन आदि में न लाभ हो न हानि; जैसे—इस व्यापार में कुछ मिलने से तो रहा, घर के घर रह जाएँ इतना ही बहुत है।

घर खाली छोड़ना

वार करते हुए भी आघात या प्रहार न करना, बल्कि जान-बूझकर खाली जाने देना।

घर खोद डालना

बार बार किसी के घर जाकर उसे परेशान करना; जैसे—जब तक सगाई न हुई, उसका घर खोद डाला। —प्रेमचंद।

घर घालना

१. घर को डुबोना।

२. पुरखों की मान-मर्यादा नष्ट करना।

३. परिवार की संपत्ति तहस-नहस करना।

घर चलाना

घर की आवश्यकताओं की पूर्ति के लिए धन व्यय करना।

घर जमाना

घर-गृहस्थी के लिए आवश्यक वस्तुएँ लाना।

घर डाल देना

(किसी औरत को) रखेल के रूप में रख लेना।

घर तक पहुँचना

किसी को माँ-बहन तक की गालियाँ देना; जैसे—उससे बोलो मत, अगर बिगड़ गया तो तुम्हारे घर तक पहुँचेगा।

घर तक पहुँचाना

१. (कोई काम या बात) पूर्णता तक पहुँचाना; जैसे—जो काम हाथ में लो उसे घर तक पहुँचाओ।

२. किसी व्यक्ति का वास्तविक स्वरूप सब लोगों पर प्रकट कर देना; जैसे—झूठे को उसके घर तक पहुँचाना चाहिए (अर्थात् झूठा सिद्ध करना चाहिए)।

घर देख लेना

एक बार कहीं से प्रयोजन सिद्ध हो जाने पर अन्य प्रयोजनों की सिद्ध के

लिए भी वहीं पहुँचना; जैसे—अब तो उन्होंने यह घर देख लिया है, नित्य पहुँचा करेंगे।

घर पड़ना

१. (स्त्री का) किसी पुरुष के घर जाकर उसकी पत्नी के रूप में रहने लगना।

२. लागत बैठना; जैसे—यह पुस्तक दो रुपए में घर पड़ती है; दो रुपए दस पैसे आप से माँगे हैं।

घर फूँक तमाशा देखना

क्षणिक आनंद या मस्ती के लिए अपना बहुत अधिक धन व्यय करना।

घर फूँकना

घर-गृहस्थी चौपट या नष्ट करना; जैसे—सच के रास्ते पर चलने के लिए घर फूँकना ज़रूरी है।—अश्क।

घर फोड़ना

परिवार के लोगों में परस्पर झगड़ा लगाकर उनमें फूट डालना।

घर बचाना

अपने कौशल या चातुरी से प्रहार या वार विफल करना; जैसे—कई घर तो तुम बचा गए, पर इस बार ज़रा सँभल कर रहना।

घर बनाना

घर में सुख-सुविधाओं की व्यवस्था करना।

घर बसना

विवाह हो जाने और घर में पत्नी के आ जाने के कारण घर आबाद होना।

घर बसाना/बसा लेना

विवाह करके पति-पत्नी के रूप में रहना और घर-गृहस्थी की व्यवस्था करना; जैसे—बाप की आकांक्षा थी वह जल्दी से जल्दी अपना घर बसा ले। —भूषण वनमाली।

घर बहाना

परिवार की मान-मर्यादा, धन-सपत्ति आदि सब-कुछ नष्ट करना।

घर बिगाड़ना

१. किसी के घर की समृद्धि नष्ट करना, घर तबाह करना।

२. घर के लोगों का परस्पर लड़ाई करना।

३. किसी की बहू-बेटी को बुरे मार्ग पर ले जाना।

घर बैठ जाना

१. मकान का ढह या धँस जाना; जैसे—एक ही बरसात में उनका नया घर बैठ गया।

२. काम छोड़ देना। घर बैठा रहना।

घर बैठना

१. (किसी स्त्री का) किसी पुरुष के घर जाकर पत्नी भाव से रहने लगना।

२.व्यक्ति का काम-धंधे पर न जाकर घर पर ही रहना; जैसे—नौकरी छोड़कर अब वे घर बैठे हैं।

घर बैठे

बिना दौड़-धूप या प्रयास किए; जैसे—हमें तेरे लिए एक डाक्टर ही की खोज थी, सो भगवान ने घर बैठे ही इसे भेज दिया।—शिवानी।

घर बोल उठना

१. (दे०) घर बोलने लगना।

२. घर में रौनक आना।

घर बोलने लगना

घर में चहल-पहल होने लगना; जैसे—बेटी और उसके बच्चों के आ जाने से उस बुड्ढे का घर बोलने लगा है।

घर भरना

घर को धन-धान्य से पूर्ण करना; जैसे—ये जन्म भर दूसरों का ही घर भरते रहे अपने लिए फूटी कौड़ी भी नहीं सँजोई।

घर में

पत्नी; जैसे—आप के घर में अब तो स्वस्थ हैं?

घर में आग लगाना

परिवार के सदस्यों में झगड़ा खड़ा

करना, घर बर्बाद कर देना; जैसे—हमारे घर में आग लगानेवाली यह कलमुँही महाराजन ही तो है।

घर में चूल्हा न जलना

रसोई न बनना; जैसे—इन्हीं परेशानियों के कारण हमारे यहाँ दो दिन चूल्हा तक नहीं जला।

घर में झाड़ू फिरना/फिर जाना

घर में कुछ भी न रह जाना; जैसे—…घर में झाड़ू फिरी हुई थी, एक टूटी हाँड़ी भी न मिली।—प्रेमचंद।

घर में डालना/डाल देना

(किसी स्त्री को) उपपत्नी या रखेल बनाकर अपने घर में रख लेना।

घर में बैठी होना

कन्या का (विवाह न होने अथवा ससुरालवालों से पटरी न खाने के कारण) पिता के घर में रहना; जैसे—थोड़ी बदनामी तो होगी कि छोटे लड़के की शादी कर दी, बड़ी बहन घर में बैठी हुई है, पर काम तो बन जाएगा।—कमलेश्वर।

घर लुटाना

घर की संपत्ति गँवाना या व्यर्थ खर्च करना; जैसे—बड़े भाई साहब ने अपनी मौज-मस्ती के फेर में पड़कर सारा घर लुटा दिया।

घर सिर पर उठाना/उठा लेना

बहुत अधिक शोर मचाना या हो-हल्ला करना।

घर से

अपने पास से, पल्ले से; जैसे—इस सौदे में घर से ही कुछ न कुछ जाएगा।

घर से बाहर पाँव/पैर/निकालना

१. पर-स्त्री या पर-पुरुष से संपर्क स्थापित करना।

२. अपनी सीमा या मर्यादा का उल्लंघन करना।

घर सेना

(काम-काज या मिलने-जुलने के निमित्त) घर से बाहर न निकलना, घर ही में पड़े पड़े यों ही समय बिताना।

घर-जमाई बनना

दामाद का ससुराल में जाकर रहना; जैसे—उम्मीद यही थी कि बिशन की शादी से सब निबट जाएगा, पर न जाने कैसे क्या हुआ कि वह ससुराल में घर-जमाई बन गया।—कमलेश्वर।

घर-द्वार देखना

(अपनी) गृहस्थी सँभालना और उसकी रक्षा करना; जैसे—अब तुम सयाने हो गए हो। अब तुम्हें अपना घर-द्वार देखना चाहिए।

घरवाली

पत्नी।

घर्राटा मारना/लेना

ख़ूब गहरी नींद सोना।

घसीटना

बलात् खींचना या उलझाना; जैसे—इस झमेले में हमारा नाम क्यों घसीट रहे हो।

घाघ होना/निकलना

बहुत अधिक चालाक होना; जैसे—वह बुड्ढा पूरा घाघ निकला।

घाट घाट का पानी पीना

अनेक स्थलों अथवा उनके निवासियों का रंग-ढंग देखे होना, उनके संपर्क या सहवास में आए होना अथवा विविध अनुभव प्राप्त किए होना; अनुभवी होना; जैसे—(१) उसको धोखा देना आसान नहीं, वह घाट घाट का पानी पिए हुए हैं। (२) इस लड़की से विवाह कभी मत करना। यह घाट-घाट का पानी पिए हुए है।

घाट नहाना

किसी के मरने पर नदी पर नहाना।

घाट लगना

१. नदी आदि के किनारे नाव का खड़ा होना।

२. लोगों का नदी पार जाने के लिए घाट

पर इकट्ठा होना।

घाटा आना/उठाना

व्यापार में हानि होना; जैसे—उन्हें इस साल दो लाख का घाटा आया।

घाटा पड़ना

१. व्यापार में हानि होना, नुक्सान होना।
२. कमी हो जाना।

घाटा भरना/भर देना

क्षतिपूर्ति करना; जैसे—बाप ने बेटे का लाखों का घाटा भर दिया।

घात ताकना

(प्रहार, वार आदि करने के लिए) उपयुक्त अवसर की ताक में रहना।

घात पर चढ़ना

घात में पड़ना (दे०)।

घात में पड़ना

ऐसी स्थिति में किसी का आना कि उस पर सहज में वार किया जा सके, फँसना, घिरना; जैसे—ठीक है कि वह बदमाश है, हिम्मती है, मगर है तो आदमी। कभी तो घात में पड़ेगा और तभी गच्चा खा जाएगा।—अजित पुष्कल।

घात में पाना

ऐसी स्थिति में किसी का होना जिसमें उस पर आसानी से वार किया जा सके।

घात में फिरना

किसी को हानि पहुँचाने के लिए अवसर की खोज में रहना।

घात में बैठना

१. आड़ में या छिपकर बैठना जिसमें किसी पर सहज ही वार किया जा सके।
२. ऐसी स्थिति में होना जहाँ से किसी पर सहज में आघात किया जा सके।

घात में रहना/होना

१. किसी पर आघात या प्रहार करने के लिए अवसर की प्रतीक्षा में रहना।
२. किसी अवसर की ताक में होना या होना; जैसे—ललिता तिवारी कोहली पर फंदा डालने की घात में है। —यशपाल।

घात लगना

ऐसा इष्ट और उपयुक्त अवसर मिलना जिसमें कोई दुष्ट उद्देश्य या स्वार्थ सहज में सिद्ध हो जाए।

घात लगाना

कोई काम करने विशेषत: अपना मतलब साधने की युक्ति निकालना।

घाते में

यों ही, मुफ़्त में; जैसे—घाते में उसकी भाभी ने माँ के ढेरों काम किए। —अश्क।

घाम आना

(कहीं या किसी पर) विपत्ति या संकट आना।

घाम खा जाना

तेज़ धूप के कारण कुम्हलाना, सूखना या काला पड़ना; जैसे—यह पोधा घाम खा गया है।

घाम खाना

सरदी से बचने के लिए धूप में बैठना; जैसे—ठिठुर रहे हो, आओ थोड़ी देर छत पर बैठो और घाम खाओ।

घाम बचाना

विपत्ति या संकट से स्वयं बचना या किसी को बचाना।

घाम लगना

लू लगना।

घाव खाना

आघात या प्रहार सहने के कारण घायल होना।

घाव पर नमक छिड़कना

दुखी व्यक्ति को और अधिक यंत्रणा देना; जैसे—फैजुल्लाह खाँ का गौस खाँ के पद पर नियुक्त होना गाँव के दुखियारों के घाव पर नमक छिड़कना था।—प्रेमचंद।

घाव पुजना/भरना

क्षत या घाव के भरने के समय अंकुर निकलना।

घाव हरा होना/हो जाना
कष्ट या दुख की घड़ी याद आना और फलतः वही पुराना कष्ट या दुख अनुभूत करना; जैसे—पाँचालों के राज्य में स्वयंबर के अवसर पर द्रौपदी ने मेरे स्वाभिमानी मन पर जो प्रहार किया था उसका घाव अब भी ज्यों का त्यों ताज़ा था।—ओम शिवराज।

घास खाए होना
दिमाग़ में घास भरी होने के कारण बेवकूफ़ी की बातें करना।

घास काटना/खोदना
घास छीलना (दे०)।

घास छीलना
तुच्छ या बेकार हो जाना।

घिगघी बँधना/बँध जाना
भय से आतंकित हो जाने के कारण कंठ का अवरुद्ध हो जाना; जैसे—(१) अंग्रेज़ों या गोरों को देखकर स्त्रियों और बच्चों की घिग्घी बँध जाती, जवान-बूढ़े सहम जाते।—यशपाल। (२) नवल बाबू के सामने तो उसकी घिग्घी बँध जाती है।....।—सुरेश सिनहा।

घिरनी खाना
चारो ओर चक्कर लगाना।

घिसा हुआ
माहिर (व्यंगात्मक); जैसे—वह घिसा हुआ गिरहकट था।

घी का कुप्पा लुढ़कना
१. किसी धनी आदमी का मरना।
२. बहुत बड़ी हानि होना।

घी का डोरा देना
परोसी हुई दाल, सब्ज़ी, भात आदि में चम्मच, कलछी आदि से पतली धार बाँधकर घी डालना।

घी के कुप्पे से लगना
किसी ऐसे व्यक्ति का आश्रय प्राप्त होना जिसके फलस्वरूप बहुत अधिक लाभ हो; जैसे—उनका क्या है, आज-कल तो वे घी के कुप्पे से लगे हैं।

घी के दीए जलना
घर में ख़ुशियाँ मनाई जाना; जैसे—लाटरी खुलने के बाद उनके घर में घी के दीए जलने लगे हैं।

घी के दीए जलाना
सफलता मिलने या कार्य सिद्ध होने पर आनंद-मंगल करना; जैसे—उमर तो कुछ ज़्यादा ज़रूर है, मगर हमारी कंचन तो पाँव पर पाँव रखकर घी के दीए जलाएगी।—रा० रा० प्र० सिंह।

घी खिचड़ी होना
परस्पर अत्यधिक घनिष्ठता या मेल-जोल होना।

घी बरसाना
आग में तेल डालना, झगड़े को और बढ़ाना।

घुंघरू बाँधना
नाचने के लिए तैयार होना।

घुंघरू बोलना
मरने के समय गले से घुर घुर शब्द निकलना।

घुंडी खोलना
(मन में दबी हुई) कोई बात कहकर या रोष प्रकट करते हुए दुर्भाव दूर करना।

घुट घुटकर मरना
बराबर एक पर एक कष्ट भोगते हुए मरना; जैसे—बुढ़िया बरसों जीती रही पर घुट घुटकर मरती भी रही।

घुटते रहना
दमित इच्छाओं के कारण पीड़ित रहना; जैसे—घुटते रहने के सिवा जैसे कोई रास्ता ही नहीं था।—अजित पुष्कल।

घुटना
घनिष्ठता होना; जैसे—उसके स्वभाव में किंचित आवारगी भी थी, इसलिए

राजकिशोर से उसकी ख़ूब घुटती थी।—अश्क।

घुटना टेकना

सुस्ताने के लिए घुटने के बल बैठना।

घुटने टेकना/टेक देना

नतमस्तक होना, हार मान लेना, आत्मसमर्पण कर देना; जैसे—(१) मैं सूर्यप्रताप सिंह के आगे घुटने नहीं टेक सकता।—प्रेमचंद। (२) यह तो तुम्हारा भाग्य अच्छा है बोज्यू, जो स्वयं माँगकर तुम्हारी लड़की ले जाने को ....घुटने टेक रहे हैं।—शिवानी। (३) उस पानी का बहाव इतना तेज़ था कि कोई नाव वहाँ तक पहुँच ही न पाती थी। फ़ौजी सैनिकों तक ने अपने घुटने टेक दिए।—अमृतलाल नागर। (४) उसकी एक ही टेक थी—मेवाड़ को आज़ाद बनाए रखना और मुगल सम्राट के सम्मुख किसी भी परिस्थिति में घुटने न टेकना।—समरबहादुर सिंह। (५) घर के असहाय लोगों ने उस उत्पाती बच्चे के आगे घुटने टेक दिए।—सुशीला गुप्ता।

घुटनों के बल चलना

हाथों और घुटनों के बल इस प्रकार धीरे धीरे घिसकते हुए चलना जिस प्रकार छोटे बच्चे चलते हैं।

घुटनों में सिर/मुँह/छिपाना

१. सिर नीचा किए हुए चिंतित या उदास होकर बैठना।

२. लज्जा से सिर नीचा करना।

घुटा निकलना

छिपा रुस्तम या बहुत होशियार निकलना; जैसे—वाह कमाल कर दिया पट्ठे! तू तो बड़ा घुटा निकला। लेकिन शादी से पहले कुछ गड़बड़-सड़बड़ मत करना।—गिरिधर गोपाल।

घुटा हुआ

धूर्त।

घुट्टी में पड़ना

बचपन से आदत पड़ी होना, स्वभाव होना।

घुन की तरह चाट जाना

अंदर ही अंदर खा जाना या नष्ट कर डालना; जैसे—सांप्रदायिकता घुन की तरह सारे समाज को चाट जाती है।

घुन लगना/लग जाना

किसी ऐसे दोष, रोग या चिंता से ग्रस्त होना जो जानलेवा सिद्ध हो रही हो।

घुल घुलकर बातें करना

ख़ूब प्रेम से बातें करना।

घुल घुलकर मरना

मानसिक या सांसारिक कष्ट भोग-भोगकर मरना।

घुल-मिल जाना

एक हो जाना; जैसे—इस आश्रम में रहकर वह (वे) वहाँ के जन-जीवन से घुल मिल गए थे।—यज्ञदत्त।

घुल-मिलकर

बहुत मेल-जोल से; जैसे—देवरानी जेठानी घुल-मिलकर रहती हैं।

घुला घुलाकर मारना

ऐसी स्थिति उत्पन्न करना कि कोई बराबर कष्ट भोगता भोगता मर जाए; जैसे—अगर प्राणनाथ अपनी दादी को घुला घुला के (कर) मार डालना चाहते हों तो वैसा ही हुकुम दासी पर देवें।—अमृतलाल नागर।

घुलाना

ऐसा काम करना कि जिससे कोई घुल घुलकर क्षीण हो जाए; जैसे—उसका दुख ही तो उन्हें घुलाए जा रहा है। —कमलेश्वर।

घुसकर बैठना

किसी के साथ सटकर बैठना, अथवा किसी की आड़ में छिपकर बैठना।

घूँघट उठाना

स्त्री का किसी के सम्मुख (अब) पर्दा

न करना; जैसे फिर चाहे चंदा ने अपने जेठ के सामने घूँघट उठा दिया, लेकिन भाभी अपने देवर से घूँघट करती रही।—अश्क।

घूँघट करना

स्त्री का अपने चेहरे का पल्ले से ढकना (विशिष्ट लोगों की उपस्थिति में); जैसे—फिर चाहे चंदा ने अपने जेठ के सामने घूँघट उठा दिया, लेकिन भाभी अपने देवर से घूँघट करती रही। —अश्क।

घूँट जाना

पी जाना, चुपचाप सहन कर लेना; जैसे—(श्यामली) लोगों के तीखे ताने घूँट जाती थी।—अजित पुष्कल।

घूँट लेना

घूँट भर लेना।

घूम पड़ना

आवेश या क्रोध में आकर किसी दूसरे से बातें करने लगना; जैसे—उनसे बातें करते करते वे अचानक मुझ पर घूम पड़े।

घेर-घार करना

अनुचित दबाव डालना तथा विवश करना; जैसे—लड़कों ने प्राचार्य को घेर-घारकर अपनी माँगें मनवा ही लीं।

घोटाले में पड़ना

१. (किसी कार्य या बात का) निपटने या सुलझने की स्थिति में न होना।

२. धन आदि का ऐसी स्थिति में होना कि उसकी वसूली होने की संभावना क्षीण हो।

घोड़ा उठाना

घोड़े को तेज़ दौड़ाना।

घोड़ा उलाँगना

किसी नए घोड़े पर पहले-पहल सवारी करना।

घोड़ा कसना

सवारी के लिए घोड़े पर ज़ीन कसना।

घोड़ा खोलना

१. घोड़े का साज खोलना।

२. घोड़े को बंधन-मुक्त करना।

घोड़ा छोड़ना

१. पकड़ने या वार करने के लिए किसी के पीछे पीछे घोड़ा दौड़ाना।

२. दिग्विजय के लिए अश्वमेध का घोड़ा छोड़ना।

३. घोड़े का साज उतारकर उसे चरने के लिए खुला छोड़ना।

घोड़ा डालना

किसी के पीछे घोड़े पर बैठकर तेज़ी से जाना।

घोड़ा निकालना

घोड़े को सवारी के योग्य बनाना।

घोड़ा फेरना

घोड़े को दौड़ाने का अभ्यास कराने के लिए एक वृत्त में घुमाना; कावा देना।

घोड़ा/घोड़े/बेचकर सोना

निश्चिंत या बेफ़िक्र होकर गहरी नींद लेना; जैसे—रात जब भूतना घोड़े बेचकर सोए हुए थे, उसने एक बहुत लंबी रस्सी लेकर, उसका एक सिरा उनकी चारपाई के पाए से बाँध दिया और दूसरा टट्टू की गरदन से। —अश्क।

घोड़ी चढ़ना

विवाह के समय वर का कन्या के घर जाने के लिए घोड़ी पर चढ़ना।

घोड़े पर चढ़े चले आना

कहीं पहुँचते ही वहाँ से चलने की रट लगाने लगना; जैसे—तुम जब आते हो घोड़े पर चढ़े चले आते हो।—अश्क।

घोल कर पी जाना

(किसी वस्तु का) अस्तित्व ही न रहने देना; जैसे—तुम तो शर्म घोलकर पी गए हो।

घोल पीना

घोल कर पी जाना (दे०)।

च

चंग चढ़ना

१. किसी चीज़ या बात की बहुतायत या ज़ोर होना।

२. किसी व्यक्ति का प्रताप या वैभव बढ़ा हुआ होना, उन्नति के शिखर पर पहुँचना।

चंग पर चढ़ाना

बहुत अधिक बढ़ावा देना; जैसे—(१) उनके सिर पर भंग तो चढ़ी थी ही, यारों ने उन्हें चंग पर भी चढ़ा डाला।—रा० रा० प्र० सिंह। (२) विधवा भावज बड़ी तबीयतदार हैं, इनको और अपने बुढ़ापे को सदा चंग पर चढ़ाए रखती हैं।—अमृतलाल नागर।

चंगुल में फँसना/आना

पूरी तरह से किसी के वश में होना; जैसे—वह जल्दी आपके चंगुल में फँसनेवाली नहीं है।

चंगुल से छुड़ाना

मुक्त कराना, जैसे—गाय को इसी ने कसाई के चंगुल से छुड़ाया है।

चंडूख़ाने की गप्प

बदहवासी में कही हुई बात, बिना सिर पैर की बात; जैसे—इस बात में कोई तत्त्व नहीं है। यह कोरी चंडूख़ाने की गप्प है।

चंद दिनों का मेहमान

मरणासन्न होना; जैसे—महीनों से अस्पताल में हैं पर अब चंद दिनों का ही मेहमान लगता है।

चंदन उतारना

पानी के साथ चंदन (की लकड़ी) घिसना जिससे उसका अंश पानी में घुल जाए।

चंदन चढ़ाना

१. किसी चीज़ पर घिसे हुए चंदन का लेप करना।

२. ख़ूब मान या आदर सत्कार करना।

चँदिया पर बाल तक न छोड़ना

१. जूते, थप्पड़ आदि मारकर किसी का सिर गंजा करना।

२. सर्वस्व छीन या लूट लेना।

चँदिया मूँड़ना

चँदिया पर बाल तक न छोड़ना।

चक जमाना

पूरी तरह से अधिकार या प्रभुत्व स्थापित होना।

चकनाचूर होना

नष्ट हो जाना; जैसे—आशा का यह प्रासाद क्षण ही भर में चकनाचूर हो गया।

चकमा देना

धोखा देना; जैसे—वह मुझे भी चकमा देगा, ऐसा मैंन सोचा भी न था।

चकमे में आना/आ जाना

धोखा खा जाना; जैसे—उसके चकमे में आकर मैं अपनी पूँजी गँवा बैठा।

चक्कर आना

सिर चकराने लगना; जैसे—मोटर का लंबा सफ़र करने पर मुझे चक्कर आते हैं।

चक्कर काटना

१. किसी चीज़ के चारो ओर घूमना, मँडराना; जैसे—(१) उसके मन में दादा की कही हुई बातें चक्कर काट रही थीं।—जवाहर सिंह। (२) अभी तक हिंदी शोध की आलोचना भाषा शुक्ल की पद्धति के दायरे में चक्कर काटती थी।—इंद्रनाथ मदान। (३) कल से मेरे अवचेतन मन में यह बात चक्कर काट रही है।—मालती जोशी।

२. बार बार कहीं आना और जाना; जैसे—कई चक्कर काटने पर ही साहब से मुलाकात होती है।

चक्कर चलाना/चला देना

१. ऐसी युक्ति करना जिससे कोई फँसे; जैसे—एक न एक चक्कर वह चलाता ही

रहता है।

२. कोई नया धंधा शुरू करना।

चक्कर में डालना

१. इस प्रकार फँसाना या उलझाना कि कोई परेशान हो जाए; जैसे—गणित के इस छोटे से प्रश्न ने तो हमें चक्कर में डाल दिया है।

२. चकित करना।

चक्कर में पड़ना

१. फेर में पड़ना; जैसे—(१) भगवान भी अपनी माया—लक्ष्मी, सीता, राधा, रुक्मिणी के पीछे चक्कर में पड़े रहे तो औरों की बात ही क्या है।—प्रकाशानंद। (२) अरे वह ससुरी भाग आई। वह भगा लाया। तुम काहे चक्कर मे पड़े हो।—अजित पुष्कल। (३) जब होता है तब यार-दोस्तों के चक्कर में पड़ा रहता है।—गिरिधर गोपाल। (४) सौंदर्य क्या है इस पर आधुनिक चित्रकार बहुत विचार नहीं करता न चक्कर में ही पड़ता।—रामचंद्र शुक्ल।

२. भ्रमित होना; जैसे—परंतु यदि आप से उस फूल की गंध का वर्णन करने के लिए कहा जाए तो बहुत संभव है कि आप चक्कर में पड़ ही जाएँ।—रामचंद्र वर्मा।

चक्कर में होना

प्राप्ति या कार्य-साधन में लगे होना; जैसे—आज-कल एक नई पार्टी बनाने के चक्कर में हैं।—गिरिधर गोपाल।

चक्कर लगाना

कहीं जाना और वहाँ से वापस आना; जैसे—चुनाव क्या आया नेताओं के गुर्गे भी युनिवर्सिटी में चक्कर लगाते नज़र आने लगे।—गिरिधर गोपाल।

चक्का चलना

मशीन का चालू होना या रहना; जैसे—चक्का चलता है तो दो पैसे हमें मिलते हैं।

चक्का जाम करना/कर देना

रास्ता रोक देना, यातायात न चलने देना।

चक्का जाम होना/हो जाना

१. मशीन बंद होना।

२. रास्ता रुक जाना।

चक्की पिसवाना

कठोर परिश्रम करवाना।

चक्की पीसना

कठोर परिश्रम करना; जैसे—उसे कौन-सी चक्की पीसनी पड़ती है जो दिनों दिन दुबली हुई जा रही है।

चक्की में पीसना

किसी भार स्वरूप काम में जुटे रहना; जैसे—दिन-रात चक्की में पिसी, तब भी दो जून के लिए भोजन नसीब यहाँ नहीं हुआ।

चक्र चलाना

योजनापूर्वक कार्य करना; जैसे—पर निष्ठुर कैकेयी ने ऐसा चक्र चलाया कि राज्याभिषेक का सारा उत्सव शोक से तपे हुए राजा दशरथ के आँसुओं से लिप गया।—सीताराम चतुर्वेदी।

चखचख होना/हो उठना

तू-तू-मैंमैं; जैसे—उस मूर्ति को लेकर भगवती की कई बार पति से चखचख हो उठी थी।—शिवानी।

चचा बनाना/बनाकर छोड़ना

उचित दंड या प्रतिफल देना। (व्यंग्य)

चट मँगनी पट ब्याह

तुरंत किया जानेवाला किसी कार्य का निष्पादन।

चटकर जाना

१. सबका सब खा जाना; जैसे—पहले तो यही कहता रहा कि खाकर आया हूँ, पर बाद में जब खाने बैठा तो दो आदमियों का भोजन चट कर गया।

२. दूसरे की वस्तु हड़प जाना; जैसे—उसकी सारी कमाई चट करनेवाले आप ही हैं।

चटकारे/चटखारे/लेना

मज़ा लेना; जैसे—गाँव के लोग सुनेंगे तो चटखारे लेंगे।—अजित पुष्कल।

चटनी करना/बनाना

१. (कोई चीज़) तोड़-फोड़ डालना अथवा चूर चूर कर डालना।

२. (किसी व्यक्ति को) ख़ूब मारना।

चटनी होना/हो जाना

किसी चीज़ का थोड़ी थोड़ी मात्रा में लोगों में बँट जाना; जैसे—हलुए का भरा बड़ा कड़ाहा उस संगत में चटनी हो गया।

चटाक से

बहुत तेज़ी से या जल्दी जल्दी; जैसे—फिर उसने चटाक से पेट में छुरा घुसेड़ दिया।

चटाके का

ज़ोरों का; जैसे—तूफ़ान चटाके का था।

चटाना

१. खिलाना।

२. रिश्वत देना; जैसे—बिना साहब को कुछ चटाए काम बनने को नहीं।

चट्टे-बट्टे लड़ाना

इधर की बातें उधर और उधर की बातें इधर पहुँचाकर दो व्यक्तियों या पक्षों में वैर-विरोध खड़ा करना; जैसे—इन्हीं के चट्टे-बट्टे लड़ाने से हमारे घर में फूट पड़ गई है।

चड्ढी गाँठना

सवारी करना।

चढ्ढी देना

हारने पर पीठ पर सवार कराना। (बच्चों का खेल)

चढ़ जाना

आक्रमण करना।

चढ़ बनना

ऊँचा पद, प्रभूत संपत्ति आदि मिलने पर किसी का महत्त्व या मान बहुत बढ़ जाना; जैसे—मंत्री बन जाने पर तो उनकी अब और भी चढ़ बनी है।

चढ़ बैठना

बुरी तरह पीछे पड़ जाना; जैसे—घर में घुसते ही कभी उनकी अम्मी जान ... उन्हें कोसने लगती कभी बेगम चढ़ बैठती।—गिरिधर गोपाल।

चढ़ती उमर/जवानी

वह अवस्था जिसमें कोई यौवन में प्रवेश कर रहा हो; जैसे— ... एक तो वह भिखमंगी सी दिखती थी, और दूसरे वह चढ़ती उमर की थी, इसलिए उसके पास बैठने में संकोच हुआ। —श्रवणकुमार।

चढ़ा जाना

पी या खा जाना; जैसे—(१) वह देखते ही देखते दो किलो रबड़ी चढ़ा गया। (२) रतन एक ही साँस में चाय का गिलास चढ़ा जाता है।—देवेन्द्र सत्यार्थी।

चढ़ा देना

१. श्रद्धापूर्वक देना, उत्सर्ग या बलिदान करना; जैसे—भारत माता की रक्षा के लिए उसने अपना सिर चढ़ा दिया।

२. सिखा-पढ़ा देना या सिखा-पढ़ाकर आवेश में ला देना।

चढ़ा-उपरी

एक दूसरे से आगे बढ़ निकलने के लिए की जानेवाली होड़।

चढ़ाकर आना

धुत होकर आना, नशा करके आना; जैसे—जब भी वह चढ़ाकर आता, घर में मार-पीट करता।

चपत पड़ना

आघात लगना; जैसे—अब तक वह दो बार निर्वाचित हो चुके हैं और दोनो ही बार उन पर एक एक लाख की चपत पड़ी है।—प्रेमचंद।

चपरगट्टू बनाना

ख़ूब दुर्दशा करना; जैसे—मैंने बड़े-बड़े ... शोहदों और पुलिस अफ़सरों को चपरगट्टू बनाया है।—प्रेमचंद।

चप्पा चप्पा छान डालना
हर एक जगह देख आना; जैसे—करीब पंद्रह दिन से उन्होंने पूरा नैनीताल का चप्पा चप्पा छान डाला था।—गिरिधर गोपाल।

चना चबाकर बातें करना
(भय के कारण) बहुत धीरे धीरे और रुक रुककर बात करना।

चबाए/चबे को चबाना
सिर्फ़ नाम गिनाने के लिए, किए हुए काम को फिर से करना।

चमक उठना
१. उन्नत होना, समृद्ध होना, भाग्य खुलना; जैसे—देखते नहीं लड़का व्यवसाय में लगाने से चमक उठेगा।—शिवानी।
२. खिल उठना, चमकने लगना।

चमकाना/चमका देना
उन्नत तथा समृद्ध करना; जैसे—पंडित टेकराम ने भी उन्हीं दिनों रावलपिंडी में साप्ताहिक 'शांति' को लेकर उसे दैनिक बनाया और न केवल उसे चलाया बल्कि चमकाया।—अश्क।

चमड़ा उधेड़ना/खींचना
१. चमड़ा खींचकर शरीर से अलग करना।
२. बहुत अधिक मारना-पीटना; चमड़ी उधेड़ना (दे०)।

चमड़ा सिझाना
१. पशु के शरीर से उतारे हुए ताज़े चमड़े को फिटकारी मिले नमक के घोल में डालना जिससे वह सड़े या गले नहीं।
२. बहुत अधिक मारना-पीटना।

चमड़ी उधेड़ना
बेंत, कोड़े आदि से इतना अधिक मारना कि शरीर की त्वचा उड़ जाए और उससे ख़ून निकलने लगे।

चमड़ी मोटी होना
बेशर्म होना, जैसे—वह इन हरकतों से बाज़ आनेवाला नहीं, उसकी चमड़ी मोटी है।

चरका देना
धोखा देना।

चरण चापना
सेवा करना; जैसे—माल प्राप्त करना है तो इस बुढ़िया के चरण जी लगाकर चापो।

चरण चूमना
अत्यधिक सम्मान देना; जैसे—ये उन अध्यापकों में से हैं जिनके चरण चूमे जाने चाहिए।

चरण छूना
पाँव छूकर प्रणाम करना।

चरण देना
पधारना।

चरण पड़ना
१. पदार्पण या शुभागमन होना; जैसे—आइए आइए, बड़े भाग कि हमारे घर आपके चरन (चरण) पड़े।
२. चरणों पर माथा रखकर प्रणाम करना।

चरण लेना
किसी के पाँव छूकर प्रणाम करना।

चरणामृत लेना
१. चरणामृत पीना।
२. थोड़ी मात्रा में तरल पदार्थ पीना।

चरणों का दास
पूज्य भाव से किसी की सेवा करने तथा आज्ञा पालन करनेवाला।

चरणों पड़ना
किसी के पाँव पर आदरपूर्वक सिर रखना।

चरबी चढ़ना
मोटा होना।

चरबी छाना
आँखों में चरबी छाना (दे०)।

चरम बिंदु पर पहुँच जाना
बहुत अधिक बढ़ जाना; जैसे—उनकी निर्लज्जता अब चरम बिंदु तक जा

पहुँची है।

चराना

बहकाना, बहकावा देना; जैसे—उन जैसों को बहुत देखा है। हमें क्या चराएँगे वे?

चर्चा चलना

ज़िक्र छिड़ना; जैसे—जब इसी विषय पर चर्चा चली तब मैंने अपने टूटे-फूटे विचार व्यक्त किए।

चल देना

१. बिना कहे सुने या चुपके से कहीं से हट जाना।

२. महाप्रयाण करना; जैसे—उनके पति पोते का मुँह देखने की अभिलाषा लिए हुए ही चल दिए।—अमृतलाल नागर।

चल न पाना

१. (कुछ) करते न बनना; जैसे—सफल और प्रतिष्ठित नत-दामाद लाला सदानद जी के हठ के आगे उनकी चल न पाई।—अमृतलाल नागर।

२. काम करने में असमर्थ होना।

३. आगे निकल या बढ़ न पाना।

चल निकलना/पाना

१. प्रगति करना; जैसे—अब लड़का कक्षा में चल निकलेगा।

२. प्रतिष्ठापित या स्थायी होना; जैसे—(१) अब वह साप्ताहिक चल निकला। (२) ... मेरी वह संस्था रातो रात ... चल निकली।—मनहर चौहान।

चल पड़ना

१. रवाना होना; जैसे रात को ही हम वहाँ से चल पड़े।

२. चलन या प्रचलन में आना; जैसे—रिश्वतख़ोरी की नई प्रथा चल पड़ी है।

चल बसना

स्वर्ग सिधारना; जैसे—(१) केवल इतना ही कहकर जटायु बेचारा चल बसा।—सीताराम चतुर्वेदी। (२) ... उनके पिताजी को फालिज पड गया। हफ़्ते भर में ही वे चल बसे।—गिरिधर गोपाल। (३) राम मियाँ ने सुना था कि उनकी माँ ... उसके जन्म के कुछ ही समय बाद ... चल बसी थीं।—श्रवणकुमार। (४) पन्नालाल के चल बसने पर घर की मलकीयत गंगा प्रसाद ने संभाली।—सुखदेव।

चलता आदमी

चतुर व्यक्ति।

चलता कर देना

टाल-मटोल कर या डाँट-डपटकर भगाना; जैसे—इंस्पेक्टर साहब को हँसी के साथ गुस्सा भी आया। फ़ौरन उन्हें चलता कर दिया।—भूषण वनमाली।

चलता करना

जल्दी जल्दी या जैसे-तैसे करना; जैसे—हर काम को ठीक तरह से पूरा करना चाहिए, चलता नहीं करना चाहिए।

चलता काम करना

चलताऊ काम करना (दे०)।

चलता पुरज़ा/पुर्ज़ा

चालाक व्यक्ति।

चलता/चलते/बनना

खिसक जाना, चले जाना; जैसे—बस माफ़ी माँग चलते बनो।

चलता हुआ आदमी

चतुर व्यक्ति।

चलताऊ काम करना

काम तो करना किंतु ठीक ढंग से या पूरा पूरा नहीं; जैसे—बहुत मुश्किल से गाँधी की एक तस्वीर मिली थी। उसे मढ़ने का आर्डर दे दिया था। पर बन्ने मियाँ ने चलताऊ काम कर दिया। —कमलेश्वर।

चलती भाषा

बोल-चाल की भाषा।

चलते बनना

रवाना होना, प्रस्थान करना, चल पड़ना; जैसे—वे अपने गंभीर व्यंग्य का

नमूना पेशकर चलते बने।—गोपाल चतुर्वेदी।

चलते-फिरते नज़र आना

कहीं से जाना; जैसे—अब आप यहाँ से चलते-फिरते नज़र आइए।

चलना

१. प्रचलन में होना; जैसे—अरे भाई, मैं क्या जानूँ कि आज-कल कौन-सा कपड़ा चल रहा है।—गिरिधर गोपाल।

२. गतिशील रहना या होना; जैसे—दुनियाँ यों ही चलती रही है, चलती रहेगी।—गिरिधर गोपाल।

३. आदेश सर्वमान्य होना। (उदा० दे० नीचे चौथे अर्थ के अंतर्गत।)

४. आचरण करना; जैसे—इस घर में कहना सिर्फ़ मेरा ही चलता है, दूसरों को उसके हिसाब से चलना होगा। —सरोजनी वर्मा।

चला-चली का मेला

ऐसी स्थिति जिसमें एक एक कर सब बूढ़ों को जाना होता है; जैसे—वे बड़े मायूस होकर, जैसे उससे नहीं स्वयं अपने से कहते; 'चार दिन और जीना है' अब तो चला-चली का मेला है। —कमलेश्वर।

चला-चली की बेला

मृत्यु का समय।

चलाए चलना

निर्वाह करते चले चलना; जैसे—जब तक बना वह गृहस्थी का खर्च चलाए चलता रहा।

चलाना

१. (किस्सा या प्रसंग) छेड़ना।

२. (सिक्का) प्रचलन नें लाना।

चसका पड़ना/लगना

ऐसी (प्रायः बुरी) आदत का पड़ जाना कि वह स्वभाव का अंग-सा बन जाए; जैसे—(१) अब उन्हें जुआ खेलने का भी चसका पड़ गया है। (२) उन्हें दुलरिया के साथ दम लगाने का जो चसका लग गया था वह छूट न सका।—अमृतलाल नागर।

चाँड़ सरना

आवश्यकता की पूर्ति होने पर मन की आकुलता या बेचैनी दूर होना।

चाँद का टुकड़ा

अत्यंत सुंदर; जैसे—वह लड़की क्या है, चाँद का टुकड़ा है।

चाँद चढ़ जाना

अत्यधिक शोभा बढ़ जाना; जैसे—बड़ी सुघड़ लड़की है, जिसके घर जाएगी उसके घर चाँद चढ़ जाएगा। —देवेन्द्र सत्यार्थी।

चाँद पर थूकना

किसी निष्कलंक व्यक्ति पर कीचड़ उछालना।

चाँद पर धूल डालना

किसी निर्दोष व्यक्ति पर लांछन लगाना।

चाँद पर बाल न छोड़ना

जूते, चप्पल आदि से मारकर किसी का सिर गंजा करना।

चाँद में ग्रहण लगना/लग जाना

किसी अच्छे व्यक्ति में कोई दोष या विकार उत्पन्न होना, जिससे उसका सौंदर्य कम हो जाए।

चाँदनी मारना

चाँदनी के प्रभाव से रुग्ण होना।

चाँदी कटना

ख़ूब लाभ होना; जैसे—आज-कल राशनवालों की चाँदी कट रही है।

चाँदी कर डालना/कर देना

जलाकर राख कर डालना (गाँजे, तंबाकू आदि की भरी हुई चिलम के संबंध में प्रयुक्त)।

चाँदी का जूता

रिश्वत, घूस; जैसे—अब तो छोटे छोटे सरकारी कार्यालयों में भी चाँदी का जूता चलता है।

चाँदी की ऐनक लगाना
घूस या रिश्वत लेकर ही किसी का काम करना; आज-कल ऐसे अधिकारी विरले ही होंगे जो चाँदी की ऐनक न लगाते हों।

चाँदी के (कुछ) टुकड़ों के लिए
(कुछ) रुपयों के लिए; जैसे—उसने चंद चाँदी के टुकड़ों के लिए अपना ईमान बेच दिया है।

चाँदी खुलवाना
चाँद के ऊपर के बाल मुँडवाना।

चाँदी बनना
ख़ूब लाभ होना।

चाँदी होना
अत्यधिक लाभ होना; जैसे—···होगा क्या, तुम हमारे खेत पर चढ़ोगे, हम तुम्हारे खेत पर चढ़ेंगे, छोटे सरकार की चाँदी होगी।—प्रेमचंद।

चाक-चौबंद
हर दृष्टि से ठीक और दुरुस्त।

चाट पड़ना
आदत पड़ना, चसका पड़ना।

चादर उतारना/उतार देना
अपमानित या बेइज़्ज़त करना।

चादर ओढ़ाना
किसी विधवा से शादी करके उसे पत्नी बनाना।

चादर के बाहर पैर फैलाना
चादर से बाहर पैर फैलाना (दे०)।

चादर पर दाग़ लगना/लग जाना
अनुचित संबंध के कारण बदनामी होना।

चादर फैलाना/फैला देना
भीख माँगना; जैसे—एक दिन वह दोनो हाथों से लुटाता था आज वह चादर फैलाता हुआ नज़र आता है।

चादर रहना
प्रतिष्ठा या मान का (किसी प्रकार) बना रहना।

चादर से बाहर पैर फैलाना
(अपनी) सामर्थ्य से अधिक किसी कार्य में धन लगाना या व्यय करना; जैसे—अब वह कभी अपनी चादर से बाहर पैर नहीं फैलाएगा।

चादर हिलाना
युद्ध में किसी पक्ष द्वारा आत्मसमर्पण की सूचना देते हुए सफ़ेद झंडा दिखाना।

चाम के दाम चलाना
१. चमड़े के सिक्के चलाना।
२. किसी मूर्ख व्यक्ति द्वारा अधिकार, सत्ता या वैभव प्राप्त कर अपनी मूर्खता सूचक कोई विचित्र कार्य करना (जिस प्रकार निज़ाम नामक भिश्ती ने हुमायूँ से थोड़े समय के लिए राज्य प्राप्त करके चमड़े का सिक्का चलाया था)।
३. वेश्यावृत्ति करके धन कमाना।

चाय पर बुलाना
चाय-पान के लिए निमंत्रित करना; जैसे—कल उन्हें हम चाय पर बुलाएँगे।

चार आँखें होना
१. प्यार हो जाना।
२. आमना-सामना होना।

चार कदम पर
बहुत पास, कुछ ही दूरी पर।

चार के कंधे चढ़ना/पर सवारी निकलना
चार व्यक्तियों के द्वारा शव को अरथी पर मरघट ले जाया जाना।

चार चाँद लगना/लग जाना
सौंदर्य, ख्याति आदि में अनुपम वृद्धि होना; जैसे—सारी भीड़ के सामने उनकी सच्चाई जो सिद्ध हुई तो उनके मुँह को चार चाँद लग गए। —बच्चन।

चार चाँद लगाना/लगा देना
किसी बात या चीज़ से युक्त करके शोभा या सौंदर्य में वृद्धि करना; जैसे—(१) गुस्से के आवेश में उमड़ी हुई गालों की लाली तो तुम्हारे हुस्न के निखार में चार चाँद लगा देती है।—रा० रा० प्र० सिंह। (२) सैनफ्रान्सिसको में यह आसन एक चमत्कार ही माना जाएगा, जो 'बसंत

अकादमी' की शोहरत में चार चाँद लगा देगा।—मनहर चौहान। (३) वे महान ज़रूर थे, पर उन्होंने मूँछें रखी होतीं तो उनकी महत्ता में चार चाँद लग गए होते।—महेन्द्रसिंह परमार।

चार दिनों की चाँदनी
थोड़े समय की ख़ुशी; जैसे—चार दिनों की चाँदनी फिर अँधेरी रात।

चार पैसे कमा लेना
कुछ धन कमा लेना; जैसे—लड़के ने चार पैसे क्या कमा लिए हैं, आँख दिखाने लगा है।

चार सौ बीस होना
बहुत बड़ा धूर्त होना।

चार सौ बीसी करना
किसी को धोखा देना या छलना; जैसे—तुम हमी से चार सौ बीसी करने चले आए हो।

चार हाथ की ज़बान होना
बहुत बढ़-बढ़कर बातें करना।

चार-पाँच करना
पूरी और ठीक बात न बतलाना।

चारपाई तोड़ना
आलस्य में पड़े रहना, जैसे—कोई काम धंधा न होने से वे आज-कल चारपाई तोड़ते हैं।

चारपाई धरना/पकड़ना
रुग्ण, घायल आदि होने पर चारपाई से न उठ पाना; जैसे—दो वर्षों से वे चारपाई पकड़े हुए हैं और उनका सब काम-काज बंद पड़ा है।

चारपाई से पीठ लगना
चारपाई पकड़ना (दे०)।

चारपाई से लगना
चारपाई पकड़ना (दे०)।

चारपाई सेना
आलस्यवश पड़े पड़े आराम करना।

चारा न होना
(कोई और) युक्ति या उपाय न होना; जैसे—(१) वहाँ जाने के सिवा मेरे लिए कोई और चारा न था।—गिरिधर गोपाल। (२) उसकी दाहक्रिया कर दी गई, क्योंकि और काई चारा नहीं था। —कमलेश्वर।

चारा फेंकना
प्रलोभन देना; जैसे—उन्होंने चारा तो फेंका था, परंतु तुम समझदार निकले।

चारो ओर डंका बजना
चारो ओर ख्याति फैलना; जैसे—हस्तिनापुर की अपेक्षा इंद्रप्रस्थ का ही डंका चारो ओर बज रहा था।—ओम शिवराज।

चारो खाने चित्त होना
पूरी तरह परास्त होना; जैसे—ऐसा दाँव मारूँगा कि चारो खाने चित्त हो जाओगे।—रा० रा० प्र० सिंह।

चारो दिशाएँ गूँजना
चारो ओर से शब्द का प्रतिध्वनित होना; जैसे—...वाद्यों तथा संगीत स्वरों से चारो दिशाएँ गूँज उठीं।—यज्ञदत्त।

चाल चलना
कार्य-सिद्धि के लिए कोई असामान्य कार्य करना; जैसे—ऐसे लोगों को नष्ट करने के लिए वह एक न एक चाल चलता ही रहता था।—अजित पुष्कल।

चाल पट पड़ना
युक्ति विफल होना; जैसे—...मगर आपके दुर्भाग्य से वह चाल पट पड़ गई।—प्रेमचंद।

चाल में आना/फँसना
धोखे या बहकावे में आना; जैसे—(१) वह तुम्हारी चाल में आनेवाला नहीं है। (२) लोग किसी न किसी बहाने से लड़ जाना चाहते हैं, कभी किसी अंतर्राष्ट्रीय मसले को लेकर, कभी ख़ुद ही, कभी किसी निहित स्वार्थ की चाल में आकर।—श्रवणकुमार।

चालाकी खेलना
धूर्ततापूर्ण आचरण करना।

चाव निकालना
जी भरकर इच्छा पूरी करना।

चाशनी देखना
किसी वस्तु का गुण या प्रकार देखने के लिए उसके थोड़े से अंश को परखना।

चिंता करना
परेशानी दूर करने के लिए उपाय सोचना; जैसे—वह क्या उनकी तरह निर्भय और निरपेक्ष हो सकता है।... चिंता तो उसे झक मारकर करनी है। —अश्क।

चिंता में डूबा रहना
बराबर चिंता फ़िक्र में लगे रहना; जैसे—तुम भी तो बस एक ही के लिए दिन-रात चिंता में डूबे रहते हो। —गुलशन नंदा।

चिंता लगना
किसी अप्रिय घटना की संभावना से व्यथित होना; जैसे—तुम्हें तो बस एक ही बात की चिंता लगी है।

चिंदी चिंदी करना
तार तार या टुकड़े टुकड़े कर डालना।

चिउँटी की चाल
बहुत धीमी गति से; जैसे—चिउँटी की चाल से आप समय पर पहुँच चुके।

चिउँटी के पैर निकल आना
मृत्यु अत्यंत निकट होना।

चिकना घड़ा
निर्लज्ज व्यक्ति।

चिकना देखकर फिसल पड़ना
रंग-रूप या मात्र बाहरी आकर्षण पर मोहित हो जाना।

चिकने घड़े पर पानी पड़ना
कुछ भी प्रभाव या असर न होना।

चिकनी-चुपड़ी बातें करना
ख़ुशामद करना; जैसे—वह चिकनी-चुपड़ी बातों द्वारा परदेसियों का मन जीत लेती है।

चिट्टा/चिट्टे लड़ाना
दो पक्षों में वैमनस्य खड़ा करना।

चिट्ठा बाँटना
दैनिक मज़दूरी पर काम करनेवाले मज़दूरों की मज़दूरी चुकाना; जैसे—सोमवार के दिन चिट्ठा बँटेगा।

चिट्ठा बाँधना
आय, व्यय आदि का लेखा तैयार करना।

चिट्ठी भरना
१. किसी के लिखे अनुसार किसी को कुछ रुपए देना।
२. किसी प्रकार की विवशता के कारण किसी दूसरे का ऋण, देन आदि चुकाना।

चिड़िया का दूध
ऐसी वस्तु जिसका अस्तित्व न हो।

चिड़िया के छिनाले में पकड़ा जाना
अकारण झंझट मे पड़ना या फँसना।

चिड़िया न फड़कना
(जहाँ) कोई आता जाता नहीं या आ जा नहीं सकता।

चिढ़ जाना
किसी अप्रिय बात से खिजला या खीज उठना, बुरा मान जाना; जैसे—एक दिन काम ज़्यादा था, उसे चार-पाँच बार जब शब्दों के अर्थ पूछने पड़े तो चिश्तीं साहब चिड़ (चिढ़) गए।—अश्क।

चिढ़ निकालना
किसी को ऐसा नाम देना जिससे वह चिढ़े।

चिढ़ होना
किसी बात विशेष से विकर्षण होना और उसका उल्लेख होते ही बौखला उठना; जैसे—(१) जानते हैं, इस खोखलेपन से मुझे चिढ़ है।—श्रवणकुमार। (२) उन्हें पतलून कोट पहननेवालों से उतनी चिढ़ थी जितनी खादी पहननेवालों से।—अश्क। (३) विज्ञापनबाज़ों से उन्हें चिढ़ थी।—अश्क। (४) उसे हिंदी और काँग्रेस दोनो से ही चिढ़ थी।

(५) न जाने कानून और उसके रक्षकों से उसे चिढ़ क्यों थी।—गुलशन नंदा।

चित करना

१. (किसी को) कुश्ती में पछाड़कर पीठ के बल लेटाना।

२. पूर्णत: परास्त करना।

चित पड़ना

(कौड़ी आदि का) सफलता का द्योतक होना।

चित होना

१. बेसुध होना, निढाल होना।

२. कुश्ती में पूर्णत: परास्त होना।

चिता चुनना

चिता तैयार करना।

चिता पर चढ़ना

१. (शव का) चिता पर रखा जाना।

२. (विधवा का) चित पर रखे पति के शव के साथ जल मरना।

चिता सजाना

चिता तैयार करना।

चित्त उचटना

किसी काम, बात या स्थान से जी का बिल्कुल ऊब जाना।

चित्त करना

जी चाहना, इच्छा होना; जैसे—उनसे मिलने को मेरा चित्त नहीं करता।

चित्त चढ़ना

सदा स्मरण रहना।

चित्त चुराना

मन मोह लेना।

चित्त देना

स्थान देना या मन लगाना।

चित्त धरना

किसी बात पर ध्यान देना या कोई बात मन में लाना।

चित्त पर चढ़ना

सदा स्मरण रहना।

चित्त बँटना

एक साथ दो या अधिक बातों पर ध्यान जाना, फलत: किसी एक बात पर पूरा ध्यान न दे पाना।

चित्त में जमना/धँसना/बैठना

(कोई बात) पूरी तरह समझ में आ जाना।

चित्त में होना

इच्छा होना या जी चाहना; जैसे—उनके चित्त में होता तो मेरे लिए साड़ी ज़रूर लाते।

चित्त लगना

प्रवृत्तिपूर्वक कोई काम करने लगना; जैसे—बच्चे का खेल में ही चित्त लगता है।

चित्त से उतरना

स्मरण न रहना; जैसे—यह बात मेरे चित्त से उतर गई थी।

चित्त से न टलना

बराबर ध्यान में बना रहना।

चित्त होना

इच्छा होना; जैसे—जब उनका चित्त होता है, वे इधर आ जाते हैं।

चित्र लिखा-सा जान पड़ना

बिल्कुल चुपचाप, जड़वत् या स्थिर रहना; जैसे—तुम्हारे राग से लोग ऐसे बेसुध हो गए कि सारी रंगशाला चित्र-लिखी-सी जान पड़ती है।

चिथड़ा/चिथड़े/लपेटना

फटा-पुराना कपड़ा पहनना।

चिनगारी छोड़ना

कोई ऐसी बात कहना जिससे बहुत बड़ा झगड़ा-बखेड़ा खड़ा हो जाए।

चिपके रहना

साथ साथ लगे रहना।

चिपटा रहना

साथ बिल्कुल न छोड़ना।

चिराग का हँसना

दीए की बत्ती से चिनगारियाँ झड़ना।

चिराग को हाथ देना

चिराग बुझाना।

चिराग गुल होना

१. दीया बुझना।

२. वंश मे कोई बचा न रहना।

चिराग ठंडा करना

दीया बुझाना।

चिराग़ बढ़ाना

दीया बुझाना।

चिराग़ में बत्ती पड़ना

सायं होने पर दीया जलाया जाना।

चिराग़ लेकर ढूँढ़ना

पूरी छान-बीन करना और बहुत अधिक प्रयत्नपूर्वक ढूँढ़ना।

चिराग़ से चिराग़ जलना

एक दूसरे से काम बनना।

चिराग़ से फूल झड़ना

चिराग़ की जली हुई बत्ती से चिनगारियाँ निकलना या गिरना।

चिराग़ जले

चिराग़ जलने के उपरांत; जैसे—वह चिराग़ जले घर से निकला करता है और रात गए घर लौटा करता है।

चिलम भरना

१. चिलम में गाँजा आदि रखने के बाद आग रखना।

२. किसी की तुच्छ से तुच्छ सेवा करना; जैसे—साहब बहादुर को अपनी सुफ़ेदी छिपाने की पड़ी न रहती तो आज एक कलूटी बीबी की यों चिलम न भरते। —रा० रा० प्र० सिंह।

चिल्ला खींचना/बाँधना

नियमपूर्वक ४० दिनों तक कोई धार्मिक अनुष्ठान या कृत्य करना या व्रत आदि रखना।

चिल्ले का जाड़ा

बहुत तेज़ सर्दी; जैसे—उन्हीं दिनों चिल्ले का जाड़ा पड़ा।

चीं न करना

दुख या कष्ट का आभास तक न होने देना।

चीं बोल जाना/चुकना

पूर्णतः असहाय या पराभूत हो जाना; जैसे—(१) दोनो अपने दिल में कहेंगे, बड़ी जवाँमर्दी दिखाने चले थे, पचास कदम में ही चीं बोल गए।—प्रेमचंद। (२) अब तक घर की चीनी, चाय और दूध चीं बोल चुके थे।—गोपाल चतुर्वेदी।

चीं-चपड़ करना

असंतोष, कष्ट आदि के कारण बड़बड़ाना; जैसे—इसी घर में रहना है अब तुम्हें। घर भी मेरी ही तरह है। बाद में चीं-चपड़ मत करना।—सरोजिनी वर्मा।

चींटी की चाल चलना

बहुत धीरे चलना; जैसे—चींटी की चाल चलोगे तो आख़िर कब तक घर पहुँचोगे।

चींटी के पर निकलना

अंत या मृत्यु की ओर उन्मुख या उसके निकट होना।

चीख मारना

कष्ट या पीड़ा के समय ज़ोर से चिल्लाना।

चीर हरण करना

१. वस्त्र चुरा लेना।

२. बलात्कार करना।

चुक जाना

समाप्त हो जाना; जैसे—(१) अब उनकी दशा प्रातःकाल के उस दीपक जैसी हो गई थी जिसका तेल चुक गया हो।—सीताराम चतुर्वेदी। (२) सुनता हूँ किसी ज़माने में ग़ज़ल कहा करते थे मगर अब वह शौक कब का चुक गया है।—अश्क।

चुगली खाना

किसी की पीठ पीछे बुराई या निंदा करना; जैसे—उसीने गुरुजी से हमारी चुगली खाई होगी।

चुटकियाँ बजाना

ऐसे काम करना जिससे मौज-मस्ती झलकती हो।

चुटकियाँ लेना

फबतियाँ उड़ाना, उड़ाते हुए बातें

कहना।

चुटकियों में

जितनी देर (कुछ) चुटकियाँ बजाने में लगे अर्थात् चटपट; जैसे—(१) ऐसी मिलें मैं चुटकियों में खोल सकता हूँ। —प्रेमचंद। (२) यह मेरी साली है और साले को अभी लाता हूँ—दोनो का ब्याह बस चुटकियों में कर दो।—शिवानी।

चुटकियों में उड़ा देना

ख़त्म करना, मात देना; जैसे—(१) यह तो आसानी से किसी भी मिस युनिवर्स को चुटकियों में उड़ा देगी।—शिवानी। (२) भाषणकर्ता के दृष्टिकोण को वह (वे) चुटकियों में उड़ा देते। —गिरिधर गोपाल।

चुटकी देना

बहुत थोड़ी मात्रा में देना।

चुटकी बजाते

तत्क्षण, चटपट।

चुटकी बैठना

चुटकी से किए जानेवाले कार्य का ठीक से और पूरा अभ्यास हो जाना; जैसे—जब चुटकी बैठ जाएगी, तब दोने ठीक बनने लगेंगे।

चुटकी भर

बहुत थोड़ी मात्रा में; जैसे—भिखारी को चुटकी भर आटा तो दे ही दिया करो।

चुटकी भरना

चिकोटी काटना।

चुटकी माँगना

चुटकी भर अन्न भिक्षा रूप में चाहना।

चुटकी मिलना

बहुत थोड़ी मात्रा में मिलना; जैसे—भिक्षुक को द्वार पर भरपेट कहाँ उसे तो चुटकी ही मिलेगी।—प्रेमचंद।

चुटकी/चुटकियाँ/लेना

हँसी के लिए व्यंग्य करना; जैसे—(१) उसे चुटकी लेने में बड़ा मज़ा आता है। (२) फिर पंडित मसलदान साहब की ग़लत अंग्रेज़ी पर इतनी चुटकियाँ लीं कि उनका चेहरा चुकंदर हो गया।—अमृतलाल नागर।

चुटकुला छोड़ना

कोई ऐसी विचित्र या रहस्यपूर्ण बात करना जो चर्चा या झगड़े का विषय बन जाए; जैसे—उसकी आदत ही है चुटकुला छोड़कर तमाशा देखने की।

चुटिया हाथ में होना

संचालन-सूत्र हाथ में होना, पूर्णतः (किसी के) नियंत्रण में होना; जैसे—वह भागकर कहाँ जाएगा। उसकी चुटिया हमारे हाथ में है।

चुनचुना लगना

बहुत बुरा लगना; जैसे—जब मैं भी खरी-खरी सुनाऊँगा तो चुनचुना लगने लगेगा।

चुनाव में खड़ा होना

प्रत्याशी होना, उम्मीदवार होना; जैसे—इस बार वे भी चुनाव में खड़े हुए थे।

चुनाव लड़ना

निर्वाचन में उम्मीदवार के रूप में खड़े होना; जैसे—इस बार तो चुनाव लड़ने का हमारा विचार नहीं है।

चुनौती देना

मुकाबले के लिए आह्वान करना; जैसे—विपक्षी दल ने इस विषय को लेकर सरकार को चुनौती दी है।

चुन्नी रखना

मस्तक और कपोलों पर सितारे या चमकी लगाकर सजाना।

चुप्पी मारना/लगाना

चुप्पी साधना (दे०)।

चुप्पी साधना/साध लेना

जब (जहाँ) कोई बात कहना या बतलाना आपेक्षित हो तब (वहाँ) चुप रहना; जैसे—(१) मगर बाप की आँखों की तरफ़ देख वह चुप्पी साध गई।—रा० रा० प्र० सिंह। (२) लेकिन यदि वह अब चुप्पी साधती तो उसका परिणाम उलटा होता।—श्रवणकुमार।

चुभता हुआ

१. मर्म पर आघात करता हुआ; जैसे—उसकी चुभती हुई बातों से वह मर्माहत हो गई।

२. आँखों को अत्यंत अप्रिय लगनेवाला; जैसे—दरवाज़ों का रंग तो बहुत चुभता हुआ है।

चुल्लुओं रोना

बहुत अधिक आँसू बहाना; बहुत रोना।

चुल्लुओं लहू पीना

(किसी को) बहुत अधिक सताना, तंग या परेशान करना।

चुल्लू भर पानी देनेवाला

जल देने अर्थात् तर्पण करनेवाला; जैसे—...... बंस में कोई चुल्लू भर पानी देनेवाला, घर में दिया जलानेवाला भी नहीं रहता।—प्रेमचंद।

चुल्लू भर पानी में डूब जाना

बहुत ही लज्जाजनक स्थिति में आना, पड़ना या होना; जैसे—तुम्हारे जैसे बेहया आदमी को तो चुल्लू भर पानी में डूब मरना चाहिए।

चुल्लू में उल्लू होना

नगण्य या बहुत थोड़ी मात्रा में नशीली वस्तु के सेवन से (किसी को) बहुत अधिक नशा चढ़ जाना; जैसे—कोई लोटा भर पीता है, और कोई चुल्लू में उल्लू हो जाता है।

चुसकी लेना

छेड़-छाड़ करते हुए आनंद लेना।

चूँ तक न करना

चूँ न करना (दे०); जैसे—सास आई गई किसी ने चूँ तक नहीं किया (की)।—सरोजिनी वर्मा।

चूँ न करना/कर पाना

सताए या विवश किए जाने पर कुछ भी आपत्ति या विरोध न प्रकट करना; जैसे—(१) यह कदापि नहीं हो सकता कि मुझे लोग दबाते जाएँ और मैं चूँ तक न करूँ।—प्रेमचंद। (२) और है भी कुछ वैसी गुमसुम, सहती रहती है रात-दिन, पर चूँ नहीं करती। —रा० रा० प्र० सिंह। (३) सामाजिक और आर्थिक क्षेत्रों में मेरा महत्त्व इतना बढ़ गया कि अब कोई मेरे खिलाफ़ चूँ नहीं कर सकता था।—मनहर चौहान।

चूक जाना

१. (अवसर का) लाभ न उठा पाना।

२. (निशाना) न लगा पाना।

चूची पीना

(बच्चे का) स्तनपान करना।

चूड़ियाँ ठंडी करना

विधवा होते ही काँच की चूड़ियाँ फोड़ डालना।

चूड़ियाँ पहन लेना

हाथ में चूड़ियाँ पहन लेना (दे०)।

चूड़ियाँ पहनाना

किसी विधवा को पत्नी के रूप में रखना।

चूड़ियाँ बढ़ाना

चूड़ियाँ ठंडी करना (दे०)।

चूतड़ दिखाना

साहस छोड़कर भाग खड़े होना, पीठ दिखाना।

चूतड़ पीटना/बजाना

ओछे ढंग से बहुत आधिक प्रसन्नता प्रदर्शित करना।

चूतियापा करना

अत्यंत मूर्खता का काम करना।

चूना छूना/फेरना

चूने के घोल से दीवारों पर सफ़ेदी करना।

चूना लगाना/लगा देना

सदाशय या उपकार करनेवाले व्यक्ति को ठग लेना या हानि पहुँचाना; जैसे—चौबीसों घंटे की नौकरी बजाई, मालिक को कभी चूना नहीं लगाया।— अजित पुष्कल।

चूर चूर कर देना
नष्ट-प्राय कर देना, किसी काम का न रहने देना; जैसे—कुंठाओं, हीन ग्रंथियों, असफलताओं, यौन-विकृतियों और फ्रस्ट्रेशन ने उन्हें चूर चूर कर दिया था।—गिरिधर गोपाल।

चूर चूर होना
नष्ट-प्राय होना; जैसे—(१) जो बड़प्पन के नशे में चूर थे, वे चूर चूर हो गए।—रा० रा० प्र० सिंह। (२) वह स्वप्न-विलास तो वास्तव की चट्टान पर चूर चूर हो गया कभी का।—रा० रा० प्र० सिंह।

चूल से चूल मिलाना
विभिन्न कथा-सूत्रों या प्रसंगों में सामंजस्य स्थापित करना; जैसे—बाबू दुर्गाप्रसाद खत्री ने अपने पिता बाबू देवकीनंदन खत्री के उपन्यास के शेषांश को पूरा ही नहीं किया वरन् चूल से चूल मिलाकर कमाल कर दिया।

चूलें ढीली करना
पूर्णतः शिथिल या पस्त करना; जैसे—इस लेखन कार्य ने तो मेरी चूलें ढीली कर दी हैं।

चूल्हा जलना
भोजन या रसोई बनना; जैसे—आज दो दिन के बाद उनके घर चूल्हा जला है।

चूल्हा जलाना/झोंकना
चूल्हा फूँकना (दे०)।

चूल्हा न्योतना
किसी के घर के सब लोगों को अर्थात् पूरे परिवार को भोजन के लिए निमंत्रित करना।

चूल्हा फूँकना
भोजन बनाने में प्रवृत्त होना (उपेक्षासूचक); जैसे—अब बच्चे को देखूँ कि अपना सुभिता देखूँ, मुझसे चूल्हा नहीं फूँका जाता।—प्रेमचंद।

चूल्हे में जाए
नष्ट हो जाए (उपेक्षासूचक); जैसे—हमें नहीं चाहिए ये रुपए। चूल्हे में जाए ऐसी कमाई।

चूल्हे में झोंकना/डालना
जलाकर राख करना, पूर्णतः नष्ट करना।

चूल्हे से निकलकर भाड़ में आना/पड़ना
छोटी-सी साधारण विपत्ति से बचकर या बच निकलने के फेर में बहुत बड़े संकट में फँसना।

चूल्हे-चक्की में जुती रहना
स्त्री का घर गृहस्थी के (विशेषतः रसोई बनाने के) कामों में अत्यधिक व्यस्त रहना; जैसे—यहाँ तो दिन-रात चूल्हे-चक्की में जुती रहने पर भी गालियाँ ही सुननी पड़ती हैं।

चूल्हे-भाड़ में जाए
नष्ट हो जाए।

चूस डालना
चूसकर रख देना (दे०)।

चूसकर रख देना
१. सत्त्व खींच या निकाल लेना; जैसे—जिस दिन चंपा ने चार्ज लिया उसी दिन बेचारी लड़की को अस्पताल की विचित्र ड्यूटी ने चूसकर रख दिया।—शिवानी।
२. धन ऐंठ लेना, निर्धन या कंगाल कर देना।

चूहे-बिल्ली का खेल
जीवन-मरण का खेल।

चेक काटना/काट देना
चेक के द्वारा भुगतान करना; जैसे—जब जाता हूँ, छोटा-मोटा चेक काट देते हैं।

चेक-अप कराना
डाक्टरी जाँच कराना।

चेरी बनाना/बना लेना
दास या गुलाम बना लेना; जैसे—जिस औरत को नज़र में चढ़ाया, चेरी बनाकर ही छोड़ा।—अजित पुष्कल।

चेष्टा बिगड़ना/बिगड़ जाना
मरने से कुछ पहले चेहरे या आकृति का

बिगड़ जाना।

चेहरा उतरना/उतर जाना

चिंता, दुख, भय, शोक आदि के कारण मुख का कांतिहीन हो जाना; जैसे—(१) उसका अर्थ होता था कि आप इतने अयोग्य हैं कि आपको कानून सिखाया ही नहीं जा सकता। इसीलिए जज का चेहरा उतर गया था। —रामचंद्र वर्मा।

चेहरा काला पड़ जाना

छिपे हुए अपराध के प्रकट होने या प्रकट होने की आशंका से चेहरे की लालिमा उड़ जाना।

चेहरा खिल उठना

चेहरे से प्रसन्नता या हर्ष अभिव्यक्त होना; जैसे—(१) जीत का समाचार सुनते ही सबका चेहरा खिल उठा। (२) अहाते के फाटक में फ़िटन के प्रवेश करते ही शेख जती का चेहरा खिल उठा।—अमृतलाल नागर। (३) जिन लड़कियों को पत्र मिले, उनके चेहरे क्षण-भर के लिए खिल उठे। —गुलशन नंदा।

चेहरा चुकंदर हो जाना

गुस्से के कारण चेहरा लाल हो जाना।

चेहरा तमतमाना / तमतमा उठना / तमतमाने लगना

उत्कट क्रोध या तीव्र ज्वर के कारण चेहरे का सूर्ख़ हो जाना; जैसे—उसका चेहरा नया (नए) तपे हुए ताँबे की तरह तमतमा रहा था।—कमलेश्वर।

चेहरा नीला पड़ना/पड़ जाना

अतीव वेदना से चेहरे का रंग नीला हो जाना; जैसे—इसे सुनते ही एक क्षण को रोबदार मेज़बान का सुदर्शन चेहरा न जाने किस विस्मृत वेदना से नीला पड़ गया।—शिवानी।

चेहरा पिट जाना

हतप्रभ होने के कारण चेहरे की चमक उड़ जाना; जैसे—श्यामली ने देखा जंगा चुप हो गया है और अंदर ही अंदर कटता जा रहा है। उसका चेहरा पिटता जा रहा है।—अजित पुष्कल।

चेहरा पीला पड़ना/पड़ जाना

१. ख़ून की कमी के कारण चेहरे का रंग पीला पड़ना।

२. भय के कारण चेहरे का रंग उड़ जाना।

चेहरा फक पड़ना/पड़ जाना

अप्रत्याशित बात सुनने या दृश्य आदि देखने के कारण चेहरे का कांतिहीन हो जाना; जैसे—मेरा नाम सुनते ही उसका चेहरा फक पड़ गया।

चेहरा बिगाड़ना/बिगाड़ देना

इतना अधिक मारना कि मुँह फूल जाए या विकृत हो जाए, फलतः आदमी सहज में पहचाना न जा सके।

चेहरा भाँपना/भाँप लेना

शक्ल-सूरत देखकर किसी के मन की बात ताड़ लेना।

चेहरा लटक जाना

चेहरे से दुख प्रकट होना; जैसे—कर्नल की बीमारी का समाचार सुनते ही, मल्लिका का उत्फुल्ल चेहरा लटक गया।—शिवानी।

चेहरा सफ़ेद पड़ना/पड़ जाना

चेहरे की लालिमा उड़ जाना; जैसे—(१) 'टी० बी०'! भाई साहब मुँह बाए खड़े रह गए थे और भय से उनका चेहरा सफ़ेद पड़ गया था। (२) महज़बीं का चेहरा सफ़ेद पड़ गया, जैसे किसी अपराधी को फाँसी की सज़ा सुना दी गई हो।—भूषण वनमाली।

चेहरा स्याह पड़ना/पड़ जाना

चेहरा काला पड़ जाना (दे०)।

चेहरे का रंग उड़ना/उड़ जाना

चेहरा कुम्हला जाना; जैसे—किंतु उनके चेहरे का रंग एकाएक यह देखकर उड़ गया कि वहाँ आनेवाला राजू और ग्राहक न थे, बल्कि पुलिस कमिश्नर रंधावा और इंस्पेक्टर संजीव

थे।—गुलशन नंदा।

चेहरे पर मुरदनी छाना/छा जाना
चेहरे का उदास और श्रीहीन हो जाना; जैसे—उनका ख़्याल था कि यह ख़बर सुनकर वह ख़ुश हो जाएगी, परंतु उनके चेहरे पर तो मुरदनी छा गई थी। —भूषण वनमाली।

चेहरे पर हवाइयाँ उड़ना/उड़ने लगना
चेहरे का रंग फीका पड़ना; जैसे—(१) उनको निकट आते देखकर लड़के के चेहरे पर जो हवाइयाँ उड़तीं ····उनकी स्मृति मात्र से बिस्तर पर लेटे-लेटे चेतन के रोंगटे खड़े हो गए। —अश्क। (२) राजू इस घटना से घबरा-सा गया था। उसके चेहरे पर हवाइयाँ उड़ने लगीं····उसका सारा जोश एक ही झटके में ठंडा पड़ गया।—गुलशन नंदा।

चेहरे-मोहरे से ठीक होना
सुंदर होना, जैसे—लड़की सुशील भी है और चेहरे-मोहरे से ठीक भी।

चैन उड़ जाना
विकल या बेचैन हो जाना।

चैन उड़ाना/उड़ा देना
मज़ा लेना, मौज लेना, आनंद-मंगल करना।

चैन की नींद सोना
पूर्ण रूप से निश्चिंत होना।

चैन की बंसी बजाना
ख़ूब मज़े लेना; जैसे—ससुराल का माल मिलने से वह अब चैन की बंसी बजाता है।

चैन की साँस लेना
(संकट आदि से बच निकलने या छुटकारा मिलने पर) शांतिपूर्वक जीवनयापन करना; जैसे—कच के आचार्यत्व में आर्य राजाओं ने चैन की साँस ली।—यज्ञदत्त।

चैन पड़ना/पड़ जाना
१. मन के अनुकूल और प्रायः दूसरे के प्रतिकूल कोई बात होने पर हर्ष का अनुभव करना।
२. कष्ट से राहत मिलना।

चैन से कटना
आनंद और सुख से समय बितना।

चैन हराम करना
चैन से न रहने देना फलतः बेचैन कर देना; जैसे—लाउडस्पीकर लगाकर आस-पास के तीस-चालीस घरों का चैन हराम कर दिया था।—कमलेश्वर।

चोंका पीना
बच्चे का माँ का स्तनपान करना।

चोंच बंद करना/होना
भय आदि के कारण (स्वयं) चुप हो जाना।

चोचले दिखाना
अहंपूर्ण आचरण करना या ऐंठ दिखाना; जैसे—ये चोचले दिखाना उसी को जिसे सिर चढ़ाया हुआ है।

चोट उभरना
किसी चुटीले स्थान पर फिर से पीड़ा, सूजन आदि उत्पन्न होना।

चोट का
बराबरी का, जोड़ का।

चोट खाना
चोट लगने से घायल होना।

चोट खाली जाना
वार खाली जाना, आघात का चूक जाना।

चोट पहुँचाना
आघात या प्रहार करना; जैसे—(१) उसके अभद्र आचरण ने माँ को गहरी चोट पहुँचाई थी।—शिवानी। (२) मैं उसकी भावनाओं को चोट भी नहीं पहुँचाना चाहता था।-कमलेश्वर।

चोट बचाना
किसी का आघात या वार सफलता-पूर्वक बचा जाना।

चोट मारना
आघात करना, हानि करना।

चोट लगना/लग जाना
आघात या ठेस लगना; जैसे—पिछले वर्ष उन्हें लड़के की चोट लगी थी।

चोट लगाना
१. प्रहार करना। २. हानि पहुँचाना।

चोटी कटाना
१. (व्यक्ति का) सिर मुड़ाकर साधु या संन्यासी बनना।
२. (स्त्रियों का) मेमों की तरह बाल कटाना।

चोटी करना
स्त्रियों का सिर के बाल गूँथ और सँवार कर उनकी लट या वेणी बनाना।

चोटी का
महान, श्रेष्ठ या उच्च; जैसे—यह पहला अवसर था कि उन्हें चोटी के आदमियों में इतना सम्मान मिला। —प्रेमचंद।

चोटी का पसीना एड़ी तक आना
इतना अधिक परिश्रम करना कि शरीर थक या बेदम-सा हो जाए; जैसे—चोटी का पसीना एड़ी तक आता था, तब भी गुज़र नहीं होता था।—प्रेमचंद।

चोटी दबना
विवशता के कारण किसी बात में किसी से दबना; विवश होना; जैसे—जब उनके नीचे मेरी चोटी दबी तब तक उनके विरुद्ध मैं कैसे जा सकता हूँ।

चोटी पर पहुँचना
अधिकार या पद की दृष्टि से सब से ऊपर होना।

चोटी पैरों के नीचे दबना
चोटी दबना (दे०); जैसे—जिसकी चोटी दूसरों के पैरों के नीचे दबी हो उसे मैं सुखी नहीं कहता। —प्रेमचंद।

चोटी हाथ में होना
किसी का किसी दूसरे के अधीन या वश में होना; जैसे—(१) उनकी चोटी तो हमारे हाथ में है, वे हमसे बचकर जाएँगे भी तो कहाँ? (२) उनकी चोटी मेरे हाथ में है अगर रुपए न दिए तो ऐसी ख़बर लूँगा कि याद करेगें।—प्रेमचंद।

चोटें चलना
दो विरोधी पक्षों का एक दूसरे पर शब्द-वाण छोड़ना।

चोर की दाढ़ी में तिनका होना
अपराधी का सशंकित होना; जैसे—चोर की दाढ़ी में तिनकेवाले सिद्धांत से ही मैने उसे पकड़ा था।

चोर चोर मौसेरे भाई होना
पेशेवर सहयोगी होना; जैसे आप क्यों न बधाई देंगे, चोर चोर मौसेरे भाई जो होते हैं।—प्रेमचंद।

चोर पड़ना
घर में चोर (या चोरों) का घुसना।

चोरी चोरी
औरों की नज़रें बचाकर; जैसे—वह चोरी चोरी मुझ से मिला करती थी।

चोरी पकड़ना
ऐसी बात पकड़ना जिससे चोरी सिद्ध हो; जैसे उस रोशनी में श्यामली उसके गाल निरखने लगी। शायद कोई दाग दिख जाए और दिल्लीपत की चोरी पकड़ी जाए।—अजित पुष्कल।

चोरी से
१. चुराकर; जैसे—वह यह रकम चोरी से घर से लाया था।
२. बिना अनुमति लिए; जैसे—वह चोरी से निकल भागी।

चोला छोड़ना
शरीर त्यागना, मरना; जैसे—(१) स्वामी जी ने अस्सी वर्ष की आयु भोगकर चोला छोड़ा था। (२) यमराज से जब तक यह आश्वासन न मिलेगा कि वह इन्हें अपनी कैबिनेट में लेंगे, तब तक वह अपना चोला नहीं छोड़ेंगे। —गिरिधर गोपाल।

चोला तर होना
पूर्ण रूपेण प्रसन्न तथा तृप्त होना; जैसे—

यहाँ भाँग पीते ही चोला तर हो जाता है, आँखें खुल जाती हैं।—प्रेमचंद।

चोला पड़ना

किसी शुभ दिन, छोटे बच्चों को पहले-पहल सिला हुआ नया कपड़ा पहनाया जाना।

चोला बदलना

नया जन्म लेना।

चोला मस्त होना

चोला तर होना (दे०)।

चोली-दामन का नाता

गहरा संबंध, घनिष्ठ संबंध; जैसे—पन्ना रूपवती स्त्री थी और रूप और गर्व में चोली-दामन का नाता है।—प्रेमचंद।

चोली-दामन का संबंध/साथ

चोली-दामन का नाता (दे०); जैसे—वह उन्हें कैसे छोड़ सकता है उन दोनो का चोली-दामन का संबंध है।

चौंक उठना/पड़ना

सहसा आशंका का भान होने पर किंकर्तव्यविमूढ़ हो जाना; जैसे—रूपा एक चीख-सी सुनकर चौंक पड़ी।—गुलशन नंदा।

चौक पूरना

पूजन के समय अबीर, आटे आदि से वेदी पर कुछ विशिष्ट आकृतियाँ बनाना।

चौकड़ी/चौकड़ियाँ/भरना

छलाँगें लगाना; जैसे—जंगल में हिरन चौकड़ियाँ भरते नज़र आए।

चौकड़ी भूल जाना

तेज़ी से आगे बढ़ते रहने की दशा में सहसा बाधा, विपत्ति आदि आने पर इतना घबरा जाना कि यह समझ में ही न आए कि अब कौन-सा उपाय करना चाहिए।

चौकड़ी मारकर बैठना

पलथी लगाकर बैठना।

चौका अलग अलग हो जाना

रसोई अलग-अलग स्थानों पर पकने लगना; जैसे-दोनो भाइयों का चौका अलग अलग हो गया है।

चौका उठाना

बची हुई रोटी-तरकारी सँभालकर रख देना और बर्तन आदि माँजने के लिए अलग रख देना; जैसे—रसोइए ने एक पत्तल पर मेरा भोजन लगाकर चौका उठा दिया।—यज्ञदत्त।

चौका फेर देना/लगा देना

किसी काम या बात को बुरी तरह से चौपट या नष्ट करना; जैसे—तुमने यह भूल करके माँ-बाप की इज़्ज़त पर चौका फेर दिया है।

चौका-बर्तन करना

बर्तन साफ़ करना तथा रसोई की सफ़ाई करना; जैसे-माँ बरसों चौका-बर्तन करके पेट पालती रही।

चौकी भरना

(अपनी) बारी पर पहरा देना।

चौके-चूल्हे की फ़िक्र

परिवार के लोगों के भोजन की चिंता।

चौखट पर जाना

(फ़रियाद करने के लिए) किसी के दरवाज़े पर जाना।

चौखट लाँघना

घर के अंदर प्रवेश करना।

चौगुना होना

मारे प्रसन्नता के (व्यक्ति का) उत्साह बहुत अधिक बढ़ जाना।

चौथी अवस्था में

बुढ़ापे में।

चौदहवीं का चाँद

अत्यंत सुंदर व्यक्ति।

चौपट करना/कर देना या डालना

बिगाड़ देना, नष्ट कर देना; जैसे—(१) उसके पीछे मैंने अपना घर चौपट कर दिया।—प्रेमचंद। (२) मुल्क चौपट कर डाला।—गिरिधर गोपाल।

चौबीसों घंटे

दिन-रात, हर समय; जैसे—घर में चौबीसों घंटे का कलह था।

चौमुखा दीया जलाना
दीवाला निकालना या दिवालिया बनना।

चौराई बाँटना
उदारतापूर्वक कोई चीज़ चारो ओर दिखाते या देते फिरना।

चौरासी में पड़ना/भरमना
बार बार जन्म लेना और मरना फलतः मुक्ति न प्राप्त कर सकना।

च्यूँटी की चाल चलना
बहुत धीरे विशेषतः रास्ते में रुक रुककर चलना।

च्यूँटी के पर निकलना
मृत्यु या विनाश का समय निकट आना।

छ

छँटनी का शिकार
वह व्यक्ति जो किसी कारख़ाने, कार्यालय आदि में छँटनी होने पर निकाल दिया गया हो; जैसे—इस बार मैं भी छँटनी का शिकार हुआ।

छँटनी होना
किसी कार्यालय या कारख़ाने नें काम करनेवाले कर्मचारियों में से कुछ या अधिक को नौकरी से हटाया जाना; जैसे—इस बार यहाँ जो छटनी हुई उससे दो हज़ार मज़दूर प्रभावित हुए।

छँटा हुआ
कुख्यात; जैसे—वह छँटा हुआ बदमाश है।

छक्का पंजा भूलना
हार होने की अवस्था में कोई भी दाँव या युक्ति कारगार न होना।

छक्के छुड़ा देना
पूरी तरह से परास्त या छिन्न-भिन्न करना; जैसे—(१) रघु ने धुआँधार बाण बरसाकर छक्के छुड़ा दिए। —सीताराम चतुर्वेदी। (२) मैंने औरों के तो छक्के छुड़ा दिए।-मनु शर्मा। (३) मैंने यह भी ठान ली (लिया था?) कि मैं भी इंटरव्यू दूँगा और लेनेवालों के छक्के छुड़ा दूँगा।—बसंत पोतदार। (४) इस टुकड़ी ने शत्रु सेना के छक्के छुड़ा दिए।—यज्ञदत्त।

छक्के छूटना
बुरी तरह परास्त होना; जैसे—(१) अगर कोई शेर आ जाए तो मियाँ भिस्ती के छक्के छूट जाएँ।—प्रेमचंद। (२) अपने सामने समुद्र के समान हिलोरे लेती हुई दैत्य सेना को देखकर बड़े-बड़े देवताओं के भी छक्के छूट गए।—सीताराम चतुर्वेदी। (३) विलायती वज़ेदारी के हिमायतियों के छक्के छूट गए।—रा०रा० प्र० सिंह। (४) उनके तेज के आगे बड़े-बड़े वहशियों के छक्के छूट जाते हैं। —अमृतलाल नागर।

छटक जाना
दूर जा पड़ना या अलग हो जाना; जैसे—अब वह हम लोगों से छटक गया है।

छठी का दूध याद आ जाना
ऐसी कठिन या विकट स्थिति में पड़ना कि बुद्धि ठिकाने न रहे; जैसे—(१) आज़ाद ने पहले से ही वह दाँव पेंच किए कि पहलवान के छक्के छूट गए, ऐसा दबाया कि छठी का दूध याद आ गया।—प्रेमचंद। (२) वह होते तो ऐसी फटकार सुनाते कि छठी का दूध याद आ जाता।—प्रेमचंद। (३) शुक्रिया ही अदा करना है तो उस समय कीजिएगा, जब जमीला के कहने के अनुसार लाला छुन्नूमल को छठी का दूध याद आ जाए।—भूषण वनमाली।

छठे-छमाही
साल में एक दो बार; जैसे—फ़लाँ-फ़लाँ जगह हमारी ज़मीन है, वहाँ से छठे-छमाही कुछ आ जाता है।—श्रवणकुमार।

छत्तीस बनना
विमुख या विरुद्ध होना; जैसे—मगर दोनो जैसे छत्तीस बने हुए थे।—प्रेमचंद।

छत्तीसी
एक को दूसरे के विरुद्ध या विमुख कर

देनेवाली धूर्त स्त्री; जैसे—उसी छत्तीसी ने तुम्हें भड़काया होगा।

छत्रछाया में

संरक्षण या देख-रेख में; जैसे—मुझे उन्हीं की छत्रछाया में पलने का सौभाग्य प्राप्त हुआ है।

छप्पन छुरी

अपने रूप से गहरा वार करनेवाली स्त्री।

छनछना उठना

क्रोध से भरकर खरी-खोटी सुनाने लगना; जैसे—...चिखना और चुक्कड़ की बातें कहीं बीबी सुन पाएगी तो छनछना उठेगी।—रा० रा० प्र० सिंह।

छप्पर छाना

रहने के लिए झोंपड़ी या छोटा-मोटा मकान बनवाना।

छप्पर टूट पड़ना

एकाएक कोई भारी विपत्ति सिर पर आ पड़ना।

छप्पर पर फूस न रह जाना

कंगाल हो जाना; कुछ भी पल्ले न रह जाना।

छप्पर फाड़कर देना

(किसी को) धन आदि अनायास और अत्यधिक मात्रा में देना; जैसे—(१) वह दाता भी निराला है, अगर देता है तो छप्पर फाड़कर देता है।—प्रेमचंद। (२) यह तो ईश्वर की देन है। जहाँ वह देता है छप्पर फाड़कर देता है।—रा० रा० प्र० सिंह।

छर्रा पिलाना

बंदूक या राइफ़ल में छर्रे भरना।

छल न छू जाना

इतना निरीह होना कि यह भी न जानना कि छल कैसे करते हैं।

छल-छंद

छल-कपट; जैसे—वह छल-छंदों में पटु थी।

छलनी कर देना

छेद छेद कर देना; जैसे—मैं तो एक गोली पेट में मारूँगा, दूसरी मुँह में तीसरी खोपड़ी में पाँचवीं ... में सारी देह छलनी कर दूँगा।—अजित पुष्कल।

छलनी में डालकर छाज उड़ाना

तिल का ताड़ करना; जैसे—बहुत बढ़ा-चढ़ाकर कोई बात कहना।

छलनी होना/हो जाना

इतना अधिक छेदों से भर तथा छीज जाना कि नष्ट-प्राय हो जाए; जैसे—यह तीन ही महीने में कैसे हुआ कि बीमारी इस हद तक बढ़ गई और उसके दोनो फेफड़े छलनी हो गए।—अश्क।

छलाँगें मारना/लगाना

१. बहुत तेज़ी से चलना।

२. जल्दी जल्दी और बराबर उन्नति करते हुए चलना।

छलावा खेलना

अगिया बैताल का इधर-उधर दिखाई पड़ना।

छाँह करना

रक्षित रखना तथा बढ़ने और फलने-फूलने में सहायक होना।

छाँह तक न छूना

(किसी के) पास तक न फटकना; जैसे—बेटा भी ऐसा जो हम दोनो की छाँह तक नहीं छूता।

छाँह देना

आश्रय देना; सहारा देना; जैसे—नोखेराम ने छाँह न दी होती, तो भीख भी माँगती।—प्रेमचंद।

छाँह न छूने देना

(किसी को) पास न फटकने देना, समीप न आने देना।

छाँह बचाना/बचा जाना

किसी से बहुत दूर या परे रहना।

छाती उभार कर चलना

इतरा कर चलना।

छाती उमड़ना

१. प्रसन्नता से फूले न समाना।

२. पसीजना, दयाभाव उत्पन्न होना;

जैसे—रतन के दुख पर उनकी छाती उमड़ आई।—रा० रा० प्र० सिंह।

छाती कूटना

छाती पीटना (दे०)।

छाती के बाल कड़े होना

क्रोध से अभिभूत होना; जैसे—महेश को देखकर पंडित जी का आवेग फिर से उभर आया था। उनकी छाती के बाल कड़े होने लगे थे।—अजित पुष्कल।

छाती खोलकर रख देना

सब-कुछ सुलभ कर देना; जैसे—उसके कृपण पति ने पता नहीं किस औदार्य से उस सुंदर हवेली के निर्माण में छाती खोलकर रख दी थी। —शिवानी।

छाती गज़ भर की होना

गज़ भर की छाती होना (दे०); जैसे—होरी की छाती गज़ भर की हो गई। —प्रेमचंद।

छाती छलनी होना

घोर कष्ट या दुख सहना; इतना अधिक कष्ट या दुख सहना कि और अधिक सहने का धैर्य न रह जाए।

छाती छुड़ाना

माता का अपने बच्चे को स्तनपान कराना बंद करना।

छाती जलना

१. अपच के कारण कलेजे के भीतरी भागों में जलन होना।

२. कोई कष्टदायक घटना या बात होने पर संतप्त होना।

छाती जुड़ना

छाती ठंडी होना (दे०)।

छाती ठंडी होना

कामना पूरी या मनोरथ सफल होने पर मन को शांति मिलना।

छाती ठोंककर कहना

ललकार कर कहना; जैसे—उसने छाती ठोंककर कहा था कि जिसे आना हो तो मैदान में आए।

छाती तानकर

गर्वपूर्वक; जैसे—अब हम भी छाती तानकर निकला करेंगे।

छाती तोड़कर

१. कठोर परिश्रम से; जैसे—छाती तोड़कर काम करने पर भी पेट भर खाने को नहीं मिला।

२. अंत:करण से; जैसे—नई आज़ादी की लहर छाती तोड़कर फूट पड़ी। —रा० रा० प्र० सिंह।

छाती दूनी होना

उत्साह से उत्फुल होना; जैसे—बात ही ऐसी थी कि छाती दूनी हो जाए। —प्रेमचंद।

छाती धड़कना

भय से हृदय काँपने लगना।

छाती निकालकर

छाती तानकर (दे०)।

छाती पत्थर की करना

अपने हृदय को इतना कड़ा करना या बनाना कि उस पर किसी दुख का प्रभाव न पड़े।

छाती पर आ बैठना

सामने आकर घोर कष्ट देना; जैसे—इस कलंकिनी ने अपने रूप-जाल से मेरे पति को मुग्ध किया और अब सौत बनकर मेरी छाती पर आ बैठी है।

छाती पर कोदो दलना

छाती पर मूँग दलना (दे०)।

छाती पर चढ़ बैठना

बलात् वसूल करने के लिए आ पहुँचना; जैसे—ज़माना ऐसा आ गया है कि आज अगर आप किसी का कुछ नहीं देते तो कल वह छाती पर चढ़ बैठेगा।

छाती पर पत्थर रखना

बहुत बड़ी हानि होने पर दिल को कड़ा करना; जैसे—माँ ने बहू और पोते की हितरक्षा के लिए पुत्र की मृत्यु को छाती पर पत्थर रखकर सह लिया।

छाती पर मूँग दलना

किसी के सामने जान-बूझकर ऐसा काम करना कि जिसे देखकर उसका दिल और दुखी हो; जैसे—(१) इस महँगी में अपना ही अधपेट भी नहीं चलता, तू कहाँ आई छाती पर मूँग दलने?—रा० रा० प्र० सिंह। (२) इस मुँहजली ने सात पुश्त का नाम डुबो दिया, और तुम उसे घर में रखे हुए हो। यह मेरी छाती पर मूँग दलना नहीं तो और क्या है?—प्रेमचंद। (३) ... तथा रेडियो आर्टिस्ट मिस राय चौधरी निकम्मे पति की छाती पर मूँग दलती हुई अपनी मनचाही ज़िंदगी बिता रही है।—गिरिधर गोपाल। (४) ऐसी ही शर्म थी तो भाई की छाती पर मूँग दलने को क्यों आ गई।—शिवानी।

छाती पर लेकर मरना

किसी चीज़ से इतना लगाव रखना (और दूसरे को न देना) कि जैसे उसे मरने पर साथ ही ले जताना अभिप्रेत हो; जैसे—लगता है कि वह बूढ़ा लाखों की संपत्ति छाती पर लेकर ही मरेगा।

छाती पर सवार होना

तुरंत कुछ देने या करने के लिए अत्यधिक परेशान तथा विवश करना; जैसे—... सुबह, शायद सुबह होने से पेशतर ही ... रामू की छाती पर सवार हो जाती ... फिर वही कचहरी की दौड़ और कलम की रगड़।—रा० रा० प्र० सिंह।

छाती पर साँप फिरना/लोटना

१. कलेजा दहल जाना।

२. ईर्ष्या के कारण व्यथित होना; जैसे—जब से आप मिनिस्टर हुए हैं, उनकी छाती पर साँप लोट रहा है। —प्रेमचंद।

छाती पर हाथ रख लेना

दिल मसोस कर रह जाना; जैसे—दोनो धनिया को देखकर छाती पर हाथ रख लेते थे।—प्रेमचंद।

छाती पिलाना

औरत का बच्चे को स्तनपान कराना।

छाती पीटना

शोक, क्लेश आदि के कारण छाती पर हथेलियों से प्रहार करना; जैसे—(१) उसकी बूढ़ी माँ और स्त्री यह ख़बर सुनकर छाती पीटने लगी होगी। (२) ... और अचानक ही एक शाम वह उस (प्रेमी) के साथ भाग गई। माँ ने तो अपनी छाती पीट ली।—अजित पुष्कल।

छाती फटना

अत्यधिक क्लेश या दुख से व्यथित होना; जैसे—(१) उसकी यह दशा देखकर मेरी छाती फट गई। (२) अगर हमारी बढ़ती देखकर किसी की छाती फटती है तो फट जाए, मुझे परवाह नहीं।—प्रेमचंद।

छाती भर आना

१. हृदय गदगद हो जाना।

२. दिल पसीजना।

छाती लगाना

आलिंगन करना।

छाती से लगाना/लगाकर रखना

प्रिय व्यक्ति या वस्तु को अत्यंत सुरक्षित रखना; जैसे—भंडार-गृह की ताली बुढ़िया छाती से लगाकर रखती है।

छान आना

(सभी) जगह ढूँढ़-खोज या घूम-फिर आना; जैसे—(१) मैं सारा बाग छान आई ... तुम न जाने कहाँ चले गए थे।—प्रेमचंद। (२) वह अब ... सयानी हो गई है, अकेले ही ... चौरंगी छान आती है।—रा० रा० प्र० सिंह।

छान डालना

किसी स्थान को अच्छी तरह से (कुछ खोजने के उद्देश्य से) देखना; पूरी सावधानी से जगह-जगह ढूँढ़ना; जैसे—पूरी आलमारी छान डाली पर तुम्हारी घड़ी नहीं मिली।

छान मारना

छान डालना (दे०); जैसे—उनके दूतों ने देश-विदेश सब छान मारे....। —यज्ञदत्त।

छानी छवाना

किसी के रहने के लिए झोंपड़ी छाना।

छाप डालना/डाल देना

अपना प्रभाव दूसरे पर लक्षित कर दिखाना; जैसे—लातिन ने सब बोलियों पर अपनी ऐसी छाप डाल दी कि न जाने कितने लातिन के शब्द आज भी यूरोप की सब बोलियों पर अपना सिक्का जमाए बैठे हैं।—सीताराम चतुर्वेदी।

छाप पड़ना

प्रभाव लक्षित होना; जैसे—(१) इस घर के चप्पे-चप्पे पर उसकी शैतानियों की छाप पड़ी है।—गिरिधर गोपाल। (२) तुम्हारे लड़के पर तो तुम्हारी छाप पड़ी हुई है।

छापा मारना

कुछ खोजने या किसी को पकड़ने के लिए पुलिस आदि का किसी जगह सहसा जा पहुँचना; जैसे—तस्कर व्यापारियों के यहाँ पुलिस इधर बराबर छापे मार रही है।

छाया पड़ना

किसी के कलुषित या दुषित प्रभाव से युक्त होना; जैसे—डाक्टरों, इंजिनियरों, लोकसेवा आयोग, पुलिस और प्रशासन तक पर मनहूस छाया इन (मंत्रियों) की पड़ी।—गिरिधर गोपाल।

छाया भी न छू पाना

(स्पर्श करना तो दूर) समीप भी न पहुँच पाना; जैसे—मैं इतनी दूर चला जाऊँगा कि वह मेरी छाया भी न छू पाएगा।

छिछले पानी में तैरना

किसी विषय का बहुत ही स्थूल या थोड़ा ज्ञान होना, किसी विषय में पैठने में अक्षम होना; जैसे—आज-कल के एम० ए० पास लड़के छिछले पानी में तैरनेवाले होते हैं।

छिद्रान्वेषण करना

दोष दिखाना या निकालना; जैसे—उनकी सारी बुद्धि दूसरों का छिद्रान्वेषण करने में खर्च हो जाती है।

छिपा रुस्तम

ऐसा बहुत बड़ा बलवान व्यक्ति या दल जिसके बल के बारे में सामान्यत: लोगों को पता न हो; जैसे—वैसे तो फ़िरंगी सरकार की निगाह में अरविंद छिपे रुस्तम रहे।—रा० रा० प्र० सिंह।

छींकते ही नाक कट जाना

आरंभ में ही बदनामी या हानि होना।

छींका टूटना

संयोग से ही कोई अभीष्ट या वांछित घटना घटित होना।

छींटा पड़ना

हलकी वर्षा होना।

छींटाकशी करना

ताना मारना, बोली बोलना; जैसे—जवान छोकरे सिक्के दिखा-दिखाकर जनखे पर छींटाकशी करते।—अजित पुष्कल।

छीछालेदर होना

दुर्गति होना; जैसे—पानी बरस चुका था! गलियों में कीच मच गई थी। पालतू जानवरों के झुंड निकले तो और भी ज़्यादा छीछालेदर हो गई।—अजित पुष्कल।

छुई-मुई

१. अत्यंत कोमल; जैसे—मैं वीर पत्नी हूँ, समझकर बढ़ना। छुई-मुई नहीं हूँ कि तुम्हारे उँगली उठाने से मुरझा जाऊँ।
२. अत्यंत लज्जाशील।

छुटकारा पाना

मुक्त होना, मुक्ति प्राप्त होना; जैसे—तब सुशिक्षित कवचधारी कुमार दशरथ के अनुसार प्रजा का पालन करने का

उपदेश देकर वे रोगी शरीर से छुटकारा पाने के लिए अनशन करने लगे। —सीताराम चतुर्वेदी।

छुट्टा घूमना

आवारा (पशु की तरह) घूमना; जैसे— बिशू भैया के ऊपर सब-कुछ छोड़कर छुट्टा घूमना कहाँ तक उचित है।— गिरिधर गोपाल।

छुट्टी देना

काम या पाबंदी से मुक्त करना; जैसे— उसकी कमज़ोरी और बीमारी के ख़्याल से वे उसे कठिन व्यायाम से भी छुट्टी दे देते थे।—अश्क।

छुट्टी पाना

छुटकारा मिलना, बोझ सिर से उतरना; जैसे—राज्य की चिंता से छुट्टी पाकर पवित्र मन से राजा द्वितीय ने पुत्र की इच्छा से ब्रह्मा जी की पूजा की। —सीताराम चतुर्वेदी।

छुट्टी मिलना

१. अवकाश मिलना; जैसे—चौके-चूल्हे से उसे कहाँ छुट्टी मिलती है।

२. मुक्ति मिलना; जैसे—(१) कुछ लोग कांग्रेस के गुटों का मिलन इसलिए चाहते हैं कि जोड़-तोड़ की घटिया राजनीति से छुट्टी मिले। —दिनमान। (२) मरे-वरेगा नहीं यह। मर जाए तब तो छुट्टी ही मिल जाए। —सरोजिनी वर्मा। (३) चलो अब दिन-रात की दावतों और पीने-पिलानेवालों से तो छुट्टी मिली।—(४) मगर बीमारी से छुट्टी न मिल सकी।—अजित पुष्कल।

छुरी चलाना

१. छुरी से प्रहार करना।

२. बहुत बड़ा अहित करना।

छू तक न जाना

किसी गुण से पूर्णतः रहित होना; जैसे—(१) उसे तो अकल छू तक नहीं गई। (२) पर नीलमणी को तो किसी प्रकार का छल-कपट छू तक नहीं गया।—देवेन्द्र सत्यार्थी।

छू पाना

प्रभावित करना, असर डालना; जैसे— माँ या पत्नी के ताने-तिश्ने उन्हें छू न पाते थे।—अश्क।

छू-मंतर होना

भाग जाना, पलायित होना; जैसे—(१) लड़कियों को भूत-प्रेत तो नहीं उठा ले गए। दरबान ठाकुर के छोकड़े के साथ छू-मंतर हो गई है।—अजित पुष्कल। (२) मुसलमान शायद यह समझने लगेंगे कि फ़खरुद्दीन अली अहमद के राष्ट्रपति बनते ही उनकी सारी समस्याएँ छू-मंतर हो जाएँगी।—आज। (३) अभी एक टिकिया लेते ही सर्दी-ज़ुकाम, बुख़ार या जोड़ों का दर्द छू-मंतर हो जाएगा।—सुरेश सिनहा।

छूट देना

स्वच्छंद आचरण करने देना; जैसे— अहल्या को मल्लिका आवश्यकता से अधिक छूट देती जा रही थी। —शिवानी।

छूट न देना

अधिक खुलकर या स्वच्छंदतापूर्वक आचरण न करने देना; जैसे—पलटू भी किसी को ज़्यादा छूट नहीं देता था। —अजित पुष्कल।

छूट मिलना/मिल जाना

कोई कार्य विशेष या आचरण करने के लिए स्वतंत्रता मिलना; जैसे—(१) चलो एक बात की तो छूट मिली। —श्रवणकुमार। (२) वह आधार भी तो टूट गया समझना चाहिए, उच्छृंखलता के लिए पूरी तरह छूट मिल गई। —अखंड ज्योति।

छूटा साँड़

आवारा आदमी; जैसे—लड़के गाँव में भी हैं, मगर उनमें कुछ लिहाज़ है, कुछ अदब है, कुछ डर है। ये सब तो छूटे

साँड़ हैं।—प्रेमचंद।

छूत छुड़ाना

पीछा छुड़ाने या नाममात्र के लिए यों ही (अवज्ञापूर्वक) कोई काम करना।

छूत झाड़ना

प्रेत-बाधा दूर करना।

छेड़ निकालना

चिढ़ाने के उद्देश्य से किसी का नाम रखना।

छेड़ना

तंग करना; जैसे—जब तक दुष्टों को दंड देनेवाला पुरुवंशी दुष्यंत पृथ्वी पर राज्य कर रहा है, तब तक कौन ऐसा है जो भोली-भाली ऋषि कन्याओं को छेड़े।—सीताराम चतुर्वेदी।

छेद छेदकर मारना

बहुत कष्ट देना; जैसे—फिर सास ने छेद छेदकर बहू को मार डाला।

छेनी तोड़कर रख देना

छेनी से ऐसी अत्यंत उत्कृष्ट रचना तैयार करना जैसी जल्दी फिर न बन सके; जैसे—मूर्तियों के निर्माण में बंगाल के मूर्तिकारों ने जैसे छेनी तोड़कर रख दी थी।—शिवानी।

छोटा आदमी

निम्न सामाजिक स्तर का व्यक्ति; जैसे—छोटे आदमियों के कभी मुँह नहीं लगा करते।

छोटा मुँह बड़ी बात

अनधिकारी द्वारा कही हुई कोई ग़ैर-ज़िम्मेदारी की बात, जैसे—यदि मैं यह कहूँ कि हमारी यह नीति इस घर को ले डूबेगी तो छोटा मुँह बड़ी बात होगी।

छोटा-मोटा

साधारणत: जैसे—(१) छोटी-मोटी बातों पर मगज़पच्ची नहीं करते। (२) छोटे-मोटे आदमी की चिट्ठी तो वहाँ के अधिकारी रद्दी की टोकरी में डाल देते हैं।—गिरिधर गोपाल।

छोटी बात

टुच्चेपन की बात, ऐसी बात जिससे हेय मनोवृत्ति सूचित होती हो; जैसे—आगे से मुझसे इतनी छोटी बात की तो तुम्हारे मुँह पर दो झापड़ रसीद करूँगा। —गिरिधर गोपाल।

छोटे मुँह बड़ी बात कहना

अपने से बड़े की मर्यादा का समुचित ध्यान न रखते हुए कोई बात कहना।

छोटे लोग

ग़रीब तबका; जैसे—बड़े लोगों ने छोटे लोगों का जीना हराम किया हुआ है।

छोड़ देना

१. मुक्त कर देना; जैसे—पुलिस ने उसे छोड़ दिया है।

२. वसूल न करना, जाने देना।

३. क्रम, संबंध आदि भंग करना; जैसे—नौकरी या पढ़ाई छोड़ देना।

छोड़ना

शेष रहने देना (विशेषत: दूसरों के उपयोग के लिए); जैसे—पिता जी ने कोई जमा-पूँजी, ज़मीन-जायदाद नहीं छोड़ी थी।—गिरिधर गोपाल।

ज

जंग खा जाना

जंग लग जाना।

जंग छेड़ना/छेड़ देना

लड़ाई शुरू कर देना।

जंग लगना/लग जाना

(व्यक्ति का) निस्तेज फलत: अकर्मण्य होना; जैसे—कहीं डाका-वाका डाला जाए। ससुर ताले के अंदर पड़े पड़े जंग लगी जा रही है।—अजित पुष्कल।

जंगल का कानून

ऐसा कानून जिसके पीछे बल और बर्बरता हो, जिससे न्याय न मिलने को हो; जैसे—यहाँ नाम के लिए प्रजातंत्र है पर चलता यहाँ जंगल का कानून है।

जंगल जाना
शौच के लिए मैदान या खेत में जाना।

जंगल में मंगल होना
किसी ऐसे स्थान पर मेले का-सा दृश्य होना जिसके चारो ओर दूर दूर उजाड़ हो।

जंगल राज
न्यायविहीन समाज या शासन।

जंजीर पहनाना
बंधन में जकड़ना।

ज़ख़्म ताज़ा/हरा होना
किसी के द्वारा किए हुए अपकार या अहित की बात का स्मरण हो आना।

ज़ख़्म पर नमक छिड़कना
ऐसा काम करना जिससे दुखी और भी अधिक दुखी हो।

ज़ख़्म भर जाना
१. घाव पुजना।
२. कष्ट दूर होना।

जग जीतना
संसार को विजित कर लेना, बहुत बड़ा श्रेय प्राप्त कर लेना; जैसे—सोचा था इसने पसंद कर लिया तो समझ लो मैंने जग जीत लिया।—शिवानी।

जड़ उखाड़ना
जड़ काटना (दे०)।

जड़ काटना/काट देना
१. ऐसा काम करना जिससे किसी का अहित या विनाश हो; जैसे—(१) भाइयों की खटपट सभी जगह होती है, मगर कोई इस तरह भाई की जड़ नहीं काटता।—प्रेमचंद। (२) ये तो अपने बाप की जड़ काटनेवाले आदमी हैं, भीतर से बाहर तक कोई तो इनसे ख़ुश नहीं।—प्रेमचंद।
२. आधार नष्ट करना; जैसे—भविष्य में होनेवाली व्यर्थ की जड़ें काटनी बहुत ज़रूरी थीं।—अजीत पुष्कल।

जड़ खोदना/खोद डालना
मूल कारण जानने का प्रयास करना; जैसे—वे तो झगड़े की जड़ खोदनेवाले हैं।

जड़ जमना
अच्छी तरह प्रतिष्ठित या प्रस्थापित होना।

जड़/जड़ें/जमाना
अपने आपको अच्छी तरह प्रतिष्ठापित करना; जैसे—(१) बल से न्याय को अपने पक्ष में करने का हठ तभी से छैलू के चरित्र में अपनी जड़ें मज़बूती से जमा चुका था।—अमृतलाल नागर। (२) स्टूडेंट फ़ेडरेशन और स्टूडेंट काँग्रेस के कार्यकर्ता चुनाव के माध्यम से अपने दलों की जड़ें गहरी जमाने के प्रयास में थे।—यशपाल।

जड़ देना
१. झूठ-मूठ की बात बनाकर कहना; जैसे—माँ से जड़ दिया कि भाई ने हमको आधा सड़ा हुआ चकोतरा दिया है और भाभी को बड़ा-सा।—प्रेमचंद।
२. ज़ोर से मारना; जैसे—इस पिता ने दन से एक थप्पड़ जड़ दिया था—इतने ज़ोर से कि वह धरती पर गिर गया था। —अश्क।

जड़ पकड़ लेना
स्थायित्व प्राप्त करना।

जड़ बनना/बन जाना
मूल कारण बनना या होना; जैसे—जब से आए हैं हंगामे की जड़ बन गए हैं। —सुरेश सिनहा।

जड़ मारना
निर्मूल करना, उखाड़ फेंकना; जैसे—वह हमारी जड़ मारने पर तुला हुआ है।

जड़ से उखाड़ना/उखाड़ देना
पूरी तरह से नष्ट करना जिससे कोई व्यक्ति या चीज़ जम या पनप न सके।

जड़ से मिटाना/मिटा देना
पूरी तरह से नष्ट कर देना; जैसे—सहने और दवा खाकर दर्द को जड़ से मिटाने के बजाए हम उसे भुलाने का

तात्कालिक करिश्मा तलाशते हैं।—गोपाल चतुर्वेदी।

जड़/जड़ें/हिलाना या हिला देना

अशक्त या खोखला कर देना; जैसे—इस महँगी ने शासन की जड़ें हिला दी हैं।

जड़ हो जाना

निर्जीव, निष्प्राण या निष्क्रिय हो जाना।

जड़ होना

मूल कारण होना; जैसे—तुम्हीं तो इस सारे झगड़े की जड़ हो।

जड़ता आना/आ जाना

निष्क्रिय हो जाना।

जड़ें खोखली कर देना

आधार नष्ट कर देना।

जड़ों में तेल देना

समूल नाश करने का प्रयत्न करना या कुचक्र रचना।

जनम गँवाना/घालना

व्यर्थ जीवन नष्ट करना।

जनम हारना

१. व्यर्थ सारा जीवन बिताना।

२. जन्म भर किसी का दास होकर रहने की प्रतिज्ञा करना।

जन्म जन्म का

पिछले अनेक जन्मों से चला आता हुआ, पिछले कई जन्मों का; जैसे—(१) इससे उसका संबंध आधा (आधे) घंटे का नहीं जन्म जन्म का है।—गिरिधर गोपाल। (२) ---- लगता था जैसे वे जन्म जन्म की सहेलियाँ हों।

ज़बान का कच्चा

झूठा व्यक्ति।

ज़बान का कड़ा

अप्रिय बातें कहनेवाला।

ज़बान का झूठा

सदा झूठ बोलता रहनेवाला।

ज़बान का तेज़

बोलने में स्वभाव से उग्र; जैसे—लड़का ज़बान का तेज़ है उसके मुँह लगना ठीक नहीं होगा।

ज़बान काटना

बोलने से रोकना; जैसे—आपने जो कहना था कह दिया अब हमारी ज़बान मत काटो।

ज़बान का शेर

बढ़-चढ़कर बातें करनेवाला।

ज़बान कैंची/कतरनी/की तरह चलना

बहुत बढ़-बढ़कर तीखी बातें करना; जैसे—कितनी बार कह चुकी हूँ ऐसी बातें न किया करो, लेकिन तुम्हारी ज़बान जब चलने पर आती है तो कैंची की तरह चलती ही जाती है।—भूषण वनमाली।

ज़बान को फ़ालिज/लकवा/मार जाना

मुँह से कोई बात न निकलना; जैसे—नवल बाबू के सामने पड़ते ही सब की ज़बान को फ़ालिज मार जाता है ---। —सुरेश सिनहा।

ज़बान को मुँह में रखना

चुप रहना या चुप हो जाना; जैसे—उसने ज़बान को तो मुँह में रख लिया, मगर तमतमाए हुए चेहरे की एक एक शिरा नंगी तलवार-सी उठ खड़ी थी। —रा० रा० प्र० सिंह।

ज़बान ख़राब करना

मुँह से अपशब्द निकालना; जैसे—वह बकता है तो बके, हम क्यों अपनी ज़बान ख़राब करें।

ज़बान खींचना/खींच लेना

कोई अनुचित या विरुद्ध बात कहने-वाले को कठोर दंड देना जिससे पुनः वह ऐसी बात मुँह से न निकाल सके।

ज़बान खुलना

१. बहुत समय तक चुप रहने पर किसी का बोलना आरंभ कर देना; जैसे—वह बराबर सोचती रही अगर शिरोमन की ज़बान खुल गई तो वह कहीं की नहीं रहेगी।—अजित पुष्कल।

२. बढ़ बढ़कर या उद्दंडतापूर्व बातें कहने का अभ्यास पड़ना या होना।

ज़बान खोलना

१. वास्तविक तथ्यों का कथन या उल्लेख करना; जैसे—हिंदी शोध की दशा और दिशा के बारे में ज़बान खोलना मक्खियों के छत्ते को छेड़ना होगा।—इंद्रनाथ मदान।

२. दुस्साहसपूर्वक बात करना; जैसे—मेरे लड़के मेरे सामने ज़बान खोल जाएँ तो देखूँ।—कमलेश्वर।

ज़बान घिस जाना

किसी से कोई बात कहते-कहते थक या हार जाना।

ज़बान गज़ भर की होना

बहुत बढ़-बढ़कर बोलना, अधिक बातूनी होना।

ज़बान चटोरी होना

चटपटी चीज़ें खाने की आदत होना; जैसे—शहर की हवा लगने से इन लड़कियों की भी ज़बान चटोरी हो गई है।

ज़बान चलना

बराबर कुछ कहते या बकते रहना।

ज़बान चलाना

१. जल्दी-जल्दी बातें कहना।

२. बढ़ बढ़कर या उद्दंडतापूर्वक बातें करना; जैसे—(१) हम माँ के सामने ऐसे ज़बान चलाते, पापा ने ओखली में कूट दिया होता। —यशपाल। (२) कभी उन्हें भी आँखें दिखाओ, कभी उनके सामने भी ज़बान चलाओ तो जानें। —भूषण वनमाली। (३) अस्पताल की मामूली सी नर्स और शान यह कि हम से ज़बान चलाती है।—भूषण वनमाली।

ज़बान चलाने की रोटी खाना

केवल लोगों की ख़ुशामद करके जीविका उपार्जित करना।

ज़बान चूक जाना

मुँह से कुछ का कुछ निकल जाना।

ज़बान टूटना

छोटे बच्चे की ज़बान का ऐसी स्थिति नें आना कि वह कठिन शब्दों या संयुक्त वर्णों का उच्चारण कर सके।

ज़बान डालना

किसी से किसी प्रकार की प्रार्थना या याचना करना।

ज़बान तले ज़बान होना

दो तरह की बात कहना, पहले कही हुई बात से भिन्न बात रहना।

ज़बान तालू से लिपटना/चिपकना

मुँह से बात ही न निकलना; जैसे—आख़िर रामू की बेकसी उसे बड़े भाई के दरवाज़े की ओर खींच ले गई वह चौखट के भीतर चला तो गया मगर वहाँ की कैफ़ियत देखकर ज़बान तालू से लिपट गई।—रा० रा० प्र० सिंह।

ज़बान थामना

ज़बान पकड़ना(दे०)।

ज़बान देना

वादा करना, वचन देना।

ज़बान न खोलना

चुप रहना; जैसे— जहाँ तक उससे बन पड़ता वह तमाम दिन अपनी ज़बान भी न खोलता।—श्रवणकुमार।

ज़बान न थकना

बराबर कहते ही जाना, बोलते ही जाना; जैसे—रियाज़ साहब की ज़बान भी मौसी मौसी कहते थकती नहीं। —भूषण वनमाली।

ज़बान पकड़ना

कहते हुए को कोई बात कहने से रोकना।

ज़बान पर आना

भूली हुई अथवा अवसर के अनुकूल कोई बात याद आना।

ज़बान पर चढ़ना

कंठस्थ होना; जैसे—धीरे धीरे इन जोड़ों

के नाम, फिर कहानियाँ, फिर लड़कों की ज़बान पर चढ़ने लगीं।—गिरिधर गोपाल।

ज़बान पर ताला लगना
कुछ कह न पाना; जैसे—वह कैसे कहती, उसकी ज़बान पर तो ताला लगा हुआ था।

ज़बान पर धरा रहना/होना
याद रहना; जैसे—फ़िराक के शेर तो उनकी ज़बान पर धरे रहते हैं।

ज़बान पर मुहर/मोहर/लगा लेना
कुछ न बोलने या कहने का दृढ़ निश्चय कर लेना; जैसे—अगर वह जानता कि उन डींगों का यह फल होगा तो ज़बान पर मुहर लगा लेता।—प्रेमचंद।

ज़बान पर रखना
१. सदा स्मरण रखना।
२. थोड़ी मात्रा में कोई चीज़ ज़बान पर रखकर उसका स्वाद जानना।

ज़बान पर लगाम न होना
मुँह में लगाम न होना (दे०); जैसे—लेकिन इति की ज़बान पर लगाम नहीं थी और वह कांग्रेसी नेताओं की तरह हर बात पर ज़रूरत-बेज़रूरत लेक्चर देने लगती थी।—सुरेश सिनहा।

ज़बान पर लाना
चर्चा करना या दूसरों से कहना; जैसे—(१) कभी ऐसी गंदी बात ज़बान पर नहीं लाते। (२) भगवान के लिए फिर यह बात कभी ज़बान पर न लाना। —गुलशन नंदा। (२) आज पीछे यह बात ज़बान पर न लाना, चेताए देता हूँ।—अमृतलाल नागर।

ज़बान पर होना
स्मरण रहना, याद होना; जैसे—(१) सड़कों के मोड़ मोड़ पर कितनी सभाएँ हुई थीं उन दिनों, कितने जुलूस निकले थे और कितने जोशीले गाने लोगों की ज़बान पर थे।—गिरिधर गोपाल। (२) शिवरात्रि वाले जोगी के शाप की बात हर ज़बान पर थी।—अमृतलाल नागर।

ज़बान फेरना
किसी का अनुरोध अस्वीकार करना; जैसे—दस-पाँच रुपए की बात होती तो आपकी ज़बान न फेरता। —प्रेमचंद।

ज़बान बंद करना
किसी को कुछ कहने से रोकना; जैसे—(१) आप किसी की ज़बान नहीं बंद कर सकतीं।—प्रेमचंद। (२) रमेश की इस बात ने सुकुलाइन की ज़बान बंद कर दी।—अमृतलाल नागर।

ज़बान बंद होना
कुछ न कहने को विशेषत: उत्तर न देने को विवश होना, बोलती बंद होना।

ज़बान बंदी करना
किसी की कही हुई बात को उसी के शब्दों में लिख देना।

ज़बान बदलना/बदल लेना
कहकर मुकर जाना, वचन भंग करना।

ज़बान बिगड़ना/बिगड़ जाना
१. अस्वस्थता, रुग्णता आदि के कारण मुँह का स्वाद बिगड़ना।
२. बढ़िया बढ़िया और चटपटी चीज़ें खाने का चस्का पड़ना।
३. मुँह से अपशब्द निकलना।

ज़बान मुँह में रखना
चुप रहना, न बोलना; जैसे—सब देखती है, सब समझती है पर अपनी ज़बान मुँह में रखती है बेचारी।—रा० रा० प्र० सिंह।

ज़बान में लगाम न होना
बिना समझे-बुझे और बिना छोटे-बड़े का ख़्याल किए अशिष्टता या उद्दंडतापूर्वक बातें करना; जैसे—जिसकी ज़बान में लगाम न हो, उसे मुँह नहीं लगाया करते।

ज़बान रोकना
१. कुछ कहते कहते रुक जाना।
२. किसी को कुछ कहने से रोकना।

ज़बान लड़ाना

बढ़ बढ़कर सवाल-जबाब करना; जैसे—ससुर परजा सुतन्त्र हो जाए तो बराबरी से ज़बान लड़ाने की हिम्मत करे है।—अजित पुष्कल।

ज़बान लेना

वचन लेना; जैसे—पर जाते जाते भी मेम साहब से हफ़्तावारी रिपोर्ट भेजते रहने की ज़बान लेती गई।—रा० रा० प्र० सिंह।

ज़बान सँभालकर बोलना

औचित्य का ध्यान रखते हुए कोई बात कहना; जैसे—अबड़-तबड़ मत बकिए, ज़रा ज़बान सँभालकर बोलिए।

ज़बान सँभालना

मुँह से अनुचित या अशिष्ट शब्द न निकलने देना।

ज़बान से उफ़ न करना

ज़रा भी शिकायत न करना।

ज़बान से निकलना/निकल जाना

मुँह से निकलना, कहना।

ज़बान हारना

वचन दिए होना, कुछ करने या न करने के लिए विवश होना।

ज़बान हिलाना

(दबते या सहमते हुए) कुछ कहना।

ज़बान होना

मातृभाषा होना; जैसे—यह उन्हीं की ज़बान है।

ज़बानी कहना

मुँह से कहना; जैसे—मैंने उन्हें शादी में आने के लिए ज़बानी अवश्य कहा था।

ज़बानी जमा-खर्च करना

कोई बात कहने भर तक सीमित रहना, पर करना-धरना कुछ नहीं।

जमकर

दृढ़तापूर्वक या ज़ोरों से; जैसे—(१) तब मुझे लगता है कि इन अवरोध पैदा करनेवालों के साथ जमकर टक्कर ली जाए।—श्रवणकुमार। (२) फिर पुलिस विद्यार्थियों में जमकर लड़ाई हुई।—श्रवणकुमार।

जम जाना

स्थायी रूप से प्रतिष्ठित हो जाना; जैसे—(१) हमारे पूर्वज फिर बम्बई में जाकर बस गए और जम गए! (२) ...तो उसके हृदय में यह निश्चित धारणा जम जाए कि ...वह माया-मरीचिका की तरह मिथ्या है। —इलाचंद्र जोशी।

जमा देना

लगाना, मारना या आघात करना (लात, थप्पड़ आदि के संबंध में) जैसे— कहीं क्रोध में आकर उन्होंने एक थप्पड़ जमा दिया तो धरती में धँस जाऊँगा...।—महेन्द्र सिंह परमार।

जमा मारना

दूसरे का धन या पूँजी हड़प जाना; जैसे—औरों की तरह तुमने भी दूसरों का गला दबाया होता, उनकी जमा मारी होती, तो तुम भी भले आदमी होते। —प्रेमचंद।

जमा-खर्च करना

किसी के यहाँ से आई हुई रकम जमा करके उसके नाम पड़ी हुई रकम का पूरा हिसाब देना।

ज़माना देखना

ज़माने के रंग-ढंग देखना।

ज़माना देखे होना

संसार की रीति-नीतियों से परिचित होना, अनुभव प्राप्त होना।

ज़माना फिरना

लोगों (या मित्रों) का रुख बदल जाना, मित्र शत्रु बन जाना।

ज़माना लद जाना

पुराना समय अब नहीं रहा, पुरानी स्थिति नहीं रही।

ज़माने की हवा लगना

दुनियाँ में होती हुई नई नई बातों का अनुकरण करने लगना; जैसे—नवल

बाबू को यह बड़ा नागवार गुज़रता है कि क्या ज़माने की हवा अबोध बच्चों को भी लग गई है।—सुरेश सिनहा।

ज़माने पर

बहुत अर्से बाद; जैसे—१९१४ की बात है। ज़माने पर कलकत्ते की सूरत देखी।—रा० रा० प्र० सिंह।

ज़मीन का पैरों तले से खिसक/सरक/ जाना

पैरों तले से ज़मीन खिसक जाना (दे०), ऐसी स्थिति उत्पन्न होना कि होश-हवास ही ठिकाने न रहें; जैसे—बेटे के मुँह से अनाप-शनाप शब्द सुनकर उसके पैरों तले से ज़मीन खिसक गई।

ज़मीन चूमने लगना

ज़मीन पर पट गिरना; जैसे—फिर आस्मान चूमनेवाली इमारतें ज़मीन चूमने लगीं।

ज़मीन दिखाना

(किसी को) पटक गिराना या बुरी तरह से पराजित या परास्त करना।

ज़मीन पकड़ना

किसी स्थान पर जमना या जमकर बैठना।

ज़मीन पर पैर/पाँव/न पड़ना

घमंड से चूर होना।

ज़मीन पर पैर न रखना

ऐंठ या शेखी दिखलाना।

ज़मीन बाँधना

१. अस्तर या मसाला लगाकर चित्र आदि बनाने के लिए सतह तैयार करना।

२. कोई काम करने से पहले उसकी प्रणाली निश्चित करना।

ज़मीन में गड़ना/गड़ जाना

लज्जावश सिर नीचे झुकना; जैसे—झूठ बोलकर छुट्टी लेने के बाद, बाग की सैर करते हुए, उसके मैनेजिंग डायरेक्टर उसे देख लेते—मात्र उसी से वह ज़मीन में गड़ जाता।—अश्क।

ज़मीन सुँघाना

पटक गिराना।

ज़मीन-आस्मान एक करना

(किसी काम के लिए) अपनी पूरी शक्ति लगा देना; जैसे—(१) उस कवि के लिए, जो दूसरों के आदेश पर महज़ रुपयों के लिए कविता लिखता है, उसके मन में कोई आदर नहीं। फिर ऐसा कवि जो पाँच रुपल्ली के लिए ज़मीन-आस्मान एक कर दे।—अश्क। (२) जब (ये) मर्द किसी औरत की ख़ुशामद करने पर उतर आते हैं न, तो ज़मीन-आस्मान एक कर देते हैं।—भूषण वनमाली।

ज़मीन-आस्मान के कुलावे मिलाना

१. डींग मारना।

२. धूर्ततापूर्ण आचरण करना।

जय बोलना

१. जय जयकार करना।

२. विजय, सफलता आदि की कामना करना।

ज़रदी छाना

रोग, भय आदि के कारण मुँह या शरीर का पीला पड़ जाना।

ज़रब आना

हानि होना; जैसे—मेरे बच्चे को ज़रब आई तो मुझसे बुरा कोई न होगा।

ज़रा ज़रा-सी बात

अत्यन्त साधरण या तुच्छ बात; जैसे—भाभी ने ज़रा ज़रा-सी बात पर लड़-लड़ाकर घर भर का जीना दूभर कर दिया।—अश्क।

ज़रूरत भर

जितनी आवश्यकता हो उतना; जैसे—वह ज़रूरत भर सामान ले गया है।

जल उठना

१. क्रोधाभिभूत होना; जैसे—मंजुला मन ही मन जल उठी।—हजारीप्रसाद द्विवेदी।

२. अत्यंत दुखी हो जाना; जैसे—

⋯अपनी शक्ति की शिकायत से वह भीतर ही भीतर जल उठा था। —जवाहर सिंह।

जल मरना

ईर्ष्या, डाह आदि के कारण अत्यंत दुखी होना; जैसे—जो कोई लौंडी-बाँदी भी मुझसे अच्छी तरह बात करे तो (वे) जल मरती हैं।—प्रेमचंद।

जल-थल एक हो जाना

बहुत अधिक वर्षा से चारो ओर पानी भर जाना, प्रलय का दृश्य उपस्थित हो जाना।

जल-भुन उठना

क्रोधाभिभूत होना; जैसे—⋯आस-पास के कुछ ज़मीनदार तो कुँवर साहब की इस नई हरकत से जल-भुन उठे⋯। —रा० रा० प्र० सिंह।

जल-भुन जाना

क्रोध या ईर्ष्या से अत्यंत दुखी होना; जैसे—ब्रह्मचारी कच द्वारा देवयानी के रूप की प्रशंसा सुनकर शर्मिष्ठा अंदर से जल-भुन गई।—यज्ञदत्त।

जल-भुनकर खाक होना/हो जाना

जल मरना (दे०); जैसे—⋯देवर का वैभव देखकर उसके हाड़-मज्जा तक जल-भुनकर खाक हो गए।—शिवानी।

जलती आग में कूदना

जानते-समझते हुए भी जोखिम का काम करना।

जलती आग में तेल डालना/छिड़कना

ऐसी बात कहना जिससे झगड़ा और बढ़े।

जलती आग में पानी डालना

ऐसी बात कहना जिससे झगड़ा ख़त्म हो जाए।

जलना

१. ईर्ष्या करना; जैसे—(१) मगर मंजुला यह नहीं समझ सकी कि वह उससे जलता क्यों रहता है।—हजारीप्रसाद द्विवेदी। (२) उसके बाप का खाते हैं क्या! अपनी कमाई; अपनी सफ़ाई⋯वह क्यों जलता है हमसे। —गुलशन नंदा।

२. बहुत अधिक गरम होना; जैसे—उसका ललाट जल रहा था।—हजारीप्रसाद द्विवेदी।

जली-कटी सुनाना

ईर्ष्या, क्रोध आदि के कारण कड़ी और कड़वी बातें कहना; जैसे—⋯ऐसी जली-कटी सुना रही थी कि लोगों की सहानुभुति उससे दूर होती जा रही थी। —प्रेमचंद।

जले पर नमक छिड़कना

ऐसा काम करना जिससे दुखी और दुखी हो।

जवान होना

सशक्त रूप धारण करना; जैसे—स्कूल के पीछे एक पोखरा है जो सिर्फ़ बरसात में जवान होता है; बाकी समय तो उसके अंदर से सड़ी काई और मछलियों की बास आती है।—अजित पुष्कल।

जवानी जलाना

भोग-विलास करके जवानी नष्ट करना; जैसे—बड़ा आया मर्द! औरतें भगाकर रुपया कमाएगा और उनके साथ रात को जवानी जलाएगा। —अजित पुष्कल।

जवाब का

बराबरी या जोड़ का, तुल्य, समान।

जवाब तलब करना

अधिकारपूर्वक किसी से उसके अनुचित और अनधिकारपूर्ण कार्य या व्यवहार का कारण पूछना।

जवाब दे जाना

१. यह कहना कि (अब या आगे से) काम नहीं करेंगे; जैसे—हमारा नौकर तो आज जवाब दे गया है।

२. काम करने लायक न रह जाना, शक्ति या समार्थ्य से रहित होना; जैसे—(१) मन ही मन सोचा कि अब परदेस

झेलने लायक काया नहीं है। बुढ़ापे का शरीर जाने कब जबाब दे जाए।—अजित पुष्कल। (२) सामने दीवार पर, कड़ुवे तेल का दिया जल रहा था, जिसकी बत्ती बार बार एक नौजवान लड़की दियासलाई के तिनके से उभार रही थी ताकि यह टिमटिमाती हुई रोशनी भी कहीं जवाब न दे जाए। —भूषण वनमाली।

३. ··· रहित हो जाना; जैसे—उनकी हिम्मत जवाब दे गई।—सुशीला गुप्ता।

जवाब दे देना

१. यह कहना कि (अब) नौकरी से हटाया जाता है; जैसे—पति के न रहने पर—सबसे पहले उसने नौकर-नौकरानियों को जवाब दे दिया। —भूषण वनमाली।

२. यह कहना कि अब मरीज़ बचेगा नहीं; जैसे—डाक्टर साहब ने तो आज जवाब दे दिया है।

जवाब देना

प्रत्युत्तर देना; जैसे—सोचता हूँ दुनिया को दुनिया की रीति से ही जवाब दिया जाए।—मनहर चौहान।

जवाब न रखना/होना

दूसरा या जोड़ का उदाहरण न होना; जैसे—(१) दोनो पति-पत्नी अपना जवाब नहीं रखते।—अमृतलाल नागर। (२) आतिथ्य में उसका जवाब नहीं। —देवेन्द्र सत्यार्थी।

जस का तस रखा होना

जैसा पहले था वैसा ही अब होना; जैसे—आपकी अमानत जस की तस रखी हुई है, जब चाहें देख लें।

ज़हमत गले पड़ना/लगना

मुसीबत या झंझट ऊपर आना।

ज़हर उगलना

कड़ी और कड़वी बातें कहना, बुरा-भला कहना।

ज़हर कर देना

ऐसी स्थिति उत्पन्न कर देना कि कोई चीज़ खाते ही न बने।

ज़हर का घूँट पीना/पी जाना

कड़ी और कड़वी बात सुनकर भी चुप रहना; जैसे—नोखेराम कभी कभी उससे चिलम भरने या चारपाई बिछाने को भी कहते थे ··· तब बेचारा ··· ज़हर का घूँट पीकर रह जाता था।—प्रेमचंद।

ज़हर का बुझा हुआ

विषवमन करनेवाला; जैसे—मैं तो उसे बहुत शरीफ़ और अच्छी लड़की समझता था, लेकिन क्या बताऊँ वह तो ज़हर की बुझी हुई निकली।—भूषण वनमाली।

ज़हर बोना

ऐसा काम करना जिससे झगड़ा खड़ा हो या किसी प्रकार का अहित हो।

ज़हर मार करना

भूख न होने पर भी अथवा खाने की रुचि या इच्छा न होने पर भी ज़बरदस्ती खाना।

ज़हर में बुझाना

छुरी, बरछी आदि को तपाकर ज़हरीले तरल पदार्थ में डालना, जिससे वे ज़हरीली हो जाए।

ज़हर लगना

बहुत बुरा लगना; जैसे—मेरी बात तो उसे ज़हर लगती है।

जहाँ-तहाँ

हर जगह।

जाँघ उघाड़ना

जाँघ नंगी करना (दे०)।

जाँघ नंगी होना

अपनी बदनामी स्वयं करना।

जा पड़ना

अचानक कहीं पहुँचना या उपस्थित होना।

जाग उठना

जाग्रत, सजीव या जीवंत हो जाना;

जैसे—आत्मकथा के संक्षिप्त नोट्स लिखते लिखते संभव है मेरी सरस्वती फिर से जाग उठे।—अमृतलाल नागर।

ज़ात पहचानना

यह जानना कि अमुक व्यक्ति का कुल-शील (फलत: आचरण-स्वभाव) कैसा है; जैसे—दमड़ी की हंडिया खोकर कुत्ते की ज़ात तो पहचान ली जाएगी।—प्रेमचंद।

जाता रहना

न रह जाना; जैसे—(१) असमय में उठे बादलों से प्रभात की धूप में खिले हुए कमलों की चमक जाती रहती है।—सीताराम चतुर्वेदी। (२) शिक्षा के प्रभाव से खान-पान में छुआछूत का संकोच देवदत्त के मन से जाता रहा। —यशपाल। (३) रतन लाल सेठ की पहली पत्नी से तीन बेटियाँ हुईं। एक बेटी अल्पावस्था में जाती रही। —यशपाल।

जादू उतरना/उतर जाना

कुप्रभाव दूर होना।

जादू करना

(किसी को) विशिष्ट प्रभाव से युक्त करना; जैसे—उनकी आँखों ने तो जैसे हम पर जादू कर दिया हो।—प्रेमचंद।

जादू चढ़ना/चढ़ जाना

अत्यधिक प्रभावित होना; जैसे—हमारी शिक्षित बहनों पर वह जादू बड़ी तेज़ी से चढ़ रहा है।—प्रेमचंद।

जादू डालना/डाल देना

१. मुग्ध या मोहित कर लेना फलत: अधीन या वश में कर लेना; जैसे—मैंने तो समझा था कि आपने उनके ऊपर अपना जादू डाल दिया है।—प्रेमचंद।

२. वशवर्ती कर लेना।

जादू मारना

अत्यंत अनुकूल तथा मुग्ध कर लेना; जैसे—जीवन-संगिनी जीवन सर्वस्व पर सारा अपना जादू मार कर चली गई। —अमृतलाल नागर।

जादू सिर चढ़कर बोलना

व्यक्ति द्वारा अपना अपराध स्वंय कहने में विवश होना।

जान आना

१. जीवनी-शक्ति उत्पन्न होना; जैसे— नीबू और शहद चटाया तो उसमें जान-सी आ गई। —कमलेश्वर।

२. सजीव तथा प्रभावपूर्ण होना; जैसे—वाक्य में एक शब्द जोड़े जाने से जान आ गई है।

३. बेचैनी या घबराहट दूर होना; फलत: धैर्य तथा संतोष प्राप्त होना।

४. शोभा बढ़ना; जैसे—एक घड़ी से कमरे में जान आ गई है।

जान आफ़त में होना

परेशानी में होना; जैसे—जब यह दुकान ली है तब से हमारी जान आफ़त में है।

जान एक कर देना

प्राण दे देना और ले लेना; जैसे—वह घर कभी नहीं छोड़ेगी। तुम ज़बरदस्ती करोगे तो वह तुम्हारी और अपनी जान एक कर देगी।

जान का गाहक

बहुत अधिक कष्ट देने या सतानेवाला; जैसे—वह इनके जान की गाहक हो रही है।—प्रेमचंद।

जान का जंजाल/बवाल

अत्यंत कष्टप्रद बात या वस्तु; जैसे—उधर तो तफ़रीह थी, इधर बच्चों का काफ़िला जान का बवाल हो गया। —रा० रा० प्र० सिंह।

जान की पड़ी होना

जीवन संकट में पड़ा होना; जैसे—तुम्हें अपने पैसे की पड़ी है उसे अपनी जान की पड़ी है।

जान की बाज़ी लगाना

जान को ख़तरे या जोखिम में डालना;

जैसे—जेल गए, डंडे और गोलियाँ खाईं ···· जन-साधारण के कल्याण के लिए अपनी जान की बाज़ी लगा दी। —गिरिधर गोपाल।

जान के लाले पड़ना

जान पर आ बनना, प्राण संकट में होना।

जान को आ पड़ना

प्राण संकट में पड़ना; जैसे—जब अपनी जान को आ पड़ती है, तब हरी हरी नहीं सूझती।

जान को रोना

कष्ट या दुख देनेवाले को कोसना; जैसे—छोड़ो भी अब इस मसले को। कब तक उस कमबख़्त की जान को रोते रहोगे।

जान खाना/खा जाना/खा डालना

(किसी को) बार बार तंग या परेशान करना; जैसे—तुम्हें पुस्तक चाहिए, दे दूँगा, पर इस समय मेरी जान मत खाओ।

जान खोना

प्राण गँवाना।

जान चुराना

काम या परिश्रम से भागना या कतराना; जैसे—वह पढ़ने से जान चुराता है।

जान छिड़कना/छिड़क देना

बहुत अधिक प्यार करना; जैसे—साहब भी अपनी इस नवेली दुल्हन पर जान छिड़कते थे।

जान छुड़ाना

किसी प्रकार के उत्तरदायित्व अथवा झगड़े-बखेड़े से मुक्त होने का प्रयत्न करना; जैसे—बीस रुपए देकर उसने पुलिस से जान छुड़ाई।

जान छूटना

किसी प्रकार के उत्तरदायित्व अथवा झगड़े से छुटकारा मिलना; जैसे—परीक्षा ख़त्म हो तो लड़कों की पढ़ने से जान छूटे।

जान/जानें/जाना

मरना, मारा जाना; जैसे—(१) जब तक श्यामली का चक्कर है तुम्हारी जान कभी भी जा सकती है।—अजित पुष्कल। (२) और उस प्रलयंकर बाढ़ में ···· गाँव के गाँव तबाह हो गए, सैंकड़ों आदमियों और मवेशियों की जानें गईं।—गिरिधर गोपाल।

जान डालना/डाल देना

सजीव बना देना; जैसे—कभी कभी तो एक सामान्य शब्द भी वाक्य में ऐसी जान डाल देता है कि यदि वह शब्द निकाल दिया जाए, तो वाक्य में दम ही नहीं रह जाता।—रामचंद्र वर्मा।

जान देना

१. प्राण देना; जैसे—(१) हम जान दे देंगे मगर बेग़ैरती बर्दाश्त नहीं करेंगे। —यशपाल। (२) इतना मैं जानती हूँ यह फड़फड़ाए चाहे जितना, जान नहीं देगा।—अजित पुष्कल।

२. बहुत अधिक परिश्रम करना।

३. जान निछावर करना; जैसे—(१) सदा आतिथ्य-सत्कार और मर्यादा-रक्षा पर जान देते रहे।—प्रेमचंद। (२) मैं तो ख़ुद शर्म और हया, इज्ज़त और सादगी पर जान देता हूँ।—भूषण वनमाली।

४. मुग्ध होना; जैसे—तुम फिटन और घोड़े, कुरसी और मेज़, आइने और तस्वीरों पर जान देते हो। —प्रेमचंद।

५. किसी वस्तु की प्राप्ति के लिए बहुत अधिक विकल होना; जैसे—वह तो रुपए-पैसे के लिए जान देता है।

जान न समझना

१. किसी बहुत बड़े काम की सिद्धि के लिए अपने प्राण संकट में डालना।

२. किसी के साथ अत्यंत कठोर या निर्दयतापूर्ण व्यवहार करना।

जान निकलना/निकल जाना

१. मरना या मरण तुल्य कष्ट भोगना; जैसे—(१) देखा आपने, टैक्स के नाम से इन सबों की जान निकल जाती है।—प्रेमचंद। (२) और मौत की कल्पना से ही उनकी जान निकलती थी।—भूषण वनमाली ।

२. किसी से बहुत अधिक भयभीत होना; जैसे—आपका नाम सुनते ही उसकी जान निकलने लगती है। —प्रेमचंद।

जान न्योछावर करना/कर देना

जान देना, हृदय से प्रेम करना और उसके लिए बड़े से बड़ा बलिदान करने को प्रस्तुत रहना; जैसे—वह इस पर जान न्योछावर करता था और यह उसे दुत्कारती थी।—गुलशन नंदा।

जान पड़ना/पड़ जाना

१. (बेदम या मुर्दा व्यक्ति में) जीवनी-शक्ति का फिर से संचार होना; जैसे—मुर्दे में जान पड़ना।

२. (निराश, शोकग्रस्त या हतोत्साह व्यक्ति का) प्रफुल्लित तथा प्रसन्न हो उठना।

३. सजीव या जीवंत होना; जैसे—वाक्य में एक शब्द मात्र बदलने से जान पड़ गई।

जान पर आ बनना/बन आना

ऐसी विकट स्थिति उत्पन्न होना जिसमें जीवित रहना बहुत कठिन हो; जैसे—(१) अब एक महीने से डेंमू बुख़ार से पीछा छूटा है कहीं, मेरी तो जान पर बन आई थी।—प्रेमचंद। (२) जानते हैं नीलम सब को रास नहीं आता। जिसे उलटा पड़ जाए जान पर आ बने।—यशपाल। (३) चीन के तानाशाह अपने देश के करोड़ों नौजवानों को भेड़-बकरियों की तरह कटा सकते थे, लेकिन अगर कभी ख़ुद उनकी जान पर आ बने तो राकेट पर बैठकर मंगल ग्रह की ओर भाग जाएँगे।—गिरिधर गोपाल।

जान पर खेलना/खेल जाना

१. अपने प्राणों को संकट में डालकर कोई जोखिम का काम करना; जैसे—इन्होंने जान पर खेलकर मेरी प्राण-रक्षा की है।—प्रेमचंद।

२. किसी महान उद्देश्य के लिए वीरतापूर्वक प्राण न्योछावर करना।

जान पर नौबत आना

जान पर आ बनना (दे०)।

जान पर बन आना

जान पर आ बनना (दे०): जैसे— तुम्हें क्या, तुम तो सहेलियों के साथ विहार करोगी, मेरी ख़बर तक न लोगी और यहाँ मेरी जान पर बन आएगी। —प्रेमचंद।

जान पर बनना

ऐसी विकट स्थिति उत्पन्न होना जिसमें जीवित रहना बहुत कठिन हो; जैसे—(१) सरकार इसे सिरदर्द समझते हैं, और यहाँ हम लोगों की जान पर बनी हुई है।—प्रेमचंद। (२) यहाँ जान पर बनी है इस गधे को किताब की पड़ी है। —यशपाल।

जान फूँकना

जान डालना(दे०)।

जान बख़्शना

घोर संकट से मुक्ति दिलाना या देना।

जान बचाना

१.प्राणों की रक्षा करना।

२. पीछा छुड़ाना।

जान भारी होना

जीवन दूभर होना; जैसे—मुझे तो अब अपनी जान भी भारी हो गई है।

जान मारना

१. किसी की हत्या करना; जैसे—दुश्मनी में लोग जान भी मार डालते हैं ।—अजित पुष्कल।

२. किसी को बहुत अधिक कष्ट देना या

सताना।

३. घोर परिश्रम करना।

जान में जान आना

तसल्ली होना, घबराहट दूर होना; जैसे—(१) पर त्रिजटा ने उन्हें समझाया कि यह सब राक्षसी माया है तब सीता जी की जान में जान आई।—सीताराम चतुर्वेदी। (२) उसे याद आया कि सुबह वह देर से कालेज आया था और साइकिल स्टेण्ड पर जाने के बदले सीधा क्लासरूम के बरामदे में रुका था ......इस बात की याद आते ही उसकी जान में जान आई।—अश्क। (३) मेरी जान में जान आ गई ...... बहुत बड़ा पहाड़ मेरे सर (सिर) पर से उतर गया।—भूषण वनमाली। (४) मैं अकेली खड़ी घबरा रही थी। तेरा साथ मिला तो जान में जान आई।—गुलशन नंदा।

जान रखना

कोई बात स्मरण रखना; जैसे—जान रखो, अब ऐसा काम किया तो घर से निकाल दूँगा।

जान लड़ाना/लड़ा देना

पूरी शक्ति किसी काम में लगा देना; जैसे (१) तुम्हें जेल से छुड़ाने के लिए उसने अपनी जान लड़ा दी थी। (२) व्यक्ति के जीवन की ढेर सारी उपलब्धियाँ, जिन्हें प्राप्त करने के लिए वह जान लड़ाता है, अंत में निकम्मी ढेर होकर नष्ट हो जाती हैं।—अमृतलाल नगर।

जान लेकर भागना

किसी तरह भाग कर (अपनी) जान बचाना; जैसे—पाकिस्तान से फिर हम लोगों को जान लेकर भागना पड़ा।

जान लेना

१. (किसी को) मार डालना या मरवा डालना; जैसे—(१) और अगर अपनी जान देती ही है, तो क्यों न इन दो चार हरामखोरों की जान लेकर ही दे।—गिरिधर गोपाल। (२) ...... आपके इसी रोने-धोने ने पिता जी की जान ली।—श्रवणकुमार।

२. बहुत अधिक तंग या परेशान करना।

जान साँसत में होना

घोर मुसीबत में पड़ना; जैसे—अरे सुख तो बाद में उपजेगा दादी, अभी तो जान साँसत में है।—अमृतलाल नागर।

जान सूखना

चिंता, भय आदि के कारण निर्जीव-सा होना; जैसे—क्या मारा है पंछी चंपा ने। याद आते ही जान सूख जाती है।—सरोजिनी वर्मा।

जान सूली पर टँगी होना/रहना

प्राण घोर संकट में होना; जैसे—जब तक मेरा बेटा घर लौट नहीं आया, मेरी जान सूली पर टँगी रही।

जान से ज़ाना

प्राण गँवाना, मर जाना।

जान से मारना

हत्या करना, मार डालना।

जान से हाथ धोना पड़ना

जान गँवाना; जैसे—(१) वे हमारी जान के पीछे ज़रूर पड़े हैं लेकिन यह भी हो सकता है कि कल को उन्हें भी जान से हाथ धोना पड़े। (२) जुर्माने की रकम न चुका पानेवाले लोगों को जान से हाथ धोना पड़ता है।—गिरींद्र शर्मा।

जान हथेली पर रखकर

जान का जोखिम उठाकर; जैसे—अपनी संपत्ति की रक्षा करने या उसे बढ़ाने के लिए जान हथेली पर रखकर लड़ते हैं।—मनहर चौहान।

जान हलकान/हलाक/करना

दौड़ते-भागते परेशान होना; जैसे—दिन भर जान हलकान करने पर कुल तीन बोरी सीमेंट का परमिट मिला है।

जान हाज़िर होना

इस जान से आप कहीं अधिक बढ़कर

मुझे प्रिय हैं, आपके लिए बड़ी से बड़ी कुरबानी देने के लिए तैयार हैं; जैसे—वे मुँह से कुछ बोलें भी तो, उनके लिए यह जान भी हाज़िर है।

जान हाथ पर लिए फिरना

मौत से बिल्कुल भी न डरना, ख़तरों का सामना करने के लिए सन्नद्ध होना।

जानकर अनजान बनना/बन जाना

जिस बात की जानकारी हो, उससे भी अनभिज्ञता प्रकट करना।

जान-पहचान निकलना

निकट या दूर के संबंध अथवा किसी और सूत्र के आधार पर परिचय होना; जैसे—जान-पहचान निकालने से ही निकलती है।—गिरिधर गोपाल।

जानवर होना

बुद्धि से रहित होना; जैसे—हमारा नौकर भी निरा जानवर है। कहो कुछ करता कुछ है।

जाना

१. न रह जाना; ख़त्म होना; जैसे—......मुझे नीचा दिखाने के लिए एक ऐसी ऊल-जलूल इन्क्वायरी भी शुरू कर दी थी, जिससे मेरी नौकरी भी जा सकती थी।—श्रवणकुमार।

२. अनुरूप होना; जैसे—बेटा बाप पर ही गया।

जाना-माना

प्रसिद्ध और प्रतिष्ठित; जैसे—जो भी लोग आए थे, वे अपने अपने क्षेत्रों के जाने-माने लोग थे।—कमलेश्वर।

जाने देना

उपेक्ष्य या तुच्छ समझकर किसी बात पर विचार न करना या ध्यान न देना; जैस—अब इन सब बातों को जाने दो, चलो घूमने चलें।

जाम चलना

शराब का दौर शुरू होना।

जामे से बाहर होना

इतना अधिक क्रुद्ध होना कि अपनी मर्यादा का ध्यान न रहे; जैसे—लड़कियों को ज़रा मार दिया तो लोग ऐसे जामे से बाहर हो गए, मानो वह बाहर का आदमी हो।—प्रेमचंद।

जायज़ा लेना

देखना-परखना; जैसे—(१) कभी अगर भाइयों की चौकड़ी आँगन में जमती......तब माँ की पैनी नज़र सब्ज़ी काटते-काटते भी चारो तरफ़ का जयज़ा लेती रहती थी।—कमलेश्वर। (२) नौकरी में आने के बाद ही उनकी साध रही कि अपने अंतिम दिनों में राजधानी में बैठकर वे न केवल पूरे देश का ठीक-ठीक जायज़ा ले सकेंगे......। —सुरेश सिनहा।

जाल डालना

१. मछलियाँ आदि पकड़ने के लिए जलाशय में जाल छोड़ना।

२. जाल फेंकना (दे०)।

जाल फेंकना

फँसाने के लिए युक्ति रचना; जैसे—मेरे पेट की थाह लेने के लिए यह जाल फेंका है।—प्रेमचंद।

जाल फैलाना/बिछाना

१. पशु-पक्षियों को फँसाने के लिए जाल फैलाना।

२. किसी व्यक्ति को फँसाने के लिए प्रलोभन देना।

३. किसी व्यक्ति को पकड़ने के लिए चारो ओर गुप्तचरों, सिपाहियों, सैनिकों आदि को खड़ा करना।

ज़िंदगी और मौत के बीच झूलना

दुर्दशा भोगना; जैसे—पिछले दो वर्ष वह ज़िंदगी और मौत के बीच में झूलता रहा।

ज़िंदगी के दिन पूरे करना

किसी प्रकार या जैसे-तैसे जीवन के शेष दिन बिताना।

ज़िंदगी नरक हो जाना

बुरी दशा हो जाना।

ज़िंदगी से खेलना
(किसी का) जीवन चौपट या बरबाद करने के लिए प्रयत्नशील होना; जैसे—वह मेरी ज़िंदगी से खेल रहा है, और तुम इसे मज़ाक समझ रही हो—भूषण वनमाली।

जिगर के टुकड़े हो जाना
दे० 'दिल के टुकड़े टुकड़े हो जाना'।

जिगर थाम लेना
सहसा अपार दुख-विपत्ति को सहन करना।

ज़िम्मेदारी उठाना/लेना
दायित्व या भार अपने ऊपर लेना; जैसे—घर की पूरी ज़िम्मेदारी उसने उठा ली थी।—गिरिधर गोपाल।

जिस्म कमाना
शरीर को स्वस्थ और पुष्ट कर लेना; जैसे—बड़ी कसरत हो रही है, ख़ूब जिस्म कमा लिया है।—अश्क।

जिहाद का झंडा खड़ा करना
धर्म के नाम पर लड़ाई छेड़ना।

जी अच्छा न होना
शारीरिक दृष्टि से अस्वस्थ होना।

जी अच्छा होना
शारीरिक कष्ट या रोग दूर होना, नीरोग और स्वस्थ होना।

जी आना
(किसी के प्रति) मन में प्रेम तथा आकर्षण उत्पन्न होना।

जी उकताना/उचटना
किसी काम, बात या स्थान से मन का ऊबने लगना और उसे छोड़कर कहीं और जाने की इच्छा होना।

जी उड़ जाना
चिंता, खटके आदि से चित्त का सहसा व्यग्र हो जाना।

जी करना/करने लगना
कुछ करने या पाने की इच्छा या प्रवृत्ति होना।

जी काँपना/काँप उठना
बहुत अधिक डर लगना।

जी का बुख़ार निकालना
रोषसूचक बातें कहकर मन का भार हलका करना।

जी का बोझ हलका होना
इच्छा पूरी होने, खटका या चिंता दूर होने पर मन निश्चिंत और स्वस्थ होना।

जी की जी में रह जाना
(इच्छा या साध) पूरी न होना; जैसे—उनके अंतिम दर्शनों की इच्छा जी की जी में ही रह गई।

जी की निकालना
१. मन में दबी हुई बात कहकर जी हलका करना।
२. (मनमाने ढंग से) अपनी इच्छा पूरी करना।

जी की पड़ना
जान बचाने की फ़िक्र होना।

जी को जी समझना
(किसी) जीव के प्रति जीवोचित व्यवहार करना।

जी को मारकर रखना
इच्छाओं, वासनाओं आदि की तृप्ति न करना, कठोर संयम से रहना।

जी को लगना
१. चिंता लगना।
२. मन को पूर्णत: प्रभावित करना।
३. किसी के पीछे पड़ना और उसे चैन से न रहने देना।

जी खटकना
१. आशंका होना।
२. द्वेष-भाव उत्पन्न होना।

जी खट्टा होना/हो जाना
किसी के अनुचित अथवा उपेक्षापूर्ण व्यवहार से मन में उसके प्रति विरक्ति पैदा होना; जैसे—जिस दिन से उसने मेरे बच्चे को गाली दी, मेरा मन उससे खट्टा हो गया।

जी खपाना
१. परेशान होना; जैसे—वह अब दिन

भर जी खपाएगी।

२. परेशान करना; जैसे—इस बच्चे ने दो घंटे में मेरा जी खपा दिया है।

जी खोलकर

ख़ूब (मनमाने ढंग से), बहुत अधिक मात्रा में; जैसे—कारीगर गई रात तक गपशप हाँकते और पश्चिमी पंजाब में जो अत्याचार ढाए जा रहे थे उनकी जी खोलकर निंदा करते।—बलवंत सिंह।

जी गिर जाना

जी बैठा जाना (दे०)।

जी घबरा उठना/जाना

तंग आ जाना, दुखी हो जाना; जैसे—इस अहेरी राजा की मित्रता से तो जी घबरा उठा है!—सीताराम चतुर्वेदी।

जी घबराना

आशंका भय, रोग आदि के कारण मन में घबराहट होना।

जी घुटना

दम घुटना (दे०); जैसे—जब कमरे की अँधेरी उदासी में विनोद का जी घुटने लगा था तो उसने रोशनी जलाई थी1—कमलेश्वर।

जी चलना/चल जाना

कोई अच्छी चीज़ देखकर उसे प्राप्त करने की मन में प्रबल इच्छा होना; जैसे—गुलाब-जामुन देखते ही उसका जी चल जाता है।

जी चाहना

इच्छा या कामना होना; जैसे—आज तुम्हारा हँसता चेहरा देखने को जी चाहता है।—अमृतलाल नागर।

जी चुराना

किसी काम या परिश्रम से बचने की चेष्टा करना; जैसे—(१) मैंने पढ़ने-लिखने से जी चुरा के क्या अंजाम पाया, देख ही रही है।—अमृतलाल नागर। (२) पढ़ने-लिखने से मैंने एक दिन के लिए भी कभी जी नहीं चुराया।—अमृतलाल नागर।

जी छूटना

उत्साह, साहस आदि न रह जाना, हिम्मत छूटना।

जी छोटा करना

१. हतोत्साहित करना; जैसे—लड़के का जी छोटा मत करो, दे दो पाँच रुपए और गुड्डी-परेता लाने दो।

२. हतोत्साहित होना; जैसे—अपना जी छोटा मत करो, बुढ़िया का माल तुम्हें ही मिलेगा।

जी छोड़ना

१. साहस खोना, हिम्मत हारना।

२. पीछा छोड़ना।

जी जलना

मन का बहुत अधिक दुखी या संतप्त होना।

जी जलाना

किसी को बहुत अधिक दुखी या संतप्त करना।

जी टँगा रहना

हर समय किसी बात की चिंता बनी रहना; बराबर ध्यान किसी पर या किसी ओर लगा रहना।

जी टूट जाना

उत्साह भंग हो जाना।

जी ठंडा होना

प्रसन्नता तथा संतोष का अनुभव करना।

जी डालना

१. मृत शरीर में प्राणों का संचार करना।

२. निराश व्यक्ति को आशान्वित बनाना।

जी डूबना

चिंता, निराशा आदि के फलस्वरूप मन का हतोत्साहित होना।

जी तोड़ना

उत्साह भंग करना; जैसे—किसी को उत्साहित नहीं कर सकते, तो किसी का जो भी मत तोड़िए साहब!

जी दहलना

अत्यधिक भयभीत हो जाना।

जी दुखना

मन में कष्ट या दुख होना।

जी देना
किसी पर जान न्योछावर करना।

जी दौड़ना/दौड़ने लगना
कुछ करने या पाने के लिए मन का व्यग्र या चंचल होना।

जी धँस जाना
जी बैठा जाना (दे०)।

जी धकधक करना
भय या आशंका से चित्त का स्थिर न रहना।

जी धड़कना
जी धकधक करना (दे०)।

जी न भरना
मन न अघाना, पूर्ण तृप्ति या संतुष्टि न होना; जैसे—चेतन उन ख़बरों को बार-बार पढ़ता पर उसका जी न भरता। —अश्क।

जी न मानना
१. (कोई बात) मन को रुचिकर प्रतीत न होना।
२. मन को किसी काम के लिए न रोका जा सकना; जैसे—सामने धरा हो तो जी नहीं मानता है।—अजित पुष्कल।

जी निकलना
प्राणों के निकलने का-सा कष्ट होना; जैसे—रुपए-पैसे का नाम लेते ही उनका जी निकलता है।

जी पक जाना
बहुत अधिक उदासीनता या विरक्ति होना।

जी पकड़ा जाना
मन में किसी बात का खटका होना।

जी पकना/पक जाना
अत्यंत दुखी हो जाना; जैसे—उनकी लगती-चुभती बातें सुनते सुनते अब मेरा जी पक गया है।

जी पक्का करना
कोई कार्य करने के लिए साहस बटोरना, किसी विचार को निश्चय में बदलने के लिए दृढ़ होना; जैसे—वह स्वयं उसके बिना नहीं रह सकता था, किंतु इस बार उसने जी पक्का कर लिया था। मल्लिका को वह पहाड़ ले जा सका।—शिवानी।

जी पर आ बनना
झंझट या संकट में बुरी तरह फँसना।

जी पर खेलना
किसी महत् कार्य के लिए अपने प्राणों की बाज़ी लगा देना।

जी फट जाना
(किसी व्यक्ति के प्रति) प्रायः उसके दुर्व्यवहार या उपेक्षा के कारण विरक्ति होना।

जी फिर जाना
(किसी के प्रति) पहले जैसा सद्‌भाव न रह जाना।

जी बँटना
एक साथ दो तरफ़ ध्यान होना।

जी बढ़ाना
प्रेरित या प्रोत्साहित करना।

जी बहलना
(खिन्न या दुखी मन का) कुछ समय के लिए किसी ओर प्रवृत्त होना जिससे उसे उतने समय के लिए चिंता या दुख न हो।

जी बिगड़ना
उदासीनता, खिन्नता या विरक्ति होना।

जी बुरा होना
मन में कोई बुरा या अशुभ भाव उत्पन्न होना।

जी बैठना
जी बैठा जाना (दे०); जैसे—मगर जी उठ उठकर बैठ गया।—रा० रा० प्र० सिंह।

जी बैठा जाना
भय, चिंता आदि के कारण शक्ति या साहस का न रह जाना; जैसे—...उस पर इस तिल तिल जलानेवाली विछोह की जलन से तो मेरा जी बैठा जा रहा है।—सीताराम चतुर्वेदी।

जी भड़भड़ाना

घबराहट होना, कलेजा धकधक होना; जैसे—सोचती, यहाँ रहता ··· तो जी भड़भड़ाने पर उससे लड़ने ही पहुँच जाती।—अजित पुष्कल।

जी भर आना

मन का दयार्द्र होना।

जी भर जाना

मन ऊबने लगना; जैसे—अब हमारा जी उनसे भर गया है।

जी भर लेना

१. कह-सुन, छान-बीन या जाँच-पड़ताल कर अपना संतोष करना; जैसे— ··· मोड़ पर आँखें चार होते ही, वह साथ हो जाती और बस रात की चर्चा छेड़ अपना जी भर लेती।—रा० रा० प्र० सिंह।

२. शंका या संदेह दूर कर मन को संतुष्ट करना।

जी भरकर

ख़ूब, बहुत अधिक विशेषत: अपने संतोष के अनुसार जितना हो सके उतना; जैसे—(१) यह देखकर पार्वती जी की सब आशाएँ धूल में मिल गईं और वे जी भरकर अपनी सुंदरता को कोसने लगीं।—सीताराम चतुर्वेदी। (२) और इसकी भी मैं इजाज़त दे ही चुका हूँ कि आप अपनी आवश्यकताओं पर भी जी भर के खर्च कर सकते हैं।—भूषण वनमाली।

जी भारी होना

शरीर का कुछ अस्वस्थ होना।

जी भिटकाना

घिन पैदा होना; जैसे—उसके गंदे कपड़ों से जी भिटकाता था ··· ।

जी मचल पड़ना

कोई काम करने या बात कहने के लिए मन का उतावला होना; जैसे—चेतना के न जाने किस नेपथ्य से चंद धूमिल शक्लें उभर आईं और बस, जी मचल पड़ा कि चलकर उन्हें गले लगाएँ।—अश्क।

जी मचलने लगना

तीव्र इच्छा उत्पन्न होना।

जी मलमलाना

(विवशता आदि के कारण) पश्चाताप होना।

जी मारना

इच्छा का दमन करना।

जी मिचलाना

उलटी या कै करने की इच्छा या प्रवृत्ति होना।

जी मिलना

दो या अधिक व्यक्तियों के स्वभाव या विचारों में एकरूपता होना।

जी में आना

किसी काम या बात की इच्छा या प्रवृत्ति होना; जैसे—जो आपके जी में आए करके देख लीजिए।

जी में गड़ना

जी में चुभना (दे०)।

जी में घर करना

अत्यंत सुंदर या सुखद होने के कारण किसी चीज़ का मन में अपना विशिष्ट स्थान बनाना।

जी में चुभना

(कोई बात) अप्रिय और कष्टकर प्रतीत होना।

जी में जी आना

चिंता, भय आदि दूर होने पर बेचैनी ख़त्म होना तथा मन का सुस्थिर और शांत होना।

जी में जी डालना

निराश व्यक्ति के मन में आशा का संचार करना।

जी में जी होना

निश्चिंतता होना; जैसे—क्या कहूँ, भाई जान, जब जी में जी ही नहीं तो फिर यह ज़िंदगी भी कोई ज़िंदगी है।—रा० रा० प्र० सिंह।

जी में धरना
(किसी बात के संबंध में) अपने मन में किसी प्रकार का कोई दृढ़ निश्चय करना।

जी में बैठना
(कोई बात) सच्ची या ठीक जान पड़ना।

जी में रखना
(कोई बात) अपने मन में रखना।

जी रखना
किसी की कोई बात इसलिए मान लेना कि वह निराश या दुखी न हो; जैसे—उसका जी रखने के लिए ही मैं उस उत्सव में सम्मिलित हुआ था।

जी लगना/लग जाना
१. (किसी काम में) रुचिपूर्वक प्रवृत्त होना या लगे रहना; जैसे—बच्चे का जी तो खेलने में ही लगेगा।
२. (किसी व्यक्ति या स्थान से) अनुराग या प्रेम होना; जैसे—अब मेरा उनके यहाँ जी लग गया है।

जी लगाकर
मनोयोगपूर्वक; जैसे—इस बार जी लगाकर पढ़ना है।—सुरेश सिनहा।

जी लगा रहना
किसी ओर या किसी का ध्यान बराबर बना रहना।

जी ललचना
कोई चीज़ पाने के लिए मन में बहुत अधिक लोभ उत्पन्न होना, लोभ का संवरण न कर पाना।

जी लहराना
मन में चाह उत्पन्न होना; जैसे—दयानाथ का जी तो लहराया कि लगे हाथ उसे भी ले लो।—प्रेमचंद।

जी लुभाना
किसी को आकृष्ट या मुग्ध कर लेना।

जी लेना
१. (किसी के) मन की थाह लेना।
२. बहुत अधिक तंग करना या जान लेना।

जी सन्न होना/हो जाना
घबराहट, चिंता या भय के कारण अवाक् होना या स्तब्ध रह जाना।

जी से उतर जाना
किसी के प्रति अनुराग या प्रेम-भाव न रह जाना; जैसे—वे अब आएँ या न आएँ, हमारे जी से तो सदा के लिए उतर गए।

जी हट जाना
(किसी वस्तु या व्यक्ति से) अनुराग या खिंचाव न रह जाना।

जी हलका करना
ऐसा काम करना जिससे चिंता या दुख दूर हो।

जी हलका हो जाना
चिंता या दुख-भार कम हो जाने से मन को चैन पड़ना; जैसे—(१) चलो इतना बकझक लेने से उसका जी तो हलका हो गया। (२) जब माता यह देख लेती है कि मेरी कन्या का पति कन्या को प्यार करता है तो उसका जी हलका हो जाता है।

जी हवा हो जाना
होश-हवास उड़ जाना या ग़ायब होना।

जी हारना
हिम्मत हारना, साहस छोड़ना।

जी हिलना
१. मन का द्रवित होना।
२. भयभीत होना।

जी ही जी में जलना
ईर्ष्या या किसी अन्य उग्र आवेश के कारण मन ही मन बहुत दुखी होना।

जी होना
मन करना, इच्छा होना; जैसे—हमारा जी हुआ तो हम वहाँ जाएँगे, नहीं तो नहीं।

जी-जान से
पूरी शक्ति से विशेषत: अपने स्वास्थ्य या प्राणों की भी परवाह न करते हुए;

जैसे—(१) जटायु के घावों को देखकर यह स्पष्ट होता था कि वह जी-जान से लड़ा था।—सीताराम चतुर्वेदी। (२) मामा-मामी ने इस भयानक आघात के चिह्न मिटाने की जी-जान से कोशिश की थी।—गिरिधर गोपाल। (३) शासन की बागडोर संभालते हुए वे इस प्रतिरोध की तैयारी में जी-जान से जुट गए। —समर बहादुर सिंह।

जी-जान से जुटना/जुट जाना

पूरी शक्ति से किसी कार्य में लग जाना; जैसे—जब महँगाई बढ़ती है तब वे उसे शिखर-बिंदु पर पहुँचाने को जी-जान से जुट जाते हैं।—श्रवणकुमार।

जी-तोड़

(अपनी) पूरी शक्ति से; जैसे—उन्होंने हमें पराजित करने के लिए जी-तोड़ परिश्रम किया था।

जी-तोड़ मेहनत करना

कठोर परिश्रम करना।

जीती मक्खी निगलना

जान-बूझकर ऐसा काम करना या होने देना जिसके फलस्वरूप अहित या अपमान होता हो; जैसे—वह तो हमारे घर जेठ जी की दरियादिली थी जो ब्राह्मण के घर की बिटिया को उबार लिया, नहीं तो क्या कोई जान-बूझकर जीती मक्खी निगलता है। —श्रवणकुमार।

जीते जी

जीवित अवस्था में (ही); जैसे—(१) एक तो गोरे साहब के लिए किसी नेटिव के छोर में बँधना जीते-जी मौत है ।—रा० रा० प्र० सिंह। (२) उन्होंने कसम ले ली, कि जीते जी वे फिर यहाँ कभी पाँव नहीं रखेंगे।—शिवप्रसाद सिंह।

जीना दूभर कर देना

जीवन-निर्वाह करना अत्यंत कठिन हो जाना; जैसे—भाभी ने ज़रा ज़रा-सी बात पर लड़-लड़ाकर घर भर का जीना दूभर कर दिया था।—अश्क।

जीना भारी होना

जीवन दुखप्रद होना।

जीना मुहाल होना

जीना असंभव हो जाना; जैसे—आप लोगों से बातें कर लेते हैं वरना इस छत्तीस घंटे में हमारा जीना मुहाल हो गया है।—अमृतलाल नागर।

जीना हराम करना/कर देना

किसी तरह जीने ही न देना; जैसे—बड़े लोगों ने छोटे लोगों का जीना हराम कर दिया है।

जीना हराम होना/हो जाना

जीना असंभव हो जाना; जैसे—(१) धीरे बोलो किसी ने सुन लिया तो बस्ती में जीना हराम हो जाएगा तेरा। —गुलशन नंदा। (२) उन्हीं लोगों की चुप्पी की वजह से जीना हराम हो गया है।—सुरेश सिनहा।

जीभ करना

धृष्टतापूर्वक उत्तर देना।

जीभ खोलना

कुछ कहना या माँगना।

जीभ चलाना

१. कुछ न कुछ खाते ही रहना।

२. बकबक या बड़बड़ करने की आदत पड़ना।

३. बहुत उग्र या कटु बातें करना।

जीभ निकालना

जीभ काट लेना। (दंड)

जीभ पकड़ना

१. (किसी को) कोई बात न कहने देना।

२. (किसी को) अपना वचन पालन करने के लिए विवश करना।

जीभ पर लाना

ज़बान पर लाना (दे०); जैसे—आश्चर्य की बात यह थी कि हवेली की औरतें इस हुनर में इतनी कुशल थीं कि न तो एक को दूसरे की करतूत का पता चल

पाता और न रिश्तेदार ही अपनी इस महाप्राप्ति को कभी जीभ पर लाते। —अमृतलाल नागर।

जीभ लपलपाना

कोई चीज़ खाने के लिए अत्यंत विकल होना।

जीभ हिलाना

कुछ कहना; जैसे—बुत बनकर खड़े ही रहोगे या जीभ भी हिलाओगे।

जीवट का आदमी

साहसपूर्वक काम करनेवाला व्यक्ति; जैसे—वह बूढ़ा हो गया है तो क्या, है तो जीवट का आदमी।

जीवन की संध्या/साँझ/में

आख़िरी उमर में, बुढ़ापे में; जैसे—जीवन की संध्या में भी राम नाम जपना कुछ कठिन नहीं होता।

जीवन भार होना

ज़िंदगी बोझ के रूप में होना।

जीवन से खेलना

किसी का जीवन चौपट करना; जैसे—पुलिस का पक्ष मज़बूत बनाने के लिए मैं किसी के जीवन से नहीं खेल सकता। —गुलशन नंदा।

जीविका चलाना

अर्थोपार्जन से घर-गृहस्थी का कार्य सुचारु रूप से चलाना।

जुग टूटना/फूटना

साथी या सहचर का वियोग होना; फलतः अकेला रह जाना।

जुग बैठना/मिलना

दो व्यक्तियों का परस्पर घनिष्ठ संबंध या संग-साथ होना।

जुट जाना

किसी काम में तन्मय होकर लग जाना; जैसे—(१) यही देखकर हमने ऐसी सीधी बोल-चाल की भाषा में यह पोथी लिखी है कि जो इसे पढ़े, वह बोलियों की छान-बीन करने, उन्हें पढ़ने-समझने के काम में चाव के साथ जुट जाए।—सीताराम चतुर्वेदी। (२) सेठ जी पूरी शक्ति के साथ व्यवसाय में जुट गए।—यशपाल। (३) जब महँगाई बढ़ती है, तब ये उसे शिखर-बिंदु पर पहुँचाने में जी-जान से जुट जाते हैं। —श्रवणकुमार।

जुल देना

झाँसा देना, धोखा देना; जैसे—यदि बलोची दिलजंग के पास जाकर न बैठता, और उसके साथ होटल के नीचे उतर जाता, तो चेतन उसे जुल देकर वापस आ जाता और अपने काम में लग जाता।—अश्क।

जुलाब पचना

ओषधि या रेचक पदार्थ खाने पर भी मल-शुद्धि न होना।

जुल्म ढाना

१. अन्याय या अत्याचार करना; जैसे—ये बड़े-बड़े आइने भी क्या ज़ुल्म ढाते हैं। इनके सामने खड़ा आदमी वैसे ही नंगा दिखने लगता है।—श्रवणकुमार।

२. (अपने) रूप या सौंदर्य से दूसरे (दूसरों) को मंत्रमुग्ध तथा विचलित कर देना; जैसे—उनकी आँख तो ज़ुल्म ढाती हैं।

जूँ न रेंगना

उपेक्षा-भाव या हठ छोड़ने को तैयार न होना; जैसे—बच्चे लाख चीखें, रोएँ, चिल्लाएँ, उस सहिष्णु जननी के कान पर कभी जूँ नहीं रेंगती।—शिवानी।

जूठन गिराना

किसी के यहाँ जाकर भोजन करना; जैसे—उन्होंने उस दिन हमारे यहाँ जूठन गिराई थी।

जूता उछालना

१. (आपस में) जूतों से मार-पीट करना।

२. (आपस में) मारपीट या थुक्का-फ़ज़ीहत करना।

३. किसी के संबंध में बहुत ही

अपमानजनक बातें करना।

जूता उठाना

१. तुच्छ या छोटी-मोटी सेवाएँ करना।

२. हाथ में जूता उठाकर किसी को मारने के लिए उद्यत होना; जैसे—ख़बरदार, जो तुमने भाई पर जूता उठाया तो।

जूता/जूते/खाना

१. जूतों की मार खाना।

२. अपमानित या तिरस्कृत होना।

जूता/जूते/चलना

आपस में जूतों से मार-पीट करना; जैसे—⋯आए दिन स्त्री-पुरुष में जूते चलते रहते हैं।—प्रेमचंद।

जूता चलाना

(मारने के उद्देश्य से) किसी पर जूता फेंकना।

जूता चाटना

१. (किसी की) तुच्छ सेवाएँ तक करना।

२. जूते से पैर में घाव होना।

जूता देना

(किसी पर) जूते से आघात करना अर्थात् अपमानित करना।

जूता/जूते/पड़ना

अपमानित या तिरस्कृत होना; जैसे—आज भारी सभा में उन पर जूते पड़े।

जूता मारना

१. हेय समझकर उपेक्षा करना।

२. बहुत ही अपमानित या तिरस्कृत करना।

जूता लगना

१. जूते की रगड़ से पंजे या एड़ी में घाव होना।

२. जूता पड़ना (दे०)।

जूतियाँ चटकाना

१. इधर-उधर घूमते-फिरते रहना; जैसे—तुम महीना भर जूतियाँ चटकाओगे, तब जाकर दो तीन हज़ार कमा पाओगे और वह एक ही पेशी में दस हज़ार प्राप्त कर लेगा।—भूषण वनमाली।

२. मारे-मारे फिरना।

जूतियाँ चाटना

ख़ुशामद करना; जैसे—कल तक तो जूतियाँ चाटते रहे, आज लगे हैं जूतियाँ चटकाने।—रा० रा० प्र० सिंह।

जूतियाँ तोड़ना

बहुत अधिक दौड़-धूप करना; जैसे—इस काम के लिए दो महीने तक जूतियाँ तोड़नी पड़ीं।

जूतियाँ सीधी करना

छोटी-मोटी सेवाएँ तथा ख़ुशामद करना।

जूतियों में दाल बँटना

आपस में ख़ूब लड़ाई-झगड़ा होना।

जूती के बराबर

नगण्य तथा महत्त्वहीन।

जूती बराबर न होना

किसी की तुलना में बहुत घटकर होना।

जूते उठाना

आज्ञानुसार चलना।

जूते की नोक पर

अत्यंत उपेक्ष्य रूप में; जैसे—जनता इनके जूते की नोक पर रहती है, क्योंकि कानून इनकी ज़बान पर, शासन इनकी जेब में, बैलेट बाक्स इनकी मुट्ठी में रहता है।—गिरिधर गोपाल।

जूते सीधे करना

छोटी-मोटी सेवाएँ करना; जैसे—⋯जाओ अपने साहब बहादुर के जूते सीधे करो, जो तुम्हारा काम है। —प्रेमचंद।

जूतों दाल बटना

(आपस में) बहुत बुरी तरह या नीचों की तरह लड़ाई-झगड़ा होना।

जूतों से बात करना

१. जूते से मारना।

२. बहुत ही बुरी तरह से अपमानित या तिरस्कृत करना, अत्यंत अनादरपूर्ण

व्यवहार करना।

जेब खाली होना
पल्ले पैसा न होना।

जेब गर्म कर जाना
धन प्राप्त करवाना; जैसे—हालांकि उनके दफ़्तर की हर कुर्सी उनकी जेब गर्म कर जाती थी।—अश्क।

जेब गर्म करना
धन प्राप्त करना।

जेब गर्म होना
धन प्राप्त होना; जैसे—यदि आप आम जनता के बीच नहीं किंतु ऊँचे घरानों के बीच लोकप्रिय हो जाएँ तो थोड़ी समझदारी बरतने पर आपकी जेब ख़ुद गर्म हो सकती है।—मनहर चौहान।

जेब/जेबों/में जाना या पहुँचना
(धन या संपत्ति) प्राप्त होना; जैसे—असली बचत तो उन बड़ी-बड़ी बेकार की विकास योजनाओं और कार्यक्रमों को बंद करने से होगी, जिन पर लगाया जा रहा पैसा भाई-भतीजों और ठेकेदारों की जेबों में पहुँच रहा है।—गिरिधर गोपाल।

जैसा-तैसा
बहुत साधारण; जैसे—उसकी हर बार की कहानी जैसी-तैसी ही थी।

जैसी की तैसी करना
शेख़ी भुला देना।

जैसे-तैसे
किसी न किसी प्रकार, किसी तरह; जैसे—बस, कलेजे पर चक्की रखे जैसे तैसे जिए जा रहा हूँ।—रा० रा० प्र० सिंह।

जोखिम उठाना
ऐसा काम करना जिससे लाभ की बजाए हानि भी हो सकती हो; जैसे—काम तो वह उनका कर ही देता, पर वे परम व्यावहारिक आदमी, किसी तरह की (का) जोखिम उठाना उनके गुरु ने शायद उन्हें सिखाया नहीं था।—अश्क।

जोड़ का
बराबरी का; जैसे—....अब बड़ी बी की जोड़ का लड़नेवाला आ गया था।—रज़िया स० ज़हीर।

जोड़ छूटना
बराबर के पहलवानों का कुश्ती लड़ने के लिए अखाड़े में उतरना; जैसे—परंतु पहाड़ के मेलों की बात वहाँ कहाँ! कैसा ढोल बजता है, अखाड़े में जोड़ छूटते हैं।—यशपाल।

जोड़-तोड़ करना/लगाना
तिकड़म करना; जैसे—(१) और अब हम लोग नौकरियों के लिए जोड़-तोड़ लगाने की सिफ़ारिश पहुँचाने की भी कोशिश करेंगे।—गिरिधर गोपाल। (२) बाकर मियाँ ने जोड़-तोड़कर एक कमरा उठा दिया था और दरवाज़े से ऊपर हिंदी में हिंदी मंदिर भी तराश दिया था।—कमलेश्वर।

जोड़ा खाना
(पशुओं या पक्षियों का) मैथुन या संभोग करना।

जोत देना
कठिन काम में लगा देना; जैसे—मुझे तो वहाँ जोत दिया और आप घर पर बैठकर आराम फ़रमा रही हैं।—मालती जोशी।

जोबन पर आना
पूर्ण यौवनावस्था प्राप्त करना; जैसे—फिर बहार जोबन पर आई....।

जोबन फूट पड़ना
(स्त्री का) ख़ूब सुंदर निकल आना; जैसे—सभी सहेलियाँ सुंदर थीं परंतु उसका तो जैसे जोबन फूटा पड़ा था।

जोबन लूटना
किसी स्त्री के साथ भोग-विलास करना।

ज़ोर डालना
प्रभावित करना, प्रभाव डालना।

ज़ोर देना
विशेष रूप से कोई काम या बात करने

के लिए कहना; जैसे—आख़िर जब डाक्टरों ने दवा से अधिक पहाड़ की हवा पर ज़ोर दिया तो सारी फुर्ती हवा हो गई।—रा० रा० प्र० सिंह।

ज़ोर पकड़ना

प्रबल होना; जैसे—रिटायर होते होते उनका तपाकी स्वभाव ज़ोर पकड़ चुका था।—सुशीला गुप्ता।

ज़ोर पहुँचाना

किसी के द्वारा किसी दूसरे व्यक्ति पर दबाव या प्रभाव डलवाना; जैसे—जैसे अधिकारी या प्रशासक पर ज़ोर पहुँचाना।

ज़ोर बाँधना

उग्र या भयानक रूप धारण करना; जैसे—गाँव में आज-कल चेचक ने ज़ोर बाँधा है।

ज़ोर मारना

अत्यधिक प्रयास करना, पूरी ताकत लगाना; जैसे—(१) पुरुष ---- उस लक्ष्य तक पहुँचने के लिए सदियों से ज़ोर मार रहा है।—प्रेमचंद। (२) आख़िर अपना ख़ून ही तो ज़ोर मारता है।—शिवानी। (३) विंध्याचल का पहाड़ी पानी सभी की नसों में एक-सा ज़ोर नहीं मारता।—अजित पुष्कल।

ज़ोर में आना

पूर्ण यौवन में आना।

ज़ोर लगाना

(भरसक) प्रयास करना; जैसे—उन्होंने अपने साथ मिलाने के लिए बहुत ज़ोर लगाया था।

जोरू का गुलाम

पत्नी के हर आदेश का पालन करनेवाला।

ज़ोरों पर होना

अधिकता या तेज़ी होना; जैसे—(१) इन दिनों गर्मी ज़ोरों पर है। (२) बाढ़ के दौरान नेतागीरी और सेवा भी काफ़ी ज़ोरों पर थी।—गिरिधर गोपाल। (३) जब वह एम० ए० पास कर थर्ड ईयर में दाख़िल हुआ तो कांग्रेस आंदोलन ज़ोरों पर था।—अश्क।

जोश ठंडा पड़ जाना

उत्साह क्षीण या मंद हो जाना; जैसे—(१) समाज विरोधी तत्त्वों की इस मार से उसका समाज सुधार का सारा जोश ठंडा पड़ गया। (२) उसके चेहरे पर हवाइयाँ उड़ने लगीं ---- उसका सारा जोश एक ही झटके में ठंडा पड़ गया।—गुलशन नंदा।

जोश-ख़रोश से

बड़े उत्साह से; जैसे—उन्होंने हमारा स्वागत जोश-ख़रोश से किया।

जौं भर

जरा भी, कुछ भी; जैसे—बेटे की हेकड़ी बाप की हेकड़ी से जौं भर घटकर नहीं थी।

जौहर दिखलाना

कौशल दिखलाना, गुणों का प्रदर्शन करना।

जौहरी होना

पारखी होना; जैसे—पटसन का व्यवसायी लखपती विलसन मानव हृदय का जौहरी था।—शिवानी।

ज्यों का त्यों

वैसे का वैसा, ठीक वैसी ही।

ज्वार उमड़ना/उमड़ उठना

भावावेश में आ जाना।

ज्वाला धधकना/धधक उठना

असंतोष के कारण लोगों का विरोध में आ खड़े होना।

ज्वालामुखी के कगार पर खड़ा होना

मौत के करीब होना।

ज्ञान छाँटना/बघारना

पांडित्य का अनौचित्यपूर्ण प्रदर्शन करना; जैसे—कुछ कर के दिखा भी सकते हो या ज्ञान छाँटना भर जानते हो।

ज्योति जगाना/जलाना

पूजन के निमित्त घी का दीया जलाना।

ज्वर चढ़ना
बुखार चढ़ना (दे०)।

झ

झंड उतारना
बच्चे के सिर के बाल पहली बार छुरे से मूँड़ना।

झंडा खड़ा करना
विरोध हेतु संघटन तैयार करना।

झंडा गड़ना
विजय पताका फहरना; जैसे—झंडे दुनिया में उनके गड़ेंगे, शीश जिनके धर्म पर चढ़ेंगे—यशपाल।

झंडा गाड़ना
१. विजयी द्वारा अपना झंडा विजित प्रदेश पर स्थापित करना और फहराना।
२. अपनी सफलता का प्रचार या दिखावा करना।

झंडा झुकाना/झुका देना
१. शोक प्रकट करना।
२. हार स्वीकार लेना।

झंडा फहराना
१. झंडा लहराना।
२. झंडा गाड़ना (दे०)।

झंडे तले आना
किसी गिरोह, दल या संघटन की सदस्यता स्वीकार करना।

झकझोर देना
हिला देना, पूर्णतः त्रस्त कर देना; जैसे—पिता की मृत्यु, छोटी बहन के कलंक और स्वयं अपने दुर्भाग्य ने उसे बुरी तरह झकझोर दिया था।—शिवानी।

झख मारकर
बहुत ही विवशता की दशा में; जैसे—(१) तुम्हें झख मार कर वहाँ जाना पड़ेगा। (२) चिंता तो उसे झख मार कर करनी पड़ेगी।—अश्क।

झटका देना
आघात करना; जैसे—नारी के आक्रमक पौरुष ने उसके संकोच जड़े पौरुष को झटका दिया।—अमृतलाल नागर।

झटका लगना
आघात पहुँचना; जैसे—लोगों का अनुमान था कि दोनो पुराने मुनीमों के चले जाने से⋯कारबार को झटका लगेगा।—अमृतलाल नागर।

झड़ी लगना
१. बराबर कई दिनों तक वर्षा होती रहना।
२. भरमार होना; जैसे—दोनों के मुख मिले हुए थे और चुंबनों की झड़ी लगी थी।—यज्ञदत्त।

झड़ी लगाना
भरमार करना; जैसे—तुम भी पुलिसवालों की तरह उसपर प्रश्नों की झड़ी लगाकर परेशान करना चाहते हो।—गुलशन नंदा।

झप खाना
पतंग या गुड्डी का पेंदे के बल सहसा नीचे आ जाना।

झपट पड़ना
छीन लेने के लिए किसी पर सहसा आक्रमण करना; जैसे—छोटी-बड़ी मछलियों को देखकर उसे यों लगा कि वह भी एक मछली की भाँति है, जो अपराधों के गहरे तालाब में जीवन की साँसें ले रही और जैसे ही वह उससे बाहर निकलेगी मौत उस पर झपट पड़ेगी।—गुलशन नंदा।

झपट्टा मारना
कुछ छीन लेने के लिए किसी पर झपटना; जैसे—(१) जब इनफ्लूएन्जा की महामारी छोटी गली से नौ बलि लेकर लौट रही थी, राक्षसी ने अपने आतंक की अवज्ञा करनेवाली पर झपट्टा मारा।—यशपाल। (२) उसे वे उस बाज़ सरीखे लगते थे जो झपट्टा मारने के पहले शिकार पर मँडरा रहा हो।—अश्क (३) डा० गुप्ता ने रुपयों पर

इस तरह झपट्टा मारा, जैसे मांस पर चील।—भूषण वनमाली।

झमेले में डाल/रख/देना

अनिर्णय की स्थिति पैदा कर देना।

झलक दिखाना

थोड़ी देर के लिए अपना असली रूप प्रकट करना; जैसे—प्रत्येक भाषा की एक स्वतंत्र प्रकृति होती है ---- (जो) कभी कभी हमें अपनी झलक दिखा जाती है।—रामचंद्र वर्मा।

झाँई आना

आँखों के आगे एकदम अँधेरा दिखाई पड़ने से चक्कर आना।

झाँकना

लक्षित होना, उभरना, प्रकट होना; जैसे—(१) अनवर मियाँ की शक्ल से बुढ़ापा झाँकता है।—अजित पुष्कल। (२) उनकी लाल-लाल आँखों में उनके प्रति घृणा-सी झाँक रही थी। —गुलशन नंदा।

झाँकना तक नहीं

पास न फटकना; जैसे—इन सालों में से एक को भी मैंने कभी लाइब्रेरी में झाँकते तक नहीं देखा।—गिरिधर गोपाल।

झाँव झाँव होना

ज़ोरों से कहा-सुनी होना; जैसे—फिर सास बहू में रोज़ झाँव झाँव होने लगी।

झाँसा देना

धोखा देना।

झाँसे में आना

धोखे में आना; जैसे—वह हमारे झाँसे में सहज ही नहीं आनेवाला।

झाड़ देना/ पिलाना

बिगड़ना, फटकारना; जैसे—बिना किसी बात पर ही बाप ने बेटे को झाड़ दिया।

झाड़ सुनना

फटकार सुनना; जैसे— तुम्हारे फेर में आज मुझे भी झाड़ सुनने को मिली।

झाड़-फूँक करना

मंत्रों का उच्चारण कर बाधा या रोग दूर करना।

झाड़ू देना

१. झाड़ू की सहायता से ज़मीन या फ़र्श पर से कूड़ा-करकट साफ़ करना।

२. इस प्रकार सब-कुछ नष्ट करना कि कुछ भी बाकी न रह जाए।

झाड़ू फिरना/फिर जाना

ऐसा अपव्यय या नाश होना कि कुछ भी बच न रहे; जैसे—लड़कों की काली करतूतों से दो ही बरस में घर में झाड़ू फिर गया।

झाड़ू फेर देना

इस प्रकार नाश करना कि कुछ भी बाकी न रहे, पूरा सफ़ाया करना; जैसे—एक वह सपूत होता है कि घर की संपत्ति बढ़ाता है, मैं ऐसा कपूत हो जाऊँ कि बाप-दादा की कमाई पर झाड़ू फेर दूँ।—प्रेमचंद।

झाड़ू मारकर निकाल देना

१. (किसी को) तिरस्कारपूर्वक दूर हटाना; जैसे—झाड़ू मारकर निकालो ऐसे नौकर को।

झाड़ू मारना

निरादर करना, तिरस्कार करना।

झापड़ रसीद करना

थप्पड़ मारना; जैसे—आगे मुझसे ऐसी छोटी बात की तो तुम्हारे मुँह पर दो झापड़ रसीद करूँगा।—गिरिधर गोपाल।

झिंझोड़ देना

हिला देना; जैसे—बेटे की अनोखी माँग ने उसके सारे इरादों को झिंझोड़ दिया।—गुलशन नंदा।

झुंड में रहना

एक ही वर्ग के पशुओं या पक्षियों का दल बनाकर रहना; जैसे—जंगल में हाथी सदा झुंड में ही रहते हैं।

झुक जाना

मरना; जैसे—अब्बा दस दिन पहले झुक गए।

झुकना

१. नतमस्तक होना।

२. अपना तर्क या विचार छोड़ देना और दूसरे का तर्क या विचार मान लेना; जैसे—मामा के हठ के आगे उन्हें झुकना ही पड़ा।—गिरिधर गोपाल।

३. पराजय या अधीनता स्वीकार करना; जैसे—हम टूट सकते हैं मगर झुक नहीं सकते।

झुकाव होना

रुझान होना; जैसे—उनका झुकाव पतंगबाज़ी में है।

झुरमुट मारना

बहुत से लोगों का घेरा बनाकर खड़े होना; जैसे—जगह जगह सिपाही झुरमुट मारकर लड़ रहे हैं।

झूठ का पुल बाँधना

बराबर एक पर एक झूठ बोलते चलना।

झूठ-सच जोड़ना

कुछ झूठ और कुछ सच मिलाकर कोई बात कहना।

झूठा पड़ना

१. झूठा सिद्ध होना।

२. (अंग या अवयव के संबंध में) अक्रिय हो जाना अथवा ठीक और पूरा काम न करना; जैसे—बायीं बगल में बस्ता दबा था, बाँह झूठी पड़ रही थी। —कमलेश्वर।

झूठे मुँह (से)

औपचारिकता के नाते; जैसे—एक तू है कि झूठे मुँह से भी उसकी कुशल नहीं पूछी—शिवानी।

झोंक देना

बलात् किसी काम में लगा या किसी स्थिति में धकेल देना; जैसे—(१) बीबी-बच्चे, भाई-बहन, माँ-बाप, सुख-ऐश्वर्य, अपना सब-कुछ इन्होंने आज़ादी के यज्ञकुंड में झोंक दिया। —गिरिधर गोपाल। (२) ६ हज़ार वर्ग मील में बसी ५० लाख की जनसंख्या को उसने दयनीय दुर्दशा के गर्त में झोंक दिया था।—अखंड ज्योति।

झोंक में आना

आवेश में आना।

झोंक मारना

कम तौलने के उद्देश्य से डाँड़ी मारना।

झोल बैठाना

सेने के लिए मुर्गी के नीचे अंडे रखना।

झोली डालना/फैलाना

भीख लेने के लिए झोली आगे करना।

झोली भरना

१. किसी की झोली में देवी-देवता आदि का प्रसाद डालना। (मंगलसूचक)

२. बहुत अधिक देना।

झौं झौं होना/लगी रहना

तूतू-मैंमैं होती रहना, या आरोप और प्रत्यारोप लगाते रहना; जैसे—आर्यसमाज के दोनो मुखपत्रों और सनातन धर्म के मुख-पत्र 'भीष्म' में झौं झौं लगी रहती।—अश्क।

ट

टक टक देखना

हतप्रभ या विवश होकर अपलक देखते रहना।

टक लगाना

(किसी का) अत्यंत उत्सुकतापूर्वक आसरा देखना; जैसे—पति चाहे जितनी रात गए आए, लेकिन वह है कि शाम होते ही दरवाज़े पर टक लगाए खड़ी होती है।

टकरा जाना

१. भिड़ंत होना।

२. मिल जाना, भेंट हो जाना।

टकराव होना/हो जाना

संघर्ष होना।

टकसाल चढ़ाना

खरे या खोटे होने की पहचान कराना।

टका पास में न होना

निर्धन होना; जैसे—जब टका पास न

हो तब मोलभाव क्यों ?

टका-सा जवाब देना

१. दो शब्दों में साफ़ इन्कार करना; जैसे—कई दिनों तक फ़लाँ-फ़लाँ करते हम को टहलाते रहे, और एक दिन टके-सा जवाब दे दिया। —शिवानी।

२. पूर्ण असमर्थता प्रकट करना; जैसे—....अब तो बाल पक गए, दाँत चूहों की नज़र हुए, कमर टेढ़ी हुई, आँखों ने टका-सा जवाब दिया, होश-हवास चंपत हुए।—प्रेमचंद।

टका-सा मुँह लेकर रह जाना

हतप्रभ हो जाना।

टके को न पूछना

कुछ भी महत्त्व न देना; जैसे—कोई उसे टके को नहीं पूछेगा।

टके टके का मोहताज होना

अत्यंत निर्धन होना।

टके टके के लिए तरसना

एक एक पैसे के लिए दूसरे का मुँह जोहना; जैसे—इस बुढ़ापे में उसे टके टके के लिए तरसना पड़ता है।

टक्कर का

बराबरी या जोड़ का; जैसे—जादू-टोने से माँ-बेटी किंवदंतियों की लोना चमारिन की टक्कर की मानी जाती थीं।—अमृतलाल नागर।

टक्कर/टक्करें/खाना

इधर से उधर (बिना कुछ सफलता प्राप्त किए) दौड़ते फिरना; जैसे—नौकरी के लिए उसे जहाँ-तहाँ टक्करें खानी पड़ीं।

टक्कर मारना

१. सिर से आघात करना; जैसे—हाथी ने ऐसी टक्कर मारी कि मोटर उलट गई।

२. जीविकोपार्जन के लिए इधर-उधर भटकना; जैसे—बरसों दिल्ली में टक्करें मारने पर भी उसे ढंग की नौकरी नहीं मिली।

टक्कर लेना

१. श्रेष्ठता या बराबरी दिखाने के लिए भिड़ना; जैसे—(१) कहीं जोश में आकर टक्कर भी ले, तो मुँह की खाए।—रा० रा० प्र० सिंह। (२) तब मुझे लगता है कि इन अवरोध पैदा करनेवालों के साथ जमकर टक्कर ली जाए।—श्रवणकुमार। (३) वह आज अपने दादू से टक्कर लेकर ही रहेगी। —गुलशन नंदा।

२. बराबर का होना; जैसे—उनकी रचनाएँ अच्छे अच्छे कवियों से टक्कर लेती थीं।—प्रेमचंद।

टक्कर होना

भिड़ंत होना; जैसे—एक दिन तो इन दोनों में टक्कर होगी ही।—रा० रा० प्र० सिंह।

टटोलना

यह जानने का प्रयत्न करना कि कहाँ या किस में क्या है, पता लगाना।

टट्टी की आड़/ओट/से शिकार खेलना

ओट या आड़ में रहकर किसी पर वार करना; जैसे—वह टट्टी की आड़ से शिकार खेलनेवाले जीव थे।—प्रेमचंद।

टट्टी में छेद करना

टट्टी अर्थात् पर्दे में सुराख बनाना जिससे बाहरवालों को अंदर की चीज़ों या बातों का पता चल सके।

टट्टी लगाना

आड़ करना या पर्दा खड़ा करना (जिससे लुक-छिपकर कोई काम किया जा सके)।

टट्टू पार होना

रुकता या लटकता हुआ काम पूरा होना।

टप से

एकदम या एकाएक; जैसे—इतने में वह वहाँ टप से आ पहुँचा।

टपक पड़ना

सहसा बिना बुलाए आ या जा पहुँचना;

जैसे—जहाँ किसी ने उनकी बीबी की चर्चा छेड़ ख़ुशामद की दो बातें बनाईं कि बस वहीं टपक पड़े साहब बहादुर।—रा० रा० प्र० सिंह।

टर टर करना/लगाना

१. ज़ोर से चिल्लाना।

२. बढ़ बढ़कर बोलते चलना।

टल्ले मारना

बिना मतलब इधर-उधर घूमते-फिरते रहना।

टस से मस न होना

१. दृढ़ रहना, अटल रहना; जैसे—किंतु राम अपने स्वर्गीय पिता की आज्ञा से तनिक भी टस से मस नहीं हुए। —सीताराम चतुर्वेदी।

२. अनुनय-विनय से न पसीजना; जैसे—(१) अपनी हीन दशा का---पचड़ा गाया पर दरोगा जी टस से मस न हुए।—रा० रा० प्र० सिंह। (२) सीधे और सुलझे भगवानदास ने बहुत समझाया पर प्रताप टस से मस न हुए।—समर बहादुर सिंह।

टाँक लेना

स्मरण या संभालकर रखने के लिए लिख लेना; जैसे—कोई बात सुन या समझकर उसे कहीं टाँक लेने से कई लाभ होते हैं।—रामचंद्र वर्मा।

टाँग अड़ाना

दूसरे के होते हुए कार्य में बाधा डालना; जैसे—(१) दूसरों के काम में यों ही टाँग अड़ाना अच्छी बात नहीं है। (२) तू जो बात नहीं जानती उसमें टाँग क्यों अड़ाती है।—प्रेमचंद।

टाँग की राह निकलना

पूर्ण अधीनता स्वीकार कर लेना; जैसे—अगर कोई माई का लाल मेरे दूध में एक बूँद पानी निकाल दे, तो उसकी टाँग की राह निकल जाऊँ।—प्रेमचंद।

टाँग खींचना

अवनत या पदच्युत करने का प्रयास करना; जैसे—(१) दो चार दिन में हम आमरण संघर्ष में कूद रहे हैं, ऐसे समय कांग्रेस की टाँग खींचना तुम सत्य अहिंसा बताते हो।—यशपाल। (२) अच्छा चलो चलो! बहुत हुआ। अध्यापकों की टाँग काफ़ी खींच चुके। अब काफ़ी पिलाओ।—गिरिधर गोपाल।

टाँग तोड़ना

अनावश्यक रूप से (किसी बात या वस्तु को) विकृत कर देना; जैसे—तुमने तो अंग्रेज़ी की टाँग तोड़कर रख दी है।

टाँग पसारकर सोना

निश्चिंत होकर सोना; जैसे—गाँव में और लड़कियाँ हैं जो इस पचड़े में नहीं पड़तीं और आराम से टाँग पसारकर सोती हैं।—अजित पुष्कल।

टाँग पसारना/फैलाना

काम या व्यापार बढ़ाना या फैलाना।

टाँग फैलाकर सोना

टाँग पसार कर सोना (दे०)।

टाँय टाँय फिस हो जाना

कुछ न हो पाना या न कर पाना; जैसे—---हवा में भी टायर की भाँति हम फूले फूले उतरा रहे हैं। हवा निकलते ही टाँय टाँय फिस हो जाते हैं।
—निगमानंद।

टाट उलटना/उलट देना

व्यापारी का अपने को दिवालिया घोषित कर देना; जैसे—लोगों की रकम मारकर उसने टाट उलट दिया।

टाट बाहर करना

जाति या बिरादरी से बाहर करना।

टापते रह जाना

अवसर आने पर कुछ भी हाथ न आना; जैसे—पिताजी दूसरों को सब दे गए और हम टापते रह गए।

टाल मारना

डाँड़ी मारना।

टिकट कटाना
(किसी स्थान से या को) चल देना; जैसे—उन्हें फिर दिल्ली का टिकट कटाना ही पड़ा।

टिप्पणी करना
टीका-टिप्पणी करना; जैसे—तुम्हारा काम अपने कर्तव्य का पालन करना है ...किसी के चाल-चलन पर टिप्पणी करना नहीं।—गुलशन नंदा।

टीका-टिप्पणी करना
नुक्ताचीनी करना।

टीप लड़ाना
ऊँचे स्वर में गाना।

टुंडियाँ करना/बाँधना
मुश्कें कसना।

टुकुड़ख़ोर
दूसरे के यहाँ टुकड़े तोड़नेवाला।

टुकड़े-सा जवाब देना
कोरा जवाब देना।

टुकड़े उड़ाना
(किसी चीज़ को) इस प्रकार काटना, तोड़ना या फोड़ना कि उसके बहुत से छोटे छोटे टुकड़े हो जाएँ।

टुकड़े तोड़ना
किसी के यहाँ पड़े पड़े खाना; जैसे—पंडित रामपत कब तक रिश्तेदारों (की रोटी) के टुकड़े तोड़ता।—अजित पुष्कल।

टुकड़े फेंकना
चारा फेंकना; जैसे—जिस चीज़ का ठेका मिलता, उसमें भी वे तीन-चौथाई ठेके की स्वीकृत रकम हज़म कर जाते। एक चौथाई में वे काम भी कराते और चपरासी से लेकर बड़े बड़े अफ़सर के आगे टुकड़े भी फेंकते।—गिरिधर गोपाल।

टुकड़े माँगना
घर घर से रोटी माँगते फिरना।

टुकड़े मिलना
खाने को मिलना, भोजन प्राप्त करना; जैसे—वह तो रंडी ठहरी। कुतिया। जहाँ टुकड़े मिलेंगे वहीं पूँछ हिलाकर तलवे चाटेगी।—अजित पुष्कल।

टुकड़े टुकड़े होना
१. बहुत से हिस्सों या टुकड़ों में बँटना।
२. चूर चूर होना।

टुकड़ों पर पलना
किसी के यहाँ खाकर बड़े होना।

टुकुर टुकुर देखना
विवशतापूर्वक देखते रह जाना; जैसे—यह सारा कुछ वह टुकुर टुकुर देखता रहता और कभी कभी वह महफ़िल से उठकर कंपनी के डेरे में जाकर सो रहता।—अजित पुष्कल।

टुक्का-सा जवाब देना
कोरा जवाब देना।

टूक टूक हो जाना
टुकड़े टुकड़े हो जाना; जैसे—यदि उसका हाथ बीच में न आता तो अपनी मज़बूती और मोटाई के बावजूद सलेट टूक टूक हो जाती।—अश्क।

टूट जाना
१. नष्ट-भ्रष्ट होना; जैसे—पति की मृत्यु के पश्चात भगवती का स्वास्थ्य एकदम ही टूट गया था।—शिवानी।
२. छोड़कर या छूटकर अलग होना; जैसे—उनके दल से तीन सदस्य और टूट गए हैं।
३. न रह जाना, जाता रहना; जैसे—वहाँ ...शाही साहब की साहित्यिक विद्वता के बारे में उनका रहा-सहा भरम भी टूट गया।—अश्क।

टूट पड़ना
१. भारी संख्या में पहुँचना; जैसे—प्रदर्शनी देखने के लिए भारी भीड़ टूट पड़ी।
२. आक्रमण करना; जैसे—(१) लड़ाई छिड़ गई—पैदल पैदलों से भिड़ गए, घुड़सवार घुड़सवारों से उलझ पड़े, हाथी सवार हाथी सवारों पर टूट पड़े।

—सीताराम चतुर्वेदी। (२) लगता था कि अकेले पर वह भूखे शेर की ही भाँति टूट पड़ेगा।—शिवानी। (३) ज्यों ही रेलवे का फाटक पार हुआ कि गंगा उस पर टूट पड़ा।—अश्क। (४) वालंटियर लोग प्रभात-फेरी कर रहे थे। बीस-पचीस आदमी लकड़ी-लाठी लेकर ऊपर टूट पड़े।—यशपाल।

३. प्राप्त करने, छीनने आदि के लिए आगे बढ़ना; जैसे—कोई मीठा छुहारा खाते ही इमली पर टूट पड़े, वैसे ही आप भी रनिवास की एक से एक बढ़कर सुंदरियों को भुलाकर इस पर लट्टू हो उठे हैं।—सीताराम चतुर्वेदी।

टूटकर

अत्यधिक मात्रा में; जैसे—गाज़ीपुर में टूटकर पानी बरसता है।—राही मासूम रज़ा।

टूटी-फूटी हिंदी

ऐसी हिंदी जो शिष्ट या व्याकरण सम्मत न होने पर भी हिंदी भाषियों की समझ में आ जाती हो; जैसे—अपनी टूटी-फूटी हिंदी से वह पहले ही दिन भगवती से अपनी अनेक शंकाओं का समाधान करा ले गई।—शिवानी।

टें बोलना/बोल जाना

१. मर जाना; जैसे—(१) कल सायं ही बुढ़िया टें बोल गई। (२) लीजिए उस दिन हमारे पड़ोस में ही चार-पाँच गज़ ज़मीन को लेकर गोलियाँ चल पड़ीं—एक आध तो टें बोल गए, कुछ जेल भी गए।—रा० रा० प्र० सिंह। (३) कहते हैं बचपन में 'हरक्यूलिस' के पालने में दो सर्प चढ़ आए, और शिशु हरक्यूलिस ने हँसकर दोनों की गर्दन पकड़ ली। दोनों ही काले नाग टें बोल गए। —भानुशंकर मेहता।

२. चौपट या नष्ट होना; जैसे—(१) मेरा लोक तो गया ही परलोक भी टें बोल रहा है।—रा० रा० प्र० सिंह। (२) छोटे मझले सौदागर दुकानदार टें बोल गए हैं।—अमृतलाल नागर।

टें टें लगी रहना

बच्चों का छोटी-मोटी चीज़ों के लिए रोते रहना; जैसे—घर में तो रोज़ टें टें लगी ही रहेगी, खाओगे नहीं तो कैसे ''''यह पहाड़ जैसी ज़िंदगी कटेगी। —कमलेश्वर।

टेंट ढीली करना

देने या खर्च के लिए पैसा निकालना; जैसे—तेरा क्या? न कमाता न धमाता। भाई को अपनी टेंट ढीली करनी पड़ेगी।—अजीत पुष्कल।

टेंट में कुछ होना

पास में विशेषतः हाथ में रुपए-पैसे होना; जैसे''''यों ही बोली बोल रहे हो या टेंट में भी कुछ है।

टेक गहना

अपनी बात पर अड़े रहना।

टेक निभाना

वचन का पालन करना।

टेक पकड़ना

किसी बात पर अड़ जाना और किसी की न सुनना।

टेक रहना

कही हुई बात या जिद पूरी होना।

टेढ़ की लेना

टेढ़ी बात ही कहना।

टेढ़ा सवाल।

ऐसा सवाल या समस्या जिसका हल या निराकरण अत्यंत कठिन हो; जैसे—कैसे रक्षा की जाए इन लोगों की? बड़ा टेढ़ा सवाल था।—गिरिधर गोपाल।

टेढ़ा होना

कुटिल आचरण करनेवाला होना; जैसे—वह आदमी टेढ़ा था, उसके यहाँ हमारी दाल सहज में नहीं गल सकती थी।

टेढ़ी आँख से देखना

(किसी के प्रति) शत्रुतापूर्ण भाव

रखना।

टेढ़ी खीर

कठिन काम या बात; जैसे—(१) उन दिनों पत्रों और प्रेस को चलाना टेढ़ी खीर समझा जाता था। (२) और जब किसी कुँवरानी की गोद कभी भरी नहीं होती तो फिर विधवा-विवाह कोई टेढ़ी खीर नहीं।—रा० रा० प्र० सिंह। (३) पर जीतू को लड़की दिखाने ले जाना एक टेढ़ी खीर थी।—मालती जोशी।

टेढ़ी बात

सरलता से समझ में न आनवाली अथवा हल न हो सकनेवाली बात।

टेढ़े/टेढ़े-मेढ़े/चलना

१. ऐंठकर चलना।

२. सीधा रास्ता या बात छोड़कर छल-कपट या लड़ाई-झगड़े की बात करना।

टेढ़े पड़ना/होना

किसी से लड़ने-भिड़ने को तैयार होना।

टोक में आना

किसी के टोकने के फलस्वरूप कुपरिणाम भुगतना।

टोक लगना

किसी के टोकने के कारण कुप्रभाव से ग्रस्त होना; जैसे—किसी कमबख़्त की टोक ही मुझे ले बीती है।

टोटका करने आना

क्षण भर के लिए और केवल नाम के लिए किसी के यहाँ आना। (व्यंग्य)

टोटल मिलाना

आय-व्यय के मदों के ठीक होने की जाँच या मिलान करना।

टोपी उछालना

१. (किसी को) औरों के बीच अपमानित करना।

२. (अपना हाथ उछालकर) प्रसन्नता व्यक्त करना।

टोपी उतारना/उतार देना

अपमानित करना।

टोपी बदलना

दो व्यक्तियों का एक दूसरे को अपना भाई मानने लगना।

ठ

ठंडक मिलना

(हृदयगत) शांति प्राप्त होना; जैसे—चलो, हमारी हानि हुई तो हुई, उन्हें तो ठंडक मिली न।

ठंडा कर दिया जाना

मार दिया जाना; जैसे—इसमें साइलेंसर लगा हुआ है। ज़रा भी आवाज़ न होगी। ···आपके घरवाले एक मिनट में ठंडे कर दिए जाएँगे।—भूषण वनमाली।

ठंडा करना/कर देना

१. (व्यक्ति को) शांत करना।

२. शमित या नष्ट करना; जैसे—इस आखेट के निंदक माधव्य ने मेरा सारा उत्साह ठंडा कर दिया है।—सीताराम चतुर्वेदी।

३. (आग या दीया) बुझाना।

४. ताजिया गाड़ना।

५. जुते हुए पशु को खोलना; जैसे—जब तक हम आश्रमवासियों से मिलकर लौटें, तब तक तुम घोड़ों को ठंडा कर रक्खो।—सीताराम चतुर्वेदी।

ठंडा पड़ जाना

१. मंद पड़ना; जैसे—(१) ···धरती की फेरी देने का सारा हिसाब ठंडा पड़ जाएगा।—सीताराम चतुर्वेदी। (२) नगर में आने की सारी उत्सुकता ठंडी पड़ गई है।—सीताराम चतुर्वेदी। (३) कुछ दिनों में कांग्रेस-खिलाफ़त (के आंदोलन) ठंडे पड़ गए।—यशपाल।

२. शांत हो जाना; जैसे—(१) उनका भी क्रोध ठंडा पड़ गया।—सीताराम चतुर्वेदी। (२) परंतु जैसे जैसे आवेश ठंडा पड़ता गया, वैसे वैसे मंजुला के मन में और तरह के विचार आते गए।—हजारीप्रसाद द्विवेदी।

३. यौवनोचित सामर्थ्य न रह जाना; जैसे—कंठी माला ले ली है या ठंडे पड़ गए हो।—अजित पुष्कल।

ठंडा हो जाना

१. मंद पड़ जाना; जैसे—बड़े सरकार कुछ इस ढंग से हैं कि ख़ुदाबक्स मियाँ का उत्साह ठंडा हो गया।—शिवप्रसाद सिंह।

२. शांत या शमित हो जाना; जैसे—उनके मन का रोष अभी तक ठंडा नहीं हुआ था।—मे० परवेज़।

ठंडा गरम न देखना

बिना सोचे-समझे विशेषत: जल्दबाज़ी में किसी कार्य में प्रवृत्त होना।

ठंडी साँस खींचना

ठंडी साँस लेना (दे०)।

ठंडी साँस भरना/लेना

आहें भरना; जैसे—वह पत्रों के कुछ चुने हुए हिस्से कभी-कभार अपनी सहेलियों को सुना देती और वे सब मिलकर ठंडी आहें भरने लगतीं।—गुलशन नंदा।

ठंडे कलेजे से

शांत होकर, शांत भाव से; जैसे—अब आप ठंडे कलेजे से इस बात पर फिर सोचिएगा।

ठंडे दिमाग/दिल/से

ठंडे कलेजे से (दे०)।

ठंडे ठंडे

सबेरे या शाम के समय (जब सूरज की तपन से परेशानी नहीं होती); जैसे—इससे अच्छा था, कल शाम ठंडे ठंडे निकल गए होते।—कमलेश्वर।

ठंडी ढलना

माता (चेचक) का वेग या प्रकोप शांत होना।

ठगा-सा रह जाना

आत्मविस्मृत हो जाना; जैसे—ब्रह्मचारी की दृष्टि देवयानी पर गई तो वह (वे) ठगे से रह गए।—यज्ञदत्त।

ठन जाना

विवाद शुरू हो जाना; जैसे—इसी बात पर फिर उन दोनों में ठन गई थी।—हजारीप्रसाद द्विवेदी।

ठप्प होना

रुक जाना, बंद हो जाना; जैसे—(१) चुनाव क्या आया···पढ़ाई-लिखाई ठप्प हो गई।—गिरिधर गोपाल। (२) ख़्याल तो यहाँ तक था कि शायद रेलें, बसें और हवाई यातायात भी ठप्प हो जाएगा।—कमलेश्वर।

ठहरा हुआ

शांत तथा गंभीर स्वभाववाला।

ठहाका मारना

हाहा करते हुए ज़ोर से हँसना; जैसे—उसकी बात सुनकर पहलवान ठहाका मारकर हँस पड़ा···।—अजित पुष्कल।

ठाठ बदलना

१. नया रूप धारण करना या वेश बदलना।

२. वार करने के लिए पैंतरे से खड़े होना।

ठाठ मारना

मज़े उड़ाना; जैसे—विदेश में वह ठाठ मार रहा होगा।

ठाठ से

मज़े से, मस्ती से; जैसे—लेकिन उन्हें इस ध्यानावस्था में देखकर वह ठाठ से सिल पर लहसुन की चटनी पीस रोटियों का थक्के का थक्का साफ़ कर गई।—शिवानी।

ठाठ से रहना

मज़े से या आनंद-चैन से रहना. सुखपूर्वक समय बिताना।

ठान रखना

रचाना; जैसे—उन्हीं दिनों राजा जनक ने धनुष-यज्ञ ठान रखा था।—सीताराम चतुर्वेदी।

ठान लेना/ठानना

दृढ़ निश्चय कर लेना; जैसे—(१) हम लोगों को छोड़कर चले जाने की जो तुमने ठान ली है, यह तुम्हारी बड़ी कठोरता है।—सीताराम चतुर्वेदी। (२) शाम होने के पहले ही उसने अपने दरवाज़े पर ताला लटका दिया और पुरवा पहुँचने की ठान ली।—अजित पुष्कल। (३) बाढ़ ने मानो उस बार केवल दीन-हीन किसानों और ग़रीब-गुरबों को ही नहीं बल्कि बड़े-बड़े सफ़ेदपोश कोठी-बंगलेधारी सत्ताधीशों, धनाधीशों को भी अपनी लपेट में लाकर साम्यवाद का प्रचार करने की ठानी थी।—अमृतलाल नागर।

ठाली देना

समय पर काम पूरा न करने के फलस्वरूप बहानेबाज़ी करना।

ठिकाना न रहना

कोई आश्रय न होना।

ठिकाना न लगना

कहीं ठिकाना न लगना (दे०)।

ठिकाना न होना

१. रहने की स्थायी जगह न होना।

२. अप्राप्य होना; जैसे—गृहस्थी में भोजन का ही ठिकाना ही न था।—प्रेमचंद।

ठिकाने आना

१. (व्यक्ति का) अपने उपयुक्त स्थान पर पहुँचना।

२. वस्तु-स्थिति को समझने की स्थिति में आना; जैसे—क्यों द्रुपद तुम्हारी बुद्धि ठिकाने आयी या नहीं।—मनु शर्मा।

ठिकाने का

उपयुक्त, सही; जैसे—प्रद्युम्न ने बात बड़े ठिकाने की कही थी।—श्रवणकुमार।

ठिकाने पहुँचाना

(काम या बात) संपादित अथवा निष्पादित करना।

ठिकाने लगना

१. (काम) पूर्ण या सफल होना।

२. (किसी व्यक्ति को) ख़त्म किया जाना।

ठिकाने लगाना/लगा देना

१. उपयुक्त पात्र के हवाले करना; जैसे—ज़माना बहुत सुविधा का नहीं है, अच्छा लड़का देखकर इसे ठिकाने लगा दे।—शिवानी।

२. नष्ट या चौपट करना; जैसे—हिंदी वाले ही हिंदी को ठिकाने लगाते हैं।—गोपाल चतुर्वेदी।

ठिठुरकर रह जाना

घोर शीत के कारण निष्क्रिय हो जाना; जैसे—हाँ, कभी कभी कुत्तों को भौंकने का शोर ज़रूर कहीं दूर सुनाई दे जाता था, लेकिन जाड़े के कारण उनकी आवाज़ भी ठिठुर कर रह गई थी।—भूषण वनमाली।

ठीक उतरना

१. सही ढंग से संपन्न होना; जैसे—बड़ी मुश्किल से यह काम ठीक उतरा है।

२. सत्य सिद्ध होना; जैसे—पुलिस के दरोगा पर तो वह बात ठीक उतरती है।—देवेन्द्र सत्यार्थी।

ठीक करना

सुव्यवस्थित करना या सुधारना; जैसे—(१) अपना दिमाग पहले ठीक कर लो। (२) गाड़ी आ रही है अपना सामान ठीक कर लो।

ठीकरा फूटना

किसी के सिर पर झूठा दोष लगना।

ठीकरा समझना

तुच्छ या हेय समझना।

ठीका लेना

ठेका लेना (दे०)।

ठुकरा देना

१. स्वीकार न करना, अस्वीकार करना; जैसे—(१) उन्होंने हमारा यह प्रस्ताव

ठुकरा दिया था। (२) सरकार ने गाँधी जी और कांग्रेस के शांतिपूर्ण समझौते के सभी सुझाव ठुकरा दिए। —यशपाल।

२. ठोकर मारकर निकाल देना; जैसे— ····फिर उन्होंने इन यतीम बच्चों को ठुकरा दिया था।

ठूँठ होना

निष्प्राण होना; जैसे—अब तो अपना खानदान सूखे पेड़ की तरह ठूँठ होने पर आया।—रा० रा० प्र० सिंह।

ठेंगा दिखाना

अँगूठा दिखाना (दे०)।

ठेंगा सिर (पर) लेना

किसी का एहसान लेना; जैसे—अब ज़िंदगी में कौन-सा सुख है कि किसी का ठेंगा सिर लूँ।—प्रेमचंद।

ठेंगे पर रखना

उपेक्ष्य समझना; जैसे—वही टंडन साहब पत्नी, रिश्तेदारों, समाज और ईश्वर को भी ठेंगे पर रखकर एक सफल आदमी बने हुए हैं।—गिरिधर गोपाल।

ठेंगे से

(हमारी) बला से; जैसे—वे नहीं आए तो न आएँ, हमारे ठेंगे से।

ठेका भरना

(घोड़े का) रह रहकर ज़मीन पर पैर या टाप पटकना।

ठेका लेना/ले रखना

पूरी ज़िम्मेदारी लेना; जैसे—(१) बड़े भाई हैं, उनकी शान में क्या कहूँ। कुछ दिनों अमेरिका क्या रह आए हैं गोया हक और इंसाफ का ठेका ले लिया है।—प्रेमचंद। (२) मैंने क्या ज़िंदगी भर का ठेका ले रखा है तेरा। —सरोजिनी वर्मा।

ठेले चलना

१. (कोई काम) किसी न किसी तरह चलाए रखना।

२. (गृहस्थी का) निर्वाह करते चलना।

ठेस पहुँचाना

आघात करना; जैसे—(१) एक धर्म-निरपेक्ष राज्य में इस तरह उस आदमी की भावनाओं को क्यों ठेस पहुँचाई जा रही है जो इस सबको नहीं मानता। —कमलेश्वर। (२) ····पर हृदय उन्हें सौंदर्योपासक मिला था और वैसी दबंग मर्द-औरत उनकी सौंदर्य-भावना को ठेस पहुँचाती थी। —अश्क।

ठेस लगना

मानसिक आघात लगना; जैसे—चित्रांगद की मृत्यु से भीष्म को भारी ठेस लगी।—यज्ञदत्त।

ठेस लगाना

मानसिक आघात पहुँचाना; जैसे—असमिया····व्यवहार में बड़ा विनम्र होता है पर यदि कहीं उसके आत्मसम्मान को ठेस लगा दी, तो वह बाढ़ के समय का ब्रह्मपुत्र बन जाता है।—देवेन्द्र सत्यार्थी।

ठोंक बजाकर/पीटकर

अच्छी तरह देख-भालकर।

ठोंकना-बजाना

व्यवहारतः जाँचना या परखना।

ठोकर/ठोकरें/खाना

दुर्दशा भोगना; जैसे—(१) यौवन की जिस देहरी पर उसने स्वयं एक बार ठोकर खाई थी, उस पर कहीं लड़की भी ठोकर खाकर न गिर पड़े इसका वह दिन-रात ध्यान रखती थी। —शिवानी। (२) ठोकर खाएगा तो आदमी बन जाएगा और घर का काम-काज करने लगेगा।—अजित पुष्कल। (३) मुझ जैसी न जाने कितनी लड़कियाँ हैं जो ठोकरें खा रही हैं। —भूषण वनमाली। (४) सफल लोगों से पूछा जा सकता है कि उनने कितनी ठोकरें खाईं और कितनी असफलताएँ गले उतारीं।—अखंड ज्योति।

ठोकर मारना
१. पैर से अघात करना।
२. ठुकरा देना।

ठोकरों पर पड़े रहना
(किसी का) अपमान सहते चलना परंतु (उसी के) आश्रित बने रहना।

ठोस कदम उठाना
प्रभावपूर्ण कार्रवाई करना; जैसे—इन आतंकवादियों के प्रति सरकार को ठोस कदम उठाना होगा।

ठौर-ठिकाने लगना
आश्रय मिलना; जैसे—तीनो भाभियों का तो कहीं ठोर-ठिकाना लग जाएगा।—रा० रा० प्र० सिंह।

ठौर-ठिकाने से होना
पूर्ण रूप से व्यस्थित होना, रहने और खाने-पीने से सुखी होना।

ड

डंक मारना
बिच्छू के डंक मारने सदृश घोर कष्ट देना; जैसे—चौकोर पन्ने की दर्शनीय अँगूठी के साथ उसके मूल्य का टिकट भी जान-बूझकर रहने दिया गया था। भेजनेवाले का ओछापन रह रहकर अहल्या को डंक मार रहा था। —शिवानी।

डंका देना
१. डंका बजाकर सैनिकों को एकत्र होने या कूच करने की आज्ञा देना।
२. अपने आधिपत्य की सूचना देना।

डंका बजना
घोषित या प्रचारित होना, फलतः ख्याति मिलना; जैसे—शारदा बाई जब पंद्रह बरस की हुई तो उसके रूप का डंका बजने लगा।—कमलेश्वर।

डंका बजाना
१. सैनिकों के कूच करने या एकत्र होने के लिए डंका देना।
२. अपने आधिपत्य की सबको सूचना देना।

डंका पिटना
चारो ओर सुनाया या घोषित किया जाना; जैसे—कांग्रेसी उम्मीदवार की ओर से उनका डंका पिटा।—रा० रा० प्र० सिंह।

डंका पीटना
चारो ओर किसी बात को सुनाते फिरना।

डंके की चोट पर
सबके सामने और बिना किसी भय के; जैसे—(१) जो कुछ करता हूँ डंके की चोट पर।—सरोजिनी वर्मा। (२) सही बात को डंके की चोट पर कहा करता था।—गिरिधर गोपाल।

डंड डालना
यह कहना कि अमुक व्यक्ति क्षतिपूर्ति करे।

डंड पेलना
निश्चिंततापूर्वक समय-यापन करना; जैसे—बाप लाखों की संपत्ति छोड़ गए हैं, बेटा राम डंड पेल रहे हैं। —विश्वनाथप्रसाद बेरी।

डंड भरना
१. क्षतिपूर्ति करना।
२. जुर्माना भरना या चुकाना।

डंडा करना
तंग या दुखी करना; जैसे—वह माँ-बहन को डंडा किए रहता है।

डंडी चलाना
डाँडी मारना (दे०)।

डंडे के ज़ोर से
मार के भय से, ज़ोर-ज़बरदस्ती; जैसे—यों तो डंडे के ज़ोर से जंगल का भालू भी मदारी के काबू आ जाता है।—अजित पुष्कल।

डंडे चलना
दो व्यक्तियों या दलों का एक दूसरे पर डंडों से आघात या प्रहार करना।

डंडे बजाना

व्यर्थ इधर-उधर घूमते फिरना, खेल-खेलवाड़ में मस्त रहना, कुछ काम न करना, केवल घूम-फिरकर समय बिताना।

डकार जाना

छलपूर्वक ले लेना, हज़्म कर जाना जैसे—···मेरी सारी की सारी मज़दूरी डकार गए।—प्रेमचंद।

डकार न लेना

इस प्रकार माल हड़प लेना कि औरों को पता तक न चलने पाए।

डकारना/डकार जाना

१. खाना, भकोसना; जैसे—दूसरे गाँव का ग़रीब इस गाँव में अपनी बेटी नहीं ब्याहता, क्योंकि वहाँ का बराती एक बार में पाँच सेर अन्न से कम नहीं डकारता।—अजित पुष्कल।

२. हड़प लेना।

डग भरना

कदम बढ़ाना; जैसे—यदि (हड्डी) टूटी होती तो क्या वह···चंद डग भी मार पाती।—शिवानी।

डटा रहना

जमकर मुकाबला करते रहना; जैसे—फिर हमारे सैनिक भी सिचियान में डटे रहे।

डर्बी के घोड़े की तरह दौड़ना

बहुत तीव्र गति से आगे बढ़ना; जैसे—इधर तो मेरा उपन्यास डर्बी के घोड़े की तरह दौड़ा है।—अमृतलाल नागर।

डाँट खिलाना

ऐसा काम करना जिससे किसी को डाँट सुननी पड़े।

डाँट में रखना

नियंत्रण में रखना; जैसे—बच्चों को डाँट में रखना चाहिए।

डाँड पड़ना

क्षतिपूर्ति करने या दंड भरने की ज़िम्मेदारी थोपी जाना; जैसे—उसकी पुस्तक फाड़ी किसी ने और डाँड पड़ी हमें।

डाँड भरना

क्षतिपूर्ति करना या दंड भरना।

डाँडी मारना

कम तौलना; जैसे—भाई को अपनी टेंट ढीली करनी पड़ेगी, डाँड मारकर गोलक भरती जा रही है।—अजित पुष्कल।

डाका डालना

बलात् छीन लेना; जैसे—सम्राज्ञी आपके सौभाग्य पर शर्मिष्ठा ने डाका डाला है।—यज्ञदत्त।

डायल घुमाना

फ़ोन करना; जैसे उनसे बात करूँगा ज़रा डायल घुमा दो।

डाली देना

अधिकारियों को प्रसन्न रखने के लिए उन्हें कुछ भेंट करना; जैसे—हुक्काम को डालियाँ न दूँ तो बागी समझा जाऊँ।—प्रेमचंद।

डाली लगाना

(फल,मिठाई आदि) डलिया में सजा-कर किसी के यहाँ भेजना; जैसे—···पपीते पैदा करते, खुद खाते, हुक्काम के घर भी डाली लगाते। —रा० रा० प्र० सिंह।

डिगरी जारी करना

किसी की जायदाद पर कब्ज़ा करने या उससे प्राप्य धन वसूल करने के लिए अदालत द्वारा आदेश दिया जाना।

डिगरी देना

दीवानी न्यायालय का किसी के पक्ष में यह निर्णय करना कि इसे अमुक व्यक्ति से इतना धन या संपत्ति मिलनी चाहिए।

डींग मारना/हाँकना

लंबी-चौड़ी बातें करना; जैसे—···वह उमंग में आकर सज्जनता और उदारता की ऐसी डींग मारने लगते थे जिसे व्यवहार में लाने का कदाचित् उन्हें

साहस नहीं होता था।—प्रेमचंद।

डीठ लगना

नज़र लगना।

डुगडुगी फेरना

सार्वजनिक रूप से सूचना देना, मुनादी करना।

डुबकी मारना/लगाना

अनुपस्थित या ग़ायब हो जाना; जैसे—यह धोबी महीनों की डुबकी लगा जाता है।

डुबा/डुबो देना

बरबाद या नष्ट कर देना; जैसे—(१) इस मैदे के रोज़गार ने उन्हें डुबा दिया। (२)उन्होंने हमारी सारी इज्ज़त डुबो दी।—अजित पुष्कल।

डूब जाना

१. जल में निमग्न होना, जलाप्लावित होना; जैसे—पुल बाढ़ में डूब गया था। २. बर्बाद या नष्ट हो जाना या हाथ से निकल जाना; जैसे—हम तो डूब गए थे, उन्होंने हमारा उद्धार किया।

डूब मरना

अनुचित व्यवहार के फलस्वरूप आत्मग्लानि से पीड़ित होना; जैसे—उपवास करके सो रहना और बात है लेकिन पंगत से उठा दिया जाना तो डूब मरने ही की बात है।—प्रेमचंद।

डूबना

१. मग्न होना; जैसे—जब मैं उसके यहाँ गया, वह पढ़ने में डूबा था।

२. डूब जाना; जैसें—उन्हें दिलासा मिला कि अभी सब-कुछ डूबा नहीं है।—श्रीलाल शुक्ल।

डूबना-उतराना

संशय में रहना; जैसे—अपने कमरे में अकेली पड़ी राजेश्वरी रात भार गहरे सोच-विचार में डूबती-उतराती रही। —शिवानी।

डेढ़ ईंट की (अलग) मस्जिद बनाना

हठपूर्वक औरों से अलग रहकर ही कोई काम करना।

डेढ़ चावल की खिचड़ी पकाना

अपना तुच्छ कार्य या अमान्य विचार सबसे अलग रखना या चलाना।

डेरा डालना

थोड़े या अधिक समय के लिए कहीं रुकना या ठहरना।

डोर मज़बूत होना

(किसी का) आश्रय या स्रोत सशक्त होना।

डोरा लगना

किसी के प्रेम-बंधन में पड़ना।

डोरी खींचना

किसी को अपने पास विशेषत: दर्शनार्थ बुलाना; जैसे—जब देवी महारानी को अभीष्ट होगा स्वयं ही डोरी खींचेंगी।

डोरी डालना

अपनी ओर आकृष्ट करने या फँसाने का उपक्रम करना; जैसे—अपना वह कालेज, वह क्लब, वह ईडेन गार्डन, सब अपनी ममता की डोरी डाल लगे खींचने।—रा० रा० प्र० सिंह।

डोरी ढीली करना/छोड़ना

नियत्रंण कम करना या उठा लेना; जैसे—डोरी ढीली की और बच्चा बिगड़ा।

डोरी लगना

(किसी का) बराबर ध्यान लगा रहना।

डोरे डालना

किसी को अपने प्रेमपाश में बाँधने के लिए मधुर व्यवहार करना; जैसे—(१) दिग्विजय सिंह ऐयाश भी था, शराबी भी।----गाँव की नीच जाति की बहू-बेटियों पर डोरे डाला करता था। —प्रेमचंद। (२) कंबल और कपड़े देने के बहाने बहुत से चरित्रभ्रष्ट सेठों और खद्दरधारी समाजसेवकों ने बाढ़-पीड़ितों की जवान बहू-बेटियों पर डोरे डालने की कुचेष्टा की।—गिरिधर गोपाल।

डोलना
१. आदर्श, मान, मर्यादा आदि का उल्लंघन करने के लिए प्रवृत्त होना।
२. मन डोलना (दे०)।

डोला देना
पालकी में बैठाकर कन्या को वरपक्ष के घर भेजना जिससे वहीं वर के अभिभावक वर के साथ उसका विवाह कर लें।

डोली करना
किसी को जैसे-तैसे चलता या दूर करना।

डोली होना
चुपके से विशेषतः (किसी की कोई चीज़ उठाकर) चल देना।

डौंड़ी देना
१. डुगडुगी पीटकर सर्वसाधारण को सूचित करना।
२. चारो ओर लोगों से कोई बात कहते फिरना।

डौंड़ी बजना
सार्वजनिक घोषणा होना, गली-बज़ारों में डौंड़ी बजाकर घोषणा करना।

डौल पर लाना
१. (किसी चीज़ को) सुंदर रूप देना।
२. (किसी व्यक्ति को) युक्ति से रास्ते पर लाना या अनुकूल बनाना।

डौल बाँधना
कार्य-संपादन के लिए युक्तिपूर्ण उपाय करना।

ड्योढ़ी खुलना
किसी राजा के दरबार में किसी के आने-जाने का क्रम शुरु होना।

ड्योढ़ी बंद होना
(किसी को) राजा के दरबार में जाने की मनाही होना।

ड्योढ़ी लगना
(किसी के यहाँ) ड्योढ़ी पर द्वारपाल का बैठना जिससे अनुमति के बिना कोई अंदर न जा सके।

ढ

ढंग पर चढ़ना
प्रभाव या वश में आना।

ढंग पर लाना
(किसी को) जिस तरह चाहना उस तरह चलना।

ढंग बरतना
इस प्रकार व्यवहार करना कि परस्पर सुसंबंध बना रहे।

ढँढोरा फेरना
ढिंढोरा फेरना (दे०)।

ढई देना
१.(कहीं या किसी के यहाँ) जमकर बैठ जाना और जल्दी उठने का नाम का लेना।
२.धरना देना।

ढब पर चढ़ना
ऐसे उपाय करना या परिस्थितियाँ उत्पन्न करना कि कोइ वशावर्ती हो जाए।

ढर्रा चलाना/चला लेना
नई बात चालू करना; जैसे—घर में दूसरी औरतों के अभाव का लाभ उठाकर उन्होंने अपनी माँ के सामने मदालसा (पत्नी) से खुले आम बातें करने और नाम लेकर पुकारने का ढर्रा बड़े रोब से चला लिया था। —अमृतलाल नागर।

ढर्रे पर आना
ठीक ढंग से काम करने की स्थिति में होना; जैसे—अब तो वह बहुत-कुछ ढर्रे पर आ गया है।

ढर्रे पर चलना/चल निकलना
ढर्रे पर आना (दे०); जैसे—आठवीं कक्षा के दूसरे वर्ष में उसका काम पुराने ढर्रे पर चल निकला।—अश्क।

ढल पड़ना
प्रवृत्त होना, झुकना; जैसे—मगर जब बातों के सिलसिले में अंग्रज़ी ज़बान पर भाई की असाधारण सत्ता देखी तो दाँतों

तले उँगली ही नहीं रखी; बल्कि ऐसे ढल पड़े कि भाई तुम धोती कुर्ते में भी आओ तो क्या, तुम्हारे लिए जगह बराबर बनी है।— रा० रा० प्र० सिंह।

ढाई चावल की खिचड़ी अलग पकाना
प्राय: सभी लोगों की असहमति होने पर भी मनमाना आचरण ही करना।

ढाढ़स बँधना
धैर्य प्राप्त होना; जैसे—"यह सुनकर दशरथ जी के मन में कुछ ढाढ़स बँधी।—सीताराम चतुर्वेदी।

ढाल देना
अनुरूप बना देना; जैसे—उसने बेटों को भी उसी तरह ढाल दिया।

ढाल बनना
बचाव का साधन बनना; जैसे—(१) रोटियाँ ढाल पर बनकर अधर्म से हमारी रक्षा करती हैं।—प्रेमचंद। (२) तब ढाल बनकर मैं अपने नन्हें भाई को सबकी कुदृष्टि से बचाती फिरती। —मालती जोशी।

ढाल-तलवार बाँधना
वीरों-जैसा वेश धारण करना, योद्धा बनना।

ढाह मारकर रोना
ख़ूब ज़ोरों से चिल्लाते हुए रोना।

ढिंढोरा पीटना/फेरना
१. सर्वसाधारण को ढोल बजाकर किसी बात की सूचना देना।
२. जगह जगह या सब किसी से किसी बात की चर्चा करते फिरना; जैसे— (१) जो लोग बहुत पढ़े-लिखे हैं वे अपनी विद्या का ढिंढोरा पीटते हैं। —सीताराम चतुर्वेदी। (२) अम्माँ मानो सारे संसार के सुखियों, पैसेवालों को ढिंढोरा पीटकर यह जतला देना चाहती थी कि आज वे भी सुखी हैं। —अमृतलाल नागर।

ढील देना
छूट देना अनियंत्रित आचरण करने देना; जैसे—बच्चों को इतनी ढील भी नहीं देनी चाहिए कि वे सिर पर चढ़ जाएँ।

ढीढ़ा गिरना
गर्भपात होना।

ढीढ़ा फूलना
(स्त्री का) पेट फूलना (पेट में बच्चा आना)।

ढीला छोड़ना
कठोर नियंत्रण में न रखना जिससे कोई मनमाना आचरण करता फिरे।

ढीला पड़ना/पड़ जाना
१. कसावट न रह जाना; जैसे—घोड़े के पीछे दौड़ते दौड़ते शरीर के जोड़ जोड़ "ढीले पड़ गए हैं।—सीताराम चतुर्वेदी।
२. नरम पड़ना; जैसे—जैसे जैसे उनका गुस्सा ठंडा होगा वे ढीले पड़ जाएँगे।
३. सुस्ती करने लगना; जैसे—अब वे ढीले पड़ गए हैं, अब वह बात नहीं रही।—सोमेश्वर।

ढुलक जाना/पड़ना
आकृष्ट और प्रवृत्त हो जाना; जैसे— वह जानती है कि तुम जमीला को इतने सुख और आराम से नहीं रख सकते, जिस तरह रियाज़ रखेगा"सो ढुलक गई उस तरफ़।—भूषण वनमाली।

ढुलमुल यकीन होना
हमेशा निश्चय बदलते रहना, किसी बात पर न ठहरना।

ढूका देना/लगाना
ओट में रहकर किसी की बात-चीत सुनना या रंग-ढंग देखना।

ढेकली में डालना
घोर संकट में फँसाना।

ढेर करना/कर देना
(व्यक्ति को) मार डालना जिसमें वह मरा पड़ा हुआ ढेर-सा लगे।

ढेर हो जाना
मुर्दे के समान अचेष्ट हो जाना; जैसे—

(१) क्यों जी, तुम क्या एक ही कश लेकर ढेर हो गई।—शिवनी। (२) यहाँ तो एक एक आदमी का अंजर-पिंजर ढीला हो गया है। जरा-सा धक्का दो वह वहीं ढेर हो जाए।—श्रवणकुमार।

ढोंग रचाना
दिखाने भर को या काम निकालने के लिए कोई आयोजन करना; जैसे—मैं प्यार-व्यार कुछ भी नहीं समझती, और न तुमसे प्यार करने का ढोंग रचा सकती हूँ।—गुलशन नंदा।

ढोते चलना
किसी पुरानी परंपरा या मर्यादा का निर्वाह करते चलना।

ढोल की पोल
कमज़ोरी; खोखलापन।

ढोल पीटना/बजाना
कोई बात सबको सुनाना या बतलाना; जैसे—···प्यारी का गर्व यों ढोल बजाकर अपनी पराजय न स्वीकार कर सकता था।—प्रेमचंद।

ढोल बजाकर
डंके की चोट।

त

तंग आ जाना
परेशान हो जाना; जैसे—उनकी इन बातों से तो मैं तंग आ गई हूँ।

तंग कर रखना
बराबर परेशान करते रहना; जैसे—इन लोगों ने अपनी माँ को तंग कर रखा है।

तंग करना
१. परेशान करना।
२. कुछ प्राप्ति के लिए पीछे पड़े रहना; जैसे—तुम्हारे भाई साहब कोई न कोई रास्ता निकाल लेंगे और तुम्हें तंग नहीं करेंगे।—अश्क।

तंग होना
१. परेशान होना।
२. रुपए-पैसे की कमी से अपना खर्च ठीक से न चला पाना।

तंगी उठाना
रुपए-पैसे की कमी के कारण कष्ट उठाना।

तक़दीर का खेल
भाग्य में लिखी हुई बात; जैसे—आना-जाना तो तक़दीर का खेल है भाई।

तक़दीर खुलना
सुख और लाभ का योग होना।

तक़दीर खोटी होना
भाग्य से हीन होना; जैसे—मेरी तक़दीर ही खोटी थी जो तुम जैसे के पल्ले पड़ी।

तक़दीर चमकना/चमक उठना
सहसा समृद्ध हो जाना या उच्च पद प्राप्त कर लेना।

तक़दीर फूटना
भाग्य के विपरीत होने से दुःख बदा होना; जैसे—मेरी तक़दीर फूटी थी जो ये दिन देखने पड़े।

तक़दीर फूटना
भाग्य के विपरीत होने से दुख बदा होना; जैसे—मेरी तक़दीर फूटी थी जो ये दिन देखने पड़े।

तकलीफ़ उठाना
कष्ट करना, कष्ट सहना; जैसे—मर्द कभी नहीं समझता कि औरत उसके लिए कितनी तकलीफ़ उठाती है। —अजित पुष्कल।

तकाज़ा करना
यह कहना कि हमारी रकम या वस्तु हमें दे दें; जैसे—नब्बू मियाँ··· दुकान के सामने खड़े दो लड़कों से पिछले बकाया पैसों के लिए तकाज़ा करने लगे।—गिरिधर गोपाल।

तकिया कलाम
ऐसे अप्रसांगिक शब्द या शब्द-समूह जो किसी के मुँह से प्रायः हर बात के साथ निकलता हो; जैसे—यह गाली उनका तकिया कलाम बन गई थी, और कई बार दूसरों के साथ बेध्यानी में

अपने को भी गाली दे लेते थे।—अश्क।

तख़्त पर बैठना

सत्ता या शासन संभालना।

तख़्ता उलट/पलट/जाना

एक शासक या शासक-वर्ग की जगह दूसरे शासक या शासक-वर्ग का गद्दी संभालना; जैसे—जिस दिन मुल्क की जनता उठ खड़ी होगी उसी दिन तख़्ता पलट जाएगा।—गिरिधर गोपाल।

तख़्ता उलट/पलट/देना

शासक या शासक-वर्ग को गद्दी से उतारना और दूसरे शासक या शासक-वर्ग को गद्दी पर बैठाना।

तख़्ता उलटना/पलटना

१. तख़्ता उलट जाना (दे०)।

२. तख़्ता उलट देना (दे०)।

तड़का होना

१. किसी चीज़ का अभाव होना।

२. आघात के फलस्वरूप बेसुध होना।

तड़ातड़ जड़ना/जड़ते चलना

लगातार मारते चलना।

तन कसना

१. किसी बात पर अड़ जाना या डट जाना।

२. ठन जाना (दे०)।

३. मृत्यु होना।

तन छूटना

मृत्यु होना।

तन तोड़ना

१. अँगड़ाई लेना।

२. कठोर श्रम करना।

तन दिखाना

(स्त्री का पर-पुरुष को) अपने गुप्त अंग दिखाना।

तन देना

१. अपने शरीर की सुध-बुध छोड़कर दूसरे की सेवा करना।

२. ध्यान देना।

तन बैठना

अप्रसन्नता के कारण अकड़ या रूठ जाना; जैसे—मैं नाहक तुमसे तन बैठा।—प्रेमचंद।

तन लगना

(कोई चीज़) शारीरिक उपयोग में आना; जैसे—नया कपड़ा था, अभी तो तन भी नहीं लगा था।

तनकर

अकड़कर, रोब के साथ; जैसे—वह हर एक से तनकर बोलता है।

तन-मन मारना

अपनी इच्छाओं का दमन करते हुए संयमपूर्वक रहना।

तना रहना

अप्रसन्नता के कारण अकड़ या ऐंठ में रहना, अपनी ज़िद पर रहना; जैसे—न जाने क्यों तू उनसे तनी रहती है। —प्रेमचंद।

तपना

तेजस्विता को प्राप्त होना; जैसे—वह कोतवाल बड़ा तपा था।—आज।

तपाक से

रोब या ठाठ से।

तबलची होना

सहायक के रूप में होना; जैसे—बँगला युगांतर की तरह वह किसी प्रलयी तांडव का तबलची न था।—रा० रा० प्र० सिंह।

तबला ठनकना

गाने-बजाने या नाचने-गाने का कार्यक्रम होना।

तबला मिलाना

तबले की रस्सी कसना या ढीलना जिससे वह ठीक से बजने लगे।

तबाही खाना

(किसी चीज़ का) पूर्ण रूप से नष्ट या ध्वस्त होना।

तबीयत आना/आ जाना

१. कोई काम करने अथवा कोई चीज़

प्राप्त करने की हार्दिक इच्छा उत्पन्न होना; जैसे जब तबीयत आई तो किसी भी दाम पर वह इसे खरीद लेगा। २. व्यक्ति विशेष के प्रति तीव्र आसक्ति उत्पन्न होना; जैसे—सदानंद सुंदर गबरू जवान थे। दुलरिया की उन पर तबीयत आ गई—अमृतलाल नागर।

तबीयत ख़राब होना
अस्वस्थ होना।

तबीयत पाना
बढ़िया स्वभाववाला होना; जैसे—उन्होंने अच्छी तबीयत पाई है।

तबीयत फड़क उठना
कोई चीज़ या बात देख-सुनकर तबीयत ख़ुश हो जाना।

तबीयत बिगड़ना/बिगड़ जाना
स्वास्थ्य में दोष या विकार उत्पन्न होना; जैसे—कल रात उस बुड्ढे की तबीयत ज़्यादा बिगड़ गई थी।

तबीयत भर जाना
(किसी चीज़ या काम से) अधिक उपयोग, भोग आदि के कारण विरक्ति होना।

तबीयत भर देना
भली-भाँति संतुष्ट तथा प्रसन्न कर देना।

तबीयत भर लेना
(जाँच-पड़ताल, निरीक्षण आदि के द्वारा) अपनी तसल्ली कर लेना।

तबीयत लगना
(काम में) मन लगना; जैसे—खेलने-कूदने में ही तो उसकी तबीयत लगती है।

तबीयत लगाना
(व्यक्ति से) अनुराग या प्रेम करना।

तबीयत लड़ाना
पूरे मनोयोग से कोई काम करना; जैसे—जब तक तबीयत नहीं लड़ाओगे, भूगोल याद होनेवाला नहीं।

तबीयत साफ़ होना/हो जाना
पूर्णत: स्वस्थ अनुभूत करना।

तबीयत हटना
मन हटना (दे०)।

तबीयत हरी हो जाना
मन प्रसन्न हो जाना।

तमक उठना
क्रुद्ध हो उठना।

तर माल उड़ाना
पौष्टिक पदार्थ खाना; जैसे—बाग-बगीचा बेचकर मज़े से तर माल उड़ाओ।—प्रेमचंद।

तर होना
यथेष्ट धन होना; जैसे—अब वे तर हैं, ख़ूब खाते-पीते हैं।

तरक़ीब भिड़ाना
उपाय करना; जैसे—अब तो कोई दूसरी तरक़ीब भिड़ानी पड़ेगी।—अजित पुष्कल।

तरफ़ होना
(किसी का) पक्षधर होना या पक्ष ग्रहण करना; जैसे—तब यदि पड़ोसी को या उन (बच्चों) को कोई चीज़ लेकर देता रहेगा तो वे उसकी तरफ़ हो जाएँगे।—श्रवणकुमार।

तरस आना
दया उत्पन्न होना; जैसे—(१) उसे बच्चों की हालत पर तरस आता और अपने असामर्थ्य से ग्लानि।—यशपाल। (२) उसकी मैली-कुचैली सूरत पर मुझे तरस आता है।—श्रवणकुमार।

तरस खाना
(दीन या घोर संकट में पड़े हुए व्यक्ति की) सहानुभूतिपूर्वक सहायता करने को उद्यत होना।

तरस जाना
(कोई वस्तु आदि) प्राप्त न होने या दिखाई न पड़ने के कारण उसे प्राप्त करने या देखने की उत्कट अभिलाषा

होना; जैसे—कभी-कभी तो गोरा चेहरा देखने के लिए भगवती तरस जाती थी।—शिवानी।

तरसने लगना

तीव्र आकांक्षा उत्पन्न होना; जैसे—शरीर से चिपचिपा पसीना छूटने लगा और लोग ठंडी हवा के लिए तरसने लगे। —अजित पुष्कल।

तरह दे जाना/देना

अनसुनी या अनदेखी करना, उपेक्षा करना; जैसे—(१) अल्लाह जानता है, हज़ारों दफ़े तरह दे जाती हूँ, मगर जब नहीं रहा जाता तब मैं भी बकने लगती हूँ।—प्रेमचंद। (२) मैं जितना ही तरह देता हूँ, यह उतना ही सिर चढ़ती जाती है।—प्रेमचंद। (३) उसकी ज़बान चल जाती तो सेठ जी तरह दे जाते।—यशपाल। (४) नरेन्द्र को छोटा भाई मानकर पुष्पा उसे बहुत तरह दे जाती थी। —यशपाल।

तराज़ू पर तरबूज़े तौलना

छोटा-मोटा या नगण्य व्यवसाय करना।

तराज़ू होना

बराबर या मुकाबले का होना।

तलब करना

किसी से कुछ अधिकारपूर्वक माँगना या लाने को कहना।

तलवा/तलवे/खुजलाना

किसी एक स्थान पर ठीक से न ठहर पाना।

तलवा/तलवे/न टिकना

यात्रा पर निकलने के लक्षण होना।

तलवार करना

तलवार चलाना।

तलवार कसना

तलवार का फल मोड़ या झुकाकर लोहे की उत्तमता देखना।

तलवार का धनी

तलवार चलाने में सिद्धहस्त।

तलवार का पानी पिलाना

तलवार से प्रहार या वार करना।

तलवार की छाँह में

सिर पर नंगी तलवार केउठे हुए होने की अवस्था में।

तलवार के घाट उतारना

तलवार से काट देना फलतः मार डालना।

तलवार खींचना

म्यान से तलवार बाहर निकाल लेना।

तलवार चमकाना

नंगी तलवार को घुमाना।

तलवार चलना

तलवार से वार होना।

तलवार तौलना

वार करने के उद्देश्य से तलवार ठीक ढंग से पकड़कर ऊपर उठाना।

तलवार पर हाथ रखना

वार करने के उद्देश्य से म्यान से तलवार निकालने को उद्यत होना।

तलवार बाँधना

(सन्नद्धता सूचित करने के लिए) कमर में तलवार लटकाना।

तलवे चलनी/छलनी/होना

बहुत अधिक चलने के कारण पैरों में घाव अथवा सूजन हो जाना।

तलवे चाटना

दीन-हीन बनकर किसी की छोटी-छोटी सेवाएँ करना; जैसे—(१) अभी तो यह महाशय भी उनके तलवे चाटते थे।—प्रेमचंद। (२) वह तो रंडी ठहरी। कुतिया। जहाँ टुकड़े मिले वहीं पूँछ हिलाकर तलवे चाटेगी।—अजित पुष्कल।

तलवे धोकर पीना

श्रद्धापूर्वक सेवा-सुश्रूषा करना, अत्यंत प्रेम प्रकट करना।

तलवे सहलाना

(किसी की) छोटी-मोटी सेवाएँ करना; जैसे—(१) उसकी ख़ुशामद क्यों करें,

उसके तलवे क्यों सहलाएँ।—प्रेमचंद। (२) अगर अपनी ज़रूरत आ पड़े तो दूसरों के तलवे सहलाते फिरेंगे। —प्रेमचंद।

तलवों तले मेटना

१. (कोई चीज़) पैरों से कुचलना या रौंदना।

२. (आज्ञा या आदेश) की अवज्ञा करना।

तलवों से आँखें मलना

दीन-भाव से आदर-सत्कार और सेवा-सुश्रूषा करना।

तवा सिर से बाँधना

युद्ध में जाने अथवा आघात या प्रहार सहने के लिए तैयार होना।

तवे का हँसना

तवे के नीचे जमी हुई कालिख का तपने पर चमकना। (इसका चमकना घर में लड़ाई-झगड़े का सूचक माना जाता है।)

तस्बीह फेरना

नाम की माला फेरना, जप करना।

तह तक जाना

बात की तह तक जाना (दे०)।

तह चढ़ना/देना

रंग, चूने आदि के एक कोट या परत पर फिर रंग या चूना करना।

तहकर रखना

(कपड़ा या कागज़-पत्र) छिपा तथा संभालकर रखना।

तांडव करना

घोर उत्पात करना; जैसे—(१) जो बंगले नदी की मूसलधारा से केवल दो-तीन फर्लांग दूर थे वहाँ तो पानी तांडव कर रहा था।—अमृतलाल नागर। (२) निरंकुश शासन की महत्त्वाकांक्षा अहं के लिए हिमालय पर तांडव करती है।—मनु शर्मा।

ताँता न टूटना

ताँता लगा रहना, क्रम चलता रहना; जैसे—आने-जानेवालों का ताँता दिन भर न छूटता था।—प्रेमचंद।

ताँता बँधना/लगना

बराबर एक पर एक चीज़, व्यक्ति आदि का आते रहना; जैसे—(१) ⋯निर्वाचन में सफल हुए थे, होम मेम्बर भी हो गए थे। चारो ओर से बधाइयाँ मिल रही थीं। तारों का ताँता लगा हुआ था।—प्रेमचंद। (२) ⋯दर्शकों, आलोचकों का ताँता लगा हुआ था।—प्रेमचंद। (३) घर में हर समय अतिथियों का ताँता लगा रहता है।—भूषण वनमाली। (४) दिन भर बग्घी मोटर और भीड़-भाड़ का ताँता लगा रहता।—शिवानी।

ताक पर धरना

ताक पर रखना। (दे०); जैसे—उसका मृदु स्वभाव, दिव्य सौंदर्य स्वयं ही उसकी योग्यता के प्रमाण-पत्र बन सकते थे, किंतु जान-बूझकर अपनी प्रतिष्ठा ताक पर धर, रुग्णा जननी का हाथ पकड़ इस अनजान परिवेश में आई थी।—शिवानी।

ताक पर रखना

फ़ालतू या व्यर्थ समझकर परे करना या दूर हटाना; जैसे—(१) नए राष्ट्र का निर्माण करने से पहले हमें अपने सारे पुराने पोथे, पुराने आदर्श ताक पर रखने होंगे।—दिनमान। (२)⋯रमजान की मूँछों के ताव के लिए अपने ईमान को ताक पर रखने को तैयार न था।—रा० रा० प्र० सिंह। (३) क्या आप अपनी योग-साधना अथवा तंत्र-विद्या के ज़ोर पर किसी को सम्मोहित कर सकते हैं कि वह स्वयं का सारा विवेक ताक पर रखकर, आपकी मर्ज़ी के अनुसार ही आचरण करे।—मनहर चौहान।

ताक भरना

मन्नत पूरी होने पर मसजिद के ताकों में मिठाइयाँ भरना।

ताक में निकलना
खोजने-ढूँढ़ने के लिए कहीं जाना या पहुँचना।

ताक में बैठना
ताक में रहना (दे०)।

ताक में रहना/होना
उपयुक्त अवसर, कार्य, स्थान आदि की प्रतीक्षा करना; जैसे—दशरथ जी के शत्रु तो अवसर की ताक में ही थे। —सीताराम चतुर्वेदी।

ताक रखना
किसी के क्रिया-कलापों पर ध्यान या दृष्टि रखना।

ताक लगाना
कहीं ठहर या बैठकर उपयुक्त अवसर की प्रतीक्षा करते रहना।

ताक-झाँक करना
छिपकर या चोरी-छिपे देखना।

ताकता रह जाना
देखता रह जाना, आश्चर्य भाव से देखना; जैसे—जिन गड़ेरियों की बकरियों के झुंड से पट्ठा बकरा ग़ायब रहता है, वह मन मसोसकर उस पुरवा की ओर ताकता रह जाता है।—अजित पुष्कल।

ताज़िया ठंडा होना
(किसी का) उत्साह या आवेश समाप्त होना।

ताड़ जाना
भाँप लेना; जैसे—(१) दिल्लीपत श्यामली की ईर्ष्या को ताड़ गया। —अजित पुष्कल। (२) आपने हमारे मन की बात ठीक ताड़ ली है। —सीताराम चतुर्वेदी। (३) उनकी मन:स्थिति को संजीव ताड़ गया। —गुलशन नंदा।

तान उड़ाना
यों ही मन में मौज आने पर गाने लगना।

तान तोड़ना
१. बेसुरा गाना।
२. (किसी पर) अपना गुस्सा निकालना; जैसे—(१) तान हमेशा इस बात पर तोड़ेंगे कि यदि वे अमेरिका या इंग्लैंड में पैदा होते तो लोग उन्हें सिर आँखों बैठाते।—कन्हैयालाल कपूर। (२) याद है धनसिंह उस दिन धर्मानंदी की लड़की आरती पर तान तोड़ता रहा, फिर वह भगत जी की लड़की जूनतारा की गाथा ले बैठा।—देवेन्द्र सत्यार्थी।

तान लगाना/लेना
कलात्मक ढंग से गाना।

तानकर सोना
किसी प्रकार की आशंका या चिंता न होने पर निश्चिंत या मस्त रहना।

ताना-बाना करना
बार बार इधर-उधर आते-जाते रहना।

ताब न होना
सहनशीलता का अभाव होना; जैसे—गर्मी भी उतनी नहीं होगी, यह बाहर ही से महसूस होता था, लेकिन चेतन को अंदर जाकर बैठने की ताब नहीं थी। —अश्क।

ताब लाना
सहनशील बनना।

तामड़ निकल आना
खोपड़ी गंजी होना।

तार जमना
तार बँधना (दे०)।

तार तार करना
१. कपड़े को इस प्रकार फाड़ना कि उसके धागे या सूत तक अलग हो जाएँ।
२. धज्जियाँ उड़ाना।

तार देना
तार के द्वारा किसी के पास कोई समाचार भेजना।

तार बँधना/बैठना
१. ताँता लगना।
२. कार्य-सिद्धि का सुभीता या योग होना।

तार बाँधना

क्रम चलाना, निरंतर कोई काम करते चलना; जैसे—खतों का मैं तो तार बाँध दूँ, मगर कोई लिखनेवाला भी हो। —प्रेमचंद।

तारा डूबना

१. किसी तारे या ग्रह का अस्त होना अर्थात् आकाश में दिखाई न देना।

२. शुक्र ग्रह का अस्त होना।

तारीफ़ के पुल बाँधना

अत्यधिक प्रशंसा करना; जैसे—(१) रतन तो उसी दिन ... समझ गई कि वह यहाँ कितने पानी में है ... जिस दिन मालिक ने उसके मुँह पर तारीफ़ का पुल बाँधा।—रा० रा० प्र० सिंह। (२) धीरे धीरे वह मेरे व्यक्तिगत मामलों में दख़ल देने लगे और लोगों के सामने मेरी तारीफ़ के पुल बाँधने लगे। —कमलेश्वर।

तारे खिलना

आकाश में चारो ओर तारों का जगमगाना।

तारे गिनना

रात में नींद न आना।

तारे छिटकना

आकाश में चारो ओर तारों का जगमगाना।

तारे तोड़ना/तोड़ लाना

विकट या साहस का काम कर दिखलाना।

तारे दिखाई देना

कमज़ोरी, बीमारी आदि के कारण प्रकाश-बिंदुओं का नाचते हुए दिखाई पड़ना।

तारे दिखाना

चित गिरा या पटक देना; जैसे—मैं भी तेरी तरह पतला-दुबला था, पर अपने से कहीं हृष्ट-पुष्ट लड़कों को एक ही चोट में तारे दिखा देता था। —अश्क।

तारे नज़र आना

दिमाग चकराने लगना, अक्ल का काम करना बंद कर देना; जैसे—इस आकस्मिक प्रश्न पर हकीम साहब को तारे नज़र आने लगे।—भूषण वनमाली।

ताल ठोंकना

मल्लयुद्ध, संघर्ष आदि के लिए प्रस्तुत होने की सूचना देना, कुश्ती या भिड़ने के लिए आवाहन करना; जैसे—कौंसिल का मोह अब उन्हें न था, लेकिन इस चुनौती के सामने ताल ठोंकने के सिवा और कोई राह न थी।—प्रेमचंद।

ताल देना

गाने-बजाने के समय, काल-मान ठीक रखने के लिए राग-रागिनी आदि के अनुरूप हथेलियों से विशिष्ट प्रकार के आघात करना।

ताल मिलाकर

संग संग, सहयोगपूर्वक।

ताल-मेल बैठना

सहयोगपूर्वक रहना या काम करना; जैसे—मन के पास आँखें नहीं होतीं, बुद्धि के पास मन नहीं होता। इसीलिए तो दोनों में कभी कभी ताल-मेल नहीं बैठता।—अजित पुष्कल।

ताल-मेल रखना

संबंध बनाए रखना।

ताला जड़ना

ज़बान पर ताला जड़ना (दे०)।

ताला लगना

घर के रहनेवालों के कहीं और चले जाने या मर जाने पर घर में रहने के लिए कोई न बचना।

ताला लगाना

बंद कर देना; जैसे—पहले लोगों का ख्याल था कि वह शायद किसी दिन हिंदी-मंदिर में ताला लगाकर अपने शहर लौट जाएगा।—कमलेश्वर।

ताला लटकाना

दरवाज़ा बंद करके ताला लगा देना;

जैसे—शाम होने के पहले ही उसने अपने दरवाज़े पर ताला लटका दिया और पुरवा पहुँचने की ठान ली। —अजित पुष्कल।

ताली पिटना/पिट जाना

पराजय, अपमान या दुर्दशा होने पर जग में हँसी होना, उपहास करने के लिए तालियाँ बजाई जाना; जैसे—खड़ा तो वह भाषण देने के लिए हुआ था, मगर जब उसके मुँह से एक शब्द न निकला तो कक्षा में ताली पिट गई।

ताली पीटना/पीटने लगना

प्रसन्नता व्यक्त करने या उपहास करने के लिए तालियाँ बजाना; जैसे—कहीं भोला बदल गए या किसी कारण से गाय न दी तो सारा गाँव तालियाँ पीटने लगेगा।—प्रेमचंद।

ताली बजना/बज जाना

ताली पिटना (दे०)।

ताली बजाना

ताली पीटना (दे०)।

तालू उठाना

तुरंत के जन्मे हुए बच्चे के तालू को दबाकर कुछ ऊपर और ठीक स्थान पर करना जिससे मुँह अच्छी तरह खुल सके और उसके अंदर कुछ अवकाश या जगह निकल आए।

तालू चटकना

गर्मी या प्यास से गला सूखना।

तालू में दाँत जमना/निकलना

(किसी के) दुर्भाग्य, दुर्दशा या विनाश के लक्षण प्रकट होना, दुर्दिन आना।

तालू से जीभ लगाना

चुपचाप रहना, कुछ न बोलना; जैसे—उसे क्रोध तो बहुत था फिर भी वह किसी न किसी भाँति तालू से जीभ लगाए बैठा रहा।

ताव खाना/खा जाना

१. अधिक आँच के कारण किसी (खाद्य पदार्थ) का जल जाना और खाने में बेस्वाद हो जाना।

२. (प्राणी या जीव का) गर्मी या लू के कारण अस्वस्थ होना; जैसे—गाय ताव खाकर मर गई।

३. क्रोध से भर उठना; जैसे—रमेश अपने पिता की बात सुनकर ताव खा गया, परंतु संयत स्वर में बोला…। —अमृतलाल नागर।

ताव चढ़ना

आवेशयुक्त होना, गुस्से में आना।

ताव दिखाना

अकड़ या रोब दिखाना।

ताव बिगड़ना

सेंक का आवश्यकता से अधिक या कम हो जाना।

ताव में आना

(व्यक्ति का) उतावलेपन से किसी कार्य में प्रवृत्त होना।

तिकड़म भिड़ाना/लड़ाना

धूर्ततापूर्ण उपाय करना; जैसे—हमने तिकड़म भिड़ाया तो है अगर भिड़ गया तो बाज़ी अपने ही हाथ रहेगी।

तिजोरी/तिजोरियाँ भरना

बहुत अधिक धन कमाना; जैसे—इन दस वर्षों में उन्होंने तिजोरियाँ भर ली होंगी।

तितली बनना

तितली की तरह रंग-बिरंगे कपड़े पहनकर बराबर इधर-उधर आते-जाते रहना; जैसे—पश्चिम में इनका षड्यंत्र सफल हो गया और देवियाँ तितलियाँ बन गईं।—प्रेमचंद।

तिनककर कहना

झुँझलाकर कहना; जैसे—मालती ने तिनककर कहा—दुनियाँ को दूसरों को बदनाम करन में मज़ा आता है। —प्रेमचंद।

तिनका उतारना

नाम मात्र को थोड़ा बहुत काम करके यह जतलाना कि हमने बहुत बड़ा काम

किया है, बला टालना।

तिनका तोड़ना

१. (किसी से) सदा के लिए संबंध-विच्छेद कर लेना; जैसे—हमने तो उसी दिन उससे तिनका तोड़ लिया था।

२. किसी को कुदृष्टि से बचाने के लिए उसके सिर पर से तिनका तोड़ते हुए फेंकना।

३. बलाएँ लेना।

तिनका पकड़ना/लेना

अनुग्रहकर्ता के सम्मुख नतमस्तक होना।

तिनके का पहाड़ होना

ज़रा-सी बात को ख़ूब बढ़ा-चढ़ाकर कहना।

तिनके चुनना

विरही या शोकसंतप्त का पागलों की तरह तुच्छ और निरर्थक काम करते हुए समय बिताना।

तिरछा बोलना

कटु वचन कहना; जैसे—जब वह बोलता है तो तिरछा ही बोलता है।

तिरछी आँख/आँखों/से

तिरछी नज़र से (दे०)।

तिरछी नज़र/नज़रों/से देखना

इस प्रकार देखना कि आँखों से क्रोध व्यक्त हो; जैसे—तिरछी नज़रों से न देखो आशिके दिलगीर को।

तिरछे चलना

सामान्य से भिन्न विशेषतः अटपटा रास्ता अपनाना।

तिल का ताड़ करना

तिल का ताड़ बनाना (दे०)।

तिल का ताड़ बनाना

ज़रा-सी बात बढ़ा-चढ़ाकर कहना, बात का बतंगड़ बनाना; जैसे—बात तो कुछ भी नहीं थी यों ही उन्होंने तिल का ताड़ बना दिया है।

तिल की ओट पहाड़ होना

किसी छोटी बात के पीछे बहुत बड़ा रहस्य होना।

तिल चाटना

अधीनता स्वीकार करना। (मुसलमानों में एक रस्म जिसमें दूल्हा अपनी दुल्हिन की हथेली पर रखे हुए तिल चाटकर उसकी अधीनता स्वीकार करता है।

तिल तिल करके

थोड़ा थोड़ा करके।

तिल तिलकर मरना

दीर्घकाल तक घोर दुर्दशा भोगते हुए मरना, जैसे—मौत से मैं नहीं डरता... एकदम आ जाए तो उसे पसंद भी करता हूँ, पर तिल तिलकर मरना... मुझे पसंद नहीं।—अश्क।

तिल धरने की (भी) जगह न होना

(स्थान का) ठसाठस भरा रहना।

तिल भर

ज़रा भी; जैसे—वहाँ पैर रखने की तिल भर जगह नहीं थी।

तिलक देना

बात पक्की होने पर कन्या के भावी वर को तिलक लगाकर (तथा विविध पदार्थ भेंट में देकर) संबंध स्थापित करना।

तिलमिला उठना

अनुचित बात या व्यवहार से अत्यंत उद्विग्न होना।

तिलस्म तोड़ना

किसी के द्वारा किया हुआ जादू या बनाया हुआ तिलस्म का सारा ढाँचा नष्ट करना।

तिलांजलि देना

सदा के लिए त्याग देना; जैसे—(१) अपने दंभ को तिलांजलि दे देना चाहिए।—प्रेमचंद। (२) उसने एक दिन अचानक पगड़ी को तिलांजलि दे दी।—अश्क।

तिस पर भी

इतना होने पर भी; जैसे—उसने मुझे

गालियाँ दीं, तिस पर भी मैंने उससे कुछ नहीं कहा।

तिलों से तेल निकालना

१. बहुत कठिनता से काम निकालना।

२. कृपण व्यक्ति से धन वसूलना।

तीन पाँच करना

घुमा-फिराकर बात करना, बात बनाना या स्पष्ट बात न कहना; जैसे—मुझसे तीन-पाँच करोगे तो दो हाथ जड़ दूँगा।

तीन तेरह करना

१. (अन्नकण) छितराना।

२. ऐसा काम करना जिससे एक साथ रहनेवाले लोग अलग अलग हो जाएँ।

३. खंड खंड करना; जैसे—पाकिस्तान का ख़तरा मियाँ भुट्टो हैं। यही ख़तरा पाकिस्तान को तीन तेरह करेगा।—नया कबीर।

तीन तेरह होना

तितर-बितर होना; जैसे—पिता के मरते ही, परिवार तीन तेरह हो गया।

तीनो लोक नज़र आना

घोर कष्ट, संकट आदि के परिणाम-स्वरूप किंकर्तव्य-विमूढ़ होना; जैसे—मिश्रा जी लट्ठबाज़ी में भभककर भिड़े थे पर फ़ौजदारी में भिड़ने की हिम्मत न थी ... उनकी आँखें जब खुलीं तीनो लोक नज़र आ गए।—रा०रा०प्र० सिंह।

तीर की तरह चुभना

आघात करना, घायल करना, तीर के चुभने जैसा कष्ट देना; जैसे—उसकी यह बात मेरे हृदय में तीर की तरह जा चुभी।

तीर की तरह निकलना

अत्यंत वेगपूर्वक जाना, जैसे—वह तीर की तरह यहाँ से निकल भागा था।

तीर की तरह लगना

तीर की तरह चुभना (दे०)।

तीर खाना

तीर का आघात सहना, तीर से घायल होना।

तीर चलाना/छोड़ना

१. युक्ति करना या रचाना।

२. ऐसी तीखी बात कहना जो किसी को सालने लगे।

तीर निशाने पर बैठना

युक्ति सफल होना।

तीर पकड़ना

किनारे पर पहुँचना।

तीर मारना/मार देना

१. (कलेजे पर) आघात करना; जैसे— वह गाली देने में तीस मार खाँ है ... ऐसा तीर मारता है कि कलेजा फट जाता है।

२. सफलतापूर्वक कोई (युक्तियुक्त) कार्य करना; जैसे—जब कांग्रेस एक थी तब इसने देश के लिए कौन-सा तीर मार दिया।—बृजमोहन साहनी।

तीर लगना

१. युक्ति सफल होना, काम बनना।

२. किनारे पहुँचना।

तीर हाथ से निकल जाना

ऐसा काम करना, जिससे पूर्व स्थिति लौटाई न जा सके; जैसे—तुम पहले कहते तो सब-कुछ हो सकता था, अब तीर हाथ से निकल चुका है।

तीस मारखाँ बनना

अपने को शूरवीर समझ बैठना।

तुक जोड़ना

घटिया दर्जे की कविता करना।

तुक न होना

औचित्य न होना; जैसे—(१) उस प्रसंग के बाद वहाँ जाने का कोई तुक नहीं था।—अश्क। (२) भागी हुई लड़की के लौट आने का कोई तुक नहीं है।—अजित पुष्कल।

तुर्की-बतुर्की जवाब देना

करारा या मुँहतोड़ जवाब देना; जैसे—इस बीच चेतन उसके दर्प और घोर अहम्मन्यता का कारण जान गया था ...

इसी कारण चेतन भी शेर हो गया और तुर्की-बतुर्की जवाब देने लगा। —अश्क।

तुर्रा यह (है) कि

(व्यंग्यपूर्वक असंबद्धता दिखलाते हुए) विशेषता यह है कि; जैसे—एक तो हमारी पुस्तक उठा ले गए इस पर तुर्रा यह कि हमें ही चोर बताते हैं।

तुर्रा चढ़ाना/जमाना

ख़ूब ढेर-सी भाँग पीना।

तुल जाना

ज़िद पकड़ लेना; जैसे—लड़का उसी से विवाह करने के लिए तुल गया।

तुला बैठना/होना

(किसी काम या बात पर) तत्पर होना, उतारू या कटिबद्ध होना; जैसे—(१) हमारे सोचने या न सोचने से क्या होता है, वह तो आत्महत्या करने को तुली बैठी है।—गुलशन नंदा। (२) क्या सब काम करने पर तुले हैं?—प्रेमचंद। (३) परंतु उस सुख को तो तुम छीनने पर तुले हो इस समय।—यज्ञदत्त। (४) आप सोच रहे होंगे, मैं अपना ही मज़ाक उड़ाने पर क्यों तुला हूँ। —श्रवणकुमार। (५) यदि तुम्हारा हौसला पस्त हो गया है तो मेरा भी पस्त करने पर क्यों तुले हुए हो। —श्रवणकुमार।

तूती बोलना

(किसी की) बात का आदर होना या अधिकार और प्रभाव चलना; जैसे—(१) आज गाँधी, —और राजेन्द्र के नाम की तूती बोलती है।—रा० रा० प्र० सिंह। (२) कपास बाज़ार में इस घराने की तूती बोलती थी। —कमलेश्वर। (३) अकबर अभी पचीसवाँ भी पूरा नहीं कर पाया था कि सारे उत्तर भारत में उसकी तूती बोलने लगी थी।—समर बहादुर सिंह।

तू-तुकार करना

(किसी से) अशिष्टतापूर्वक बातें करना, अपमानजनक ढंग से बोलना; जैसे—उसे इतनी ही समझ नहीं कि बड़ों से तू-तुकार नहीं करते।

तूतू-मैंमैं होना

आपस में कहा-सुनी होना।

तूफ़ान बाँधना

मिथ्या दोषारोपण करना; जैसे—बहू ने आते ही तूफ़ान बाँधा।—रा० रा० प्र० सिंह।

तूर चमकना

ज्ञान का प्रकाश दिखाई पड़ना। ('तूर' उस चोटी का नाम है जिस पर हज़रत मूसा को ज्ञान हुआ था।)

तूल देना

(छोटी-सी बात को) बहुत अधिक बढ़ा-चढ़ाकर झगड़े का रूप देना; जैसे—भले आदमी छोटी छोटी बातों को तूल नहीं दिया करते।

तूल पकड़ना

(साधारण-सी बात का) उग्र रूप धारण कर लेना; जैसे—कहीं मामला तूल न पकड़ गया हो।—प्रेमचंद।

तृण गहना/पकड़ना

तिनका पकड़ना (दे०)।

तृण तोड़ना

तिनका तोड़ना (दे०)।

तेज़ी आना

वस्तुओं की माँग या मूल्य अथवा दोनों बढ़ना।

तेज़ी पकड़ना

गति बढ़ना; जैसे—मोर्चे की गति-विधियाँ तेज़ी पकड़ती जा रही थीं। —कमलेश्वर।

तेरह बाइस करना

बहानेबाज़ी या टाल-मटोल करना।

तेरा मेरा करना

यह कहना कि यह तेरा है वह मेरा अर्थात् दुज़ायगी की बात करना।

तेल उठना/चढ़ना
विवाह से पहले वर या वधू को तेल लगाया जाना।

तेली का बैल
दूसरों के लिए कठोर श्रम करनेवाला व्यक्ति।

तेवर चढ़ना
भौंहों का तनना (अत्यधिक क्रोध का सूचक); जैसे—बीबी जी के माथे पर चढ़े तेवर देखकर उन्हें उनसे कुछ कहने का साहस नहीं हुआ था। —अश्क।

तेवर बदलना
१. ऐसी मुद्रा बनाना या ऐसा व्यवहार करना जो पारस्परिकता के भाव के विरुद्ध तथा रोषपरक हो; जैसे—अभी कारिंदा साहब बुलाएँगे तो रुपए दे दोगे, हाथ-पैर भी पड़ोगे, मैं सीधे सीधे कहता हूँ तो तेवर बदलते हो। —प्रेमचंद।
२. रंग-ढंग या दृष्टिकोण बदलना; जैसे—आधुनिकता की चुनौती ने आलोचना-भाषा को अपना तेवर बदलने के लिए विवश किया है। —इंद्रनाथ मदान।

तेवरों पर बल पड़ना
गुस्सा चढ़ना; जैसे—प्रेमशंकर की चर्चा सुनते ही जयशंकर के तेवरों पर बल पड़ गए।—प्रेमचंद।

तोंद पचना
१. मोटाई कम होना।
२. घमंड या शेखी दूर होना।

तोड़ लेना
विपक्षी दल के सदस्य को अपने दल में खींच लेना; जैसे—हमारे तीन विधायक उन लोगों ने तोड़ लिए हैं।

तोड़ना
१. तोड़ लेना (दे०)।
२. बड़े सिक्के या बड़े नोट के बदले छोटे सिक्के या छोटे नोट देना; जैसे—सुबह मैं दस दुकानों पर घूम आई पर किसी ने एक रुपए का नोट न तोड़ा। —श्रवणकुमार।

तोता पालना
१. किसी रोग को बराबर बढ़ाए चलना या बनाए रखना।
२. किसी बात की लत लगाना।

तोते उड़ना
हाथों के तोते उड़ना (दे०)।

तोते की तरह आँखें फेरना/बदलना
उपकार, स्नेह आदि भुलाकर विमुख होना।

तोते की तरह पढ़ना
बिना समझे-बुझे रट लगाना।

तोप की सलामी उतारना
किसी राजकीय अतिथि के स्वागत-सम्मान में प्रसन्नता व्यक्त करने के उद्देश्य से तोप चलाना।

तोप कीलना
तोप के मुँह में कुंदा ठोंकना जिससे वह गोला छोड़ने के योग्य न रह जाए।

तोप के मुँह पर रखकर उड़ाना
किसी व्यक्ति को तोप की नाली के आगे बाँध, बैठा या रखकर उस पर गोला छोड़ना जिससे उसका शरीर टुकड़े टुकड़े हो जाए।

तोप दम करना
तोप के मुँह पर रखकर उड़ाना।

तोपा भरना/लगाना
सुई-धागे से टाँके लगाना।

तोबा करके कहना
ईश्वर को साक्षी मानकर कुछ कहना।

तोबा करना
(कोई काम या बात) आगे से न करने का प्रण करना; जैसे—निस्संदेह, मैं समझता हूँ, नहाना सभ्य मनुष्य की सबसे बड़ी कमज़ोरी है। मेरे विचार से यदि वह इससे तोबा कर दे तो समय के अतिरिक्त साबुन की भी बचत हो सकती है।—कन्हैयालाल कपूर।

तोबा बुलवाना
किसी को डरा-धमका या मार-पीटकर यह कहलवा लेना कि भविष्य में अमुक काम नहीं करूँगा।

तोबा तिल्ली करना
मार के भय से चीखना-चिल्लाना और क्षमा-याचना करना।

तौर-बेतौर होना
रंग-ढंग ख़राब होना; लक्षण अच्छे न जान पड़ना।

तौल तौलकर
ख़ूब सोच-समझकर; अत्यंत सावधानी से; जैसे—उसने एक एक शब्द तौल तौलकर कहा हो।

त्यौरी (त्यौरियाँ) चढ़ाना
भौंहों के तनने से रोष सूचित होना।

त्यौरी (त्यौरियाँ) चढ़ना
भौंहे चढ़ाकर गुस्सा दिखलाना; जैसे—अपने सिद्धांतों का स्वाधीनता से पालन कीजिए तो हाकिम लोग त्यौरियाँ बदलते हैं।—प्रेमचंद।

त्यौरी में बल पड़ना
त्यौरी चढ़ना (दे०)।

त्राहि त्राहि करना/मचाना
रक्षा के लिए गुहार करना।

थ

थककर चूर चूर होना
इतना अधिक थक जाना कि शरीर बिल्कुल बेदम हो जाए; जैसे—मेरा सारा शरीर थककर चूर चूर होने लगा।—रा० रा० प्र० सिंह।

थक जाना
हार जाना, परेशान हो जाना; जैसे—हम एक एक चीज़, कागज़-पेंसिल तक माँग-माँगकर थक जाते हैं और आपके कानों पर जूँ नहीं रेंगती।—श्रवणकुमार।

थपेड़े खाना
आघात सहना।

थप्पड़ खाना
आघात लगना।

थर थर काँपना
शीत या भय से बहुत अधिक काँपना।

थर्राना
अत्यंत भयभीत होना।

थाना बैठना
दंगे, फ़साद आदि को रोकने के लिए किसी स्थान पर सिपाहियों का तैनात होना।

थाने चढ़ना/जाना
थाने जाकर किसी के विरुद्ध रपट लिखाना।

थाली का बैंगन
ढुलमुल विचारोंवाला तथा अवसरवादी व्यक्ति।

थाली बजाना
१. साँप का विष उतारने के लिए थाली बजाकर मंत्र पढ़ना।
२. नवजात शिशु के सामने इस उद्देश्य से थाली बजाकर शब्द करना कि उसका भय दूर हो जाए।

थाली भेजना
भोजन, मिठाई आदि परोसकर किसी के यहाँ भेजना।

थाह मिलना
रहस्य-सूत्र मिलना।

थाह लगाना/लेना
(किसी के जीवट, गंभीरता, विद्वत्ता, रहस्य आदि का) पता लगाना।

थिरक उठना
नाचने लगना।

थुड़ी थुड़ी होना
बदनामी होना।

थूक उछालना
बहुत अधिक बकना।

थूककर चाटना
१. दिए हुए वचन से मुकर जाना।
२. किसी को दी हुई वस्तु उससे फिर ले लेना।

३. दुबारा वैसा घृणित काम न करने की प्रतिज्ञा करना।

थूक देना

तिरस्कारपूर्वक परित्याग करना।

थूक बिलोना

व्यर्थ की कहा-सुनी या बकवास करना।

थूक लगाकर रखना

कंजूसी से जोड़-जोड़कर इकट्ठा करना।

थूक लगाना

किसी का अहित या अपमान करना।

थूकना

घोर उपेक्षा तथा घृणा व्यक्त करना; जैसे—(१) बड़ा अच्छा करके बैठे हो। गाँव भर जो थूक रहा हैं।—अजित पुष्कल। (२) नई अम्मा ने फिर कहा कि दुनिया मुझे नहीं तुम्हें ही थूकेगी कि घर घर तो कीर्तन करके भगतई जताते हैं और घरवाली को अच्छे काम के लिए इस तरह मारते हैं। —अमृतलाम नागर।

थूकों सत्तू सानना

कंजूसी के कारण बहुत थोड़े खर्च से व्ययसाध्य काम निपटाने का प्रयत्न करना।

थूथन फुलाना

रुष्ट होने पर मुँह फुलाना।

थूथू करना

अनुचित काम करनेवाले को धिक्कारना।

थैली/थैलियों/का मुँह खोलना

खुले दिल से धन व्यय करना; जैसे—(१) बेटी के विवाह के समय उन्होंने थैली का मुँह खोल दिया था। (२) ईद और बकरीद पर, तीज-त्योहारों पर तो ऐसा लगता कि मीर साहब ने थैलियों का मुँह खोल दिया है।—भूषण वनमाली।

थैली खोलना

थैली का मुँह खोलना (दे०)।

थोक में लेना

अधिक मात्रा में खरीदना।

थोड़ा थोड़ा होना

लज्जा या भयवश संकुचित होना।

द

दंग रह जाना

अत्यधिक चकित होना; जैसे—(१) जब नंदी अपने पति के द्वार पर आकर खड़ी हुई, तो पति का वैभव देखकर दंग रह गई।—शिवानी।
(२) अंत में अर्जुन और कर्ण का भीषण युद्ध हुआ। दोनों का युद्ध देखकर सारे सेनानी दंग रह गए।—करुणापति त्रिपाठी।

दंगल मारना/मार लेना

कुश्ती जीत लेना।

दंड ग्रहण करना

संन्यास ले लेना।

दंड डालना

दंड भरने का भार किसी पर डालना।

दंड भरना

किसी के अपकार या हानि के बदले अथवा किसी संस्था के नियमों का उल्लंघन करने पर दंड स्वरूप (निर्धारित) धन देना।

दंड भोगना

दंड सहना; जैसे—हम अपने पापों का दंड भोग रहे हैं।

दख़ल करना

अधिकार में करना।

दख़ल देना

हस्तक्षेप करना।

दग़ा देना

धोखा देना; जैसे—(१) लगता है निशाना चूक गए। नहीं बंदूक ही दग़ा दे गई।—अजित पुष्कल। (२) हम क्या जानते थे कि एकाएक युद्ध में कूदना पड़ेगा या वक्तव्यों द्वारा हमें अपना मित्र घोषित करनेवाला दोस्त ही दग़ा

देगा।—गिरिधर गोपाल।

दफ़न होना

नष्ट या समाप्त होना; जैसे—बस उनकी रोज़ी का सारा मसला ही हल हो जाएगा। तुम्हारा दर्द सब दफ़न हुआ ही समझो।—रा० रा० प्र० सिंह।

दफ़ा लगाना

किसी न्यायालय द्वारा घोषित करना कि अभियुक्त ने अमुक दफ़ा या धारा का उल्लंघन किया है।

दबंग निकलना

बिना किसी से भयभीत हुए, अपने मन की करने में सक्षम होना; जैसे—हम सब में वही एक दबंग लेखक निकले।

दबकर रहना

बिना किसी प्रकार का विरोध या आपत्ति प्रकट करते हुए रहना; जैसे—······ फिर वह घर में दबकर रहती है। —सरोजिनी वर्मा।

दब जाना

१. घट जाना, फीका या हलका प्रतीत होना; जैसे—इस मकान की शोभा उस नए मकान की शोभा के आगे दब गई है।

२. माँग या हठ पर अड़े न रहना; जैसे—अंत में फिर मुझे ही दब जाना पड़ा।

दबना

दबाव से झुकना; जैसे—(१) हम······ यों सब से दबते फिरें, तो इज़्ज़त कैसे रहे।—प्रेमचंद। (२) मीर साहब······ पत्नी से किसी सीमा तक दबते थे —भूषण वनमाली।

दबाकर रखना

कठोर नियंत्रण में रखना; जैसे—बेटी को उन्होंने कुछ अधिक ही दबाकर रखा है।

दबा लेना

मार लेना, हड़प लेना; जैसे—(१) राजा साहब ने तो आपका सारा मेहनताना दबा लिया है।—प्रेमचंद। (२) इसीलिए जब तक वह सम्हले-सम्हले आक्रामक उसकी काफ़ी ज़मीन दबा लेता है।—प्रेमचंद।

दबाना

दबाव डालना; जैसे जब गवाह बदलने लगता है······(तब) पुलिसवाले उसके घरवालों को दबाते हैं।—प्रेमचंद।

दबी आँखों से देखना

पलकें गिराकर (न देखने का बहाना करते हुए) कनखियों से देखना; जैसे—वह कमरे में आई थी और मुझे दबी आँखों से देख भी रही थी।

दबी आवाज़/ज़बान/से कोई बात कहना

डरते-डरते या संकोचपूर्वक कोई बात कहना; जैसे—मैंने दबी ज़बान से उनसे रुपए माँगे।

दबे पाँव

दबे पैरों (दे०); जैसे—(१) देर तक गुसलख़ाना बंद रखने की लापरवाही पर उसे ख़ुद तकलीफ़ हुई थी। वह दबे पाँव निकला······।—कमलेश्वर। (२) वह दबे पाँव उठा और चुपचाप होस्टल से निकल गया।—अश्क। (३) कब्रिस्तान में प्रवेश करके वह (इंस्पेक्टर संजीव) दबे पाँव आगे बढ़ गया।—गुलशन नंदा।

दबे पैरों/पाँवों

इस प्रकार कि ज़रा भी आहट न हो; जैसे—वह दबे पैरों से आकर, चाचा के पैर छू, सुभद्रा के पास आ बैठी। —शिवानी।

दबे स्वर से

डर के कारण बहुत धीमी आवाज़ में; जैसे—फ़ास्टर और मिसेज़ बान अपनी बात दबे स्वर में कहते थे।—यशपाल।

दबे-दबाए पड़े रहना

दूसरों के सामने न आना और अकेले समय बिताना।

दबैल होना
वह जो किसी से दबकर रहता हो; जैसे—मैं कोई उनकी दबैल थोड़े ही हूँ जो हर बात में दबती चलूँ।

दम अटकना
साँस रुकना।

दम उखड़ना
श्वास-क्रम का बिगड़ना जो दमे का लक्षण माना जाता है।

दम उलझना/उलटना
घबराहट के कारण साँस भी न ले पाना।

दम-खम होना
शरीर से बलवान तथा साहसी होना।

दम खाना
दम लेना (दे०)।

दम खींचना
१. साँस अंदर की ओर खींचना या चढ़ा लेना।
२. बिल्कुल चुप या शांत रह जाना।

दम ख़ुश्क होना
अत्यधिक भय के कारण साँस रुकता-सा प्रतीत होना।

दम ग़नीमत होना
किसी एक ही सहारे का बच रहना।

दम घुटना
१. ऐसी स्थिति उत्पन्न होना कि साँस लेना अत्यंत दुष्कर हो; जैसे—धूनी के धुएँ की कड़वी दुर्गंध से उसका दम घुटने लगता।—शिवानी।
२. ऐसी स्थिति उत्पन्न होना कि मानसिक दृष्टि से असह्य हो जाए; जैसे—इस वातावरण में मेरा दम घुटता है।

दम घोंटकर मारना
गला घोंटकर मारना।

दम चढ़ना
साँस फूलने लगना।

दम चुराना
१. जान-बूझकर इस प्रकार साँस रोकना कि दूसरे को आहट न लगे।
२. काम या परिश्रम से जी चुराना।

दम टूटना
१. मरना, मृत्यु होना।
२. साँस फूलना।

दम तोड़ना
मरने के समय बहुत रुक रुककर साँस लेना; जैसे—नायिका की माँ मृत्यु-शय्या पर दम तोड़ रही थी।—जवाहर सिंह।

दम तोड़ देना
मर जाना; जैसे—जब तक आपरेशन के लिए डाक्टर आए, तब तक उसने दम तोड़ दिया था।—कमलेश्वर।

दम-दिलासा देना
हिम्मत बँधाना।

दमड़ी के तीन होना
बहुत ही तुच्छ तथा सस्ता होना।

दम देना
१. किसा चीज़ को हलकी आँच देना।
२. किसी वस्तु के लिए व्याकुल हो जाना।
३. किसी को अत्यधिक प्यार करना।

दम न मारना
१. (किसी के सामने) शांत और स्थिर रहना।
२. किसी काम में निरंतर लगे रहना।

दम न रह जाना
तत्त्व या पूँजी न रह जाना; जैसे—जब महाजनों को विश्वास हो गया कि अब मीर साहब में दम नहीं रह गया है तो उन्होंने नज़रें फेर लीं।—भूषण वनमाली।

दम नाक में लाना/ला देना
दे० 'नाक में दम कर देना'।

दम निकलना
१. ऐसा लगना कि प्राण निकल जाएँगे; जैसे—पैसे देने के नाम पर उनका दम निकलता है।
२. वियोग के कारण मृत्यु-तुल्य कष्ट होना।

दम पचना

अधिक परिश्रम से भी दम का न फूलना।

दम पर आ बनना

प्राण संकट में पड़ना, मुसीबत में पड़ना।

दम फड़क उठना/जाना

चित्त का किसी चीज़ पर बहुत प्रसन्न होना।

दम फूँकना

मुँह से किसी चीज़ के अंदर हवा भरना।

दम फूलना

१. साँस का जल्दी चलना; हाँफना।

२. दमे या श्वास का रोग होना।

दम भर

क्षण भर; जैसे—दम भर में कुछ का कुछ हो गया।

दम भरना

१. यह कहना कि मैं अमुक काम अच्छी तरह संपादित कर लूँगा; जैसे—(१) वीरता का दम भरते हो, तो मैदान में आओ और मुझसे मल्ल-युद्ध करो।—यज्ञदत्त। (२) जिन नारी सुलभ शिकायतों को दूर करने का दम हम भरते हैं, यदि वे सचमुच दूर हो सकतीं तो आज दुनिया की हर दूसरी-तीसरी औरत इन्हीं शिकायतों से घिरी हुई नज़र क्यों आती।—मनहर चौहान।

२. यह कहना कि फलाँ बात या व्यक्ति की सच्चरित्रता, सत्यनिष्ठा, कार्यक्षमता आदि का विश्वास दिलाता हूँ अथवा अपने या किसी के किसी गुण पर अटल विश्वास रखना; जैसे—नवाबी रक्त का दम भरनेवाले महानिरक्षर लोग समय के प्रभाव से छोटी छोटी दस्तकारियों से निर्वाह कर रहे थे।—यशपाल।

३. परिश्रम करते करते इतना थक जाना कि और परिश्रम न हो सके।

दम मारना

बहुत अधिक परिश्रम के बाद थोड़ी देर के लिए सुस्ताना।

दम मारने की फ़ुर्सत न होना

इतनी अधिक कार्य-व्यस्तता होना कि क्षण भर को भी न सुस्ता पाना; जैसे—मुझे ज़रा आज उनसे मिलवा देते तो आपका एहसान होता। सुबह तो आपको दम मारने की भी फ़ुर्सत न होगी।—अश्क।

दम में दम आना

बेचैनी दूर होने पर चित्त का शांत होना; जैसे—जब उसने आँखें खोल दीं तब मेरे दम में दम आया।

दम में दम रहते/होते

जब तक जान में जान है, जीवित रहते।

दम लगाना

चिलम में गाँजा, चरस आदि डालकर पीना; जैसे—उन्हें दुलरिया के साथ दम लगाने का जो चस्का लग गया था वह छूट न सका।—अमृतलाल नागर।

दम लेना

थोड़ी देर के लिए सुस्ताना या रुकना; जैसे—(१) आज उन्हें सारा दिन दौड़ते गुज़रा था, ज़रा भी दम लेने का अवकाश न मिला था।—प्रेमचंद। (२) सारी जायदाद लुटाकर ही दम लेंगे क्या?—रा० रा० प्र० सिंह। (३) अब तो वे लाला को मज़ा चखाकर ही दम लेंगे।—अजित पुष्कल। (४) हम बर्बर चीनी लुटेरों को अपनी सीमा से निकालकर दम लेंगे।—गिरिधर गोपाल।

दम साधना

साँस रोकना; जैसे—(१) सब लोग दम साधे बैठे रहे।—बलवंत सिंह। (२) रूपा दम साधे उस प्रेम नाटक को देखने लगी।—गुलशन नंदा।

दम सूखना

अत्यधिक भय के कारण ऐसी अवस्था होना कि खुलकर साँस भी न लिया जा सके।

दर किनार करना/कर देना
अलग कर देना।

दरख़्वास्त पड़ना
किसी बात या काम के लिए लिखित प्रार्थना पहुँचना।

दर गुज़र करना
(किसा बात की) उपेक्षा करना या उस पर ध्यान न देना, जाने देना।

दर दर (की) ठोकरें खाना
सब जगहों से तिरस्कृत होते हुए इधर-उधर घूमना, जगह-जगह ठोकरें खाते फिरना।

दर दर मारा फिरना
दर दर की ठोकरें खाना (दे०)।

दरजा चढ़ना
परीक्षा में उत्तीर्ण होकर अगले दरजे में पहुँचना।

दरबार की मिट्टी खोद डालना
दरवाज़े/दहलीज़ की मिट्टी खोद डालना (दे०)।

दरबार खुलना
दरबार में आने-जाने की सुविधा या अधिकार मिलना; जैसे—उनके लिए तो वह दरबार चौबीसों घंटे खुला है।

दरबार बंद होना
दरबार में आने या प्रवेश पाने पर रोक या रुकावट होना; जैसे—····फिर मेरे लिए सदा के वास्ते वह दरबार बंद हो गया।

दरवाज़ा खटखटाना
कुछ लेने या माँगने के लिए किसी के यहाँ जाना; जैसे—माँ को दूसरों का दरवाज़ा तभी खटखटाना पड़ा होगा जब बेटे ने (कुछ) नहीं दिया होगा।

दरवाज़ा झाँकना
कुछ प्राप्त करने या माँगने के लिए दूसरों के यहाँ पहुँचना।

दरवाज़ा बंद होना
प्रवेश निषिद्ध होना; जैसे—मेरे लिए तो भाई का दरवाज़ा उसी दिन बंद हो गया था जिस दिन पिता का देहांत हुआ था।

दरवाज़ा लगाना
दरवाज़ा बंद करना।

दरवाज़े का मुँह देखना
किसी के घर तक जाना; जैसे—कसम ले लो मैंने कभी उनके दरवाज़े का मुँह भी देखा हो।

दरवाज़े की मिट्टी खोद डालना/मारना
बार बार किसी के यहाँ जाकर प्रार्थना करना।

दरवाज़े जाना/पहुँचना
कुछ लेने या माँगने के लिए किसी के यहाँ जाना।

दरवाज़े पर नाक रगड़ना
दीन-हीन होकर याचना करना; जैसे—बिना उसके दरवाज़े पर जाकर नाक रगड़े तुम्हारा कल्याण होने को नहीं।

दरवाज़े पर पड़ा रहना
किसी के यहाँ बिना कुछ करे-धरे रहना और खाना; जैसे—वह बरसों उन्हीं के दरवाज़े पर पड़ा रहा।

दरवाज़े पर हाथी घूमना
इतना समृद्ध होना कि हाथी तक को पालने में समर्थ हो।

दरवाज़े पर हाथी बाँधना
ऐसा काम करना जिससे नित्य बहुत बड़ा खर्चा करना पड़े।

दरवाज़े दरवाज़े
हर घर या दरवाज़े पर (से); जैसे—स्वयंसेवकों को सैनिकों के लिए सामान जुटाने के लिए दरवाज़े दरवाज़े जाना पड़ा।

दरार/आना/पड़ना
विभेद उत्पन्न होना; जैसे—धरणीधर के सस्पेंशन के पश्चात् भगवती के दांपत्य जीवन में एक गहरी दरार आ गई थी।—शिवानी।

दरार पैदा करना
फूट डालना, मतभेद उत्पन्न करना; जैसे—इन दोनो भाइयों में दरार पैदा

करनेवाले आप ही तो हैं।

दलदल में फँसना
ऐसे झंझट या बखेड़े में फँसना कि जल्दी छुटकारा न मिल पाए; जैसे—अब वे क्या साहित्य-साधना करेंगे, अब तो वे राजनीति की दलदल में बुरी तरह फँस गए।

दल बदल करना
एक दल या पक्ष को छोड़कर दूसरे में जा मिलना।

दलाली करना
दो पक्षों में संबंध स्थापित कराकर अथवा किसी का काम कराकर धन अर्जित करना; जैसे—कुछ राजनीतिज्ञ और उनके गुर्गे या अफ़सरों के लगुए-भगुए भी नौकरी दिलाने की दलाली करने लगे हैं।—गिरिधर गोपाल।

दलाली खाना
दलाली के काम से धन प्राप्त करना; जैस—हमारे आप के इस सौदे में उसे दलाली नहीं खानी चाहिए थी।

दलेल बोलना
(सिपाही आदि को) अनुशासन-भंग करने पर क़यावद आदि के रूप में सज़ा देना।

दवा चलना
चिकित्सा होना; जैसे—करीब तीन महीने बाद माँ अस्पताल से डिस्चार्ज की गई थीं और साल भर तक उनकी दवा चलती रही थी।—गिरिधर गोपाल।

दवा न होना
उपाय या साधन न होना; जैसे—मार खाने के सिवा इस संकट से बचने की उसके पास कोई दवा न थी।—प्रेमचंद।

दवा होना
उपाय या तरकीब होना; जैसे—उनको रास्ते पर लाने के लिए मेरे पास भी दवा है।

दसवाँ द्वार खुलना
मृत्यु के समय मस्तक खुलना या फटना जिससे होकर आत्मा का शरीर से निकलना माना जाता है।

दसों उँगलियाँ घी में होना
ख़ूब लाभ होना; जैसे—गाँव के चुंगी विभाग की दसों उँगलियाँ घी में हैं।—मनहर चौहान।

दसों नख जोड़ना
हाथ जोड़ना, मिन्नत ख़ुशामद करना।

दस्तंदाज़ी करना
दख़ल देना, हस्तक्षेप करना; जैसे—हमारे काम में उन्हें दस्तंदाज़ी नहीं करनी चाहिए।

दस्त लगना
पेट में विकार होने पर बार बार पतला पतला मल निकलना।

दस्तक देना
१. दरवाज़ा खटखटाना; जैसे—यही शाम का दीए-बाती का वक्त था जब उन्होंने दरवाज़े पर आकर दस्तक दी थी।—अश्क।
२. अपने आगमन की सूचना देना।

दस्तक बाँधना
दस्तक लगाना (दे०)।

दस्तक लगाना
व्यर्थ का व्यय किसी के ऊपर डालना।

दहलीज पर पैर न रखना
किसी के यहाँ न जाना; जैसे—बाप ने कभी बेटे की दहलीज पर पैर नहीं रखा।

दहाड़/दहाड़ें/मारना
चिल्ला चिल्लाकर रोना; जैसे—माँ के मरने पर वह दहाड़ें मारने लगा।

दही के धोखे कपास खाना
भ्रमवश कुछ को कुछ समझकर खा या अपना लेना।

दही दही करना
कोई चीज़ चारो ओर घूम घूमकर तथा चिल्ला चिल्लाकर बेचना; जैसे—वह बेटी के रूप-गुण की टोकरी सर पर लिए इधर-उधर दही दही करता

फिरता, मगर किसी दलील की दाल नहीं गलती।—रा० रा० प्र० सिंह।

दाँत उखाड़ना

किसी को उतना अधिक दंड देना कि फिर वह कोई अनुचित काम करने योग्य न रह जाए।

दाँत काटी रोटी होना

अत्यधिक घनिष्ठता होना, गहरा संग-साथ होना; जैसे—(१) जिससे वर्षों तक भ्रातृवत् प्रेम रहा, जिससे दाँत काटी रोटी थी, उससे मैं इतना कठोर नहीं हो सकता था।—प्रेमचंद। (२) कैबिनेट के मिनिस्टरों के साथ मेरी दाँत-काटी रोटी थी।—भगवत शरण उपाध्याय।

दाँत काढ़ना

दाँत निकालना (दे०)।

दाँत किरकिराना

कुछ खाने के समय दाँतों के नीचे कोई कड़ी चीज़ (कंकड़ी, कोयला, रेत आदि) पड़ने के कारण चबाने में बाधा पड़ना जिससे दाँतों से किर किर आवाज़ निकलने लगे।

दाँत किरकिरे होना

विफल या पराजित होना।

दाँत कुरेदने को तिनका (तक) न होना

सर्वस्व नष्ट हो जाने के कारण बिल्कुल कंगाल हो जाना।

दाँत खट्टे करना

पूर्ण रूप से पराजित या परास्त करना; जैसे—मैं कुछ बेपर की थोड़े ही हाँकता हूँ! उसके दाँत खट्टे करके ही तो दम लूँगा।—रा० रा० प्र० सिंह।

दाँत खट्टे होना/हो जाना

पूर्ण रूप से पराजित या परास्त होना जैसे—चोखे दाँतवालों के दाँत खट्टे हो गए।—रा० रा० प्र० सिंह।

दाँत गड़ाना

कोई चीज़ पाने के लिए उस पर ललचाई दृष्टि लगाए रहना।

दाँत चबाना

दाँत पीसना (दे०)।

दाँत टूटना/टूट जाना

१. बुढ़ापा आना।

२. ऐसा साधन न रह जाना जिससे आघात किया जा सके।

दाँत तोड़ देना

१. मारक शक्ति नष्ट कर देना।

२. पस्त कर देना।

दाँत दिखाना

१. ओछेपन से और निर्लज्जतापूर्वक हँसना।

२. इस प्रकार क्रोध प्रकट करना मानो काट ही खाएँगे जैसे—...... उनके हाथ पसारे न कुछ हाथ आने को है और न दाँत दिखाए कहीं गुज़र होने को।—रा० रा० प्र० सिंह।

दाँत देखना

(पशु के) दाँत देखकर उसकी अवस्था का अंदाज़ लगाना।

दाँत निकालना/निकाल देना

१. ओछेपन से या निर्लज्जतापूर्वक हँसना।

२. गिड़गिड़ाना।

३. जोड़ तथा सीअन का इस प्रकार उखड़, उधड़ या फट जाना कि जगह-जगह दाँत की तरह चिह्न दिखाई देने लगें; जैसे—इस जूते ने तो दो हफ़्ते में दाँत निकाल दिए।

दाँत निपोरना/निपोर देना

दाँत निकालना (दे०)।

दाँत पीसना

क्रोध से अभिभूत होने पर इस प्रकार दाँतों से दाँत दबाना कि मानो खा या चबा ही जाएँगे; जैसे—(१) जो ज़माने से पिस रहे थे वे दाँत पीसकर समाने आए।—रा० रा० प्र० सिंह। (२) आवेश में तो न जाने क्या सोच लेता है आदमी। मगर साधनहीन होने के बाद खाली दाँत पीसकर रह जाता है।

—अजित पुष्कल।

दाँत बजना
शीत, भय, रोग आदि से ऊपर-नीचे के दाँतों का परस्पर टकराना।

दाँत बनवाना
नकली या कृत्रिम दाँत तैयार कराना।

दाँत बैठ जाना
रोग का दौरा या प्रकोप होने पर नीचे-ऊपर के जबड़ों का सट जाना।

दाँत/दाँतों में पानी लगना
दंत रोग आदि के कारण, पानी पीते समय दाँतों में टीस होना।

दाँत लगना
१. काटने पर दाँत (दाँतों) का गड़ जाना।
२. नकली दाँत लगना।

दाँत लगाना
किसी वस्तु को (अनुचित रूप से) पाने के लिए उसकी घात या ताक में लगे रहना; जैसे—हमारी इस हवेली पर न जाने कब से वे दाँत लगाए बैठे थे।

दाँत से दाँत बजना
अधिक सर्दी लगाने पर दाँतों का बार बार टकराना।

दाँत से पकड़ना
दाँतों से पड़ना (दे०); जैसे—......एक एक पैसा दाँत से पकड़ती है। —प्रेमचंद।

दाँत होना
बदला लेने या अनुचित रूप से किसी से लाभ उठाने की ताक में होना; जैसे—सब-कुछ तो पहले ही छीन लिया है, एक खेत बचा है अब उस पर भी उनका दाँत है।

दाँता पड़ना
चाकू, छुरी आदि के फल की धार में कहीं कुछ उभार और कहीं कुछ गड्ढे हो जाना, जिससे वह ठीक काम करने के योग्य नहीं रह जाता।

दाँता-किटकिट
कलह; जैसे—चली जाएगी।......सारी दाँता-कटकिट ख़त्म हो जाएगी। —अजित पुष्कल।

दाँतों उँगली काटना/दबाना
आश्चर्यचकित हो जाना, दंग रह जाना; जैसे—बहनोई के रंग-ढंग देखते और दिल ही दिल दाँतों (तले) उँगली काटते।—रा० रा० प्र० सिंह।

दाँतों चढ़ना
(किसी का) ऐसी स्थिति में होना कि कोई उसे हर दम कोसता, गालियाँ देता या बुराई करता रहे।

दाँतों तले उँगली दबाना
दंग रह जाना; जैसे—(१)......ऐसे विचित्र खटमलों के किस्से सुनाए कि श्रोताजन दाँतों तले उँगलियाँ दबाकर रह गए।—कन्हैयालाल कपूर। (२) एक तरबूज एक दम लाल रंग का था और इतना बड़ा था कि दर्शक बस दाँतों तले उँगली दबाकर रह जाते थे।—जी० पी० श्रीवास्तव।

दाँतों पर मैल तक न होना
अत्यंत निर्धन या कंगाल होना।

दाँतों पर होना
(बच्चे के) दाँत निकलने लगना।

दाँतों में उँगली दबाना/दबा लेना
दे० दाँतों तले उँगली दबाना।

दाँतों में जीभ की तरह होना
इस प्रकार विरोधियों या शत्रुओं से घिरे रहना जिस प्रकार जीभ दाँतो से घिरी रहती है।

दाँतों में तिनका पकड़ना/लेना
गौ की तरह अर्थात् दीन भाव से प्रार्थना करना या विवशता दिखलाना।

दाँतों से उठाना
दाँतों से पकड़ना (दे०)।

दाँतों से पकड़ना
बहुत कंजूसी से बचा बचाकर रखना, जोड़ना; जैसे—लाला साहब तो यों दाँतों

पकड़ते हैं और तुम इतनी उदार बनती हो, मानो जायदाद का कुछ मूल्य ही नहीं।—प्रेमचंद।

दाँव करना/खेलना
चाल चलना, चालाकी करना।

दाँव चलना
१. खेल में अपनी बारी पर पत्ता, गोटी आदि चलना।
२. युक्ति सफल हो जाना।

दाँत चूकना/चूक जाना
उपयुक्त समय पर कोई काम करने से रह या चूक जाना।

दाँव ताकना
मौके की तलाश में रहना।

दाँव देना
१. दूसरे पक्ष के खिलाड़ियों की बारी देना।
२. लड़कों का खेल में हारने पर नियत दंड भोगना या परिश्रम करना।

दाँत पड़ना
युक्ति सफल होना।

दाँव पर चढ़ना
किसी की चाल में फँसना और फलतः उसकी उद्देश्य-सिद्धि में सहायक होना।

दाँव पर चढ़ाना
युक्तिपूर्वक इस प्रकार किसी को फँसाना कि उससे सहज में काम निकाला जा सके।

दाँव पर रखना/लगाना
(किसी चीज़ की) बाज़ी लगाना।

दाँव फेंकना
(कौड़ी, पाँसे आदि के खेल में) अपनी बारी आने पर कौड़ी या पाँसा फेंकना।

दाँव बैठना
युक्ति सफल होना; जैसे—यदि यह दाँव बैठ गया तो ईंट से ईंट बज जाएगी। —अजित पुष्कल।

दाँव मारना
बाज़ी जीत जाना।

दाँव में आना
दाँव पर चढ़ना (दे०)।

दाँव लगना
ऐसा अवसर उपस्थित होना जिसमें सफलता निश्चित हो, ठीक अवसर प्राप्त होना।

दाँव लेना
१. अपनी बारी पर खेलना।
२. हारनेवाले से नियत दंड भोगवाना या परिश्रम कराना।
३. प्रतिकार करना।

दाई से पेट छिपाना
ऐसे व्यक्ति से कोई बात छिपाना जो उसका पूरा जानकार हो; जैसे—हमें तिजोरी खोल कर दिखा रहे हैं। दाई से पेट छिपाएँगे। परसों चांदीराम-पत्तूलाल के यहाँ से बारह सौ रुपया आया, वह कहाँ गया।—यशपाल।

दाग देना
१. दाह-कर्म करना, शव जलाना।
२. गरम लोहे से चिह्नित करना, दागना।

दाग़ लगना
कलंक लगना; जैसे—इतना कुछ करने पर भी हमें यह दाग लगना था।—रा० रा० प्र० सिंह।

दाग़ लगाना
कलंक लगाना; जैसे—बेटे ने कुल पर कलंक लगा दिया।

दाढ़ गरम होना
खाने को ख़ूब अच्छी अच्छी चीज़ें मिलना।

दाढ़ी घुटवाना/बनवाना
उस्तरे से दाढ़ी मुँड़वाना।

दाढ़ी में तिनका होना
कोई ऐसा लक्षण होना जिससे अपराधी पहचाना जा सके।

दाद देना
कार्य या बात को प्रशंसनीय समझकर वाह वाह करना; जैसे—(१) वास्तव में यह इनकी उपाधि है जो किसी हँसोड़ ने

इनकी तत्त्वदर्शिता की दाद देते हुए इन्हें प्रदान की थी।—कन्हैयालाल कपूर। (२) एक हज़ार पृष्ठों की थीसिस अगर पेश की जाती है तो परीक्षक भी उसके परिश्रम की दाद दिए बिना नहीं रह सकता।—इंद्रनाथ मदान। (३) पर आज तुम्हारी बिटिया को देखा तो तुम्हारी समझदारी की दाद देनी पड़ी।—शिवानी।

दाद पाना
वाहवाही मिलना, वाहवाही प्राप्त करना; जैसे—.....और मिर्ज़ा ने छड़ी की मूठ पर दबाव देते हुए, गर्दन को ज़रा ख़म देकर दाद पाने के अंदाज़ में चेतन की ओर देखा।—अश्क।

दादा भैया करना
चापलूसी या जी-हुजूरी करना।

दाना बदलना
एक पक्षी का अपने मुँह का दाना दूसरे पक्षी के मुँह में डालना।

दाना भरना
पक्षियों का अपने बच्चों की चोंच में अपनी चोंच से दाना डालना।

दाना-पानी उठ जाना
जीविका के लिए अन्यत्र जाना पड़ना; जीविकोपार्जन का स्थान बदल जाना; जैसे—उसका यहाँ से दाना-पानी उठ गया था, इसलिए वह यहाँ से चला गया।

दाना-पानी चलना
निर्वाह होना; जैसे—नौकरी लग जाने से अब उनका दाना-पानी चलने लगा है।

दाने दाने को तरसना
कुछ भी खाने को नसीब न होना।

दाने दाने को मुहताज होना
दाने दाने को तरसना (दे०)।

दाने दाने पर मोहर
जिस चीज़ पर किसी का नाम लिखा है वह उसे मिलेगी ही।

दाब तले होना
किसी के वश में होना।

दाब मानना
किसी का अधिकार या प्रभाव मानना और उसकी आज्ञा, इच्छा आदि के अनुकूल आचरण करना।

दाब में रखना
नियंत्रण या शासन में रखना।

दाम उठना
१. लागत वसूल हो जाना।
२. बिक जाना, मूल्य मिलना।

दाम करना
मोल करना, मूल्य (बात-चीत से) निश्चित करना।

दाम खड़ा/खड़े करना
कोई वस्तु बेचकर उसका उचित मूल्य प्राप्त करना।

दाम चढ़ना
मूल्यवृद्धि होना; जैसे—जितने दाम इस एक वर्ष में चढ़े हैं, उतने पिछले पचीस वर्षों में नहीं चढ़े।—आज।

दाम चुकाना
मूल्य दे देना।

दाम भरना
वस्तु के टूट-फूट या खो जाने पर उसके स्वामी को उसका पूरा मूल्य चुकाना।

दाम भर पाना
पूरी कीमत वसूल होना।

दाम लगाना
मूल्य आँकना, यह कहना कि इतना दाम देकर हम अमुक चीज़ खरीदने को तैयार हैं।

दामन छुड़ाना/छुड़ा लेना
१. संबंध छोड़कर अलग होना।
२. पीछा छुड़ाना।

दामन झटक लेना
अलग हो जाना, संबंध तोड़ लेना।

दामन झाड़ लेना
सब कुछ हार जाना।

दामन न छोड़ना
किसी (अधिकारप्राप्त) व्यक्ति का साथ न छोड़ना; जैसे—सुख चाहती हो तो

पति का दामन मत छोड़ना। —कन्हैयालाल कपूर।

दामन पकड़ना

संकट आदि के समय किसी ऐसे व्यक्ति, संस्था आदि का आश्रय लेना जो संकट से बचा या उद्धार कर सकता हो; जैसे—फिर उन्होंने सभा का दामन जो पकड़ा सो पकड़े ही रखा।

दामन फैलाना/फैला देना

याचना करना, भीख माँगना।

दामादी में लेना

दामाद बना लेना।

दाल न गलना

युक्ति न चलना; जैसे—(१) अब वे भीगी बिल्ली की तरह पूँछ दबाकर सरक गए, उनकी किसी दलील की दाल न गली।—रा० रा० प्र० सिंह। (२) तुम्हारी दाल नहीं गली तो इस कमीनेपन (शिकायत) पर उतरोगे। कोई अगर मौज-मज़ा मारता है तो तुम्हारा क्या!—गिरिधर गोपाल। (३) मुनीम गोपाल दास ने जब अपनी दाल गलती न देखी तो ... कहा कि अब बुढ़ापे के कारण मुझसे काम होता नहीं है, छुट्टी चाहता हूँ।—अमृतलाल नागर।

दाल में (कुछ) काला होना

किसी अवांछनीय घटना का खटका या आशंका होना; जैसे—(१) प्रभाशंकर ने सोचा, इतने सबेरे कहाँ जा रहे हैं। अवश्य कुछ दाल में काला है।—प्रेमचंद। (२) आप ऐसे ख़ुशहाल-मालोमाल, फिर भी दाल में काला ... आख़िर क्यों।—रा० रा० प्र० सिंह।

दाल में नमक (के बराबर) होना

बहुत अल्प मात्रा में परंतु अनुपात में सही होना; जैसे—इंसान के पास दौलत उतनी ही चाहिए जितना कि दाल में नमक होता है।—अमृतलाल नागर।

दावत देना

१. अपने यहाँ बुलाकर भोजन कराना।

२. निमंत्रित करना; जैसे— ... देवदर्शन जी ने कहानी की भूरि भूरि प्रशंसा की थी ... उसे अपने यहाँ आने की दावत दी।—अश्क।

दास होना

पूर्णरूपेण निर्भर होना; जैसे—वे शिकार और जुआ, मदिरा और गिलास के दास होकर गर्व से छाती फुलाए घूमते हैं। —जयशंकर प्रसाद।

दाहिना हाथ

अत्यंत विश्वसनीय सहायक; जैसे—(१) आप ही उनके दाहिने हाथ रहे हैं, इसलिए इस श्रेय में आपका भी बहुत बड़ा अंश है। (२) खन्ना साहब ... प्रदेश के सर्वमान्य नेता और इंडिपेंडेंट के संस्थापक—डा० आत्माराम के दाहिने हाथ हैं।—अमृतलाल नागर।

दाहिने होना

अनुकूल विशेषतः सहायक होना।

दिखाने के दाँत

दिखावटी चीज़ें।

दिग्विजय करना

जिस दिशा की ओर निकल पड़ना उधर के सब देशों को अपने अधीन कर लेना।

दिन आना

उचित समय या ऋतु आना; जैसे—आँधी-पानी के दिन आ गए।

दिन उतरना

दिन ढलना।

दिन काटना

कष्टपूर्वक समय बिताना; जैसे—बेचारी अपनी देवरानियों के फटे-पुराने कपड़े पहनकर दिन काटती थी। —प्रेमचंद।

दिन में तारे दिखाई देना

बुद्धि चकराने लगना, बुद्धि ठिकाने न रहना।

दिन को दिन और रात को रात न समझना
कोई बड़ा काम करते समय अपने आराम, सुख, विश्राम आदि का कुछ भी ध्यान न रखना, काम करते हुए समय का भान ही न रहना; जैसे—वह जब तक जीती रही, मेरी सेवा करती रही, न उसने कभी दिन को दिन समझा, न रात को रात।

दिन ख़राब होना
पूरे दिन में कुछ भी प्राप्ति या प्रयोजन-सिद्धि न होना; जैसे—मेहमानों के आ जाने से आज दिन ख़राब हो गया।

दिन गँवाना
दिन में कुछ भी उपयोगी कार्य न कर पाना; जैसे—यों ही खेल खेलकर दिन नहीं गँवाते।

दिन गिनना
उपयुक्त या नियत दिन की आतुरता-पूर्वक प्रतीक्षा करना; जैसे—(१) बुआ भतीजे की बहू का मुँह देखने के दिन गिन रही थी।—यशपाल। (२) अब वह रोगी बचेगा क्या? अपने दिन गिन रहा है।

दिन चढ़ना
१. सूर्य निकलने के उपरांत कुछ और समय बीतना।
२. स्त्री का गर्भवती होना; जैसे—शुभ समाचार समधिन का आया है कि बहू को दिन चढ़ते हैं।

दिन चमकना
खुशहाली के दिन होना।

दिन चौपट होना
दिन व्यर्थ जाना; जैसे—सुबह सुबह जब उस डायन का मुँह देख लेता हूँ तो दिन चौपट हो जाता है।

दिन छिपना
सूर्यास्त होना, अँधेरा होना।

दिन जाना
दिन बीतना, समय गुज़रना; जैसे—आज वेनिस तो कल फ्रांस इसी में तो दिन गए हैं मेरे।—शिवानी।

दिन डूबते
सूर्यास्त के समय; जैसे—वे दिन डूबते खाने के अभ्यस्त थे।—सुरेश सिनहा।

दिन डूबना
सूर्यास्त होना, अँधेरा होना।

दिन ढलना
दोपहर बीत जाने पर शाम होना, सूर्यास्त का समय समीप होना।

दिन दूना होना
१. बहुत अधिक तथा तेज़ी से बढ़ना।
२. ख़ूब उन्नति पर होना।

दिन दूनी रात चौगुनी उन्नति/तरक्की/करना
बराबर और तेज़ी से उन्नति करते जाना; जैसे—(१) उन्होंने शाही पंडित को बुला लिया और 'देश' का संपादक बनवा दिया। शाही पंडित के आते ही 'देश' दिन दूनी रात चौगुनी उन्नति करने लगा।—अश्क। (२) उसने फिर नए साहस और हौसले के साथ व्योपार (व्यापार) शुरू कर दिया। सारा नुकसान पूरा हो गया। और दिन दूनी रात चौगुनी तरक्की करने लगा। —भूषन वनमाली।

दिन देखना
उस समय की स्मृति होना जब कोई विशेष परिस्थिति रही हो; जैसे—(१) भगवान न करे कि ऐसे दिन भी किसी को देखने पड़ें। (२) हमने वे दिन भी देखे हैं जब श्रीमान रुपए-पैसे को हाथ की मैल समझते थे।

दिन धरना
किसी काम या बात के लिए तिथि या दिन निश्चित करना।

दिन निकलना
सूर्य का उदय होना।

दिन पड़ना
कष्ट या विपत्ति के दिन आना; जैसे—

ईश्वर न करे कि ऐसे दिन किसी पर पड़ें।

दिन पतले होना

तंगी के दिन होना; जैसे—हमारे दिन पतले हैं, न जाने कब क्या हो जाए। —प्रेमचंद।

दिन पलटना

दिन फिरना (दे०)।

दिन पूरे करना

जैसे-तैसे निर्वाह करना या समय बिताना।

दिन पूरे होना

१. शरीरांत का समय होना; जैसे—···· बता रहा था कि तारक असुर के दिन पूरे हो चले हैं।—सीताराम चतुर्वेदी।

२. अवधि समाप्त होना।

दिन फिरना

कष्ट या विपत्ति के दिन बीत जाने पर सुख-सौभाग्य के दिन आना; जैसे—अब दिन जो फिरे तो नहाने-धोने की सुध आई।—रा० रा० प्र० सिंह।

दिन बिगड़ना

कष्ट या विपत्ति के दिन आना।

दिन बहुरना

अच्छे दिन आना; जैसे—तुम्हारी लड़की जिस घर में जाएगी, उसके दिन बहुरेंगे।—गिरिधर गोपाल।

दिन मरना

काम न मिलने या काम बिगड़ जाने से दिन भर की रोज़ी मारी जाना।

दिन में तारे दिखाई देना

दिन को तारे दिखाई देना (दे०)।

दिन लौटना

पहले जैसा समय फिर आना; जैसे—बस कुछ दिनों की बात है, एक बार वे दिन फिर लौटेंगे।—श्रवणकुमार।

दिन-दहाड़े

दिन के उस भाग में जब अच्छा प्रकाश होता है; जैसे—डाकू यहाँ दिन-दहाड़े लगते हैं।

दिन-रात

चौबीसों घंटे; जैसे—उसे अपने धंधे को चमकाने के लिए बरसों दिन-रात खटना पड़ा।

दिन-रात एक करना/कर देना

१. चौबीसों घंटे किसी काम में लगे रहना; जैसे—(१) उन्होंने स्कूल की उन्नति करने में दिन-रात एक कर दिए।—अमृतलाल नागर। (२) एक बड़े मियाँ मोटर-एक्सीडेंट में ज़ख्मी हो गए थे ···· मैंने दिन-रात एक करके उनकी सेवा की।—भूषण वनमाली।

२. निरंतर परिश्रमपूर्वक काम करते रहना; जैसे—अपनी आस्था का तो वह आलम है कि पुत्र दिन-रात एक करके परीक्षा में अच्छे नंबर लाते हैं····। —गोपाल चतुर्वेदी।

दिनों का फेर

ऐसा समय जब कोई भी काम सफल न होता हो या कोई भी बात न बनती हो।

दिनों की बात

कुछ दिन तक होने, रहने या चलनेवाली बात; जैसे—बस, कुछ दिनों की बात है, एक बार वे दिन फिर लौटेंगे।—श्रवणकुमार।

दिमाग़ आस्मान पर होना

अकड़ के कारण सामान्य स्तर की चीज़ों या बातों को उपेक्ष्य समझना।

दिमाग़ आस्मान में उड़ना

दिमाग़ आस्मान पर होना (दे०); जैसे—यहाँ एक एक टुकड़े के लाले पड़े हैं और तेरा दिमाग़ आस्मान में उड़ रहा है।—रा० रा० प्र० सिंह।

दिमाग़ ऊँचा होना

ऐसी मानसिक स्थिति होना जिसमें केवल बड़ी बड़ी बातों की ही ओर ध्यान रहे।

दिमाग़ खर्च करना

सोचने, समझने अथवा निष्कर्ष या निर्णय पर पहुँचने के लिए अत्यधिक

मानसिक श्रम करना।

दिमाग़ खपाना
ऐसा काम करना जिससे दिमाग़ थक जाए; जैसे—दिन भर दिमाग़ खपाया पर उसकी समझ में यह सिद्धांत आया ही नहीं।

दिमाग़ खाना/चाटना
दिमाग़ थका डालना; जैसे—इस मुकदमे की फाइल ने दिमाग़ चाट लिया।

दिमाग़ खाली करना
ऐसा काम करना जिससे किसी की मानसिक शक्ति बहुत अधिक व्यय हो।

दिमाग़ चक्कर खाना
सिर चक्कर खाना (दे०)।

दिमाग़ चढ़ना
दिमाग़ आस्मान पर होना।

दिमाग़ चल जाना
दिमाग़ ख़राब हो जाना; जैसे—(१) मुझे लगता है कि या तो आपका दिमाग़ चल गया है या चल जाने की तैयारी कर रहा है।—कन्हैयालाल कपूर। (२) हमारा तो दिमाग़ चल गया है।—भूषण वनमाली।

दिमाग़ ठिकाने लगा देना
अक्ल दुरुस्त करना; जैसे—जमीला ने उन्हें ज़रा ज़्यादा गर्म होते हुए देखा, तो सोचा कि मज़हबीं से तो मिलूँ बाद में, पहले ज़रा इन हज़रत का दिमाग़ ठिकाने लगा दूँ।—भूषण वनमाली।

दिमाग़ ठंडा होना
शांत होना; जैसे—जब तक दो पड़ेंगी नहीं; उसका दिमाग़ ठंडा नहीं होगा।

दिमाग़ ठीक न होना
दिमाग़ में फ़ितूर होना; जैसे—कल से उसका दिमाग़ ठीक नहीं है उससे छेड़-छाड़ मत करो।

दिमाग़ दिखाना
अहंभाव प्रदर्शित करना; जैसे—और अगर है भी तो यह कि लड़कोंवाले दिमाग़ ज़रा दिखाया ही करते हैं।—भूषण वनमाली।

दिमाग़ न पाया जाना
दिमाग़ न मिलना (दे०)।

दिमाग़ न मिलना
किसी में इतना अधिक अभिमान होना कि वह सामान्य या साधारण बातों, व्यक्तियों आदि को उपेक्ष्य समझने लगे।

दिमाग़ फिर जाना
दिमाग़ का विकृत हो जाना, पागल हो जाना; जैसे—उसकी वृद्धा नानी का दिमाग़ कुछ वर्षों से फिर गया था।—शिवानी।

दिमाग़ बढ़ जाना
घमंड होना; जैसे—प्रधानाचार्य के पद पर प्रतिष्ठित होने के बाद से उनका दिमाग़ बढ़ गया है।

दिमाग़ में ख़लल होना
मस्तिष्क का ठीक प्रकार से काम करने की स्थिति में न होना।

दिमाग़ में फ़ितूर होना
दिमाग़ में किसी ग़लत बात का घर किए होना।

दिमाग़ लड़ाना
कोई काम निष्पन्न या संपादित करने के लिए बहुत अधिक सोच-विचार से काम लेना।

दिमाग़ से उतर जाना
याद न रह जाना; जैसे—पार्टी वाली शाम एकदम कल पर आ पहुँची थी और मेरे दिमाग़ से यह बात बिल्कुल ही उतर गई थी।—मालती जोशी।

दिल अटकना
किसी की कोई विशेषता या गुण देखकर उसके प्रति प्रेम या स्नेह होना।

दिल आधा होना/हो जाना
पूरा साहस न होना, डरते हुए साहसपूर्ण काम करना; जैसे—चोर का दिल आधा होता है।

दिल आना

किसी के प्रति अनुराग या प्रेम होना; जैसे—उसे दूध का धोया एक अंग्रेज़ मिल गया, वह अघा गई। दिल न भी आया हो, कुल तो तर गया।—रा० रा० प्र० सिंह।

दिल उछलना

१. अत्यधिक प्रसन्नता का अनुभव करना; जैसे—एकाएक उसे चाल सूझी, उसका दिल उछल पड़ा।—प्रेमचंद।

२. कलेजा धड़कना (दे०)।

दिल उमड़ना

भावुकता से द्रवीभूत होना।

दिल ओठों तक आना

प्राण निकलने को ही होना; जैसे—जब किश्ती करवट लेती तो लोगों के दिल उछल उछलकर ओठों तक आ जाते।—प्रेमचंद।

दिल कचोटना

रह रहकर हृदय में वेदना होना; जैसे—पुत्र के दुर्व्यवहार से माता का दिल कचोटकर रह गया।

दिल कड़ा करना

विपत्ति को झेलने के लिए साहस धारण करना।

दिल कबाब होना

निरंतर दुःखद या कष्टपूर्ण परिस्थितियों में पड़े रहने के कारण हृदय की कोमलता का नष्ट हो जाना।

दिल करना

जी चाहना; जैसे—तुम्हें देखने को मेरा बहुत दिल करता है।

दिल का कँवल खिलना

अत्यधिक प्रसन्नता होना।

दिल का गुबार निकालना

मन में दबी हुई कष्टदायक बातें किसी से कहकर मन का दुख-भार कम करना।

दिल का बुख़ार निकालना

दिल का गुबार निकालना (दे०)।

दिल का बोझ उतारना

मनस्ताप दूर करना; जैसे—वह सुबह-शाम मेरे पास आती थी और बेटे के अत्याचार मुझे रोते हुए सुनाकर अपने दिल का बोझ उतारती थी।

दिल का भार उतारना/हलका करना

दिल का बोझ उतारना (दे०)।

दिल का साफ़ होना

१. दिल में कोई दूषित भाव न होना।

२. पक्षपात की भावना से दूर होना।

दिल की गाँठ/घुंडी/खोलना

१. मन में छिपाकर रखी हुई बात किसी से कहना।

२. मन में दबा हुआ द्वेष या वैर दूर करना।

दिल की दिल में रखना

दिल की बात न बतलाना।

दिल की दिल में रह जाना

साध पूरी न होना।

दिल की बात दिल ही में रह जाना

अपने मन की बात न कह पाना।

दिल की लगी

इश्क; जैसे—दिल की लगी बुझाए न बुझे।

दिल की होना

मन की होना (दे०)।

दिल कुढ़ना

मन का अंदर ही अंदर दुखी होना।

दिल के फफोले फोड़ना

दिल का गुबार निकालना (दे०)।

दिल को करार मिलना

चैन मिलना।

दिल को छूना

दया या सहानुभूति की भावना जाग्रत करना; जैसे—नाटक का यह दृश्य दिल को छूनेवाला था।

दिल को लगना

किसी बात का चित्त या मन पर ऐसा प्रभाव पड़ना जो सहज में भुलाया न जा सके।

दिल खटक जाना
किसी के प्रति मन में कुभाव उत्पन्न होना; जैसे—उनसे अब अपना दिल खटक गया है।

दिल खिलना
मन का अत्यधिक प्रसन्न होना।

दिल खींच लेना
किसी को आकृष्ट या मंत्रमुग्ध कर लेना।

दिल खुलना
अत्यंत उदारतापूर्वक धन दान या व्यय करना; जैसे—वे नाम के लिए देंगे, काम के लिए नहीं ‍‍--- गाँठ खुले तो खुले दिल नहीं खुलता।—रा० रा० प्र० सिंह।

दिल खोलकर
अत्यंत उदारतापूर्वक; जैसे—उसके दिल खोलकर देने में कुछ पाने की न अभिलाषा है न आशा।—रा० रा० प्र० सिंह।

दिल खोलना/खोल देना
१. उदारतापूर्वक धन व्यय करना या किसी को देना।
२. मन की बात कहना; जैसे—ऐसे पुरुष तो बहुत होंगे जो स्त्री से अपना दिल खोलते हों।—प्रेमचंद।

दिल गवाही न देना
अंत:करण या विवेक का किसी काम या बात का अनुमोदन या समर्थन न करना; जैसे—(१) जिस काम के लिए दिल गवाही न दे, वह काम कभी नहीं करना चाहिए। (२) उसने ऐसा काम भी किया होगा, दिल गवाही नहीं देता।

दिल चुराना
किसी को इतना आकृष्ट या मंत्रमुग्ध कर लेना कि उसका ध्यान आकृष्ट करनेवाले की तरफ़ लगा रहे; जैसे—कृष्ण की मुरली ने एक राधा का ही नहीं अनेक राधाओं का दिल चुरा लिया था।

दिल छोटा करना
निराश या हतोत्साह होना; जैसे—घर घर यही आग लगी हुई है --- मेरे सिर भी तो यही विपत्ति पड़ी हुई है। इस तरह दिल छोटा करने से काम न चलेगा --- उठो कुछ कफ़न-कपड़े की फिकिर करो।—प्रेमचंद।

दिल छोटा होना
उदारता की कमी होना।

दिल जमना
१. किसी काम में चित्त या मन लगना।
२. किसी बात से मन का संतुष्ट होना।

दिल जलना
क्रोध, चिंता आदि से अत्यंत उत्तप्त होना।

दिल जलाना
संतप्त करना।

दिल टटोलना
मन टटोलना (दे०)।

दिल टूटना
किसी दुखद या विपरीत घटना के कारण मन का सारा उत्साह ख़त्म हो जाना या दब जाना।

दिल ठिकाने न होना
चित्त शांत या स्थिर न होना; जैसे—आज सुबह से उसका दिल ठिकाने नहीं है।

दिल ठोंककर
चित्त या मन में दृढ़ता या साहस रखकर, हिम्मत बाँधकर।

दिल डूबना
दिल बैठना (दे०)।

दिल तोड़ना
ऐसा काम करना जिससे किसी का सारा उत्साह भंग हो जाए; जैसे—काम करनेवालों का दिल बढ़ाना चाहिए न कि तोड़ना।

दिल थामकर बैठना
भावी आघात को सहन करने के लिए दिल कड़ा कर लेना।

दिल थाम लेना
१. दिल थाम कर बैठना (दे०)।

२. विभोर हो जाना; जैसे—मैं इस मधु की एक बूँद भी पाता तो काव्य का वह मधु चक्र रचता कि दिलवाले दिल थाम लेते।—रा० रा० प्र० सिंह।

दिल थामना

१. दिल को काबू से बाहर न होने देना; जैसे—वह आ रहा है, दिल थाम कर बैठो, कहीं तुम्हारे मुँह से भेद न खुल जाय।

२. साहस जुटाना; जैसे—आख़िर उसने एक दिन दिल थामा और बड़े भाई का दरवाज़ा खटखटाया।—रा० रा० प्र० सिंह।

दिल दहलना/दहल जाना

अत्यधिक भयभीत हो जाना; जैसे—(१) लड़की के दुर्भाग्य की कल्पना से दिल दहल जाता।—यशपाल। (२) कहीं दूर जब बादल गरज उठते तो रेशमा का दिल भी दहल जाता।—गुलशन नंदा।

दिल दुखाना

ऐसी बात कहना या ऐसा काम करना जिससे किसी को आघात पहुँचे; जैसे—तुमने नाहक यह बात कहकर माँ का दिल दुखाया।

दिल दूना होना

उत्साह द्विगुणित होना; जैसे—पुरस्कार मिलने से खिलाड़ी का दिल दूना हो जाता है।

दिल दे बैठना

किसी पर पूरी तरह से अनुरक्त हो जाना; जैसे—हम तो अनजाने ही उसे दिल दे बैठे थे।

दिल देखना

यह जानने का प्रयास करना या परीक्षा लेना कि किसमें कितनी उदारता या सहायता करने की क्षमता है; जैसे—हम तुमसे कुछ लेना नहीं चाहते थे, तुम्हारा दिल देखना चाहते थे।

दिल देना

हृदय से चाहना, अनुरक्त होना।

दिल दौड़ना

चित्त या मन का किसी ऐसे काम या बात की ओर प्रवृत्त होना जिसकी प्राप्ति या सिद्धि दूर हो या सहज न हो।

दिल धक धक करना

बहुत अधिक घबराना, भयभीत होना।

दिल धड़कना

हृदय में धड़कन होना; जैसे—उसकी आवाज़ अपने तीखेपन के बावजूद इतनी मीठी है कि जब कभी वह खिड़की में आती है और नीचे खोंचेवाले अथवा किसी पड़ोसिन से बतियाती है तो चेतन का दिल बेतरह धड़क उठता है।—अश्क।

दिल निकालकर रख देना

बूते से अधिक देना।

दिल पक जाना

निरंतर दुख भोगते भोगते सहन करने की पराकाष्ठा तक पहुँच जाना।

दिल पर पत्थर रखना

आघात, अत्याचार आदि चुपचाप सहन करना।

दिल पर साँप लोटना

कलेजे पर साँप लोटना; (दे०) जैसे—और फिर सुंदरसिंह तो सबको बड़े प्रेम से बुलाते हैं, पर उनकी औरत के दिल पर साँप लोट जाता है हमारे बच्चे देखकर।—कमलेश्वर।

दिल पसीजना

द्रवित होना, दयार्द्र होना; जैसे—उन्होंने मेरी बातें सुनीं अवश्य, परंतु उनका दिल पसीजा हो, यह बात नहीं है।

दिल पिघलकर मोम होना

द्रवित या चलायमान होना; जैसे—यहाँ वह दिल नहीं है जो मोहिनी के छलबल पर पिघलकर मोम हो जाए।—रा० रा० प्र० सिंह।

दिल पिघलना

द्रवित होना, पसीज जाना।

दिल फटना/फट जाना
१. आघात, कष्ट आदि के कारण मन में असह्य वेदना होना।
२. पहले का-सा सद्‌भाव या स्नेह न रह जाना।

दिल फिर जाना
(किसी की ओर से) चित्त या मन हट जाना, विरक्ति होना।

दिल फ़ीका होना/हो जाना
जी खट्टा होना, पहले का-सा अनुराग या सद्‌भाव न रह जाना।

दिल बढ़ना
अनुराग, उत्साह, उमंग आदि में ऐसी वृद्धि होना जो किसी काम या बात की ओर प्रवृत्त करे; जैसे—इम्तहान के परचे आसान निकले। कहाँ कोरा का कोरा रह जाता, छोर तो पा गया। दिल बढ़ा, आँखें चमक उठीं।—रा० रा० प्र० सिंह।

दिल बाग बाग होना/हो जाना
अत्यधिक प्रसन्नता होना; जैसे—उनसे यह शुभ समाचार पाकर मेरा दिल बाग बाग हो गया।

दिल बुझना/बुझ जाना
मन में अनुराग, उत्साह, उमंग आदि बिल्कुल न रह जाना; जैसे—अनार्यों की विजय पताकाएँ देश के कोने कोने में फहराती दिखाई दीं तो आर्यों के दिल बुझने लगे।—यज्ञदत्त।

दिल बैठ जाना
उमंग या उत्साह नष्ट हो जाना; जैसे—ससुराल की स्थिति देखकर ओमप्रकाश की बहू का दिल बैठ गया।—यशपाल।

दिल बैठने लगना
उमंग या उत्साह न रह जाना; जैसे—इस विचार से उसका दिल बैठने-सा लगता।—अश्क।

दिल बैठा जाना
साहस छूटने लगना; जैसे—(१) ऐसी कौन-सी बड़ी रकम है जिसके लिए दिल बैठा जा रहा है।—प्रेमचंद। (२) राजू की हत्या के बारे में सोच सोचकर ही उसका दिल बैठा जा रहा है।—गुलशन नंदा।

दिल बोलना
भीतर से आवाज़ आना; जैसे—मेरा दिल बोलता है कि वह आज ज़रूर आएगी।

दिल भटकना
चित्त का व्यग्र या चंचल होना, मन में इधर-उधर के विचार उठना।

दिल भर आना
द्रवित होना, पसीजना; जैसे—उसकी यह दुर्दशा देख-सुनकर मेरा दिल भर आया।

दिल भर जाना
ऊब होना; जैसे—तुम्हारी उलटी-सीधी बातें सुनते सुनते तो हमारा दिल भर गया है।

दिल भारी होना/हो जाना
उदास होना।

दिल मज़बूत करना
दिल कड़ा करना (दे०)।

दिल मसोसकर रह जाना
क्रोध, दुख आदि तीव्र मनोविकारों को मन में दबाकर रह जाना।

दिल मारना/मार लेना
जबरन अपनी इच्छा को दबा देना; जैसे—जब जेब में पैसा नहीं रहता तब दिल मारना पड़ता है।

दिल मिलना
प्रकृति या स्वभाव की समानता के कारण परस्पर अनुराग या सद्भाव होना।

दिल में आना
इच्छा होना, मन करना; जैसे—जो उनके दिल में आए, करने दीजिए।
—कमलेश्वर।

दिल में खटक होना
आशंका होना।

दिल में गाँठ पड़ना/पड़ जाना
किसी के प्रति मन में द्वेष उत्पन्न होना।

दिल में घर करना/कर जाना
अत्यंत प्रिय लगना; जैसे—महर्षि की बात उनके दिल में घर न कर सकी। —रा० रा० प्र० सिंह।

दिल में चोर (बैठा) होना
किए हुए अपराध या दुष्कर्म के कारण सदा सशंकित रहना; जैसे—वह भला हमसे आँख कैसे मिलाता, उसके दिल में चोर (बैठा) था।

दिल में जगह होना
किसी के प्रति मन में मुहब्बत होना; जैसे—उनके दिल में मेरे लिए जगह कहाँ है, जो इतना बड़ा त्याग कर दें।

दिल में दर्द होना
दूसरे के दर्द से द्रवित होने अथवा उसे समझने की समर्थता होना; जैसे—उनके दिल में हमारे लिए निश्चित रूप से दर्द है।

दिल में फ़र्क आ जाना
पहले का-सा अनुराग या सद्भाव न रह जाना, मन में दुर्भाव उत्पन्न होना।

दिल में बल पड़ना
दिल में फ़र्क आ जाना (दे०)।

दिल में बसना
प्रेमी या प्रेयसी का सदा ध्यान में बने रहना।

दिल में मैल लाना
मन में दुर्भाव, द्वेष आदि को स्थान देना, मन ही मन बुरा मानना।

दिल में लहर होना
दिल में कसक या टीस होना; जैसे—दिल में लाख लहर हो, पर मुँह पर तो मुहर है जैसे।—रा० रा० प्र० सिंह।

दिल में समाना/समा जाना
पूरी तरह से किसी के दिल में घर किए होना; जैसे—वह तो मेरे दिल में समाई हुई है, उसे निकालूँ भी तो कैसे।

दिल मैला करना
मन में दुर्भाव, द्वेष आदि दूषित मनोविकारों को स्थान देना।

दिल रखना/रख लेना
किसी के इच्छानुसार कोई काम करके उसे प्रसन्न या संतुष्ट करना, किसी के अनुरोध की रक्षा करना; जैसे—(१) तुम उसे मत भले ही न देते लेकिन उसका दिल रखने के लिए हाँ तो कर देते।—रा० रा० प्र० सिंह। (२) आपने मेरा दिल ख़ुश कर दिया। मेरा दिल रख लिया। मैं बहुत एहसानमन्द हूँ आपका।—भूषण वनमाली।

दिल लेना
१. किसी के मन की बातों की थाह या पता लेना।
२. किसी को पूरी तरह से अपनी ओर अनुरक्त करना।

दिल साफ़ होना
दिल में छल-फ़रेब या पक्षपात की भावना न होना; जैसे—अपना दिल साफ़ हो तो कहीं भी जाने में कोई हर्ज़ नहीं।

दिल से
१. अच्छी तरह चित्त या मन लगाकर; जैसे—लड़का अभी दिल से काम नहीं करता।
२. अंतरात्मा से; जैसे—मेरे दिल से भी ऐसी ही आवाज़ आ रही है।

दिल से उठना/उठ जाना
किसी काम या बात की हार्दिक इच्छा उत्पन्न होना।

दिल से उतरना/उतर जाना
किसी के प्रति स्नेह ख़त्म हो जाना; जैसे—इस हरकत के कारण वह मेरे दिल से उतर गया था।

दिल से दूर करना
उपेक्ष्य समझकर कुछ भी ध्यान न देना या बिल्कुल भूल जाना।

दिल से निकालना/निकाल देना
सदा के लिए भुलाना; जैसे—(१) तुम यह बात दिल से निकाल दो कि मुझसे तुम्हारा अहित होगा। (२) वह तो मेरे दिल में समाई हुई है उसे निकालूँ भी तो कैसे?

दिल हरा होना/हो जाना
मन प्रफुल्लित होना।

दिल हलका होना/हो जाना
दुख-भार कम होना; जैसे—रो-धो लेने से उसका दिल हलका हो जाता है।

दिल हिलना/हिल जाना
१. चित्त या मन का दयार्द्र होना।
२. मन में कुछ भय होना जी दहलना; जैसे—दोनो ओर से तानों की बौछार जो चली, तो दिल हिल गया।—रा० रा० प्र० सिंह।

दिल ही दिल में
मन ही मन; जैसे—फिर वह दिल ही दिल में सोचता हुआ चला गया।

दिलोजान से
पूरी शक्ति और सामर्थ्य से अथवा अच्छी तरह मन लगाकर।

दिल्ली दूर है
लक्ष्य प्राप्ति में (अभी) विलंब है, मंज़िल अभी दूर है।

दिल्लगी उड़ाना
हास-परिहास की बातें कहकर किसी व्यक्ति की तुच्छ सिद्ध करने का प्रयत्न करना, उपहास करना।

दिवाला निकलना/पिटना
दिवालिया हो जाना; जैसे—ऐसा अनुभव हुआ, जैसे साहित्यिक सूझ-बूझ का दिवाला पिट चुका है।—कन्हैयालाल कपूर।

दिवाला निकालना/मारना
दिवालिया बन जाना, अपने आपको ऋण चुकाने में असमर्थ घोषित करना।

दिशाएँ गूँजना
चारो ओर से शब्द या गूँज होना; जैसे—आश्रम के ब्रह्मचारी देवयानी की खोज में इधर-उधर भटक रहे थे। 'देवयानी देवयानी' चिल्लाकर उनके पुकारने से आश्रम से दूर तक की दिशाएँ गूँज रही थीं।—यज्ञदत्त।

दीए का हँसना
दीए की बत्ती से फूल या गुल झड़ना।

दीए में बत्ती पड़ना
संध्या होने पर दीया जलाया जाना।

दीए से फूल झड़ना
दीए की जलती हुई बत्ती से चमकते हुए गोल पुचड़े या रवे निकलना, गुल झरना।

दीठ उठाना
देखने के लिए किसी की ओर आँखें या निगाह करना।

दीठ उतारना
टोने-टोटके, मंत्र-तंत्र आदि के द्वारा किसी की नज़र का बुरा प्रभाव दूर या नष्ट करना।

दीठ गाड़ना
कोई चीज़ देखने के लिए उस पर टकटकी लगाना, स्थिर दृष्टि से देखना।

दीठ चुराना
जहाँ तक हो सके किसी का सामना करने से बचना।

दीठ जमाना
दीठ गड़ाना (दे०)।

दीठ झाड़ना
दीठ उतारना (दे०)।

दीठ जलाना
टोना-टोटका करके कपड़े का टुकड़ा राई, नोन आदि इस उद्देश्य से जलाना कि बुरी दीठ या नज़र का कुपरिणाम दूर या नष्ट हो।

दीठ जुड़ना
१. देखादेखी या सामना होना।
२. (शृंगारिक क्षेत्र में) प्रेम या स्नेह होना।

दीठ जोड़ना
आँखें मिलाना या सामना करना।

दीठ पर चढ़ना
किसी का ऐसी स्थिति में होना कि लोगों का ध्यान प्रायः या बराबर उसकी ओर बना या लगा रहे।

दीठ फेरना
आँखें फेरना (दे०)।

दीठ बचाना
१. इस प्रकार किसी के सामने से हट जाना कि उसकी निगाह न पड़ने पाए।
२. इस प्रकार कोई चीज़ छिपा या दबा लेना कि उसे कोई देखने न पाए।

दीठ बाँधना
इंद्रजाल, जादू-मंतर, टोने-टोटके आदि से ऐसा उपाय करना कि किसी विशिष्ट चीज़ पर किसी की दृष्टि न पड़ने पाए।

दीठ बिछाना
१. अत्यंत आदरपूर्वक स्वागत करना।
२. बहुत उत्सुकता से प्रतीक्षा करना।

दीठ भर देखना
अच्छी तरह या जी भरकर देखना।

दीठ मारना
आँख मारना (दे०)।

दीठ मिलना
दीठ जुड़ना (दे०)।

दीठ मिलाना
दीठ जोड़ना (दे०)।

दीठ में आना
दिखाई पड़ना।

दीठ में समाना
बहुत अच्छा लगने के कारण बराबर किसी के मन में बसा रहना, नज़रों में समाना।

दीठ लगना
(शृंगारिक क्षेत्र में) प्रेम या स्नेह-संबंध स्थापित होना।

दीठ लगाना
१. (किसी ओर या किसी की ओर) दृष्टि या निगाह जमाकर देखना, अच्छी तरह या ध्यान से देखना।
२. किसी तरह की आशा से प्रवृत्त या युक्त होकर देखना, कुछ पाने या मिलने के विचार से देखना।

दीठ से उतरना/गिरना
ऐसी स्थिति में आना कि पहले का-सा अनुराग या आदर न रह जाए।

दीदा न लगना
किसी काम में जी या ध्यान न लगना; जैसे—तुम्हारा दीदा तो किसी काम में लगता ही नहीं।

दीदे का पानी ढल जाना
शील और लज्जा का त्याग कर देना, निर्लज्ज हो जाना।

दीदे-गोड़ों के आगे आना
किसी किए हुए बुरे काम का बुरा फल मिलना। (स्त्रियों का शाप) जैसे—तू मेरे साथ जो जो कर रही हो वह तेरे दीदे-गोड़ों के आगे आएगा।

दीदे नचाना
आँखें नाचना या मटकाना; जैसे—हर दम बैठकर दीदे नचाना उसे पसंद न था।—अजित पुष्कल।

दीदे फोड़ना
आँखों से इतना अधिक काम लेना कि वे दुखने लगे।

दीन-दुनिया दोनों से जाना
न इस लोक के काम का रह जाना न परलोक ही सुधार पाना।

दीमक लगना
किसी ऐसे रोग, चिंता या बुराई से युक्त होना जो जानलेवा सिद्ध हो रही हो; जैसे—कांग्रेस को बेईमानी का दीमक लग गया है।—यशपाल।

दीया ठंडा करना
दिया बुझाना।

दीया दिखाना
मार्ग-प्रदर्शन करना।

दीया बढ़ाना
दीया बुझाना।

दीया लेकर ढूँढ़ना
अत्यधिक सावधानी से और प्रयत्न-पूर्वक ढूँढ़ना।

दीया सँजोना
दीया जलाकर प्रकाश करना।

दीया-बत्ती करना
संध्या होने पर दीया जलाना।

दीवार/दीवारों/के कान होना
इस बात की अत्यधिक संभावना होना कि किसी दीवार या दरवाज़े के पीछे लुक-छिपकर खड़े व्यक्ति हमारी बात आसानी से सुन सकते हैं।

दीवार खड़ी करना
बाधा उपस्थित करना; जैसे—फिर हम लोग मिलते भी तो कैसे! हमारे बीच घृणा की दीवार खड़ी कर दी गई थी।

दुआ/दुआएँ/देना
आशीर्वचन कहना; जैसे—ग़रीब लोग आपको ख़ूब दुआएँ देंगे।—गुलशन नंदा।

दुआ माँगना
भलाई चाहना।

दुआ/दुआएँ/मिलना
आशीर्वचन प्राप्त होना; जैसे—....पूरे शहर को चिंतामुक्त किया था। गली गली में इन नौजवानों को दुआएँ मिली थीं।—गिरिधर गोपाल।

दुआ/दुआएँ/लगना
किसी के द्वारा दी हुई असीस फलीभूत होना।

दुकान करना/खोलना
दुकान में कुछ वस्तुएँ रखकर उनकी बिक्री करना। व्यवसाय के लिए दुकान स्थापित करना।

दुकान चलना/चल निकलना/चलने लगना
दुकान में होनेवाले व्यवसाय का पनपना; जैसे—(१) जब से उन्होंने दुकान पर ख़ुद बैठना शुरू किया है दुकान चलने लगी है। (२) फिर कुछ दिनों के परिश्रम से ही वह दुकान चल निकली।

दुकान बढ़ाना/बढ़ा देना
दुकान बंद करना।

दुकान लगाना
१. दुकान का सामान फैलाकर बिक्री के लिए यथास्थान रखना।
२. बहुत-सी चीज़ें चारो ओर फैलाकर रखना।

दुख उठाना
कष्ट या तकलीफ़ भोगना या सहना; ऐसी स्थिति में पड़ना जिसमें सुख या शांति न हो।

दुख के बादल (सिर पर) मँडराना
विपत्ति सिर पर होना; जैसे—हमारे सिर पर इधर महीनों से दुख के बादल मँडल रहे हैं।

दुख देखना
दुख भोगना, दुख सहन करना; जैसे—न जाने अभी उसे और कितने दुख देखने बदे हैं।

दुख पड़ना
(किसी पर) विपत्ति आना, संकट उपस्थित होना।

दुख बँटाना
कष्ट या संकट में पड़े व्यक्ति की कुछ सहायता करना।

दुख भागना/भाग जाना
दुख दूर होना।

दुख लगना
रोग होना; जैसे—बुढ़ापे में कोई न कोई दुख लगा ही रहता है।

दुखड़ा रोना
अपने दुख का वृत्तांत दीन भाव से कहना; अपने कष्टों का हाल सुनाना; जैसे—जमादार शेख़ जी के आगे दुखड़ा रोने आया।—अमृतलाल नागर।

दुखती रग को छूना/छू देना
मर्म पर आघात करना; जैसे—वह (माँ) उखड़ी उखड़ी दृष्टि से बेटे को देखने लगी। न जाने आज कौन-सी दुखती रग को उसने (बेटे ने) छू दिया था—गुलशन नंदा।

दुधमुँहाँ
दूध-पीता अर्थात् नन्हा; जैसे—हाय विधाता, इस भोली दुधमुँही बालिका की क्या दशा है।—हजारीप्रसाद द्विवेदी।

दुनिया की हवा लगना
संसार में होनेवाले अनुचित कार्यों की ओर प्रवृत्त होना; जैसे—जाने चंदा ने किस माँ का दूध पिया है! दुनियाँ की ज़रा भी हवा उसे नहीं लगी।—अश्क।

दुनिया देखना
सांसारिक व्यवहारों तथा रीति-रिवाजों का अनुभव प्राप्त किए होना; जैसे—यह पंडित हमें क्या बेवकूफ़ बनाएगा, हमने भी दुनिया देखी है।

दुनिया भर का
बहुत अधिक; जैसे—यहाँ दुनिया भर के काम करने पड़ते हैं।

दुनिया से उठ जाना
मर जाना।

दुनिया से चल पड़ना/चल बसना
मर जाना।

दुपट्टा तानकर सोना/सो जाना
निश्चिंत होकर सोना; बेखटके सोना।

दुपट्टा बदलना/बदल लेना
स्त्री का किसी को अपनी सहेली बनाना।

दुम के पीछे लगे फिरना/लगे रहना
किसी के पीछे पीछे लगे फिरना; जैसे—साहब शिकार खेलने आएँ या दौरे पर, मेरा कर्तव्य है कि उनकी दुम के पीछे लगा रहूँ।—प्रेमचंद।

दुम दबाकर भागना
(डरपोक कुत्ते की तरह) डरकर भाग जाना; जैसे—तुम्हारी छुरी की चमक...देखकर ही (वह) दुम दबाकर भागेगा।—प्रेमचंद।

दुम दबाकर भाग जाना/भाग खड़े होना
दुम दबाकर भागना (दे०); जैसे—कितना कुछ कहना चाहती नंदी, उसने अपनी शिकायतों को दो के पहाड़े की तरह ही रटकर कई रातें काटी थीं—पर आज पति को सामने देखकर उसका समस्त साहस दुम दबाकर भाग गया था।—शिवानी।

दुम दबाना/दबा जाना
विरोध या प्रतिरोध के आगे चुप रहना; जैसे—दुम दबाने के सिवा मूँछें खड़ी करने का कोई और ज़रिया न था।...... होली की रात फ़रार हो गए।—रा० रा० प्र० सिंह।

दुम दबा लेना
भीगी बिल्ली बन जाना, अत्यंत भयभीत हो जाना; जैसे—श्यामली को ऐसे मर्दों से कभी मुहब्बत नहीं हो सकती जो औरत के सामने भेड़ी बनकर दुम दबा लेते हों।—अजित पुष्कल।

दुम में घुसना
(किसी चीज़ का) ग़ायब हो जाना, दूर हो जाना; जैसे—उसकी सारी शेखी फिर दुम में घुस गई।

दुम में घुसना/घुसा रहना
(किसी की) ख़ुशामद में (उसके) पीछे पीछे घूमना या लगे रहना।

दुम हिलाना/हिलाते फिरना
कुत्ते की तरह दीन बनकर किसी को प्रसन्न करने का प्रयत्न करना, जी-हुज़ूरी करना; जैसे—मैं अगर उस पद पर पहुँच गया... तो यही लोग मेरे आगे-पीछे दुम हिलाते फिरेंगे। —श्रवणकुमार।

दुर दुर करना
तिरस्कारपूर्वक कुत्ते की तरह हटाना या भगाना।

दुरुस्त करना
इस प्रकार किसी को डाँटना-डपटना या मारना-पीटना कि वह सीधे रास्ते पर आ जाए।

दुर्गत बनना
दुर्गति होना, दुर्दशा होना; जैसे—इनाम साहब बड़े मज़े में मेरी दुर्गत बनते देखते रहते थे।—भूषण वनमाली।

दुलत्ती झाड़ना
बहुत बिगड़कर अलग या दूर होते ऐसी बातें कहना मानो गधों या घोड़ों की तरह अथवा पशुओं का-सा आचरण या व्यवहार कर रहे हों।

दुशाले में लपेटकर मारना/लगाना
इस प्रकार आड़े हाथ लेना कि ऊपर से देखने में अनुचित न जान पड़े अथवा अप्रिय न लगे; मीठी मीठी बातें कहते हुए कठोर व्यंग्य करना।

दुहरी मार पड़ना
दोनो ओर से हानि होना।

दुहाई फिरना
१. राजा के सिंहासन पर बैठने पर उसके राज्याधिकार की घोषणा होना।
२. किसी के प्रताप, यश आदि की चारो ओर ख़ूब चर्चा होना।

दूध उछालना
खौलते हुए दूध को ठंडा करने के लिए कड़ाही आदि में से निकालकर बार बार ऊपर से नीचे गिराना।

दूध उतरना
संतान होने के समय माता के स्तनों में दूध आना।

दूध का दूध पानी का पानी (अलग अलग) करना
पूरा पूरा न्याय करना; जैसे—(१) पंचों से यही विनती है कि तुम इस घड़ी न्याय के आसन पर बैठे हो, अपने इंसाफ से दूध का दूध पानी का पानी कर दो।—प्रेमचंद। (२) वह उस पर बुरी तरह जिरह करता है और दूध का दूध और पानी का पानी अलग कर देता है।—अश्क।

दूध का धुला
निर्दोष, निरपराध या ईमानदार; जैसे—(१) हमारी व्यवस्था कभी भी किसी को ईमानदार होने का तगमा दे सकती है और किसी भ्रष्ट को दूध का धुला बना सकती है—गोपाल चतुर्वेदी। (२) सास जब इतनी आधुनिक थी, तब क्या बेटा दूध का धुला होगा।—शिवानी।

दूध का धोया
दूध का धुला (दे०); जैसे—(१) उसे दूध का धोया एक अंग्रेज़ मिल गया, वह अघा गई।—रा० रा० प्र० सिंह। (२) माना कि मैं इस ओर अधिक बदनीयत नहीं रहा, पर दूध का धोया भी नहीं हूँ।—अमृतलाल नागर।

दूध का-सा उबाल आना
ऐसा क्रोध जो शीघ्र शांत हो जाए।

दूध की कुल्लियाँ करना
दूध से कुल्लियाँ करना (दे०)।

दूध की बू आना
अनुभवहीनता प्रकट होना।

दूध की मक्खी
परम उपेक्ष्य पदार्थ या व्यक्ति; जैसे—हाँ, जान गई कि मीनी को दूध की मक्खी बनाकर रखना अब संभव नहीं।—रा० रा० प्र० सिंह।

दूध की मक्खी की तरह निकालकर अलग कर देना/फेंक देना
तुच्छ या अनावश्यक समझकर अलग कर देना; जैसे—कोई दिन ऐसा भी आ सकता है जब महाशय वेदव्रत को उनकी ज़रूरत न रहे और वह उन्हें दूध की मक्खी की तरह निकालकर अलग कर दें।—अश्क।

दूध की मक्खी-सा फेंक देना
दूध की मक्खी की तरह निकाल देना; जैसे—कोई बात तो हुई ही होगी जो ख़सम ने दूध की मक्खी-सा फेंक

दिया।—शिवानी।

दूध के दाँत न टूटना
अभी अवस्था या अनुभव बहुत कम है; जैसे—वह क्या लड़ेगा, अभी तो उसके दूध के दाँत भी नहीं टूटे।

दूध चढ़ाना/चढ़ा लेना
दुहते समय गाय, भैंस आदि का अपने दूध को थनों में ऊपर की ओर खींच लेना, जिससे दुहनेवाला उसे खींचकर बाहर न निकाल सके; जैसे—हमारी गाय दूध चढ़ा लेती है।

दूध छुड़ाना
बच्चे की दूध पीने की प्रवृत्ति इस प्रकार (धीरे धीरे) कम करना कि वह माता का दूध पीना छोड़ दे।

दूध टूटना/टूट जाना
स्तनों या थनों से निकलनेवाले दूध की मात्रा कम होना।

दूध डालना
बच्चे का दूध पीते ही उसे उगलकर बाहर निकाल देना; जैसे—दो तीन दिन से यह बच्चा दूध डाल रहा है।

दूध तोड़ना
१. गर्म दूध ख़ूब हिलाकर ठंडा करना।
२. (दूध देनेवाले किसी पशु गाय, भैंस आदि का) दूध सहसा कम मात्रा में देने लगना।

दूध दूहना
गाय, भैंस, बकरी आदि के थनों को बार बार दबाते हुए उनमें से दूध बाहर निकालना।

दूध पीना
बहुत ही सुरक्षित अवस्था में बना रहना; जैसे—आपके रुपए दूध पीते हैं जब चाहें तब ले लें।

दूध फटना/फट जाना
दूध में किसी प्रकार का रासायनिक विकार होने या उत्पन्न किए जाने पर जलीय अंश का उसके सार-भाग से अलग होना।

दूध फाड़ना
खटाई आदि डालकर ऐसी क्रिया करना जिससे दूध का जलीय अंश और सार-भाग अलग अलग हो जाएँ।

दूध से कुल्लियाँ करना
संपन्नता में पलना; जैसे—आज के युग में दूध से कुल्लियाँ करनेवाले कोई-कोई विरले ही होते हैं।

दूध से नहाना
सभी सुख-सुविधाएँ प्राप्त होना।

दून की लेना/हाँकना
अपनी शक्ति, सामर्थ्य आदि के संबंध में बहुत बढ़ बढ़कर बातें करना, हाँकना।

दून की सूझना
ऐसी बात सूझना जो सहज में पूरी न हो सके।

दून पर होना
तेजी पर होना, ज़ोरों पर होना; जैसे—कुश्ती छिड़ी हुई है। दाव-पेंच का सिलसिला दून पर है।—रा० रा० प्र० सिंह।

दूर करना
१. अलग या जुदा करना, अपने पास से हटाना।
२. न रहने देना, नष्ट कर देना; जैसे—यज्ञ समाप्त हो जाने पर रघु और उसके मंत्रियों का बड़ा सत्कार किया और उनके मन में हारने की जो लाज थी उसे दूर कर दिया।—सीताराम चतुर्वेदी।

दूर की कहना
बहुत समझदारी और दूरदर्शिता की बात कहना।

दूर की कौड़ी लाना
बहुत दूर की बात से संबंध जोड़ना।

दूर की सूझना
१. दूरदर्शिता की बात ध्यान में आना।
२. ऐसी बात का ध्यान में आना जो प्राय: अनहोनी या असंभव हो। (व्यंग्य)

दूर की हाँकना
ऐसी बात कहना जिसका अस्तित्व ही

अभी न हो।

दूर के ढोल सुहावने लगना
जो दूर होता है वह अवश्य भला लगता है क्योंकि जो पास रहता है उसमें कई कमियाँ दिखाई देने लग जाती हैं; जैसे—जब वहाँ जाओगे तब नानी याद आने लगेगी। घर बैठे ही दूर के ढोल सुहावने लगते हैं।

दूर खिंचना/भागना
दूर रहना (दे०)।

दूर तक देखना
दूर की अर्थात् भविष्य की आवश्यकता या परिस्थिति के विचार से कोई बात सोचना।

दूर रहना
उपेक्षा, घृणा, तिरस्कार आदि के कारण बिल्कुल अलग रहना, पास न जाना, बचना; जैसे—इस तरह की बातों से सदा दूर रहना चाहिए।

दूर से सलाम करना
अलग या दूर रहना; जैसे—उन्हें दूर से ही सलाम करना अच्छा है।

दूर से हाथ जोड़ देना
अलग या दूर रहना; जैसे—ऐसे लोगों को दूर से ही हाथ जोड़ देने में भला है।—रा० रा० प्र० सिंह।

दूर होना/हो जाना
१. पास से अलग हो जाना, लगाव या संबंध न रह जाना।
२. नष्ट हो जाना, मिट जाना।

दृष्टि चलाना
किसी ओर ताकना या देखना।

दृष्टि चुराना
लज्जा, संकोच आदि के कारण जान-बूझकर किसी के सामने न आना या न होना, जान-बूझकर अलग या दूर रहना।

दृष्टि जुड़ना
देखादेखी होना, साक्षात्कार होना।

दृष्टि जोड़ना
आँखें मिलाते हुए देखादेखी या सामना करना; दिखाई देना; साक्षत्कार करना।

दृष्टि पड़ना
नज़र पड़ना (दे०); जैसे—तभी उसकी दृष्टि सड़क के किनारे खड़ी एक मूल्यवान और विदेशी मोटरकार पर पड़ी।—गुलशन नंदा।

दृष्टि पर चढ़ना
१. देखने में बहुत अच्छा लगने के कारण ध्यान में सदा बना रहना; जैसे—यह किताब हमारी दृष्टि पर चढ़ी हुई है।
२. दोष आदि के कारण आँखों में खटकना; निगाह पर चढ़ना; जैसे—जब पुलिस की दृष्टि पर चढ़ा है तो उसका बचना मुश्किल है।

दृष्टि फिरना
पहले की-सी कृपादृष्टि न रहना; प्रीति या स्नेह न रहना; अप्रसन्न या खिन्न होना।

दृष्टि फेरना
पहले की-सी कृपादृष्टि न रखना; अप्रसन्न, खिन्न या विरक्त होना।

दृष्टि बचाना
दृष्टि चुराना (दे०)।

दृष्टि बाँधना
ऐसा जादू करना कि लोगों को वही दिखाई दे जो उन्हें दिखाना चाहते हों।

दृष्टि भर देखना
जितनी देर इच्छा हो उतनी देर तक देखते रहना; जी भरकर ताकना।

दृष्टि मारना
आँख या पलकें हिलाकर इशारा या संकेत करना।

दृष्टि में गिराना/गिरा देना
नज़रों से गिराना; जैसे—लाज-शरम का जो आवरण आज तक पड़ा हुआ था, वह रेशमा ने स्वयं ही हटा दिया और अपने-आप को संजीव की दृष्टि में गिरा दिया।—गुलशन नंदा।

दृष्टि रखना

१. किसी को इस प्रकार देखते रहना कि वह इधर-उधर न हो जाए; निगरानी रखना।

२. आँख होना।

दृष्टि लगना

दृष्टि का बुरा प्रभाव पड़ना; नज़र लगना।

दृष्टि लगाना

ध्यानपूर्वक या स्थिर दृष्टि से देखते रहना।

दे मारना

१. उठाकर किसी चीज़ या व्यक्ति को ज़मीन पर पटक देना; जैसे—पहलवान को उसने ज़मीन पर दे मारा।

२. वेगपूर्वक किसी चीज़ से प्रहार करना; जैसे—(१) उसने आव देखा न ताव, खींचकर चाकू विरोधी नेता को दे मारा।—अश्क। (२) लाचार लड़की कुछ और न कर सकी तो इसने वह बोतल ही मृतक के सिर पर दे मारी। —गुलशन नंदा।

देखता रह जाना

चकित भाव से तथा किंकर्तव्य-विमूढ़ होकर कोई चीज़ या काम देखना; जैसे—(१) सब लोग देखते ही रह गए और चाइयाँ अपना काम करके चलता बना। (२) विश्व के इस अनुपम सौंदर्य को समय चाट चाट उजाड़कर धर देगा और दुनिया की दिलदारी हाथ मलते देखती रह जाएगी।—रा० रा० प्र० सिंह।

देखते देखते

१. उतने अल्प समय में, जितना किसी चीज़ को देखने में सामान्यत: लगता हो; जैसे—राम ने देखते देखते शंकर जी के उस धनुष को उठा लिया जिसे हाथ में लेकर शंकर जी ... बाण छोड़े थे। —सीताराम चतुर्वेदी।

२. (अपने) सामने; जैसे—हमारे देखते देखते वह कहाँ से कहाँ पहुँच गया।

देखना पड़ना

देखने के लिए विवश होना; जैसे—वह सोचती कि किस साइत में देह धरी कि यह सब देखना पड़ रहा है।—अजित पुष्कल।

देखने में

शक्ल-सूरत के विचार से; जैसे—लड़का देखने में तो अच्छा है।

देखने-सुनने में

आकार-प्रकार से जैसा दिखाई और सुनाई पड़ता हो; जैसे—नब्बू मियाँ आदमी मस्त मौला थे, देखने-सुनने में भी अच्छे थे।—गिरिधर गोपाल।

देर-सबेर

नियत समय से पहले या बाद में (प्राय: देर से ही); जैसे—(१) जाने किसी अदृश्य तल से देर-सबेर बँगला का एक पत्र निकलता रहा।—रा० रा० प्र० सिंह। (२) भगवान देर-सबेर सब की सुन ही लेता है।—गिरिधर गोपाल।

देह छोड़ना/छोड़ देना

शरीर त्यागना, मर जाना।

देह टूटना

शरीर के अंग अंग में पीड़ा होना; जैसे—रात को बहुत अधिक पीने के कारण इस वक्त सिर भारी था और देह टूट रही थी।—प्रेमचंद।

देह तोड़ना

आलस्य के कारण शरीर अकड़ाना; जैसे—...अपने साथियों के साथ बैठकर ज़मीन खरोंचता रहा या लंबी आह भरकर देह तोड़ता बैठा रहा। —अजित पुष्कल।

देह त्यागना

मर जाना।

देह धरना

जन्म लेकर शरीर धारण करना; जैसे—वह सोचती किस साइत में देह धरी कि यह सब देखना पड़ रहा है।—अजित पुष्कल।

देह बिसरना
तन-बदन की सुध न रहना।

देह में आग लगना/लग जाना
अत्यधिक आवेश से युक्त होना; जैसे—उनका नाम सुनकर मेरी देह में आग लग जाती है।—प्रेमचंद।

दैव बरसना
पानी बरसना।

दो की चार लगाना
झूठ-सच जोड़ते हुए शिकायत करना; जैसे—सरस्वती में वे सब 'सद्‌गुण' नहीं थे जो एक भरे-पूरे परिवार की बहुओं में होने चाहिए—दो की चार किस प्रकार लगाई जाती है।—नरेश मेहता।

दो कौड़ी का
तुच्छ, नीच; जैसे—उस दो कौड़ी के आदमी से मैं बात भी नहीं करता।

दो टूक बात करना/कहना
थोड़े शब्दों में बिल्कुल स्पष्ट बात कहना।

दो दो चोंचें होना
कहासुनी होना।

दो दो बातें कहना
साफ़-साफ़ शब्दों में कुछ पूछना और उत्तर देना।

दो दो हाथ करना
भिड़ना, मल्लयुद्ध करना; जैसे—उसमें इतना ही ज़ोर है तो मेरे साथ ज़रा दो दो हाथ करे।—अश्क।

दो दो हाथ होना
मुकाबला या लड़ाई होना (विशेषत: श्रेष्ठता सिद्ध करने के लिए) जैसे—(१) हौसला हो तो आओ दो दो हाथ भी हो जाएँ।—प्रेमचंद। (२) जब कोई उन्हें मारने के लिए सामने आता तो वे प्रसन्न हो उठते थे कि चलो इसी से दो दो हाथ ही हो जाएँ।—सीताराम चतुर्वेदी।

दो नावों पर पैर रखना
ऐसे दो काम एक साथ करने की चेष्टा करना जिनका साधारणत: एक साथ संपादन असंभव हो।

दो नावों पर सवार होना
दो नावों पर पैर रखना (दे०)।

दो हाथ पड़ना/लगना
थोड़ी-सी मार पड़ना; जैसे—तुम्हें दो हाथ पड़ जाएँ तो दुरुस्त हो जाओ।

दो-चार
थोड़े से, गिनती के; जैसे—ज़बान की वैसी अमीरी तो दो-चार को ही मयस्सर होती है।—रा० रा० प्र० सिंह।

दोरंगी चाल चलना
१. कहना कुछ और करना कुछ। जैसे—आज-कल के अधिकारी भी दोरंगी चाल चलते हैं।
२. दोनो पक्षों से मिले रहना।

दोरुखी बात करना
ऐसी बात कहना जिसके दो परस्पर विरोधी आशय हो।

दोना चढ़ाना
समाधि आदि पर फूल-मिठाई चढ़ाना।

दोना/दोने/चाटना
बाज़ार में पूड़ी, मिठाई आदि खरीदकर खाने का शौक होना।

दोना लगाना
दोने में रखकर फूल, मिठाई आदि बेचने का व्यवसाय करना।

दोने की चाट पड़ना/लगना
बाज़ारी चीज़ें खाने का चसका पड़ना।

दोनो वक्त मिलना
सायंकाल होने पर; जैसे—दोनो वक्त मिलने पर पढ़ना नहीं चाहिए।

दोनो हाथों से
अत्यधिक मात्रा में, खुले दिल से; जैसे—उन्होंने फिर दोनो हाथों से अपनी दौलत लुटाई।

दोनो हाथों से सलाम करना
दूर ही रहना; जैसे—हम ऐसे मित्रों को

दोनो हाथों से सलाम करते हैं।

दोष देना

यह कहना कि इस व्यक्ति के कारण अमुक ख़राबी या बुराई हुई है, दोषारोपण करना; जैसे—अपने उस यौवन को क्यों नहीं दोष देती जो तुम्हारे स्तनों को इतना बढ़ाता चला जा रहा है।—सीताराम चतुर्वेदी।

दोष निकालना

यह भाव व्यक्त करना कि इसमें अमुक दोष या बुराई है।

दोस्ती गाँठना

नया या नए दोस्त बनाना; जैसे—वह हर एक से दोस्ती गाँठता चलता है।

दौड़ जाना

व्याप्त होना; जैसे—उसने करवट बदलने की कोशिश की ज़रा हिली कि रग रग में दर्द दौड़ गया।—शिवानी।

दौड़ दौड़कर आना

जल्दी जल्दी और बार बार आना; जैसे—हमारे यहाँ दोड़ दौड़कर आना व्यर्थ है।

दौड़ पड़ना

१. एकाएक तीव्र गति या वेग से चलना आरंभ करना; जैसे—तुम खेल-तमाशे का नाम सुनते ही दौड़ पड़ते हो।

२. किसी ओर सहसा प्रवृत्त होना; जैसे—तुम तहकीकात की बात उठाओगे, सरकार के पिट्ठू अख़बार इन अफ़वाहों को बढ़ा-चढ़ाकर कांग्रेस के मुख पर कालिख पोतने को दौड़ पड़ेंगे।—यशपाल।

दौड़ मारना/लगाना

१. दौड़ते हुए कहीं जाना।

२. लंबी यात्रा करना; चलकर बहुत दूर पहुँचना।

दौड़-धूप करना

विशेष प्रयत्न करना; जैसे—वर ढूँढ़ने के लिए उन्हें बहुतेरी दौड़-धूप करनी पड़ी।

दौड़ा मारना

इतनी दौड़-धूप करना कि कोई बेहाल हो जाए, जैसे—गुरुजी ने हम दोनों को आज दौड़ा मारा।

दौर आना

युग या समय आना; जैसे—फिर ऐसा दौर आया कि आकाश में भी गाड़ियाँ चलने लगीं।

दौर चलना

मद्यपान, जुए, खेल आदि का कार्यक्रम लगातार चलता रहना; जैसे—अभी तक पीने-पिलाने का ही दौर चल रहा था। —शिवानी।

दौरा पड़ना/पड़ जाना

बीमारी का आक्रमण होना।

दौरा सुपुर्द करना

अवर न्यायालय या संगीन मुकदमे के अभियुक्त को विचार तथा निर्णय के लिए सेशन जज के पास भेजना।

दौरे पर जाना

किसी विशिष्ट हेतु से, निर्धारित कार्यक्रम के अनुसार, कई स्थानों की यात्रा करना।

द्वार खुल जाना

किसी काम या बात के होने के लिए मार्ग या साधन खुलना; जैसे—(१) अब आपके लिए सरकारी नौकरी का द्वार खुल गया है। (२) जब गंगा-स्नान, तीर्थ-दर्शन जैसे सुलभ कर्मकाण्ड पाप के दंड (या) प्रतिफल से छुटकारा दिला सकते हैं तो फिर पाप की खुली छूट का द्वार खुल गया।—अखंड ज्योति।

द्वार झाँकना

दान, भिक्षा आदि के लिए किसी के दरवाज़े पर जाना; जैसे—आप जैसे वेदपाठी ब्राह्मण गुरु-दक्षिणा के लिए हमारे पास आवें और यहाँ से निराश लौटकर किसी का द्वार झाँकें, यह नहीं हो सकता।—सीताराम चतुर्वेदी।

द्वार द्वार फिरना
कार्य-सिद्धि के लिए अनेक प्रकार के लोगों के यहाँ पहुँचकर अनुनय करना।

द्वार लगना
१. दरवाज़ा बंद होना।
२. किसी उद्देश्य या कार्य के लिए किसी दरवाज़े पर आकर पहुँचना; जैसे—संध्या को बरात द्वार लगेगी।

द्वार लगाना
दरवाज़ा बंद करना।

ध

धंधा पकड़ना/पकड़ लेना
कोई नौकरी या काम करने लगना।

धंधे में डालना
कारोबार में लगाना; जैसे—वे अपने बेटे को अंग्रेज़ी पढ़ाना चाहते थे, सद्दीमल की राय उन्हें धंधे में डालने की थी।—अमृतलाल नागर।

धक्का/धक्के/देकर निकालना
बहुत अनादर या तिरस्कारपूर्वक दूर करना या हटाना।

धक्का लगना
आघात लगना या हानि होना; जैसे—(१) क्या क्या सपने लिए ये लड़के हर साल यहाँ आते हैं और कितना बड़ा धक्का लगता है उन्हें जब वे यहाँ का हर हाल देखते हैं।—गिरिधर गोपाल। (२) ख़ुद भी कीर्तनकार और भगवद्-भक्त के रूप में उनकी नगर भर में फैली हुई सुकीर्ति को धक्का लगने की संभावना थी।—अमृतलाल नागर। (३) रूपा के इस शुष्क उत्तर से अंजू के आत्म-सम्मान को धक्का लगा।—गुलशन नंदा।

धक्के खाना
बार बार अपमान का आघात सहते हुए हटाया जाना; जैसे—बहुत दिनों तक वह जगह जगह धक्के खाता रहा।

धज्जियाँ उड़ाना
१. किसी व्यक्ति को बहुत अधिक मारना-पीटना।
२. किसी विचार या सिद्धांत को तर्क द्वारा समूल खंडित कर देना; जैसे—(१) उसने अपनी पाकदामनी की धाक जमा दी और उसी पट्टी में आ गए। मैं रहता तो उसकी धज्जियाँ उड़ाकर रख देता।—रा० रा० प्र० सिंह। (२) मैं एक झूठे हौवे की धज्जियाँ उड़ा दूँगा।—गिरिधर गोपाल।

धड़क खुलना
(किसी काम या बात में) पहले की-सी आशंका, भय या संकोच न रह जाना।

धड़धड़ाते हुए/धड़ल्ले से
निर्भय होकर, जैसे—फिर वह धड़धड़ाते हुए हाकिम के कमरे में घुस गया।

धड़ से सिर अलग करना
सिर काट लेना जिससे मृत्यु हो जाए।

धड़ा उठाना
तौलने के लिए तराजू उठाकर यह देखना कि दोनो पलड़े बराबर हैं या नहीं और यदि दोनों में कुछ अंतर हो तो किसी ओर पासंग रखकर वह अंतर दूर करना।

धड़ाके के साथ
बिना किसी प्रकार के भय या संकोच के; जैसे—जो हमारी बुराई या तुच्छता के प्रमाण पा चुके रहते हैं, उनके सामने हम ... धड़ाके के साथ नहीं जा सकते।—रामचंद्र शुक्ल।

धड़ा बाँधना
१. धड़ा करना (दे०)।
२. अपना अलग दल या गुट बनाना।

धड़ाके से
धड़ाके के साथ (दे०)।

धड़ी जमाना
मिस्सी करके होठों पर काली या नीली मोटी रेखा बनाना।

धता बताना
उपेक्षापूर्वक दूर हटाना; जैसे—

(१) अब हमारे विधायक रातों-रात राजनीतिक दल बदलकर अपने मतदाताओं को धता बताते हैं।—देवेन्द्र सिंह। (२) चेतन ने उस वक्त तो बलोची को धता बता दी थी (दिया था) लेकिन उसे आशंका थी कि वह उसे तंग करने से बाज़ न आएगा।—अश्क।

धता होना/हो जाना
भाग जाना।

धतूरा खाए फिरना
इस प्रकार उन्मत और नशे में चूर होकर घूमना मानो धतूरे के बीज अथवा ऐसी ही कोई नशीली चीज़ खा ली हो।

धन बरसना
अत्यधिक आय होना।

धन्ना सेठ
धनाढ्य व्यक्ति।

धन्य होना
अपने आपको बड़भागी या कृतकृत्य समझना; जैसे—आज हम आपकी महिमा गाएँगे, आपका अभिनंदन करेंगे और धन्य होंगे।—भानुशंकर मेहता।

धब्बा लगना/लग जाना
कलंक लगना, दाग लगना।

धमकी में आना
किसी के धमकाने या धमकी देने पर उससे डरते हुए उसके अनुकुल आचरण या व्यवहार करना।

धमा-चौकड़ी मचाना
बच्चों का या बच्चों की तरह बराबर इधर-उधर दौड़ते भागते या कूदते-फाँदते रहना।

धर दबाना
१. पूर्ण रूप से परास्त कर इतना दबाव डालना कि कोई विवश हो जाए; जैसे—आज मैंने ऐसे तर्क दिए कि विपक्ष के वकील को धर दबाया।
२. अपने चंगुल में कर लेना; जैसे—(१) उसने मेरी सारी रकम धर दबाई। (२) मैं जब उससे उलझ पड़ा था तब मेरे दूसरे साथियों ने भी उसे धर दबाया था।—कमलेश्वर। (३) उस वक्त जब उसे घी, मक्खन, दूध वगैरह लेना चाहिए था, वह उबली सब्जियाँ लेता रहा, उसकी आँतें कमज़ोर हो गईं और अंततोगत्वा यक्ष्मा ने उसे धर दबाया।—अश्क।

धरती आकाश एक कर देना/डालना
किसी विशिष्ट कार्य की सिद्धि के लिए अत्यधिक दौड़-धूप करना; जैसे—भाई की नौकरी दिलाने के लिए उसने धरती आकाश एक कर दिया था।

धरती आकाश का अंतर
बहुत बड़ी असमानता; जैसे—उन दोनों की सामाजिक स्थिति में धरती और आकाश का अंतर था।—गुलशन नंदा।

धरती चूमना
धराशायी हो जाना; जैसे—(१) मैंने उसे वह पटखनी दी कि धरती चूमने लगा। (२) वह भूकंप आया कि इमारत धरती चूमने लगी।

धरती पर पाँव न रखना
बहुत अधिक इतराना, ऐंठकर चलना; जैसे—वह राँड तो मारे घमंड के धरती पर पाँव ही नहीं रखती।—प्रेमचंद।

धरती में गड़ना
लज्जा से सिर झुक जाना; जैसे—रेशमा उन लोगों की बातें सुनकर धरती में गड़ी जा रही थी।—गुलशन नंदा।

धरना देना
किसी के यहाँ अधिक देर तक या तब तक बैठे रहना, जब तक कोई अपनी माँगें न स्वीकार कर लें; जैसे—अगर तुम उसका पूरा हिसाब नहीं दोगे तो वह तुम्हारे यहाँ आकर रोज धरना देगा।

धर्म पर रहना
धर्मशास्त्र-सम्मत आचरण करना, नीति या सत्य पर डटे रहना, कर्तव्यच्युत न होना।

धर्म बिगाड़ना
ऐसा काम करना जो धर्मशास्त्र-सम्मत न हो, नीति-विरुद्ध या अनैतिक काम कर बैठना।

धर्म लेना
ऐसा अनुचित कार्य करना जिससे कोई धर्मभ्रष्ट हो जाए।

धर्म से कहना
जो कहना सत्य कहना।

धाक जमना/जम जाना
रोब या दबदबा होना; जैसे—आपके पांडित्य की धाक चारो ओर जमी थी।

धाक जमाना/बाँधना
ऐसा काम करना जिससे लोगों पर दबदबा या रोब छा जाए; जैसे—उसने अपनी पाकदमनी की धाक जमा दी।—रा० रा० प्र० सिंह।

धाक होना
रोब या दबदबा होना; जैसे—पढ़ी-लिखी जमात में उनकी विद्वता और प्रतिभा की काफ़ी धाक भी है।—रा० रा० प्र० सिंह।

धाड़ मारकर रोना
ज़ोर ज़ोर से चिल्लाते हुए रोना।

धातु गिरना/जाना
पेशाब के रास्ते या उसके साथ वीर्य का पतला होकर निकलना (जो एक रोग है)।

धार चढ़ाना
पवित्र नदी, देवता आदि को धार बाँधकर दूध या जल चढ़ाना।

धार टूटना
धार या प्रवाह बीच में खंठित होना या रुकना।

धार देना
१. धार चढ़ाना (दे०)।
२. (मादा पशु का) दूहने पर दूध देना।

धार निकालना
मादा पशुओं को दूहकर उनके थनों से दूध की धार निकालना।

धार मारना
इतनी अधिक उपेक्षा सूचित करना कि मानो उस पर पेशाब कर रहे हों; जैसे—ऐसी नौकरी पर हम धार मारते हैं।

धारा-प्रवाह बोलना
किसी विषय पर कुछ देर तक सहज भाव से एक तार बोलते रहना; जैसे—वह अंग्रेज़ी धारा-प्रवाह बोल लेता है।

धावा बोलना
अपने साथियों या सैनिकों को यह आज्ञा देना कि शत्रु या उसके स्थल पर चढ़ चलो और उसका नाश करो; जैसे—(१) उन्होंने झट अयोध्या पर धावा बोल दिया।—सीताराम चतुर्वेदी। (२) दरोगा जी तथा सिपाहियों ने दिल्लीपत के पुरवे पर धावा बोल दिया था।—अजित पुष्कल। (३) विविध अनुभवों भरे सारे जीवन ने एकाएक धावा बोलकर मेरे ध्यान का साम्राज्य जीत लिया।—अमृतलाल नागर।

धावा मारना
१. बहुत तेज़ी से चलते हुए कहीं दूर जाना अथवा दूर से आना; जैसे—हम तो चार कोस से धावा मारकर यहाँ आए और आपने ऐसा कोरा जवाब दिया।
२. धावा बोलना (दे०); जैसे—पर जब बाहर के लोग यहाँ की हरियाली से ललचाकर या लूट-पाट करने के मन से इधर आने-जाने और धावा मारने लगे तब से आर्य लोगों के कान खड़े हुए।—सीताराम चतुर्वेदी।

धुआँ देखना
किसी को जला अर्थात् संतप्त कर स्वयं प्रसन्न होना; जैसे—हमें लूटकर मुटा रही हो, क्यों भाई-भाभी का धुआँ देखती हो।—शिवानी।

धुआँ देना
१. किसी चीज़ के जलते समय बहुत धुआँ निकलना; जैसे—इस जाति का

कोयला बहुत धुआँ देता है।

२. कोई चीज़ जलाकर उसका धुआँ किसी दूसरी चीज़ पर लगाना, धुएँ के प्रभाव से युक्त करना; जैसे—सिर के बालों को गूगल (धूप) का धुआँ देना, बवासीर के मस्सों को वायविडिंग का धुआँ देना।

धुआँ निकालना

१. मन में दबा हुआ कष्ट या रोष अपनी बातों से प्रकट करना, मन की भड़ास निकालना।

२. अपने संबंध में बहुत बढ़ बढ़कर बातें करना, झूठ-मूठ की बड़ी बड़ी बातें खड़ी करना या बताना।

धुएँ-सा मुँह होना

चेहरे का काला पड़ जाना।

धुन का पक्का

ऐसा व्यक्ति जो मन में ठानी हुई बात को यथाशक्ति पूरा करता हो; जैसे—शाही पंडित में हज़ार ख़ामियाँ हों, पर आदमी वह (है) धुन का पक्का।—अश्क।

धुन में रहना

फ़िक्र में रहना; जैसे—मनुष्य दिन-रात विषयों की ही धुन में लगा हुआ है। —प्रकाशानंद।

धुन समाना

धुन सवार होना (दे०); जैसे—तुम्हें अलग होने की वह धुन क्यों समाई है।—प्रेमचंद।

धुर्रे उड़ाना

१. किसी चीज़ के छोटे छोटे टुकड़े कर उसे बेकाम करना।

२. आलोचना द्वारा छीछालेदर करना।

३. बहुत अधिक मारना-पीटना।

धुल जाना

स्वच्छ हो जाना, (दोष आदि) दूर हो जाना; जैसे—(१) सफलता पा लेने पर मनुष्य के सारे कलंक धुल जाते हैं। —अमृतलाल नागर। (२) तुम्हारी सैंकड़ों रिश्वतों का पाप इस एक उपकार से धुल गया बेटा!—अमृतलाल नागर।

धुल-पुँछ जाना

मिट जाना, समाप्त हो जाना; (दे०); जैसे—(१)बाढ़ के दिनों में इन्होंने जितना नाम कमाया वह सब इस अनशन के दिनों में धुल-पुँछ जाएगा। —अमृतलाल नागर। (२) वे अनुभव अब धुल-पुँछ गए हैं।—श्रीलाल शुक्ल।

धूनी जगाना

साधुओं का अपने आगे आग जलाकर तपस्या करना।

धूनी रमाना

साधुओं की तरह संसार की ओर विरक्ति दिखाना; जैसे—तुम न मानोगी तो यहीं धूनी रमाकर रहूँगा।—शिवानी।

धूप खाना

ऐसी स्थिति में होना कि शरीर पर धूप पड़े, शरीर में गरमाहट लाने के लिए धूप में खड़े होना या बैठना।

धूप खिलाना/दिखाना

कोई चीज़ ऐसी स्थिति में लाना कि उस पर धूप पड़े या लगे, धूप में रखना; जैसे—बरसात के बाद गरम कपड़ों को धूप दिखानी पड़ती है।

धूप चढ़ना/निकलना

सूर्योदय होने पर प्रकाश का बढ़ना या फैलना, घाम निकलना।

धूप पड़ना/लगना

सूर्य के आकाश में पहुँचने पर धूप के प्रभाव से युक्त होना।

धूप में बाल सफ़ेद करना

बिना कुछ अनुभव और जानकारी प्राप्त किए जीवन का बहुत-सा भाग बिता देना; जैसे—हमने धूप में बाल सफ़ेद नहीं किए हैं जो तुम्हारी इन बातों में आ जाएँ।

धूप लेना

धूप खाना (दे०)।

धूम मचना

किसी बात की चर्चा चारो ओर फैल जाना; जैसे—आपके पांडित्य की धाक चतुर्दिक फैली और देश-देशांतरों में उसकी धूम मच गई।—यज्ञदत्त।

धूल उड़ना

ध्वस्त या नष्ट हो जाने के कारण बहुत उदासी छा जाना, तबाही या बरबादी के लक्षण स्पष्ट दिखाई देना।

धूल उड़ाते फिरना

इधर-उधर मारे मारे फिरना।

धूल की रस्सी बँटना

१. बिना किसी आधार या तत्त्व के कोई बड़ा काम करने का प्रयत्न करना।

२. अनहोनी या व्यर्थ की बात के लिए परिश्रम या प्रयत्न करना।

धूल चटाना/चटा देना

पूरी तरह से विफल या परास्त कर देना; जैसे—ग़रीबों की रोज़ी-रोटी के लिए चुनाव के अखाड़े में अपना वोट कांग्रेस के उम्मीदवार जनसेवक गुप्ताजी को देकर विदेशी सरकार को धूल चटा दीजिए।—यशपाल।

धूल चाटना

बहुत गिड़गिड़ाकर अपनी अधीनता या दीनता प्रकट करना।

धूल छानना

किसी काम के लिए जगह-जगह मारे-मारे फिरना।

धूल झड़ना

पिटना, मार पड़ना; जैसे—अच्छा, जाने दो तुम्हारे शरीर की धूल झड़ गई।

धूल झाड़कर चलता होना

अपमान या आघात की उपेक्षा करना।

धूल झाड़ना

१. किसी को मारना-पीटना।

२. बहुत ही तुच्छ या हीन भाव से किसी की चापलूसी या सेवा-सुश्रूषा करना।

धूल झोंकना

१. वास्तविकता को धोखे से छिपाने की चेष्टा करना; जैसे—(१) धूल मत झोंको चौधरी, तुमने कुछ कहा नहीं, तो बहू झूठ-मूठ रोती है।—प्रेमचंद।

२. आँखों में धूल झोंकना (दे०)।

धूल डालना

१. तुच्छ समझकर जाने देना, ध्यान न देना।

२. किसी बात को जान-बूझकर छिपाने या दबाने का प्रयत्न करना।

धूल फाँकते फिरना

व्यर्थ का प्रयत्न करना; जैसे—उन्हें मकान छोड़ना था तो उसे सूचित कर दिया होता, वह बेकार ही ताँगा लेकर चंगड़ मुहल्ले की धूल फाँकता फिरा। —अश्क।

धूल फाँकना

१. जान-बूझकर सरासर झूठ बोलना।

२. धूल फाँकते फिरना (दे०)।

धूल में मिल जाना

१. नष्ठ हो जाना; जैसे—महादेव जी ने देखते देखते कामदेव को भस्म कर डाला ''' यह देखकर पार्वती जी की सब आशाएँ धूल में मिल गईं।—सीताराम चतुर्वेदी।

२. चौपट हो जाना; जैसे—जिस खन्ना को देखकर लोग जलते थे, वह खन्ना अब धूल में मिल गया है। —प्रेमचंद।

धो देना

स्वच्छ या निर्मल कर देना; जैसे—भय्या ने ''' मेरे मन में जो विकार उत्पन्न हो गए थे, उन्हें धो दिया।—यज्ञदत्त।

धो बहाना

पूरी तरह से ख़त्म या नष्ट करना; जैसे—आपने तो उनके सारे उपकार धो बहाए।

धो बैठना

हाथ धो बैठना (दे०)।

धोखा खड़ा करना

आडंबर रचना।

धोखा खाना
ठगा जाना; जैसे—जो प्रेमी अपनी प्रियतमा के मन को अपने मन से परखता है, वह इसी प्रकार धोखा खाता है।—सीताराम चतुर्वेदी।

धोखा दे जाना
१. असमय में ही मर जाना; जैसे—भाई साहब बड़े बुरे समय में धोखा दे गए।
२. धोखा देना (दे०); जैसे—मेरी आँखें भी धोखा दे गईं।

धोखा देना
१. किसी के साथ छलपूर्ण व्यवहार करना।
२. भ्रमित करना; जैसे—रात और बढ़ जाएगी तो नज़र धोखा देने लगेगी।—कमलेश्वर।

धोखा हो जाना
भ्रम या भ्रांति होना; जैसे—कुछ बारहसिंगे ऐसे होते हैं जिनके सिर पर एक भी सींग नहीं होता और जिनसे गधे या खच्चर का धोखा हो जाता है।—कन्हैयालाल कपूर।

धोखे की टट्टी
ऐसी बात या रचना जो किसी को धोखा देने के लिए रची गई हो; जैसे—उसका यह अभिनय मात्र धोखे की टट्टी था।—कमलेश्वर।

धोखे में डालना
भ्रमित करना; जैसे—आपने मेरे रूप की इतनी प्रशंसा करके आख़िर मुझे क्यों इतना धोखे में डालने का प्रयास किया।—यज्ञदत्त।

धोती खुल जाना/ढीली होना
(सहसा किसी व्यक्ति का) साहस छूट जाना।

धौंस चलाना
अपना आतंक जमाते या भय दिखाते हुए धूर्ततापूर्ण आचरण या व्यवहार करना अथवा गहरी चाल चलना।

धौंस जमाना
रोब दिखाना, आतंक जमाना; जैसे—···अपना कमाते हैं, अपना खाते हैं, फिर भी जिसे देखो धौंस जमाया करता है।—प्रेमचंद।

धौंस सहना
दूसरे का रोब सहना; जैसे—आप हैं कौन? हम आपकी धौंस नहीं सहेंगे।

धौंस-पट्टी में आना
किसी की धमकी से डर कर या बहकावे में आकर कोई काम कर बैठना।

ध्यान करना
अपने मन के सामने किसी की मूर्ति या चित्र रखकर उसके चिंतन या मनन में लीन होना अथवा देवी-देवता के चिंतन के लिए मन एकाग्र करके बैठना; जैसे—अपने इष्टदेव का ध्यान करना।

ध्यान जमना
किसी काम या बात में मन का समुचित रूप से प्रवृत्त होकर स्थित होना।

ध्यान टूटना
एकाग्रता भंग होना; जैसे—उनका ध्यान तब टूटा जब कमरे के अंदर···आया ने प्रवेश किया।—गिरिधर गोपाल।

ध्यान न रहना
भूल जाना; जैसे—कल ध्यान ही नहीं रहा कि आपके यहाँ जाना है।

ध्यान पर चढ़ना
किसी बात का चित या मन में कुछ समय के लिए अपना स्थान बना लेना; जैसे—अभी तक वही दृश्य मेरे ध्यान पर चढ़ा है।

ध्यान बँटना
जब ध्यान एक ओर लगा हो तो कोई दूसरा काम या बात सामने आने पर उसमें बाधा या विघ्न पड़ जाना; जैसे—पसेरी लाल जब गुर्राया तब उसका ध्यान बँटा।—अजित पुष्कल।

ध्यान में डूबना
किसी के चिंतन, मनन या विचार में इस

प्रकार प्रवृत्त या लीन होना कि दूसरी बातों की चिंता, विचार या स्मरण ही न रह जाए।

ध्यान में न रहना

याद न रहना, भूल जाना।

ध्यान में लाना

१. किसी को अपने मानस क्षेत्र में स्थान देना या स्थापित करना, बराबर मन में बनाए रखना।

२. किसी का कुछ महत्त्व समझते या सम्मान करते हुए उसके संबंध में कुछ विचार करना या सोचना।

३. चिंता या परवाह करना; जैसे—वह तुम्हारे भाई साहब को तो ध्यान में लाता ही नहीं, तुम्हें वह क्या समझेगा।

ध्यान रखना

१. देख-भाल या देख-रेख करना।

२. सावधान रहना।

ध्यान लगा होना/लगा रहना

किसी के संबंध में चिंतित होना; जैसे—वहाँ पिता जी बीमार पड़े हुए हैं, मेरा ध्यान हरदम उन्हीं में लगा रहता है।

ध्यान से उतरना/उतर जाना

याद न रहना; जैसे—आपका सामान लाना मेरे ध्यान से ही उतर गया था।

ध्वनि निकलना

अर्थ या आशय प्रकट होना; जैसे—उनके इन्कार से बराबर यही ध्वनि निकलती रही कि वे हत्यारे के घर पानी भी नहीं पिएँगे।

न

नंगा कर देना

वास्तविकता प्रकट कर देना, असलियत खोलकर रख देना; जैसे—यह तो हमारा प्रथम चरण था... अब धीरे-धीरे मैं इस टोली को कानून के समक्ष नंगा कर दूँगा।—गुलशन नंदा।

नंगा-झोरी लेना

नंगा करके तलाशी लेना; जैसे—जब पुलिस ने उनकी नंगा-झोरी ली थी, उनके पास से अफ़ीम निकली थी।

नंगा नाच

खुले आम होनेवाला हेय कृत्य; जैसे—भ्रष्टाचार पहले भी था, लेकिन उसका अनुमोदन पहले भी नहीं था... तब के भ्रष्टाचार में अधम का नंगा नाच नहीं था।—दिनमान।

नंगी आँखों से

बिना दूरबीन या अन्य किसी उपकरण की सहायता लिए।

नंगे हाथ

खाली हाथ; जैसे—हर कोई इस संसार में नंगे हाथ आता है और नंगे ही जाता है।—प्रकाशानंद।

नंबर एक

गुण, योग्यता आदि में सर्वोत्तम; जैसे—हिंदी में भूविज्ञान पर यही नंबर एक पुस्तक है।

नंबर एक का रुपया

ऐसा अर्जित धन जो राज्य की दृष्टि से ग़ैरकानूनी न हो और जिससे संबद्ध आयकर आदि चुकता कर दिए गए हों; जैसे—उनका यह सारा रुपया नंबर एक का है।

न इधर का रहना न उधर का

अपनी ही करनी से दोनो पक्षों द्वारा तिरस्कृत होना, कहीं का न रहना; जैसे—आपके फेर में पड़कर हम न इधर के ही रहे न उधर के ही।

न गिनना

गिनती में न लाना, उपेक्ष्य समझना; जैसे—वह हमें कुछ नहीं गिनता।

न घर का न घाट का

जिसे कहीं सिर छिपाने के लिए जगह न मिले, सब तरफ़ से उपेक्षित।

न चलना

एक न चलना या वश न चलना का

संक्षिप्त रूप।

न चूकना

(अवसर का) पूरा लाभ उठाना; जैसे—...उस चोरी-छिपी के अतिरिक्त, जो भूतना की एन नाक के नीचे चलती, लड़के कभी कभी भूतना के उस ज़ुल्म का बदला खुले आम लेने से भी न चूकते। —अश्क।

न जँचना

उपयुक्त प्रतीत न होना; जैसे—(१) तुम्हारी बात इस समय मुझे जँच नहीं रही है।—सीताराम चतुर्वेदी। (२) ये शास्त्र तुम्हारे हाथ में नहीं जँचते। —सीताराम चतुर्वेदी।

न जमना

न लगना; जैसे—श्यामली का मन गाँव घर में नहीं जमता।—अजीत पुष्कल।

न थूकना

अत्यंत उपेक्ष्य या घृणित समझना; जैसे—वह तो ऐसी चीज़ों पर थूकेगा भी नहीं।

न दिन को चैन पड़ना न रात को नींद

चौबीसों घंटे की चिंता या परेशानी लगी रहना; जैसे—जब से उसका पति जेल गया है उसे न दिन को चैन पड़ता है न रात को नींद।

न फटकना

कहीं या किसी के पास न जाना; जैसे—अब तो वे इधर फटकते भी नहीं।

न बनना

मैत्रीपूर्ण संबंध न होना; जैसे—(१) हम दोनों में कभी न बनी। —शिवानी। (२) यों तो तुम जानती ही हो कि लक्ष्मी और सरस्वती में कभी नहीं बनती, पर इनके साथ दोनों ही मिलकर रहती थीं।—सीताराम चतुर्वेदी।

न रहा जाना

असह्य हो जाने पर कुछ करने या कहने को विवश होना; जैसे—(१) कुछ देर तो वह (माँ) बर्दाश्त करती थीं, पर जब नहीं रहा जाता था, तो बड़े भैया पर ही बिगड़ उठती थीं।—कमलेश्वर। (२) एक साहब से न रहा गया, वह उनसे पूछ ही बैठे—क्यों साहब क्या इससे भी बड़ा तरबूज़ कभी आपने देखा है।—जी० पी० श्रीवास्तव।

नए सिरे से

पुनः आरंभ से; जैसे—नए तथ्यों के सामने आ जाने पर उन्हें अपनी पुस्तक नए सिरे से लिखनी पड़ी।

नकाब उलटना

नकाब ऊपर उठाकर इस प्रकार पीछे उलटना या हटाना कि लोग आकृति देख सकें।

नकेल डालना

वशीभूत करना, नियंत्रित कर लेना, जैसे—वहाँ के मज़दूरों के बच्चों पर नकेल डाल दी गई और सब के सब पढ़ने-लिखने में जुट गए।—रा० रा० प्र० सिंह।

नकेल हाथ में लेना

किसी से बलपूर्वक मनमाना काम करा लेने की समर्थता होना; जैसे—उनकी नकेल तो सच पूछो हमारे ही हाथ में है।

नक्कू बनना

ऐसे काम में अगुआ बनना जिससे कोई लाभ न हो या फिर बदनामी ही पल्ले पड़े; जैसे—(१) अब चार दिन के लिए बिरादरी में नक्कू क्यों बनूँ। —प्रेमचंद। (२) तुम्हें नक्कू नहीं बनना। जैसा मास्टर जी कहें वैसा करो।—यशपाल।

नक़्श हो जाना

अंकित हो जाना; जैसे—वह क्षण और शर्मीली निगाह हमेशा के लिए चेतन के मन पर नक़्श हो गई थी।—अश्क।

नक़्शा खींचना

ऐसा यथातथ्य और सविस्तार वर्णन

करना कि सारा रूप या स्थिति स्पष्ट हो जाए; जैसे—उसने उसके छोटे भाई को बुलाया और भविष्य में होनेवाली कठिनाइयों का नक़्शा खींच लिया। —अजित पुष्कल।

नक़्शा जमाना

ऐसे अच्छे ढंग से कोई काम कर दिखाना कि सब लोग प्रभावित और मुग्ध होकर उसकी प्रशंसा करने लगें; जैसे—उस संगीत सम्मेलन में कई गवैयों ने अच्छा नक़्शा जमाया था।

नक़्शा बदल जाना

बहुत बड़ा परिवर्तन होना, स्वरूप बदल जाना; जैसे—इस बार अगर अमरीका में आईज़न हावर राष्ट्रपति का चुनाव हार गए तो क्या सचमुच सारी दुनिया का नक़्शा बदल जाने में शक की कोई गुंजाइश नहीं रह जाएगी।—सुरेश सिंह।

नख़रा करना

कोई कार्य करने से पहल हीला-हवाली या न-नुकुर करना; जैसे—भाई साहब उस रम्म पर नाक सिकोड़ने लगे थे और नख़रा करने लगे थे।—अश्क।

नख़रा/नख़रे/दिखाना

हीलाहवाली करने के बाद ही कोई काम करना; जैसे—फिर उतनी ऊँचाई पर कभी किसी नवेली के से ही बीसियों नख़रे दिखाकर पानी चढ़ भी आता तो नवंबर के अंत में ही टंकियाँ जमकर पत्थर बन जातीं।—शिवानी।

नख़रे सहना

चोचले बर्दाश्त करना; जैसे—(१) वह मन ही मन अपनी राजकन्या के बीसियों नख़रे सहने को तत्पर रहती। —शिवानी। (२) अगर आप महज़बीं से मुहब्बत करते हैं तो बेगम साहिबा के यह (ये) नख़रे आपको सहने पड़ेंगे। —भूषण वनमाली।

नख़ास पर चढ़ना/भेजना

बेचने के उद्देश्य से कोई चीज़ बाज़ार भेजना।

नचा मारना

दौड़ा दौड़ाकर बेदम कर देना; जैसे—हमारी यह नई मलकिन हम सबको नचा मारती है।

नचाना

बहुत अधिक दौड़ाना और परेशान करना; जैसे—उन्नीस सौ सैंतालिस तक कुँवारे रहने के बाद उन्होंने पदलिप्सा से गंधर्व विवाह कर लिया है और इस वक्त बूढ़े की जवान बीबी उसे गली गली चौराहे चौराहे नचा रही है।—गिरिधर गोपाल।

नज़दीक आना/आ जाना

घनिष्ठता स्थापित होना; जैसे—वक्त पर शत्रु भी नज़दीक आ जाते हैं।

नज़दीकी होना

नातेदारी होना; जैसे—वह आतंकवादी मंत्री जी का नज़दीकी था।

नज़र आना

दिखाई पड़ना; जैसे—(१) अब तो उन्हें पास की चीज़ भी नज़र नहीं आती। (२) घर पर बहुत कम बोलते थे, हरदम लिखते-पढ़ते ही नज़र आते थे।—अमृतलाल नागर।

नज़र उठाना

१. क्रोधपूर्वक किसी की ओर देखना; जैसे—वह न किसी का नाज़ उठाती न किसी पर नज़र उठती थी।—रा० रा० प्र० सिंह।

२. देखना।

नज़र उतारना

जादू-मंतर या टोने-टोटके के द्वारा नज़र का प्रभाव दूर करना।

नज़र करना

भेंट करना; जैसे—उसने अपना अमूल्य हीरा अपने मित्र की नज़र कर दिया।

नज़र के सामने

प्रत्यक्ष रूप से।

नज़र खाना
किसी की नज़र से कुप्रभावित होना; जैसे—यह लड़की नज़र खा गई है, दिनों-दिन इसका मुँह पीला पड़ता जा रहा है।

नज़र डालना
बदनीयती की दृष्टि से देखना; जैसे—हम लोग कमीने थोड़े ही हैं कि दोस्त की प्रेमिका पर नज़र डालेंगे।—गिरिधर गोपाल।

नज़र/नज़रों/पर चढ़ना
नज़र में चढ़ना (दे०)।

नज़र पर न ठहरना
उपयुक्त या भला न प्रतीत होना; जैसे—पोश्य पुत्र तो मेरी नज़र पर ठहरने से रहा।—रा० रा० प्र० सिंह।

नज़र फेंकना
सरसरी तौर से देखना; जैसे—गली के मोड़ पर पहुँचते ही उसने अपने जूतों और कपड़ों पर एक नज़र फेंकी।—गिरिधर गोपाल।

नज़र/नज़रें/फेरना या फेर लेना
दृष्टि फेर लेना; जैसे—(१) आधी नज़र से बुड्ढे को देखकर ऐसी नज़रें फेरीं जैसे देखा ही न हो।—अजित पुष्कल। (२) जब महाजनों को विश्वास हो गया कि अब मीर साहब में दम नहीं रह गया तो उन्होंने नज़रें फेर लीं।—भूषण वनमाली।

नज़र बचाकर
इस प्रकार कोई काम करना कि कोई देख न ले; जैसे—एक लड़की नकली मोतियों का हार नज़र बचाकर पर्स में रख रही थी।—गिरिधर गोपाल।

नज़र मारना
आँख मारना।

नज़र में गड़ना
१. आँख में गड़ना (दे०)।
२. नज़र में चढ़ना (दे०); जैसे—मरी का नाक-नक्शा भी नज़र में गड़ने-वाला।—यशपाल।

नज़र/नज़रों/में गिरना
नज़र से गिरना (दे०); जैसे—मेरी धारणा और पक्की हुई। इसका यह मतलब नहीं कि तुम मेरी नज़रों में गिर गए हो।—कमलेश्वर।

नज़र/नज़रों/में चढ़ना
देखने में बहुत अच्छा लगने के कारण ध्यान में सदा बना रहना; जैसे—(१) रेडियो आर्टिस्ट मिस राय चौधरी पिछले ही महीने से उनकी नज़रों में चढ़ी है।—गिरिधर गोपाल। (२) कुछ विधान-सभाइयों ने गुंडे पाल रखे हैं, जिनकी मदद से वे चुनाव जीतते हैं, या नज़रों में चढ़नेवाली लड़कियों को भ्रष्ट करते हैं।—गिरिधर गोपाल।

नज़र/नज़रों/में चढ़ाना
अत्यधिक महत्त्व या मान मन ही मन प्रदान करना; जैसे—जिस को नज़र पर चढ़ाया चेरी बनाकर ही छोड़ा।—अजित पुष्कल।

नज़र मैली होना
(मन में) किसी से अनुचित रूप से प्रेम-संबंध स्थापित करने की इच्छा होना।

नज़र रखना
यह देखना कि किसी के क्रियाकलाप कैसे हैं; जैसे—नौकर पर नज़र रखना, कहीं कुछ लेकर चलता न बने।

नज़र लगना
किसी के देखने भर या प्रशंसा करने मात्र से दूषित प्रभाव से युक्त होना; जैसे—(१) आपकी गाय को आप ही की नज़र तो नहीं लगी। (२) कहीं इस चाँद-सी सूरत को देखकर किसी की नज़र न लग जाए।—गुलशन नंदा।

नज़र लगाना
इस प्रकार देखना या प्रशंसा करना कि कोई दूषित प्रभाव से युक्त हो; जैसे—

(१) उसी कुलछनी ने तुम्हें नज़र लगाई होगी। (२) हमारे पोते को नज़र न लगाना। घरवालों की नज़र झट्ट लगती है।—अमृतलाल नागर।

नज़र/नज़रों/से गिरना

किसी की दृष्टि में कुछ भी मान या प्रतिष्ठा न रह जाना; जैसे—लेकिन उसे एक ही डर था, वह डाक्टर आत्माराम की नज़रों से गिरने के लिए किसी भी शर्त पर तैयार न था।—अमृतलाल नागर।

नज़र होना

१. भेंट होना।

२. परख होना।

३. कोई चीज़ प्राप्त करने की इच्छा होना; जैसे—उनकी नज़र हमारी घड़ी पर है।

४. कृपा-दृष्टि होना; जैसे—आपकी नज़र हुई तो हम भी किसी लायक हो जाएँगे।

नज़रों में खटकना

१. देखने में बुरा लगना।

२. न भाना, देखकर ईर्ष्या होना; जैसे—हमारी समृद्धि उनकी नज़रों में खटकती है।

नज़रों से गिरना

हेय समझने लगना।

नथुना फुलाना

चेहरे से असंतोष या रोष सूचित करना।

नदारद होना

ग़ायब होना; जैसे—कभी कभी आँखें खुलतीं तो देखती, दोनों बिस्तरे से नदारद हैं।—शिवानी।

नन्हा कातना

१. महीन सूत कातना।

२. बारीक या महीन काम करना।

नपी-तुली बात करना

थोड़े से शब्दों में बात कहना।

नब्ज़ टटोलना

वास्तविकता का पता लगाना।

नब्ज़ पहचानना/पकड़ना

किसी के आचरण से भली-भाँति परिचित होना।

नमक खाना

किसी का अन्न खाना; जैसे—हुज़ूर का नमक खाता हूँ तो हुज़ूर के हुकुम की तामील करना मेरा फ़र्ज़ है, वरना ख़ुदा ताला को क्या मुँह दिखाऊँगा। —प्रेमचंद।

नमक छिड़कना

ऐसा काम करना जिससे दुखी व्यक्ति और अधिक छटपटाए; जैसे—ये लखनऊ वाले मेरे जले नसीब पर नमक छिड़कते हैं।—अमृतलाल नागर।

नमक फूटकर निकलना

जिसका नमक खाया हो उसके प्रति कृतघ्नता करने का फल मिलना।

नमक हराम होना

उपकारकर्ता के प्रति अकृतज्ञतापूर्ण आचरण करना।

नमक हलाल करना

उपकारकर्ता के प्रति कृतज्ञतापूर्ण आचरण करना; जैसे—नौकर वफ़ादार निकला। अपनी जान दे दी और इस प्रकार मालिक का नमक हलाल कर दिया।

नमक-मिर्च लगाना

कोई बात बढ़ा-चढ़ाकर और आकर्षक बनाकर कहना।

नमस्कार कर देना

संबंधविच्छेद कर देना; जैसे—कालेज में पहुँचा तो उसने गणित को सदा के लिए नमस्कार कर दिया।—अश्क।

नमस्कार करना

संबंध-विच्छेद करना; जैसे—ऐसी साहित्य सेवा को नमस्कार!—रामचंद्र वर्मा।

नमूदार होना

उपस्थित या प्रकट होना; जैसे—तभी

रसोई-घर से भाभी के बदले केवल कच्छा पहने नंगे बदन ...एक सरदार साहब नमूदार हुए।—अश्क।

नया करके देना

मरम्मत तथा सुधार करके नए जैसा बना देना; जैसे—बाबू जी बेफ़िक्र रहिए गाड़ी नई करके दूँगा।

नया करना

नई फ़सल की उपज पहली बार सेवन करना; जैसे—हम लोगों ने तो आज ही आम नया किया।

नया जीवन देना

मृतप्राय को पुनर्जीवित करना; जैसे—इस संस्था को नया जीवन देनेवाले आप ही हैं।

नया मोड़

परिवर्तन; जैसे—...महाराज ययाति की वह महान यात्रा है जिससे भारतीय राजनीति में एक नया मोड़ आनेवाला है।—यज्ञदत्त।

नया रंग खिलाना

कोई नया विशेषतः विचित्र और अनुचित कार्य कर बैठना।

नया रंग चढ़ाना

नया रूप धारण कराना; जैसे—इन दिनों राजनीति भ्रष्टाचार पर एक और नथा रंग चढ़ा रही है।—दिनमान।

नरक बनाना

वातावरण गंदा और दूषित कर देना; जैसे—दो ही दिन में इन देहातियों ने सारे घर को नरक बना दिया था।

नरक होना

वातावरण गंदा और दूषित हो जाना; जैसे—रोज़ रोज़ की कलह से घर अब नरक हो गया है।

नरम चारा

वह जिसका आसानी से अस्तित्व समाप्त किया जा सके; जैसे—...राजा साहब को इतना ज़रूर दिखा देना चाहता हूँ कि अमर पालसिंह नरम चारा नहीं है।—प्रेमचंद।

नरम पड़ना/पड़ जाना

१. अपनी माँग कुछ कम करना; जैसे—यदि बड़े भैया अपनी माँग पर अड़े ही रहना चाहते थे तो तुम्हीं नरम पड़ जाते।

२. क्रोध कम या शांत होना।

नरमी बरतना

अपेक्षित कठोरता न बरतकर (कुछ कुछ) उदारतापूर्ण व्यवहार करना; जैसे—इतने छोटे छोटे बच्चों के साथ सख़्ती नहीं नरमी ही बरतनी चाहिए।

नरमी-गरमी

१. मंदी और तेज़ी; जैसे—बाज़ार है, नरमी-गरमी लगी ही रहती है।

२. शांति और उग्रता।

नवाबी दिखाना

नवाबों की तरह रोब या ठाठ-बाट दिखाना; जैसे—लड़के की नवाबी तो देखो।

नशा उखाड़ना/उखाड़ देना

ऐसा काम करना कि मस्ती में विघ्न पड़ जाए; जैसे—उसकी इस बात ने हम लोगों का नशा उखाड़ दिया था।

नशा उतारना

ऐंठ या अकड़ दूर करना।

नशा दूर करना

कष्ट, दंड आदि देकर घमंड या मद दूर करना।

नशा किरकिरा होना

कोई अप्रिय घटना या बात होने पर नशे के आनंद या मस्ती में बाधा पड़ना।

नशा चढ़ना/चढ़ जाना

नशीली वस्तु के सेवन से मस्तिष्क ठीक से काम न करना; जैसे—उसे भाँग का नशा चढ़ गया था और वह गिरता-पड़ता घर लौटा था।

नशा पाना

नशीली वस्तु के सेवन से नशे में आना;

जैसे—.....ताकि इस सिलसिले से कोई बेधड़क उस पत्र के प्रज्वलित पात्र से अपना नशा पा ले।—रा० रा० प्र० सिंह।

नशा हिरन कर देना

नशे का प्रभाव दूर कर देना; जैसे—इस सूचना ने क्षण भर में उसका सारा नशा हिरन कर दिया।—गुलशन नंदा।

नशा हिरन हो जाना

कोई विकट घटना या बात होने पर नशा बिल्कुल दूर हो जाना।

नशे में चूर होना

नशे से ऐसी स्थिति में हो जाना कि मस्तिष्क ठीक से काम न करे और तन-बदन की सुध जाती रहे।

नस चढ़ना

खिंचाव, तनाव, दबाव आदि के कारण किसी नस का अपने स्थान से हट-बढ़ जाना, जिसके फलस्वरूप अंग विशेष में पीड़ा होती है।

नस ढीली होना

१. अधिक परिश्रम करने के कारण शरीर इस प्रकार शिथिल होना कि मन में कुछ उत्साह या उमंग बाकी न रह जाए।

२. किसी के द्वारा दंडित या पीड़ित होने पर अथवा संकट की स्थिति में पड़ने पर ओज, तेज, धन आदि का ऐसा ह्रास होना कि मनुष्य निराश और हतोत्साह हो जाए; जैसे—इस मुकदमे में उनकी नस ढीली हो गई है।

नस नस में

हर नस में, पूरे शरीर में; जैसे—उसकी नस नस में शरारत भरी हुई है।

नस पहचानना

तबीयत या स्वभाव से अच्छी तरह परिचित होना; जैसे—मैं उन सबों की नस पहचानती हूँ।—प्रेमचंद।

नस फड़क उठना

किसी अच्छी चीज़ या बात से सारे शरीर में प्रसन्नता की लहर दौड़ जाना।

नसीब आज़माना

भाग्य के भरोसे कोई काम करना।

नसीब खुलना

भाग्य का उदय होना, किस्मत चमकना।

नसीब चमकना/जागना

नसीब खुलना (दे०)।

नसीब टेढ़ा होना

भाग्य ख़राब होना।

नसीब पलटना

और अच्छे दिन आना; जैसे—दो वर्ष बाद उसके नसीब ने पलटा खाया।

नसीब-जला

भाग्य का मारा।

नहर खोलना

बहुतायत करना; जैसे—पति के व्यवसाय ने गृह में समृद्धि की नहर खोलकर रख दी थी।—शिवानी।

नहले पर दहला देना

करारा या मुँहतोड़ जबाब देना; जैसे—जो हो, वे नहले पर दहला दे बैठते, पर किसी के तान तेवर को पी नहीं पाते।—रा० रा० प्र० सिंह।

नहीं के बराबर

अत्यंत अल्पमात्रा में; जैसे—बाप की संपत्ति में से मुझे नहीं के बराबर मिला।

नाक कटना

प्रतिष्ठा या मर्यादा नष्ट होना; जैसे—(१) तुम्हारे इस दुराचरण से इस परिवार की नाक कट गई है। (२) कहीं कन्या के पाँव ऊँचे-नीचे पड़ गए तो फिर कुटुंब की नाक कट जाएगी।—प्रेमचंद। (३) तुम पचास बरस की बुढ़िया भगवान का ध्यान छोड़के जो अनशन करने बैठी हो नाक कट गई मेरी तो।—अमृतलाल नागर।

नाक कटाना

ऐसा काम करना जिससे अप्रतिष्ठा हो; जैसे—.....तू हमारी नाक कटाने पर लगी हुई है।—प्रेमचंद।

नाक का बाल
आत्मीय व्यक्ति, स्नेह-भाजन; जैसे—एक जवान अफ़सर ने ... इसे हवालात में बंद कर दिया था, लेकिन दूसरे दिन सबेरे यह छोड़ दिया गया था ... क्योंकि यह एक नेता की नाक का बाल था।—गिरिधर गोपाल।

नाक काट देना
प्रतिष्ठा या मर्यादा नष्ट कर देना, इज़्ज़त बिगाड़ना; जैसे—उनका गिला यह था कि वादा न निभाकर उन्होंने खानदान की नाक काट दी है।—भूषण वनमाली।

नाक काटना
अपनी तुलना में किसी को बहुत ही तुच्छ सिद्ध करना; जैसे—बहू आई थी शहरी। अभी सयानी तो न थी, मगर बोल-चाल में सयानों की नाक काटती।—रा० रा० प्र० सिंह।

नाक के नीचे
अत्यंत समीप, पास में ही; जैसे—लेकिन उस चोरा-छिपी के अतिरिक्त, जो भूतना की एक नाक के नीचे चलती थी, लड़के कभी कभी भूतना के उस जुल्म का बदला खुले आम लेने से भी न चूकते।—अश्क।

नाक घिसना
बहुत ही दीन-हीन बनकर और गिड़गिड़ाते हुए किसी प्रकार की प्रार्थना, प्रतिज्ञा या याचना करना।

नाक चढ़ाना
चेहरे से (अहंभाव के कारण) प्रसन्नता, अरुचि, विरक्ति आदि सूचित करना।

नाक छिनकना
१. नाक के रास्ते इस प्रकार ज़ोर से हवा बाहर निकालना कि उसके साथ अंदर का कफ दूर जा गिरे।
२. सरल काम करना; जैसे—बातें तो बूढ़ों जैसी करते हो, पर नाक छिनकना तक तो अभी आया ही नहीं।

नाक तक खाना
इतना अधिक खा जाना कि और कुछ खा सकने की गुंजाइश न रहे।

नाक पर उँगली रखकर बातें करना
पुरुष का स्त्री या हिजड़े की तरह बातें करना।

नाक पर गुस्सा रहना/होना
उपेक्ष्य या छोटी-मोटी बातों पर स्व-भावत: क्रोध जतलाने की प्रवृत्ति होना।

नाक पर दिया बालकर आना
विजयी और सफल मनोरथ होकर आना।

नाक पर मक्खी न बैठने देना
किसी को कुछ कहने विशेषत: आपत्ति प्रकट करने का मौका ही न देना; जैसे—(वह) गया रामू की बीवी को कहने साथ चलने को ... वह नाक पर मक्खी भी बैठने नहीं देती।—रा० रा० प्र० सिंह।

नाक पर रख देना
तत्काल भुगतान कर देना।

नाक पर सुपारी तोड़ना
अत्यधिक तंग या परेशान करना।

नाक फटना
तीव्र दुर्गंध के कारण साँस लेने में घोर कष्ट होना; जैसे—मगर जो पत्ते पानी में सड़ गए थे उनकी बदबू से नाक फटी जा रही थी।—अजित पुष्कल।

नाक बहना
सर्दी आदि के कारण नाक से कफ़ आदि निकलना।

नाक में तीर करना
ख़ूब तंग या हैरान करना, बहुत सताना।

नाक में दम करना/कर देना
बहुत अधिक हैरान-परेशान करना; जैसे—(१) इस गाँव ने मेरी नाक में दम कर दिया।—प्रेमचंद। (२) अनेक शंकाओं से और प्रश्नों से वह लोगों की नाक में दम कर देता था।—ओम शिवराज। (३) यदि आप कार-स्कूटर

खरीद लें व उनका उपयोग न करें तो लोग पूछ-पूछ कर नाक में दम कर देंगे।—दिनेश कुमार जैन। (४) तोतों की आवाज़ से वह भी खीझ उठी थी। नाक में दम कर देते हैं।—अजित पुष्कल।

नाक में दम होना
बहुत अधिक हैरान-परेशान होना; जैसे—हम तीनो भाइयों के दर्जनों बेटे-बेटियाँ हैं, उनका बेड़ा पार लगाने में ही नाक में दम है।—रा० रा० प्र० सिंह।

नाक में नकेल पड़ना
बंधन या उत्तरदायित्व से बँधना; जैसे—जिस दिन उनकी नाक में नकेल पड़ जाएगी उन्हें ठुमककर नाचना होगा।—अजित पुष्कल।

नाक में बोलना
इस प्रकार बोलना कि श्वास का कुछ अंश नाक से भी निकले और उच्चारण अनुनासिक हो, नकियाना।

नाक रखना
इज़्ज़त बचाना; जैसे—हमारे उन संबंधियों ने ही हमारी नाक रखी थी।

नाक रगड़ना
बहुत दीन-हीन बनकर और गिड़गिड़ाते हुए किसी प्रकार की प्रार्थना, प्रतिज्ञा या याचना करना; जैसे—रूप की चौखट पर बड़े-बड़े महीप नाक रगड़ते हैं।—प्रेमचंद।

नाक रगड़वाना
तोबा करवाना; जैसे—उन्होंने हमसे नाक रगड़वा ली थी और फिर ऐसा न करने के लिए वचन लिया था।

नाक लगाकर बैठना
अपने आपको बहुत प्रतिष्ठित और बड़ा समझते हुए औरों से बहुत-कुछ अलग या दूर रहना।

नाक सिकोड़ना
चेहरे से अप्रसन्नता, घृणा आदि व्यक्त करना।

नाक होना
प्रतिष्ठा प्राप्त करने में अग्रगण्य होना; जैसे—यही घर सारे मुहल्ले की नाक है।

नाक-कान काटना/काट लेना
तुच्छ सिद्ध कर देना; जैसे—तिरिया चरित्र में तुमने उस बेसवा के भी नाक-कान काट लिए।—अजित पुष्कल।

नाक-भौं चढ़ाना
नाक-भौं सिकोड़ना (दे०)।

नाक-भौं सिकोड़ना
अप्रसन्नता, अरुचि या विरक्ति प्रकट करना; जैसे—(१) हम 'ताजी रसोई' तो शौक से खाते हैं पर 'जरी सी लापरवाही' देखकर ही नहीं बल्कि 'उम्दी बात' सुनकर भी नाक-भौंह सिकोड़ते हैं।—रामचंद्र वर्मा। (२) मेरे घर में तो टूटा प्याला भी नहीं है। तुम कभी आओगे तो मैं तुम्हें लोटे गिलास में ही चाय पिलाऊँगा और अगर गिलास में चाय पीते वक्त तुम नाक-भौं सिकोड़ेगे तो तुमको घर से बाहर निकाल दूँगा।—गिरिधर गोपाल। (३) भाई साहब... उस रस्म पर नाक-भौं सिकोड़ रहे थे।—अश्क।

नाकों चने चबवाना
किसी को इतना अधिक तंग या तिरस्कृत करना, मानो उसे नाक के रास्ते चने खाने के लिए विवश किया जाता हो; जैसे—मैं भी नाकों चने न चबवा दूँ तो कहना...।—सरोजिनी वर्मा।

नाकों चने चबाना
विवशतापूर्वक तिरस्कार सहन करना; जैसे—दुर्योधन को तो मेरे सामने नाकों चने चबाने पड़े।—मनु शर्मा।

नाकों दम करना
नाक में दम करना (दे०); जैसे—यही मन... दौड़ाते दौड़ाते व बुद्धि लड़ाते लड़ाते नाकों दम कर देता है।

—प्रकाशानंद।

नाकों दम होना

नाक में दम होना; जैसे—देखती है बहू, तेरी बिटिया के मारे तो नाकों दम है।—रा० रा० प्र० सिंह।

नाग खेलाना

अत्यंत जोखिम का काम करना।

नाच उठना

१. आनंद, प्रसन्नता आदि से उछलने-कूदने लगना; जैसे—तेरी स्मृति तड़िद्वेग से नाच उठी।—रा० रा० प्र० सिंह।

२. अपना अस्तित्व दूसरों पर प्रकट करना; जैसे—विकलता मन-काया में बावली बनकर नाच उठी।—अमृतलाल नागर।

नाच नचाना

ख़ूब हैरान-परेशान करना; जैसे—(१) वह मलकिन तो दिन भर नाच नहीं नचाती थी आपकी तरह। (२) अब तुम जैसा चाहो वैसा नाच नचा लो।

नाज़ उठाना

किसी को प्रसन्न रखने के लिए बिना रुष्ट हुए उसके चोचले या नख़रे सहना; जैसे—इधर साहबों का नाज़ उठाते चलिए, उधर ज़माना सर और आँखों पर बिठाते रखे।—रा० रा० प्र० सिंह।

नाटक करना

दूसरों को दिखाने भर को, देने या धोखे में रखने के लिए कोई काम करना; जैसे—दुनिया की परवाह करनेवाले को दुनिया के सभी नाटक करने पड़ते हैं।—अमृतलाल नागर।

नाटक खेलना

१. नाटक अभिनीत करना; जैसे—आपने तो अभी अभी कहा था कि अभिज्ञान शकुंतल नाम का नाटक खेला जाए।—सीताराम चतुर्वेदी।

२. किसी काम की सिद्धि के लिए कृत्रिम व्यवहार करना।

नाड़ा बाँधना

किसी को कोई कला या विद्या सिखलाने के लिए अपना शिष्य बनाना।

नाड़ी चलना

कलाई की नाड़ी में स्पंदन या गति होना, जो जीवित रहने का लक्षण है।

नाड़ी छूटना

कलाई की नाड़ी का स्पंदन बंद हो जाना जो मृत्यु हो जाने का सूचक होता है।

नाड़ी देखना

कलाई की नाड़ी पर उँगलियाँ रखकर उनकी गति देखना और उसके आधार पर रोग आदि का निदान करना।

नाड़ी धरना/पकड़ना

नाड़ी देखना।

नाड़ी पहचानना

नब्ज़ पहचानना (दे०)।

नाड़ी फड़कना

अत्यंत उत्साहित तथा प्रसन्न होना; जैसे—आज आपको इस पूज्यासन पर विराजमान देखकर सभी ठलुओं की नाड़ी फड़क रही है।—भानुशंकर मेहता।

नाड़ी बोलना

नाड़ी में गति या स्पंदन होता रहना; जैसे—अभी नाड़ी बोल रही है (अर्थात् अभी शरीर में प्राण हैं)।

नातका बंद करना

वाद-विवाद में निरुत्तर और परास्त करना।

नाता टूटना

संबंध भग्न होना; जैसे—हमारा तो उसी दिन उनसे नाता टूट गया था जिस दिन हमारी लड़की मरी थी।

नाता तोड़ना/तोड़ देना

संबंध न रखना; जैसे—यदि आप न लेंगे तो समझूँगी कि आपने मुझसे नाता तोड़ दिया।—प्रेमचंद।

नादानी करना/कर बैठना
नासमझी का काम कर बैठना; जैसे—लड़की तो नादानी कर बैठी है अब आप तो समझदारी बरतिए।

नादिरी चढ़ना
बहुत बुरी तरह से आक्रमण करना।

नानी मरना/मर जाना
१. इतना शिथिल, संकुचित, खिन्न या दुखी हो जाना कि मानो नानी मर गई हो; जैसे—मेरे न जाने से लोग कहेंगे कि किशोरी लाल घर ही के शेर हैं, बाहर जाते उनकी नानी मरती है। —अमृतलाल नागर।
२. बहुत अधिक विपत्ति या झंझट में पड़ना।

नानी याद आना
संकट की घड़ी में अत्यधिक ममत्व दिखानेवाले व्यक्ति की याद आना।

नाम उछालना
१. साधारण व्यक्ति को अत्यधिक ख्याति दिलाना।
२. (अपने बड़ों की) बदनामी का काम करना।

नाम उजागर करना
१. (अपना अथवा कुल का) यश बढ़ाना।
२. नाम डुबोना। (दे०)

नाम उठना/उठ जाना
अस्तित्व या सत्ता न रह जाना; जैसे—आज-कल संसार से ईमानदारी का नाम ही उठ गया है।

नाम कटना/कट जाना
सूची, सदस्यता, संस्था के रजिस्टर आदि से किसी का नाम हटाया जाना; जैसे—फ़ीस न जमा करने के कारण ही उसका नाम स्कूल से कट गया है।

नाम कमाना
ख्याति या यश अर्जित करना; जैसे—(१) उन्होंने चारो धाम में नाम कमाया।—रा० रा० प्र० सिंह। (२) दिलीप को छोड़कर और कोई भी राजा अपनी प्रजा की रक्षा करने में नाम न कमा सका।—सीताराम चतुर्वेदी। (३) इलाहाबाद के मदनमोहन मालवीय को देखो, कैसा नाम कमा रहे हैं।—अमृतलाल नागर।

नाम कर देना
जायदाद आदि किसी के नाम लिख देना या किसी को देना; जैसे—उन्होंने संकल्प किया कि खेत रामपत के नाम कर देंगे।—अजित पुष्कल।

नाम करना
१. नाम कमाना।
२. (संपत्ति-जायदाद किसी के) नाम लिखना या (किसी को) देना; जैसे—परिवार में कोई ऐसा सगा-संबंधी था नहीं कि उसके नाम (अपनी जायदाद) करते।—अजित पुष्कल।

नाम का भूखा
यश चाहनेवाला; जैसे—वह पद का ही भूखा नहीं नाम का भी भूखा है।

नाम के लिए करना
१. यश अर्जन के लिए कोई काम करना।
२. दिखाने या कहने-सुनने के लिए या यों ही कोई काम करना।

नाम को मरना
नाम की मर्यादा या लज्जा रखने अथवा कीर्ति या यश बनाए रखने के लिए यथासाध्य प्रयत्न करते रहना।

नाम को रोना
किसी की हरकतों से बहुत दुखी होना; जैसे—उनकी पत्नी श्रद्धा घर में पड़ी उनके नाम को रोया करती थी। —प्रेमचंद।

नाम चमकना
चारो ओर कीर्ति या यश फैलना, प्रसिद्धि होना।

नाम चलना
वंश, संस्था, आदि का क्रम चलता या

बना रहना; जैसे—बेटा, ऐसा करना कि तुम्हारे बच्चे तुमसे भी आगे बढ़ें। तुम्हारे बाद भी इस वंश का नाम चलता रहे।—गिरिधर गोपाल।

नाम जगना

१. ख्याति या प्रसिद्धि होना।

२. फिर से किसी के नाम की ऐसा चर्चा या प्रचार होना कि लोगों में उसकी स्मृति जाग्रत हो।

नाम जगाना

ऐसा काम करना जिससे किसी की याद बनी रहे।

नाम जपना

प्रेम, भक्ति, श्रद्धा आदि से प्रेरित होकर बराबर किसी का नाम लेते रहना या उसे याद करते रहना।

नाम डालना

बही-खाते में लिखना कि अमुक चीज़ या अमुक रकम अमुक व्यक्ति के जिम्मे है या उससे ली जाने को है; जैसे—यह रकम उनके नाम डाल दो।

नाम डुबाना/डुबोना

प्रतिष्ठा, मर्यादा आदि खोना या गँवाना; जैसे—(१) ···इस मुँहजली ने सात पुश्त का नाम डुबो दिया।—प्रेमचंद। (२) और वह मास्टर सीताराम का लड़का—वह तो शोहदों की तरह घूमता है, पढ़ना-लिखना उसके बस का नहीं है—मास्टर का नाम डुबाएगा।—कमलेश्वर।

नाम तक न लेना

नाम न लेना (दे०)।

नाम तक मिटना

कहीं कुछ भी अवशेष या चिह्न बाकी न रह जाना।

नाम धरना

नाम रखना (दे०)।

नाम न लेना

१. (किसी व्यक्ति या बात का) उल्लेख, चर्चा या विचार तक न करना; जैसे—जी चाहा कि इसी क्षण यहाँ से चला जाऊँ और आने का नाम न लूँ। —प्रेमचंद।

२. प्रवृत्त न होना; जैसे—(१) इस बार तो उसकी बीमारी जाने का नाम ही नहीं ले रही है।—गिरिधर गोपाल। (२) आकाश खुलने का नाम ही नहीं लेता था।—नरेश मेहता।

नाम न होना

अस्तित्व या सत्ता न होना; जैसे—इतने कष्ट झेलते हैं, इतना अपमान सहते हैं, लेकिन मनोमालिन्य का नाम नहीं। —प्रेमचंद।

नाम निकलना/निकल जाना

किसी कार्य या बात के लिए कुख्यात होना।

नाम निकलवाना

तांत्रिक या ओझे से वास्तविक अपराधी का नाम पूछना।

नाम निकालना

१. बदनामी करना; जैसे—कैसा दुष्ट है तुम्हारा लड़का। कोई इस तरह भाग जाता है? कैसा नाम निकाला इसने। —नरेश मेहता।

२. टोने-टोटके, तंत्र-मंत्र आदि की सहायता से अपराधी या दोषी का नाम बताना।

नाम पड़ना

१. नाम या उपनाम निश्चित होना।

२. खाते में किसी के नाम रकम लिखी जाना।

नाम पर धब्बा लगाना

लांछन लगाना, कलंकित करना; जैसे—हम तुम्हें अपने नाम पर धब्बा लगाने की छूट नहीं दे सकते।

नाम पर बैठना

किसी के नाम के सहारे शेष जीवन व्यतीत करना।

नाम पर मर मिटना

मान या प्रतिष्ठा के लिए अथक परिश्रम

करना या हानि सहना।

नाम पर मरना

अपनी प्रतिष्ठा के लिए जान तक देने को तैयार रहना।

नाम पाना

प्रसिद्ध या यशस्वी होना; जैसे—(१) ढोलक बजाने और गाने में उसने नाम पाया था। (२) चेतन ने उसे पीट दिया, और इतने प्रसिद्ध गुंडे को पीट देने से वह कालेज ही में नहीं शहर भर में नाम पा गया।—अश्क।

नाम बिकना

किसी की ख्याति या प्रसिद्धि हो जाने पर उसकी चीज़ें ख़ूब चलना या बिकना।

नाम भर बाकी रहना

किसी के महत्त्व, गुण आदि के ज्ञान का समाज में लोप होना; जैसे—अब गाँधी का नाम भर बाकी रह गया है।

नाम रखना

किसी को ऐसे नाम से बुलाना जिससे वह चिढ़ने लगे।

नाम रटना

स्मरण करना; जैसे—वह हर दम तुम्हारा ही नाम रटती रहती है।

नाम रहना/रह जाना

व्यक्ति के मरने के बाद भी अच्छे कामों के लिए उस की चर्चा होती रहना।

नाम रोशन करना

कीर्ति फैलाना; जैसे—सभी को विश्वास था कि शारदा बाई कहर ढाएगी और उस्ताद का नाम रोशन करेगी। —कमलेश्वर।

नाम लगना

व्यक्ति विशेष का दोषी या अपराधी ठहराया जाना; जैसे—पुस्तक चाहे जिसने चुराई हो, नाम तो तुम्हारा ही लगा है।

नाम लगाना

यह कहना कि दोषी या अपराधी अमुक है।

नाम लिखना

खाते में किसी के नाम कोई रकम डालना।

नाम लेकर

स्मरण करके; जैसे—भगवान का नाम लेकर अपना काम शुरू करो।

नाम लेना

१. उल्लेख या चर्चा करना; जैसे—अब तुमने उस कंबख़्त के घर जाने का नाम लिया तो मुझसे बुरा कोई नहीं होगा।

२. नाम जपना; जैसे—सुबह-शाम भगवान का नाम लेना चाहिए।

नाम से काँपना/थर्राना

किसी से इतना अधिक भयभीत होना कि उसके नाम का उल्लेख होने भर से काँपने या थर्राने लगना; जैसे—कहते हैं कि दिल्ली की सरकार भी इनके नाम से थर्राती है।—गिरिधर गोपाल।

नाम होना

ख़ूब ख्याति या प्रसिद्धि होना; जैसे—जो लोग दान देते हैं......तो यह चाहते हैं कि चारो ओर हमारा नाम हो। —सीताराम चतुर्वेदी।

नामज़द रिपोर्ट करना

थाने में यह लिखवाना कि अमुक व्यक्ति ने अमुक अपराध किया है; जैसे—थाने में रिपोर्ट कर दो, मगर नामज़द रिपोर्ट न करना।—अजित पुष्कल।

नाम-निशान न रहना/न होना

कोई ऐसा प्रमाण न मिलना जिससे किसी चीज़ या व्यक्ति के अस्तित्व का पता चले; जैसे—धुंध ने तो आज कमाल कर दिया। सूरज का कहीं नाम-निशान नहीं।—देवेन्द्र सत्यार्थी।

नासूर बनना/बन जाना

लाइलाज हो जाना, सुधार की संभावना न रह जाना; जैसे—अब तो भ्रष्टाचार नासूर बन गया है।

निकल जाना

१. अपना स्थायी, निर्दिष्ट या निश्चित

स्थान छोड़कर आगे बढ़ या कहीं चले जाना; जैसे—(१) तीर कमान से निकल ही गया। (२) अब तो वह टहलने के लिए निकल गया होगा।

२. भाग या चले जाना; जैसे—सुना है वह किसी पुजारी के साथ निकल गई है।

३. दूर होना; जैसे—सफ़ेदी के नाम पर घर की गंदगी तो निकल गई।

४. अधिकार में न रह जाना; जैसे—फिर कांग्रेस के हाथ से सत्ता निकल गई।

५. अधिकार या वश से बाहर होना; जैसे—यह मामला अब उनके हाथ से निकल गया है।

६. निष्पन्न या पूरा होना; जैसे—काम निकल जाने पर विरला ही अपने उपकारकर्ता को पूछता है।

७. व्यतीत होना, जैसे—(१) ये पाँच वर्ष पलक मारते निकल गए। (२) पर सारा महीना यूँ ही निकल गया। —श्रीलाल शुक्ल

निकल पड़ना

बाहर आना; जैसे—मोर्चा बढ़ता जा रहा था। शहर चकित था । पता नहीं इतने लोग एकाएक कहाँ से निकल पड़े थे।—कमलेश्वर।

निकलना

उत्पन्न होना, सामने आना; जैसे—चलो इस पहाड़ी भूमि से भी एक ऐसा व्यक्ति तो निकला जिसका नाम अख़बार में प्रति सप्ताह छपता है। —नरेश मेहता।

निकाल दिया जाना

कहीं से बाहर अथवा पदच्युत किया जाना; जैसे—उन्हें आदेश दिया कि वे तत्काल त्यागपत्र दे दें नहीं तो उन्हें निकाल दिया जाएगा।—अश्क।

निकाल ले जाना

बंधन तोड़कर अपने साथ ले जाना; जैसे—पृथ्वीराज भरे स्वयंवर से संयोगिता को निकाल ले गया।

निगल जाना

पचा जाना, आत्मसात् कर लेना; जैसे—मेरे विवेक को तेरा अहं निगल गया है।—मनु शर्मा।

निगाह चुराना

नज़र चुराना (दे०)।

निगाह डालना

नज़र डालना (दे०)।

निगाह दौड़ाना

नज़र दौड़ाना (दे०)।

निगाह पड़ना

नज़र पड़ना (दे०)।

निगाह रखना

नज़र रखना (दे०)।

निगाह होना

नज़र होना (दे०)।

निचुड़ जाना

पूरी तरह से निकल जाना; जैसे—मेरा सारा उत्साह ही जैसे निचुड़ गया। —मालती जोशी।

निन्यानबे के फेर में पड़ना

धन बढ़ाते चलने की चिंता या धुन में होना; जैसे—हटाओ यार! हर वक्त निन्यानबे के फेर में पड़े रहते हो । —प्रेमचंद।

निबटना/निबट लेना

समझ लेना; जैसे—तुम चंपा की कुंडली भेज दो। अगर मिल गई तो मैं बुड्ढे से निबट लूँगी।—शिवानी।

निशाना बनना/बन जाना

व्यंग्य या उपहास का पात्र बनना; जैसे—आज उनके तीखे प्रहारों का हमीं निशाना बने।

निशाना साधना

१. ठीक लक्ष्य पर वार करने की तैयारी करना।

२. ठीक लक्ष्य पर वार करने का अभ्यास करना।

निसा-ख़ातिर रहना
पूर्णत: निश्‍चिंत रहना; जैसा—(१) मैं नहीं कहूँगा! आप निसा-ख़ातिर रहें। —अश्क। (२) अब मैं नहीं मरूँगा। निसा-ख़ातिर रहें।—अमृतलाल नागर।

निहाल कर देना
(बहुत-कुछ देकर) किसी को प्रसन्न और सुखी कर देना; जैसे—इस अनूठे अतिथि को अपने जीवन का सर्वस्व देकर निहाल कर देते।—सीताराम चुतुर्वेदी।

निहाल हो जाना
कुछ प्राप्त कर पूर्णत: प्रसन्न तथा सुखी होना; जैसे—(१) उन चारो राजकुमारों को पाकर राजकन्याएँ और राजकन्याओं को पाकर राजकुमार निहाल हो गए।—सीताराम चतुर्वेदी। (२) कठिन समस्या इतनी सरलता से हल हो गई, यह देखकर रग्घू बाबू अपने भाग्य पर स्वयं ही निहाल हो गए।—अमृतलाल नागर। (३) अकस्मात् और आशा के विपरीत उसे अपने यहाँ देखकर वह निहाल हो गई।—भूषण वनमाली।

निहोरा लेना
ऐसी स्थिति में होना कि कोई उपकार करे और इसके लिए उसका कृतज्ञ होना पड़े।

नींद उचट जाना
किसी विघ्न या बाधा के कारण नींद खुल जाना फलत: पूरी नींद न सो पाना; जैसे—तिस पर ये दासी पुत्र चिड़ीमार लड़के ही ...... हल्ला मचाते हैं कि नींद उचट जाती है।—सीताराम चतुर्वेदी।

नींद उचाट होना
नींद उचट जाना (दे०)।

नींद खुलना
नींद से उठना, जग जाना।

नींद चुराना
पूरी नींद सोने न देना, ध्यान का किसी ओर खिंचे रहने के कारण नींद न आना; जैसे—गत पाँच वर्ष के कष्टों के साथ व्यतीत किए गए जीवन की एक के पश्‍चात् एक झाँकी आ आकर उसकी नींद चुरा रही थी।—यज्ञदत्त।

नींद टूटना
(पूरी नींद होने से पहले) किसी विघ्न के कारण नींद भंग होना।

नींद पड़ना
(मुश्किल से) नींद आना।

नींद भर सोना
इच्छा भर सोना।

नींद लेना
निद्रा की अवस्था में होना, सोना।

नींद हराम होना
ऐसे कष्ट या चिंता की स्थिति में होना कि नींद बिल्कुल न आए या बहुत कम आए; जैसे—रात को इस ज़ोर से खाँसते थे कि घरवालों के अतिरिक्त पड़ोसियों की भी नींद हराम हो जाती थी। —कन्हैयालाल कपूर।

नींव खोद डालना
नष्ट कर डालना, निर्मूल करना।

नींव हिलाना
जड़ या आधार कमज़ोर कर देना; जैसे—इनके भाषणों और अख़बार ने अंग्रेज़ी साम्राज्य की नींव हिला दी थी।—गिरिधर गोपाल।

नीचा दिखाना
औरों की नज़रों में गिराना; जैसे—(१) धनिया ने सोचा सबके सब मिलकर मुझे नीचा दिखाना चाहते हैं।—प्रेमचंद। (२) ...... और फिर उसने मुझे नीचा दिखाने के लिए एक ऐसी ऊलजलूल इंक्वायरी भी शुरू कर दी थी जिससे मेरी नौकरी भी जा सकती थी। —श्रवणकुमार।

नीचे उतारना/उतार देना

१. (कुछ पलों में जिसकी मृत्यु, संभावित प्रतीत होती हो उसे) पलंग से उतारकर ज़मीन पर लेटाना।

नीचे गिरना/गिर जाना

ऐसा घृणित आचरण करने लगना जो समाज या किसी की नज़रों में पतन का सूचक हो।

नीचे से ऊपर तक

छोटे से बड़े तक (अर्थात् जितने हैं वे सब); जैसे—कुछ भी नहीं कर सकते। नीचे से ऊपर तक सब एक-जैसे हैं।—श्रवणकुमार।

नीचे-ऊपर करना/कर देना

अव्यवस्थित कर देना, क्रम बिगाड़ देना।

नीयत अच्छी न होना/खोटी होना

मन में बुरी या कुत्सित धारणा होना।

नीयत डिगना

नीयत बिगड़ना (दे०)।

नीयत बदल जाना

पहले की-सी साफ़ नीयत न रह जाना।

नीयत बिगड़ना

१. लोभ, प्रलोभन आदि के कारण दूसरे की चीज़ ले या हड़प लेने की भावना उत्पन्न होना।

२. पर-स्त्री (या पर-पुरुष) की प्राप्ति की भावना उत्पन्न होना।

नीयत भरना

पूर्ण तृप्त होना।

नीयत में फ़र्क आना

नीयत बिगड़ना (दे०)।

नीर ढलना

१. मरते समय व्यक्ति की आँखों से आँसू बहना।

२. आँखों में शर्म-हया न रह जाना।

नीर-क्षीर होना

दूध का दूध और पानी का पानी होना, पूर्ण न्याय होना; जैसे—लो यह आ गया मेरा रमेश भी, अभी नीर-क्षीर हुआ जाता है बात का।—अमृतलाल नागर।

नील डालना

इस प्रकार आघात करना कि कोई अंग विशेषत: त्वचा तथा मांसपेशियाँ नीली पड़ जाएँ, बहुत मारना।

नीला-पीला होना

भय, रोग आदि के कारण शरीर की कांति नष्ट हो जाना।

नीलामी पर चढ़ना

वस्तु, ज़मीन आदि का बोली द्वारा विक्रयार्थ प्रस्तुत किया जाना; जैसे—बैंक का कर्ज़ दे दो नहीं तो एक दिन सारी मशीनें नीलामी पर चढ़ जाएँगी।

नीले-पीले होना

अत्यंत क्रुद्ध होना।

नुक्ता निकालना

१. कोई त्रुटि निकालना।

२. कोई ऐसी बात निकालना जो अत्यंत महत्त्वपूर्ण हो।

नुक्ता पैदा करना

नुक्ता निकालना, त्रुटि निकालना; जैसे—एक दिन मैंने इरादा किया कि कोई ऐसी बात करूँ जिसमें मिर्ज़ा कोई नुक्ता पैदा न कर सके।—कन्हैयालाल कपूर।

नुक्ताचीनी करना

छिद्रान्वेक्षण करना; जैसे—इति बात बात में इस नई व्यवस्था की नुक्ताचीनी किया करती थी।—सुरेश सिनहा।

नुस्ख़ा बताना

दूसरे का कोई कार्य स्वयं न करके उसे उपाय बता करके चलता करना।

नूर बरसना

बहुत अधिक शोभा चारो ओर फैलना।

नेत्र सजल हो जाना

आँखों में आँसू आना; जैसे—महाराज ययाति की आचार्य कच के प्रति इतनी श्रद्धा देखकर देवयानी के नेत्र सजल हो गए।—यज्ञदत्त।

नोक-झोंक होना
झड़प होना, कहा-सुनी होना; जैसे—आज ताश के खेल में बिना बात उन दोनो मित्रों में नोक-झोंक हो गई।

नोचने दौड़ना
किसी से सब-कुछ छीन लेने के लिए प्रयत्नशील होना; जैसे—जिधर जाओ उधर लोग नोचने दौड़ते हैं। —प्रेमचंद।

नौ दो ग्यारह होना
चुपचाप या धीरे से खिसक जाना या चल देना, निकल या हट जाना।

नौ नौ बाँस उछलना
अत्यंत आवेश में आकर तथा असंयत होकर आचरण तथा बातें करना; जैसे—माँ के सामने बाबू अब तक नौ नौ बाँस उछल चुके होंगे। —अमृतलाल नागर।

नौकरी बजाना
१. (कार्यालय आदि में जाकर) कर्तव्यों का निर्वाह करना; जैसे—क्योंकि कभी वह इधर-उधर नहीं जाता था। एशियाटिक लायब्रेरी जाना, नौकरी बजाकर शाम को सीधे घर लौट आना।—कमलेश्वर।

नौकरी लिखाना
(किसी काम या बात के लिए) किसी प्रकार की सेवा या भार अपने ऊपर लेना; जैसे—हमने तुम्हारे सब काम करने की नौकरी नहीं लिखाई है।

नौबत आना/आ जाना
(चरम) स्थिति उत्पन्न होना; जैसे—(१) फिर उसकी मार खाने की नौबत भी आई। (२) यह मन अगर तुमने साल भर पहले कस लिया होता तो आज बाँकेलाल से यह पत्र पाने की नौबत ही न आती।—अमृतलाल नागर।

नौबत बजना
किसी शुभ अवसर पर दरवाज़े पर आनंदसूचक बाजे बजना।

नौबत यहाँ तक आना
उस सीमा तक पहुँचना जो असह्य हो; जैसे—फिर नौबत यहाँ तक आई कि एक के हाथ में जूता होता और दूसरी के हाथ में चप्पल।

न्योछावर करना/कर देना
वार देना, उत्सर्ग करना; जैसे—(१) तुम संसार के सुख और गृहस्थ-जीवन को भूलकर कर्तव्य पर अपना तन-मन-धन न्योछावर कर दोगे। —गुलशन नंदा। (२) दोनों ने तर्जनी छीलकर अपने लोहू से प्रतिज्ञा की है कि (वे) एक दूसरे के लिए अपने आपको न्योछावर कर देंगे।—अश्क। (३) आज के आनंद को, कल की आशंका पर क्यों न्योछावर किया जाए।—यज्ञदत्त।

प

पंख जमना
बंधन में से निकलकर इधर-उधर घूमने की इच्छा उत्पन्न होना, बहकने या बुरे रास्ते पर जाने का रंग-ढंग दिखाई देना; जैसा—इस लड़के के भी अब पंख जम रहे हैं।

पंख निकलना
पंख जमना (दे०)।

पंख लगना/लग जाना
इधर-उधर घूमने निकल जाना।

पंचायत बटोरना
अपने किसी विवाद का निर्णय कराने के लिए बिरादरी या समाज के प्रमुख लोगों को बुलाकर इकट्ठा करना।

पंचायत ले बैठना
व्यर्थ की चर्चा छेड़ना; जैसे—ठिलुए (ठलुए) अपना मन बहलाने के लिए दूसरों की पंचायत ले बैठते हैं।

पंजा फैलाना/बढ़ाना

१. कुछ धन लेने के लिए हाथ आगे करना; हाथ पसारना या बढ़ाना।

२. अपने अधिकार या वश में करने के लिए उद्यत या तत्पर होना; हथियाने का प्रयत्न करना।

पंजा मारना

१. झपटकर आघात या प्रहार करना।

२. लेने के लिए झपटकर आगे बढ़ना या लपकना।

पंजा लड़ाना/लेना

सामने आकर बल-परीक्षा करना; जैसे—दुत्! यह कौन कहता है? जहाँ सियार है, वहाँ शेर भी है, वर्ना ब्रिटिश शेर पंजा ले पाते।—रा० रा० प्र० सिंह।

पंजे झाड़कर पीछे पड़ना

तंग करने या हानि पहुँचाने के लिए पूरी शक्ति से किसी के पीछे पड़ना।

पंजे में आना

पूरी तरह से कब्ज़े में आना; जैसे—इंस्पेक्टर ने दरोगा की ओर देखकर आँख मारी, मानो कह रहा हो, आया पंजे में।—प्रेमचंद।

पंजे से छुड़ाना

नियंत्रण से बचाना; जैसे—वही मुझे मौत के पंजे से छुड़ा लाया है।

पंडिताई छाँटना

ज्ञान बघारना।

पंथ जोहना/निहारना

रास्ता देखना।

पकड़ होना

पहचानने की शक्ति या ग्राहकता होना; जैसे—आम तौर पर भावी डाक्टर को यह पता भी नहीं कि शोध-सामग्री के संकलन से लेकर थीसिस लिखने तक उसे क्या करना है और न ही उसके निरीक्षक की उस विषय पर इतनी पकड़ होती है कि वह दिशा संकेत दे सके। —इंद्रनाथ मदान।

पक्के कागज़ पर लिखना

कोई बात इस प्रकार लिखना कि उसकी मान्यता विधिक दृष्टि से हो; जैसे—मैंने यह पक्के कागज़ पर लिख दिया है कि मेरी अचल संपत्ति ब्रह्म समाज को मिल जाए।

पक्ष करना

पक्षपात करना; जैसे—वे सदा उसी लड़के का पक्ष करते हैं।

पक्ष गिरना

किसी की दलीलें थोथी सिद्ध होने पर, उसका पक्ष कमज़ोर पड़ना; जैसे—जिरह में उसका पक्ष गिर गया।

पक्ष लेना

दो (या अधिक) पक्षों, दलों में से किसी एक की ओर होना और उसके लिए कार्य करना।

पग उठाना

किसी उद्देश्य की सिद्धि के लिए किए जोनेवाले कार्यों में से एक कार्य करना; जैसे—तुम्हें हर पग सोच-समझकर उठाना होगा।—गुलशन नंदा।

पग पग पर

कदम कदम पर, थोड़ी थोड़ी दूरी पर; जैसे—यहाँ पग पग पर डाकू लगते हैं।—आज।

पग रोपना

कोई प्रतिज्ञा करते हुए किसी जगह दृढ़तापूर्वक पैर जमाना।

पगड़ी उछलना

(प्रतिष्ठित व्यक्ति, परिवार आदि की) ख़ूब बदनामी या बेइज़्ज़ती होना।

पगड़ी उछालना

(प्रतिष्ठित व्यक्ति, परिवार आदि की) ख़ूब बेइज़्ज़ती करना; जैसे—लफ़ंगा है निरा, आज इसने हमारी पगड़ी उछाली है कल को अपने बाप की भी उछालेगा।

पगड़ी उतारना
बेइज़्ज़ती करना; जैसे—तुम उसकी पगड़ी उतारो और हम लोग तमाशा देखें।

पगड़ी देना
कोई मकान, दुकान आदि किराए पर लेने के समय उसके मालिक को किराए के अतिरिक्त दी जानेवाली एक-मुश्त राशि; जैसे—हमें यह दुकान बीस हज़ार पगड़ी देने पर मिली है।

पगड़ी नीची होना
लज्जा या शर्म से सिर नीचा होना; जैसे—तू छोटे आदमियों से लड़ती-फिरती है, किस की पगड़ी नीची होती है, बता।—प्रेमचंद।

पगड़ी बदलना
दो पुरुषों का परस्पर पगड़ी बदलकर घनिष्ठ संबंध स्थापित करना।

पगड़ी बाँधना
१. परिवार के बड़े के मर जाने के बाद उसकी बिरादरी की उपस्थिति में किसी को उसका उत्तराधिकारी बनाया जाना।
२. कोई विशिष्ट कार्य करने का उत्तर-दायित्व लेना।

पगला जाना/उठना
उमंग या आवेश में आ जाना; जैसे—अभी बात मुँह से निकली नहीं और तुम पगला उठे।

पच मरना
उमंग या उत्साह पूर्णतः नष्ट होना।

पचड़ा गाना
विस्तारपूर्वक या दुखपूर्वक वर्णन करना; जैसे—कोई राजा है, कोई ताल्लुकेदार ...... सभी ग़रीब का ख़ून चूसते हैं ...... और यहाँ आकर देश की अवनति का पचड़ा गाते हैं।—प्रेमचंद।

पचड़ा ले बैठना
व्यर्थ में झगड़े की बात ले बैठना; जैसे—अब आए दिन यह पचड़ा ले बैठने से क्या फ़ायदा।—रा०रा० प्र० सिंह।

पचड़े में न पड़ना
झगड़े में न पड़ना; जैसे—(१) गाँव में और भी लड़कियाँ हैं जो इस पचड़े में नहीं पड़तीं।—अजित पुष्कल। (२) आज का कलाकार दर्शन के पचड़े में नहीं पड़ना चाहता।—रामचंद्र शुक्ल।

पछाड़ खाकर गिरना
अत्यधिक शोकविह्वल होने के कारण खड़े खड़े बेसुध होकर गिरना; जैसे—दामाद को गोली लगने का समाचार सुनते ही वह पछाड़ खाकर गिर पड़ी।

पछाड़ देना
परास्त या पराजित कर देना; जैसे—सचमुच इन घोड़ों ने तो सूर्य और चंद्र के घोड़ों को भी दौड़ में पछाड़ दिया है।—सीताराम चतुर्वेदी।

पट खुलना
दर्शनार्थियों के लिए नियत समय पर मंदिर का दरवाज़ा खुलना; जैसे—इस २० अप्रैल को बदरीनाथ मंदिर के पट खुलेंगे।—आज।

पट जाना
१. (देना) चुकता होना; जैसे—दो बरस में पिछला हिसाब पट गया था। —प्रेमचंद।
२. भर जाना; जैसे—सुबह चेतन अपनी भाभी को लेकर जब आया था, तो एक भी मरीज़ वहाँ नहीं था, लेकिन इस घंटे में सारा बरामदा मरीज़ों से पट गया था।—अश्क।

पट न पाना
किसी के साथ निर्वाह न हो पाना; जैसे—इसके साथ कभी आपकी पट नहीं पाएगी।—मनहर चौहान।

पटकनी खाना
परास्त या विफल होना।

पटकनी देना
परास्त कर देना; जैसे—पैरों में थे घुटने तक चढ़े 'बौक्य', उन पर तिब्बती जूतों की कढ़ाई किसी भी हंगेरियन शिल्प

कला में पटु महिला को पटकनी दे सकती थी।—शिवानी।

पटना

१. (ऋण) चुकता होना।

२. (स्थान) भरा जाना।

३. परस्पर सौहार्दपूर्ण संबंध होना; जैसे—चेतन से कभी इस भाभी की नहीं पटी थी।—अश्क।

पटरा कर देना

१. नष्ट कर देना; जैसे—सारा बना-बनाया खेल उन्होंने बात की बात में पटरा कर दिया।

२. (व्यकित को) मार डालना।

पटरा फेरना

पूरी तरह से नष्ट या बरबाद कर देना।

पटरा बैठना

लुटिया डूबना; जैसे—एक आदमी की नालायकी से सारे परिवार का पटरा बैठ रहा था।—अजित पुष्कल।

पटरा बैठाना

लुटिया डुबो देना, कहीं का न रहने देना; जैसे—अपनी मूर्खता से ही इस छोकरी ने माँ-बाप का असमय ही पटरा बैठा दिया था।—शिवानी।

पटरी खाना

पटरी बैठना (दे०)।

पटरी न खाना

पटरी न बैठना (दे०)।

पटरी न बैठना

स्वाभावगत विशेषताओं के आधार पर किसी के साथ निर्वाह न होना; जैसे—सास बहू में अब किसी प्रकार भी पटरी नहीं बैठ सकती।

पटरी पर लाना

रास्ते पर लाना।

पटरी बैठना

दो पक्षों में स्वभावगत विशेषताएँ अनुकूल होने के कारण ठीक से निर्वाह होना; जैसे—इसकी उसी से पटरी बैठ सकती है, हमसे नहीं।

पटरी बैठाना

कार्य-सिद्धि के लिए कोई युक्ति निकालना; जैसे—उसे पटरी बैठाना आता है, वह तुम्हारा यह काम अवश्य करा देगा।

पटा लेना

राज़ी कर लेना; जैसे—पंडित जी ने तुरत-फुरत एक मंदिर के पुजारी के लड़के को पटा लिया।—अजित पुष्कल।

पटाना/पटा देना

हिसाब विशेषतः देना चुका देना, जैसे—मर मरकर हमने बाप-दादा का कर्ज़ा पटाया है।

पट्टा लिखाना

दस्तावेज़ के रूप में (अपने) नाम लिखवा लेना; जैसे—दरोगा ने नशीली आँखों से देखकर कहा—क्या आपने पट्टा लिखा लिया है।—प्रेमचंद।

पट्टी/पट्टियाँ/पढ़ाना

किसी के मन में कोई बात अच्छी तरह बैठा देना, जिसके फलस्वरूप उसकी धारणा बँध जाए; जैसे—(१) मालूम होता है, जब लोग यहाँ से गए हैं तो उसे पट्टी पढ़ाने का मौक़ा मिल गया।—प्रेमचंद। (२) यह (ये) पट्टियाँ उन स्त्रियों को पढ़ाओ जो तुम्हारे हथकंडे न जानती हों।—प्रेमचंद। (३) चेतन, तिवारी और उन्हें पट्टी पढ़ानेवाला डाक्टर कोहली वाइस चांसलर के पास जा पहुँचे।—यशपाल।

पड़ता न खाना

(किसी मूल्य पर कोई चीज़ बेचने पर) हानि होना या उचित लाभ न होना; जैसे—चार रुपए किलो अमरूद बिकने पर भी हमें पड़ता नहीं खाता।

पड़ता निकालना

पड़ता बैठाना (दे०)।

पड़ता फैलाना

पड़ता बैठाना (दे०)।

पड़ता बैठाना
सब खर्च जोड़कर यह देखना कि अमुक वस्तु हमें घर पर कितने की पड़ी है और किस दाम पर बेचने पर लाभ होगा या कम से कम घाटा नहीं होगा।

पड़ना
१. आकृतिजन्य साम्य होना; जैसे—बेटी बाप पर पड़ी है।
२. विपत्ति के रूप में आना; जैसे—जैसे उन पर पड़ी है, भगवान न करे किसी पर पड़े।
३. किसी चीज़, बात या काम के लिए अत्यधिक आतुरता दिखाना; जैसे—यहाँ जान पर बनी है, इस गधे को किताब की पड़ी है।—यशपाल।

पड़ा रहना
१. खाट पर अस्वस्थता आदि के कारण लेटे रहना; जैसे—उन्होंने प्लास्टर बाँध दिया है। हिलना-डुलना मना है। बेचारी पड़ी रहती है।—अश्क।
२. दयनीय स्थिति में रहना, बिना असंतोष या विरोध प्रकट किए दिन बिताना; जैसे—जब तक कोई अच्छा काम नहीं मिलता, वहीं पड़े रहो।
३. रुकना, टिकना; जैसे—हमारा क्या कहीं पड़े रहेंगे।

पड़ाव मारना
किसी स्थान पर टिके हुए यात्रियों को लूटना।

पड़े पड़े
बिना कोई काम-धाम करते हुए; जैसे—यहाँ पड़े पड़े मन ऊब गया है।

पड़ोस करना
पड़ोसी बनना, किसी के पड़ोस में (मकान खरीद कर या किराए पर) आकर रहना।

पढ़कर मारना
किसी की कोई बाधा दूर करने के लिए मंत्र पढ़ते हुए कोई चीज़ उस पर (कुछ ज़ोर से) फेंकना; जैसे—मूँग पढ़कर मारने से भूतबाधा जाती रहती है।

पढ़-पत्थर
पूर्णतः निरक्षर; जैसे—छोटा तो कुछ पढ़ा-लिखा है बड़ा तो पढ़-पत्थर ही रहा।

पढ़ाना
(अच्छी या बुरी बात) सिखलाना; जैसे—अरे वह हमें क्या पढ़ाएगा, बड़ा आया! —रा० रा० प्र० सिंह।

पतंग काटना
पेंच लड़ाकर किसी की पतंग की डोरी काट देना; जैसे—हमारी पतंग कोई काटे तो उसका लोहा मान लेंगे।

पतंग बढ़ाना
डोर ढीलते हुए पतंग को और अधिक ऊँचाई या दूरी पर पहुँचाना; जैसे—पतंग बढ़ाकर पेंच लड़ाओ।

पत उतारना
अपमानित करना; जैसे—(१) सरे बाज़ार उसने उन लोगों की पत उतार कर रख दी। (२) बहरहाल, वे अपनी ग़लती मान गए और मैंने अफ़सोस ज़ाहिर किया कि मुझे भरी मजलिस में इस तरह उनकी पत नहीं उतारनी चाहिए थी।—अश्क।

पत रखना
अपमानित होने से बचाना; जैसे—भैया! आज तो तुमने मेरी पत रख ली नहीं तो वह गुंडा मेरी इज़्ज़त लूट लिए होता।

पत लेना
पत उतारना, अपमानित करना।

पता चलना
ज्ञात होना, जानकारी मिलना; जैसे—किसी भी छात्र की योग्यता या अयोग्यता का पता पहले वाक्य से ही चल जाता है।—गिरिधर गोपाल।

पते की बात
महत्त्वपूर्ण या जानने योग्य बात; जैसे—बात तो उन्होंने बड़े पते की कही—

आगे तक़दीर अपनी।—अश्क।

पत्तल देना
पत्तल (अथवा थाली) पर भोजन-सामग्री रखकर किसी (उपयुक्त पात्र) को देना।

पत्तल परसना
भोजनार्थियों के लिए पत्तल पर भोज्य सामग्री रखना।

पत्तल लगाना
भोजन करनेवालों के लिए पत्तल रखना।

पत्ता भी न हिल सकना
कठोर नियंत्रण के कारण क्रियाशीलता का अभाव होना; जैसे—उनकी आज्ञा के बिना राज्य में पत्ता भी नहीं हिल सकता था।—यज्ञदत्त।

पत्ता साफ़ हो जाना
संबंध समाप्त हो जाना या नौकरी से बाहर कर दिया जाना।

पत्ते चाटना
दोने चाटना; जैसे—उसे घर की चीज़ें पसंद नहीं आतीं, पत्ते चाटना अच्छा लगता है।

पत्थर की लकीर
अटल बात; जैसे—अपने पंडित जी की बात को एक पत्थर की लकीर मानते हैं।—गोपाल चतुर्वेदी।

पत्थर चटाना
छुरी आदि को पत्थर पर बार बार रगड़-कर धारदार बनाना।

पत्थर पड़ना
ओले बरसना।

पत्थर पर दूब जमना
अनहोनी बात होना।

पत्थर पिघलना/पसीजना
कठोर या निर्मम व्यक्ति का द्रवित होना।

पत्थर से सिर फोड़ना
असंभव कार्य करने का प्रयत्न करना।

पत्थर हो जाना
कठोर या निर्जीव हो जाना; जैसे—उसकी संपूर्ण भावनाएँ जैसे पत्थर हो गई थीं।—अजित पुष्कल।

पनाह माँगना
त्राण पाने की कामना करना, रक्षा के लिए याचना करना।

पनाह लेना
शरण लेना; जैसे—जंगल में भटके हुए राजा ने साधु की झोंपड़ी में पनाह ली।

पन्ने चाटना/चाट जाना
बहुत अधिक पढ़ना।

पन्ने रंगना/रंग देना
पृष्ठ पर पृष्ठ लिखते चले जाना।

पर कट जाना
पंगु या असमर्थ बना दिया जाना।

पर जमना
पर लगना (दे०)।

पर न मार सकना
कहीं जा न पाना; जैसे—वहाँ फ़रिश्ते भी तो पर नहीं मार सकते।

पर निकालना/निकाल लेना
स्वच्छंदतापूर्ण आचरण करने में प्रवृत्त होना; जैसे—आज-कल मस्ती झाड़ रही हो—पहले तो घुक्की ही थी। अब तुमने भी पर निकाल लिए हैं। —बलवंत सिंह।

पर मारना
उड़ना या चलना-फिरना; जैसे—राजीवरंजन पर बाँधकर मोरों की पाँत में पर मारने को तैयार न थे।—रा० रा० प्र० सिंह।

पर लगना
१. स्वच्छंदतापूर्वक आचरण करने की कोई नई आदत लगना; जैसे—देख तो रही हो, हमारे पहाड़ के लड़कों को भी कैसे पर लग रहे हैं।—शिवानी।
२. फुर हो जाना; उड़, या ग़ायब हो जाना; जैसे—माशूक़ ने आशिक़ का चोला पहना और कमाई हुई दौलत के पर लग गए।—अमृतलाल नागर।

परखचे उड़ाना
१. टुकड़े टुकड़े कर देना।

२. छीछालेदर कर देना।

परच जाना

१. कहीं कोई चीज़ बराबर मिलते रहने के कारण किसी का वहाँ बराबर पहुँचते रहना।

२. (नए लोगों या नई परिस्थितियों में पहुँचने पर) हिल-मिल जाना; जैसे—अब आप जाइए, बच्चा एक दो दिन में परच जाएगा।

परछाईं न पड़ना

(किसी व्यक्ति से) आमना-सामना न होना अथवा (किसी स्थान पर किसी व्यक्ति का) प्रवेश न होना; जैसे—जिस घर में वर्षों से किसी स्त्री की परछाईं न पड़ी हो वहाँ ऐसी चीज़ों (सुई-धागे) का क्या काम।—गुलशन नंदा।

परछाईं से डरना

किसी से बहुत अधिक डरना, किसी की उपस्थिति या नाम से अथवा आवाज़ भर सुनकर भयभीत होने लगना।

परनाले बहाना

ख़ूब रोना।

परपंच करना

झमेले के काम करना; जैसे—जब संसार का सारा ढंग नहीं आता था, तो भाई! यह बाल-बच्चों का परपंच किया ही क्यों।—नरेश मेहता।

परपंच में पड़ना

झमेले के काम या बात में फँसना; जैसे—बुढ़ऊ की बात उठी, तो ई सब मन में आ गया। नहीं कौन ई सब परपंच में पड़े।—शिवप्रसाद सिंह।

परम गति पाना

मोक्ष प्राप्त करना; जैसे—⋯जटायु ने भगवान राम के हाथों परम गति पाई।—सीताराम चतुर्वेदी।

परवान चढ़ना

सफलता के उच्चतम शिखर पर पहुँचना।

परहेज़ करना/रखना

ऐसी चीज़ों, बातों या कामों से दूर रहना जिनका सान्निध्य या सेवन कुप्रभाव डाल सकता हो; जैसे—छोटे भाई के मन में यक्ष्मा का ऐसा आतंक समाया कि उसने न केवल कसरत करना शुरू किया, वरन् खाने-पीने में भी पूरा परहेज़ रखने लगा।—अश्क।

पराई आग में कूदना

दूसरों के झमेले में पड़कर अपनी हानि करना।

पराए घर (चली) जाना

लड़की का विवाह के उपरांत ससुराल जाना।

पराए हाथों

दूसरों के द्वारा; जैसे—तुम काम पराए हाथों में देकर धन नहीं कमा सकोगे।

परीक्षा लेना

आज़माना; जैसे—आप लोगों में से यदि कोई इसे मेरा अन्याय समझ रहा हो, तो वह अपने बाहु-बल की परीक्षा ले सकता है।—यज्ञदत्त।

पर्दा उठ जाना

वास्तविकता दिखलाई पड़ना; जैसे—जिस पल यह पर्दा फ़ाश हुआ, हमारी आँखों से भी बस पर्दा उठ गया।—रा० रा० प्र० सिंह।

पर्दा उठाना/उठा देना

भेद प्रकट कर देना।

पर्दा करना

स्त्री का पर-पुरुष की उपस्थिति में घूँघट निकालना; जैसे—अब हमारे घरों की औरतें भी पर्दा नहीं करतीं।

पर्दा खुलना

वास्तविकता प्रकट होना; छिपी या ढकी चीज़ें या बातें सामने आना; जैसे—⋯रोना-धोना सामने मच जाएगा और इसके साथ घर का पर्दा भी खुल जाएगा।—प्रेमचंद।

पर्दा डालना

ऐसा प्रयास करना कि किसी के अवगुण, दोष आदि दूसरों पर प्रकट न होने पाएँ; जैसे—माँ-बाप अपनी औलाद की करतूतों पर पर्दा न डालें तो क्या करें।

पर्दा ढका रहना

वास्तविकता या वस्तु-स्थिति प्रकट न होना; जैसे—उस ग़रीब का पर्दा ढका रहे तो अच्छा है।

पर्दा न रखना

दुराव-छिपाव न करना; जैसे—तुमसे कुछ छिपा तो है नहीं, हमने कभी किसी बात का तुमसे पर्दा भी नहीं रखा, अब जैसा तुम कहो वैसा हम करें।

पर्दा पड़ना

आड़ कर दिया जाना जिससे वस्तु दिखाई न पड़े, आड़ कर दिए जाने के कारण किसी चीज़ का दिखाई न पड़ना।

पर्दा रहना

भेद या कलई खुलने से बचा रहना।

पर्दाफ़ाश करना

असलियत प्रकट कर देना; जैसे—मगर श्यामली मैं भी तुम्हारी चतुराई का पर्दा-फ़ाश कर सकता हूँ।—अजित पुष्कल।

पर्दाफ़ाश होना

आवरण हटना, सच्चाई प्रकट होना; जैसे—जिस पल यह पर्दाफ़ाश हुआ, हमारी आँखों से भी बस पर्दा उठ गया।—रा० रा० प्र० सिंह।

पर्दे की आड़ से शिकार खेलना

लुक-छिपकर विशेषत: दूसरों की नज़रें बचाकर मनमाना या दूषित आचरण करना; जैसे—वह वेश्याओं से भी गई-बीती है क्योंकि वह पर्दे के (की) आड़ से शिकार खेलती है।—प्रेमचंद।

पर्दे के पीछे

दूसरों की नज़रें बचाकर, लुक-छिपकर; जैसे—समझ बैठी हो कि पर्दे के पीछे नाटक खेल लिया तो सबकी आँखों में धूल झोंक दी।—अजित पुष्कल।

पर्दे में रहना

स्त्रियों का घर के भीतरी भाग में इस उद्देश्य से रहना कि पर-पुरुष का सामना न हो; जैसे—हमारी नई पौद पर्दे में रहना पसंद नहीं करती।—माधुरी।

पलंग तोड़ना

स्वस्थ तथा भले-चंगे व्यक्ति का (काम करने के समय भी) आलस्यपूर्वक लेटे या पड़े रहना।

पलंग लगना

सोने के लिए पलंग या बिस्तर बिछाया जाना।

पलंग लगाना

सोने के लिए पलंग पर बिस्तर बिछाना।

पल युग के समान होना

दुख, चिंता आदि के कारण समय बीतता या कटता हुआ न प्रतीत होना; जैसे—उस कारागार में मेरे लिए एक-एक पल युग के समान हो जाता था।

पलक की ओट

नज़रों से दूर, परोक्ष में।

पलक झपकते

क्षण भर में, जितना समय पलक झपकने में लगता हो; जैसे—पलक झपकते वह वहाँ से नौ दो ग्यारह हो गया।

पलक झपकना

झपकी आना, क्षण भर के लिए आँख लगना; जैसे—बस, दुपहर को पाँच मिनट के लिए पलक झपक लेते हैं।

पलक न लगना

१. नींद न आना।

२. एक टक देखते रह जाना।

पलक पाँवड़े बिछाना

अत्यंत आदरपूर्वक स्वागत करना; जैसे—समस्त ठलुआ वृंद आपके

स्वागत में पलक पाँवड़े बिछाए बैठा है।—भानुशंकर मेहता।

पलक मारते

पलक झपकते, अल्प समय में; जैसे—(१) किसे ज्ञात था कि पलक मारते ही ओस के धुएँ के बादल-सा यह संसार आँख से ओझल हो जाएगा। —सुमित्रानंदन पंत। (२) ये पाँच वर्ष आमोद-प्रमोद में पलक मारते निकल गए।—यज्ञदत्त।

पलक मारना

१. पलक झपकाना या गिराना।

२. पलक हिलाकर इशारा या संकेत करना।

पलक लगना

हलकी-सी नींद आना, झपकी आना; जैसे—दो दिन से रोगी की पलक नहीं लगी।

पलकें खुलना

आँखें खुलना; जैसे—मुँह अँधेरे पलकें जो खुल पड़ीं, तो अतीत की जाने कितनी तस्वीरें लगी आँखों में फिरने। —रा० रा० प्र० सिंह।

पलकें पसीजना

करुणा से आँखें डबडबा जाना।

पलकें बिछाना

अत्यंत आदर या प्रेम से किसी का स्वागत-सत्कार करना।

पलकें मुँदना/मुँद जाना

मृत्यु होना, मरना।

पलकों पर रखना

आदरपूर्वक ग्रहण करना।

पलकों में समाना/समा जाना

सदा स्मृति में रहना, याद रहना।

पलट देना

बदलना, फेर देना; जैसे—⋯करो तुम भी डटकर विरोध, और मैं भी। देखो स्वामी के मन को कैसे पलटे देता हूँ। —सीताराम चतुर्वेदी।

पलटकर न देखना

फिर कभी न ख़बर लेना; जैसे—घर छोड़कर जाने के बाद उसने पलटकर नहीं देखा कि माँ है भी कि नहीं।

पलटना

कही हुई बात या दिए हुए वचन से हट जाना; जैसे—उसे अपनी बात से पलटते देर नहीं लगती।

पलटा खाना

१. पीछे या किसी और दिशा में प्रवृत्त होना, मुड़ना; जैसे—भागते हुए चीते ने पलटा खाया और शिकारी पर झपटा।

२. बदलना; जैसे—(१) ⋯इन विचारों ने फिर पलटा खाया। —प्रेमचंद। (२) रतन की तकदीर ने पलटा खाया था।—प्रेमचंद। (३) इसी बीच शिवदत्त के भाग्य ने पलटा खाया।—शिवानी।

पलटा देना

१. उलटाना।

२. किसी दूसरी दिशा या दशा में लाना या ले जाना।

पलड़ा बराबर होना

बल में दोनो पक्ष समान होना।

पलड़ा भारी दिखाई पड़ना

पक्ष अपेक्षया सबल मालूम देना; जैसे—चुनाव में विरोधियों का पलड़ा भारी दिखाई पड़ता है।—आज।

पलड़ा भारी रहना/होना

पक्ष अपेक्षया सबल होना; जैसे—हाकी के खेल मे इस बार पश्चिमी जर्मनी का पलड़ा भारी रहा।—खेल-खिलाड़ी।

पलड़ा हलका होना/पड़ना

पक्ष अपेक्षाकृत कमज़ोर होना; जैसे—इस विवाद में उनका पलड़ा कुछ हलका पड़ता है।

पलना

पनपना और बढ़ना; जैसे—माझे-मालवे के होंगे, जहाँ अशिक्षा और जहालत का एक छत्र साम्राज्य है, बात

बात पर कृपाणें निकल आती हैं, छींकते-खाँसते कत्ल हो जाते हैं और पीढ़ियों तक विद्वेष पलते हैं।—अश्क।

पलस्तर ढीला कर देना
इस प्रकार तंग करना, दौड़ा मारना या यंत्रणा देना कि शरीर जर्जर या शिथिल हो जाए; जैसे—उसने बेंतों से मार मारकर उस दुष्ट का पलस्तर ढीला कर दिया।

पली पली जोड़ना
थोड़ा थोड़ा करके संगृहीत करना।

पलीता लगाना
कोई ऐसी बात कहना जिससे लड़ाई-झगड़ा उठ खड़ा हो।

पलेथन निकालना
१. बहुत अधिक मार-पीटकर अधमरा करना।
२. बहुत अधिक परेशान करना।

पलेथन लगना
ऊपरी खर्चे पड़ना, जैसे—···यहाँ मिलता-जुलता नहीं दिखता उलटे और पलेथन लगने का भय है।—प्रेमचंद।

पल्ला करना
पर-पुरुष के सामने (स्त्री का) घूँघट करना।

पल्ला छुड़ाना
बचाव या रक्षा के लिए किसी की पकड़ या बंधन से निकलना; जैसे—आख़िर किसी तरह पल्ला छुड़ा आगे बढ़े।—रा० रा० प्र० सिंह।

पल्ला छूटना
पीछा छूटना, छुटकारा मिलना।

पल्ला छोड़ना
साथ या पीछा छोड़ना; जैसे—यह बीमारी क्या सहज में पल्ला छोड़ती है।—शिवानी।

पल्ला झाड़ देना
सदा के लिए सहसा साथ छोड़ या पीछा छुड़ा लेना; जैसे—वे उनका साथ तो छोड़ेंगे ही लेकिन एकदम पल्ला नहीं झाड़ देंगे।—प्रेमचंद।

पल्ला दबना
पक्ष कमज़ोर या हलका पड़ना।

पल्ला पकड़ना
रक्षा, सहायता, स्वार्थसाधन आदि के लिए किसी को पकड़ना या उसके साथ हो जाना; जैसे—(१) उसने एक भले आदमी का पल्ला पकड़ लिया था इसलिए उसकी ज़िंदगी बड़े मौज से बीत गई। (२) सिवा तुम्हारे वह और किसका पल्ला पकड़ सकता था।

पल्ला पसारना/फैलाना
१. भिक्षा ग्रहण करने के लिए आँचल फैलाना।
२. अनुग्रह या दया की याचना करना।

पल्ला बँधना
गठजोड़ होना, विवाह-संबंध होना; जैसे—पूर्व जन्म के पापों से तुम इस जन्म में मेरे पल्ले पड़ी हो। मैं तो फिर भी ब्राह्मण हूँ, पर इस जन्म के पापों से अगले जन्म में न मालूम किस चमार से तुम्हारा पल्ला बँधेगा।—इलाचंद जोशी।

पल्ला भारी होना
पक्ष अपेक्षया प्रबल होना; जैसे—निश्चय ही इस बार उनका पल्ला भारी है।

पल्ला हलका कर देना
पक्ष कमज़ोर बना देना; जैसे—एक उद्दंड शब्द ने धनिया का पल्ला हलका कर दिया था।—प्रेमचंद।

पल्ले न पड़ना
कुछ प्राप्ति न होना या कुछ समझ में न आना; जैसे—उन्होंने भाषण तो एक घंटा दिया पर हमारे पल्ले कुछ नहीं पड़ा।

पल्ले पड़ना
प्राप्त होना, मिलना; जैसे—(१) रिश्तेदार भी कम होशियार नहीं होते। जहाँ पर उन्हें हराम का रुपया पल्ले पड़ता नज़र आता है, वहाँ हर दूसरे दिन आ टपकते हैं।—सुखदेव। (२) ऐसे वाक्य आप पढ़ या सुन भले ही लें, परंतु आपके पल्ले कुछ नहीं पड़ेगा।

—रामचंद्र वर्मा। (३) और कुछ नहीं बस हमारे पल्ले बदनामी ही पड़ी है। (४) पूर्व जन्म के पापों से तुम इस जन्म में मेरे पल्ले पड़ी हो।—इलाचंद जोशी। (५) उस सुशिक्षिता के पल्ले बुद्धू जाट पड़ा है।

पल्ले बँधना

अधिकार या संरक्षण में आना; जैसे—होनी ही ऐसी थी, तुम्हीं को मेरे पल्ले बँधना लिखा था।

पल्ले से बाँधना

१. अधिकार या संरक्षण में दिया जाना; जैसे—यहाँ कौन सी आमदनी है—ऐसे दलिद्दरों के पल्ले बाँध दिया, मेरे मायके में मरी बीस भैंसें थीं।—शिवानी। २. आचरणार्थ कोई बात, अच्छी तरह स्मरण कर लेना; जैसे—साहब ने डाँटकर उस नौकर से कहा था कि अब ऐसा काम हरगिज़ नहीं करना, वरना नौकरी से निकाल दिए जाओगे।—मेरा बात पल्ले से बाँध लो। —यशपाल

पशम उखाड़ना

झूठ-मूठ का काम करके व्यर्थ समय नष्ट करना।

पशम तक न उखड़ना

१. कुछ भी काम न हो सकना।

२. बहुत प्रयत्न करने पर भी कोई कष्ट या हानि न पहुँचा सकना।

पशम तक न उखाड़ सकना

बाल तक न बाँका कर सकना।

पशम पर मारना

तुच्छ या हेय समझना।

पशु रहना/होना

पशुओं के समान हीनबुद्धि या प्रबल उद्वेगों से युक्त होना; जैसे—उच्च वंश में जन्म लेने पर भी वह निरा पशु ही रहा।

पसली फड़क उठना

मन में उत्साह या उमंग उत्पन्न होना, जोश आना।

पसीना आना

साहस छूटना; जैसे—स्वतंत्र दल के प्रयास को देखकर चुनाव के आठ-दस दिन पहले कांग्रेसियों को भी पसीना आ गया था।—दिनमान।

पसीना छुड़ाना/छुड़ा देना

थका देना; जैसे—इस साहब ने तो दिन में ही हमारा पसीना छुड़ा दिया।

पसीना/पसीने/छूटना

अधिक परेशान हो जाना; जैसे—(१) जैसे ही उसने श्यामली के कंधे पर हाथ रखा ऐसी तेज़ आँखों से देखा कि सपने में भी उसको पसीना छूट पड़ा।—अजित पुष्कल। (२) मंत्रियों और सरकारी अधिकारियों को पसीना छूटने लगा था।—गिरिधर गोपाल। (३) इस मुँह जली भाँग की तो हमारे दिमाग पर ऐसी दहशत है कि ख़याल से पसीने छूटते हैं।—यशपाल।

पसीना बहाना

कठिन परिश्रम करना; जैसे—इस कारखाने को खड़ा करने में हम सबने पसीना बहाया है।

पसीने की कमाई

कठोर परिश्रम द्वारा अर्जित धन; जैसे—ये पूँजीपति ग़रीब मज़दूरों की पसीने की कमाई भी मार लेते हैं।

पसीने की जगह ख़ून बहाना

आत्मीय व्यक्ति या उपकारकर्ता की हानि होते देखकर, अपनी जान तक देने को उद्यत होना; जैसे—तुम्हारा ग़लत ख़्याल है, वह तुम्हारे पसीने की जगह ख़ून तक बहा देगा।

पसीने पसीने हो जाना

पसीने से बिल्कुल भींग जाना।

पस्त हो जाना

अधिक परिश्रम से शरीर चूर चूर हो जाना; जैसे—पहाड़ की चढ़ाई दिन भर चढ़ते चढ़ते शरीर पस्त हो जाता है।

पहरा देना

सावधानीपूर्वक रक्षा करना या निगरानी

रखना।

पहरा बदलना

एक पहरेदार के पहरे का समय बीत जाने पर उसके स्थान पर दूसरे पहरेदार का पहरे पर आना।

पहरा बैठना

किसी वस्तु या व्यक्ति के पास पहरेदार या रक्षक बैठाया जाना, किसी को पहरे के काम पर लगाना।

पहरे में देना

किसी को इस उद्देश्य से पहरेदारों की देख-रेख में रखना कि वह कहीं आने जाने, भागने, किसी से मिलने-जुलने या कोई और अवांछनीय काम न करने पाए।

पहल करना

१. शुरू करना; जैसे—कोई पहल करता, तो सभी उसका साथ देते।

२. कोई कार्य पहली बार विशेषतः औरों से पहले शुरू करना।

पहली सीढ़ी

सफलता-प्राप्ति की दिशा में प्रथम चरण; जैसे—अभी तो तुमने पहली सीढ़ी ही पार की है इसलिए इतनी उछल-कूद ठीक नहीं।

पहलू गर्म करना

१. प्रेयसी या प्रेमपात्र का प्रेमी के शरीर से सटकर बैठना, किसी के पास या साथ बैठकर उसे सुखी करना।

२. प्रेयसी या प्रेमपात्र को शरीर से सटाकर बैठाना।

पहलू ढूँढ़ना

किसी पक्ष विशेष की पुष्टि के लिए युक्ति ढूँढ़ना; जैसे—वैसे तो मिर्ज़ा हर बात में विरोध का पहलू ढूँढ़ लेते हैं। —कन्हैयालाल कपूर।

पहलू बचाना

बचकर रहना; जैसे—हमारा पहलू बचाकर निकल जाना ही अच्छा रहा।

पहलू बदलना

रुख़ बदल लेना, बरताव बदल देना।

पहलू में रहना

किसी के पड़ोस या समीप में रहना।

पहले अपना मुँह देखना

पहले यह देखना और समझना कि अपनी पात्रता क्या है।

पहाड़ उठाना

१. किसी विकट काम का उत्तरदायित्व अपने ऊपर लेना।

२. कोई बहुत बड़ा विशेषतः असाध्य कार्य कर दिखाना।

पहाड़ के समान

अत्यंत कष्टकारक, भारी लगनेवाला; जैसे—हमारा वह दिन तो पहाड़ के समान बीता।

पहाड़ टूट पड़ना/गिर पड़ना

असह्य कष्ट या दुख आ पड़ना; जैसे—उस पर छल, निराशा अपमान का पहाड़ टूट पड़ा।—यशपाल।

पहाड़-सा

पहाड़ की तरह दुर्गम, विकट या दीर्घ; जैसे—(१) यह काम उसे पहाड़-सा प्रतीत हुआ। (२) देखो भैये, गौरी की अभी उम्र ही क्या है, पहाड़-सी ज़िंदगी सामने है। —यशपाल।

पहाड़ से टक्कर लेना

अपने से अत्यंत शक्तिशाली प्रतीत होनेवाले व्यक्ति से भिड़ना या उससे बैर मोल लेना।

पहाड़ होना

१. जिसे लाँघना या जिससे पार पाना सहज न हो; जैसे—जीवन तो जैसे पहाड़ हो गया है।

२. विकट रूप में होना; जैसे—हमारे सामने तो समस्याओं के पहाड़ हैं।

पहुँच से परे होना

ऐसी स्थिति में होना कि किसी से मिला या किसी चीज़ को प्राप्त न किया जा सके; जैसे—हमारी तुम्हारी पहुँच के परे है वह।—रा० रा० प्र० सिंह।

पहुँच होना

किसी तक अपनी बात पहुँचाने का सामर्थ्य होना; जैसे—पहुँच होने और आवश्यकता पड़ने पर सब ही के बरतन मिल जाते हैं।—अमृतलाल नागर।

पहुँचा पकड़ना

किसी को कोई कार्य करने के लिए विवश करना या बलात् रोक रखना।

पहेली जान पड़ना

समझ में न आनेवाली बात मालूम होना; जैसे—रेशमा को मंगलू और दादू की मित्रता एक पहेली-सी जान पड़ती थी।—गुलशन नंदा।

पहेली बनना

ऐसी बात, समस्या या व्यक्ति जो उलझन में डाल दे; जैसे—यह तो मानना पड़ेगा कि इस विधा (भाषा विज्ञान) पर जितने लोगों ने लिखा-पढ़ा, उन्होंने इसे इतना उलझा दिया है कि सीधे-सादे पढ़ने-लिखनेवाले लोगों के लिए यह पहेली बन गई है।—सीताराम चतुर्वेदी।

पहेली/पहेलियाँ/बुझाना

ठीक से बात न बताना, भ्रमित किए रखना; जैसे—····क्या बात है, इतनी रात गुज़र गई, और आप बैठे पहेलियाँ बुझा रहे हैं।—भूषण वनमाली।

पाँचवाँ सवार बनना

पाँचों सवारों में नाम लिखाना (दे०)।

पाँचो उँगलियाँ घी में रहना/होना

सब प्रकार की सुख-सुविधाओं से संपन्न होना; जैसे—हाँ, जब तक बड़ी बहन कलकत्ते में रहती है, पाँचों अँगुलियाँ घी में रहेंगी उसकी।—रा० रा० प्र० सिंह।

पाँचो सवारों में नाम लिखाना

अपने को भी बड़े लोगों में गिनना। (मूर्खता का लक्षण)

पाँव के मुहा० के लिए 'पैर' के मुहा० देखें।

पाँव अड़ाना

टाँग अड़ाना (दे०)।

पाँव पड़ना

पैरों पड़ना (दे०)।

पाँव पाँव चलना

पैदल चलना; जैसे—मुझे तो आज चार कोस पाँव पाँव चलना पड़ा।

पाई पाई चुकाना

जो कुछ भी (थोड़ा-बहुत) देना हो, वह दे देना; जैसे—बाला साहब के पितामहों पर दूर दूर तक के सेठों का बड़ा रुपया निकलता था। लेकिन बाला साहब पाई पाई चुका कर रहे।—नरेश मेहता।

पाई पाई जोड़ना

पूरा हिसाब रखना; जैसे—उन्होंने उस खर्च की पाई पाई जोड़कर हम से वसूली थी।

पख़ाना निकल जाना

अत्यंत भयभीत होना; जैसे—सिपाही का नाम सुनते ही उसका पाख़ाना निकल जाता है।

पागल

किसी बात या चीज़ के लिए अत्यधिक उतावला; जैसे—सिनेमा देखने के लिए तो वह पागल है।

पागल हो जाना

१. अत्यधिक आसक्त होना; जैसे—राजवंश का जापानी तरुण उसके पीछे पागल हो गया।—शिवानी।

२. धुन सवार हो जाना; किसी बात के पीछे पड़ जाना।

पाजामे के बाहर हो जाना

बौखला उठना, संयम खो बैठना।

पाठ पढ़ाना

दे०'पट्टी पढ़ाना'।

पान खाने के लिए देना

इनाम या रिश्वत के रूप में किसी को ख़ुश करने के लिए कुछ धन देना।

पान फेरना

पान की गड्डी को इस उद्देश्य से उलटना-पलटना कि उसमें से सड़े-गले

पान अथवा उनके अंश निकाल दिए जाएँ।

पान बनाना

पान लगाना (दे०)।

पान लगाना

पान (के पत्ते) पर कत्था-चूना लगाना तथा सुपारी आदि रखकर बीड़ा बनाना; जैसे— अबे क्या कर रहा है? इतनी देर में तो पूरी महफ़िल के लिए पान लगा देता।—गिरिधर गोपाल।

पानी उतरना/उतर आना

आँतों या पेट से पानी उतरकर नीचे अंडकोष में आना और एकत्र होना जो एक प्रकार का रोग है।

पानी उतरना/उतर जाना

लाज न रह जाना, अमर्यादित हो जाना।

पानी उतारना

अपमानित करना, इज़्ज़त उतारना; जैसे—(१) मुझे क्या पता था कि तुम मेरा पानी उतारने पर तुले हो।—रा० रा० प्र० सिंह। (२) दाढ़ीजार ने मुझे सबके सामने मारा सारे गाँव के सामने मेरा पानी उतार लिया। —प्रेमचंद।

पानी कर देना

१. किसी कार्य, पद्धति या प्रणाली को अत्यंत सरल रूप देना।

२. क्रुद्ध व्यक्ति को संयत तथा शांत करना।

पानी का बुलबुला/बुल्ला

क्षणभंगुर वस्तु; जैसे—जीवन तो पानी का बुलबुला है।

पानी काटना

१. जल-कलवालों द्वारा किसी घर में पानी जाने से रोक देना; जैसे—कल नगरपालिकावाले हमारा पानी काट गए हैं।

२. किसी खेत में जाते हुए पानी का मार्ग बंद तथा परिवर्तित कर देना।

पानी की तरह ख़ून बहना

बहुत अधिक मार-काट होना; जैसे—इस युद्ध में दोनो पक्षों के सैनिकों का ख़ून पानी की तरह बहा।

पानी की तरह धन/पैसा/रुपया बहाना

बहुत अधिक मात्रा में धन व्यय करना; जैसे—शादी-विवाह में पानी की तरह धन नहीं बहाना चाहिए।

पानी की तरह साफ़

जिसमें कुछ भी मिलावट न हो; जैसे—बात पानी की तरह साफ़ थी, उसमें किसी प्रकार का भी लगाव-बुझाव नहीं था।

पानी के मोल

बहुत सस्ते दामों में; जैसे—आम तो आज आप पानी के मोल ले आए।

पानी को भी न पूछना

नाम मात्र को भी सत्कार न करना; जैसे—उनके घर क्या जाएँ वे तो पानी को भी नहीं पूछते।

पानी खोना

इज़्ज़त गँवाना।

पानी गले तक आ पहुँचना

व्यवहार असहनीय हो जाना; जैसे—उन्होंने लड़के को घर से निकल जाने के लिए तभी कहा जब पानी गले तक आ पहुँचा।

पानी चढ़ना

एक धातु पर दूसरी धातु के घोल का चढ़ाया जाना; जैसे—चाँदी की अँगूठी पर सोने का पानी चढ़ा है।

पानी छोड़ना

किसी पदार्थ विशेषतः वनस्पति आदि का रस रिस रिसकर निकलना; जैसे—कद्दू में पानी नहीं छोड़ा जाता वह तो स्वंय पानी छोड़ता है।

पानी डालना/डाल देना

(किसी बात को) सदा के लिए भुला या छोड़ देना; जैसे—इस बात पर पानी डाल दो, नहीं तो बहुत पछताओगी। —इंशा अल्ला खाँ।

पानी थमना/थम जाना

वर्षा बंद होना; जैसे—तीन दिन बाद

कहीं आज जाकर पानी थमा है।

पानी दिखाना

घोड़े, बैल आदि पशुओं को पानी पिलाने के लिए उनके सामने पानी से भरा बरतन रखना।

पानी देना

१. सींचने के लिए, क्यारियों, खेतों आदि में पानी डालना।

२. पितरों को जल अर्पित करना।

पानी देनेवाला

पितरों को जल देनेवाला, अर्थात् वंशज; जैसे—महामारी ने उस कुल का ऐसा संहार किया कि कोई पानी देनेवाला भी न रहा।

पानी न पचना

कोई बात पेट में रखने में असमर्थ होना; स्वभावतः हर बात उगल देना; जैसे—उसे यह राज़ मत बताना। उसके पेट में पानी भी नहीं पचता।

पानी न माँगना

भीषण आघात लगने पर ऐसी स्थिति में आना या होना कि पीने के लिए पानी तक माँगने की शक्ति न रह जाए।

पानी पानी करना/कर देना

अत्यंत लज्जित करना; जैसे—भगवती (माँ) ने उससे कुछ भी नहीं कहा, किंतु माँ के अनकहे उपालंभ ने भी जैसे उसे पानी पानी कर दिया था।—शिवानी।

पानी पानी होना/हो जाना

अत्यंत लज्जित होना; जैसे—(१) आँख में पानी होता तो पानी पानी हो जाते।—रा० रा० प्र० सिंह। (२) वे बार बार सलाम करते हैं तो मैं शरम के मारे पानी पानी हो जाऊँ हूँ।—अमृतलाल नागर । (३) श्रीनाथ के इस दिव्य व्यवहार से पंडित जी पानी पानी हो गए।—अजित पुष्कल।

पानी पी पीकर

बार बार शक्ति संचय करके; जैसे—वह पानी पी पीकर उसे कोसता चलता था।

पानी फिर जाना

पूर्णतः नष्ट होना; जैसे—(१) इसका फल यह हुआ कि मेरी अपील ख़ारिज हो गई; महीनों की दौड़-धूप और हज़ारों रुपयों पर पानी फिर गया।—प्रेमचंद। (२) जब परिणाम की घोषणा की गई तो हमारी आशाओं पर पानी फिर गया।—कन्हैयालाल कपूर।

पानी फेर देना

(संपूर्णतः) नष्ट करना, व्यर्थ करना; जैसे—(१) मैं एक के लिए अनेक के भविष्य पर पानी फेर बैठूँ? नहीं नहीं, कभी नहीं।—रा० रा० प्र० सिंह। (२) धृतराष्ट्र ने दुर्योधन के हाथों में खेलकर मेरी आकांक्षाओं पर पानी फेर दिया।—यज्ञदत्त। (३) तुमने हमारे सब किए-कराए पर पानी फेर दिया। (४) रेशमा की गिरफ़्तारी ने उसकी समस्त योजनाओं पर पानी फेर दिया। —गुलशन नंदा।

पानी फेरना

पानी फेर देना (दे०)।

पानी भरना

१. (अपेक्षाकृत) हलका या तुच्छ प्रतीत होना; जैसे—प्राकृतिक सुषमा के आगे मानवीय कृत्रिम सौंदर्य पानी भरता है।

२. छोटी-मोटी सेवाएँ करना; जैसे—जो मिलकर चलो तो वह (तुम्हारी सास) तुम्हारा पानी भरने लगे। —प्रेमचंद।

पानी मरना

१. पानी का (नींव, दीवार आदि में) इस प्रकार प्रविष्ट होना जिससे (नींव, दीवार आदि को) हानि होने की संभावना हो।

२. (ऐसी) कमज़ोरी या दुर्बलता होना जिस पर आक्षेप या चोट हो सके।

पानी मुँह में भर आना

अत्यंत लालायित हो उठना; जैसे तरह-

तरह की मिठाइयाँ देखकर उनके मुँह में पानी भर आया।

पानी में आग लगाना

१. असंभव बात संभव कर दिखाना।

२. जहाँ लड़ाई-झगड़े की संभावना न हो वहाँ लड़ाई-झगड़ा खड़ा कर देना; जैसे—जो पानी में आग लगाने आए थे, वे चुल्लू भर पानी की तलाश में रह गए।—रा० रा० प्र० सिंह।

पानी में घुलना

अपना अस्तित्व गँवाना; जैसे—जेठानियाँ निठल्ले की जोरू पर रोब का राज चलाना चाहती थीं, लेकिन बतासो उनके पानी में न घुली।—अमृतलाल नागर।

पानी में पड़ना

कठिनाई में पड़ना; जैसे—चार पैसे की चीज़ लाकर बच्चों के हाथ पर रख देते तो पानी में न पड़ जाते—प्रेमचंद।

पानी में फेंकना

व्यर्थ नष्ट या बर्बाद करना।

पानी में बहाना

(धन) व्यर्थ व्यय करना या गँवाना; जैसे—माँ-बाप के सैंकड़ों रुपए पानी में बहाकर विजयी उम्मीदवार अपने साथियों के कंधे पर चढ़े कैम्प में घुसे।—गिरिधर गोपाल।

पानी में बुझाना

किसी विशिष्ट क्रिया से तैयार किए हुए पानी में कोई चीज़ गरम करके इसलिए डालना कि उस चीज़ में इस पानी का कोई विशिष्ट गुण या प्रभाव आ जाए; जैसे—ज़हर के पानी से तलवार बुझाना।

पानी लगना

१. (किसी स्थान विशेष के) पानी के प्रभाव से कुप्रभावित होना; जैसे—जब से उसे पहाड़ का पानी लगा है वह बीमार ही रहता है।

२. (दाँत या दाँतों में) पानी का स्पर्श होने पर टीस उठना।

पानी हो जाना

शांत तथा संयत हो जाना।

पाप उदय होना

पापों के दुष्प्रभाव से पीड़ित होना; जैसे—मेरे पाप ही उदय हुए हैं जो तुम्हारे जैसा संगी मिला।

पाप कटना/कट जाना

दुख-भोग से बचाव होना; जैसे—(१) वह अपने आप चला गया, चलो यह भी पाप कटा। (२) आपके दर्शन मात्र से हमारे सब पाप कट गए।—रामचंद्र वर्मा।

पाप कमाना

ऐसा काम करना जिससे किसी को कष्ट हो या हानि पहुँचे (और धर्मशास्त्रों के अनुसार जिसका कुफल कर्ता को नरक में भोगना पड़ता है)।

पाप का घड़ा भर जाना

किए हुए दुष्कर्मों के फल-भोग का समय निकट आना; जैसे—अब तो जल्दी ही उसके पाप का घड़ा भर जाएगा।

पाप पड़ना

किसी पापकर्म का कुफल आगे आना।

पाप बटोरना

पाप कमाना (दे०)।

पाप लगना

किसी पापकर्म के फल-भोग का भागी बनना; जैसे—झूठ बोलने से पाप लगता है।

पापड़ बेलना

सफलता-प्राप्ति के उद्देश्य से भिन्न-भिन्न प्रकार के काम करना; जैसे—(१) हम ये सब परामर्श सुनकर बहुत घबराए और हमने सोचा कि इतने पापड़ बेलने से तो यह अच्छा है कि हम जुकामग्रस्त ही रहें। कन्हैयालाल कपूर। (२) आपने बचपन से ही धर्म-दर्शन के बहुत पापड़ बेले हैं।—भानुशंकर मेहता।

पाया मज़बूत होना
आधर दृढ़ होना; जैसे—उसने यह उछल-कूद इसीलिए मचाई क्योंकि वह समझता है कि मेरा पाया मज़बूत है।

पार उतरना
नाव, जलयान आदि की सहायता से नदी, झील, समुद्र आदि के किनारे से दूसरे किनारे पर पहुँचना।

पार उतारना
नदी, झील, समुद्र आदि के एक किनारे से दूसरे किनारे पर नाव, जलयान आदि की सहायता से ले जाना।

पार न पड़ना
आक्रमण, दबाव आदि को निरस्त न कर पाना; जैसे—घूँसों और मुक्कों से पार पड़ता न देखकर अपने जोश में गोगे ने चेतन को गर्दन से पकड़ लिया।—अश्क।

पार पाना
विजय या सफलता प्राप्त करना; गुण, योग्यता आदि में बढ़कर निकलना; जैसे—तुम से चालाकी में मैं नहीं पार पा सकता।

पार लगना/लग जाना
१. उस पार पहुँचना।
२. स्वर्ग सिधारना; जैसे—चेतन के सामने मुहल्ले की कई युवतियों के चित्र आ गए थे जो यक्ष्मा के चंगुल में फँसकर हकीमों और वैद्यों की सस्ती दवाओं के सहारे इस भवसागर के पार लग गयी थीं।—अश्क।
३. पूर्णता तक पहुँचाया जाना; संपादित होना; जैसे—यह काम हमसे नहीं, तुम्हीं से पार लगेगा।

पार लगाना
१. उस पार पहुँचाना।
२. आजीवन ठीक ढंग से किसी के साथ निर्वाह करना।

पार होना
१. सांसारिक बंधनों से छूटना, मुक्त होना; जैसे—बेटे की बाँह धरकर पार हो जाऊँगी।—रा० रा० प्र० सिंह।
२. संकट से उबरना।

पारा उतरना/उतर जाना
गुस्सा जाता रहना।

पारा चढ़ना/चढ़ जाना
क्रोधाभिभूत होना।

पाला/पाले/पड़ना
किसी के संपर्क में आना, विशेषतः उसके अधीन होकर रहना; जैसे—भाग फूट गया जो तुम जैसे कसाई के पाले पड़ी।—प्रेमचंद।

पास न फटकना
बिल्कुल अलग या दूर रहना; जैसे—बूढ़े बाप के पास कोई बेटा-बेटी फटकता (तक) नहीं।

पास न फटकने देना
समीप न आने देना; जैसे—श्यामली किसी तरह भी उसे पास नहीं फटकने देना चाहती थी।—अजित पुष्कल।

पासा पड़ना
ऐसा दाँव पड़ना जो जीत का सूचक हो।

पासा पलटना
स्थिति का पूर्णतः विपरीत हो जाना।

पासा फेंकना
किस्मत आज़माना; जैसे—पासा फेंक तमाशा देख।

पिंड छुड़ाना
परेशान या तंग करनेवाले व्यक्ति, तत्त्व आदि से संबंध छुड़ाना; जैसे—वह किसी तरह उससे पिंड छुड़ाना चाहता।—अजित पुष्कल।

पिंड छूटना
बला दूर होना, छुटकारा मिलना; जैसे—इस भिखमंगन से हमारा पिंड छूटना मुश्किल है।

पिंड छोड़ना
पीछा छोड़ना; जैसे—(१) वह जल्दी किसी का पिंड नहीं छोड़ता। (२) हफ़्तों बाद कहीं जाकर बुख़ार ने मेरा

पिंड छोड़ा है। (३) न हाथ आती है न पिंड छोड़ती है।—अजित पुष्कल।

पिंड देना

मृतक का श्राद्ध आदि करना।

पिंडा दिखाना/देना

स्त्री का पर-पुरुष को अपने गुप्त अंग दिखलाना या अर्पित करना।

पिंडा पारना

मृतक के उद्देश्य से श्राद्ध आदि करना।

पिचकारी चलाना

पिचकारी में रंग, गुलाब-जल आदि भरकर लोगों पर छिड़कना।

पिचकारी छूटना

वस्तु, पदार्थ, शारीरिक अवयव आदि में से तेज़ी के साथ तरल पदार्थ का धारा के रूप में बाहर निकलना; जैसे—सिर पर आघात लगते ही ख़ून की पिचकारी छूट पड़ी।

पिचकारी छोड़ना/मारना

पिचकारी चलाना (दे०)।

पिटा हुआ

मात खाया या मरा-सा, बेदम; जैसे—आँगन में बिछी खाट पर पिता जी पड़े हुए थे। पिटे हुए मोहरे की तरह। —कमलेश्वर।

पित्त उभरना

पित्त का विकारयुक्त होना।

पित्त खौलना

क्रोधाभिभूत होना।

पित्ता गरम होना

स्वभावतः प्रकृति से उग्र होना।

पित्ता पानी करना

कठोर परिश्रम करना।

पित्ता पानी होना

साहस जाता रहना; जैसे—रोब की यह हालत थी कि बड़े-बड़ों का पित्ता उनके सामने पानी होता था।—भूषण वनमाली।

पित्ता मरना

सफलता न मिलने अथवा विफल होने के कारण उत्साह मंद पड़ जाना।

पित्ता मारना

१. चित्त को एकाग्र करना; इधर-उधर भटकने न देना।

२. मन में दूषित भाव या बुरी बातें उभड़ने न देना।

३. मन में उत्साह, उमंग आदि को दबा या रोककर रखना; जैसे—पित्ता मारकर काम करना सीखो।

पिनक में होना

अफ़ीम के नशे में होना; जैसे—उससे इस समय कुछ मत कहो, वह पिनक में है।

पिल पड़ना

टूट पड़ना; जैसे—वे इसकी प्रतीक्षा कर रहे थे कि कब सरदारनी अपने लोचदार स्वर में उन्हें खाने को आमंत्रित करे और कब वे पिल पड़ें चबैने के लड्डुओं पर।—बलवंत सिंह।

पिस जाना/चुकना

कचूमर निकल जाना, हालत ख़स्ता हो जाना; जैसे—आधी सदी तक काम करते करते पिस चुका हूँ।

पी न पाना

सहज रूप में अंगीकार या स्वीकार न कर सकना; जैसे—जो हो, वे नहले पर दहला तो दे बैठते, पर किसी के तान-तेवर को पी नहीं पाते।—रा० रा० प्र० सिंह।

पीछा करना

१.किसी के पीछे चलकर उसके आचरण, निवास आदि का पता लगाना।

२. भागते हुए के पीछे उस पर आघात करने या उसे पकड़ने के लिए दौड़ना; जैसे—(१) ये पुलिसवाले तो प्रलय तक पीछा करते हैं अपने असामियों का।—गुलशन नंदा। (२) अपशकुन बार बार उनका पीछा कर रहे थे। —युगेश्वर।

पीछा छुड़वाना

मुक्ति दिलाना; जैसे—.... सर्वेश्वर एक बार किसी एंग्लो-इण्डियन ऐयर होस्टेस के चक्कर में पड़ गया था, और हमारी रक़म देकर उसके पिता ने उस लड़की से उसका पीछा छुड़वाया था। —शिवानी।

पीछा छुड़ाना

जो पीछे पड़ा हो, उसे किसी तरह दूर करना, पिंड छुड़ाना; जैसे—उसे एक रुपया देकर पीछा छुड़ाओ।

पीछा छूटना

पिंड छूटना, जान छूटना; जैसे—अब एक महीने से.... डेंगू बुख़ार से..... पीछा छूटा है कहीं।

पीछा छोड़ना

परेशान या तंग करना बंद करना, कष्ट और न देना; जैसे—डाकुओं ने दस हज़ार लेकर उसका कहीं पीछा छोड़ा है।

पीछा दिखाना

पीठ दिखाना (दे०)।

पीछा न छोड़ना

साथ लगे रहना, संग न छोड़ना; जैसे—(१)क्या करूँ? यह (भौंरा) तो यहाँ भी मेरा पीछा नहीं छोड़ता। —सीताराम चतुर्वेदी। (२)तुम इतने बड़े आदमी की पत्नी बनने जा रही हो, फिर भी वही बेहूदी नौकरी की धुन तुम्हारा पीछा नहीं छोड़ रही है।—शिवानी। (३) खिड़की बंद कर देने पर भी उस सुगंध की केसरिया लपटें मेरा पीछा नहीं छोड़तीं। —शिवानी। (४) जब तक आप हाँ नहीं कहेंगे तब तक मैं आपका पीछा नहीं छोड़ूँगी।—अमृतलाल नागर। (५) लेकिन इस मन:स्थिति में लगता है मैं कहीं भी चला जाऊँ, यह खालीपन मेरा पीछा नहीं छोड़ेगा।—श्रवणकुमार। (६) जीवन हमसे रूठ चुका है और कर्तव्य हमारा पीछा नहीं छोड़ता।—गुलशन नंदा।

पीछा पकड़ना

पल्ला पकड़ना (दे०)।

पीछे खड़े होना

सहायता करने के लिए सक्रिय होना; जैसे—तुम्हें डरने की ज़रूरत नहीं, पूरा समाज तुम्हारे पीछे खड़ा है।

पीछे चलना

१. अनुसरण करना।

२. अनुगामी बनना।

पीछे छूटना

१. पीछे रह जाना; जैसे—(१) मोटर आगे निकल गई और गाड़ी पीछे छूट गई। (२) हम आगे निकल आए हैं और घर पीछे छूट गया है।

२. पिछड़ना।

३. पीछा करना; जैसे—इन दुष्ट अधिकारियों के पीछे भी जासूस छूटे हुए हैं।

पीछे छोड़ना

१. औरों से आगे निकल जाना।

२. पकड़ने, पता लगाने आदि के लिए किसी के पीछे किसी को भेजना।

पीछे डालना

१. पीछे छोड़ना (दे०)।

२. भावी आवश्यकताओं के लिए धन संचय करना; जैसे—इसी बुढ़ापे को सँवारने के लिए ही तो मैंने दो पैसे पीछे डाले थे।

पीछे दौड़ना

जैसा किसी को करते देखना, बिना सोचे-समझे उसका अनुकरण करने लगना।

पीछे दौड़ाना

गए या जाते हुए आदमी को बुला या लौटा लाने या उस तक कोई संदेशा पहुँचाने के लिए किसी को उसके पीछे भेजना।

पीछे न रहना

(किसी काम में) दूसरों के साथ साथ

या आगे रहना; जैसे—...पाना सब चाहते हैं, देना कोई नहीं चाहता, सहयोग कोई नहीं करता, सहभोग में कोई पीछे नहीं रहता।—दिनमान।

पीछे पड़ना/पड़ जाना

१. किसी काम को करने के लिए तुल जाना; जैसे—क्यों वह इस तरह केश-सौंदर्य के पीछे पड़ी है।—देवराज।

२. तंग या परेशान करना; जैसे—उसकी प्रशंसापूर्ण दृष्टि उसे गर्म सलाखों की ही भाँति दग्ध करने लगी—कहीं वह भी उसके पीछे सेन की ही तरह न पड़ जाए।—शिवानी। (२) क्यों पीछे पड़ा रहता है तू इस नन्ही गुड़िया के।—गुलशन नंदा।

३. कोई काम करने के लिए किसी से बहुत आग्रहपूर्वक और बार बार कहना।

४. बहुत अधिक अपकार, अहित का काम करने के लिए कटिबद्ध होना।

पीछे भागना

प्राप्त करने के लिए विशेष रूप से प्रयत्नशील होना, वे कभी नाम और यश के पीछे नहीं भागे।—अक्षयकुमार जैन।

पीछे लगना/लग जाना

१. किसी का अनुगामी या अनुयायी बनना, किसी का अनुकरण करना।

२. तंग या परेशान करने लगना; जैसे—जब से खंडित मूर्ति घर में आई है, तब ही से बुरे ग्रह हमारे पीछे लग गए हैं।—शिवानी।

पीछे लगाना/लगा देना

१. किसी को अपना अनुयायी या अनुगामी बनाना।

२. कोई काम या बात इस प्रकार घनिष्ठ रूप से अपने साथ संबद्ध करना कि सहसा उससे रक्षा, बचाव या विरक्ति न हो सके, जान-बूझकर ऐसे काम या बात से संबद्ध होना जिससे तंग, दुखी या परेशान होना पड़े; जैसे—तुमने यह व्यर्थ का झगड़ा अपने पीछे लगा लिया है।

३. किसी का भेद या रहस्य जानने अथवा किसी को तंग, दुखी या परेशान करने के लिए किसी दूसरे व्यक्ति को उत्साहित या नियत करना; जैसे—वे तो चुपचाप घर बैठे हैं पर अपने आदमियों को उन्होंने हमारे पीछे लगा दिया है।

पीछे लगे रहना/होना

अनुगमन करना, पीछा करना; जैसे—सौ काम मेरे पीछे लगे हुए हैं।—मालती जोशी।

पीठ खाली होना

पोषक या सहायक से रहित अथवा हीन होना, कोई सहारा देनेवाला अथवा हिमायती न होना; जैसे—उसकी पीठ खाली है, इसीलिए उस पर इतने अत्याचार होते हैं।

पीठ ठोंकना

१. कोई अच्छा काम करने पर कर्ता की पीठ थपथपाते हुए या यों ही उसकी प्रशंसा करना; जैसे—...देवदर्शन जी ने कहानी की भूरि भूरि प्रशंसा की, चेतन की ख़ूब पीठ ठोंकी...और यह भी कहा कि उनकी पत्रिका के लिए भी कहानी लिखे।—अश्क।

२. किसी को किसी काम में प्रवृत्त करने के लिए उत्साहित करना।

पीठ थपथपाना

१. पीठ ठोंकना (दे०); जैसे—साहब बहादुर भी बीबी की पीठ थपथपाते चले, पर मैं तो पीठ दिखाने को तैयार न था।—रा० रा० प्र० सिंह।

२. पशुओं आदि के विशेष परिश्रम करने पर उन्हें उत्साहित करने या धैर्य दिलाने के लिए अथना क्रुद्ध होने या बिगड़ने पर शांत करने के लिए उनकी पीठ पर हथेली से धीरे धीरे थपकी देना।

पीठ दिखाना
हार मानना; जैसे—(१) साहब बहादुर भी बीबी की पीठ थपथपाते चले, पर मैं तो पीठ दिखाने को तैयार न था। —रा० रा० प्र० सिंह। (२) तू एक बार पीठ दिखाकर फिर मेरे सामने आया है।—यज्ञदत्त।

पीठ देना
१. चारपाई पर लेटकर आराम करना।
२. (किसी की ओर) पीठ करके बैठना; जैसे—सभापति को पीठ देकर नहीं बैठा जाता।

पीठ न देना
डरकर न भागना, डटकर सामना करना, भिड़ना; जैसे—सास को भी पीठ नहीं देती, उलटे उसी पर छींटाकशी करती है।—रा० रा० प्र० सिंह।

पीठ पर खाना
भागते हुए मार खाना; भागने की दशा में पिटना; जैसे—पीठ पर खाना मरदों का काम नहीं।

पीठ पर हाथ फेरना
पीठ ठोंकना (दे०)।

पीठ पर होना
१. जन्म-क्रम में अपने भाई-बहनों में से किसी के ठीक पीछे जन्म ग्रहण करना; जैसे—भाई बहन की पीठ पर हुआ था।
२. सहायक होना, सहायता के लिए तैयार होना, मदद या हिमायत के लिए प्रस्तुत होना; जैसे—आज मेरी पीठ पर कोई नहीं है, इसलिए न तुम इतना रोब जमाते हो।

पीठ फेरना/फेर लेना
१. कहीं से प्रस्थान करना; विदा होना।
२. ममता, स्नेह आदि का ध्यान छोड़कर अलग हो जाना।
३. अरुचि, उदासीनता आदि प्रकट करते हुए विमुख या विरत होना।
४. सामने से भाग खड़े होना; जैसे—कितने रणमद के मतवाले रणक्षेत्र में आकर पीठ फेर लेते हैं।—प्रेमचंद।

पीठ लग जाना
बीमारी के कारण उठने-बैठने में असमर्थ हो जाना; जैसे—अब तो चारपाई से पीठ लग गई है, वे उठ-बैठ भी नहीं सकते।

पीठ लगना
१. आराम करने के लिए दीवार या तकिए के सहारे अथवा ज़मीन या खाट पर लेटे होना।
२.ज़ीन, काठी आदि की रगड़ के फलस्वरूप घोड़े आदि की पीठ पर घाव होना।
३. कुश्ती में चित किया जाना।

पीठ लगाना
१. आराम करने के लिए लेटना या लुढ़कना।
२. कुश्ती में चित कर देना।

पीठ सीधी करना
कोई काम करते करते थक जाने पर लेटकर सुस्ताना; जैसे—बस्ते का तकिया लगाकर उसने पीठ सीधी करने की कोशिश की.....।—कमलेश्वर।

पीस डालना
१. चूर चूर कर डालना; जैसे—उस युद्ध में वानर पेड़ों से मार मारकर राक्षसों की लोहे की गदाएँ तोड़ डालते थे, पत्थर बरसाकर उनके मुदगर पीस डालते थे।—सीताराम चतुर्वेदी।
२. अत्यधिक कष्ट देना; जैसे—वे अगर पुलिस की मदद करते हैं तो डाकू उन्हें पीस डालते हैं।—अजीत पुष्कल।

पुकार मचना
चारो ओर चर्चा का विषय होना; जैसे—इस अग्निकांड की महीनों तक पुकार मची रही।

पुकार मचाना
अन्याय के विरोध में, न्याय प्राप्त करने या कराने के उद्देश्य से तथा दूसरों की सहानुभूति प्राप्त करने के लिए आस-

पास के लोगों को चिल्ला चिल्लाकर एकत्र करना; जैसे—किसी ने न इसे मारा है न पीटा, यों ही इसने पुकार मचा रखी थीं।

पुजारी होना

(सौंदर्य, रूप आदि का) भक्त या प्रेमी होना; जैसे—किसी राजा-महाराजा के यहाँ जनम लेती तो अब तक न जाने कितने राजकुमार तुम्हारी सुंदरता के पुजारी बन जाते।—गुलशन नंदा।

पुट्ठे पर हाथ न रख सकना

ललकारने या भिड़ने का साहस न कर पाना; जैसे—एक साल तक कोई बाँके बनरसी छैले के पुट्ठे पर हाथ भी न रख सका।—भानुशंकर मेहता।

पुतली फिर जाना

१. आँखें पथरा जाना जो किसी के मर जाने या मरणासन्न होने का लक्षण है।

२. अभिमान, विरक्ति आदि के कारण पहले का-सा स्नेहपूर्ण संबंध न रह जाना, रुख बदल जाना।

पुरखे तर जाना

पूर्व पुरुषों को (पुत्र आदि के कृत्यों से) परलोक में उत्तम गति प्राप्त होना, कृत्यकृत्य होना; जैसे—उसके इस आचरण से वही नहीं, उसके पुरखे भी तर जाएँगे।

पुर्ज़ा ढीला होना

व्यक्ति का ख़ूब ख़ब्ती, झक्की यी सनकी होना; जैसे—ज़रूर उसका कोई पुर्ज़ा ढीला है, नहीं तो ऐसी बात न कहता।

पुर्ज़े पुर्ज़े करना

कागज़, पत्र आदि को फाड़कर उसके अनेक छोटे छोटे टुकड़े कर देना।

पुल बाँधना

१. प्रशंसा के पुल बाँधना (दे०)।

२. संबंध स्थापित करना।

पूँछ पकड़ना

किसी के सहारे विशेषतः उसके पीछे पीछे जाना; जैसे—आख़िर मैंने झक मरकर उसकी पूँछ पकड़ी। —प्रेमचंद।

पूँछ हिलाना

दुम हिलाना (दे०); जैसे—यह तो रंडी ठहरी। कुतिया। जहाँ टुकड़े मिलेंगे, वहीं पूँछ हिलाकर तलवे चाटेगी। —अजित पुष्कल।

पूँजी टूटना

पूँजी का (घाटे, उधार, व्यय आदि के कारण) घट जाना।

पूँजी बनना

संपत्ति बनाना; जैसे—जब बहुत-से विषय, बहुत-सी बातें और बहुत-से विचार आपकी पूँजी बन जाएँगे, तब लिखने का काम उतना कठिन न रह जाएगा।—रामचंद्र वर्मा।

पूछ होना

१. आदरपूर्वक किसी के बारे में पूछा जाना; जैसे—धनी माँ की ही पूछ होती है।

२. माँग होना; जैसे—अब इस प्रकार की पुस्तकों की पूछ नहीं।

पूछना (तक) नहीं

पूर्ण रूप से उपेक्षा करना; जैसे—लड़का दो पैसे क्या कमाने लगा, माँ बाप को पूछता (तक) नहीं।

पूजा करना

१. मारना पीटना।

२. घूस देना; जैसे—(१) सरकारी महकमों में बिना कछ पूजा किए काम सरकता नहीं। (२) कारिंदा साहब की पूजा भी करनी ही होगी।—प्रेमचंद।

पूजा चढ़ाना

घूस के रूप में धन देना; जैसे—इस तलाशी का संकट उसके सिर से टल जाए, पूजा चाहे कितनी ही चढ़ानी पड़े।—प्रेमचंद।

पूर देना

किसी बात का अंत या समाप्ति करना।

पूरा उतरना

१. कोई काम ठीक तरह से संपन्न या

संपादित होना; जैसे—(१) जो काम ठीक ढंग से नहीं किया जाता, वह जल्दी ठीक या पूरा नहीं उतरता।—रामचंद्र वर्मा। (२) रहने दो, तुमसे यह काम पूरा नहीं उतरेगा।

२. कोई बात ठीक या सत्य सिद्ध होना; जैसे—(१) तुम्हारी भविष्यवाणी पूरी उतरी। (२) बंगाल के संबंध में किसी का यह विचार पढ़ा था कि वहाँ जाने के लिए तो कई प्रवेश-द्वार हैं पर बाहर आने के लिए एक भी द्वार नहीं। अब लगा कि असम पर यह बोल और भी पूरा उतरता है।—देवेन्द्र सत्यार्थी।

पूरा करना

पूर्णता तक पहुँचाना, संपन्न या संपादित करना।

पूरा न पड़ना

जितनी आवश्यकता हो उतना न होना, यथेष्ट न होना; जैसे—(१) तुम्हारा तो सौ रुपए में भी पूरा नहीं पड़ेगा। (२) जब हमारा पूरा नहीं पड़ता तो उनका बीस-पचीस से कैसे गुज़ारा होता होगा। —श्रवणकुमार। (३) फिलहाल उसे बड़ी तनख़्वाह नहीं मिलेगी, जितनी मिलेगी वह उसकी शान-शौकत में ही शायद पूरी न पड़े।—अमृतलाल नागर।

पूरा हो जाना

मर जाना; जैसे—सेठ जी अभी बत्तीस भी पूरे न कर पाए कि पत्नी पूरी हो गई।—यशपाल।

पूरा होना

१. संपन्न होना; जैसे—(१) एक काम पूरा हो गया है। (२) पवन भी अनुकूल चल रहा था और यह संकेत दे रहा था कि मन की इच्छाएँ अवश्य पूरी होंगी।—सीताराम चतुर्वेदी।

२. (अवधि, आयु आदि का) अंत या समाप्ति तक पहुँचना, पूरे दिन होना; जैसे—अभी महीना पूरा नहीं हुआ।

पूरे दिनों से होना

(गर्भवती स्त्री के संबंध में) बच्चा जनने में कुछ ही दिन शेष होना।

पूरे सौ के सौ

सौ से एक कम न ज़्यादा।

पेच काटना

दूसरे की गुड्डी की डोर में अपनी गुड्डी डोर लड़ाकर उसकी डोर काटना, गुड्डी या पतंग काटना।

पेच घुमाना

ऐसी युक्ति करना जिससे किसी के कार्य या विचार की दिशा बदल जाए, तरकीब से किसी का मन फेरना या एक ओर से हटाकर दूसरी ओर लगाना।

पेच लड़ाना

दूसरे की पतंग काटने के लिए उसकी डोर या नख में अपनी डोर या नख फँसाना।

पेच हाथ में होना

किसी के विचारों में परिवर्तन करने की शक्ति होना, प्रवृत्ति आदि बदलने में समर्थ होना; जैसे—उनकी चिंता छोड़ दो। उनका पेच तो हमारे हाथ में है।

पेचदार बात

घुमाव-फिराव की बात।

पेट अफरना

पेट में ऐसा विकार होना कि वह वायु से भर और फूल जाए।

पेट आना

पतले दस्त आना।

पेट और तन काटना

खाने-पहनने की दृष्टि से अपने ऊपर आवश्यक और उचित खर्च भी न करना।

पेट का

प्रसूत; पेट का जना; अपना।

पेट का कुत्ता
खानें का नाम सुनते ही हर जगह पहुँच जानेवाला।

पेट का गहरा
अपनी बात जल्दी दूसरों पर प्रकट न करनेवाला।

पेट का चक्कर
जीविका के उपार्जन के लिए किया जानेवाला कार्य या दौड़-धूप।

पेट का जाया
पुत्र, बेटा; जैसे—जब वह यहाँ था तो उसकी भौंहों पर हर वक्त बल पड़े रहते थे, लेकिन अब वह उसे पेट के जाए की तरह मान रही थी।—कमलेश्वर।

पेट का पानी न पचना
कोई काम किए बिना न रह पाना अर्थात् अत्यंत अधीर होना; जैसे—बिना गाली बके उसके पेट का पानी नहीं पचता।

पेट का हलका
(व्यक्ति) जो अपने तक कोई बात न रख सकता हो।

पेट काटना
१. किसी निमित्त पैसे जुटाने के लिए स्वयं न खाना; जैसे—हम अपना पेट काटकर अपने भतीजों-भांजों को खिलाते हैं।
२. दूसरों को उनके अंश या पारिश्रमिक के अनुपात में बहुत कम देना; जैसे—ग़रीब का पेट नहीं काटते।—रा० रा० प्र० सिंह।

पेट की आग बुझाना
१. कुछ खाकर भूख को शांत करना।
२. उदरपूर्ति करना; जैसे—इस देश में केवल दीन-दलित वर्ग ही पेट की आग बुझाने के लिए ईसा की भेड़ों में सम्मिलित हो रहे हैं।—यशपाल।

पेट की पड़ना
खाने के लिए अत्यंत विकल और सचेष्ट होना; जैसे—उसे तो हरदम पेट की पड़ी रहती है।

पेट की फ़िक्र न करना
जीविका उपार्जन की चिंता न करना; जैसे—जो आदमी अपने पेट की फ़िक्र नहीं कर सकता, उसका विवाह करना मुझे अधर्म-सा मालूम होता है। —प्रेमचंद।

पेट की बात
१. मन में रखी हुई बात।
२. मन की बात।

पेट की मार मारना
जीविका का आधार छीन लेना।

पेट के लाले पड़ना
पल्ले इतना धन भी न होना कि सुबह-शाम की रोटी की व्यवस्था हो सके।

पेट के लिए
जीविका के लिए; जैसे—पेट के लिए ही मुझे सब जगह झक मारनी पड़ी।

पेट खलाना
पेट दिखाकर यह जतलाना कि अत्यंत भूखा हूँ।

पेट गड़ना
अपच के कारण पेट में दर्द होना।

पेट गिरना
गर्भपात होना; जैसे—सईदा कई लोगों से बसाई गई, और दो एक पेट गिरे। —विवेकी राय।

पेट गिराना
१. गर्भपात कराना।
२. गर्भपात करना।

पेट गुड़गुड़ाना
पेट में वायु कुपित होने के फलस्वरूप गुड़गुड़ शब्द होना।

पेट चलना
१. पतले दस्त होना।
२. ऐसी व्यवस्था होना कि जीविका चलती रहे या उसका साधन बना रहे; जैसे—इसी मकान की आय से इतनी बड़ी गृहस्थी का पेट इतने दिनों तक चलता रहा है।

पेट छँटना

१. मल निकल जाने के फलस्वरूप पेट हलका होना।

२. मोटाई छँटना (दे०)।

पेट छूटना

पतले दस्त होना।

पेट जलना

रोग, विकार आदि के कारण पेट में जलन होना।

पेट जारी होना

पतले दस्त होना।

पेट ठहरना

गर्भ ठहरना।

पेट दिखाना

१. यह प्रकट करना कि भूखा हूँ।

२. (गर्भावस्था में) डाक्टर से पेट की जाँच कराना।

पेट देना

अपना भेद बतलाना।

पेट पलना

पालन-पोषण होना, दाल-रोटी मिलना; जैसे—दोनो माँ-बेटी महसूस कर रही थीं कि गौरा की दया पर ही उनका पेट पल रहा है।—भूषण वनमाली।

पेट पालना

पालन-पोषण करना; जैसे—(१) बेचारे सरकारी नौकरी करते, दो-ढाई सौ तनख़्वाह पाते और इसी में खींच-तान कर माँ, पत्नी, दो बच्चों और बहनों का पेट पालते थे।—बलवंत सिंह। (२) सरकार, हम तो बड़े भइया के चाकर हैं, उन्हीं की सेवा करके पेट पाल रहे हैं।—अजित पुष्कल। (३) आज किसी सरकारी दफ़्तर में काम करने से तो जूते पर पालिश करके पेट पाल लेना अच्छा है।-गिरिधर गोपाल।

पेट पीठ एक होना

पेट पीठ से लगना (दे०)।

पेट पीठ से लगना

भूख से पेट धँस जाना।

पेट फूलना/फूल जाना

१. पेट अफरना (दे०)।

२. (स्त्री का) गर्भधारण किए होने के कारण पेट फूला होना।

३. अत्यंत उत्सुक या विकल होना; जैसे—तुम्हारी आप-बीती सुनाने के लिए इन लोगों का पेट फूल रहा है।

४. हँसते हँसते बेदम होने लगना; जैसे—अब और मत हँसाइए यहाँ तो पेट फूल गया है।

पेट बजाना

१. पेट पर उँगलियों से हलका आघात करके यह जानना कि उसमें क्या विकार है। (चिकित्सा)

२. अपने पेट पर आघात करके यह प्रदर्शित करना कि भूखा हूँ; जैसे—कहाँ शहनाई बजाने की लालसा और कहाँ बजाना पड़ता है पेट।—रा० रा० प्र० सिंह।

पेट भरना

१. कुछ खाकर भूख मिटाना, तृप्त होना; जैसे—यहाँ तो पेट भरना ठहरा, जो मिलेगा खा लेंगे।

२. पालन-पोषण करना; जैसे—तुम पाँच सौ से दो आदमी गुज़र करते हो और मुझे उतनी ही रकम से पाँच लोगों का पेट भरना होता है।—श्रवणकुमार।

३. इच्छा पूर्ण होना, संतोष हो जाना; जैसे—सोने-चाँदी से कब किसी का पेट भरा है।—स्वामी प्रकाशानंद।

पेट भारी होना

(स्त्री का) गर्भधारण किए होना।

पेट मारना

किसी की जीविका का आधार छीन लेना या नष्ट करना; जैसे—सयाने कहते हैं कि पीठ पर मारिए पर पेट मत मारिए।

पेट में आँत और मुख में दाँत न होना

इतना अधिक वृद्ध होना कि पाचन-शक्ति बिल्कुल न रह गई हो और सब

दाँत झड़ या टूट गए हों।

पेट में आग लगना
उत्कट भूख लगना; जैसे—यहाँ पेट में आग लगी है और तुम दिल का राग अलाप रहे हो।—रा० रा० प्र० सिंह।

पेट में खलबली मचना/होना
कुछ करने, कहने या जानने-सुनने के लिए मन में बहुत अधिक उत्सुकता या विकलता होना, छटपटी होना।

पेट में घुसना
किसी का भेद लेने के लिए उससे घनिष्ठता स्थापित करना।

पेट में चूहे कूदना/दौड़ना
१. बहुत अधिक भूख लगना।
२. खलबली मचना; जैसे—महाजनों ने ऊख कटते देखी तो पेट में चूहे दौड़ने लगे।—प्रेमचंद।

पेट में च्यूँटे की गाँठ होना
बहुत ही थोड़ा भोजन कर पाना, बहुत कम भूख लगना।

पेट में जाना
उदरस्थ होना।

पेट में डालना
१. खाना; जैसे—उसे जो कुछ मिलता है, पेट में डाल लेता है।
२. (किसी की बात) अपने तक रखना; जैसे—आदमी वही, जो दूसरे की बात सुनकर पेट में डाल ले।

पेट में दाढ़ी होना
थोड़ी अवस्था में ही वयस्कों की तरह बहुत चालाक या होशियार होना।

पेट में पड़ना
खाया जाना; जैसे—सुबह से एक दाना भी पेट में नहीं पड़ा।

पेट में पाँव होना
अत्यंत छली या कपटी होना, बहुत चालू या धोखेबाज़ होना।

पेट में पानी न पचना
कोई बात मन में न रख सकना; जैसे—जब तक वह दस जगह कह नहीं लेगी, उसके पेट में पानी नहीं पच सकता।

पेट में बल पड़ना
इतनी हँसी आना कि पेट में दर्द-सा होने लगे।

पेट मे बैठना
पेट में घुसना (दे०)।

पेट में रखना
(कोई बात) अपने तक रखना।

पेट में समाना/समा जाना
हज़म होना, डकार जाना; जैसे—करोड़ों रुपए की विदेशी सहायता इनके पेट में समा गई है।—गिरिधर गोपाल।

पेट में होना
अधिकार या कब्ज़े में होना; जैसे—सारी दौलत उसी के पेट में है।

पेट मोटा होना
धनी या संपन्न होना।

पेट रखाना
गर्भ धारण कराना।

पेट लगना
पेट पीठ से लगना (दे०)।

पेट लेना
(किसी के मन की) थाह लेना।

पेट से मारना
जीविका का आधार छीन या नष्ट कर देना।

पेट से होना
(स्त्री का) गर्भवती होना।

पेट पोंछना
आख़िरी संतान; जैसे—वह लड़की पेट-पोंछनी थी।—प्रेमचंद।

पेटा भरना
विवरण भरना।

पेश आना
बरताव करना; जैसे—इस समय उसके पास मत जाना, पारा चढ़ा हुआ है, बुरी तरह पेश आएगा।—रा० रा० प्र० सिंह।

पेश करना
प्रस्तुत या उपस्थित करना।

पेश न चलना
पेश न जाना (दे०)।

पेश न जाना
वश न चलना; जैसे—पत्नी की पति के आगे पेश नहीं जाती थी।—शिवानी।

पेशा कमाना
(स्त्री का) व्यभिचार के द्वारा धन कमाना।

पेशानी पर बल न पड़ना
ज़रा भी चिंतित या भयभीत न होना।

पेशानी पर बल पड़ना
चेहरे से क्रोध सूचित होना।

पेशाब करना
उपेक्ष्य समझकर घृणा करना; जैसे—मैं कभी उनके यहाँ अब पेशाब करने भी नहीं जाऊँगा।

पेशाब निकलना/निकल जाना
अत्यंत भयभीत हो जाना; जैसे—दादा जी के आगे तो बच्चू का पेशाब निकल जाता है।

पैंडा मारना
लंबी दूरी पैदल तै करना।

पैंतरा/पैंतरे/दिखाना
युक्ति-कौशल दिखाना; जैसे—उसने तलवार के वे वे पैंतरे दिखाए कि दर्शक मुग्ध हो गए।—शिवनाथप्रसाद बेरी।

पैंतरा बदलना
१. पटा, तलवार आदि चलाने या कुश्ती लड़ने में पहलेवाली मुद्रा छोड़कर दूसरी ओर अपेक्षया अधिक उपयुक्त मुद्रा में आना।
२. अपना काम निकालने के लिए दाँव-पेंच बदलना; जैसे—पर जब वर्ष में एक बार भी कर्नल ने पत्नी पुत्री की कोई खोज-ख़बर नहीं ली तो भाभी ने पैंतरा बदल लिया।—शिवानी।

पैदा करना
१. जन्म देना।
२. कमाना; जैसे—उसने इस सौदे में दस हज़ार रुपए पैदा किए।

पैबंद लगाना
कोई ऐसी कल्पित या नई बात कहना जिससे पहलेवाली किसी बात की त्रुटि दूर हो जाए अथवा वह अच्छी या ठीक जान पड़े; जैसे—तुम भी बातों में पैबंद लगाना ख़ूब जानते हो।

पैमाना भर जाना
सीमा तक पहुँच जाना; जैसे—आख़िर एक दिन सेठ लक्ष्मण प्रसाद के धैर्य का पैमाना भर गया।—भूषण वनमाली।

पैर अड़ाना
टाँग अड़ना (दे०)।

पैर उखड़ना/उखड़ जाना
दबाव, विरोध आदि के आगे न ठहर पाना; जैसे—(१) ख़म ठोंक ठेलता है जब नर, पर्वत के जाते पाँव उखड़। —दिनकर। (२) दो दिन की लड़ाई में पैर उखड़ने लगे।—अजित पुष्कल। (३) मालती के पाँव (पैर) उखड़ते हुए मालूम हुए, वह बंदूक संभालती हुई उनसे चिमट गई।—प्रेमचंद। (४) जी हाँ, अब शायद अपराधियों के पैर उखड़ जाएँगे।—गुलशन नंदा।

पैर उखाड़ना/उखाड़ देना
किसी स्थान पर टिकने न देना, भागने के लिए विवश करना; जैसे—फिर दक्षिण दिशा वाली टुकड़ी शत्रु सेना पर टूट पड़ी और उसने एक बार शत्रु सेना के पैर उखाड़ दिए।—यज्ञदत्त।

पैर उठना
चलना, चलने में प्रवृत्त होना।

पैर उठाना
पैर बढ़ाना (दे०)।

पैर ऊँचे-नीचे पड़ना
अवैध संबंध होना; जैसे—----कन्या के पाँव (पैर) कहीं ऊँचे-नीचे पड़ गए तो फिर कुटुंब की नाक कट जाएगी। —प्रेमचंद।

पैर कढ़ना
पैर निकलना (दे०)।

पैर काँपना
भय से काँपने के कारण खड़े न रह पाना

या चल न पाना।

पैर/पैरों/की जंजीर
ऐसा व्यक्ति जो किसी के स्वेच्छापूर्ण आचरण में बाधक हो; जैसे—उन्हें भय है कि मैं उनके पैरों की जंजीर बन जाऊँगी।—प्रेमचंद।

पैर/पैरों/की जूती
उपेक्ष्य समझकर जिसके साथ बुरा व्यवहार किया जाए; जैसे—(१) पुरुष स्त्री को पैरों की जूती भर समझता है। —गिरिधर गोपाल।

पैर/पैरों/की धूल
तुलना में अत्यंत घटकर और नगण्य; जैसे—तुम मालती की चाहे जितनी बुराई करो, तुम उसके पाँव (पैर) की धूल भी नहीं हो।—प्रेमचंद।

पैर/पैरों/की धूल बराबर
तुलना में अत्यंत घटकर और नगण्य; जैसे—...पति की दृष्टि में वह पाँव की धूल बराबर भी नहीं।—प्रेमचंद।

पैर/पैरों/की बेड़ी
पैर की जंजीर, बाधक तत्त्व, बंधन; जैसे—...वागेश्वरी उनके पाँव (पैर) की जंजीर न बनना चाहती थी। —प्रेमचंद।

पैर कीचड़ में सनना
ऐसी भयावह या कष्टप्रद स्थिति में होना जिससे जल्दी छुटकारा न मिल सकता हो।

पैर के तलवे चाटना
अत्यंत दीन बनकर किसी से याचना करना।

पैर खींच लेना
सामाजिक संस्थाओं या कार्यों में भाग न लेना; जैसे—उन्होंने अब सार्वजनिक कार्य-कलापों से पैर खींच लिया है।

पैर छूटना
(स्त्री को) मासिक धर्म होना।

पैर छूना
पैर छूकर प्रणाम करना।

पैर जमना/जम पाना
स्थायित्व प्राप्त करना; जैसे—(१) तीन वर्ष निरंतर परिस्थितियों से जूझने के बाद अब कहीं जाकर उसके पैर जमे हैं।—रामलाल। (२) कहीं भी मेरे पैर ढंग से जम नहीं पा रहे।—मनहर चौहान।

पैर ज़मीन पर न पड़ना
१. गर्व से चूर होना।
२. फूले न समाना।

पैर टिकना
स्थायी रूप से रहना; जैसे—वर्षों इधर-उधर भटकने के बाद उसके अब कहीं कलकत्ता में जाकर पैर टिके हैं।

पैर ठहरना
दृढ़तापूर्वक या स्थायी भाव से कहीं टिकना या रुकना।

पैर डगमगाना
१. नशे के फलस्वरूप चलते समय टाँगों का काँपना।
२. विचलित होना।
३. पैर लड़खड़ाना (दे०)।

पैर डालना
कोई कार्य शुरू करना अथवा किसी कार्य में योगदान करना; जैसे—...यदि दौड़-धूप नहीं हो सकती थी, तो फिर इस काम में तुमने पैर डाला ही क्यों था।

पैर/पैरों/तले से ज़मीन खिसक /निकल/जाना
होश गुम होना, अवाक् रह जाना; जैसे—उनकी यह दलील सुनकर मेरे पैरों तले से ज़मीन खिसक गई।

पैर/पैरों/तले से धरती सरक जाना
होश गुम हो जाना; जैसे—पुलिस की जीप को देखते ही उनके पैरों तले से धरती सरक गई।—गुलशन नंदा।

पैर तोड़ देना/तोड़कर रख देना
इतना मारना-पीटना कि कोई चल-फिर न सके; जैसे—ज़्यादा इधर-उधर

घूमा करोगे तो एक दिन पैर तोड़कर रख दूँगा।

पैर तोड़ना/तोड़ते जाना

व्यर्थ चलकर कहीं जाना; जैसे—तुम झूठे ही उनके यहाँ पैर तोड़ने जाते हो, उन्होंने कभी किसी की मदद भी की है?

पैर दबाकर चलना

इस प्रकार चलना कि आहट न हो।

पैर दबाना

थकावट या दर्द दूर करने के लिए मुट्ठियाँ भरना।

[पै]र धरना

पैर रखना (दे०); जैसे—जैसे कामदेव ने अपना बचपन बिताकर जवानी में पैर धरा हो।—सीताराम चतुर्वेदी।

पैर धोकर/धो धोकर/पीना

पूर्ण श्रद्धा निवेदित करना; जैसे—...मैं उमर भर तुम्हारे पाँव (पैर) धो धोकर पिऊँगी...तुम्हारी नौकरानी बनकर रहूँगी।—बलवंत सिंह।

पैर न उठना

चलने या आगे बढ़ने का साहस या दम-खम न होना।

पैर न टिकना

स्थायी रूप से अथवा कुछ समय तक कहीं टिककर न रहना या न बैठना; जैसे—उसके पैर कहीं टिक ही नहीं सकते।—बलवंत सिंह।

पैर न रखना

कहीं प्रविष्ट न होना; जैसे—(१) मैंने फिर कभी उनके यहाँ पैर नहीं रखा। (२) पूरे दो वर्ष वह यहाँ रहा, लेकिन घर के भीतरी कमरों में उसने कभी पैर नहीं रखा।—कमलेश्वर।

पैर न होना

आधार, नींव या बुनियाद न होना; जैसे—झूठे के पैर नहीं होते।

पैर निकलना

(घर से) बाहर रहने की प्रवृत्ति (उत्पन्न) होना; जैसे—लड़का जैसे जैसे सयाना होगा, वैसे वैसे उसके पैर घर से बाहर निकलेंगे।

पैर निकालना

अनुचित कार्य में प्रवृत्त होना।

पैर पकड़ना

१. दीन-हीन भाव से चिरौरी करना।

२. किसी को कोई काम करने से या कहीं जाने से रोकना।

पैर/पैरों/पड़ना

१. पैर छूना।

२. चिरौरी करना या माफ़ी माँगना।

पैर पत्थर होना

पैर इतना भारी मालूम होना कि चला ही न जा सके।

पैर/पैरों/पर गिरना

क्षमा माँगने या चिरौरी करने के लिए किसी के पाँव पर सिर रखना।

पैर/पैरों/पर पगड़ी रख देना

दीन भाव से चिरौरी करना (विशेषतः अपनी प्रतिष्ठा के रक्षार्थ)।

पैर पर पैर रखकर बैठना/सोना

पूर्णतः निश्चिंत होकर बैठना या पड़े रहना; जैसे—ये तस्कर समझते थे कि सरकार हमारा कुछ नहीं कर सकती, इसलिए वे पैर पर पैर रख कर सोते थे।

पैर पर माथा/सिर/रखना

१. प्रणाम करना।

२. पूर्ण श्रद्धा निवेदित करना।

पैर पसारना

पैर फैलाना (दे०)।

पैर पीछे न रखना

ध्येय से विरत या विमुख न होना; जैसे—यदि वह इस कार्य में सम्मिलित होने के लिए एक बार निश्चय कर लेगा तो फिर उससे कभी पैर पीछे न रखेगा।

पैर पूजना

आगे झुकना या श्रद्धा समर्पित करना; जैसे—शरीफ़ों की औरतों-बेटियों को फँसाता है, झूठे नाटक करता है। उस

ससुरे के सब पैर पूजते हैं----।
—अमृतलाल नागर।

पैर फिसलना

प्रायः अनुचित समझे जानेवाले कार्य की ओर प्रवृत होना; जैसे—उस सौंदर्य के चिकने पत्थरों पर किसी नौजवान के पैर नहीं फिसलेंगे।—शिवानी।

पैर फूलना

आशंका, भय आदि के कारण आगे न बढ़ पाना।

पैर फैलाना

१.चुप-चाप लेट या पसर जाना।

२.कार्य-व्यापार फैलाना या क्षेत्र आदि विस्तृत करना; जैसे—इस लड़के ने कलकत्ता-मद्रास तक पैर फैला लिए हैं।

पैर बढ़ाना

लंबे डग भरना; जैसे—वहाँ समय से पहुँचना है तो पैर बढ़ाओ,चींटी की तरह रेंगो मत।

पैर बाहर निकालना

पैर निकालना (दे०)।

पैर भारी होना

स्त्री का गर्भवती होना; जैसे—(१) पाँव (पैर) भारी है, कहीं डर-डरा जाए तो और आफ़त हो।—प्रेमचंद। (२) बहू का पैर भारी होने की ख़बर उसे थी। —यशपाल।

पैर मन मन भर के होना

चलने की क्षमता पाँवों में न रह जाना; जैसे—मैं उस मुसीबत से भाग जाना चाहता था परंतु उस समय मेरे पैर मन मन भर के हो गए थे।

पैर में काँटा गड़ना

झंझट में पड़ना, कष्ट या मुसीबत आना।

पैर/पैरों/में चक्कर होना

हर समय घूमते रहने को विवश होना; जैसे—इस लड़की के पैर में चक्कर हैं। एक घड़ी चैन से नहीं बैठती। कहा था चाय बनाने के लिए और कहीं निकल गई।—गुलशन नंदा।

पैर/पैरों/में जंजीर पड़ना

दबाव, बंधन या रोक के कारण अपने इच्छानुसार काम न कर पाना; जैसे—इस घर से अपना बिस्तर लपेटने पर वह कमर बाँध चुकी है----अचानक लल्ला बीमार पड़ गया----उसके पाँव (पैर) में जंजीर पड़ गई।—रा० रा० प्र० सिंह।

पैर/पैरों/में बेड़ी पड़ना

पैर में जंजीर पड़ना (दे०)।

पैर/पैरों/में मेंहदी लगी होना

कहीं जाने लायक न होना विशेषतः बहाना बनाकर कहीं न जाना; जैसे—सारा गाँव देखने आया, उन्हीं के पाँव (पैर) में मेंहदी लगी हुई थी। —प्रेमचंद।

पैर/पैरों/में सनीचर होना

(ग्रह दशा के कारण) बराबर घूमते रहना; जैसे—अपने मतलब से सलामी करने जाता हूँ, पाँव (पैर) में सनीचर नहीं है।—प्रेमचंद।

पैर रखना

१. प्रविष्ट होना, प्रवेश करना; जैसे—(१) ख़बरदार जो फिर इस ड्योढ़ी में पैर रखा। (२) और (गाड़ियाँ) बंद हुईं तो ऐसी कि फिर वे कूड़ा फेंकने के ही काम आईं, फिर उनमें किसी आदमजात ने पैर नहीं रखा। —शिवप्रसाद सिंह।

२. प्रवृत्त होना; जैसे—आज तक इन बालकों ने घर से बाहर तो पैर रखा ही नहीं।—सीताराम चतुर्वेदी।

पैर रखने की जगह न होना

स्थान के अभाव या भीड़ की अधिकता के कारण कहीं प्रविष्ट न हो पाना; जैसे—आपने कमरे में इतना सामान ठूँस दिया है कि पैर रखने की जगह नहीं रही।

पैर रगड़ना

१. बहुत दौड़-धूप करना।

२. कष्ट या पीड़ा से छटपटाना।

पैर रोपना

१. दृढ़तापूर्वक प्रण या प्रतिज्ञा करना।

२. हठ करना।

पैर लगना/लग जाना

(छोटे बच्चे का) चलने लगना; जैसे—अब इसे पैर लग गए हैं, कहीं सीढ़ी पर से गिरकर चोट-चपेट न खा जाए।

पैर लगा होना

किसी स्थान से इस रूप में परिचित होना कि उस पर चल-फिर चुके हों; जैसे—वहाँ का रास्ता मेरे पैर लगा है, आप से आप ठीक जगह पहुँच जाता हूँ।

पैर समेटना

अलग, किनारे या दूर हो जाना, संबंध त्याग देना; जैसे—अब इस काम से हमने पैर समेट लिए हैं।

पैर सो जाना

रक्त-प्रवाह रुकने के कारण पैर में झुनझुनी होना या पैर का शिथिल पड़ जाना।

पैर के नीचे से ज़मीन खिसक जाना

भौंचक्का हो जाना; जैसे—एलान सुनने के बाद शिरोमन के पैरों के नीचे से ज़मीन खिसक गई।—अजित पुष्कल।

पैरों के नीचे से धरती सरक जाना

भौंचक्का हो जाना; जैसे—शेरू को जब यह पता चला कि राजू पर हत्या का आरोप लगाया गया है तो उसके पैरों के नीचे से धरती सरक गई।—गुलशन नंदा।

पैरों चलना

पैदल चलना; जैसे—वह दस कोस पैरों चलकर आया है।

पैरों तले की ज़मीन/धरती/निकल जाना

बहुत भीषण या विकट बात सुनकर सन्न या हतप्रभ हो जाना।

पैरों तले गरदन दबना/दबी होना

पूरी तरह से किसी के नियंत्रण में होना; जैसे—जब दूसरों के पाँवों (पैरों) तले अपनी गर्दन दबी हुई है तो उन पाँवों को सहलाने में ही कुशल है।—प्रेमचंद।

पैरों पड़ना

१. दीनतापूर्वक अनुनय-विनय करना, मिन्नतें करना; जैसे—मैं पैरों पड़ उन्हें साथ लाया।—रा० रा० प्र० सिंह।

२. बड़ों का (आशीर्वाद प्राप्त करने के लिए) अभिवादन करना।

पैरों पर खड़ा होना

स्वावलंबी होना; जैसे—पाँच छह वर्षों में दोनो ही लड़कियाँ अपने अपने पैरों पर खड़ी हो जाएँगी—अमृतलाल नागर।

पैरों पर लोटना

पूर्ण श्रद्धा निवेदित करना; जैसे—रईसों का यह सारा मुहल्ला उन बाई जी के पैरों पर लोटता था।

पैरों पर सिर रखना

१. श्रद्धा निवेदित करना।

२. आत्मसमर्पण करना।

पैरों में बेड़ियाँ पड़ना/पड़ी होना

कदम बढ़ाते न बढ़ना, कहीं से चल न पाना; जैसे—चंदन को न देखा होता तो चाय पीकर शायद अपना रास्ता नापते, पर अब अनजाने ही उनके पैरों में बेड़ियाँ पड़ गई थीं।—शिवानी।

पैसा कमाना

धन अर्जित करना; जैसे—ज़िंदगी रहेगी तो मेहनत-मजूरी कर फिर पैसे कमा लेंगे।—अजित पुष्कल।

पैसा डूबना/डूब जाना

दिया हुआ रुपया वापस न मिलना अथवा व्यापार आदि में घाटा हो जाना; जैसे—उनका सारा पैसा लाटरी में डूब गया।

पैसा पल्ले होना

धन-संपत्ति प्राप्त होना; जैसे—पैसा पल्ले हो सब पास आते हैं, पैसा पल्ले न हो सब बिदकने लगते हैं।—श्रवणकुमार।

पैसा बनाना
धन कमाना।

पैसा लगना
धन व्यय होना; जैसे—दूसरे ही क्षण उसे आया कि मुकदमा लड़ने में काफ़ी पैसा लगता है।—गिरिधर गोपाल।

पैसे की गर्मी होना
१. संपत्ति का घमंड होना।
२. पल्ले पैसा होने पर ख़ूब खर्च करने की प्रवृत्ति होना।

पैसे को ठीकरा समझना/समझ लेना
पैसे को अधिक महत्त्व न देते हुए ख़ूब खर्च करना; जैसे—वह परले सिरे के लोभी थे, लड़का पैसे को ठीकरा समझता था।—प्रेमचंद।

पैसे को दाँत से पकड़ना
पैसे को (कंजूसी के कारण) खर्च न करना; जैसे—वह तो पैसे को दाँत से पकड़ता है।

पैसे खड़े करना
माल बेचकर नक़द दाम वसूल करना; जैसे—सौदा पक्का रहा। जाओ और जाकर अपना सामान लाओ और अपने पैसे खड़े करो।

पैसे/पैसों/पर गिरना या गिर जाना
धन प्राप्त करने के लिए अशोभनीय आचरण करना; जैसे—साले, सुअर के बच्चे पैसों पर गिर गए।—अजित पुष्कल।

पैसे पैसे को मुहताज होना
पल्ले कुछ न होना और पैसे-टके के लिए दूसरे पर आश्रित होना; जैसे—जीवन की सांध्य बेला में फिर मैंने उसे पैसे पैसे को मुहताज देखा था।

पैसे पैसे को तरसना/तरस जाना
धन की अत्यधिक कमी होना, छोटी-मोटी आवश्यकता पूरी करने में कठिनाई होना।

पों बजाना
बिना समझे-बूझे समर्थन करना।

पों बोलना/बोल जाना
१. हार मानना।
२. थककर बैठ जाना।
३. दिवाला निकलना।

पोल खुलना/खुल जाना
भंडा फूटना; जैसे—यदि वह न गई तो सारी सहेलियाँ उसका जीना दूभर कर देंगी और गई तो उसकी पोल खुल जाएगी।—गुलशन नंदा।

पोल खोलना
रहस्य दूसरों पर प्रकट करना; जैसे—(१) उसने कई सामाजिक कार्यकर्ताओं की पोलें खोली थीं।—गिरिधर गोपाल। (२) लाल साहब और बेगम साहब की काँव काँव शुरू हो गई। वे इनकी और ये उनकी पोलें खोलने लगे।—अमृतलाल नागर।

पोस मानना
(कुत्ते, पौधे आदि का) अनुकूल स्थिति में पलना और पनपना।

पौ फटना
तड़का होना, सुबह होना।

पौ बारह होना
सब तरफ़ से जीत ही जीत या लाभ ही लाभ होना; जैसे—इस बार के बजट पर गौर किया? ब्लैकवालों के पौ बारह हैं—श्रवणकुमार।

पौने सोलह आने
लगभग पूरी मात्रा या पूरे अंशों में; जैसे—पौने सोलह आने उम्मीद उसके मिल जाने की है।

प्यास बुझना
तृष्णा पूरी होना; जैसे—उसके मिलने पर ही मेरी दर्शनों की प्यास बुझेगी।

प्यासी आँखों से देखना
कामुक दृष्टि से किसी की तरफ़ देखना; जैसे—मुझे किसी स्त्री की ओर प्यासी आँखों से नहीं देखना है।—जयशंकर प्रसाद।

प्रभाव डालना
प्रभावित करना; जैसे—मुझे पूर्ण

विश्वास था कि बृहस्पति के पुत्र पर देवयानी तो क्या स्वयं रति भी अपना प्रभाव नहीं डाल सकती।—यज्ञदत्त।

प्रलय मचाना/ढाना

प्रलय जैसा दृश्य उपस्थित करना; जैसे—(१) भीष्म, द्रोण, अर्जुन और अभिमन्यु का हस्त-लाघव देखने योग्य था। भीष्म की गदा तो प्रलय ढा रही थी।—करुणापति त्रिपाठी। (२) तीर-कमान, भाला-बर्छी, तलवार, तोप सभी आज प्रलय मचा रहे थे।—समर बहादुर सिंह।

प्रशंसा के पुल बाँधना

तारीफ़ के फुल बाँधना (दे०); जैसे—फिर जमीला ने बारी बारी से हर चीज़ चखी। खजूरें, नमकपारे, आलू के कतले। जो चीज़ मुँह में रखती अनायास प्रशंसा के पुल बाँधने लगती।—भूषण वनमाली।

प्रश्न उठ खड़ा होना

समस्या उत्पन्न होना; जैसे—हमारे सामने यह प्रश्न उठ खड़ा हुआ है कि इन नए गुंडों से कैसे निपटें।

प्रसाद पाना

भोजन करना; जैसे—अभी अभी आप ही के यहाँ से प्रसाद पाकर लौटा हूँ।

प्राण अटकना

मरणासन्न व्यक्ति का ध्यान किसी (व्यक्ति अथवा वस्तु) में लगा रहने के कारण जान न निकलना; जैसे—बहु को देखने के लिए ही उसके प्राण अटके थे।

प्राण उड़ जाना

मर जाना।

प्राण खाना

जान खाना (दे०)।

प्राण गले/मुँह/तक आना

घोर कष्ट से अत्यंत क्षुब्ध हो उठना।

प्राण छूटना

१. जान बचना (दे०); जैसे—इस संकट से प्राण छूटें तब तो कोई और बात भी सूझे।

२. मरना; जैसे—बेटे के लिए उसके प्राण अटके हैं। वह आ जाएगा तभी इसके प्राण छूटेंगे।

प्राण छोड़ना

१. जान छोड़ना (दे०)।

२. शरीर त्यागना।

प्राण जाना

जान जाना (दे०)।

प्राण डालना

जान डालना (दे०)।

प्राण देना/दे देना/दे डालना

१. जान देना (दे०)।

२. बहुत प्यार करना; जैसे—(१) वह अपनी पुत्री पर प्राण देती है। (२) वह देख, सामने खड़ी है तेरी गय्या। इसने तो संध्या से रंभा रंभाकर प्राण दे दिए। —यज्ञदत्त।

३. कुर्बान हो जाना; जैसे—देशप्रेमी वह है जो देश पर प्राण दे दे।

प्राण निकलना/निकलने लगना

जान निकलने लगना, अत्यंत भयभीत होना; जैसे—मैंने यह सोचकर कि उसे (चेतन को) गणित आ गया है, ट्यूशन बंद कर दी और वही अध्यापक, जो उस पर खासे मेहरबान थे, चौथी कक्षा में उसकी कुटम्मस करते और गणित की घंटी में चेतन के प्राण निकलने लगते।—अश्क।

प्राण/प्राणों/पर खेलना

जान पर खेलना (दे०)।

प्राण/प्राणों/पर बीतना

जान पर बीतना (दे०)।

प्राण बचाना

जान बचाना (दे०)।

प्राण मुट्ठी में/हथेली में/लिए फिरना

जान हथेली पर लिए फिरना (दे०)।

प्राण रखना

जान बचाना।

प्राण लेना/ले बैठना

मार डालना, जान लेना; जैसे—जाने

कब किसी बालिका-वधू की अजन्मा संतान, ऐसे ही उसके प्राण ले बैठी थी।—शिवानी।

प्राण सूखना

जान सूखना, अत्यधिक आशंकित या भयभीत होना; जैसे—(१) अत्याचार के नए हथकंडे देखकर सबके प्राण सूख गए।—प्रेमचंद। (२) जब वह रथ सामने आ गया तो उसे देखकर देवताओं की सेना के प्राण ही सूख गए।—सीताराम चतुर्वेदी।

प्राण/प्राणों/से प्यारा

अत्यंत प्रिय।

प्राण हारना

१. मर जाना।

२. हतोत्साह होना, हिम्मत छोड़ना।

प्राणों का ग्राहक

जान का ग्राहक, बहुत अधिक कष्ट देने या सतानेवाला, जैसे—दुर्योधन और भीम का गदा युद्ध देखकर स्पष्ट हो चुका था, वे दो भाई नहीं एक दूसरे के प्राणों के ग्राहक आपस में लड़ रहे हैं।—यज्ञदत्त।

प्राणों की बाज़ी लगाना

जान की बाज़ी लगाना (दे०); जैसे—यह सही है कि क्रांतिकारी अपने उद्देश्य के लिए प्राणों की बाज़ी लगा देते हैं।—यशपाल।

प्राणों पर आ बनना

जान पर आ बनना (दे०)।

प्राणों में प्राण आना

जान में जान आना (दे०)।

प्रीत मानना

प्रीति करनवाले से प्रीति करना।

प्रेस में होना

(ग्रंथ आदि) छप रहा होना।

फ

फंका मारना/लगाना

हथेली पर रखे हुए चूर्ण आदि को फाँकना।

फंदा लगाना

जाल फेंकना, फँसाने का उपक्रम करना।

फंदे में आना/पड़ना

किसी की चाल का शिकार होना, धोखे में आना; जैसे—इतना जागरूक होने पर भी वह उनके फंदे में आ ही गया।

फँस जाना

बंधन में पड़ना; जैसे—(१) अब तो वह घर-गृहस्थी के जंजाल में बुरी तरह फँस गया है। (२) अब वह फँस गया है, बिना कुछ लिए पुलिस उसे छोड़नेवाली नहीं है। (३) अब वह उस नागिन के प्रेमपाश में फँस गया है।

फक्क पड़ना/पड़ जाना

चेहरे की रंगत उड़ जाना; जैसे—रमेश की अम्मा अपने पति और बेटे की चिंता में फक्क पड़ गई थी।—अमृत-लाल नागर।

फक्कड़ तौलना

गंदी गालियाँ देना।

फट पड़ना

अप्रत्याशित रूप से अत्यधिक मात्रा में आना या पहुँचना; जैसे—(१) दौलत तो उसके घर फट पड़ी हो; जैसे। (२) नहर ज़मीन का बहुत बड़ा हिस्सा सींचती है, गेहूँ और धान की फसल फट पड़ती है।—अजीत पुष्कल।

फटकने न देना

किसी को अपने पास या कहीं आने न देना।

फटा पड़ना

वेग से बाहर आना, प्रस्फुटित होना; जैसे—(१) उसका रूप तो मानो फटा पड़ता था। (२) अनोखे ढाँचे और डील-डौल के फल न जाने कहाँ से मँगवाए गए थे जिनको देखने के लिए लोग फटे पड़ते थे।—जी० पी० श्रीवास्तव।

फटी आँखों देखना

विस्तारित नेत्रों से विवशतापूर्वक देखते

रह जाना।

फटे में पैर देना
जान-बूझकर अपने को ऐसी स्थिति में पहुँचाना जहाँ विपत्ति में पड़ना पड़े।

फटे हाल
दुर्दशाग्रस्त विशेषतः अकिंचन।

फट्टा उलटना
टाट उलटना, दिवाला निकालना।

फड़क उठना
तबियत फड़क उठना (दे०)।

फड़कता हुआ
(किस्सा या कहानी) जो जोश दिलानेवाला हो; जैसे—कोई फड़कती हुई कहानी सुनाओ।

फ़तवा देना
निर्णय थोपना; जैसे—लेखक कोई ऐसा व्यक्ति नहीं जो दूसरों पर फ़तवा दे, ऐसा कोई उसे अधिकार भी नहीं।—श्रवण कुमार।

फबती कसना
उपहासास्पद सिद्ध करने के लिए ऐसी मनगढ़ंत या विचित्र बात कहना जो किसी पर ठीक बैठती हो; जैसे—मौलाना को हुक्का गुड़गुड़ाते देखकर उन्होंने फबती कसते हुए कहा था कि लगता है जैसे बंदर अपनी दुम चाट रहा हो।—रामचंद्र वर्मा।

फ़रार होना
कानून की पकड़ या हिरासत में आने से बचने के लिए छिप या भाग जाना; जैसे—कभी सोचता श्यामली को ही ख़त्म कर दे और फ़रार हो जाए।—अजित पुष्कल।

फ़रिश्ता निकलना
बहुत भला और परोपकारी व्यक्ति सिद्ध होना; जैसे—हम तो उसे मामूली पंडित समझते थे पर वह निकला फ़रिश्ता।

फ़र्क आना/आ जाना
परिवर्तन आ जाना, बदल जाना; जैसे—मंत्री बनने के बाद से उनके व्यवहार में अंतर आ गया है।

फर्राटा भरना/मारना
बहुत तेज़ी से दौड़ना।

फल चखना
कुपरिणाम भुगतना; जैसे—मक्खियों के छत्ते को छूकर उन्होंने फल चख लिया।

फल मिलना
जैसा कर्म किया हो उसका वैसा फल प्राप्त होना।

फलना-फूलना
समृद्ध और सुखी होना।

फसकड़ा मारना
फैलकर बैठना, अधिक से अधिक जगह घेरकर बैठना; जैसे—दिलावर सिंह चौड़े पटरे पर फसकड़ा मारे, निर्विकार भाव से लस्सी बना रहा था।—अश्क।

फाँस निकलना
मन में होनेवाली खटक दूर होना।

फाँसी खड़ी होना
जान जोखिम में होना।

फाँसी चढ़ना
दंड भुगतना; जैसे—उन्हीं के फेर में हमें फाँसी चढ़ना पड़ा था।

फाँसी देना
दंड देना; जैसे—ठीक है अगर हमें ही फाँसी देना चाहते हैं तो दे लें।

फ़ाका मारना
दिन भर बिना कुछ खाए रह जाना; जैसे—नाम तो उपवास का लिया पर असल में वहाँ मारना फ़ाका ही पड़ा था।

फ़ाके मस्त
बराबर फ़ाके होने पर भी जो मस्त रहता हो।

फाटक में देना
जेल, हवालात अथवा काँजी हाउस में बंद करना।

फाड़ खाना
बहुत ज़ोर से फटकारना; जैसे—वह

बोला नहीं कि बाप ने फाड़ खाया नहीं।

फ़िकरा कसना

व्यंग्य करना; जैसे—मुंशी लोग उठते-बैठते फ़िकरे कस देते।—कमलेश्वर।

फिट्टे मुँह

फिटकार है उस मुँह पर; जैसे—फिट्टे मुँह उस स्त्री के जो पिया से पहले खाए।

फ़िरंट होना/हो जाना

बात बात पर विरोध करना; जैसे—उनकी सब से छोटी संतान इति··· (थी) जिसे वे अज़हद प्यार करते थे··· फ़िरंट हो गई थी और बात बात में इस नई व्यवस्था की नुक्ताचीनी किया करती थी।—सुरेश सिनहा।

फिर जाना

वचन भंग करना, वादे से हट जाना।

फिर पड़ना

प्रवृत्त होना; जैसे—उनसे विरत हुए तो इधर फिर पड़े।

फिसड्डी होना

सबसे पीछे होना।

फिसल जाना/पड़ना

१. रूप, लावण्य आदि पर अनुरक्त हो जाना।

२. नीति, नियम आदि से च्युत होना।

फीका कर देना

कांतिहीन या हलका बना देना; जैसे—उसका गौर वर्ण चंद्रिका को फीका कर देनेवाला था।

फीका पड़ना/पड़ जाना

१. मुँह फीका पड़ना (दे०)।

२. घटकर या हलका होना; जैसे—(१) चलते समय घोड़ों के शरीर पर के कवच ऐसे ऊँचे स्वर से खनखना रहे थे कि वायु के चलने से जो बड़े बड़े ताड़ के पेड़ों में से ध्वनि निकल रही थी, वह भी उसके आगे फीकी पड़ गई।—सीताराम चतुर्वेदी। (२) राजनीति के आगे सभी नीतियाँ फीकी पड़ जाएँगी।—यज्ञदत्त। (३) कला मर्मज्ञ पाण्डे ने रंगीन पत्थरों को जोड़-तोड़कर ऐसे अनूठे मेहराब और कंगूरे बनवा दिए थे कि सोलहवीं शताब्दी की भवन निर्माण कला भी फीकी पड़ जाती थीं।—शिवानी।

फीका लगना/लगने लगना

घटकर या हलका प्रतीत होना; जैसे—नई औरत के सामने पुरानी औरत अपने आप फीकी लगने लगती है।—अजित पुष्कल।

फुटेहरा फुटना

ज़ोरों की हँसी होना।

फुर्र हो जाना

उड़ जाना, न रह जाना, देखते देखते ख़त्म हो जाना (धन के संबंध में); जैसे—गिने-चुने रुपए मिलते हैं जो महीना ख़त्म होने के पहले ही फुर्र हो जाते हैं।—गिरिधर गोपाल।

फुलझड़ी छोड़ना

१. ऐसी बात कहना जिससे ठहाका लगता हो; जैसे—एक चुलबुली लड़की ने वातावरण की गंभीरता को कम करने के लिए फुलझड़ी छोड़ी।—गुलशन नंदा।

२. झगड़ा लगानेवाली बात कहना।

फूँक डालना/देना

१. व्यय कर देना, स्वाहा कर देना। जैसे—(१) कुछ ही दिनों में उसने बाप-दादा की बरसों की संपत्ति फूँक दी थी। (२)···इकलौते दामाद हैं, जिन्होंने अपनी ससुराली इस्टेट का बहुत बड़ा भाग भोग-विलास में फूँक दिया।—अमृतलाल नागर।

२. फूँक मारकर वश में कर लेना; जैसे—उस अघोरी अवधूत ने मोहिनी को फूँक दी थी।—शिवानी।

फूँक निकलना/निकल जाना

प्राण निकलना, मरना।

फूँक फूँककर कदम/पैर/रखना

अत्यंत सतर्कतापूर्वक कोई कार्य करना

या आगे बढ़ना; जैसे—ऐसी टिप्पणियाँ नहीं करते कि सिर पर कोई आफ़त आ जाए; जैसे—ये लोग फूँक फूँककर कदम रखते हैं।—प्रेमचंद।

फूँक मारकर उड़ा देना

सरलता से दूर या पृथक् कर देना अथवा परे हटा देना; जैसे—ऐसे ज्वर को तो वे फूँक मार कर उड़ा देते हैं।

फूँक-तापकर बराबर करना

सारी धन-संपत्ति मौज-पानी में लुटा देना; जैसे—एक दिन यह तय है कि तुम मुझसे पाई हुई यह दौलत भी फूँक-तापकर बराबर करोगी।—अमृतलाल नागर।

फूँका पड़ना

सब-कुछ फुँक जाने के कारण कुछ न बचना; जैसे—तुम तो हर दम खीस निपोरे कुछ न कुछ माँगती ही रहती हो। घर पर जैसे फूँका ही पड़ा रहता हो।—अजित पुष्कल।

फूट डालना/डाल देना

परस्पर विरोध उत्पन्न करना; जैसे—हरिजन विधायकों में फूट डालने के लिए यह शोशा छोड़ा गया है।—आज।

फूट पड़ना

१. सहसा रो पड़ना; जैसे—(१) 'शंखनाद' की प्रति लेकर माँ सरो के कमरे में पहुँची और उसे सीने से लगाकर फूट पड़ी।—नरेश मेहता। (२) वह एकदम पति से सट गई और उसके सीने पर सिर रख एक छोटे जल से भरे बादल-सी फूट पड़ी।—नरेश मेहता।

२. प्रस्फुटित होना; जैसे—कहार के घर में बहार की लहर फूट पड़ी।—रा० रा० प्र० सिंह।

३. दबी हुई बात कह देना, उगल देना।

४. पारस्परिक वैमनस्य उत्पन्न होना; जैसे—घर में फूट पड़ी हो तो एक की अच्छी बात भी दूसरे को बुरी लगती है।

फूट फूटकर रोना

बिलखते हुए रोना; जैसे—यह वही नंदी थी जिसके ब्याह के दिन वह फूट फूटकर रोया था।—शिवानी।

फूटा पड़ना

अत्यधिक मात्रा में सामने आना; जैसे—अन्नु मियाँ अच्छे स्वभाव के शालीन, पढ़े-लिखे थे और धन-दौलत तो उनके घर जैसे फूटी पड़ती है।—भूषण वनमाली।

फूटी आँख/आँखों/न देख पाना या सकना

सूरत से घृणा होना; जैसे—हमारे यहाँ तो उसे कोई फूटी आँखों भी न देख पाएगा।—रा० रा० प्र० सिंह।

फूटी आँख/आँखों/न सुहाना

बहुत बुरा या अत्यंत अप्रिय लगना; जैसे—(१) अहल्या जानती थी कि मल्लिका को उसकी रेक्सी से घनिष्ठता फूटी आँखों भी नहीं सुहाती।—शिवानी। (२) तेरी यह आदत मुझे फूटी आँख नहीं सुहाती, सविता! यह क्या बात हुई जब लड़के आँगन में होंगे तो तेरी पढ़ाई भी वहीं होगी।—कमलेश्वर।

फूटी कौड़ी (भी) न देना

कुछ भी न देना।

फूटी कौड़ी न होना

कुछ भी धन पास या पल्ले न होना; जैसे—और इसकी कोई वजह भी न थी, कि आप जैसा ऊँचा इन्सान उनसे मुहब्बत करेगा, जिसके पास सूरत और गुणों के सिवा एक कौड़ी भी नहीं है।—भूषण वनमाली।

फूटे मुँह से न पूछना/न बोलना

द्वेष या वैमनस्य के कारण किसी से बिल्कुल न बोलना; जैसे—बेटे ने मुझसे कभी फूटे मुँह से नहीं पूछा कि माँ तुम कैसी हो।

फूल उठना

अत्यंत प्रसन्न हो जाना।

फूलकर कुप्पा होना

मारे प्रसन्नता के फूले न समाना; जैसे—पुत्र-रत्न की प्राप्ति का समाचार सुनकर वह फूलकर कुप्पा हो गया।

फूल चुनना

पौधों, वृक्षों, लताओं आदि से फूल तोड़ तोड़कर एकत्र करना।

फूल झड़ना

मुँह से फूल झड़ना (दे०)।

फूल बरसना

मुँह से फूल झड़ना (दे०); जैसे—उसके मुँह से तो फूल बरसते हैं।

फूल सूँघकर रहना

बहुत कम खाना।

फूला न समाना

अत्यंत आनंदित होना, हर्ष से विभोर होना; जैसे—(१) लेखिकाएँ अनुरागमय प्रोत्साहन से भरे हुए पत्र पाकर फूली न समातीं।—प्रेमचंद। (२) ज्ञानशंकर को गायत्री का पत्र मिला तो फूले न समाए।—प्रेमचंद। (३) राम के राज्याभिषेक का समाचार सुनकर अयोध्यावासी फूले न समाए। —सीताराम चतुर्वेदी। (४) वैसे ख़ुद मेरा भी यही हाल था कि ख़ुशी से फूला न समाती थी।—भूषण वनमाली। (५) आज आपको ऋषियों की सभा में गुरु वशिष्ठ की भाँति विराजमान देखकर हम ठलुए फूले नहीं समा रहे हैं। —भानुशंकर मेहता।

फूलों की मार

प्रिय स्पर्श; जैसे—हलकी चोट को तो वे फूलों की मार समझती हैं।—अजित पुष्कल।

फूलों की सेज

सुख देनेवाली वस्तु; जैसे—आपको न्यायोचित समर्थन करने के लिए कुछ नुकसान उठाने पर तैयार रहना चाहिए, क्योंकि सन्मार्ग फूलों की सेज नहीं है।—प्रेमचंद।

फेंटा कसना/बाँधना

पूरी तरह से सन्नद्ध होना, कटिबद्ध होना।

फेर में पड़ना

१. किसी कार्य अथवा किसी की बातों में उलझ जाना; जैसे—ऐसे शिथिल वाक्यों के संशोधन के फेर में न पड़कर यहाँ हम उनके कुछ और उदाहरण दे देना यथेष्ट समझते हैं।—रामचंद्र वर्मा।

२. चिंता तथा दुविधा की स्थिति में होना।

फेर में रहना

चक्कर में रहना, प्राप्ति के लिए प्रयत्नशील रहना; जैसे—उसका गठा बदन है, जिसके बूते पर औरतों के फेर में रहता है।—अजित पुष्कल।

फेरे फिरना

विवाह करना; जैसे—जिससे तुमने फेरे फिरे हैं वही तुम्हारे काम आएगी।

फ़ैशन बन/हो/जाना

आम बात हो जाना; जैसे—यह घर है, कोई काफ़ी हाउस नहीं जहाँ मूर्खों की तरह चीखना-चिल्लाना एक फ़ैशन बन गया है।—सुरेश सिनहा।

फोड़ लेना

विपक्ष के किसी सदस्य को बहका या फुसलाकर अपने पक्ष में कर लेना।

फ़ौजदारी करना

मार-पीट करना; जैसे—उन्होंने कहीं फ़ौजदारी की होगी तभी तो मुकदमा चला है।

ब

बंटाढार होना

चौपट या नष्ट होना; जैसे—इन औरतों के मारे ही घर का बंटाढार होवे हैं। —नरेश मेहता।

बंद मुट्ठी खुलना/खुल जाना

रहस्य प्रकट हो जाना, छिपी बात सामने आ जाना।

बंदगी बजाना

सलाम करना; जैसे—अफ़सर अपनी

बंदगी बजाने साहब के बंगले पर सर (सिर) के बल जाते।—रा० रा० प्र० सिंह।

बंदर-बाँट

बाँटने का वह ढंग या रीति जिसमें मध्यस्थ ही सब-कुछ खा जाता हो और संबद्ध व्यक्तियों के पल्ले कुछ न पड़ता हो।

बंदूक की नोक पर

मार डालने की धमकी देते हुए; जैसे—बंदूक की नोक पर उन्होंने थैला रखवा लिया।

बंधन ढीले होना

(पिटाई होने से) अंग शिथिल पड़ना।

बँधा-बँधाया

पूर्ण रूप से निश्चित और सीमित; जैसे—उस खोएपन की जड़ता में अचानक एक बिंब झलककर उसे अपनी जानी-पहचानी बँधी-बँधाई दुनिया में ले आया।—अमृतलाल नागर।

बखिया उधेड़ना/उधेड़ देना

रहस्य खोलना; जैसे—नहीं, नहीं, नहीं, ...मेरे पति पर इल्ज़ाम मत लगाइए। मैं जानती हूँ, आख़िर में यही इल्ज़ाम घूमकर मुझ पर आएगा। मेरी भरी पूरी ज़िंदगी की बखिया उधेड़ेगा।—कमलेश्वर।

बगल गरम करना

सहवास करना; जैसे—परंतु समझ में न आनेवाली बात यह थी कि ...निक्की सबको छोड़-छाड़कर उसी की बगल गरम करती थी।—बलवंत सिंह।

बगल में दबाए रखना

अधीन रखना; जैसे—कइयों को बगल में दबाए रखता है।

बगल से

पड़ोसी के यहाँ से; जैसे—वह बगल से उस दिन आटा माँग लाई थी।

बगलें झाँकना

फँस जाने पर इधर-उधर से निकल भागने के लिए राह खोजना; जैसे—(१) बड़े से बड़े रईस के घर चले जाइए, मेज़ पर मिठाइयों का ढेर लगा देगा, मगर पान माँगिए तो बगलें झाँकने लगेगा।—कन्हैयालाल कपूर। (२) सोफ़े के जरा-जीर्ण स्प्रिंग चूँ-चाँ का ऐसा ध्वनि-संगीत प्रस्तुत करते कि बैठनेवाला अप्रस्तुत होकर बगलें झाँकने लगता।—शिवानी।

बगलें बजाना

बहुत प्रसन्नता प्रकट करना; जैसे—धर्म बेचनेवाले, बगलें बजाते हैं, कोई उनकी ओर कड़ी आँख से देख नहीं सकता।—प्रेमचंद।

बगुला भगत

ऐसा व्यक्ति जिसका आचरण तो निंदनीय हो, परंतु उपर से भगत बना रहता हो; जैसे—गाँव में साले एक सिरे से सब चोरी-छिपे झक मारते हैं—सब घाट पानी पीकर बगुला भगत बने रहते हैं।—सरोजिनी वर्मा।

बचकर रहना

पकड़े जाने से बचने के विचार से दूर रहना अथवा सावधान रहना; जैसे—बहन देवयानी का रूप सचमुच ऐसा ही है ब्रह्मचारी! ज़रा बचकर रहना इससे।—यज्ञदत्त।

बचन डालना

याचना करना।

बच्चा/बच्चे/गिराना

गर्भपात कराना; जैसे—और वह दुबली-पतली चश्मा लगाए साँवली-सी जो औरत है, वह यहाँ की एक प्रमुख लेडी डाक्टर है। इसका काम है बच्चे गिराना।—गिरिधर गोपाल।

बच्चों का खेल

बहुत ही सरल या साधारण-सा काम; जैसे—राष्ट्रीयता पर निबंध लिखना बच्चों का खेल नहीं।

बछिया के ताऊ

मूर्ख व्यक्ति; जैसे—हो तुम भी निरे

बछिया के ताऊ।—प्रेमचंद।

बजा लाना

पूरा करना या कराना; जैसे—हुकुम बजा लाना।

बझा रहना

बँधा या फँसा रहना, व्यस्त रहना; जैसे—...सब लोगों को खिला-पिलाकर तीसरे पहर बर्तन साफ़ करने तक बझी रहती है।—नरेश मेहता।

बटन दबाना/दबा देना

कोई काम आरंभ करना।

बट्टा लगना

दाग़ लगना; जैसे—मेरा तो कुछ नहीं, दासी हूँ आपकी, परंतु आपकी प्रतिष्ठा को बट्टा लगेगा।—यज्ञदत्त।

बट्टा लगाना

कलंकित करना; जैसे—...उन्होंने ऐसा करके अपनी साख पर बट्टा लगा लिया।

बट्टे खाते डालना/लिखना

(प्राप्त न हो सकनेवाली रकम को) डूबी रकमों के खाते में लिखना।

बड़ा आदमी

रईस या ऊँचे पद पर प्रतिष्ठित व्यक्ति; जैसे—बड़े आदमियों ने छोटे आदमियों का जीना हराम किया हुआ है।

बड़ा कलेजा

साहसपूर्ण हृदय; जैसे—बड़ा कलेजा चाहिए इतनी बड़ी गठरी देने के लिए।

बड़ा घर

जेल; जैसे—रात भर उन जुआरियों के साथ यह भी बड़े घर की हवा खा आया है।

बड़ा दिल

बड़ा कलेजा (दे०)।

बड़ा नाम होना

यशस्वी होना; जैसे—सामजिक कार्यकर्ताओं में उनका बड़ा नाम है।

बड़ा पेट

धन आदि की बहुत अधिक माँग करनेवाला; जैसे—उन बड़े पेटवालों के यहाँ हमारे लिए लड़की देना कैसे संभव है।

बड़ा बोल बोलना

ऐसी बात कहना जिससे किसी का मान घटे; जैसे—बेटा, कोई अपना हो या पराया, बड़ा बोल नहीं बोलते।

बड़-सा मुँह खोल देना

और अधिक बड़ी माँग कर बैठना।

बड़ी नाकवाला

अपनी इज़्ज़त को वास्तविकता से ऊँचा समझनेवाला; जैसे—ऋण लेकर ब्याह किया, फिर दिवाला निकलवाना पड़ा। आए हैं बड़ी नाकवाले।

बड़ी बड़ी बातें करना

अपनी योग्यता, महत्त्व, शक्ति आदि के संबंध में अत्युक्तिपूर्ण बातें करना। अपना महत्त्व दिखाने के लिए वास्तविकता को बढ़ा-चढ़ाकर कहना।

बड़ी बात

प्रशंसनीय कार्य; जैसे—(१) विवाह का लग्न तो बीत गया। बड़ी बात तुम आए तो सही। (२) किचलू साहब से ज़्यादा नाराज़ थे अपने जवाहर भाई से, जिन्होंने उन्हें किसी मुल्क में राजदूत बनाना तो बड़ी बात है, विधान-सभा का टिकट तक नहीं दिलाया।—गिरिधर गोपाल। (३) काम तो उन्होंने ख़्याल से ज़्यादा ही किया था, पर उन्होंने पंद्रह रुपए ही भेजवा दिए यही बड़ी बात थी।—अश्क।

बड़े घर की हवा खाना

कैद भुगतना, जेल में रहना।

बड़े बाप का बेटा

जिसने बाप ही के कारण महत्त्व पाया हो।

बढ़-चढ़कर

(अपेक्षाकृत) अधिक योग्य, श्रेष्ठ या संपन्न; जैसे—(१) यह (संस्कृत) भाषा युनानी से कहीं बढ़कर पूरी है और लातिन से कहीं बढ़-चढ़कर इसका भंडार है।—सीताराम चतुर्वेदी।

(२) मोतीलाल कुछ कम नहीं थे किंतु जवाहर लाल उन से भी बढ़-चढ़कर थे।

बढ़ावा देना

प्रोत्साहित करना; जैसे—....आज तब क्या किसी को भी इस परम रहस्यमयी ने बढ़ावा दिया था?—शिवानी।

बत्ती जलाना

प्रकाश करना, रोशनी करना।

बत्ती दिखाना

(मार्ग आदि) आलोकित करना।

बत्तीस दाँतों के बीच ज़बान होना

पूरी तरह से घिरा और विवश होना; जैसे—कुछ छोटी जातियाँ बत्तीस दाँतों के बीच की ज़बान बनीं अपना रोजगार-धंधा करती हैं।—अजित पुष्कल।

बत्तीसी खिलना

हँसी आना।

बत्तीसी झड़ जाना

सब दाँत टूट जाना।

बत्तीसी झाड़ना

इतना मारना कि दाँत टूट जाएँ।

बत्तीसी दिखाना

निर्लज्जतापूर्वक हँसना।

बत्तीसी पेट में डालना

मुँह पर इस प्रकार आघात करना कि बत्तीसों दाँत उखड़ जाएँ; जैसे—राजेश्वरी....संयमी महिला न होती तो शायद एक मुक्का मारकर वहीं उस बेहूदे छोकरे की बत्तीसी उसके पेट में डाल देती।—शिवानी।

बत्तीसी बजना

सर्दी के कारण दाँत बजना।

बदतमीज़ी करना

मर्यादा या शिष्टाचार के विपरीत आचरण करना; जैसे—पर हाँ, उन्होंने बदतमीज़ी की तो फिर वह मज़ा चखाऊँगी कि सारी उमर याद रखें।—भूषण वनमाली।

बदन की सुधि न रहना

तन की सुधि न रहना।

बदन चुराना

लज्जावश अपने अंगों को सिकोड़ना या छिपाना।

बदन टूटना

मांसपेशियों में दर्द होना (थकावट, बुख़ार आदि के फलस्वरूप)।

बदन तोड़ना

शर्म या तेज़ दर्द के कारण अंगों को तानना और खींचना।

बदन में आग लगना/लग जाना

क्रोध से जलने लगना; जैसे—चुप रहो, तुम्हारी ऐसी बातों से बदन में आग लग जाती है।—प्रेमचंद।

बदला चुकाना

अपकारकर्ता का भी अपकार करना; जैसे—आज तुमने उसके साथ जो किया है कल वह तुमसे इसका बदला चुका लेगा।—प्रेमचंद।

बदला लेना

बदला चुकाना (दे०); जैसे—(१) बाप से रूठने का बदला बेटे से न लिया जाए।—अमृतलाल नागर। (२) इस लुका-छिपी के अतिरिक्त, जो भूतना की नाक के नीचे चलती, लड़के कभी कभी भूतना के उस ज़ुल्म का बदला खुले आम लेने से भी न चूकते।—अश्क। (३) सुना है किसी अपराधी ने उनसे बदला ले लिया, वह उनकी बेटी को छोटी आयु में उड़ा ले गया।—गुलशन नंदा।

बदलाव आना/आ जाना

परिवर्तन होना या आना।

बदहवास होना/हो जाना

गुस्से के मारे होश-हवास खो बैठना।

बदा होना

भाग्य में लिखा होना; जैसे—जो भाग्य में बदा है वही तो मिलेगा।

बधिया बैठना

संपत्ति अथवा प्रतिष्ठा चौपट या समाप्त-

प्राय हो जाना; जैसे—ऊन के रोज़गार में उनका बधिया ही बैठ गया है।

बन आना

मनमाना आचरण करने का अवसर या छूट मिलना; जैसे—...जब पहले पहले...भारतियों को स्वशासन की छूट दी गई थी, कांग्रेसियों की बन आई थी।—रा० रा० प्र० सिंह।

बन जाना

सुधर जाना; जैसे—सभी कहते पंडित जी की तो बन गई, गऊ माता की शरण में मरे।—अजित पुष्कल।

बन पड़ना

हो पाना, संभव होना; जैसे—(१) जैसे बन पड़ेगा, देंगे।—प्रेमचंद। (२)... जहाँ तक उससे बन पड़ता, वह तमाम दिन अपनी ज़बान भी न खोलता।—श्रवणकुमार। (३) चेतन अपनी जगह स्तंभित खड़ा रह गया...कोई भी उत्तर उससे न बन पड़ा।—अश्क। (४) आख़िर जब कुछ न बन पड़ा तो एक जगह खाना पकाने पर नौकरी कर ली।—भूषण वनमाली। (५) हमसे जौन (जो) कुछ बन पड़ेगा वही तो करेंगे।—अमृतलाल नागर।

बन बैठना

१. रूप या पद (बलात्) ग्रहण या धारण कर लेना; जैसे—आज तो चोर ही साधु बन बैठे हैं।

२. सजे-धजे रहना; जैसे—(१) मेले जाने के लिए औरतें बन बैठी थीं। (२) मेरा शौहर छाती फाड़कर काम करे और पन्ना रानी बनी बैठी रहे। —प्रेमचंद।

बन-बना जाना

तैयार हो जाना, बन जाना; जैसे—देख ले क्या बन-बना गया है चौके में। —कमलेश्वर।

बनना

१. अपने आपको लगाना; जैसे—कितना बनते थे वह, आज कुछ बन न पड़ी, बन गई अच्छी हजामत बैठे बिठाए।—रा० रा० प्र० सिंह।

२. परस्पर घनिष्ट संबंध होना; जैसे—उषा और सहपाठिन में ख़ूब बनती थी।—यशपाल।

३. अच्छे रूप में प्रस्तुत होना, फलतः भला और प्रिय लगना; जैसे—(१) वैष्णव-धर्म का बखान उनके मुख से सुनते ही बनता है।—देवेन्द्र सत्यार्थी। (२) हाट-बाज़ार की रौनक तो देखते ही बनती है।—देवेन्द्र सत्यार्थी।

बनना-बिगड़ना

हित या अहित अथवा लाभ या हानि होना; जैसे—यदि वे आपसे संबंध ही करना चाहते हैं तो करने दीजिए उससे आपका क्या बनता-बिगड़ता है। —प्रेमचंद।

बना रहना

१. अस्तित्व में रहना, विद्यमान रहना, जीवित रहना; जैसे—(१) ईश्वर करे, तुम्हारी कीर्ति सदा बनी रहे। (२) क्या हर व्यक्ति के अस्तित्व को किसी न किसी प्रकार का ख़तरा बना रहता है।—श्रवणकुमार।

२. संबंध बनाए रखना, अपनाए रखना; जैसे—मगर औरत को जब मन-मुआफ़िक मर्द मिल जाता है, तो हर तकलीफ़ सहकर भी वह उसी की बनी रहना चाहती है।—अजित पुष्कल।

बना हुआ

मिथ्याचारी; जैसे—मैं तो हकीम साहब को बड़ा अच्छा आदमी समझती थी, लेकिन यह तो बड़े बने हुए निकले। —भूषण वनमाली।

बनाकर कहना

गढ़कर कहना; जैसे—यह बात उन्होंने अपनी ओर से बनाकर कही होगी।

बनाकर रखना

सुसंबंध रखना; जैसे—उसने तो

मुहल्लेवालों से भी कभी बनाकर नहीं रखी।

बना-बनाया
तैयार, सब प्रकार से पूर्ण; जैसे—सब-कुछ बना-बनाया मिला, जिसमें किसी की मर्ज़ी या चाहने न चाहने का सवाल ही नहीं उठा।—कमलेश्वर।

बना-बनाया खेल बिगाड़ना
सिद्ध होते हुए काम में विघ्न डालना; जैसे—बाबू रमानाथ, आप क्यों बना-बनाया खेल बिगाड़ रहे हैं।—प्रेमचंद।

बनाए न बनना
पूरी शक्ति लगाने पर भी कोई कार्य सिद्ध न होना।

बनाए रखना
१. ऐसा काम करना कि जो जिस रूप में हो वह उसी रूप में बना रहे; जैसे—मित्र की प्रतिष्ठा को बना रखना मित्र का ही काम है।—अश्क।
२. अच्छा संबंध स्थापित किए रहना; जैसे—उससे बनाए रखोगे तो कभी वह भी तुम्हारे काम आएगी।

बनाना
मूर्ख बनाना; जैसे—देना हो तो दो, बनाओ मत।

बनी होना/रहना
१. परस्पर अच्छा संबंध होना; जैसे—भगवान करे, दोनो भाइयों में सदा बनी रहे।
२. लाभ की स्थिति में होना; जैसे—तभी तो इन कांग्रेसी कौवों की आज-कल बनी हुई है।—गिरिधर गोपाल।

बपौती समझना
(माल) अपना समझना; जैसे—अपने भाई की कमाई को बपौती समझने की उसने भूल की।

बफारे छोड़ना
किसी तीव्र मनोवेग को प्रत्यक्ष रूप से व्यक्त करना; जैसे—अत्यधिक सत्ताग्राही, पर-धनलोलुप रूपचंद से आम तौर पर वार्ड के पढ़े-लिखे लोग यों भी चिढ़ते थे, इस समय तो क्रोध और घृणा के बफारे छोड़ने लगे।—अमृतलाल नागर।

बयाना देना
अच्छे घर बयाना देना (दे०); जैसे—बहरहाल छोड़ेंगे नहीं चाचा को अच्छे घर बयाना दिया है इस पूँजीपति ने।—अमृतलाल नागर।

बरकत उठ जाना
बरकत न रह जाना, पैसा या सामान होने पर भी पूरा न पड़ना।

बरकत होना
थोड़ी चीज़ में भी अच्छी तरह गुज़ारा होना या काम चलना; जैसे—पहले के पैसे में भी बरकत होती थी---।

बरपा होना
उठ खड़ा होना; जैसे—दुनिया की सारी बगावतें, सारे इन्कलाब सदियों से इकट्ठे हुए झूठ को उखाड़ फेंकने के लिए ही बरपा होते हैं।—अश्क।

बरस पड़ना
एकाएक ज़ोरों से बिगड़ना; जैसे—लड़की भाग गई है तो हम ग़रीब आदमियों पर ही बरस पड़े।—शिवानी।

बरसाती मेंडक
अवसरवादी व्यक्ति।

बराबर करना/कर देना
चौपट या नष्ट करना; जैसे—बाप दादा की बरसों की कमाई उसने चार दिन में बराबर कर दी।

बरी कर देना
मुक्त करना; जैसे—कमाल पाशा ने---औरतों को बुरके की ज़िल्लत से बरी कर दिया।—यशपाल।

बर्दाश्त से बाहर होना/हो जाना
असहनीय हो जाना; जैसे—उनकी वह बात मेरी बर्दाश्त से बाहर थी।

बल खाना

१. स्वेच्छया कुछ घाटा या हानि सहना; जैसे—आपस के इस सौदे में बल हमें ही खाना पड़ा था।

२. लचकना; जैसे—चलता तो लहराता और बल खाता हुआ बदन इकहरा, रुखें अभी जम रही थीं।—बलवंत सिंह।

बल देना

१. ज़ोर डालना; जैसे—उनसे मिलना तो इसी बात पर बल देना कि पहले वह अपना हिसाब कर लें।

२. (रस्सी) बँटना।

बल पर

पद, शक्ति आदि के सहारे; जैसे—(१) जनतंत्र शिक्षित और निर्भीक जनता के बल पर टिकता है। (२) लंबी-चौड़ी काश्त है। अपार संपत्ति है। इसी के बल (पर) वे वीरता और बदमाशी का एक साथ सुख लेते हैं।—अजित पुष्कल।

बल मिलना

प्रोत्साहन प्राप्त होना; जैसे—(१) आप ही की वजह से तो मुझे बल मिला है।—गिरिधर गोपाल। (२) लेकिन रानी जानती है कि उसके इन विचारों को खन्ना साहब के यहाँ बल नहीं मिलेगा।—अमृतलाल नागर।

बल-बूते पर

साहस और सामर्थ्य के आधार पर; जैसे—तुम्हारे बल-बूते पर ही तो इस भारी भरकम संस्था की गाड़ी किसी तरह घिसट रही है।—श्रवणकुमार।

बला टलना/टल जाना

मुसीबत दूर होना; जैसे—चलो अच्छा ही हुआ, सिर पर आई बला स्वयं ही टल गई।—शिवानी।

बला टालना/टाल देना

पीछा या पिंड छुड़ाना; जैसे—जो एक लाख चंदा दे सकता है वह सौ रुपए देकर बला टाल रहा है।—गिरिधर गोपाल।

बलाएँ लेना

यह कामना करना कि दूसरे की बलाएँ मुझ पर आएँ; जैसे—इस आदर पर बेगम साहिबा ने आँखों ही आँखों में रियाज़ की बलाएँ लीं।—भूषण वनमाली।

बलि का बकरा

जिसे अपनी जान गँवानी पड़े या बहुत बड़ी हानि सहनी पड़े।

बलि चढ़ना/चढ़ जाना

मारा जाना; जैसे—भाइयों के विवाद में दो बहनें बलि चढ़ीं।

बलि चढ़ाना/चढ़ा देना

देवता को प्रसन्न करने के लिए उसके नाम पर किसी पशु का वध करना।

बलि जाना

न्योछावर होना।

बलि ले लेना

जान ले लेना, संहार कर देना; जैसे—कटक के समीपवर्ती क्षेत्र में उस (तूफान) ने ७ हज़ार व्यक्तियों की देखते-देखते बलि ले ली थी।—अखंड ज्योति।

बस कर देना

ख़त्म कर देना; जैसे—बहुत हो गई, अब बस कर दो।—बलवंत सिंह।

बस का रोग

ऐसा काम जिसे कर पाना बहुत कठिन हो, ऐसा विकट या भीषण काम या बात जिससे पार पाना किसी के लिए संभव न हो; जैसे—उनकी ज़बानदानी और शायरी का मज़ाक उड़ाते हुए लिखा था कि शायरी पंडित जी के बस का रोग नहीं।—अश्क।

बस चलना

वश में होना; जैसे—(१) मेम साहब का बस चलता तो लंच पर मुझे कच्चा खा डालतीं।—रा० रा० प्र० सिंह। (२) अरे बुढ़ापे पर किसी का बस चला है।—गिरिधर गोपाल। (३) माँ-बाप

बस चलते बच्चों के लिए क्या नहीं करेंगे।—यशपाल। (४) कहकहा रोका जा सकता है, पर आह पर बस नहीं चलता।—भूषण वनमाली। (५) छैलू ही से उसे ख़ास तौर से ईर्ष्या है और केवल उसी से उसका बस नहीं चलता।—अमृतलाल नागर।

बस जाना

व्याप्त हो जाना, समा जाना; जैसे—चित्रांगदा और चंडालिका के अभिनय करते-करते उनकी लयबद्ध चाल में रवीन्द्र संगीत का माधुर्य बस गया था।—शिवानी।

बस न चलना

विवश होना; जैसे—मुझे एक कदम चलना मुश्किल है फिर भी मैं अपनी इज़्ज़त बचाती रही। लेकिन तुम हो कि तुम्हारे आगे मेरा कोई बस नहीं चलता।—बलवंत सिंह।

बस में कर लेना

पूर्ण नियंत्रण में कर लेना; जैसे—उसने फिर उस वाचाल को बस में कर लिया।

बस में होना

अधिकार में होना; जैसे—बेटा, इन लोगों की ताकत कूतना आसान नहीं है, पुलिस-थाना सब इनके बस में हैं।—अजित पुष्कल।

बस होना

ख़त्म होना; जैसे—चापलूस और दोस्त सिर्फ़ इसी पर बस क्यों होने देते, शराब की भी आदत डाल दी।—भूषण वनमाली।

बसर करना

व्यतीत करना, गुज़ारना; जैसे—ज़बीं तुम नहीं जानतीं, इस दुनिया में ज़िंदा रहने के लिए और इज़्ज़त की ज़िंदगी बसर करने के लिए रुपया चाहिए।—भूषण वनमाली।

बसेरा लेना

रात बिताने के लिए कहीं टिकना।

बस्ता बाँधना/बाँध लेना

कहीं से चलने के लिए अपने कागज़-पत्र संभालना।

बह जाना

१. नष्ट हो जना।

२. ग़लत रास्ते पर जाना; जैसे—(१) लड़का चोरों की सोहबत में पड़कर बह गया। (२) जब से मियवा का साथ हुआ तब से और भी बह गया है।—शिवप्रसाद सिंह।

बहकी-बहकी बातें करना

आवेश में आकर पागलों की-सी बेसिर-पैर की बातें करना।

बहती गंगा में हाथ धोना

किसी ऐसे अवसर या बात से जिससे और लोग भी लाभ उठा रहे हों, अनायास या सहज में लाभ उठाना; जैसे—बाढ़ की बहती गंगा में सब अपने अपने उजले या मैले हाथ धो रहे थे।—अमृतलाल नागर।

बहन-बेटी एक कर डालना

ऐसी गंदी गालियाँ देना, जिनमें बहन और बेटी से रिश्ता स्थापित किया जाए; जैसे—यहाँ के बराती बात बढ़ जाए तो लाठी उठा लें, बहन-बेटी एक कर डालें दुश्मन को खीरा-ककड़ी ही समझते हैं।—अजित पुष्कल।

बहरा बनना

अनुचित बात सुनकर भी विवशता के कारण चुप रहना, प्रतिरोध न करना।

बहा फिरना

किसी वस्तु की इतनी अधिकता होना कि उसका आदर घट जाए या विशेष मूल्य न रह जाए; जैसे—आज-कल बाज़ार में आम बहे फिरते हैं।

बहार पर आना

पूर्ण शोभा प्राप्त किए होना, सौंदर्य की उच्चतम सीमा पर पहुँचना।

बहुत-कुछ कहना/कह डालना

खरी-खोटी बातें सुनाना; जैसे—उन्होंने

तो बहुत-कुछ कहा पर मैं चुप ही रहा।

बाएँ हाथ का खेल

अत्यंत सरल कार्य; जैसे—हाथ की कठ-पुतली बना रखना तो बाएँ हाथ का खेल है।—रा० रा० प्र० सिंह।

बाँछें खिलना/खिल जाना

बाछें खिल जाना (दे०); जैसे—इतनी बड़ी धनराशि एक साथ देखकर शेरू की बाँछें खिल गईं।—गुलशन नंदा।

बाँट पड़ना

१. हिस्से लगना।

२. हिस्से में प्राप्त होना।

बाँट-बँटखरा होना

बटवारा होना; जैसे—यहाँ तो बाँट-बटखरा होनेवाला था, सभी के मुँह मीठे होते।—प्रेमचंद।

बाँध जाना/देना

ऐसी व्यवस्था करना जिससे किसी को निश्चित समय पर नियत मात्रा में कुछ रक़म आदि मिलती रहे; जैसे—लालाजी ने अंतकाल में अपनी वसीयत में सदानंद को केवल सौ रुपया महीना हाथ खर्च के लिए ही दिया और बीस रुपए बतासो बहू के लिए रोटी-कपड़े के अलावा बाँध गए।—अमृतलाल नागर।

बाँध लेना

१. गठिया लेना।

२. हस्तगत या प्राप्त कर लेना; जैसे—तुम थोड़े ही समय में सारी कलाओं को बाँध लोगी, मुझको विश्वास है। —वृन्दावनलाल वर्मा।

३. खींच लेना, मंत्रमुग्ध कर लेना; जैसे—वहाँ के सरल बंधु-बाँधवों का स्नेह, प्रकृति का आकर्षण, सब तुम्हें बाँध लेगा।—शिवानी।

बाँधनू बाँधना

युक्ति सोचना, योजना बनाना।

बाँस पर चढ़ना

१. बदनाम होना।

२. घमंडी बनना।

बाँस पर चढ़ाना

१. बदनाम करना।

२. गर्वीला या घमंडी बना देना।

बाँसा फिर जाना

नाक टेढ़ी हो जाना (मृत्यु के समीप होने का लक्षण)।

बाँसों उछलना

१. प्रसन्नता से नाचने-कूदने लगना।

२. कलेजा बाँसों उछालना (दे०)।

बाँह ऊँची होना

सबसे ऊपर या श्रेष्ठ होना।

बाँह गहना/गह लेना

बाँह पकड़ना (दे०); जैसे—लेकिन घर से निकाली जाती हुई वहीदन के गोरे सलोने मुखड़े पर ख़ामोश आँसुओं की बड़ी बोलती हुई रवानी पर सहसा रीझकर वे दयालु और न्यायप्रिय हो उठे। उन्होंने फ़ौरन ही वहीदन की बाँह गह ली।—अमृतलाल नागर।

बाँह चढ़ाना

आस्तीन चढ़ाना (दे०)।

बाँह टूटना/टूट जाना

बहुत बड़े सहायक का न रह जाना; जैसे—भाई क्या मरा इसकी बाँह टूट गई।

बाँह देना

सहारा या सहायता देना, मदद करना।

बाँह पकड़ लेना

सदा के लिए सहायता अथवा आश्रय देने के लिए प्रस्तुत होना; जैसे—मुझ अनाथ की बाँह आप ही ने पकड़ी है।

बाँहों में भर लेना

गले से लगा लेना, आलिंगन करना; जैसे—और माँ ने दौड़कर उसे बाँहों में भर लिया था।—गिरिधर गोपाल।

बाग मोड़ना

दूसरी ओर प्रवृत्त करना, किसी ओर घुमाना।

बाग हाथ से छूटना

अवसर, नियंत्रण आदि हाथ से निकल

जाना।

बाछें खिल जाना

इतना प्रसन्न होना कि मुँह पर बरबस हँसी आ जाए; जैसे—इस संदेशे से बाछें खिली जा रही हैं... एक एक अदा से ज़ाहिर होता है कि फूली नहीं समातीं।—भूषण वनमाली।

बाज़ आना

किसी हरकत को न छोड़ना, कोई बुरी बात या आदत न छोड़ना; जैसे—(१) वह गाली देने से बाज़ नहीं आता। (२) लाला के नाम की चूड़ियाँ पहनने का स्वाँग भरती है मगर अपने पेशे से बाज़ नहीं आती।—अजित पुष्कल। (३) चेतन ने उस वक्त तो बलोची को धता बता दी थी (दिया था) लेकिन उसे आशंका थी कि वह उसे तंग करने से बाज़ न आएगा।—अश्क। (४) मुसीबत के समय भी तुम अपनी शरारत और चंचलता से बाज़ नहीं आती। —भूषण वनमाली। (५) यद्यपि हाथ खुजलाने पर भी हाथ चलाने का साहस अब उनमें नहीं रह गया था, तथापि मार्मिक वचन सुनाने से वह (वे) भी बाज़ न आते।—इलाचंद्र जोशी।

बाजा बज जाना

हानि या क्षति होना; जैसे—नित्य महफ़िलें जमानेवालों के भी फिर एक दिन बाजे बज गए।

बाज़ार करना

बाज़ार में जाकर चीज़ें खरीदना या बेचना; जैसे—अभी बाज़ार करने तुम्हारे साथ जाऊँगा।

बाज़ार के भाव पीटना

बुरी तरह से पीटा जाना।

बाज़ार गर्म होना

१. बाज़ार में लेन-देन या खरीद-फ़रोख़्त करनेवालों की अधिकता होना अथवा ख़ूब खरीद या बिक्री होना; जैसे—हाँ, धर्म का बाज़ार तो मंदा है... आज-कल तो बस गाँधी टोपी का बाज़ार गर्म है।—रा० रा० प्र० सिंह।

२. तेज़ी आना; जैसे—...उसी को लेकर नैनीताल में भाँति भाँति की कपोल-कल्पनाओं का बाज़ार गर्म हो चला था।—शिवानी।

बाज़ार तेज़ होना

चीज़ों की माँग की अधिकता के कारण उनका मूल्य बढ़ना; जैसे—अबकी बाज़ार बड़ा तेज़ रहा महतो, इसके अस्सी रुपए देने पड़े।—प्रेमचंद।

बाज़ार मंदा होना

चीज़ों की माँग कम होने के कारण उनका भाव या मूल्य घटना।

बाज़ार में आग लग जाना

चीज़ों का दाम बहुत अधिक बढ़ जाना।

बाज़ार में आग लगी होना

चीज़ों का दाम बहुत अधिक बढ़ा होना।

बाज़ार लगना

किसी स्थान विशेष पर नियमपूर्वक बहुत-सी खुली दुकानों का लगना; जैसे—यहाँ हर बुधवार को बाज़ार लगता है।

बाज़ी मारना/मार लेना

बाज़ी जीतना; जैसे—(१) शिरोमन अब डर रहा था, मगर श्यामली ने बाज़ी मार ली थी।—अजित पुष्कल। (२) आख़िर एक दिन सबकी आँखें फटी रह गईं, जब पता चला कि तमाम नवाबों, राजाओं वगैरह की कोशिशें बेकार चली गईं, उनकी जगह अट्ठारह साल के एक सजीले नौजवान ने बाज़ी मार ली। —कमलेश्वर।

बाज़ी लगाना

१. होड़ करना; जैसे—ये हजरत तो शराब के नशे में धुत्त होकर मुर्दों से भी बाज़ी लगाए पड़ा है कम्बख़्त। —अमृतलाल नागर।

२. दाँव पर रखना; जैसे—पल्लवित वृक्ष

का इतिहास वहाँ से आरंभ होता जहाँ एक बीज ने अपने अस्तित्व की बाज़ी लगाई थी।—अखंड ज्योति।

बाज़ी ले जाना

बाज़ी मार लेना (दे०)।

बाज़ी हाथ आना/होना

सफलता मिलना; जैसे—होरी इसमें चतुर था, पर बाज़ी धनिया के हाथ थी।—प्रेमचंद।

बाजे-गाजे से ले आना/ले जाना

अत्यंत प्रसन्नता तथा धूमधाम से लाना या ले जाना।

बाट करना

रास्ता खोलना, मार्ग बनाना।

बाट काटना

चलकर रास्ता पार करना।

बाट जोहना

प्रतीक्षा करना, आसरा या रास्ता देखना।

बाट पड़ना

डाका पड़ना।

बाट पारना

डाका डालना।

बाढ़ आना

अत्यधिक मात्रा या संख्या में उपस्थित होना; जैसे—(१)····आए दिन मेहमानों की बाढ़ आने लगी।—शिवानी। (२) संप्रति लोग आर्थिक कष्ट तथा महँगी से त्रस्त हैं किंतु अपराधी तत्त्वों के कारण लूट और हत्या की जो बाढ़ आ गई है वह कोढ़ में खाज के समान कष्टदायी बन गई है।—आज।

बाढ़ पर आना

ऐसी अवस्था में आना कि ज़ोरों से बढ़ोत्तरी हो; जैसे—अब यह पेड़ बाढ़ पर आ गया है।

बात आई गई होना

बात का बिना विश्लेषण या स्पष्टीकरण हुए ख़त्म होना; जैसे—(१)····यदि कोई कुरेदकर पूछता तो घुक्की को खाँसी आ जाती। खाँसते-खाँसते वह बेढाल हो जाती, यहाँ तक कि बात आई गई हो जाती।—बलवंत सिंह। (२) न फिर कर्नल ने पत्नी के लिए कोई प्रयत्न किया, न वह स्वयं ही लौटकर आई। बात धीरे धीरे आई गई हो गई। —शिवानी।

बात आना

१. चर्चा छिड़ना।

२. आरोप लगना।

बात उठना

चर्चा आरंभ होना; जैसे—बुढ़ऊ की बात उठी तो ई (यह) सब मन में आ गया।—शिवप्रसाद सिंह।

बात उठाना

चर्चा शुरु करना; जैसे—(१) मैंने जान-बूझकर इस समय वरुणा के रिश्ते के संबंध में बात नहीं उठाई।—अमृतलाल नागर। (२) जब श्रद्धा नहीं, तब देवी-देवताओं की और दक्षिणा की बात न उठाई जाए, वही अच्छा है। —नया कबीर।

बात/बातें/उड़ना

बात फैलना, चर्चा का विषय होना; जैसे—बात उड़ते देर थोड़े ही लगती है।

बात/बातें/उड़ा देना

बात फैलाना; जैसे—किसी ने किसी को चिढ़ाने के लिए उड़ा दी होगी बात। —शिवप्रसाद सिंह।

बात/बातें/उड़ाना

बात फैलाना; जैसे—बड़े लोग श्रीनाथ के संबंध में अंटसंट बातें उड़ा रहे थे।—अजित पुष्कल।

बात उलटकर कहना

किसी को उसकी बात का उद्दंडतापूर्वक उत्तर देना।

बात उलटना

किसी बात का आशय ही उलट देना।

बात कटना/कट जाना

मत या कथन असत्य सिद्ध होना; जैसे—इस तर्क से उनकी बात कट

जाती है।

बात का बतंगड़ बनाना

साधारण-सी बात को बहुत अधिक तूल देना; जैसे—बात तो कुछ नहीं है बाबू, पर जैसा बात का बतंगड़ बनाकर इन्होंने समाज में मेरा और रानी का अपमान किया है, उसका बदला लिए बिना मैं न रहूँगा।—अमृतलाल नागर।

बात काटना/काट देना

बीच में टोकना; जैसे—(१) मुझे जाने क्या सूझा, उसकी बात काटकर बोल उठा।—रा० रा० प्र० सिंह। (२) मेरी बात बीच में ही काटकर वह बोल पड़ी थी।—कमलेश्वर।

बात कान में पड़ना

सुनने में आना, सुनाई पड़ना; जैसे—···रघु की चढ़ाई की बात कान में पड़ते ही कुबेर ने रात को ही सोने की वर्षा कर दी।—सीताराम चतुर्वेदी।

बात की तह में जाना

वास्तविक या ठीक ठीक आशय या मर्म समझ लेना; जैसे—बात की तह में जाओगे तो तुम्हें दूसरी ही स्थिति दिखाई पड़ेगी।

बात की बात पर

किसी बात या मत का ध्यान रखते हुए; जैसे—मैं उनके जैसा संपन्न तो नहीं हूँ, पर बात की बात पर एक हज़ार एक मैं भी देता हूँ।—अमृतलाल नागर।

बात की बात में

क्षण भर में, तुरंत; जैसे—नहीं तो बात की बात में असलियत खुल सकती थी।—अजित पुष्कल।

बात खाली जाना

दूसरे से प्रयोजन सिद्ध करवाने में विफल होना; जैसे—मैं तुम्हारी सिफ़ारिश तो उनसे कर दूँगी, मगर मुझे लगता है कि मेरी बात खाली जाएगी।

बात खुलना/खुल जाना

भेद, मर्म या रहस्य प्रकट होना; जैसे—बात खुल गई तो दिल्लीपत···बाप रे कच्चा ही चबा लेगा।—अजित पुष्कल।

बात खोटी करना

बात पूरी न होने देना।

बात खौलना

किसी अभिप्राय या उद्देश्य के सिद्ध न हो सकने पर उसके संबंध में मन में उद्वेग बना रहना।

बात गढ़ना

बात बनाना (दे०)।

बात गाँठ (में) बाँध लेना/रखना

कोई बात यत्न से और सदा के लिए अपने ध्यान या मन में बैठाना अर्थात् व्यवहार में लाने के लिए अच्छी तरह याद रखना; जैसे—हमारी यह बात गाँठ में बाँध रखो, नहीं तो किसी समय बहुत पछताओगे।

बात घूँट जाना

बात पी जाना (दे०)।

बात चबा जाना

१. कुछ कहते कहते रुक जाना।

२. एक बार कही हुई बात को छिपाने या दबाने के लिए उसे किसी दूसरे स्थान या बदले हुए रूप मे कहना।

बात चलाना/चला देना

बात छेड़ना/छेड़ देना

चर्चा चलाना, प्रसंग छेड़ना; जैसे—(१) उन्होंने हमारे लड़के से अपनी लड़की के ब्याह की बात चलाई थीं। (२) बाबा ने स्कूल की बातें छेड़ दी थीं किसी को पता नहीं चला, कब रास्ता कट गया।—कमलेश्वर।

बात जमना

अच्छी तरह समझ में आ जाना कि जो कुछ हमसे कहा गया है, वह ठीक है।

बात जाती रहना

बात की प्रामाणिकता नष्ट हो जाना, एतबार या विश्वास न रह जाना।

बात टलना/टल जाना

१. जैसा कहा गया हो वैसा न होना।

२. विचार स्थगित होना।

बात टालना

१. पूछी हुई बात का ठीक जवाब न देकर इधर-उधर की बात कहना, सुनी अनसुनी करना।

२. किसी के आदेश, कथन आदि की अवज्ञा करना; जैसे—(१) मैं भी यही सोच रहा था कि मित्र की बात टालनी नहीं चाहिए।—सीताराम चतुर्वेदी। (२) लेकिन तारीफ़ करती हूँ कि बात टालना कोई तुम से सीखे।—भूषण वनमाली।

बात ठहरना

किसी विषय में यह स्थिर होना कि ऐसा होगा, मामला तै होना।

बात ठुकराना/ठुकरा देना

किसी की बात, माँग या प्रस्ताव अस्वीकार कर देना; जैसे—बराबर यही चर्चा चलती रहती कि शारदाबाई की माँ ने फलाने राजा या नवाब की बात ठुकरा दी है या फलाने ताल्लुकेदार के आदमियों को घर में ही नहीं घुसने दिया।

बात दबाना/दबा देना

किसी बात को फैलने से रोकना; जैसे—लड़की ससुरालवालों से लड़कर आई है यह बात दबा दी गई।

बात दुहराना/दोहराना

किसी बात को दुहरा कर कहना; जैसे—बात क्यों दुहराते हो हमने तुम्हारा आशय समझ लिया है।

बात न करना

१. चर्चा न करना; जैसे—वे इस विषय में हमसे बात नहीं करते।

२. उपेक्ष्य समझकर किसी से वार्तालाप न करना; जैसे—मैं तो उनसे बात भी नहीं करता।

बात न पूछना

हाल-चाल न पूछना; जैसे—(१) भाई हुए तो क्या, बात न पूछी कभी उन्होंने।—रा० रा० प्र० सिंह। (२) इस ज़माने में अपने तो बात भी नहीं पूछते।—भूषण वनमाली।

बात पकड़ना

१. किसी के मुँह से निकली हुई बात का उल्लेख करके तर्क करते चले चलना; जैसे—तुम तो एक बात पकड़कर बैठ जाते हो।

२. पते की बात ढूँढ़ निकालना; जैसे—यह बात तो आपने ख़ूब पकड़ी, कमाल है।

बात पड़ना

१. चर्चा आरंभ होना; जैसे—बात पड़ी, इसलिए मैंने कहा, नहीं तो मुझसे क्या मतलब ?

२. आदत पड़ना; जैसे—ब्रह्मा की कुछ ऐसी बात ही पड़ गई कि वे किसी भी वस्तु में पूरे गुण भरते ही नहीं।—सीताराम चतुर्वेदी।

बात पर आना

अपनी बात पर आना (दे०)।

बात पल्ले बाँधना/बाँध लेना

कोई बात सदा स्मरण रखना, सदा ध्यान में रखना।

बात पाना

असल मतलब या गूढ़ तत्त्व समझ जाना; जैसे—हमारी बात वे क्या पाएँगे।

बात पीना/पी जाना

कोई सुनी या देखी गई अनुचित या निंदनीय बात यत्नपूर्वक मन में ही रखना, किसी पर प्रकट न करना; जैसे—मैंने उसके दुराचरण की बात को पी जाना ही उचित समझा।

बात फूटना

(मुँह से कोई बात) कहना या निकालना। (उपेक्षासूचक)

बात फेंकना

व्यंग्यपूर्ण बात कहना, बोली बोलना।

बात फैलना

किसी बात का बहुत से लोगों में चर्चा का विषय बनना; जैसे—बात फैलते देर

थोड़ी ही लगती है।

बात बढ़ना/बढ़ जाना

साधारण-सी बात का उग्र रूप धारण कर लेना; जैसे—(१) बात बढ़ जाने से पहले, सावधानी भली।—यशपाल। (२) बात बढ़ जाए तो लाठी उठा ले।—अजित पुष्कल। (३) मैंने सोचा, अगर बात बढ़ी और अम्मा जी के कानों तक भनक पहुँची तो वह बेमौत मर जाएँगी।—भूषण वनमाली।

बात बढ़ाना

छोटी-सी बात का बतंगड़ बनाना, किसी बात को अनावश्यक तथा अनुचित रूप से उग्र या विकट रूप देना; जैसे—न बात बनाइए न बढ़ाइए।

बात बदलना/बदल देना

पहले कोई बात कहना और तब उससे मुकरने के लिए कोई और बात कहना।

बात बनना/बन जाना

१. प्रयोजन सिद्ध होना; जैसे—(१) वे आएँ तब तो बात बने। (२) हो सकता है कि कल ही परसों में कुछ न कुछ बात बन जाए।—सरोजिनी वर्मा। (३) अगर लाला को कड़ी सज़ा मिल जाए तो बात बन जाए।—अजित पुष्कल। (४) जान देने से भी अगर बात बनती दिखलाई पड़े तो वह भी करने को तैयार हूँ।—गिरिधर गोपाल।

२. पटरी खाना; जैसे—जो एक गर्म और एक नर्म हो तो बात बने... जो दोनों तेज़ हुए तो कैसे बने।—प्रेमचंद।

बात/बातें/बनाना

१. बिगड़ी हुई बात या काम को किसी न किसी प्रकार सँभालने का प्रयत्न करना; जैसे—लोग मकान का कंपलीशन सर्टिफ़िकेट लेते हैं तो हज़ारों देते हैं, लेकिन हमने तो सैकड़ों में ही बात बना ली।—श्रवणकुमार।

२. वास्तविक तथ्यों को तोड़-मरोड़कर उपस्थित करना; जैसे—(१) तुम समझती हो कि मैं बात बना रहा हूँ लेकिन मैं तुमसे सत्य कहता हूँ कि उसी मनहूस घड़ी से कभी मेरी आत्मा को शांति नहीं मिली।—प्रेमचंद। (२) इसे बात बनाने से फ़ुरसत मिले तब तो पढ़े।—गिरिधर गोपाल। (३) स्त्री पुरुष से ज़्यादा वफ़ादार होती है। पुरुष तो बस बातें ही बनाना जानता है।—भूषण वनमाली।

बात बात पर

हर बात को लेकर; जैसे—माझे-मालवे के होंगे, जहाँ अशिक्षा और जहालत का एकछत्र साम्राज्य है, बात बात पर कृपाणें निकल जाती हैं।

बात बात में

प्राय: हर बात में; जैसे—... उनकी सबसे छोटी संतान इति... फ़िरंट हो गई थी और बात बात में इस नई व्यवस्था की नुक्ताचीनी किया करती थी।—सुरेश सिनहा।

बात बिगड़ना/बिगड़ जाना

किसी बात का ऐसा रूप धारण करना जिससे प्रयोजन की सिद्धि में बाधा पड़े या पारस्परिक मनमुटाव हो; जैसे—उसके बाद यदि बात बिगड़ेगी तो मैं इसे आगे बढ़ाने का प्रबंध करूँगा।—अमृतलाल नागर।

बात भारी लगना

बात अप्रिय लगना।

बात/बातें/मारना

१. बकवास करना।

२. बोली बोलना।

बात मुँह पर लाना

कुछ कहना, चर्चा करना।

बात/बातों/में आना

अपनी बुद्धि से काम न लेकर सिर्फ़ दूसरों की राय के अनुसार चलना; जैसे—वे सहज ही दूसरों की बातों में आनेवाला नहीं।

बात/बातों/में पड़ना

(दूसरे की) बात में दख़ल देना; जैसे—

नहीं बेटे अपने बड़ों की बातों में नहीं पड़ते।—यशपाल।

बात में बात निकलना/निकल आना

किसी एक प्रसंग में से ही दूसरा प्रसंग निकल आना।

बात रखना

किसी का आग्रह स्वीकार करना; जैसे—(१) अब और मत दबाइए, हमने पहले ही आपकी बात रख ली है। (२) अतिथि की बात तो रखनी ही होगी।—सीताराम चतुर्वेदी।

बात लगना/लग जाना

किसी बात से इतना प्रभावित होना कि उसे आचरण में उतार लेना; जैसे—(१) भाभी की यह बात लग गई और फिर उसने मेहनत-मज़दूरी की कमाई से ही पेट भरा। (२) प्रमोद ने तो इस पर कोई प्रतिक्रिया ज़ाहिर नहीं की लेकिन मनोज और कपिल को यह बात लग गई।—सुरेश सिनहा। (३) सच्ची ही सिरीधर अपने से गया! कोई बात लग गई होगी।—नरेश मेहता।

बात/बातें/सुनना

कड़ी बात या फटकार सुनना; जैसे—आज तुम्हारे ही कारण मुझे उनकी बात सुननी पड़ी है।

बात/बातें/सुनाना

खरी-खोटी सुनना; जैसे—आज ही नहीं, पिछले तीन-चार दिनों से छोटी भाभी उसे कई बातें सुना चुकी थी, पर अहल्या जिस गृह की अतिथि बनकर आई थी उसकी मर्यादा का उसे पूरा ध्यान था।—शिवानी।

बात हलकी पड़ना/पड़ जाना

बात झूठी सिद्ध होना।

बात हारना

वचन दिए होना।

बातें छाँटना/बघारना

लंबी-चौड़ी बातें करना, डींग हाँकना।

बातें बनाना

१. बहानेबाजी करना।

२. कोई त्रुटि या दोष छिपाने के लिए इधर-उधर की बातें करना।

३. बातें गढ़ना; जैसे—(१) जहाँ किसी ने उसकी बीबी की चर्चा छेड़ ख़ुशामद की दो बातें बनाईं कि बस वहीं टपक पड़े साहब बहादुर।—रा० रा० प्र० सिंह। (२) इसे बातें बनाने से फ़ुर्सत मिले तो पढ़े।

बातें लगाना

किसी के संबंध में (दूसरों से) सच्ची-झूठी बातें कहना, बुराई करना।

बातें सुना करना

ऐसी बातें सुनने भर के लिए होती हैं (कार्य रूप में परिणत नहीं की जातीं)।

बातों बातों में

विभिन्न बातों के सिलसिले में, बातों द्वारा; जैसे—पहले तो उसे बातों बातों में बहलाते रहे और फिर एक दिन स्पष्ट शब्दों में प्रेम से मुकर गए।—भूषण वनमाली।

बातों में उड़ाना

१. इधर-उधर की या व्यर्थ की बातें कहकर असल बात दबाने का प्रयत्न करना।

२. हँसी उड़ाते या तुच्छ ठहराते हुए टाल-मटोल करना।

बातों में खो जाना

बातों में इस प्रकार तन्मय होना कि किसी काम या समय का ध्यान ही न रहे; जैसे—चाय-नाश्ते के बाद सुधा और मीरा ने रसोई सँभाल ली थी और दोनो माताएँ पुरानी बातों में खो गई थीं।—गिरिधर गोपाल।

बातों में फुसलाना/बहलाना

किसी को केवल झूठा आश्वासन देकर उसका ध्यान किसी दूसरी ओर ले जाना।

बातों में लगना/लग जाना

बातें करने में व्यस्त हो जाना; जैसे—मैं बातों में लगी थी इतने में बंदर रोटियाँ उठा ले गया।

बातों में लगाना/लगा लेना या लगा रखना

किसी का ध्यान बँटाने या उसे किसी ओर प्रवृत्त होने से रोकने के लिए चालाकी से उससे इधर-उधर की बातें छेड़ रखना; जैसे—इधर तो उसने मुझे बातों में लगा रखा और उधर अपना आदमी भेजकर अपना काम करा ले गया।

बादल फटना

बादलों का विघटित होना।

बादलों का फट पड़ना

प्रलयकारी वर्षा होना।

बानक बनना

संयोग या सुयोग्य उपस्थित होना; जैसे—बानक ऐसे बनने लगे कि दरवाज़ा टूटने के साथ ही सड़क पर सामनेवाली छत से ... गोलियाँ बरसने लगीं।—अमृतलाल नागर।

बाना बनाना

वेष धारण करना, भेस बनाना; जैसे—इन्होंने कामदेव की गति को रोकनेवाला यह जो तपस्वियों-सा बाना बनाया है, यह विवाह होने तक रहेगा अथवा अपना सारा जीवन ... हरिणियों के बीच रहकर योंही बिता डालेंगी।—सीताराम चतुर्वेदी।

बाप बनाना

बहुत ख़ुशामद करना, किसी को इतना महत्त्व देना जितना पिता को दिया जाता है; जैसे—समय पर गधे को भी बाप बनाना पड़ता है।

बाप-दादा बखानना

बाप-दादा को गालियाँ देना।

बायस बनना

कारण या निमित्त होना, साधन होना; जैसे—...कुछ तो छत के दोनो डंडों को पकड़े बस के बीचों-बीच दूसरों का रास्ता रोके ऐसे खड़े थे जैसे सूली पर चढ़कर दूसरों के लिए परेशानी का बायस बनना ही इनकी नियति हो। —श्रवणकुमार।

बाल आना/आ जाना

(शीशे का) चटक जाना; जैसे—जा नहीं सकता कभी शीशे में बाल आया हुआ।

बाल की खाल निकालना

नुक्ताचीनी करना, बात में से बात पैदा करना, ऐसा काम करना जिससे पल्ले कुछ न पड़ने को हो; जैसे—मैं सच कहता हूँ कि आज-कल के आलोचक तो अपना और दूसरों का समय नष्ट कर रहे हैं, उन्हें तो यह भी ज्ञात नहीं कि आलोचना और बाल की खाल उतारने में क्या भेद है।—कन्हैयालाल कपूर।

बाल तक न उखाड़ पाना

किसी की छोटी-मोटी हानि भी न कर पाना; जैसे—(१) चाहे वह जो करे, हमारा बाल तक नहीं उखाड़ पाएगा। (२) धमकियाँ तो उसने बहुत दीं पर हमारा बाल तक तो वह उखाड़ न पाया।

बाल तक न खसकना

छोटी-मोटी हानि तक न होना।

बाल तक/भी/न बाँका कर सकना

बाल बाँका न कर सकना; (दे०); जैसे—...गाँववालों से मेल रखोगे तो कोई तुम्हारा बाल भी बाँका न कर सकेगा।—प्रेमचंद।

बाल पकना

बाल सफ़ेद हो जाना; जैसे—छबीसवाँ साल ही तो था, पर सारे बाल पक गए थे।—प्रेमचंद।

बाल पकाना

(कोई काम करते हुए) बुड्ढा हो जाना, बहुत दिनों का अनुभव प्राप्त करना; जैसे—मैंने भी सरकारी नौकरी में बाल पकाए हैं।

बाल बनवाना
हजामत बनवाना।

बाल बनाना
हजामत बनाना।

बाल बाँका न कर सकना
कुछ भी कष्ट या हानि न पहुँचा सकना; जैसे—यदि उनके सामने आपने यह प्रकट किया कि आप शक्तिशाली हैं और वे आपका बाल बाँका नहीं कर सकते, तो यकीन मानिए वे आपकी शांति भंग करने में कोई कसर सहीं छोड़ेंगे।—मनहर चौहान।

बाल बाँका न होना
कुछ भी कष्ट या हानि न पहुँचना, पूर्ण रूप से सुरक्षित रहना; जैसे—देख तेरा यहाँ बाल बाँका न होगा, उस नरक से भली रहेगी।—अजीत पुष्कल।

बाल बाल बचना/बच जाना
बहुत ही थोड़े अंतर या कसर के कारण दुर्घटना, संकट आदि से बच जाना; जैसे—आज मैं मोटर का धक्का लगने से बाल बाल बचा।

बाल भर (भी) फ़र्क न होना
नाम मात्र का भी अंतर न होना।

बाल सफ़ेद होना
प्रौढ़ावस्था को प्राप्त होना; जैसे—बाल सफ़ेद होने को आए और यह नहीं मालूम कि लड़कीवाले कितने कुएँ झाँकते हैं।—भूषण वनमाली।

बालू की दीवार/भीति
अस्थायी और भंगुर वस्तु।

बालू में नाव चलाना
ऐसा काम करना जिससे कुछ भी लाभ न होने को हो; जैसे—केंद्र सरकार भी हिंदी के कार्य की ज़िम्मेदारी अहिंदी भाषी मंत्रियों को सौंपकर बालू में नाव चलाने का उपक्रम करती जा रही है।—गंगाप्रसाद श्रीवास्तव।

बावन तोले पाव रत्ती निकलना
पूरी मात्रा या परिमाण में होना।

बावेला खड़ा कर देना
बहुत बड़े झगड़े की बात खड़ी करना; जैसे—मगर जब उस (मंदिर) में भगवान बैठाने की बात आई तो उच्च वर्ग के लोगों ने बावेला खड़ा कर दिया···।—अजित पुष्कल।

बावेला मचाना
बावेला खड़ा कर देना (दे०)।

बासी कढ़ी में उबाल आना
१. बुढ़ापे में जवानी का उबाल आना।
२. बहुत समय बीत जाने पर किसी काम के लिए उत्सुकतापूर्वक प्रयत्नशील होना।

बासी पड़ जाना/हो जाना/हो चुकना
पुराना पड़ जाना, सबकी जानकारी में होना; जैसे—यह ख़बर अब बासी हो चुकी है।

बासी लगना
श्रीविहीन या फीका जान पड़ना; जैसे—कलकत्ते की चौड़ी सड़कों पर भागती ट्राम गाड़ियाँ, हरे के पेड़ और धुएँ से काला कलकत्ते का मैला-सा आकाश सब-कुछ अब नंदी को बासी लगने लगा था।—शिवानी।

बाहर का रास्ता नापना
(घर, दफ़्तर आदि से) सदा के लिए निकल जाना, फलतः किसी का स्थायी रूप से रहने का ठिकाना न होने के कारण इधर-उधर घूमते रहना; जैसे—ठीक से काम करती है, क्योंकि उसे मालूम है कि ग़लती होते ही बाहर का रास्ता नापना पड़ेगा।—सरोजिनी वर्मा।

बाहों में भरना
आलिंगनबद्ध करना; जैसे—कल तुमने बरामदे में मुझे बाहों में क्यों भर लिया था।—गिरिधर गोपाल।

बिगड़ उठना
सहसा ज़ोरों से भला-बुरा कहने लगना; जैसे—कुछ देर तो वह (माँ) बर्दाश्त करती थीं, पर जब नहीं रहा जाता था तो

बड़े भैया पर ही बिगड़ उठती थीं। —कमलेश्वर।

बिगाड़ न सकना

अहित न कर पाना; जैसे—बड़ी से बड़ी बुराई, बुरा से बुरा आदमी भी किसी का कुछ बिगाड़ नहीं सकता, अगर वह ख़ुद न चाहे।—गिरिधर गोपाल।

बिजली की तरह कड़कना

रोषपूर्वक बिगड़ना।

बिजली गिरना

घोर विपत्ति आना; जैसे—कोई दिन नागा नहीं जाता था कि एक न एक घर बिजली न गिरती हो।—प्रेमचंद।

बिजली दौड़ जाना

बिजली के जैसा आघात लगना; जैसे—उसके सिर से पाँव तक बिजली-सी दौड़ गई।—सुशीला गुप्ता।

बिदकने लगना

उपेक्षापूर्वक पीछे हटना; जैसे—पैसा पल्ले हो तो सब पास पास आते हैं, पैसा पल्ले न हो तो सब बिदकने लगते हैं। —श्रवणकुमार।

बिन आई मारा जाना

असमय ही मृत्यु होना।

बिन कौड़ी का गुलाम

ऐसा सेवक जिसे कुछ भी पारिश्रमिक न देना पड़ता हो, जैसे—बाद में मुहल्लेवालों के कहने-सुनने पर लाला बैजू ने अनाथ विधवा ब्राह्मणी को अपनी कोठी में ही एक कोठरी दे दी और उस कोठरी के एवज में उन्हें अपना बिन कौड़ी का गुलाम बना लिया।—अमृतलाल नागर।

बिना एक भी दाना मुँह में डाले

बिल्कुल भूखे, बिना कुछ भी खाए; जैसे—पिता दस दिन तक एक भी दाना मुँह में डाले पागलों से अस्पताल के फाटक पर खड़े रहे।—गिरिधर गोपाल।

बिना तिलक का राजा

ऐसा व्यक्ति जो राजा तो न हो परंतु जिसका सम्मान राजा जैसा हो; जैसे—अस्सी गाँव का मालिक होने के कारण बिना तिलक के राजा कहलाते थे। —अजित पुष्कल।

बिना सिर-पैर का

अर्थहीन, निरर्थक; जैसे—कुछ लोग कहते हैं अफ़वाह बिना सिर-पैर के होती है।—अजित पुष्कल।

बिल ढूँढ़ते फिरना

अपने बचाव या छिपने के लिए जगह खोजने में लगे होना।

बिल्ली के गले में घंटी बाँधना

कोई असंभव काम करने का प्रयत्न करना।

बिल्ली के भाग से छींका टूटना

अचानक भाग्यवश कुछ बड़ा लाभ होना।

बिस्तर बाँधना/बाँध लेना

बिस्तर लपेटना/लपेट लेना

साज-समान के साथ चलने को तैयार होना; जैसे—(१) इस घर से अपना बिस्तर लपेटने पर वह कमर बाँध चुकी थी।—रा० रा० प्र० सिंह। (२) क्या बीती मुझ पर वहाँ से बिस्तर लपेटते। —रा० रा० प्र० सिंह।

बिस्तर से लगना

बीमारी के कारण बिस्तर पर पड़ जाना; जैसे—पिछले चार वर्षों से उनकी रुग्णा पत्नी एक दम ही बिस्तर से लग गई थी।—शिवानी।

बिस्मिल्ला करना

किसी कार्य की शुरुआत करना।

बीच की दीवार टूट जाना

अलगाव करनेवाली बात या तत्त्व का न रह जाना; जैसे—आपस में वह जलन और अशांति न थी। बीच की दीवार टूट गई थी।—प्रेमचंद।

बीच में कूदना

अनावश्यक रूप से हस्तक्षेप करना, व्यर्थ टाँग अड़ाना; जैसे—तुम हम लोगों

के बीच में मत कूदो।

बीच में पड़ना

१. झगड़ा निपटाने के लिए मध्यस्थ बनना या होना; जैसे—तो फिर तू बीच में क्यों पड़ी हमारे।—सरोजिनी वर्मा।

२. किसी का ज़मानतदार या ज़िम्मेदार बनना, मध्यस्थ होकर कोई महत्त्वपूर्ण काम कराना; जैसे—विवाह के मामले में कभी बीच में नहीं पड़ना चाहिए।

बीच सड़क पर

खुले आम; जैसे—नामुराद बेटा मुझे बीच सड़क पर गाली देता है।

बीछी मारना

बिच्छू का अपने डंक से किसी पर आघात करना, बिच्छू का काटना।

बीज फूटना

अंकुरित होना, निकलना, शुरुआत होना, पनपना; जैसे—इतिहास इसका साक्षी है कि सत्ता की जघन्य क्रूरता में जन- क्रांति का बीज फूटता है।—मनु शर्मा।

बीड़ा उठाना

कोई महत्त्वपूर्ण या जोखिम-भरा काम करने का उत्तरदायित्व अपने ऊपर लेना; जैसे—(१) जो अपने मित्रों का काम करने का बीड़ा उठाता है, वह अलसेट नहीं किया करता।—सीताराम चतुर्वेदी। (२) बोर्डिंग में जगह चाहे न मिले, स्कूल की सीट तो मिलकर रहेगी। मैं बीड़ा उठाने को तैयार था।—रा० रा० प्र० सिंह। (३) एक मंत्री ने अछूतों, यतीमों, विधवाओं और वेश्याओं के उद्धार का बीड़ा उठाया था।—गिरिधर गोपाल।

बीड़ा डालना

कोई कठिन काम करने के लिए सभा में लोगों के सामने पान का बीड़ा रखकर यह कहना कि जो इस काम का भार अपने ऊपर लेना चाहता हो, वह यह बीड़ा उठा ले।

बीड़ा देना

१. किसी को कोई काम करने का भार सौंपना।

२. नाचने-गाने, बाजा बजाने आदि का पेशा करनेवालों को कुछ पेशगी धन देकर यह निश्चय करना कि अमुक दिन और अमुक समय पर आकर उन्हें अपनी कला का प्रदर्शन या कार्यक्रम प्रस्तुत करना होगा।

बीता हुआ

जो ख़त्म हो चुका हो; जो गुज़र गया हो; जैसे—(१) आता है याद मुझको बीता हुआ ज़माना। (२) बीती हुई बात को याद करना व्यर्थ है।

बीस---उन्नीस

अधिक---कम, कुछ बढ़कर---कुछ घटकर; जैसे—वह कहने को तो छोटी सरदारिन थी, लेकिन डील-डौल में बड़ी बीस थी तो छोटी उन्नीस।—बलवंत सिंह।

बीस पड़ना

अपेक्षया कुछ अधिक श्रेष्ठ या बढ़-चढ़कर होना; जैसे—लोगों का ख़्याल है कि चुन्नी शादी के दिन से ही उनसे बीस पड़ी है।—गिरिधर गोपाल।

बुख़ार उतारना

गुस्सा उतारना, जैसे—झूठे ही वह अपना बुख़ार मुझ पर उतारने लगा।

बुख़ार चढ़ जाना

एकदम घबरा तथा आगबबूला हो जाना; जैसे—उसका पत्र पढ़कर उन्हें बुख़ार चढ़ गया।

बुझकर रह जाना

हतप्रभ या लज्जित हो जाना।

बुझी (बुझी) आँखों से देखना

दुख अथवा कातरता से इस प्रकार देखना मानो आँखों को देखने की शक्ति क्षीण हो गई हो, जैसे—वह पिता के मृत शरीर को बुझी आँखों से न देखता---।—अजित पुष्कल।

बुत बनना/बन जाना

मुँह से आवाज़ तक न निकलना, चुप रहना।

बुत होना/हो जाना

निश्चेष्ट हो जाना; जैसे—शेख जी घुटनों में अपना सिर गड़ाकर एकदम बुत हो गए।—अमृतलाल नागर।

बुरा बनना/बन जाना

ऐसी बात कहना जिससे दूसरे का कोप सहना पड़े; जैसे—सब लोग तो चुप हो जाते हैं, जो बोलता है उसे बुरा बनना पड़ता है।

बुरा मानना/मान जाना

१. अप्रसन्नता व्यक्त करना; जैसे—फिर उसने इस बात का भी बुरा माना था कि मैं उसके पास जाकर बात क्यों नहीं कर सकता।—श्रवण कुमार।

२. नाराज़ होना; जैसे—वह आज मुझसे बुरा मान गई है।

३. मन में (किसी के प्रति) द्वेष-भाव रखना; जैसे—...मज़ाल जो मेरी बातों का बुरा माने।—शिवानी।

बुरा लगना

अप्रिय और अहितकर प्रतीत होना; जैसे—(१) अब यदि मैं भी कुछ कहूँ तो तुम्हें बुरा लगेगा। (३) बुरे को बुरी नज़र से देखते हैं तो बुरा क्यों लगता है।—अजित पुष्कल।

बुरा हाल करना/कर देना

दुर्दशा करना; जैसे—इस उमस ने तो हमारा बुरा हाल कर दिया।—रा० रा० प्र० सिंह।

बुरे दिन देखना

कष्टपूर्ण जीवन बिताना; जैसे—उसे भी फिर बुरे दिन देखने पड़े।

बुलावा आना/आ जाना

बुलाया जाना, निमंत्रण मिलना; जैसे—भगवान के यहाँ से उसे भी एक दिन बुलावा आ गया।

बूँदें गिरना

हलकी वर्षा होना; जैसे—दो घंटे से बूँदें गिर रही हैं।

बूते (पर)

बल पर; जैसे—उनका गठा बदन है जिसके बूते वह औरतों के फेर में रहता है।—अजित पुष्कल।

बेंत का प्रयोग करना

बेंत से मारना; जैसे—उन्हें वे इतनी निष्ठा से पढ़ाते थे कि ज़रूरत पड़ने पर बेंत का प्रयोग करने से भी न चूकते थे।—अमृतलाल नागर।

बेगार टालना

बिना चित्त लगाए कोई काम यों ही चलता करना, पीछा छुड़ाने के लिए कोई काम जैसे-तैसे पूरा करना।

बेच खाना

पूरी तरह से रहित, वंचित या हीन हो जाना; जैसे—तुमने तो लाज-शरम बेच खाई है।

बेड़ा डूबना

विपत्ति में पड़कर पूर्ण रूप से विनष्ट होना।

बेड़ा पार करना/लगाना

किसी को संकट से छुड़ाना विपत्ति के समय सहायता करके किसी का काम पूरा कर देना, रक्षा करना।

बेड़ा पार लगना/होना

झंझटों, संकटों आदि से पूरा छुटकारा होना; जैसे—(१) बगैर उनकी मर्ज़ी और हमदर्दी के तो बेड़ा पार नहीं होता।—रा० रा० प्र० सिंह। (३) पापा जी का यह भाव तुम्हारे लिए और मज़बूत हो जाए तो बस फिर हमारा बेड़ा पार लग ही जाएगा।—अमृतलाल नागर।

बेताब होना

उतावला या व्यग्र होना।

बेतुकी हाँकना

बेढंगी बात कहना, ऐसी बात कहना जिसका कोई सिर-पैर न हो।

बे-ते करना
अशिष्टता या उद्दंडतापूर्वक बातें करना; जैसे—घर आए मेहमान से बे-ते नहीं करते।

बेदम कर देना
पूरी तरह से शिथिल या लस्त-पस्त कर देना।

बेनकाब करना/कर देना
छद्मवेश का परदा हटाकर वास्तविकता सामने लाना; जैसे—लेखक की प्रतिबद्धता मेरे लिए यहीं से शुरू होती है कि वह गत्यवरोध पैदा करनेवालों को बेनकाब करे, ठीक समझे तो उन्हें नंगा भी कर दे।—श्रवण कुमार।

बेनकाब होना
खुलकर सामने आना, प्रकट होना; जैसे—शिखर के नेताओं की पर्देदारी के बावजूद कांग्रेस पार्टी के अंदरूनी संघर्ष धीरे धीरे बेनकाब होते जा रहे हैं। —दिनमान।

बेपर की उड़ाना
अफ़वाहें फैलाना, निराधार बातें चारो ओर करते फिरना; जैसे—और फिर तो बेपर की उड़ाने में वे अपना जोड़ नहीं रखते।—रा० रा० प्र० सिंह।

बेपेंदी का लोटा
विचारों में ढुलमुल, किसी बात पर दृढ़ न रहनेवाला।

बेभाव की सुनाना
कड़े शब्दों में भर्त्सना करना; जैसे—उन्होंने भूतना को बे-भाव की सुनाई थीं।—अश्क।

बेमेल लगना
अनुरूप या अनुकूल न होना, न जँचना या न फबना; जैसे—ऊँची ऊँची जेल की-सी दीवारों पर उभरी छोटी छोटी खिड़कियाँ हाथी की आँख-सी ही बेमेल लग रही थीं। —शिवानी।

बेमौत मरना
ऐसे घोर संकट में पड़ना जिसमें पूर्ण विनाश दिखाई पड़ता हो; जैसे—(१) बाबू हर्षनाथ को पता भी न चलता और इनका लड़का बेचारा बेमौत मारा जाता।—अमृतलाल नागर। (३) मैंने सोचा, अगर बात बढ़ी और अम्माँ जी के कानों तक भनक पहुँची तो वह बेमौत मर जाएँगी।—भूषण वनमाली।

बेसिर-पैर की बात
ऐसी बात जो ऊल-जलूल, असंगत और तर्कहीन हो; जैसे—चंदन की चाची के कथन में अतिश्योक्ति होने पर भी बेसिर-पैर की बात नहीं थी। —शिवानी।

बेसुरा राग अलापना
बेमौके कोई बात कहना।

बैठ जाना
१.चुनाव में खड़े प्रत्याशी का मैदान से हट जाना; जैसे—इस क्षेत्र से चार आदमी खड़े थे, दो बैठ गए।
२. घाटा होने या न चलने के कारण फ़र्म, व्यवसाय आदि का समाप्त-प्राय होना; जैसे—(१) फिर दो बरस में उनकी दुकान बैठ गई (२) अत्तार का कारोबार बैठ गया।—यशपाल।
३. मकान, दीवार आदि का धँसना या ढह जाना; जैसे—एकाएक उसके पास का ही एक मकान अर्राकर बैठ गया था।—गिरिधर गोपाल।

बैठे रहना
कुछ न करना-धरना; जैसे—तब से यों ही दिन भर बैठे रहते हैं।

बैरंग लौटना
खाली हाथ लौटना या विफल होकर लौटना।

बैर काढ़ना
बदला चुकाना(दे०)।

बैर ठानना
दुश्मनी करना।

बैर निकालना

बैर के कारण अहित करना; जैसे—उन्हें हमसे बैर निकालना है, हमारे साथ वे क्या न्याय करेंगे।

बैर पड़ना

अहित या अपकार करने के लिए पीछे पड़ना; जैसे—वह मोटा बंदर तो जैसे मेरे बैर पड़ा हुआ है।

बैर बढ़ाना

बैरी को और अधिक कुपित करनेवाले काम करना; जैसे—तुम नाहक उनसे बैर बढ़ा रहे हो।

बैर मानना

मन में दुर्भाव रखना, बुरा मानना, दुश्मनी रखना।

बैर मोल लेना

(बेमतलब) दूसरे को अपना बैरी बना लेना।

बैर लेना

बैर मोल लेना (दे०)।

बोझ उठाना

कोई कठिन काम करने का उत्तर-दायित्व अपने ऊपर लेना।

बोझ उतारना

कोई विकट और श्रमसाध्य काम संपन्न करना या उससे छुट्टी पाना।

बोझ कंधों पर धरना

उत्तरदायित्व सौंपना, जैसे-आपने यह बोझ मुझ ग़रीब के कंधों पर धरा है, चेष्टा करूँगा कि इसका निर्वाह कर सकूँ—उसे उठा सकूँ।

बोटी बोटी काटना

घोर शारीरिक यातना देना।

बोतल का काग उड़ना

शराब का पिया जाना; जैसे—नाच-रंग की महफ़िलें जमीं, कहकहों और चहचहों के साथ बोतलों के काग उड़े।—भूषण वनमाली।

बोतल चढ़ाना

शराब (की बोतल) पी जाना, शराब पीना।

बोतल बोलना

शराब के नशे में कोई असामान्य बात कहना; जैसे—यह बोतल बोल रही है, तुम नहीं बोल रहे।—अजित पुष्कल।

बोर होना

ऊब जाना; जैसे—उन्हें लगा, जैसे इतने बड़े 'वतन' में उनकी हैसियत बस एक मेहमान जैसी है, जो ज़रूरत से ज़्यादा टिक गया है और अब बोर होने लगे हैं।—सुरेश सिनहा।

बोरिया बिस्तर बाँधना/बाँध लेना

चलने की तैयारी करना।

बोल उठना

सहसा कुछ कहना; जैसे—बीच में तुम नाहक बोल उठे।

बोल जाना

१. मर जाना; जैसे—हृद्‌रोग के एक ही झटके में वे बोल गए।

२. दिवालिया हो जाना; जैस—सट्टे में रईस बोल जाते हैं।

३. नष्ट-प्राय होना; जैसे—उन (सामान्य) लोगों की अपनी शक्ति है। वे मौन रहते हैं। किंतु बोलते हैं तो शासन बोल जाता है—युगेश्वर।

बोल बनाना

संगीत में गाने के समय किसी गीत के एक एक शब्द का अलग अलग तरह से बहुत ही कोमलता और सुंदरतापूर्वक नए नए रूपों में उच्चारण करना।

बोल बाला होना

१. विचार या मत स्थापित और मान्य होना; जैसे—ख़ुदा ने रहम किया, हक का बोल बाला हुआ, आप जीत गईं।—भूषण वनमाली।

२. अधिक प्रबल होना, रोब या दबदबा होना।

बोल मारना

१. किसी को कोई बात अच्छा तरह सुना और समझा देना; जैसे—तुम तो

उसके कान में बोल मार ही आए हो, वे अब मेरी बातें क्यों सुनने लगे।
२. व्यंग्यपूर्ण या चुभती हुई बात कहना।

बोल रहना
समाज में प्रतिष्ठा बनी रहना।

बोलती बंद करना
निरुत्तर कर देना; जैसे—आपके बयान ने पुलिसवालों की बोलती ही बंद कर दी।—प्रेमचंद।

बोलती बंद होना
निरुत्तर हो जाना, मुँह से शब्द न निकलना; जैसे—अपनी मूँछ के लिए वह साहब से किस तरह भिड़ गए, साहब की बोलती किस तरह बंद हो गई, लोग रस लेकर बातें कर रहे थे। —महेन्द्र सिंह परमार।

बोली बंद होना
१. बोलते न बनना ।
२. उत्तर देते न बनना; जैसे—रंडी के नाचवाले प्रस्ताव पर बरातियों की बोलती बंद कर लच्छू जब रमेश के घर आया तब कन्यादान हो रहा था —अमृतलाल नागर।

बोली बोलना
बोली मारना।

बोली मारना
चिढ़ाने के लिए कोई व्यंग्यपूर्ण बात कहना।

बौखला उठना
चिढ़कर बड़बड़ाना; जैसे—सेठ जी के भतीजे पारिवारिक संपत्ति की ऐसी बर्बादी से बौखला उठे।—यशपाल।

बौना बना देना
महत्त्वहीन सिद्ध कर देना।

बौरा जाना
उन्मत या पागल हो जाना, होश खो बैठना; जैसे—लड़कियाँ ...... दरबान ठाकुर के छोकड़े के साथ छू-मंतर हो गई हैं। उमर आने के पहले ही बौरा गईं।—अजित पुष्कल।

ब्यौंत निकलना/बैठना
युक्ति से व्यवस्था होना; जैसे— उधर सड़क की तरफ़ और इधर पिछवाड़े गली की तरफ़ ...... दुकानें हो जाएँगी। तीन साढ़े तीन सौ की आमदनी की ब्यौंत बैठ जाएगी।—अमृतलाल नागर।

ब्यौंत निकालना
कार्य-सिद्धि की राह निकालना।

ब्रह्मांड चटकना
धूप से सिर जलने तथा फटने लगना।

ब्रेनवाश कर देना
(किसी व्यक्ति के) विचारों में आमूल परिवर्तन कर देना।

ब्लैकमेल करना
धमकाकर किसी से धन ऐंठना या अनुचित कार्य कराने का प्रयास करना।

भ

भंडा फूटना/फूट जाना
भेद या रहस्य खुलना; जैसे—(१) उस समय उसे ज़रा भी आशंका नहीं थी कि उस दिन सारा भंडा फूट जाएगा।—प्रेमचंद। (२) बच्ची सकार देती तो भंडा फूटकर रहता और साहब की मरम्मत धरी थी।—रा० रा० प्र० सिंह। (३) लेकिन दुर्भाग्य से ...... अपने ही एक साथी से पन्नालाल का झगड़ा हो गया और धीरे-धीरे इस षड्यंत्र का भंडा फूट गया।—अश्क।

भंडा फोड़ना/फोड़ देना
रहस्य खोलना, भेद प्रकट करना; जैसे—अदालत से सामने भंडा फोड़ दूँगा, जो कुछ होगा, देखा जाएगा। —प्रेमचंद।

भँवर में गोते खाना
भारी संकट में जा फँसना।

भगाकर लाना
बहकाकर लाना; जैसे—यह सच था कि दिल्लीपत चंदा नाम की—रंडी को

भगाकर ले आया था।—अजित पुष्कल।

भगा देना

१. दूर हटा देना, खदेड़ देना।

२. दूर कर देना, ख़त्म कर देना; जैसे—जानती हूँ, हर मरीज़ का एक ही रोग है—कमज़ोरी, जिसे वह दवा के ज़ोर से भगा देना चाहता है। —श्रवणकुमार।

भट्ठा बैठना/बैठ जाना

कारोबार नष्ट हो जाना या बहुत बड़ी आर्थिक हानि होना; जैसे—समय पर पूँजी न मिलने से उसका भट्ठा बैठ गया।

भट्ठी दहकना/दहकने लगना

कारखाना या कारोबार जोरों से चलना।

भड़क उठना

उग्र या तीव्र रूप धारण कर लेना; जैसे—इलाके में आग सुलग रही थी, हवा पाते ही भड़क उठी।—प्रेमचंद।

भड़क जाना

आशंका, विरोध, भय आदि के कारण क्रुद्ध हो जाना; जैसे—मैंने तो चंपा से अभी कुछ पूछा भी नहीं, तुम तो उसे जानती हो, कहीं इसे देखकर भड़क गई तब।—शिवानी।

भड़ास निकालना

मन के दबे भावों को फूट निकलने देना; जैसे—(१) नंदी की भाभी अपने कुत्सित बच्चों के चेहरों से उस सलोने चेहरे का मिलान करती और सारी भड़ास नंदी के मत्थे निकालती।—शिवानी। (२) बुरी गालियाँ बककर वह अपनी भड़ास ही निकाल रही थी। —अजित पुष्कल।

भद्रा उतारना

ख़ूब डाँटना-फटकारना या मारना-पीटना।

भनक पड़ना

कान में भनक पड़ना (दे०)।

भनक मिलना

सुनगुन प्राप्त होना, उड़ती ख़बर मिलना; जैसे—न जाने कैसे भूतना को इस बात की भनक मिल गई थी।—अश्क।

भय खाना

डरना, भयभीत होना।

भर आँख देखना

(आकांक्षा से) अच्छी तरह देना; जैसे—जब मैं पत्थर की सिल्ली पर गेरू से तुम्हारी रूठी हुई मूर्ति का चित्र खींचकर यह बताना चाहता हूँ कि तुम्हें मनाने के लिए मैं तुम्हारे पैरों पड़ा हूँ, उस समय आँसू ऐसे उमड़ पड़ते हैं कि भर आँख देखते भी नहीं देते। —सीताराम चतुर्वेदी।

भर जाना

१. पूर्ण हो जाना; जैसे—अब उनके पाप का घड़ा भर गया है।

२. अधिक संख्या में सम्मिलित हो जाना; जैसे—उनकी पाल्टी (पार्टी) में ऐसे बदमाश और नंगे-लुच्चे भर गए हैं।—शिवप्रसाद सिंह।

भर पाना

१. पूरा पावना पा जाना; जैसे—मेरा किसी के यहाँ कुछ बाकी नहीं, सब भर पाया।—प्रेमचंद।

२. पूरा पूरा बदला चुक जाना; जैसे—तुमने जैसा किया वैसा भर पाया।

भर पेट

जी भरकर; जैसे—इसने आज हमे भर पेट गालियाँ दीं।

भर मुँह

बहुत अधिक, जी भरकर; जैसे—पंडिताइन ने बैठे ही बैठे श्रीनाथ को भर मुँह गालियाँ दीं।—अजित पुष्कल।

भरना

उलटी सीधी बातें सिखाना-पढ़ाना; जैसे—......उनकी लड़की ने अलबत्ता मेरी नाक में दम कर दिया है...... जब

आती है रोज़ माँ को भरा करती है। —प्रेमचंद।

भरपाई कर देना

पूरा पूरा चुका देना; जैसे—उनसे उधार ज़रूर लिया था पर भरपाई भी कर दी थी।

भरमा जाना

भुलावे में आना; जैसे—भाभी, तुम्हारी सविता इंदर की परी नहीं है जो चंदर भरमा जाएगा।—कमलेश्वर।

भरा घर

ऐसा घर जिसमें रहनेवालों की संख्या यथेष्ट हो; जैसे—अभी कल ही तो ख़बर छपी थी कि एक पुलिस के इंस्पेक्टर के यहाँ चोरी हो गई और वह भी भरे घर में।—गिरिधर गोपाल।

भरा भरा

भरा-पूरा, सब प्रकार से पूर्ण; जैसे—चेहरा अभी भी भरा भरा था, पर अब उस चेहरे पर स्वास्थ्य की लाली नहीं, नशे की तमतमाहट थी।—शिवानी।

भरी गोद खाली होना

पुत्र या संतान का मर जाना।

भरी जवानी में

पूर्ण युवावस्था में; जैसे—भरी जवानी में बीबी मरी, फिर एक लड़का। —अजित पुष्कल।

भरी थाली पर लात मारना/मार देना

मिलती रोज़ी या लगी नौकरी जान-बूझकर छोड़ देना।

भला मनाना

किसी के कुशल-मंगल की कामना करना।

भला लगना

सुंदर और सुखद प्रतीत होना; जैसे—(१)...चैत की पूनों के दिन चित्रा नक्षत्र के साथ उजला चंद्रमा आँखों को भला लगता है।—सीताराम चतुर्वेदी। (२) कुछ के चेहरे पर चश्मे भले लगते हैं।—यशपाल।

भविष्य पर आँख होना

आगे का जीवन कैसे सुधरे इस पर विचार करना या इसके लिए प्रयत्नशील होना।

भस्म करना/कर देना

जलाकर राख कर देना; जैसे—...ऋषि लोग यद्यपि बड़े शांत होते हैं, पर उनमें इतना तेज भी होता है कि यदि कोई उन्हें कष्ट दे तो उसे जलाकर भस्म भी कर दें।—सीताराम चतुर्वेदी।

भस्म होना/हो जाना

जलकर राख होना; जैसे—आँखों से ऐसे अग्निबाण छूटते कि लगता अभागी चरण भस्म हो जाएगी।—शिवानी।

भाँजी मारना/मार देना

किसी ऐसे व्यक्ति से किसी की निंदा करना जिससे वह उसका होता हुआ काम बिगाड़ दे; जैसे—(१) अपनी सरलता के बावजूद हमारा समाज भाँजी मारने में अनूठी योग्यता रखता है।—शिवानी। (२) फिर मैंने लड़की भी तय कर ली है अपने लिए। तुम्हें नहीं बताऊँगा। कहीं भाँजी मार दो तो हम तो गए काम से।—गिरिधर गोपाल।

भाँप जाना

ताड़ जाना, जान लेना; जैसे—(१) शायद वह तुम्हारी चाल को भाँप गया था।—अजित पुष्कल। (२) रूपा उसकी मनोदशा को भाँप गई और कंधे झटककर चल दी।—गुलशन नंदा।

भाँय भाँय करना/करने लगना

(स्थान का) बिल्कुल सूना और भयावह प्रतीत होना।

भाग जाना

घर और घरवालों को छोड़कर (विशेषतः नाता तोड़कर) प्रायः किसी के साथ चले जाना; जैसे—श्रीनाथ के दरबान ठाकुर के सुडौल लड़के से गुप्त रूप से उसका प्रेम बढ़ गया और अचानक ही एक शाम वह उसके साथ

भाग गई।—अजित पुष्कल।

भाग फूटना/फूट जाना

तक़दीर फूटना; जैसे—शिवजी को पाने के फेर में दो के भाग फूट गए, एक तो चंद्रमा की कला के और दूसरे आपके।—सीताराम चुतर्वेदी।

भागना

कर्तव्य से या दायित्व ग्रहण से पीछे हटना; जैसे—और फिर ऐसा क्या है, जिससे वह भागता है। —कमलेश्वर।

भाग्य खोटा होना

भाग्यहीन होना; जैसे—तुम्हारा भाग्य ही खोटा है तो मैं क्या करूँ।

भाग्य फिरना/फिर जाना

परिस्थितियों में सुधार होना।

भाग्य फूटना/फूट जाना

बहुत बड़ी हानि होना।

भाग्य झोंकना

बहुत-कुछ तुच्छ और व्यर्थ का काम करना।

भाड़ में जाना

राख होना, नष्ट होना; जैसे—बस इनकी जगह बनी रहे, ये दोनो हाथ से ज़्यादा से ज़्यादा लूटते रहें। देश जाए भाड़ में।—गिरिधर गोपाल।

भाड़ में झोंकना/झोंक देना

भाड़ में डालना/डाल देना

१. नष्ट या बर्बाद करना।

२. बहुत ही उपेक्षापूर्वक परित्याग करना।

भाड़े का टट्टू

कम मज़दूरीवाला अयोग्य व्यक्ति।

भानुमति का कुनबा

बेमेल व्यक्तियों का गिरोह या दल।

भार अपने ऊपर लेना/ले लेना

अपने ऊपर ज़िम्मेदारी लेना, दायित्व ग्रहण करना; जैसे—हम और हमारा महकमा उनकी सुरक्षा का भार अपने ऊपर लेता है।—अजित पुष्कल।

भार उतारना/उतार देना

१. ऋण चुकाना।

२. अपना कर्तव्य पूरा करना।

भार संभालना

दायित्व ग्रहण करना; जैसे—यह लड़की क्या उनके उस विराट अस्पताल का भार संभाल पाएगी।—शिवानी।

भारी कीमत चुकाना

बहुत बड़ी हानि सहना;जैसे—इस सफलता के लिए उन्हें भारी कीमत भी चुकानी पड़ी।

भारी पड़ना

१. अपेक्षाकृत प्रबल होना; जैसे—शत्रु तुम से कितना भी तगड़ा क्यों न हो, पर यदि तुम उससे पहले⋯दो चार ज़ोर की उसके लगा दोगे तो सौ में से पचहत्तर बिसवे वह भाग खड़ा होगा। ⋯वह न भागे और भारी पड़े तो शोर मचा दो।—अश्क।

२. असह्य, कष्टकारक या हानिकारक प्रतीत होना; जैसे—(१) उन्हें अपनी चुप्पी भारी पड़ने लगी, बल्कि बहुत हद तक नकली जान पड़ने लगी।—सुरेश सिनहा। (२)⋯उसका देखना इस समय उसे बहुत भारी पड़ जाएगा।—अमृतलाल नागर।

भारी बने रहना

भारी रहना (दे०)।

भारी रहना

कोई बात जान-बूझकर (उपयुक्त अवसर पर) न कहना; जैसे—तुम भारी रहना, जैसा देखूँगा वैसा कहूँगा।

भारी होना

निर्वाह-व्यय सह्य न होना; जैसे—वाह रे मौसी, लगता है, मैं भी आपको भारी हो गई हूँ, क्यों?—शिवानी।

भाव उछलना

कीमतें बढ़ या उँची हो जाना।

भाव का भूखा

प्रेम का भूखा; जैसे—भगवान तो भाव

के भूखे हैं।—रामकिंकर।

भाव बताना

१. काम का समय आने पर केवल हाथ-पैर हिलाकर या बातें बनाकर उसे टालने का प्रयत्न करना।

२. चेष्टाओं द्वारा मन का भाव व्यक्त करना।

भिड़ के छत्ते में हाथ डालना

जान-बूझकर बड़ा संकट अपने पीछे लगाना।

भीगी बिल्ली बन जाना

दब्बू हो जाना; जैसे—(१) ऐसी दबंग पत्नी का पति ... अंदर जाते समय ... भीगी बिल्ली बन जाता था। —अश्क। (२) ... मुझे चिढ़ाते भी थे कि मुझ पर तो बहुत शेर बनती हो और अम्मा के सामने भीगी बिल्ली बन जाती हो।—भूषण वनमाली।

भीड़ छँट जाना

भीड़ का तितर-बितर हो जाना; जैसे—हारकर भीड़ धीरे धीरे छँट गई और वह भी घर चला आया।—अश्क।

भीत में चुनना

दीवार में चुनना।

भुजा उठाकर कहना

(कोई) प्रतिज्ञा या प्रण करना।

भुन भुन करना

कुढ़कर धीरे धीरे अस्पष्ट शब्दों में बोलना।

भुरकस निकालना

दुर्दशा कर डालना।

भुरता बना देना

कचूमर निकाल देना; जैसे—गुस्सा आया तो मार मारकर के भुरता बना दूँगा।—सरोजिनी वर्मा।

भूख मर जाना

भूख का समाप्त हो जाना; जैसे—यूँ भी लंच के पहले सो जाने पर हमेशा उसकी भूख मर जाती है।—अश्क।

भूख लगना

(शरीर को) भोजन की आवश्यकता प्रतीत होना, खाने की आकांक्षा होना।

भूखों मरना

भोजन के अभाव में त्रस्त रहना।

भूत उतरना

आवेश कम होना।

भूत चढ़ना/चढ़ जाना

भूत सवार होना/हो जाना

१. आवेश में होना; जैसे—छैलू की माँ और दादी हाथ जोड़कर हाहा खाती रहीं, पर छैलू को भूत सवार था। —अमृतलाल नागर।

२. भूत की तरह किसी काम के पीछे पड़ना; जैसे—(१) जब उसे काम का भूत चढ़ जाता है तो अपनी सुध-बुध नहीं रहती। (२) उनके दिलोदिमाग पर प्रेरणा का भूत सवार है।—गोपाल चतुर्वेदी।

भूत होना/हो जाना

क्रोध से अभिभूत होना; जैसे—छोटी बहू के कान में भनक पड़ी तो वह भूत हो गई।—रा० रा० प्र० सिंह।

भूमिका निभाना

निष्ठापूर्वक अपने काम का निर्वाह करना; जैसे—मेरे जन्म से आज तक विस्मय ने ही भूमिका निभायी है। —मनु शर्मा।

भूमिका बाँधना

आधार तैयार करना; जैसे—(१) आँचल आँखों पर रखकर सुभद्रा रोने का उपक्रम करने लगी! अहल्या ने देखा, आँखों के कोरे सूखे ही थे, अकेले कंठ-स्वर के नकली उतार चढ़ाव से ही रोने की भूमिका बाँधी जा रही थी।—शिवानी। (२) मंजुला मन ही मन जल उठी। उसे लगा कि देवरात कुछ दोषोद्‌गार करने के लिए ही यह मीठी भूमिका बाँध रहे हैं।—हजारीप्रसाद द्विवेदी। (३) आप रोमांचक भूमिकाएँ

बाँधने में बहुत दक्ष मालूम पड़ती हैं। —मनहर चौहान।

भूलकर भी

अनजाने भी; जैसे—अपने भाई के विवाह के संबंध में तुमने भूलकर भी कुछ नहीं कहा।—ओम शिवराज।

भेंट चढ़ाना

अर्पित करना, उत्सर्ग करना, बलि देना; जैसे—तुमने मेरे प्राणों पर अपने प्राणों की बलि चढ़ा दी। —यज्ञदत्त।

भेड़ बना लेना

अनुगामी या गुलाम बना लेना; जैसे—सदानंद को उस (दुलरिया) ने अपने हुस्न व कमाल से भेड़ बना लिया। —अमृतलाल नागर।

भेड़-बकरियों की तरह काटना/कटवाना

निरीहों को मौत के मुँह में झोंकना; जैसे—चीन के तानाशाह अपने देश के नौजवानों को भेड़-बकरियों की तरह कटा सकते हैं। —गिरिधर गोपाल।

भेस बदलना

किसी अन्य व्यक्ति जैसा रंग, रूप तथा पहनावा धारण करना; जैसे—हम लाख भेस बदलें लेकिन हमारी शक्ल गोरों जैसी थोड़े ही हो जाएगी।

भैंस के आगे बीन बजाना

निरर्थक प्रयत्न करना; जैसे—और अंधे को रास्ता दिखाना भैंस के आगे बीन बजाना है।—मनु शर्मा।

भोग लगाना

१. कोई चीज़ बनाकर देवता को अर्पित करना जिसे बाद में प्रसाद रूप में ग्रहण किया जाता है।

२. खाना, भक्षना।

भोथरा हो जाना

धार या काट करने की शक्ति नष्ट हो जाना; जैसे—कच्चे आमों की चटनी वे खा तो गए पर दाँत बेतरह खट्टे होकर भुथरे (भोथरे) ही हो गए। —कमलेश्वर।

भौंहें चढ़ाना

त्योरी चढ़ाना (दे०)।

भौंहें तानना

त्योरी चढ़ाना (दे०)।

भौंहें नचाना

बराबर भौंहें हिला-हिलाकर चंचलता या हाव-भाव दिखलाना।

भौंहें मरोड़ना

आकृति से क्रोध प्रकट करना, त्योरी चढ़ाना।

भौंहों पर बल पड़ना

भौंहों से आक्रोश सूचित होना; जैसे—जब वह यहाँ था तो उसकी भौंहों पर हर वक्त बल पड़े रहते थे, लेकिन अब वह उसे पेट के जाए की तरह मान रही थी।—कमलेश्वर।

मंज़िल पर पहुँचना

१. गंतव्य स्थल पर पहुँचना।

२. उद्देश्य में सफल होना।

मंजिल मारना

१. लंबी दूरी तै करना।

२. बहुत बड़ा काम सफलतापूर्वक पूरा करना।

मँझधार में फँसना

गहरे संकट में पड़ जाना।

मंत्र फूँकना/फूँक देना

चमत्कार कर देना; जैसे—नए कप्तान ने टीम में ऐसा मंत्र फूँका कि वह बराबर विजय पर विजय प्राप्त करती चली गई।

मक्खन लगाना

ख़ुशामद करना; जैसे—वे उन्हीं का काम करते हैं जो उन्हें मक्खन लगाते हैं।

मक्खी की तरह निकाल देना/निकाल फेंकना

उपेक्षापूर्वक किसी को किसी काम से बिल्कुल अलग कर देना।

मक्खी निगलना
जीती मक्खी निगलना (दे०)।

मक्खी/मक्खियाँ/मारना
फालतू बैठे या बेकार के काम करते रहना; जैसे—जब से यहाँ आया हूँ बैठा बैठा यहाँ मक्खियाँ मारा करता हूँ।

मखौल लगना
हास्यास्पद प्रतीत होना; जैसे—बी० ए० और एम० ए० की डिग्रियाँ उसे मखौल लगी थीं।—गिरिधर गोपाल।

मगज़ खाना
बहुत बक बक करके तंग करना।

मगज़ खाली करना/कर देना
बहुत बक बक करके या दिमागी काम करके किसी का मस्तिष्क थकाना।

मगज़ खौलना
क्रोध के कारण दिमाग या मस्तिष्क ख़राब होना।

मगज़ चल जाना
दिमाग ख़राब हो जाना, पागल हो जाना।

मचल उठना
जिद करना; जैसे—(१) जब श्याम रूप आश्रम में जाने लगा, तो चार-पाँच वर्ष की अवस्था का आर्यक भी पाठशाला जाने के लिए मचल उठा।—हजारीप्रसाद द्विवेदी। (२) मेरी ममता सहस्त्रधारा का रूप धर उन्हें समेटने के लिए मचल उठती है।—मालती जोशी।

मचलने लगना
हठपूर्वक छटपटाने लगना; जैसे—माँ के रोने से अबोध हल्या जाग गई और मामा की गोद में जाने को मचलने लगी।—शिवानी।

मज़ा आना/आ जाना
तबीयत ख़ूब प्रसन्न होना; जैसे—(१) दुनिया को दूसरों को बदनाम करने में मज़ा आता है।—प्रेमचंद। (२) उसे तुमसे बातें करने में मज़ा आता है। (३) मधुर जी संस्कृत के श्लोकों, उर्दू की गज़लों और हिंदी के फ़िल्मी गीतों का ऐसा मधुर कीर्तन करते हैं कि तरुण-तरुणियों को मज़ा आ जाता है।—अमृतलाल नागर। (४) यह दुनिया लोगों से छीनती बहुत है, देती कम है। इसे लोगों को कुढ़ाने और सताने में मज़ा आता है।—भूषण वनमाली।

मज़ा चखाना
बदला लेना या इस बात का ज्ञान करा देना कि कष्ट कैसे भोगा जाता है; जैसे—(१) हम आप लोगों का मुलाहज़ा करते हैं, नहीं तो इस हेकड़ी का मज़ा चखा देते।—प्रेमचंद। (२) चार छः दिन और रह गई होती हरामी के घर तो मज़ा चखा देती।—सरोजिनी वर्मा। (३) अब तो वे लाला को मज़ा चखा कर ही दम लेंगे।—अजित पुष्कल। (४) पर हाँ, उन्होंने बदतमीज़ी की तो फिर वह मज़ा चखाऊँगी कि सारी उमर याद रखेंगे।—भूषण वनमाली। (५) उसके मन में आ रहा था कि जाकर वार्डन को पूरी घटना सुना दे और इस धनी लड़की को मज़ा चखा दे।—गुलशन नंदा।

मज़ा पड़ना
किसी ऐसी बात या काम का चस्का पड़ना जिससे सुख मिलता हो; जैसे—उसे उठते-बैठते चुभती बातें कहने का मज़ा पड़ गया है।

मज़ा/मज़े/लूटना
ख़ूब मौज करना; जैसे—दिल्ली में वे इन दिनों मज़े लूट रहे होंगे।

मज़ाक उड़ाना
उपहास करना; जैसे—(१) ग़रीब का मज़ाक उड़ाते हुए तुम्हें शर्म आनी चाहिए। (२) आप सोच रहे होंगे कि मैं अपना ही मज़ाक उड़ाने को क्यों तुला

हूँ।—श्रवणकुमार। (३) अपनी गज़ल में उनकी ज़बानदानी और शायरी का मज़ाक उड़ाते हुए लिखा था कि शायरी पंडित जी के बस का रोग नहीं।—अश्क। (४) बड़ी धीरज वाली लड़की है। अपना ग़म ज़ाहिर होने नहीं देती। बल्कि जहाँ तक हो सकता है, ख़ुद अपने गम का मज़ाक उड़ाती है। —भूषण वनमाली।

मज़ाक समझना
साधारण हँसी की बात अर्थात् उपेक्ष्य बात समझना; जैसे—वह मेरी ज़िंदगी से खेल रहा है और तुम इसे मज़ाक समझ रही हो।—भूषण वनमाली।

मज़े उड़ाना
आनंद लेना, मौज-मस्ती करना; जैसे—बाप की दौलत थी फिर दिन भर मज़े उड़ाने लगे।

मज़े से
आसानी से, सरलता से या अच्छी तरह; जैसे—अब तो अकेला आदमी भी मज़े से आ-जा सकता है।—देवेन्द्र सत्यार्थी।

मझधार में छोड़ना
१. ऐसे वक्त साथ छोड़ देना जब कि कोई दुखों मे पड़ा या झंझटों में फँसा हो।
२. कोई कार्य बीच में ही छोड़ देना।

मटियामेट करना/कर देना
नष्ट कर देना, न रहने देना; जैसे—उनके कारण हमारे प्रयास मटियामेट हो गए।

मट्टी पलीद होना
मिट्टी पलीद होना (दे०); जैसे—इन कैपिटलिस्टों के कम्पिटीशन में हम जैसों की मट्टी पलीद हो गई। —अमृतलाल नागर।

मतलब गाँठना/निकालना
स्वार्थ सिद्ध करना; जैसे—वे मतलब निकालने के लिए ही तो यहाँ आते हैं।

मतलब निकल जाना/हो जाना
स्वार्थ सिद्ध हो जाना; जैसे—मतलब हो गया और खिसक चले।

मति मारी जाना
बुद्धि का ठीक तरह से काम न करना; जैसे—असल में मेरी मति मारी गई कि आप जैसे ख़ब्ती आदमी को बाज़ार भेजा।—शिवप्रसाद सिंह।

मत्थे पड़ना
अप्रत्याशित उत्तरदायित्व उठाना; जैसे—बड़ी ननद विधवा हो गई थी। तीन बच्चे लेकर वह उसी के मत्थे पड़ गई।—शिवानी।

मत्थे मढ़ना
१. ज़िम्मे लगाना; जैसे—सड़े खरबूज़े वे हमारे मत्थे मढ़ गए हैं।
२. आरोपित करना; जैसे—फिर यह दोष उन्हीं के मत्थे मढ़ा गया।

मन अटकना
प्रेम-पात्र की ओर पूरी तरह से ध्यान खिंचना।

मन अनमना होना
उदासी के कारण मन का किसी ओर या किसी में न लगना; जैसे—(१) आदमी को बेबस देखकर मन बहुत अनमना हो जाता है।—कमलेश्वर। (२) न जाने क्यों वह आज अनमनी होकर बैठी थी।—कमलेश्वर।

मन आना
१. इच्छा या तबीयत होना।
२. अनुरक्त होना।

मन उचट जाना
ऊब या विरक्ति हो जाना; जैसे—'वंदे मातरम्' की उस नौकरी से उसका मन उचट गया था।—अश्क।

मन कचोटना/कचोट जाना
कष्ट, पश्चात्ताप, वियोग आदि के कारण मन में क्लेश या दुख होना; जैसे—(१) पति की यह दुर्दशा देखकर उसका मन कचोटने लगा। (२) चेतन को जब भी

अपनी नन्ही-सी बहन की याद आती, उसका मन बुरी तरह से कचोट जाता।—अश्क।

मन कड़ा करना

हिम्मत करना; जैसे—वह अपने मन को कड़ा करने लगी। कल तक वह जिसकी सिर चढ़ी बनी थी उससे एकाएक लड़ जाना ज़रा कठिन था।—अजित पुष्कल।

मन कर आना

इच्छा जाग्रत होना; जैसे—...आज मुझे भी (मेरा भी) तुम्हारी इन बड़ी बड़ी भुजाओं के बल की थाह लेने का मन कर आया।—सीताराम चतुर्वेदी।

मन करना

इच्छा या प्रवृत्ति होना, जी चाहना; जैसे—आज तो ख़ैर खाने को हमारा मन करता है।

मन कसना

(प्राय: कठोर) निश्चय करना; जैसे—यही मन तुमने साल भर पहले कस लिया होता तो आज बाँके लाल जी से यह पत्र पाने की नौबत न आती।—अमृतलाल नागर।

मन का मैला

मन में दुर्भाव रखनेवाला; जैसे—वह ऊपर से तो प्रेम दरशाता था पर वास्तव में था वह मन का मैला ही।

मन का राजा

स्वच्छंद विचरण करनेवाला व्यक्ति।

मन की करना

जो चाहना सो करना; जैसे—कितना समझाती हूँ, बस अपने मन की करते हैं।—प्रेमचंद।

मन की मन में रह जाना

साध पूरी न होना।

मन की होना

वही बात होना जिसे मन चाह रहा हो; जैसे—ग़लत ही सही आपके मन की तो हो गई।—अजित पुष्कल।

मन के लड्डू खाना

ऐसी बात सोचकर प्रसन्न होना जिसका पूरा होना असंभव हो, झूठी आशा पर प्रसन्न होना।

मन को छूना

मन में सहानुभूति, कृतज्ञता आदि का भाव जगाना; जैसे—उसकी यह करुण कथा मन को छूनेवाली थी।

मन खट्टा हो जाना

किसी के प्रति मन में द्वेषभाव या घृणा उत्पन्न होना; जैसे—(१)...उस समय मन ऐसा खट्टा हुआ कि सारे गहनों को लात मार दूँ।—प्रेमचंद। (२) शिरोमन का मन खट्टा हो गया।—अजित पुष्कल।

मन खट्टा-मीठा होना

मन में किसी के प्रति आकर्षण-विकर्षण एक साथ होना; जैसे—(१) उस रात की घटना से शिरोमन का मन अजीब तरह से खट्टा-मिट्ठा (मीठा) हो गया था।—अजित पुष्कल।

मन ख़राब करना

मन में किसी प्रकार का दुर्भाव लाना।

मन खिल उठना

तबीयत ख़ुश हो जाना, मन उत्फुल्ल होना; जैसे—बाबू किशन मोहन की बात पर तीन मित्रों के मन खिल उठे।—अमृतलाल नागर।

मन खोया खोया रहना

मन उदास तथा उद्विग्न रहना; जैसे—वह पैसों के लिए चंदा पर बेजा दबाव भी डालता। उसके इस दबाव से चंदा का मन खोया खोया-सा रहने लगा।—अजित पुष्कल।

मन खौलना

कुछ अप्रिय या कटु बात कहने के लिए तड़पना।

मन गिरना

उमंग या उत्साह का न रह जाना।

मन चलना/चल जाना
कुछ लेने या पाने की मन में उत्कट इच्छा जाग्रत होना; जैसे—उस रति-सी सुंदरी को देखकर भला किस का मन नहीं चलता।—शिवनाथप्रसाद बेरी।

मन छूना
मन को छूना (दे०)।

मन जमना
(किसी बात से) मन का पूर्णतः आश्वस्त होना; जैसे—इस दलील पर मन जमता ही नहीं है।

मन जीतना
१. इच्छाओं पर विजय पाना।
२. दूसरे के हृदय को जीत लेना; जैसे—(१) भाई-चारे और प्यार के भाव से बस्तीवालों का मन जीतना चाहता हूँ।—गुलशन नंदा। (२) बतासो बीबी ने अपने छोटे नाना की बड़ी सेवा की और उसका मन जीत लिया। —अमृतलाल नागर।

मन टटोलना
बातों ही बातों में किसी के भावों, विचारों आदि से परिचित होने का प्रयत्न करना; जैसे—वह आया तो था मेरा मन टटोलने ही परंतु मैंने उसकी दाल गलने नहीं दी।

मन टूटना
उत्साह, उमंग, साहस आदि का नाश या ह्रास होना; जैसे—(१) चार पैसे की बात थी, खिलौना ले ही देते तो क्या था। बच्चे का मन न टूटता। (२) थोड़ी तकलीफ़ ही होगी न, नहीं तो मन टूट जाएगा बेचारों का।—कमलेश्वर।

मन ठिकाने न होना
चित्त स्थिर या शांत न होना; जैसे—आज सुबह से उसका मन ठिकाने नहीं है।

मन डूबना
मानसिक शक्तियों का ह्रास होना; जैसे—जब यही मजबूरी बनकर ललिता भी मेरे सामने आती है, तो मन डूबने लगता है।—कमलेश्वर।

मन डोलना
मन का विचलित होना; जैसे—बादलों को देखकर जब सुखी लोगों का मन भी डोल जाता है तब वियोगी का कहना ही क्या।—सीताराम चतुर्वेदी।

मन तरसना
(किसी चीज़ की) प्राप्ति के लिए मन में प्रबल इच्छा होना; जैसे—बुढ़ापे की जान है, अच्छी चीज़ खाने को मन तरस जाता है, पर किससे कहें।—मे० परवेज़।

मन तोड़ना
दूसरे की इच्छा को कुचल देना अथवा उसके मन की बात न करके उसे हतोत्साहित करना; जैसे—थोड़े से पैसों के लिए उन्होंने पत्नी का मन तोड़ दिया।

मन तौलना
यह जानने का प्रयत्न करना कि कोई किसी बात पर कहाँ तक स्थिर रह सकता है।

मन दहलना
दिल दहलना (दे०)।

मन देखना
दिल देखना (दे०)।

मन देना
१. दिल देना (दे०)।
२. ध्यान देना।

मन न भरना
पूर्ण संतुष्टि या तृप्ति न होना; जैसे—अभी मत जाओ, कुछ और रुको, मन तो अभी भरा नहीं।

मन नाच उठना
अत्यंत प्रसन्नता होना; जैसे—बेटी की इस सफलता पर बाप का मन नाच उठा।

मन पक्का करना
(कठिन या कठोर) निश्चय करना;

जैसे—पहले मन पक्का कर लो कि अपने भाई का सामना करोगे।

मन फट जाना

मन में किसी के प्रति सद्भाव न रह जाना; जैसे—(१) उनके इस बरताव से हमारा मन फट गया है। (२) भतीजों के व्यवहार से मन इतना फट गया कि बड़े आँगन के बीचोबीच आदमकद दीवार उठवा दी।—यशपाल।

मन फिर जाना

विमुख होना; जैसे—(१) मैं यही माँगती कि मेरा स्वामी मुझसे प्रेम करता रहे। उसका मन मुझसे कभी न फिरे।—प्रेमचंद। (२) उसके बाद अंग्रेज़ों का मन उनकी ओर से फिर गया।—अमृतलाल नागर। (३) विलायती कपड़े का बायकाट होने पर विलायती कपड़े से मन फिर गया।—यशपाल।

मन फिसलना/फिसल जाना

मन का किसी पर मुग्ध हो जाना; जैसे—ऐसी परिस्थितियों में उसका मन फिसल जाना स्वाभाविक था।

मन फेरना/फेर लेना

ध्यान से हटा या उतार देना, प्रवृत्ति दूसरी ओर करना; जैसे—अब अपनों ने हमसे मन फेर लिया है।

मन बँटना

ध्यान बँटना (दे०)।

मन बढ़ना

उत्साह बढ़ना; जैसे—इधर कई दिन से पति को कुछ समय देखकर उसका मन बढ़ने लगा था।—प्रेमचंद।

मन बढ़ाना

उत्साहित करना।

मन बदल जाना

विचार-परिवर्तन हो जाना; जैसे—सोचा था दिल्ली जाऊँगा, लेकिन अब मन बदल गया है।

मन बहलाना

१. ऐसा काम करना जिससे मनोरंजन हो; जैसे—अब कौन-सा नाटक दिखाकर इनका मन बहलाया जाए। —सीताराम चतुर्वेदी।

२. ऐसा काम करना जिससे ध्यान बँटे और समय कटे।

मन बाँध लेना

पुरी तरह से आकृष्ट तथा मुग्ध कर लेना; जैसे—यह वेश्या का चलित्तर रहा हो या हकीकत उसने सेठ जी का मन बाँध लिया।—यशपाल।

मन बोलना

अंदर से अंतरात्मा की आवाज़ आना; जैसे—भगवान करेंगे तो वे राज़ी-ख़ुशी घर लौट आवेंगे और हमारा मन बोलता है कि जल्दी लौटेंगे।—अमृतलाल नागर।

मन भटकना

मन का किसी निश्चय पर न पहुँचकर तरह तरह की बातें सोचते रहना।

मन भर जाना

१. अघा जाना या तृप्त होना।

२. अनुराग या प्रवृत्ति न रह जाना; जैसे—क्या चार दिन में ही तुम्हारा मन मुझसे भर गया?—प्रेमचंद।

मन भाना

मन को अच्छा या भला जान पड़ना।

मन भारी होना

१. मन में किसी प्रकार की अस्वस्थता का अनुभव या बोध होना; जैसे—लड़कों की बात-चीत से न जाने क्यों उसका मन भारी हो गया था।—गिरिधर गोपाल।

२. दुख, द्वेष आदि के कारण किसी के प्रति पहले का-सा अनुराग न रह जाना।

मन मसोस उठना

मन का दुखी और विकल होना; जैसे—उसका मन मसोस उठता है, जब वह अपने पिता को इस तरह निरीह-सा लेटा हुआ देखती है। —कमलेश्वर।

मन मसोसने लगना

मन का पश्चात्ताप करने लगना।

मन मानना

मन को प्रिय प्रतीत होना; जैसे—यह तो मन माने का सौदा है।

मन मारना

स्वेच्छया अथवा विवशतावश अपनी इच्छाओं का दमन करना; जैसे—(१) जेब में पैसा न होने से ये भी मन मार कर बैठ गए हैं। (२) मन के इन्हीं सब दंद-फंदों में फँसी हुई बेचारी इतनी देर मन मारे बैठी रही।—अमृतलाल नागर। (३) मगर तब तक आदमी इतना निरीह हो जाता है कि मन मारकर उसी काम को करते रहना पड़ता है।—अजित पुष्कल। (४) परसों रात में सुमित्रा ने अपने पति से, उनके रसरंग में आने पर, मौका देखकर कहा कि घर में बराबर की लड़की को इस तरह मन मारे देखकर उसे अपना यह सुहाग-सुख अच्छा नहीं लगता।—अमृतलाल नागर। (५) रंडुआ तो फिर से ब्याह लाता है और वही काम करता है जिसके लिए राँड को अपना मन मारना पड़ता है।—अमृतलाल नागर।

मन मारे

अपनी इच्छाओं का दमन करते हुए; जैसे—शत्रुओं से हारकर और अपमानित होकर देवता लोग भला कितने दिनों तक मन मारे बैठे रह सकते थे।—सीताराम चतुर्वेदी।

मन मिलना

१. प्रकृति, प्रवृत्ति, रुचि, विचार आदि की समानता के कारण किसी से आत्मीयता का संबंध होना; जैसे—मन मिले का मेला।

२. प्रेम होना।

मन में आना

किसी काम या बात के लिए मन में कोई भाव या विचार उत्पन्न होना; जैसे—आज मन में आया कि चलकर तुमसे मिल आऊँ।

मन में काँटे की तरह चुभना

किसी बात का अत्यधिक कष्टकारक होना।

मन में घर करना

मन में स्थान बना लेना; किसी का आदर-भाव या प्रेम-भाव प्राप्त करना; जैसे—अपने पिता के वचनों को सत्य करने के लिए वे सीता और लक्ष्मण के साथ केवल दंडक वन में ही नहीं पैठे वरन् अपने इस सत्य व्यवहार से उन्होंने सज्जनों के मन में भी घर कर लिया।—सीताराम चतुर्वेदी।

मन में ठानना/धरना

दृढ़ संकल्प करना।

मन में न जमना

(बात) उपयुक्त या युक्तिसंगत न प्रतीत होना; जैसे—उनकी यह दलील मन में जमी नहीं।

मन में न धँसना

(बात) उपयुक्त या युक्तियुक्त न प्रतीत होना।

मन में पानी भर आना

किसी को प्राप्त कर लेने की मन में तीव्र इच्छा होना; जैसे—मिसेज माथुर उससे सिर्फ़ चार ही पाँच साल बड़ी थीं और बहुत सुंदर न होने पर भी नए फैशन में सजी-बजी, रँगी-चुनी, कचालू-मटर की चाट ऐसी लगती थीं, देखकर लच्छू के मन में पानी भर आता था। —अमृतलाल नागर।

मन में बसना/बस जाना

बहुत अच्छा लगने या पसंद आने के कारण ध्यान में बराबर बना रहना।

मन में बात उठना

विचार उत्पन्न होना; जैसे—लेकिन लौटते वक्त उसके मन में एक ही बात रह रहकर उठ रही थी।—गिरिधर गोपाल।

मन में बात खौलना
किसी अप्रिय और कष्टदायक बात का रह रहकर ध्यान में आना।

मन में बैठना
१. (कोई बात) मन में जम जाना।
२. (व्यक्ति का) मन में घर कर लेना; जैसे—कौन ऐसी सुंदर और हठीली पतिव्रता है जो आपके चंचल मन में बैठ गई है?—सीताराम चतुर्वेदी।

मन में बैठाना/बैठा देना
(कोई बात या विचार किसी को) अच्छी तरह समझा देना और उसे उसका अनुयायी बना देना; जैसे—यह भ्रष्ट तत्त्वदर्शन का प्रतिफल है जिसने⋯कर्मकांड के जादू की छड़ी से ईश्वर को उल्लू बनाकर उससे चाहे जो उचित-अनुचित करा लेने की बात भोली जनता के मन में बिठा (बैठा) दी।—अखंड ज्योति।

मन में भरना
हृदयंगम करना।

मन में रखना
१. (बात) मन में अच्छी तरह छिपाकर रखना; किसी पर प्रकट न होने देना।
२. (बात) अच्छी तरह ध्यान में रखना, स्मरण रखना।

मन में लाना
१. विचार करना; सोचना।
२. कोई काम करने का विचार या संकल्प करना; जैसे—यदि मन में लाओ तो तुम ज़रूर यह काम कर सकते हो।

मन में समाना
किसी व्यक्ति, चीज़ या बात का मन में अपनी जगह बना लेना, मन में घर कर लेना।

मन मैला करना
किसी की ओर से अपने मन में दुर्भाव, द्वेष या वैर-विरोध रखना।

मन मोटा कर लेना
(किसी के प्रति) पहले जैसा स्नेह-भाव न रखना।

मन मोड़ना
प्रवृत्ति या विचार को एक ओर से हटाकर दूसरी ओर लगाना।

मन मोम हो जाना
हृदय द्रवित हो जाना; जैसे—इतने सारे नोट देखकर दादी का मन मोम हो गया।—अमृतलाल नागर।

मन मोह लेना
पूर्णतः आसक्त या मुग्ध कर लेना; जैसे—देवरात के शील, सौजन्य, कलाप्रेम और विद्वता ने हलद्वीप की जनता का मन मोह लिया।—हजारी प्रसाद द्विवेदी।

मन रखना
(किसी का) प्रसन्न रखने के लिए उसकी इच्छा के अनुसार काम करना; जैसे—वह⋯कालेज में पढ़ते समय पक्का भौतिकवादी-समाजवादी था परंतु पिता और बुआ का मन रखने के लिए दीवाली की संध्या लक्ष्मी-पूजा के लिए घर पर रहता।—यशपल।

मन रखने (भर) को
दिखाने (भर) को, ऊपरी मन से; जैसे—तुम मुझसे यह मीठी मीठी बात बनाया करते थे कि तुम मेरे हृदय में सदा रहती हो, वह सब मेरी समझ में झूठ थी क्योंकि यदि वह बात केवल मेरा मन रखने को न होती तो तुम्हारे राख हो जाने पर तुम्हारी यह रति भला जीती कैसे बची रह जाती।—सीताराम चतुर्वेदी।

मन लगना
(किसी स्थान या काम में) जी लगना (दे०); जैसे—(१)⋯क्या उस सुंदर डाक्टरनी का मन उस रूखे शहर में लग सकता है।—शिवानी। (२) मेरा मन नहीं लग रहा यहाँ। आज बहुत देर से

कहीं घूमने का मन हो रहा है।—यज्ञदत्त। (३) आवारों का पढ़ने में मन लगेगा? कोई न कोई बहाना करके भाग खड़े हुए।—शिवप्रसाद सिंह।

मन लगाकर

दत्तचित्त होकर, अत्यंत सावधानी से ; जैसे—...तुम किसी बात की फ़िक्र मत करो...बस मन लगाकर पढ़ो।—गिरिधर गोपाल।

मन लगाना

जी लगाना ; जैसे—इस सेंट्रल हिंदू स्कूल में आप पढ़ने में कम और खेलने में ज़्यादा मन लगाते थे।—भानुशंकर मेहता।

मन लहराना

हृदय में अत्यधिक हर्ष होना; जैसे—बरसों बाद घर में मंडप गड़ा देखकर मन लहराने लगता।—कमलेश्वर।

मन लाना

१. जी लगाना।

२. धारणा बनाना।

मन लेना

१. किसी के मन की बात की थाह या पता लेना ; जैसे—आज वह भी मेरा मन लेने आए थे, पर मैंने उन्हें इधर-उधर की बातों से टाल दिया।

मन साफ़ होना

मन में (किसी के प्रति) किसी प्रकार का दुर्भाव न होना ; जैसे—अब आप निश्चिंत रहें, उनका अब मन साफ़ हो गया है।

मन से

१. मन-मर्ज़ी से ; जैसे—यों ही कह रहे हो या मन से।

२. इच्छा से; जैसे—पर जब बाहर के लोग यहाँ की हरियाली से ललचकर या लूट-पाट करने के मन से इधर आने-जाने लगे...तब से आर्य लोगों के कान खड़े हुए।—सीताराम चतुर्वेदी।

मन से उतरना/उतर जाना या उतर चुकना

१. (कोई काम या बात) विस्मृत हो जाना ; जैसे—यह बात तो मेरे मन से उतर ही गई थी कि आज वहाँ भी जाना है।

२. (व्यक्ति के प्रति) आदर-भाव न रह जाना ; जैसे-अब वे चाहे कुछ भी करें, हमारे मन से तो उतर चुके हैं।

मन हटना

विरक्ति होना; जैसे—गप्पबाज़ी और बैठकबाज़ी से मन हट चुका था।—अजित पुष्कल।

मन हरण करना/कर लेना

मुग्ध कर लेना, अपना बना लेना ; जैसे—लोगों को बतलाया कि किस तरह इस रावण पंडित के बेटे ने कुलीन रघुवंशी की बेटी का मन हरण कर लिया था।—अमृतलाल नागर।

मन हरा होना/हो जाना

मन का प्रसन्न तथा प्रफुल्लित हो जाना; जैसे—भारत की जीत के समाचार से सबका मन हरा हो गया।

मन हलका होना

मन पर पड़ा हुआ बोझ उतरना; जैसे—सबसे पहले यह काम फिर दूसरा।...लगता है उसके बग़ैर मन हलका नहीं होगा।—अजित पुष्कल।

मन होना/हो आना

इच्छा होना ; जैसे—(१) तुम्हारा मन हो तो वहाँ चले जाओ। (२)...ऐसी उमस बढ़ी कि लोगों को कपड़े उतारने का मन हो आया।—अजित पुष्कल। (३) आज बहुत देर से कहीं घूमने का मन हो रहा है।—यज्ञदत्त।

मनका ढलकना

गरदन टेढ़ी होना (मरने से कुछ पहले)।

मन्नत उतारना

संकल्पित पूजा की प्रतिज्ञा पूरी करना।

मन्नत मानना
यह प्रतिज्ञा करना कि अमुक कार्य हो जाने पर अमुक पूजा की जाएगी या प्रसाद चढ़ाया जाएगा।

मरकर बचना
मरने से किसी प्रकार बच जाना।

मरकर भी
सब तरह के प्रयत्न करके भी; जैसे—मैं मरकर भी वहाँ नहीं पहुँच पाऊँगा।

मर मिटना
सब-कुछ गँवाना तथा जान तक दे देना; जैसे—(१) वह देश के लिए मर मिटेगा। (२) कौन मानेगा कि आज इनके मुँह पर थूकनेवाली जनता कभी इनके इशारे पर मर मिटा करती थी। —गिरिधर गोपाल।

मरते को मारना
दुखी व्यक्ति को और अधिक सताना।

मरते दम तक
अंतिम साँस लेने तक ; जैसे—मरते दम तक उनके दिमाग की नसें चटकती रही थीं।—अजित पुष्कल।

मरना
अत्यधिक प्यार करना; जैसे—(१) वह भी घुक्की को दिलचस्पी से देखा करता था ... घुक्की भी उस पर मरती है।—बलवंत सिंह। (२) ... वही अकेला उस पर नहीं मरता था, शहर के दूसरे गुंडों की भी उस पर आँख थी।—अश्क। (३) यही कि बस्ती के कितने भुवन मुझ पर मरते हैं।—गुलशन नंदा।

मरना पड़ना
१. घोर कष्ट सहना; जैसे—बड़े भैया ने ... अगर दंड-जुर्माना कर दिया तो मरना पड़ेगा कि नहीं।—अजित पुष्कल। (२) परिवार में किसी की मृत्यु (से शोक व्याप्त) होना।

मरने की फ़ुरसत न होना
इतना व्यस्त होना कि एक क्षण का भी अवकाश न मिले।

मर मरकर जीना
अत्यंत कठिनाई से जी पाना,जीने के लिए घोर संघर्ष करना।

मर मिटना
१. अपने को उत्सर्ग करना; जैसे—हमारे क्रांतिकारी अपने देश के लिए मर मिटे।
२. घोर परिश्रम करना।

मरम्मत करना
मारना-पीटना; जैसे—पंडित जी ने एक सिरे से दूसरे सिरे तक सब की मरम्मत कर डाली।—कन्हैयालाल कपूर।

मरा/मरे /जाना
किसी काम या बात के लिए अत्यंत चिंतित तथा विकल होना; जैसे—(१) वहाँ जाने के लिए वे तो मरे जा रहे हैं। (२) वह तो लाज के मारे मरा जा रहा है। (३) यह छोकरी पंद्रह रोज़ से दही बड़े के लिए मरी जा रही थी। —हिमांशु श्रीवास्तव।

मरे मन से
अनिच्छापूर्वक; जैसे—किसी तरह शादी हो गई और लड़की ने मरे मन से अपनी नई ज़िंदगी शुरू कर दी। —अजित पुष्कल।

मर्ज़ होना
(बुरी) आदत होना; जैसे—उन्हें भी सोते समय हुक्का पीने का मर्ज़ है।

मर्द का काम
साहस का काम; जैसे—वह मर्दों के काम किया करती थी।

मर्दानगी दिखाना
वीरता दिखाना।

मलार गाना
चैन की बंसी बजाना, पूर्णत: निश्चिंत और सुखी होना।

मशाल लेकर ढूँढ़ना
चिराग लेकर ढूँढ़ना (दे०)।

मशीन की तरह काम करना
हर दम कोई काम करते रहना; जैसे—

चेतन ने उन्हें कभी पलक झपकते, हँसते, मुस्कराते या बात करते नहीं देखा था। मशीन की तरह वे चुपचाप काम किए जाते।—अश्क

मशीन बनना/बन जाना
मशीन की तरह लगातार कार्य में जुटे रहना, बराबर कार्य करते रहना।

मसला तै होना
मसला हल होना (दे०); जैसे—मसला तै हुआ तो उसने पूरे गाँव को भोज दिया।—अजित पुष्कल।

मसला हल होना
समस्या का निराकरण होना, झगड़ा तय होना।

मसान जगाना
श्मशान में बैठकर तांत्रिक प्रयोगों के द्वारा भूत, पिशाच आदि वश में करना या उन्हें सिद्ध करने का प्रयत्न करना।

मसान पड़ना
श्मशान की-सी उदासी या सन्नाटा छाना।

मसीहा माना जाना
हर रोग को दूर करने तथा रोगियों को चंगा करने में विख्यात होना; जैसे—उन दिनों मेडिकल कालेज के औषध-चिकित्सक बड़े प्रोफ़ेसर डाक्टर व्यास नगर और प्रदेश के मसीहा माने जाते थे।—यशपाल।

मसें भींजना
ऊपरी होंठ पर मूँछों का उगना आरंभ होना।

मस्तक ऊँचा करना
मान या प्रतिष्ठा बढ़ाना; जैसे—आज तुम ने यह काम करके पूरी जाति का मस्तक ऊँचा किया है।

मस्तिष्क घूमना
सिर चकराना; जैसे—.... फिर किसी मतवाली माधुरी या तीव्र मदिरा के नशे से मेरा मस्तिष्क घूम जाता ....।—रा० रा० प्र० सिंह।

मस्ती काटना
मज़ा लेना, आनंद लूटना; जैसे—मेरा मतलब है कि बुढ़ौती में ही थोड़ी मस्ती काट लो न।—अजित पुष्कल।

मस्ती झड़ना
कष्ट आदि में पड़ने के कारण मस्ती दूर होना।

मस्ती झाड़ना
इतना कष्ट देना कि मस्ती दूर हो जाए।

मस्ती मारना
ख़ूब मज़े करना; जैसे—शिमला में हम लोग दिन भर मस्ती मारा करते थे।

महँगा पड़ना
बहुत अधिक कीमत चुकानी पड़ना, घाटे का सौदा रहना; जैसे—अरी! बच के रहना इन पुलिसवालों से.... इनका प्यार बड़ा महँगा पड़ता है।—गुलशन नंदा।

महाभारत छिड़ना/होना
१. ऐसा घोर युद्ध होना जिसमें दोनो पक्षों का विनाश निश्चित हो।
२. भारी कलह-क्लेश होना; जैसे—आपने शर्मिष्ठा को वचन दिए हैं, उन्हें तुड़वाने के लिए यदि मैं आपके साथ जाती हूँ तो महाभारत हो जाएगा। —यज्ञदत्त।

महीने से होना
रजोधर्म से होना, रजस्वला होना।

माँग उजड़ना
विवाहिता स्त्री का विधवा होना।

माँग ठंडी रहना
स्त्री का सुहागिन बने रहना; जैसे—उस बुड्ढे को मारने के लिए प्रयत्न तो बहुत हुए परंतु इस बुढ़िया की माँग ठंडी ही रही।

माँग पारना
केशों को दो ओर करके बीच में माँग निकालना।

माँग पुछ जाना
स्त्री का विधवा हो जाना।

माँग बाँधना
कंघी करके बाल सँवारना।

माँग भरना/भर देना
पुरुष का किसी स्त्री से विवाह कर लेना।

माँग भरी होना
स्त्री का विवाहित होना।

माँग में आग लग जाना
स्त्री का विधवा हो जाना।

माँग-कोख से सुखी रहना
स्त्रियों का सौभाग्यवती और संतानवती रहना। (आशीर्वाद)

मात कर देना
१. शतरंज के खेल में विपक्षी को हराना।
२. किसी गुण, कार्य या बात में किसी से बढ़-चढ़कर होना; जैसे—आपने तो कठोर-हृदयता में अपने भाई को भी मात कर दिया है—रामचंद्र वर्मा।

मात खाना/खा जाना
१. शतरंज के खेल में हार जाना।
२. पराजित होना; जैसे—(१) हमने तो जीवन के हर क्षेत्र में मात खाई है। (२) और मतदान के दिन तो वह समाँ बँधा कि भारत का चुनाव मात खा गया।—गिरिधर गोपाल।

माथा खुजलाना/खुजलाने लगना
सोच में पड़ जाना, सोचने लगना।

माथा घिसना
माथा रगड़ना (दे०)।

माथा टेकना
सिर झुकाकर प्रणाम करना।

माथा ठनकना
१. सिर में हलकी धमक या पीड़ा मालूम होना।
२. पहले से ही किसी दुर्घटना या बाधा की आशंका होना; जैसे—(१) वह बिना किसी कैफ़ियत के ही मुझे एक अनजानी सुरंग के भीतर ले जाने लगी, तो मेरा माथा ठनका।—शिवानी। (२) मेरा माथा ठनका कि आज क्या है कि हमारे जिलाधीश यहाँ तक दौड़ लगा रहे हैं।—रा० रा० प्र० सिंह। (३) उसकी घबराहट देखकर रेशमा का माथा ठनका।—गुलशन नंदा।

माथा ठोंकना/ठोंक लेना
दुर्दशा या बदकि़स्मती के कारण दुखी होना; जैसे—जब उन्होंने सुना कि चार-पाँच साल से अच्छी जगहों पर रहने के बावजूद तीनो कमाऊ पूतों ने एक पैसा भी नहीं बचाया तो उन्होंने अपना माथा ठोंक लिया।—सुरेश सिनहा।

माथा झन्नाना/झन्ना उठना
सिर चकराने लगना; जैसे—और जब मैं आपको बताने लगूँगा कि संसार में बसनेवाले दो अरब मनुष्य २७९६ बोलियाँ बोलते हैं, तब तो आपका माथा झन्ना उठेगा। —सीताराम चतुर्वेदी।

माथा पीटना/पीट लेना
अपने भाग्य को कोसने लगना।

माथा मारना
माथा-पच्ची करना; जैसे—पहले वे सिर खाते रहे अब इनसे माथा मारना पड़ रहा है।

माथा रगड़ना
दीनतापूर्वक याचना करना; जैसे—हमारी लड़की लेने के लिए वे बरसों हमारे यहाँ आकर माथा रगड़ते रहे।

माथे चढ़ाना
शिरोधार्य करना, श्रद्धा से अंगीकार करना।

माथे टीका होना
कोई ऐसी विशेषता होना जिसके कारण महत्त्व या श्रेष्ठता प्राप्त हो।

माथे पर बल पड़ना
आकृति से अप्रसन्नता, रोष आदि प्रकट होना।

माथे मारना
उपेक्षापूर्वक (वापस) देना; जैसे—रोज़ तकाज़ा सुनना पड़ता है, उसकी पुस्तक

उसके माथे मारो।

माथे से लगाना/लगा लेना

शिरोधार्य करना, श्रद्धा से अंगीकार करना।

मान रखना

किसी का उचित मान-सत्कार करना या उसके मान की रक्षा करना।

मानता मानना

मन्नत मानना (दे०); जैसे—बहुत से लड़कों ने हज़रतगंज के और कुछ ने अलीगंज के हनुमानजी की मानता भी मानी।—गिरिधर गोपाल।

मामला तै करना

झगड़ा या विवाद तै करना, निपटाना।

मामला रफ़ा-दफ़ा होना

किसी मामले का बिना औपचारिक कार्रवाई के निपटारा हो जाना, किसी व्यक्ति या उसके संबंध में की गई शिकायत पर जाँच-पड़ताल अथवा उसके विरुद्ध कोई और कार्रवाई न की जाना; जैसे—बाद में चेतन ने सुना था, पुलिस कोटपश्का तक आई थी, लेकिन गोगे का बाप अमीर था, वह घटना-स्थल पर पकड़ा नहीं गया था, इसलिए मामला रफ़ा-दफ़ा हो गया। —अश्क।

मार करना

प्रहार करना; जैसे—बहुत दूर तक तो ब्रह्मपुत्र का पानी मार नहीं करता। —देवेन्द्र सत्यार्थी।

मार खाना

१. पीटा जाना।

२. हानि सहना; जैसे—इस सौदे में उन्हें मार खानी पड़ेगी।

मार गिराना

मारकर धराशायी कर देना।

मार पड़ना

बुरा प्रभाव पड़ना; जैसे—अचानक ही बदलते हुए मौसम की श्यामली पर मार पड़ी।—अजित पुष्कल।

मार रखना

अनुचित रूप से दबाकर अपने पास रख लेना; जैसे—अभी तो यह किताब मार रखो, फिर देखा जाएगा।

मार लाना

किसी प्रकार उड़ा, छीन या चुरा लाना; जैसे—उसने डरते डरते काँपती उँगलियाँ से वह बटुआ खोला जो सिनेमा के बाहर से वह अभी अभी मार लाई थी।—गुलशन नंदा।

मार लेना

चालाकी या छल-कपट से प्राप्त या अपने अधिकार में कर लेना; जैसे—(१) किसी राजा की शादी किसी राजकुमारी से ठीक करवा दी और दस-बीस हज़ार उसी में मार लिया।—प्रेमचंद। (२) चेतन शोर मचा रहा है कि उसके रुपए मार लिए हैं, माँगने पर उसे पीट रहे हैं।—अश्क।

मारा जाना

१. छीन लिया जाना; जैसे—उन्हीं का हक तो मारा गया है।

२. नष्ट होना; जैसे—उनकी मंदिर की योजना मारी जा रही है।—अमृतलाल नागर।

मारा मारा फिरना

दुर्दशा भोगते फिरना; जैसे-(१) पुरुष उसका असली सौंदर्य देखने के लिए आँखें नहीं रखता, कामिनियों के पीछे मारा मारा फिरता है तो वह उसका दुर्भाग्य है।—प्रेमचंद। (२) जब आषाढ़ में हवेलीवाले अपने अपने बैल को लेकर दूसरे किसानों को साझी बनाने के लिए मारे मारे फिरे तो गाँव के लोग-बाग उन पर ख़ूब हँसे। —सुखदेव। (३) मैंने भी मुन्नी और गुड्डी के घर भरे हैं, परंतु आज वही बेटियाँ हमसे सीधे मुँह बात नहीं करतीं।—सुखदेव। (४) तुम कब तक

उनके पीछे मारी मारी फिरती रहोगी। —मालती जोशी।

मारे मारे फिरना

जगह जगह और अत्यधिक मात्रा में मिलना; जैसे—इन दिनों बनारस में तो आम मारे मारे फिरते हैं।

मार्के का

उल्लेखनीय; जैसे—गोबर का पुतला है, मगर अकड़ क्या मार्के की है। —अमृतलाल नागर।

मार्ग का रोड़ा

बाधा या विघ्न उपस्थित करनेवाला तत्त्व; जैसे—इस प्रकार शत्रुओं का नाश करके उन्होंने अपने मार्ग के सब रोड़े दूर कर दिए।—सीताराम चतुर्वेदी।

मार्ग साफ़ करना

रास्ता साफ़ करना (दे०); जैसे—उन्हें अपने इस कुकृत्य पर ग्लानि भी हुई, परंतु संतोष भी था कि उन्होंने अर्जुन और अश्वत्थामा का मार्ग साफ़ कर दिया है।—यज्ञदत्त।

माल काटना/चीरना

अधिक मात्रा में (विशेषतः होशियारी से) धान कमाना, प्राप्त करना या ऐंठना।

माल मारना

अनुचित ढंग से (विशेषतः ज़ोर-ज़बरदस्ती से) धन प्राप्त करना या ऐंठना।

माला फेरना

१. नाम की माला फेरना (दे०)।

२. स्मरण करना।

माला-माल करना

ख़ूब धन देना; जैसे—···दास-दासियों को इनाम दे देकर माला-माल किया जा रहा है।—भूषण वनमाली।

मावा निकालना

ख़ूब मारना-पीटना।

मिज़ाज आस्मान पर होना

घमंड में चूर होना, बहुत अभिमान होना।

मिज़ाज करना

मिज़ाज दिखाना (दे०)।

मिज़ाज ख़राब होना

मन में किसी प्रकार की अप्रसन्नता आदि उत्पन्न होना।

मिज़ाज खौलना

अत्यधिक क्रोध आना; जैसे—उस दुष्ट को देखते ही मेरा मिज़ाज खौल जाता है।

मिज़ाज ठंडा करना

अकड़ या ऐंठन दूर करना; जैसे—इस पर शामत सवार है···है कोई चपरासी, ज़रा लगाओ तो बदमाश को पचास जूते, मिज़ाज ठंडा हो जाए।—प्रेमचंद।

मिज़ाज दिखाना

ऐंठ दिखाना (दे०)।

मिज़ाज न मिलना

घमंड के कारण सीधी तरह से बात न करना; जैसे—पिता की संपत्ति पाने के बाद उसका मिज़ाज ही नहीं मिलता था।

मिज़ाज पाना

किसी के स्वभाव से परिचित होना।

मिज़ाज पूछना

तबियत का हाल पूछना।

मिज़ाज बिगड़ना

१. शरीर अस्वस्थ-सा जान पड़ना।

२. मन में क्रोध या द्वेष उत्पन्न होना।

मिट्टी करना/कर देना

चौपट करना, नष्ट करना; जैसे—उन्होंने मेरा सारा परिश्रम मिट्टी कर दिया है।

मिट्टी का माधव

सीधा-साधा या मूर्ख व्यक्ति।

मिट्टी का हला-भला करना

शव का संस्कार करना; जैसे—जाओ, मिट्टी का हला-भला करो, पहले। —अजित पुष्कल।

मिट्टी के मोल लुटा देना

अत्यंत सस्ते दाम पर कोई कीमती चीज़

दे देना; जैसे—उसने क्या स्वयं हृदय पर पत्थर धरकर अपनी पूरी गृहस्थी मिट्टी के मोल नहीं लूटा दी थी।—शिवानी।

मिट्टी ख़राब कर देना

पूरी दुर्दशा करना; जैसे—उसने अपने बूढ़े बाप की मिट्टी ख़राब कर दी है।

मिट्टी ठिकाने लगना

शव की उचित अंत्येष्टि-क्रिया या संस्कार होना।

मिट्टी डालना

१. किसी बात को जाने देना, ध्यान न देते हुए छोड़ देना।

२. परदा डालना, ढकना, छिपाना या दबाना; जैसे—इसके घृणित कार्यों पर कहाँ तक मिट्टी डालें?

मिट्टी देना

मुसलमानों में किसी के मरने पर उसके प्रति स्नेह या श्रद्धा प्रकट करने के लिए उसकी कब्र में तीन तीन मुट्ठी मिट्टी डालना।

मिट्टी पकड़ना

पौधे, बीज आदि का ज़मीन में अच्छी तरह जमकर (जड़ पकड़कर) हरा-भरा हो जाना।

मिट्टी पलीद करना

दुर्दशा करना; जैसे—मगर यह तो मेरी मिट्टी पलीद कर देगा।—अजित पुष्कल।

मिट्टी पलीद होना

पूरी दुर्दशा होना; जैसे-बस मुझे रह रहकर यही लग रहा है कि इस बेजान बच्ची की मिट्टी पलीद होने पर आई है।—रा० रा० प्र० सिंह।

मिट्टी में मिल जाना

१. नष्ट या बरबाद हो जाना; जैसे—(१) इसी तरह घर में राड़ मचता रहा तो घर मिट्टी में मिल जाएगा।—प्रेमचंद। (२) सारा पैसा मिट्टी में मिल गया।

२. मार जाना; जैसे—दादा! अस्सी बरस के तो आप हो गए क्या मिट्टी में मिल जाने के बाद ही भजन करोगे?

मिट्टी में मिला देना

१. बर्बाद करना; जैसे—(१) सारी उमर मिट्टी में मिला दी, पाल-पोस कर संड किया और अब हम बेईमान हैं।—प्रेमचंद। (२) मैं अभी तुम्हारा अहंकार मिट्टी में मिला देता हूँ।—युगेश्वर।

२. पछाड़ या मार डालना; जैसे—आख़िर आपने समझा क्या है! युद्ध में उसने बड़ी-बड़ी हस्तियों को मिट्टी में मिला दिया था।

मिट्टी में मिलाना

मिट्टी में मिला देना (दे०)।

मिट्टी होना/हो जाना

चौपट या बर्बाद होना; जैसे—(१) इतना ऐश्वर्य होने पर भी तुम्हारे बिना आज का सारा सुख मिट्टी हो गया।—सीताराम चतुर्वेदी। (२) उसकी शादी के सौ सौ अरमान मेरे मन में थे, पर इस (उस) क्षण तो वे सब जैसे मिट्टी हुए जा रहे थे।—मालती जोशी।

मिती काटना

हिसाब में जितने दिनों का सूद देय या प्राप्य न हो, उतने दिनों का सूद काटना या बाद करना।

मिती चढ़ाना

बही-खाते में किसी दिन का हिसाब लिखने से पहले ऊपर मिती लिखना। (महाजन)

मिती पुजना

हुंडी के भुगतान का नियत समय पूरा होना; जैसे—इस हुंडी की मिती पुजे दो दिन हो गए।

मियाँ मिट्ठू बनना

अपने मुँह मियाँ मिट्ठू बनना (दे०)।

मिर्चें लगना

किसी की तीखी बातें सुनने पर बहुत बुरा लगना और क्रोध या झुँझलाहट

आना; जैसे—मेरी सच बात सुनते ही उन्हें मिर्चें लग गईं।

मिल-जुलकर रहना

परस्पर सद्व्यवहार करते हुए एक साथ रहना; जैसे—जब तुम ससुराल जाओगी, ऐसी सास पाओगी, फिर मिल-जुलकर रहोगी, तो सात बार सलाम करूँगी।—प्रेमचंद।

मिला रहना/होना

१. किसी व्यक्ति या पक्ष से मेल रखना; जैसे—एक ओर सास की हाँ में हाँ मिलाती, दूसरी ओर जेठानी-देवरानी से भी मिली रहती।—शिवानी।

२. किसी व्यक्ति या पक्ष से साँठ-गाँठ होना।

मिसरा लगाना

किसी एक मिसरे में अपनी ओर से रचना करके दूसरा मिसरा जोड़ना या लगाना।

मिस्सी-काजल करना

(स्त्रियों का) बनाव-सिंगार करना।

मीजा पटना/मिलना

स्वभाव मिलने के कारण मेल-जोल होना।

मीठा होना/हो जाना

१. मिठास से भरना; जैसे—आम की मंजरियों को खा लेने से जिस कोकिल का कंठ मीठा हो गया हो ….—सीताराम चतुर्वेदी।

२. अपने पक्ष की कुछ भलाई होना; जैसे—हमें ऐसा क्या मीठा है, जो उसके घर जाएँ।

मीठी छुरी होना

ऐसा व्यक्ति जो ऊपर से तो मेल रखे परंतु भीतर ही भीतर आघात पहुँचाए।

मीठी टीस उठाना

हृदय को कष्ट तो देना परंतु ऐसे कि वह भी कुछ भला लगे; जैसे—उसकी उजली हँसी, उसे ऐसे ही एक कैशोर्योज्ज्वल तरुण की हँसी का स्मरण दिलाती, उसके कलेजे में मीठी टीस-सी उठा गई थी।—शिवानी।

मीन-मेख करना

मीन-मेख निकालना (दे०)।

मीन-मेख निकालना

छिद्रान्वेषण करना; जैसे—(१) हमारे ऋषि-मुनियों ने शास्त्रों में जो कुछ लिख दिया है, वह हमें मानना चाहिए … उनमें मीन-मेख निकालना हमारे लिए उचित नहीं है।—सीताराम चतुर्वेदी। (२) पास आकर तुहिना ने मन ही मन अहल्या के त्रुटिरहित सौंदर्य में मीन-मेख निकाल लिए।—शिवानी।

मीर साबित होना

श्रेष्ठ सिद्ध होना; जैसे—हर साल के परीक्षाफल में संघ के लड़के औरों से मीर साबित होते हैं।—अमृतलाल नागर।

मुँह आना

१. मुँह में छाले पड़ना।

२. अपने से बड़ों के आगे उद्दंडतापूर्वक बातें करना; जैसे—बड़ों के मुँह नहीं आते।

मुँह उजला होना

१. प्रतिष्ठा बढ़ना; जैसे—… सदानंद का मुँह उजला हो गया कि वे पराए धन से नहीं चिपके हैं।—अमृतलाल नागर।

२. प्रतिष्ठा रह जाना।

मुँह करना

किसी ओर मुख़ातिब या अग्रसर होना जैसे—(१) ऐसे-वैसे लोगों की क्या ताब कि उनके ज़ीने की तरफ़ मुँह कर सकें।—यशपाल। (२) ज़मींदारी टूटी कि लोगों ने छावनी की ओर मुँह करना भी छोड़ दिया।—शिवप्रसाद सिंह। (३) ख़ुद से तो मैं संदेशा लेकर किसी के यहाँ जाने से रही, और हमारे पास है क्या जो कोई इधर को मुँह करे।—भूषण वनमाली।

मुँह का निवाला समझना

अत्यंत सरल (काम) समझना।

मुँह काला करना

१. ऐसा घृणित आचरण करना जिससे बहुत बड़ा कलंक लगे; जैसे—(१) वह अपना मुँह काला करके किसी कोठे पर बैठी होगी। (२) वह उस चित्रकार के साथ मुँह काला करके भाग गई है। (३) थोड़ी ही देर में सारे आलम को यह मालूम हो गया कि पुत्तू गुरु के बेटे रमेश ने कुँअर रद्धूसिंह की बाल-विधवा बेटी रानी का मुँह अपने प्रेम से काला कर दिया है।—अमृतलाल नागर।

२. (किसी विशिष्ट स्थान से) स्थायी रूप से हट जाना या तिरस्कारपूर्वक दूर हटाना; जैसे—मेरी वजह से घर का मुँह काला होता है, तो मैं ही घर से मुँह काला कर लूँगा।—यशपाल।

मुँह की खाना

१. विपक्षी या विरोधी द्वारा अपमानित या परास्त होना; जैसे—(१) अंत में कलक्टर को मुँह की खानी पड़ी और राजा साहब डिस्ट्रिक्ट बोर्ड के प्रथम भारतीय अध्यक्ष मनोनीत हुए।—रा० रा० प्र० सिंह। (२) कहीं जोश में आकर टक्कर भी लें, तो मुँह की खाएँ, बस।—रा० रा० प्र० सिंह। (३) वह पग पग पर उसके पातिव्रत्य की परीक्षा लेता पर वह कभी मुँह की नहीं खाती।—शिवानी।

२. दुस्साहपूर्वक आगे बढ़ने पर धोखा खाना।

मुँह की बात छीनना

जो बात कोई कहना चाहता हो, वही बात उससे पहले किसी दूसरे व्यक्ति द्वारा कही जाना; जैसे—तुमने तो हमारे मुँह की बात छीन ली।

मुँह की मक्खियाँ तक न उड़ा सकना

बहुत ही अशक्त या आलसी होना।

मुँह की लाली रखना

प्रतिष्ठा किसी प्रकार बचा लेना; जैसे—समझते होंगे इस तरह अपने मुँह की लाली रख लेंगे, लेकिन जिस बात को दुनिया जानती है, उसे कैसे छिपा सकेंगे।—प्रेमचंद।

मुँह की लाली रहना/रह जाना

प्रतियोगिता, प्रयत्न आदि में कामयाबी की बहुत ही थोड़ी आशा या संभावना होने पर भी अंत में यशस्वी या सफल होना; जैसे—दूसरे महायुद्ध में अमेरिका की सहायता से इंग्लैंड के मुँह की लाली रह गई।

मुँह कीलना/कील देना

मुँह बंद कर देना।

मुँह के बल गिरना

१. ठोकर खाकर औंधे मुँह गिरना।

२. धोखा खा जाना।

३. बिना सोचे-समझे किसी ओर अनुरक्त या प्रवृत्त होना।

मुँह को लगाम देना

समझ-बूझकर मुँह से कोई बात निकालना।

मुँह ख़राब करना

मुँह से गंदी बात निकालना, गाली निकालना।

मुँह ख़राब होना

ज़बान या मुँह का स्वाद बिगड़ना।

मुँह खिल उठना

चेहरे पर प्रसन्नता झलकना; जैसे—देवताओं के मुँह खिल उठे और वे सुख से फूल उठे।—सीताराम चतुर्वेदी।

मुँह खुलना

बड़ी मुश्किल से कुछ कह पाना, बोलने का साहस पड़ना; जैसे—तहसीलदार साहब के सामने तो मुँह खुलता नहीं, लाट साहब से कौन फ़रियाद करेगा।—प्रेमचंद।

मुँह खुलाना

कुछ (अनुचित या कठोर बात) कहने

के लिए उत्प्रेरित करना; जैसे—अब मेरा मुँह मत खुलवाओ, नहीं तो बहुत बुरा होगा।

मुँह खोलकर बातें करना

बिना लज्जा और संकोच के बातें करना; जैसे—झुनिया किसी बड़े से मुँह खोलकर बातें करें, यह उसे असह्य था।—प्रेमचंद।

मुँह खोल (कर) माँगना

अत्यधिक या जितना चाहना उतना माँगना; जैसे—(१) इंशा मुँह खोल कभी न माँगती।—यशपाल। (२) आज तक इस लड़की ने कभी मुँह खोलकर कुछ माँगा ही नहीं।—गिरिधर गोपाल।

मुँह खोलना

१. कुछ कहना; जैसे—(१) मगर वाह री साहब की शराफ़त! वे कभी जो मुँह खोलते हों जवाब में। (२) वह हमारे यहाँ रहकर जीवन यापन कर रहे हैं, इसलिए हमारे विरुद्ध खुलकर मुँह नहीं खोल सकते।—यज्ञदत्त।

२. (बिना संकोच के) माँगना।

३. ऊपरी मार्ग या विवर इस प्रकार चौड़ा करना कि अंदर की चीज़ बाहर निकाली जा सके; जैसे—थैली का मुँह खोलना, फोड़े का मुँह खोलना।

मुँह गिर जाना

निराशा, अपमान आदि के कारण मुँह का कांतिहीन हो जाना; जैसे—राय साहब का मुँह गिर गया···।—प्रेमचंद।

मुँह चढ़ना

किसी बड़े के सामने होकर उद्दंडतापूर्वक बोलना या उसकी बात का उत्तर देना।

मुँहचढ़ा

जिसकी उद्दंडता लोग सहन कर लेते हों, लाडला, दुलारा; जैसे—पर धीरे धीरे जब रोम का राज्य दूर दूर तक फैल गया, तब लातिन ही सबकी मुँहचढ़ी हो गई।—सीताराम चतुर्वेदी।

मुँह चलना

१. कुछ खाने के कारण मुँह हिलना; जैसे—तुम्हारा मुँह तो सारा दिन चलता हीं रहता है।

२. धृष्टतापूर्वक कुछ न कुछ कहते ही रहना; जैसे—अब तो बड़े बूढ़ों के सामने भी तुम्हारा मुँह चलने लगा है।

मुँह चलाना

(कुछ) खाते चलना।

मुँह चाटना

बहुत अधिक ख़ुशामद या प्यार करना।

मुँह चिढ़ाना

किसी की मुखाकृति अथवा उसके बोलने के ढंग की भद्दी नकल उतारकर उसे तुच्छ सिद्ध करना; जैसे—ऐसा मालूम होता है कि मानो उच्छृंखलता सदेह होकर दूसरों को मुँह चिढ़ा रही हो।—प्रेमचंद।

मुँह चुराना

दब्बूपन या लज्जा के कारण किसी के सामने न आना; जैसे—उधार लूँ तो किससे! गाँव के सभी छोटे-बड़े महाजनों से तो मुँह चुराना पड़ता है।—प्रेमचंद।

मुँह चूमना

बहुत ही उत्कृष्ट या प्रशंसनीय समझकर यथेष्ट प्यार या आदर करना; जैसे—बड़ी भोली हो जबीं तुम भी! ख़ुदा की कसम जी चाहता है मुँह चूम लूँ तुम्हारा।—भूषण वनमाली।

मुँह छिपाना

सामना करने से कतराना; जैसे—इस संबंध में उनकी कृपणता लज्जित होकर उनका मुँह छिपा लेती।—इलाचंद जोशी।

मुँह छूना

केवल ऊपरी मन से या दिखाने भर को किसी के साथ कोई अच्छा व्यवहार करना; जैसे—मुँह छूने के लिए मुझे भी

निमंत्रण देने आए थे।

मुँह ज़हर होना
बहुत कड़वी चीज़ खाने के कारण मुँह में अधिक कड़ुवापन मालूम होना; जैसे—करेला खाने से मुँह ज़हर हो गया।

मुँह जूठा करना
कुछ खाना; जैसे—इतने दिनों पर आए हो, मुँह जूठा करके ही जाओ।

मुँह जोड़कर बातें करना
किसी के मुँह के बहुत पास अपना मुँह ले जाकर बातें करना।

मुँह जोहना
आशा भरी दृष्टि से (किसी की ओर) देखना; जैसे—(१) माँ-बाप दोनों ही उसका मुँह जोहते रहते हैं।—प्रेमचंद। (२) राजा दिलीप इतने दयालु, उदार और गुणशाली थे कि उनके सेवक उनकी कृपा पाने के लिए उनका मुँह जोहते रहते थे।—सीताराम चतुर्वेदी। (३) धन्य हो देवि, ताल तुम्हारे चरणों का दास है, भाव तुम्हारे मुखमण्डल का मुँह जोहता रहता है।—हजारीप्रसाद द्विवेदी।

मुँह झुलसना
मुँह फूँकना (दे०)।

मुँह डालना
(पशुओं के संबंध में) कुछ खाने या पीने में प्रवृत्त होना; जैसे—इस दूध में बिल्ली ने मुँह डाला था।

मुँह तक आना
कोई बात कहने को जी करना।

मुँह तक न देखना
परम घृणित या तुच्छ समझकर बिल्कुल अलग या दूर रहना।

मुँह ताकते रह जाना
हताश या हतप्रभ होकर किसी ओर विवशतापूर्वक देखते रहना; जैसे—नन्ही नन्ही बूँदे पड़ने लगीं और चारो परियाँ नीचे चल दीं।—मिर्ज़ा हुमायूँ फिर मुँह ताकते रह गए।—प्रेमचंद।

मुँह ताकना
आशापूवर्वक किसी की ओर देखना; जैसे—जब कभी उसे किसी किस्म की ज़रूरत होती है, वह मेरा मुँह ताकता है।—प्रेमचंद।

मुँह ताकने लगना
मुँह ताकते रह जाना (दे०); जैसे—सभा में निस्तब्धता छा गई। सब एक दूसरे का मुँह ताकने लगे।—यज्ञदत्त।

मुँह तो देखो
अपनी हैसियत तो देखो!

मुँह तोड़ देना
मुँह पर इस प्रकार आघात करना कि कोई बोलने के योग्य न रह जाए; जैसे—रोज़ नहा-धोकर पूजा करता हूँ कि नहीं? बोल। दे जवाब नहीं तो मुँह तोड़ दूँगा तेरा।—सरोजिनी वर्मा।

मुँह थुथाना
अप्रसन्न रहने के कारण थूथन की तरह मुँह बन जाना।

मुँह दर मुँह
(धृष्टतापूर्वक) सामने आकर; जैसे—भतीजों ने मुँह दर मुँह विरोध किया। बात बहुत बढ़ गई।—यशपाल।

मुँह दिखाना
साहसपूर्वक किसी के सामने आना या होना; जैसे—(१) बदनामी ने क्या उन्हें समाज में मुँह दिखाने लायक रखा था।—शिवानी। (२) जा यहाँ से! दुबारा मुँह दिखाया तो मुँह नोच लूँगी तेरा।—सरोजिनी वर्मा।

मुँह दिखाने के योग्य न होना
लज्जा के कारण किसी के सामने आने का साहस न कर पाना।

मुँह देखकर उठना
शुभाशुभ फल के विचार से, सोकर उठते ही किसी का सामना होना; जैसे—न जाने आज किसका मुँह देखकर उठे थे कि दिन भर खाने तक

को न मिला।

मुँह देखकर जीना

परम प्रिय होने के कारण किसी के भरोसे पर जीना, जैसे—मैं तो इन बच्चों का मुँह देखकर जीती हूँ।

मुँह देखते रह जाना

(१) हताश या हतप्रभ होकर किसी ओर विवशतापूर्वक देखते रहना; जैसे—जिस तरह नादिरा ने जमीला से इनाम छीन लिया और वह कुछ न कर सकी उसी तरह नई नादिरा ने पुरानी नादिरा से इनाम साहब को छीन लिया और वह मुँह देखते रह गई।—भूषण वनमाली।

(२) चकित रह जाना।

मुँह देखना

१. मुँह ताकना (दे०); जैसे—हाल में सन्नाटा छा गया। उपस्थित इंस्पेक्टर एक दूसरे का मुँह देखने लगे।—गुलशन नंदा।

२. शुभ दर्शन करना; जैसे—(१) अमर भैये, बहू का मुँह देखना हमारी परालब्ध में नहीं बदा।—यशपाल। (२) उनके पति पोते का मुँह देखने की अभिलाषा लिए हुए ही चल दिए। —अमृतलाल नागर।

३. अंतिम दर्शन करना; जैसे—उसके पास ख़त आया है कि कासिम से कहना कि मुँह देखना हो तो आ जाओ। —रजिया स० ज़हीर।

मुँह देखना पड़ना

विवशतापूर्वक देखना या ग्रहण करना; जैसे—(क) उन्हें इस चुनाव में पराजय का मुँह देखना पड़ा। (ख) ख़ुदा ने चाहा तो हम ही जीतेंगे और लाला साहब को हार का मुँह देखना पड़ेगा।—भूषण वनमाली।

मुँह देखी कहना

किसी के सामने रहने पर उसे प्रसन्न करने के लिए उसके अनुकूल बातें कहना; जैसे—न्याय की बात कहना मुँह देखी मत कहना।

मुँह देखे का प्यार

ऊपरी प्यार, नकली प्यार।

मुँह धो रखना

१. प्राप्ति की आशा न रखना; जैसे—तुम्हारे हाथ वह लगनेवाली नहीं है, मुँह धो रखो।

२. आशा न रखना; जैसे—मैं अब इस दरवाज़े पर पैर नहीं रखूँगा, आप मुँह धो रखें।

मुँह न देखना

१. किसी की ओर (उपेक्षा के कारण) दृष्टिपात न करना या प्रवृत्त न होना; जैसे—(१) दोनो भाइयों की प्रतिज्ञा थी कि चाहे जो हो, कचहरी का मुँह न देखेंगे।—प्रेमचंद। (२) मैंने तो इस दुश्मन के लिए अपने बरे-ब्याहे का मुँह न देखने की कसम खाई थी।—अजित पुष्कल।

२. दर्शन न होना; जैसे—इसने आज तक उस बाज़ार का मुँह नहीं देखा। —हिमांशु श्रीवास्तव।

३. अधिक सोच-विचार न करना; जैसे—ऐसे अवसरों पर रुपए-पैसे का मुँह नहीं देखा जाता।—भूषण वनमाली।

मुँह न मोड़ना

अलग या विलग न होना; जैसे—बुरे-बुरे असगुन देखकर भी दुर्भाग्य के मारे उस दैत्य ने क्रोध से लड़ाई में जाने से मुँह नहीं मोड़ा।—सीताराम चतुर्वेदी।

मुँह न रहना/होना

अयोग्य होना; जैसे—(१) बेटा, तुमसे कुछ कहने का मुँह तो नहीं है, लेकिन कलेजा नहीं मानता।—प्रेमचंद। (२) गाँव में मुँह दिखाने के लिए उनके पास मुँह तक न रहा।—रा० रा० प्र० सिंह।

मुँह निकल आना

१. चिंता, रोग आदि के कारण बहुत दुर्बल हो जाना, चेहरा पिचक जाना।
२. लज्जित होने के कारण श्रीहीन हो जाना।

मुँह पकड़ना

किसी को बोलने से रोकना; जैसे—मैं तो कुछ बोल भी नहीं रही थी। अब सहेलियों का मुँह तो पकड़ नहीं सकती थी न ?—सुरेश सिनहा।

मुँह पड़ना

कुछ कहने का साहस या हिम्मत होना।

मुँह पर

(किसी की) उपस्थिति में तथा (उसे) जतलाकर; जैसे—(१) पीठ पीछे आदमी जो चाहे बके, मेरे मुँह पर कुछ न कहे, तो उसकी मूँछे उखाड़ लूँ।—प्रेमचंद। (२) जो कुछ करता हूँ डंके की चोट पर, सबके मुँह पर कह सकता हूँ।—सरोजिनी वर्मा।

मुँह पर कालिख लगना

कलंकित होना; जैसे—लड़की सयानी हो गई है और ज़माना बुरा है। कहीं कोई बात हो जाए तो मुँह पर कालिख लग जाए।

मुँह पर ताला जड़ना/जड़ देना

(विवशता के कारण) मुँह से शब्द न निकलना; जैसे—शेख के मुँह पर जैसे किसी ने ताला जड़ दिया हो।—गुलशन नंदा।

मुँह पर थुड़ी थुड़ी करना

यह कहना कि हम तुम्हारे मुँह पर थूकते हैं; जैसे—पुत्ती गुरु और उनकी अम्मा को सब ने पुलिस के सामने मुँह पर थुड़ी थुड़ी किया।—अमृतलाल नागर।

मुँह पर थूकना

बहुत ही घृणित तथा निंदनीय समझकर तिरस्कार करना; जैसे—(१) इसका क्या ठिकाना? कब मुँह पर थूक दे। पूरी छँटी है।—अजित पुष्कल। (२) कौन मानेगा कि आज इनके मुँह पर थूकनेवाली जनता कभी इनके इशारे पर मर मिटा करती थी।—गिरिधर गोपाल।

मुँह पर नाक न होना

कुछ भी लज्जा या शरम न होना।

मुँह पर पत्थर रख देना

बोलने न देना; जैसे— उस शैतान के मुँह पर पत्थर रख दो।—रा० रा० प्र० सिंह।

मुँह पर बरसना

मुँह से स्पष्ट झलकना; जैसे—लुच्चापन तो उसके मुँह पर बरसता है।

मुँह पर मक्खियाँ भिनकना

बहुत ही घिनौनी और हीन दशा में होना।

मुँह पर मुहर/मोहर/लगाना

किसी को बोलने से पूरी तरह रोकना।

मुँह पर मुहर/मोहर/होना

चुप होने के लिए लाचार होना; जैसे—दिल में लाख लहर हो, पर मुँह पर तो मुहर है जैसे।—रा० रा० प्र० सिंह।

मुँह पर लाना

कुछ कहना या बोलना।

मुँह पर हाथ रखना

अपने आपको या किसी को बोलने से रोकना; जैसे—बाज ने हठात् खुल जानेवाले अपने मुँह पर हाथ रख लिया।—बलवंत सिंह।

मुँह पाना

किसी को अपने अनुकूल अथवा अपनी ओर अनुरक्त या प्रवृत्त रहने की दशा में देखना; जैसे—जब मालिक का मुँह पाओ तब उनके सामने अपना दुखड़ा रोओ।

मुँह पीटना

१. (किसी को) अपमानित करते हुए बुरी तरह से परास्त करना।
२. अपना मुँह पीट लेना (दे०)।

मुँह पेट चलना

कै और दस्त की बीमारी होना; जैसे—पता नहीं उसने क्या खिला दिया है कि दो दिन से मेरा मुँह पेट चल रहा है।

मुँह फाड़कर कुछ कहना

बहुत विवशता की दशा में लज्जा, संकोच आदि छोड़कर याचना करना; जैसे—तुमने वह पुस्तक मुझे नहीं दी, मुझे मुँह फाड़कर उसके लिए कहना पड़ा।

मुँह फिर जाना

१. मुँह का टेढ़ा या ख़राब हो जाना; जैसे—एक थप्पड़ दूँगा, मुँह फिर जाएगा।

२. सामना करने से हट जाना, सामने न ठहर पाना।

मुँह फुलाना

अप्रसन्न या असंतुष्ट होकर रोष की मुद्रा धारण करना; जैसे—वह आज सुबह से मुँह फुलाए बैठी है।

मुँह फूँकना

कुछ देर तक दूर हटाना। (गाली)

मुँह फेर देना

परास्त करके भगाना, बुरी तरह से हराना; जैसे—बहस में तो ये बड़ों बड़ों का मुँह फेर देते हैं।

मुँह फेर लेना

उदास या खिन्न होकर अलग या दूर हो जाना; जैसे—वे देखते हैं, तुम क्या हो, अगर तुममें सच्चाई है, त्याग है, पुरुषार्थ है तो वे तुम्हारी पूजा करेंगे, नहीं तो तुम्हें समाज का लुटेरा समझकर मुँह फेर लेंगे।—प्रेमचंद।

मुँह फैलाना/फैला लेना

और अधिक माँग करना; जैसे—(१) झूठ मत बोलो पंडित, मैं दो आदमी फाँस-फूँसकर लाया मगर तुम मुँह फैलाने लगे।—प्रेमचंद। (२) पुरुषार्थी लोग दूसरों की संपत्ति पर मुँह नहीं फैलाते।—प्रेमचंद।

मुँह बंद कर देना

१. निरुत्तर कर देना; जैसे—(१) आपने एक ही बात कहकर उनका मुँह बंद कर दिया। (२) ब्रह्मचारी कच की सैद्धांतिक उक्ति ने शर्मिष्ठा का मुँह बंद कर दिया।—यज्ञदत्त।

२. मुँह बंद करना (दे०)।

मुँह बंद कर लेना

कुछ न कहना; जैसे—वाचाल बेटे के सामने बूढ़े बाप को मुँह बंद कर लेना पड़ता है।

मुँह बंद करना

ज़ोर-ज़बरदस्ती से अथवा रिश्वत देकर किसी को कुछ (अप्रिय सत्य) कहने से रोकना; जैसे—(१) वह तो अब तभी घर आएगा जब वह पैसे के बल से सारे गाँव का मुँह बंद कर सके।—प्रेमचंद। (२) किंतु अपनी मुट्ठी भर मुहरों से, वह अब किसी भी कठोर आलोचक का मुँह बंद कर सकती थी।—शिवानी।

मुँह बंद रखना

चुप रहना; जैसे—परंतु उसने हमेशा अपना मुँह बंद रखा। अपने अरमानों और हसरतों का गला घोंट दिया।—भूषण वनमाली।

मुँह बनना

चेहरे से अप्रसन्नता, असंतोष, घृणा आदि के लक्षण प्रकट होना; जैसे—घाव पर शराब लगते ही देखनेवालों का मुँह बन गया।—गुलशन नंदा।

मुँह बनाना

अप्रसन्नता, अरुचि आदि प्रकट करनेवाली आकृति बनाना; जैसे—हरिजनों ने प्रसाद बाँटा⋯किसी ने भर मुँह मीठा पाया, किसी ने मुँह बनाया।—रा० रा० प्र० सिंह। (२) सुधा ने पहले तो मुँह बनाया, फिर माँ के यह कहने पर कि वह झूठ बोल रहा है⋯वह ख़ुश हुई।—गिरिधर गोपाल। (३) रूप के

बाज़ार के नए और पुराने चेहरे पहले मीर साहब की एक नज़र तक के भूखे रहते थे और अब उसका नाम सुनते ही मुँह बनाने लगते।—भूषण वनमाली।

मुँह बाँधकर बैठना

बिल्कुल चुप हो जाना; कुछ भी न बोलना।

मुँह बाए

मुँह फाड़े हुए; मैं आश्चर्य में मुँह बाए उन्हें देखते रह गई।—मालती जोशी।

मुँह बिगड़ना/बिगड़ जाना

१. ज्वर, रोग आदि के कारण मुँह का स्वाद ख़राब होना।

२. बोल-चाल में गंदी बातें कहने या गाली-गलौज बकने की आदत पड़ना।

मुँह बिगाड़ना/बिगाड़ देना

१. मार-मारकर आकृति विकृत करना या कुरूप बना देना।

२. अरुचि या असंतोष प्रकट करना।

मुँह भर

जितनी इच्छा हो उतना, यथेष्ट; जैसे—किसी ने मुँह भर मीठा पाया, किसी ने मुँह बनाया।—रा० रा० प्र० सिंह।

मुँह भरना

अभियोग, कलंक आदि की चर्चा या किसी तरह की कारवाई रुकवाने के लिए घूस आदि के रूप में कुछ धन देना।

मुँह मारना

१. पशुओं आदि का किसी चीज़ पर मुँह लगाना।

२. प्राप्ति के लिए अग्रसर होना; जैसे—जब कभी चित्त का विद्रोही घोड़ा इधर-उधर मुँह मारता, वह विवेक की लगाम खींचकर राह पर ले आता।—शिवानी।

मँह मीठा करना

मीठी चीज़ खाना; जैसे—भोजन के बाद मुँह मीठा करने को जी चाहता है।

मुँह मीठा कराना

किसी उपलक्ष्य में मीठी चीज़ खिलाना; जैसे—लड़के के पास होने पर उन्होंने सबका मुँह मीठा कराया था।

मुँह में आना

कुछ कहने की इच्छा होना; जैसे—जो मुँह में आया कह दिया।

मुँह में ख़ून/लहू/लगना

(चीते, भेड़िए आदि हिंसक जंतुओं के अनुकरण पर, लाक्षणिक रूप में) अनुचित लाभ या प्राप्ति होने पर उसका चसका लगना।

मुँह में घुनघुनियाँ डाले/डालकर/बैठना

जब और जहाँ बोलना या उत्तर देना आवश्यक हो वहाँ भी चुप्पी मारे रहना; जैसे—वाह, यह भी अच्छी रही, मुझे डाँट-डपट रहे हैं और इनसे कुछ नहीं कहते जो मुँह में घुनघुनियाँ डाले बैठी है।—भूषण वनमाली।

मुँह में ज़बान/जीभ/न होना

१. बोलने की शक्ति न होना; जैसे—सबके सब कैसा सन्नाटा खींच खींच बैठे रहे। मालूम होता था कि किसी के मुँह में जीभ ही नहीं है।

२. (व्यक्ति का) अल्पभाषी होना; जैसे—हमारा लड़का तो गऊ है, उसके मुँह में ज़बान (तक) नहीं है।

मुँह में पड़ना

खाया जाना; जैसे—(१) सुबह से एक दाना भी मेरे मुँह में नहीं पड़ा। (२) तुझे तो एक दिन ... किसी बूढ़े भालू के मुँह में पड़ना ही है।—सीताराम चतुर्वेदी।

मुँह में पानी आना

मुँह में पानी भर आना, खाता-पीता घर और डाक्टरी पास वर, लोगों के मुँह में पानी न आता तो आश्चर्य था।—मालती जोशी।

मुँह में पानी भरना/भर आना

कोई अच्छी चीज़ देखने पर उसे पाने के लिए मन ललचाना; जैसे—(१) ठीक ही तो है, ऐसी कन्या को देखकर धूर्त

शिरोमणि के लोभी मुख में पानी क्यों नहीं भरता।—शिवानी। (२) ... एक सरदार साहब कुलचे-पठूरे और आलू-छोले बेच रहे थे। सहसा चेतन के मुँह में पानी भर आया। —अश्क।

मुँह में लगाम न होना

बोलने के समय उचित अनुचित का ध्यान न रहना जो अविनय, अशिष्टता, उद्दंडता आदि का सूचक है।

मुँह में लेना

इस प्रकार वशीभूत करना कि कोई पूर्णत: असमर्थ तथा अकर्मण्य हो जाए; जैसे—लगता भ्रष्टाचार किसी महामारी की ही भाँति पूरे प्रदेश को अपने मुँह में ले चुका है।—शिवानी।

मुँह मोड़ना

विमुख होना (खिन्नता या विरक्ति सूचक); जैसे—(१) अपना छुटपन था तो क्या, यह कैसे हो सकता था कि हम उस रस-परिवेश से मुँह मोड़ रखते।—रा० रा० प्र० सिंह। (२) सच्चाई से मुँह मोड़ना बचपना है।—गुलशन नंदा। (३) कब तक पाप कमाओगी? कब तक वास्तविकता से मुँह मोड़कर अपराधों के घूँघट में छिपी रहोगी।—गुलशन नंदा।

मुँह रखना

शील, संकोच आदि के कारण किसी के महत्त्व, व्यवहार आदि का ध्यान रखना; जैसे—हमें तो चार आदमियों का मुँह रखना ही पड़ता है।

मुँह लगना/लग जाना

१. खाने का चस्का पड़ना; जैसे—अब लंगड़ा आम उसके मुँह लग गया है।

२. किसी से बहुत बोलना-चालना, सवाल जवाब करना; जैसे—(१) वह तो उजड्ड है, क्यों उसके मुँह लगती हो।—प्रेमचंद। (२) बड़ों के मुँह नहीं लगना चाहिए।

मुँहलगा

जिसकी उद्दंडता लोग सहन कर लेते हों।

मुँह लगाना

१. कुछ खाना या पीना; जैसे—(१) अभी कौर मुँह लगाया ही था कि वह आ पहुँचा (२) मदिरा को तो वह पहले ही मुँह नहीं लगाता।—देवेन्द्र सत्यार्थी।

२. किसी अपात्र से इस प्रकार घुल-मिलकर बातें करना कि वह बात-चीत में उद्दंडता दिखाने लगे; जैसे—(१) ...पंडित किम की अश्लील भाषा और भावभंगी के कारण उसे मुँह न लगाते।—यशपाल। (२) उसकी सरलता के आवरण में घोर कुटिलता छिपी थी। मैंने इसलिए उसे अधिक मुँह नहीं लगाया।—यज्ञदत्त। (३) वह मुझे बहुत चाहती थी, पर पता नहीं मुझे क्या था, कि उसे कभी मुँह नहीं लगाया।—भूषण वनमाली। (४) अन्नू मियाँ ने जो हकीम साहब को मुँह लगाया तो वे बेतकलुफ़ी पर उतर गए।—भूषण वनमाली। (५) इन अपराधियों को मुँह लगाया तो स्थिति भयानक हो सकती है।—गुलशन नंदा।

मुँह लटकाना

चिंता, लज्जा, दुख आदि से सिर नीचा कर लेना; जैसे—(१) फिर वह शाम को क्यों मुँह लटकाए बैठा है, जा कहीं घूम आ।—गिरिधर गोपाल। (२) हरखू सरदार ... मन मारे, मुँह लटकाए बगल की चारपाई पर बैठ गए—शिवप्रसाद सिंह। (३) कब्रिस्तान में कुछ ... चेहरे मुँह लटकाए उस ताबूत को देख रहे थे जो धीरे धीरे रस्सियों द्वारा ... कब्र में उतारा जा रहा था। —गुलशन नंदा।

मुँह लपेटकर पड़े रहना

बहुत ही उदास या दुखी होकर पड़े रहना।

मुँह लाल करना

१. अच्छी तरह या ज़ोर से थप्पड़ लगाना।

२. सत्कार के लिए पान, मिठाई आदि खिलाना।

मुँह लाल होना/हो जाना

आवेश, क्रोध आदि के कारण चेहरे पर ख़ून की रंगत अधिकता से झलकना; मारे क्रोध के चेहरा तमतमा उठना।

मुँह लेकर रह जाना/लौट आना

निराश, विफल या हतोत्साह होने के कारण दीन और लज्जित भाव से चुप रह जाना या लौट आना।

मुँह संभालकर बात करना

इस प्रकार संयत भाव से बात करना कि कोई अनुचित या अपमानकारक शब्द मुँह से न निकलने पाए।

मुँह सीना/सी लेना

चुप रहना, मुँह न खोलना; जैसे—बुद्धिमान पुरुषों को आपद्काल में अपना मुँह सिल (सी) लेना चाहिए। —अजित पुष्कल।

मुँह सूख जाना

निराशा, भय, लज्जा आदि के कारण चेहरे पर कांति या तेज न रह जाना; जैसे—आपकी फटकार सुनते ही उनका मुँह सूख गया।

मुँह से दूध की गंध आना

बहुत ही छोटी अवस्था का (किशोर या बालक) जान पड़ना या सिद्ध होना।

मुँह से निकल जाना

सहसा अथवा उतावली में कोई बात कह जाना; जैसे—उनके मुँह से वह बात निकल ही गई।

मुँह से फूटना

कुछ कहना, बोलना; (उपेक्षासूचक) जैसे—कुछ तुम भी तो मुँह से फूटो।

मुँह से फूल झड़ना

मुँह से बहुत ही कोमल, प्रिय और सुंदर बातें निकलना।

मुँह से बात छीनना/छीन लेना

जिस समय कोई व्यक्ति कोई बात कहने को हो, उसी समय स्वयं पहले ही वह बात कह डालना।

मुँह से लगाना

१. कोई चीज़ खाने के उद्देश्य से मुँह में डालना; जैसे—आम तो महीनों से बाज़ार में आ रहे हैं, लेकिन मैंने तो आज पहली बार मुँह से लगाया है।

२. होठों तक लाना (पीने के उद्देश्य से); जैसे—(१) और यह कहने के बाद वे लंबी साँस भरते हुए शराब की कटोरी मुँह से लगा लेते।—अश्क। (२) चाय की इतनी आदत थी उन्हें कि हर वक्त चाय की प्याली मुँह से लगाए रखतीं।—भूषण वनमाली।

मुँह से लाल उगलना

बहुत ही मधुर तथा सुंदर बातें कहना।

मुँह-तोड़ उत्तर देना

ऐसा जवाब देना कि जिससे विपक्षी का मुँह बंद हो जाए; जैसे—जवानों ने चीनी फ़ौजों को मुँह-तोड़ उत्तर दिया था।—गिरिधर गोपाल।

मुकदमा चलना

न्यायालय में प्रतिपक्षियों के झगड़े की बात विचाराधीन होना; जैसे—और चालाकी देखो, उपर ही ऊपर काम करनेवाले लोगों को खिला-पिलाकर मुकदमे का फैसला भी करा लिया। न पेशी हई और न मुकदमा चला, न बयान लिए गए और न ही गवाह गुज़रे।—भूषण वनमाली।

मुकदमा लड़ना

मुकदमा होने की दशा में अपने पक्ष में समर्थन के लिए आवश्यक और उचित कार्रवाई करना; जैसे—आपकी फ़ीस हाज़िर है। अब हमें कानूनी सलाह दीजिए और ज़रूरत हो तो हमारी तरफ़ से मुकदमा भी लड़िए।—भूषण वनमाली।

मुकाबले में होना
तुल्य या बराबर होना।

मुकाम डालना
यात्रा के समय बीच में विश्राम करने के लिए ठहरना।

मुकाम देना
किसी के घर मातम-पुरसी करने के लिए जाना।

मुकाम बोलना
अधीनस्थ लोगों को पड़ाव डालने की आज्ञा देना।

मुख उज्ज्वल करना
प्रतिष्ठा बढ़ाना; जैसे—मानिक के पिता की मरते समय तक एक ही इच्छा थी कि (वह) संस्कृत पढ़कर बाप-दादाओं की ऊँची लकीर पर चले। उनका मुख उज्ज्वल करे।—हिमांशु जोशी।

मुख बाना
मुँह बाना (दे०); जैसे—उनके समक्ष कुरुवंश का विनाश मुख बाए खड़ा था।—यज्ञदत्त।

मुट्ठी गरम करना
किसी को संतुष्ट या प्रसन्न करने के लिए चुपचाप उसके हाथ में कुछ रुपए रखना; जैसे—हाथ पसारनेवालों की मुट्ठियाँ गरम की गईं।—रा० रा० प्र० सिंह।

मुट्ठी में करना/कर रखना
पूरी तरह से अपने कब्जे में लाना या वश में करना; जैसे—(१) सारी विधाओं को उन्होंने मुट्ठी में कर लिया था।—सीताराम चतुर्वेदी। (२) सारे बस्तीवालों को अपनी मुट्ठी में कर रखा है उसने।—गुलशन नंदा।

मुट्ठी में कर लेना
मुट्ठी में कर रखना (दे०); जैसे—विजयी तारक ने सारे संसार को मुट्ठी में कर लिया था।—सीताराम चतुर्वेदी।

मुट्ठी में जकड़ रखना/लेना
पूर्णतः विवश बना देना; जैसे—ऐसा प्रतीत हो रहा था जैसे जीवन ने मृत्यु को अपनी मुट्ठी में जकड़ रखा हो। —गुलशन नंदा।

मुट्ठी में बंद करना
अधीन या अधिकार में कर लेना; जैसे—तांत्रिकों की शक्ति ही विधा-कुविधा, ज्ञान-अज्ञान, योग एवं भोग को मुट्ठी में बंदकर पल पल में अपनी यौगिक बाज़ीगरी से चंदन को छलने लगी।—शिवानी।

मुट्ठी में भींच लेना
मुट्ठी में जकड़ लेना (दे०); जैसे—उसे अनुभव हुआ कि बाबा ने उसे यह आज्ञा देकर उसकी अभिलाषाओं को अपनी मुट्ठी में भींच लिया है।—गुलशन नंदा।

मुट्ठी में रहना/होना
पूरी तरह से अधिकार या कब्ज़े में होना; जैसे—(१) उसकी चोटी हमारी मुट्ठी में है, वह कहाँ जा सकता है। (२) जनता इनके जूते की नोक पर रहती है, क्योंकि कानून इनकी ज़बान पर, शासन इनकी जेब में, बैलट बाक्स इनकी मुट्ठी में रहता है।—गिरिधर गोपाल।

मुद्दत काटना
थोक माल का मूल्य अवधि से पहले देने पर अवधि के बाकी दिनों तक का सूद काटना।

मुनादी करना
ढिंढोरा पीटना, घूम घूमकर प्रचार करना; जैसे—अपने दुर्भाग्य के उस पल को नहीं भूल पा रहे थे जब हमने चीख चीखकर कोहरे में चिड़िया की मुनादी की थी।—गोपाल चतुर्वेदी।

मुफ़्त में
१. बिना कुछ खर्च किए; जैसे—मुफ़्त में हमारी कश्मीर की सैर हो गई।
२. यों ही या व्यर्थ ही; जैसे—मुफ़्त में हमारी जान हलाल की जा रही है।

मुरदनी छा जाना
सन्नाटा छा जाना, किसी के भी मुँह से एक शब्द तक न निकलना।

मुराद पाना
१. मन की चाही हुई चीज़ पाना।
२. मन की चाही हुई बात पूरी होना।

मुराद माँगना
मन की अभिलाषा पूरी होने की प्रार्थना करना।

मुराद मानना
मनौती या मन्नत मानना।

मुराद मिलना
मन की अभिलाषा पूरी होना।

मुर्दा पड़ना
निर्जीव होना; जैसे—दिसंबर में, जब नैनी का एक एक वन-उपवन मुर्दा पड़ा था।—शिवानी।

मुर्दों से शर्त बाँधकर सोना
बहुत अधिक और गहरी नींद सोना।

मुर्री देना
कपड़ा फाड़ते समय उसके फटे हुए अंशों को दोनो ओर बराबर घुमाते या मोड़ते जाना जिसमें कपड़ा बिल्कुल सीधा फटे। (बज़ाज)

मुलतानी करना
छींट छापने के पहले कपड़े को मुलतानी मिट्टी में रँगना।

मुसलमानी करना
सुन्नत काटना; जैसे—साले मुसलमानी कर दूँगा तो जात-बिरादरी से ख़ारिज हो जाएगा।—अजित पुष्कल।

मुश्किल होना/पड़ जाना
झंझट और मुसीबत बढ़ जाना; जैसे—अगर अनवर मियाँ की हत्या को लेकर ३०२ चला दिया गया तो मुश्किल पड़ जाएगी।—अजित पुष्कल।

मुश्कें कसना/बाँधना
(अपराधी आदि की) दोनो भुजाओं को पीठ की ओर करके बाँध देना। (इससे आदमी बेबस हो जाता है।)

मुसीबत गले पड़ना/पड़ जाना
झंझट में बुरी तरह फँस जाना।

मुहब्बत उछलना
प्रेम का आवेश होना। (व्यंग्य)

मुहाल कर देना
दूभर कर देना, मुश्किल कर देना; जैसे—देखो मेरे पैरों की हालत! मच्छरों ने यहाँ बैठना मुहाल कर दिया था। —श्रवणकुमार।

छाती दलना
छाती पर मूँग दलना (दे०)।

मूँग पढ़कर मारना
एक तांत्रिक उपचार जिसमें वशीकरण करने के लिए मंत्र पढ़ते हुए किसी पर मूँग के दाने फेंके जाते हैं।

मूँछ का बाल होना/बन जाना
अत्यंत प्रिय या घनिष्ठ होना; जैसे—अब तो वे मंत्री महादेय की मूँछ के बाल बन गए हैं।

मूँछें उखाड़ना
१. कठिन दंड देना।
२. घमंड चूर करना।

मुँछें नीची होना/हो जाना
१. अभिमान नष्ट होने के कारण लज्जित होना।
२. अप्रतिष्ठा होना।

मूँछों पर ताव देना
विजय या वीरता की अकड़ दिखाना, अभिमान या बड़प्पन प्रकट करना।

मूँड़ डालना
धन ऐंठ लेना, ठग लेना; जैसे—देखता हूँ उसने सिर मुँड़ाकर आपको बड़े इत्मीनान स मुँड़ डाला।—रा० रा० प्र० सिंह।

मूँड़ मुँड़ाना
सिर मुँड़ाना (दे०)।

मूँड़ी मरोड़ना
किसी को धोखा देकर उसका माल छीन लेना या दबा बैठना।

मूठ करना
तीतर, बटेर आदि को गरमाने तथा उत्तेजित करने के लिए मुट्ठी में रखकर बार बार हलके हाथ से दबाना।

मूठ मारना
१. कबूतर को मुट्ठी में पकड़ना।
२. हस्तक्रिया करना।

मूत से निकलकर गू में पड़ना
पहले की अपेक्षा और भी अधिक बुरी दशा में हो जाना या पड़ना।

मूल पुजना
व्यापार में लगी हुई पूँजी या मूलधन निकल आना।

मूली-गाजर समझना
बहुत ही तुच्छ समझना, किसी गिनती में न समझना।

मूल्य चुकाना
हानि सहना; जैसे—पल भर की मूर्खता का उसे गहरा मूल्य चुकाना पड़ रहा था।—शिवानी।

मृत्यु की घड़ियाँ गिनना
मृत्यु के बिल्कुल नज़दीक होना; जैसे—दुर्योधन की टाँग टूट गई और वह धराशायी हो मृत्यु की घड़ियाँ गिनने लगा।—करुणापति त्रिपाठी।

मृत्यु के मुख में जाना
मौत के मुँह में जाना (दे०); जैसे—आठ-दस खंड ऊँचे मकान से सड़क पर कूदता है, तो भी मृत्यु के मुख में जाता है—रामचंद्र वर्मा।

मेंहदी रचना
मेंहदी का अच्छा और गहरा रंग आना।

मेंहदी रचाना/लगाना
मेंहदी की पत्तियाँ पीसकर हथेली, तलवे आदि पर लगाना।

मेदा साफ़ होना
मलशुद्धि होना, दस्त हेने से कोठा साफ़ होना।

मेरा-तेरा करना
किसी को अपना और किसी को पराया समझना, आत्म और पर का भेदभाव रखना।

मेल खाना
एक चीज़ या बात का दूसरी चीज़ या बात के अनुकूल या उपयुक्त होना; जैसे—कहाँ तो हंस छपी हुई चुंदरी ओढ़े हुए आप, और कहाँ रक्त की बूँद टपकाती हुई महादेव जी के कंधे पर पड़ी हाथी की खाल। भला ये दोनो बातें कहाँ मेल खा सकती हैं।—सीताराम चतुर्वेदी।

मेल न रखना
अनुकूल या उपयुक्त न होना; जैसे—(१) दोनो बहनों में तो, एक का नक्शा भी दूसरी से मेल नहीं खाता था।—शिवानी। (२) मैंने खोज की कि भ्रम-भ्रांति क्या चीज़ है और तब मुझे पता लगा कि उसका मतलब है एक आंतरिक अनुभव जो किसी भी बाह्य या स्थूल सत्य से मेल नहीं खाता।—चंद्रदीप।

मैदान करना
युद्धभूमि में जाकर लड़ना।

मैदान जाना
शौच आदि के लिए (विशेषत: बस्ती के बाहर खुले स्थान में) जाना।

मैदान बदना
लड़ने-भिड़ने के लिए स्थान नियत करना।

मैदान मारना
प्रतियोगिता, युद्ध आदि में विजय प्राप्त करना; जैसे—तुम भी एक तकरीर कर डालो खन्ना, नहीं मेहता तुम्हें उखाड़ फेंकेगा आधा मैदान तो उसने अभी मार लिया है।—प्रेमचंद।

मैदान में आना/उतरना
प्रतियोगिता या प्रतिद्वंद्विता आदि के लिए सामने आना; मुकाबले पर आना;

जैसे—वीरता का दम भरते हो तो आओ और मुझसे मल्लयुद्ध करो।—यज्ञदत्त। (२) वह (अर्जुन) मैदान में उतर आया और कर्ण से युद्ध करने को उद्यत हो गया।—यज्ञदत्त।

मैदान रहना

किसी पक्ष को पूरी विजय प्राप्त होना।

मैदान साफ़ पाना

आगे बढ़ने के लिए मार्ग में कोई बाधा या रुकावट न होना; जैसे—...निक्की आरंभ से ही चंचल थी और अब मैदान साफ़ पाकर तपड़ती हुई बिजली बन गई थी।—बलवंत सिंह।

मैदान से हटना

प्रतिद्वंद्विता का विचार छोड़ देना; जैसे—चुनौती पाकर मैदान से कैसे हट जाएँ।—प्रेमचंद।

मैल रखना

(मन में) किसी प्रकार का दुर्भाव या वैमनस्य रखना।

मोटा दिखाई देना

आँखों की ज्योति में ऐसी कमी होना जिसमें छोटी या बारीक चीज़ें न दिखाई दें सिर्फ़ मोटी चीज़ें दिखाई पड़ें।

मोटा-ताज़ा मुर्ग़ा

मालदार असामी; जैसे—रहने दो मंगलू...एक निर्दोष भोली-भाली लड़की को पकड़कर मुझे क्या लेना है ...यदि तुम्हारी सहायता लेनी ही पड़ी, तो किसी मोटे-ताज़े मुर्गे को फँसाने में लेंगे।—गुलशन नंदा।

मोटाई छँटना

दुर्बल होना; जैसे—चार दिन खाने को न मिले तो सारी मोटाई छँट जाए।

मोटाई चढ़ना

धनवान आदि बनने पर घमंडी, ओछा और आलसी बनना।

मोटाई झड़ना/निकलना

अहंभाव जाता रहना, घमंड चूर हो जाना।

मोटी बात

साधारण-सी बात, आसानी से समझ में आ जानेवाली बात।

मोटे हिसाब से

बिना ब्योरे की बातों के, बिना सूक्ष्म विचार किए हुए; जैसे—मोटे हिसाब से इस काम में सौ रुपए खर्च होंगे।

मोतियों से मुँह भरना

किसी पर प्रसन्न होने पर उसे माला-माल कर देना।

मोती गरजना

आघात लगने से मोती का चटकना या उसके तल का कुछ फट जाना।

मोती ढलकाना

आँसू गिराना, रोना।

मोती पिरोना

१. बहुत ही सुंदर और प्रिय भाषण करना।

२. बहुत ही सुंदर और स्पष्ट अक्षर लिखना।

३. बहुत ही बारीक और सुंदर काम करना।

४. आँसू ढलकाना, रोना। (व्यंग्य और हास्य)

मोती बींधना

१. मोती को पिरोए जाने के योग्य बनाने के लिए उसमें छेद करना।

२. अक्षत योनि या कुमारी के साथ संभोग करना। (बाज़ारू)

मोती रोलना

थोड़े परिश्रम से या यों ही बहुत अधिक धन कमा या जमा कर लेना।

मोम करना

द्रवीभूत कर देना; दयार्द्र कर देना।

मोमियाई निकालना

१. किसी से घोर परिश्रम कराना।

२. बहुत मारना-पीटना।

मोरी छूटना

दस्त आना।

मोरी पर जाना
पेशाब करने के लिए जाना।

मोरी में डालना
बहा देना, नष्ट करना।

मोर्चा खाना
मोर्चा लगने से ख़राब होना।

मोर्चा जीतना
शत्रु को परास्त करके उसके मोर्चे पर अधिकार कर लेना।

मोर्चा बाँधना
आक्रमण के विरुद्ध संघटित होना; जैसे—तब लगता सारा घर मोर्चा बाँधकर हम लोगों के खिलाफ़ हो गया है।—मालती जोशी।

मोर्चा मारना
मोर्चा जीतना (दे०)।

मोर्चा लेना
युद्ध करना, डटकर मुकाबला करना; जैसे—मौत अगर आदमी का रूप धरकर आती तो जीजा उससे भी मोर्चा लेते।—गिरिधर गोपाल।

मोल करना
१. ग्राहक को उचित से अधिक मूल्य बताना।
२. किसी चीज़ का मोल अधिक जान पड़ने या बताए जाने पर उसे घटाने की बात-चीत करना।

मोहड़ा लगाना
फुटकर बिक्री के उद्देश्य से अन्न के बोरे खोलना और उनकी ढेरियाँ लगाना।

मोहरा लेना
सामने आकर तथा जमकर मुकाबला करना और लड़ना।

मोहलत माँगना
कोई आदेश या कार्य पूरा करने के लिए कुछ और समय की याचना करना; जैसे— छोटी-मोटी अदालत में ख़ुद खड़े होकर वक्त की मोहलत माँग लेते।—कमलेश्वर।

मोहिनी लगना
ऐसा प्रभाव डालना कि कोई पूरी तरह से मोहित हो जाए।

मोहिनी लगाना
पूरी तरह से मुग्ध हो जाना।

मौका देखना
उपयुक्त अवसर की ताक में रहना।

मौका हाथ से जाने देना
अवसर का लाभ न उठा पाना; जैसे—इतना बढ़िया मौका हाथ से क्यों जाने दिया।—गुलशन नंदा।

मौज आना
अचानक किसी काम की उमंग होना, धुन चढ़ना।

मौज करना
मज़ा लेना, आनंद करना।

मौत का दूत
मार डालनेवाला; जैसे—कुछ पेड़ों की डालियों पर (बाढ़ के दौरान) उसे बड़े बड़े काले साँप दिखलाई पड़ते थे। ज़िंदगी में पहली बार उसने उन मौत के दूतों को भी भयाक्रांत देखा था।—गिरिधर गोपाल।

मौत के घाट उतारना
मार डालना; जैसे—(१) मेरा एक एक बच्चा ऐसे हज़ारों बकों को मौत के घाट उतार सकता है।—यज्ञदत्त। (२) एक मुठभेड़ में तो उन्होंने ३७ पाकिस्तानी सैनिकों को मौत के घाट उतार दिया।—गिरिधर गोपाल।

मौत के घाट उतारा जाना
मारा जाना; जैसे—उसने एक के बाद एक, तीन इंस्पेक्टरों के नाम दुहराए जिन्हें इसी बस्ती में मौत के घाट उतारा जा चुका था।—गुलशन नंदा।

मौत के दिन पूरे करना
मृत्यु के समीप होना विशेषत: ऐसे दुख में दिन बिताना जिसमें बहुत दिन जीना असंभव हो।

मौत के मुँह में जाना
ऐसी स्थिति में होना या ऐसा काम करना

कि जान चली जाए; जैसे—ये अभागे किसी भी क्षण मौत के मुँह में जा सकते थे, क्योंकि पुल बाढ़ का वेग बर्दाश्त नहीं कर पा रहा है।—गिरिधर गोपाल।

मौत के मुँह से खींचना/खींच लाना

मरते हुए या मौत के मुँह में पड़े हुए व्यक्ति की प्राण-रक्षा करना; जैसे—मुझे वही तो मौत के मुँह से खींच लाया था।

मौत सिर पर खेलना

मृत्यु सन्निकट होना, मरने को होना।

मौन खोलना

मौन व्रत तोड़ देना।

मौन बाँधना

मौन धारण करना; न बोलने का प्रण करना।

मौन लेना/साधना

चुप रहने का व्रत करना।

मौर बाँधना

विवाह के समय सिर पर मुकुट धारण करना।

म्याँऊँ का मुँह पकड़ना

किसी कार्य का कठिनतम अंश पूरा करना।

म्याँऊँ म्याँऊँ करना

भयभीत होकर धीमी आवाज़ से बोलना; डर के मारे बहुत धीरे धीरे बोलना।

य

यमपुर पहुँचाना

मार डालना, प्राण ले लेना।

यश कमाना

बहुत अधिक ख्याति या नेकनामी अर्जित करना।

यश गाना

हर जगह किसी की बड़ाई करते फिरना।

यहाँ तक

इस सीमा तक; जैसे—बात-चीत यहाँ तक पहुँची ---।—बलवंत सिंह।

याद सताना

(किसी चीज़ या व्यक्ति की) बार बार याद आना और उसकी याद आने के फलस्वरूप दुख होना; जैसे—इन्हें बनारसी पानों की याद हर वक्त सताती रहती है।—कन्हैयालाल कपूर।

यारों का यार

अपने मित्रों के सुख-दुख में काम आनेवाला व्यक्ति।

युग युग

बहुत दिनों तक, अनंत काल तक।

युधिष्ठिर का अवतार

झूठा व्यक्ति। (व्यंग्य)

र

रंग उड़ जाना

रंग फक होना (दे०)।

रंग खुलना

पहले की अपेक्षा शरीर की रंगत उजली होना।

रंग खेलना

होली के दिन पानी में रंग घोलकर एक दूसरे पर डालना।

रंग चूना

पूर्ण यौवन की अवस्था में रूप या सौंदर्य का इतना आधिक्य होना कि औरों पर उसका पूरा पूरा प्रभाव पड़ता हो।

रंग जमना

१. चौपड़ में रंग की गोटी का किसी अच्छे और उपयुक्त घर में जा बैठना जिसके कारण खिलाड़ी की जीत अधिक निश्चित होती है।

२. प्रभुत्व स्थापित होना।

रंग टपकना

रंग चूना (दे०)।

रंग डालना

१. होली के दिनों में एक दूसरे पर रंग

फेंकना।

२. सराबोर कर देना।

रंग दिखाना

ऐसे विविध आचरण करना जो चारित्रिक विलक्षणताओं के परिचायक हों; जैसे—पहले तो घुक्की ही थी, अब तुमने भी पर निकाल लिए हैं। तुम्हीं क्या अब तो साँवली भी रंग दिखा रही है। —बलवंत सिंह।

रंग देखना

आचरणगत विलक्षणताओं को देखना; जैसे—बहुत दिनों से तुम्हारे रंग देख रहा हूँ, आज सारी कसर निकाल लूँगा।—प्रेमचंद।

रंग निकलना/निकल आना

रंग खुलना (दे०)।

रंग पर आना

ऐसी स्थिति में आना कि आनंद की वर्षा होने लगे; जैसे—हलकी-फुलकी गपशप और मधुर हँसी के साथ दावत रंग पर आ रही थी।—शिवानी।

रंग फक होना

होश-हवास ग़ायब हो जाना, हतप्रभ हो जाना; जैसे—दादा ने बड़े गर्व से सुनाया था कि कैसे उनकी बात सुनकर हेडमास्टर का रंग फक हो गया था और उनके हाथों के तोते उड़ गए थे।—अश्क।

रंग बँधना

निपुणता, श्रेष्ठता आदि की धाक जमना; जैसे— तानपूरा लेकर होली गाने लगी। ऐसी हुमुक कर गाई कि रंग बँध गया।—यशपाल।

रंग बदलना

स्वरूप, स्थिति या पक्ष में परिवर्तन करना या होना; जैसे—(१) उनका चेहरा एकदम किसी कुशल बहरूपिए के चेहरे की तरह रंग बदलने लगता।—शिवानी। (२) अलग अलग देशों में जाकर यह लातिन भी बोलनेवालों के मुँह में पड़कर न जाने कितने रंग बदलने लगी।—सीताराम चतुर्वेदी। (३) पंडित शाही ने एक ग़ज़ल में मौलाना के रंग बदलने पर हमला किया था।—अश्क। (४) यह हँसी कहीं वातावरण का रंग न बदल दे। —अमृतलाल नागर।

रंग बरसना

सौंदर्य की वर्षा अर्थात् अधिकता होना।

रंग बाँधना

आतंक या प्रभाव जमाने के लिए लंबी-चौड़ी बातें करना; जैसे—जाएगी भी! आई है रंग बाँधने ? चल यहाँ से।—रा० रा० प्र० सिंह।

रंग बिगड़ना

पहले का-सा प्रभुत्व या प्रभाव न रह जाना।

रंग में भंग होना

आनंद या हर्ष के समय कोई दुखद बात या घटना होना; जैसे—गुरुजनों ने देखा रंग में भंग हुआ चाहता है।—यज्ञदत्त।

रंग में रंगना

किसी को अपने विचारों, अनुभूतियों आदि के अनुरूप बना लेना अथवा दूसरे के विचारों, अनुभूतियों आदि के अनुरूप स्वयं हो जाना; जैसे—राजा साहब पर इन विभूतियों का सीधा प्रभाव पड़ा और वे काव्य के रंग में रंग गए।—रा० रा० प्र० सिंह।

रंग लाना

नवीन परिणाम या प्रभाव दिखाना; जैसे—(१) आँखों में पानी न रहा तो फिर आपके चेहरे का पानी कोई रंग ला चुका।—रा० रा० प्र० सिंह। (२) महात्मा गाँधी का जादू कुछ ऐसा रंग लाया कि हम एक राष्ट्र बनने से पहले ही स्वतंत्र हो गए।—दिनकर। (३) उनकी दुकान चलाने के लिए उसने जो प्रचार किया था, आख़िर वह रंग ला रहा था।—अश्क। (४) पहले की चुपके

चुपके मुलाकातें अपना रंग लाईं। —भूषण वनमाली।

रंगत बदलना

स्वरूप बदल जाना; जैसे—इधर पंद्रह-बीस सालों से गाँव की रंगत बदल गई है।—अजित पुष्कल।

रँगा होना

ओतप्रोत होना; जैसे—किसी दीवान को उठाइए, आशिक-माशूकों के रंगीन रहस्यों से आप उसे आरंभ से अंत तक रँगा हुआ पाइएगा।—महावीर प्रसाद द्विवेदी।

रँगा सियार

जो ऊपर से देखने में तो भला लगता हो परंतु हो बहुत बड़ा धूर्त या दुराचारी; जैसे—खादी पहनता है तो क्या, संन्यासी बना है तो क्या, है तो रँगा सियार।—रा० रा० प्र० सिंह।

रँगे हाथ/हाथों/पकड़ना

व्यक्ति को अपराध करते हुए पकड़ना; जैसे—इस डायरी में उन सब विद्यार्थियों के नाम लिखते, जिन्हें उन्होंने रँगे हाथों पकड़ा था।—कन्हैयालाल कपूर।

रँगे हाथ/हाथों/पकड़ा जाना

किसी का ठीक अपराध करते समय पकड़ा जाना।

रक़म खड़ी होना

माल का बिकना, नकद प्राप्ति होना; जैसे—फल-फूल उजड़ जाएँगे तो रक़म कैसे खड़ी होगी।—अजित पुष्कल।

रक़ाब पर पैर रखे होना

चलने के लिए बिल्कुल तैयार होना।

रख लेना

अधिकार या कब्ज़े में कर लेना; जैसे—उन्होंने हमारी कई पुस्तकें रख ली हैं।

रग दबना

ऐसी स्थिति में होना कि विवश होकर किसी के दबाव या प्रभाव में रहना पडे; जैसे—हमीं से उसकी रग दबती है, तुम्हें तो वह कुछ समझता ही नहीं।

रग फड़कना

किसी आनेवाली विपत्ति की पहले से आशंका होना, माथा ठनकना।

रग रग फड़कना

शरीर में बहुत अधिक आवेश, उत्साह,चंचलता आदि के लक्षण प्रकट होना।

रग रग में

शरीर के सभी भागों में, सर्वांग में।

रग रग से वाकिफ़ होना

(किसी के) स्वभाव का पूरा पूरा जानकर होना; जैसे—मौसी, मैं हकीम साहब की रग रग से अच्छी तरह वाकिफ़ हो चुकी हूँ।—भूषण वनमाली।

रट पकड़ना

बार बार एक ही बात कहते जाना, एक ही बात के पीछे पड़ जाना; जैसे—उन्हें अपने बचने की आशा तो थी नहीं, इसलिए बस एक रट पकड़ ली कि रानी के हाथ पीले करके जाऊँगी। —अमृतलाल नागर।

रट लगाना

कोई एक ही बात बार बार कहते जाना; जैसे—'समय बीत रहा है, जीवन का अंत नहीं' भगत जी हमेशा यही रट लगाते रहते हैं।—देवेन्द्र सत्यार्थी।

रत्ती भर

ज़रा भी, कुछ भी; जैसे—(१) ये सब बिना किसी की भावना की रत्ती भर परवाह किए उसे रौंदकर निकल जाते हैं।—श्रवणकुमार। (२) मीर साहब रंगीन स्वभाव के सही, पर वे अपनी पत्नी के सम्मान और शान-शौकत में रत्ती भर अंतर नहीं आने देते थे। —भूषण वनमाली।

रद्दी की टोकरी में डालना

उपेक्षापूर्वक किसी के पत्र आदि को फेंक देना; जैसे—छोटे-मोटे आदमी

की चिट्ठी को तो वहाँ के अधिकारी रद्दी की टोकरी में डाल देते हैं।—गिरिधर गोपाल।

रपट्टा मारना

बहुत जल्दी जल्दी या तेज़ी से चलना।

रफ़ा-दफ़ा करना/कर देना

चलता करना, पीछा छुड़ा लेना; जैसे—ऐसे मिलनेवाले दिन-रात आया करते थे और कभी कभी तो साहब ही बाहर उनकी माँगें पूरी कर उन्हें बिना भीतर बुलाए रफ़ा-दफ़ा कर देते थे। —शिवानी।

रफ़ू- चक्कर होना

भाग निकलना; जैसे—पुलिसवालों की नज़र सब पर है ---- मैं भी रफ़ू-चक्कर हो जाना चाहता हूँ।—अजित पुष्कल।

रमता राम बनना

संन्यासी बनना; जैसे—बाल्यावस्था में ही उनका मंखलि नामक किसी सिद्ध पुरुष से परिचय हो गया और उनके उपदेशों से वे संसार त्याग कर रमता राम बन गए।—हजारीप्रसाद द्विवेदी।

रस आना

मज़ा आना, आनंद प्राप्त होना; जैसे—वह सोचता है कि देवकांत को भी इन बातों में रस नहीं आ रहा होगा। —देवेन्द्र सत्यार्थी।

रस लेना

मज़ा लेना, आनंद लेना; जैसे—तब शाहीं साहब की सांप्रदायिक गजलें बड़े शोक से पढ़ी जाती थीं और दुकानदार एक दूसरे को सुनाकर उनका रस लेते थे।—अश्क।

रसना खोलना

कुछ समय तक चुप रहने के बाद बातें करना आरंभ करना; बोलने लगना।

रसना तालू से लगाना

कुछ भी उत्तर न देना अथवा न बोलना।

रसातल को चला जाना

पूर्णत; नष्ट होना; जैसे—नारी दुर्बल हो सकती है, पर यदि पुरुष दुर्बल हो जाए तो फिर यह धरती रसातल को चली जाए।—अश्क।

रसातल पहुँचाना

पूरी तरह से नष्ट या मटियामेट कर देना, मिट्टी में मिला देना, बर्बाद कर देना।

रसीद करना

(थप्पड़, मुक्का आदि) लगाना या जड़ना, मारना; जैसे—बाजसिंह ने बैठे बैठे बौंगे को लात रसीद करते हुए कहा ---- ।—बलवंत सिंह।

रसोई गमकना

रसोई में मसाला आदि भूँजा जाना; जैसे—जब कभी शाम को हवा पुरवा से गाँव की ओर बहती है तो अपने साथ कच्ची शराब और गोश्त की गंध भी ले जाती है, और लोग समझ जाते हैं कि लाला की रसोई गमक रही है।—अजित पुष्कल।

रसोई चढ़ना

१. तरकारी, रोटी आदि बनना।

२. व्यक्ति का रोटी-तरकारी बनाने के लिए रसोई में प्रवेश करना।

रस्साकशी चलना/होना

खींचातानी होना; जैसे—नवाबों, राजाओं, महाराजाओं, राजकुमारों, अमीर-उमरावों जमींदारों, सामंतों, ताल्लुकेदारों के भीतर ही भीतर यह रस्साकशी चल रही थी कि शारदा बाई को कौन पाले।—कमलेश्वर।

रह जाना

१. रुक जाना; जैसे—(१) वहाँ एक दिन और रह जाना पड़ा। (२) वह एक बार ---- रूस जाते जाते रह गए थे। —गिरिधर गोपाल।

२. अनुत्तीर्ण या विफल होना; जैसे—(१) परीक्षा में वह रह गया है। (२) जो

एक दिन भींगती मसों के दौर में संसार की हामी भरता रहा, वह आख़िर हाथ-पैर मारकर रह गया।—रा० रा० प्र० सिंह।

३. पिछड़ या चूक जाना; जैसे—तुम्हारी वजह से हम रह गए, नहीं तो उसे मज़ा चखा देते।

४. अंग या शरीर बेकार हो जाना; जैसे—अब मेरी आँखें रह गई हैं।

५. अवशेष रह जाना; जैसे—इन हड्डियों में अब क्या रह गया है।—नरेश मेहता।

रह रहकर

रुक रुककर; जैसे—उसके पेट में रह रहकर दर्द होता है।

रहने देना

१. छेड़-छाड़ या हस्तक्षेप न करना; जैसे—अब मुझे अपने हाल पर रहने दो।

२. छोड़ देना; जैसे—रहने दो उसे इसी हालत में।

रहा न जाना

किसी काम, चीज़, बात आदि के लिए अपने को रोक न पाना; जैसे—अब तो खाए बिना रहा नहीं जाता।—रा० रा० प्र० सिंह।

रहा-सहा

शेष, बचा-खुचा; जैसे—(१) यह देखकर राक्षसों की रही-सही आशा भी जाती रही।—सीताराम चतुर्वेदी। (२) वहाँ ... शाही साहब की साहित्यिक विद्वता के बारे में उसका रहा-सहा भरम भी टूट गया।—अश्क।

राई का पहाड़ बनाना

बात का बतंगड़ बनाना; जैसे—लाला तुम्हीं समझाओ, खामुखा राई का पहाड़ बनाए जा रही है।—यशपाल।

राई राई करना

१. बहुत छोटे-छोटे टुकड़े कर डालना।

२. पूरी तरह से कुचल डालना या नष्ट कर देना।

राई से पर्वत करना

१. ज़रा-सी बात को बहुत बढ़ा देना।

२. बहुत तुच्छ या हान को बहुत बड़ा बना देना।

राई-नोन उतारना

नज़र लगे हुए बच्चे पर उतारा या टोटका करके राई और नमक आग में डालना जिससे नज़र का प्रभाव दूर हो जाए।

राई-नोन फेरना

किसी सुंदर व्यक्ति को बुरी नज़र से बचाने के लिए उसे सिर के चारो ओर से राई और नमक घुमाकर या उतारकर फेंकना।

राई-रत्ती जानना

(किसी के संबंध में, उसकी) हर चीज़ या हर बात की जानकारी होना; जैसे—...वे घनिष्ट सहेलियाँ थीं और एक दूसरे के बारे में राई-रत्ती जानती थीं।—सुरेश सिनहा।

राख हो जाना

जल जाना, उसके शब्द फुफकारते से मेरे कानों में प्रविष्ट हुए और मैं भीतर ही भीतर राख हो गई।—मालती जोशी।

राग अलापना

अपना राग अलापना (दे०)।

राग छेड़ना/छेड़ देना

कोई नई (विचित्र या अप्रिय) बात ले बैठना; जैसे—...भगवान ने गौरी के भीतर बैठकर पत्र लिखवाया, तो तू ने कुल-मरजाद का राग छेड़ दिया।—प्रेमचंद।

राज करना

हुकूमत या शासन करना; जैसे—हमारे बाप गधे न होते तो ये चार सौ बीसिए हम पर राज करते भला!—अमृतलाल नागर।

राज रजना

१. राज या शासन करना।

२. राजाओं की तरह रहकर सब प्रकार के सुख भोगना।

राज रजाना

राजाओं की तरह बहुत अधिक सुखपूर्वक रखना या सुखभोग कराना।

राज़ी होना

सहमत होना; जैसे—इतनी दूर हमारे इस शहर में तो बाहर की कोई डाक्टरनी आने को राज़ी ही नहीं होती थी।—शिवानी।

राज्य होना

एकाधिपत्य होना; जैसे—बारहदरी, आँगन, फव्वारा, बाग और अंगूर की बेलों के स्तंभ, सब पर पतझर का राज्य था।—भूषण वनमाली।

रातों की नींद हराम हो जाना

चिंता, भय, दुख आदि के कारण रात रात भर नींद न आना; जैसे—आप जानते हैं कि जब बेटी जवान हो तो रातों की नींद हराम हो जाती है। —गुलशन नंदा।

राम जाने

१. मुझे नहीं मालूम, ईश्वर जाने।

२. यदि मैं झूठ बोलता होऊँ तो ईश्वर इसका साक्षी रहे और मुझे उसके लिए दंड दे।

रामबाण होना

अत्यंत लाभकारी होना; जैसे—अहिंसा का पालन करना है, सत्य की आराधना करनी है, उसके लिए शरीर-श्रम तो रामबाण हो जाता है।—महात्मा गाँधी।

राम राम करके

बहुत कठिनता से, किसी प्रकार, जैसे-तैसे।

राम राम करना

१. राम अर्थात् ईश्वर या भगवान का नाम जपना।

२. किसी से भेंट होने पर 'राम राम' कहकर अभिवादन करना।

राम राम हो जाना

मर जाना, गत हो जाना।

राम राम होना

भेंट होना, मुलाकात होना।

रास आना

अनुकूल फलतः लाभकर सिद्ध होना; जैसे—मिशन के होमियो पैथिक डाक्टर स्वामी आत्मानंद की दवा मिसेज़ पंडित को रास आती थी।—यशपाल।

रास कड़ी करना

१. घोड़े की लगाम अपनी ओर खींचे रहना।

२. किसी पर कड़ा या पूरा नियंत्रण रखना।

रास बैठना

दत्तक बनकर या और किसी प्रकार उत्तराधिकारी होना; जैसे—अब तो आप उनकी रास बैठेंगे। (विशेषतः परिहास में)

रास में लेना

अपने अधिकार या वश में करना।

रास्ता कटना

चलने से रास्ता पार या पूरा होना; जैसे—(१) बात-चीत में ही आधा रास्ता कट गया। (२) बाबा ने स्कूल की बातें छेड़ दी थीं, किसी को पता नहीं चला, कब रास्ता कट गया। —कमलेश्वर।

रास्ता काटना

कहीं जाते हुए व्यक्ति के उसकी दाहिनी (बाईं) ओर से किसी (व्यक्ति या जीव) का बाईं (दाहिनी) ओर निकल जाना जो लोक में शुभाशुभ माना जाता है; जैसे—बिल्ली रास्ता काट गई।

रास्ता देखना

१. प्रतीक्षा करना।

२. रास्ता लेना (दे०)।

रास्ता न होना

उपाय या चारा न होना; जैसे—इसलिए मेरे सामने भी भाग निकलने का कोई

रास्ता नहीं है।—अजित पुष्कल।

रास्ता निकालना

किसी उपाय या युक्ति से काम चलाना; जैसे—तुम्हारे भाई कोई न कोई रास्ता निकाल लेंगे और तुम्हें तंग न करेंगे। —अश्क।

रास्ता पकड़ना

रास्ते की ओर बढ़ना; जैसे—वह नहरवाले रास्ते से नहीं गई। खेतों की पगडंडियोंवाला रास्ता पकड़ा....। —अजित पुष्कल।

रास्ता बताना

टाल-मटोल करके दूर हटाना।

रास्ता बनाना

नए मार्ग का अन्वेषण करना।

रास्ता भूल पड़ना

बहुत दिनों बाद किसी से मिलने के लिए (उसके यहाँ) जाना; जैसे—आज बड़े भाग जो तुम हमारे घर का रास्ता भूल पड़े।—अमृतलाल नागर।

रास्ते पर आना

ग़लत ढंग या कुमार्ग का त्याग कर ठीक ढंग से काम करने लगना; जैसे—अब लड़का धीरे धीरे ही रास्ते पर आएगा। —प्रकाशानंद।

रास्ते पर चलना

१. ठीक ढंग से किसी कार्य में अग्रसर होते चलना।

२. सुमार्ग पर चलना।

रास्ते लगना

ठीक मार्ग पर चलने लगना।

राह ताकना

रास्ता देखना, प्रतीक्षा करना; जैसे—अपने घर वह हर्गिज़ न जाएगा क्योंकि वहाँ शायद पुलिस उसकी राह ताकती बैठी हो।—अमृतलाल नागर।

राह न होना

उपाय या चारा न होना; जैसे—कौंसिल का मोह अब उन्हें न था, लेकिन इस चुनौती के सामने ताल ठोंकने के सिवा और कोई राह भी न थी।—प्रेमचंद।

राह पर आना

सुधरना; कुटेक, हठ, कुकर्म आदि छोड़ना; जैसे—यह लड़का समझाने-बुझाने से राह पर आ जाएगा।

रिझा लेना

आसक्त या मुग्ध कर लेना; जैसे—मैंने तो दिल ही दिल समझ लिया कि लौंडा गया हाथ से, इस तितली ने उसे रिझा लिया।—भूषण वनमाली।

रिस मारना/मार देना

क्रोध को दबाना या रोकना।

रीझ उठना/जाना

प्रसन्न तथा मुग्ध हो जाना; जैसे—इस मज़ाक और मज़ाक करनेवाली की रसीली चितवन पर मैं रीझ गया। —अमृतलाल नागर।

रीढ़ टूटना

आधार ही न रहना; जैसे—ज़मींदारी टूटने से उनकी रियासत की रीढ़ तो टूट गई है।—अजित पुष्कल।

रुई की तरह तूम डालना

१. बुरी तरह से छिन्न-भिन्न या दुर्दशाग्रस्त करना।

२. बहुत अधिक मारना-पीटना।

३. गहरी छान-बीन करना।

रुई की तरह धुनना

अच्छी तरह मारना-पीटना।

रुई-सूत में उलझना/लिपटना

अपने काम में लगे रहना।

रुख करना

किसी ओर प्रवृत्त या अग्रसर होना; जैसे—यहाँ आए कोई तीन साल होने को आए, कभी जो किसी ने भूलकर भी रुख किया हो।—रा० रा० प्र० सिंह।

रुख फेरना/बदलना

किसी पर से कृपापूर्ण दृष्टि हटा लेना।

रुपए गिन देना

नक़द दाम देकर (कोई चीज़)

खरीदना; जैसे—यह तुम्हीं लोगों का गुर्दा है, अंजुलि भर रुपए तकदीर के भरोसे गिन देते हो।—प्रेमचंद।

रुपए पानी की तरह बहाना

बहुत अधिक खर्च करना; जैसे—लीजिए, एक कुँवर साहब हैं कि एक बच्चे की तमन्ना में हज़ारों रुपए पानी की तरह बहा रहे हैं ····· ।—रा० रा० प्र० सिंह।

रुपए-पैसे से तंग होना

यथेष्ट आमदनी न होने के कारण परेशान होना।

रुपया खड़ा होना

नक़द धन उगाहा जाना या प्राप्त होना।

रुपया ठीकरी करना

रुपए का बहुत ही बुरी तरह से अपव्यय करना।

रुपया पानी में फेंकना

धन बर्बाद करना या लुटाना।

रूप का पुजारी

सौंदर्य का उपासक, सुंदर चीज़ का चहेता; जैसे—किसी राजा-महाराजा के यहाँ जनम लेतीं तो न जाने अब तक कितने राजकुमार तुम्हारे रूप के पुजारी बने होते।

रूप का बाज़ार

वह बाज़ार जिसमें वेश्याएँ बैठती हों; जैसे—रंगीनी इतनी कि नगर के रूप के बाज़ार में जो अच्छा या नया चेहरा नज़र आया, वह मुँह माँगे मूल्य पर खरीद लिया गया।—भूषण वनमाली।

रूप भरना

भेस बनाना।

रूप लेना

रूपांतरित होना; जैसे—बहुत-सी बातें या किस्से विश्वास का रूप ले चुकी (चुके) हैं।—अजित पुष्कल।

रेख फूटना

मूँछें निकलने लगना; जैसे—लड़का डील में (बाप के) बराबर का था। रेख फूट आई थी।—यशपाल।

रेत में तेल खोजना

व्यर्थ प्रयास करना; जैसे—इन भोले बादशाहों के भाषणों में तर्क को ढूँढ़ना रेत में तेल खोजने के बराबर है।—अश्क।

रेवड़ी के लिए मस्जिद हरना

अपने छोटे से लाभ के लिए दूसरों की बहुत अधिक हानि करना।

रोंगटे खड़े होना

किसी भयानक या क्रूर कांड को देखकर शरीर में क्षोभ उत्पन्न होना; जैसे—(१) स्वयं ऊषा ओबेराय ने मुझे अपने संक्षिप्त प्रवास में खाए चाँटों का इतिहास बताया तो मेरे भी रोंगटे खड़े हो गए थे।—शिवानी। (२) उनको निकट आते देखकर लड़के के चेहरे पर जो हवाइयाँ उड़तीं ····· उनकी स्मृति मात्र से बिस्तर पर लेटे लेटे चेतन के रोंगटे खड़े हो जाते।—अश्क। (३) सन् ७१ के अक्टूबर मास में उड़ीसा के समुद्र तट पर तूफ़ान ने जो कहर ढाया उसकी याद करके रोंगटे खड़े हो जाते हैं।—अखंड ज्योति।

रो रोकर

बड़ी मुश्किल से; जैसे—उसने ये रुपए तो रो रोकर चुकाए।

रोआँ तक न उखड़ना

कुछ भी हानि न होना।

रोआँ पसीजना

मन में करुणा या दया उत्पन्न होना।

रोएँ खड़े होना

रोमांच होना।

रोकड़ मिलाना

आय-व्यय का हिसाब बैठाना।

रोग पालना/लगाना

जान-बूझकर कोई मुसीबत मोल लेना या बुरी आदत डालना।

रोग लगना

बुरी आदत पड़ना, लत पड़ना; जैसे—

किसी साथ के बहाने से कलकत्ते गए वहाँ उन्हें सट्टा-फाटका खेलने का रोग लगा—अमृतलाल नागर।

रोग लगा देना
मुसीबत खड़ी कर देना; जैसे—माँ ने यह दूसरी शादी कर बुढ़ापे में और रोग लगा लिया है।—अमृतलाल नागर।

रोज़ी चलना
भोजन-वस्त्र मिलता जाना, जीविका का निर्वाह होता रहना।

रोज़ी से लगना
जीविका-निर्वाह का साधन प्राप्त हो जाना।

रोटियाँ तोड़ना
किसी के घर पड़े रहकर उसकी कृपा से अपना पेट पालना, बैठे बैठे किसी का दिया खाना; जैसे—साल भर से तो वह अपने ससुर की रोटियाँ तोड़ रहा है।

रोटियों से लगना/लग जाना
ऐसी स्थिति में आना या होना कि अपना और बाल-बच्चों का पेट भरने का कष्ट न रह जाए, जीविका-निर्वाह का साधन प्राप्त होना; जैसे—उन्हें नौकरी मिल गई, चलो रोटियों से लग गए।

रोटी खाना
जीविका अर्जित करना; जैसे—वह तो दूसरों में लड़ाई-झगड़ा कराने की रोटी खाता है।

रोटी तोड़ना
मुफ़्त में पका-पकाया खाना; जैसे—उनके घर बेहया की तरह रोटी तोड़ने आने लगे थे।—गिरिधर गोपाल।

रोटी मिलना
भोजन की व्यवस्था होना; जैसे—मुखतारी थोड़ी-बहुत भी है, लेकिन इतनी ही कि रोटी मिलती रहे। —गिरिधर गोपाल।

रोड़ा अटकाना/डालना
विघ्न या बाधा डालना।

रोड़ा बनना
बाधक तत्त्व सिद्ध होना; जैसे—------ उत्थान आपके मार्ग में रोड़ा बन सकता था।—मनहर चौहान।

रोना आना
दुख या क्लेश होना; जैसे—हमें यह शीर्षक पढ़कर पाठकों की भावना पर रोना आया।—कन्हैयालाल कपूर।

रोना गाना
विनती करना; जैसे—कल वह आया था, बहुत रोया गया, पर पिताजी ने उसकी एक न सुनी।

रोना रोना
रोते हुए अपनी करुण कहानी सुनाना, पचड़ा सुनाना; जैसे—अपनी बेटी के दुर्भाग्य का रोना रोते थे।—सुशीला गुप्ता।

रोना लेकर बैठ जाना
अपना दुखड़ा सुनाने लग पड़ना; जैस—कोई भी घर में आ जाता है तो यह उसके आगे अपना ही रोना लेकर बैठ जाती है।

रोना-कलपना
बहुत दुखी होकर विलाप करना और अपने कष्टों की चर्चा करना; जैसे—जो चला गया, उसके लिए अब रोना-कलपना व्यर्थ है।

रोना-धोना
रोना-कलपना (दे०)।

रोना-धोना मचना
(घर के लोगों का) किसी विपत्ति, संकट या शोक (समाचार) के कारण घोर विलाप करने लगना; जैसे—------ रोना-धोना मच जाएगा और साथ ही घर का पर्दा भी खुल जाएगा। —प्रेमचंद।

रोना-पीटना
छाती या सिर पर हाथ मार कर विलाप करना (प्रायः किसी की मृत्यु होने अथवा बहुत बड़ी हानि होने पर);

जैसे—लड़के के मरने से लोगों में रोना-पीटना मच गया।

रोने लगना
खिन्न होकर दुख व्यक्त करने लगना; जैसे—तुम तो ज़रा ज़रा-सी बातों पर रोने लगते हो।

रोब गाँठना
शान बघारना, यह प्रकट करना कि हम क्या हैं; जैसे—महाशय जी ज़रूरत से ज़्यादा ही अपनी डमी ऐडीटरी का रोब गाँठने लगे।—अश्क।

रोब में आना
दूसरे के द्वारा प्रभावित होना; जैसे—उसके रोब में आकर मैंने अपनी कलम दे दी थी।

रोम रोम काँपने लगना
अत्यंत भयभीत हो जाना; जैसे—उसकी शकल देखते ही मेरा रोम रोम काँपने लगता है।

रोम रोम में
शरीर के सूक्ष्म से सूक्ष्म अंशों में, पूरे शरीर में; जैसे—उसके तीखे वचनों से मेरे रोम रोम में आग लग गई।

रोम रोम से
तन-मन से, शुद्ध हृदय से; जैसे—वह तो उन्हें रोम रोम से दुआएँ देता है।

रोशनी गुल होना
दीया, बत्ती आदि बुझने से अँधेरा होना; जैसे—जब तक रोशनी गुल नहीं हो जाती, एक अजीब-सी कसमसाहट व्यापती रहती है—कमलेश्वर।

रोशनी डालना
नवीन तथ्यों द्वारा तथा प्रभावोत्पादक ढंग से किसी विषय का महत्त्व समझाना या स्पष्ट करना; जैसे—आलोचना के नए साधनों से न केवल पुराने साहित्य की विधाओं पर रोशनी डाली गई है···।—इंद्रनाथ मदान।

रौद्र रूप धारण कर लेना
अत्यंत क्रुद्ध हो उठना।

ल

लंग खाना
लँगड़ाकर चलना।

लँगोट का ढीला
पर-स्त्रीगामी।

लँगोट का सच्चा
जिसने कभी पर-स्त्री से संभोग न किया हो।

लँगोटिया यार
बहुत छोटी अवस्था से जिससे मित्रता रही हो; जैसे—परिचित! सेठ जहाज़-वाला तो हमारे लँगोटिया यार हैं।—कन्हैलाल कपूर।

लँगोटी पर फाग खेलना
पास में कुछ भी न होने पर या बहुत ही कम धन होने पर भी आनंद-मंगल और भोग-विलास करना।

लँगोटी बँधवाना
बहुत दरिद्र कर देना; इतना धनहीन कर देना कि पास में पहनने को लँगोटी के सिवा और कुछ न रह जाए।

लँगोटी बिकवाना
इतना दरिद्र कर देना कि पहनने को लँगोटी तक न रह जाए।

लंबा करना
पीछा छुड़ाने के लिए किसी को चलता करना या दूर हटाना, धता बताना; जैसे—जब वह बहुत गिड़गिड़ाने लगा, तब मैंने उसे एक रुपया देकर लंबा किया।

लंबा कर देना
इतना मारना-पीटना कि आदमी ज़मीन पर बेसुध होकर गिर पड़े।

लंबी चौड़ी बातें करना
शेख़ी बघारना।

लंबी छलाँग लगाना
बहुत उन्नति कर जाना, ऊँचे पद पर जा पहुँचना।

लंबी तानना

ख़ूब निश्चिंत होकर सोना; जैसे—परीक्षा ख़त्म होने पर ही लंबी तानकर सोऊँगा।

लंबी साँस लेना

बहुत अधिक या निराश होने पर दीर्घ निःश्वास लेना, ठंडी साँस लेना।

लंबे होना

पीछा छुड़ाने या जान बचाने के लिए कहीं से चल देना, खिसक या हट जाना; जैसे—आप तो एक बात कर लंबे हुए और वह मेरी जान खाने लगा।

लकड़ी चलाना

लाठी से मार-पीट करना।

लकड़ी देना

मृत शरीर या शव को चिता पर रखकर जलाना।

लकड़ी होना/हो जाना

१. (अपेक्षित कोमलता से रहित होकर) कठोर या कड़ा होना; जैसे—(१) सबेरे की रखी हुई रोटी शाम तक सूखकर लकड़ी हो गई है। (२) पुत्ती गुरु नदी की बहती धारा को खड़े खड़े देखते हुए शून्य में लीन हो गए। बड़ी देर बाद जब टाँगें ही लकड़ी हो गईं तब होश आया।—अमृतलाल नागर।

२. क्षीण या दुर्बल होना; जैसे—चिंताओं के कारण उसका शरीर भरी जवानी में ही लकड़ी हो गया है।

लकवा मार जाना

अक्रिय, निश्चेष्ट या पंगु हो जाना; जैसे—लगता है कि इस राष्ट्र को लकवा मार गया हो।—मनु शर्मा।

लकीर का फ़कीर

परंपरावादी परिपाटी का पालन करने-वाला।

लकीर पर चलना

१. परंपरा का पालन करते हुए चलना।

२. अंधानुकरण करना।

लकीर पीटते चलना

बिना कुछ सोचे-विचारे किसी परंपरा का पालन करते चलना।

लगती बात कहना

ऐसी बात कहना जिससे किसी का हृदय दुखी हो।

लगा देना

१. (व्यक्ति) नियुक्त कर देना; जैसे—कोठी के चारो ओर आदमी लगा दिए गए हैं।

२. (धन) व्यय कर देना; जैसे—फैक्टरी में उन्होंने दो लाख रुपए लगा दिए हैं।

३. जड़ देना, मार देना; जैसे—शुत्र तुम से कितना भी तगड़ा क्यों न हो, पर यदि तुम उससे पहले भरपूर वार करोगे और जितने में वह तैयार होगा दो चार ज़ोर की उसके लगा दोगे तो सौ में से पचहत्तर बिसवे वह भाग खड़ा होगा।—अश्क।

लगा हुआ

संलग्न; जैसे—हमारे मकान से लगा हुआ मकान शायद कश्मीरी मुसलमान का था····।—श्रवणकुमार।

लगा-बँधा

नियत ओर निश्चित; जैसे—यहाँ के लगे-बँधे नाऊ कहारों के चिर-परिचित चेहरे भी दिखालई पड़ रहे हैं।—अमृलाल नागर।

लगाई-बुझाई करना/लगाना-बुझाना

पहले तो झगड़ा लगाना और फिर उसे शांत करने का प्रयत्न करना; जैसे—मारूँगा साले तुम बड़ी लगाई-बुझाई करने लगे हो।—अमृतलाल नागर

लगाम खींचना

इच्छानुरूप किसी को नचाना; जैसे—अरे, वह तो बीबी का गुलाम है। वह जिधर लगाम खींचती है उसी तरफ़ जाता है।—कमलेश्वर।

लगाम न देना
नियंत्रित न करना; जैसे—समय रहते ही उन विचारों को लगाम न दी, तो बात पता नहीं कहाँ तक पहुँचेगी।—मालती जोशी।

लगी होना
१. दो व्यक्तियों या पक्षों में प्रतिस्पर्धा का भाव होना।
२. एक दूसरे को नीचा दिखाने की भावना मन में जमी होना।

लगे रहना
कोई कार्य निरंतर करते रहना; जैसे—(१) दिन-रात बनाव-सिंगार में ही लगी रहती हैं।—प्रेमचंद। (२) तरहट गाँव के ब्राह्मण भी उनकी ख़ुशामद में लगे रहते थे।—अजित पुष्कल।

लगे हाथे/हाथों
किसी क्रम या सिलसिले में ही; जैसे—लगे हाथों हमारी कविता भी सुन लीजिए।—कन्हैयालाल कपूर।

लग्गे से पानी पिलाना
बिल्कुल अलग या दूर रहकर नाम मात्र के लिए थोड़ी-सी या नहीं के बराबर सहायता करना।

लजा देना
लज्जित कर देना; जैसे—---- जंगल की लताओं ने अपने गुणों से उद्यान की लताओं को लजा दिया है।—सीताराम चतुर्वेदी।

लट छटकाना
स्त्रियों का सिर के बाल खोलकर इधर-उधर गिरा या फैला देना।

लट दबना
अपनी कमज़ोरी के कारण दूसरे के वशीभूत होना; जैसे—और, मैं भाँप गया कि उनकी लट कहाँ दबी है। —रा० रा० प्र० सिंह।

लट्टू रहना
पूर्णतः मुग्ध तथा आसक्त बना होना; जैसे—कुछ दिनों तक सदानंद बतासो बीबी पर लट्टू रहे।—अमृतलाल नागर।

लट्टू हो जाना
पूरी तरह से मोहित या मुग्ध होना; जैसे—(१) स्त्री ज़रा हँसकर बोली और उन्होंने समझ लिया कि वह मुझपर लट्टू हो गई।—प्रेमचंद। (२) चंद्रमा के समान मुखवाली इंदुमती अज के रूप पर लट्टू हो गई।—सीताराम चतुर्वेदी। (३) क्यों मित्र, जान पड़ता है कि उस तपस्वी की कन्या पर आप लट्टू हो गए हैं।—सीताराम चतुर्वेदी। (४) तुमने उन्हें पसंद किया या वह तुम पर लट्टू हो गए।—भूषण वनमाली।

लट्टू होना
लट्टू हो जाना (दे०); जैसे—लगता है वह अपनी सदा और अपनी अदा पर खुद ही लट्टू है।—अश्क।

लट्ठ लिए फिरना
संघर्ष के लिए उतारू होना; जैसे—लोग ख्वाहमख्वाह अंग्रेज़ियत के पीछे लट्ठ लिए फिरते हैं।—प्रेमचंद।

लड़ मिलना
प्रकृति या स्वभाव मिलना।

लड़ में रहना
मेल किए रहना।

लड़ाई ठानना
झगड़ा करना; जैसे—हम तो वहाँ कलेऊ की बाट देख रहे हैं, तू यहाँ लड़ाई ठाने बैठी है।—प्रेमचंद।

लड़ाई पर जाना
योद्धा या सैनिक के रूप में रणक्षेत्र में युद्ध करने के लिए जाना।

लड्डू खाना
मन के लड्डू खाना (दे०)।

लत लगना
बुरी आदत पड़ना; जैसे—जिसे नशे-पानी की लत लग गई है, उस पर एक आँख रखनी पड़ती है।—रा० रा० प्र० सिंह।

लताड़ना
बिगड़ना, डाँटना; जैसे—कर्नल ने उसे बिना इस्त्री की वर्दी पहनकर आने के लिए बुरी तरह लताड़ा था।—शिवानी।

लपलप करना
तेज़ हवा या तेल आदि की कमी के कारण बत्ती का बुझने को होना।

लपेट में आना
घिर जाना, अधिक्षेत्र में आना; जैसे—कुछ बचानेवाले हाथापाई की अंधी लपेट में आकर चुटीले हो गए।—अमृतलाल नागर।

लफड़े सहना
उचित-अनुचित माँगे मानने के लिए विवश होना; जैसे—रोज ही पुलिसवालों के लफड़े सहने होंगे।—अजित पुष्कल।

लाइन सुपुर्द करना
किसी सिपाही पर कोई आरोप होने पर उसके विचारार्थ उसका लाइन या बैरक में भेजा जाना।

लाख से लीख होना
धनकुबेर का निर्धन होना।

लागू बनना/होना
हिंसक पशु का बराबर चारा मिलते रहने से परच जाना; जैसे—चीता उस गाँव में लागू हो गया है।

लाज बचाना/रखना
लज्जित या तिरस्कृत होने से बचाना।

लाज लूटना
किसा स्त्री के साथ बलात्कार करना; जैसे—गाँव की बहू-बेटियों की लाज लूटते पटवारियों-पेशकारों के चित्र अब तक मेरे मस्तिष्क में अंकित हैं।—हिमांशु जोशी।

लाजों मरना
लज्जा के मारे सिर न उठा सकना।

लाठियाँ चलना
लाठियों से एक दूसरे पर प्रहार होना; जैसे—हमारे **ठाकुरों** और कनौजिया ब्राह्मणों की बरातों में तो लाठियाँ तक चल चुकी हैं।—अमृतलाल नागर।

लाठियाँ निकल आना
दोनो पक्षों द्वारा लाठियाँ हाथ में लेकर मार-पीट के लिए तैयार होना।

लात खाना
१. पैरों की ठोकर या मार सहना।
२. मार खाना।

लात चलाना
पैर से आघात या प्रहार करना।

लात मारना/मार देना
१.(गाय, भैंस आदि का दुहते समय) लात चलाना।
२. बहुत ही तुच्छ समझकर दूर करना या हटाना; जैसे—कुछ हया है तो इस मुसाहबी पर लात मारो। जिस अल्ला ने मुँह चीरा है, वह रोज़ी भी देगा।—प्रेमचंद।

लातों से बात करना
घोर अपमान करना; जैसे—वह मालिक तो कर्मचारियों से लातों से बात करनेवालों में से एक है।

लाद निकलना
पेट का फूलकर आगे निकलना, तोंद निकलना।

लानत भेजना
उपेक्ष्य समझकर धिक्कारना; जैसे—मैं एक रुपए पर और आप पर लानत भेजता हूँ।—प्रेमचंद।

लाम पर जाना
लड़ाई के मैदान में जाना, युद्ध के लिए रवाना होना।

लाम बाँधना
१. किसी पर चढ़ाई करने के लिए सेना इकट्ठा करना।
२. चढ़ाई के लिए सेना तैयार करना।
३. बहुत से लोगों को इकट्ठा करना।

लार टपकना
कोई चीज़ देखकर या सुनकर उसे पाने के लिए लालायित होना।

लार टपकाना

प्राप्ति के लिए व्याकुलता प्रकट करना; जैसे—(१) वह सचमुच ही अपने सारे अदब-क़ायदे भूल, किसी भूखे-कंगले की ही भाँति लार टपकाने लगी थी। —शिवानी। (२) जब मीठी बातें सुनता है तो लार टपका देता है।—अजित पुष्कल।

लाल उगलना

बहुत अच्छा और प्यारी बातें कहना।

लाल झंडी दिखाना/दिखा देना

संकट या ख़तरे का संकेत करना।

लाल लगना

महत्त्व बढ़ना; जैसे—सबेरे से देर रात तक काम तो महरी भी करती है, श्रीधर के (की) बहू ने किया तो क्या लाल लग गए।—नरेश मेहता।

लाल होना

यथेष्ट संपन्न और सुखी होना।

लाल-पीला होना

क्रुद्ध होना, नाराज़ होना; जैसे—(१) संपादक महोदय अपने लेख में किया हुआ वह संशोधन देखकर अपने सहायक पर बहुत लाल-पीले हुए।—रामचंद्र वर्मा। (२) पर जब मैंने बार बार दक्षिणा माँगने के लिए उनसे हठ कीं (किया) तो वे बड़े लाल पीले हो गए।—सीताराम चतुर्वेदी। (३) जब उनकी सखियों ने उसे जाने से रोका, उस समय अपनी सखियों पर जो वह लाल पीली हुई तब मैं समझा कि यह सब मेरे ही प्रेम के लिए हो रहा है।—सीताराम चतुर्वेदी।

लाला भइया करना

किसी को आदर्शपूर्वक संबोधित करते हुए उससे बात-चीत करना या उसे समझाना-बुझाना, बीच बीच में लाला भइया आदि मर्यादा सूचक बातें संबोधन करते हुए कहना; जैसे—तुम्हें लाला भइया करके उनसे अपना काम निकालना चाहिए।

लाले पड़ना

१. अप्राप्य या दुष्प्राप्य वस्तु के लिए बहुत अधिक तरसना; जैसे—(१) यहाँ एक एक टुकड़े के लिए लाले पड़े हैं और तेरा दिमाग़ आस्मान में उड़ रहा है।—रा० रा० प्र० सिंह। (२) दो चार दिन बाद खाने के भी लाले पड़ने लगे।—गिरिधर गोपाल।

२. जान के लाले पड़ना (दे०)।

३. पेट के लाले पड़ना (दे०)।

लाश गिराना/गिरा देना

मारकर गिरा देना, हत्या कर देना।

लासा लगाना

किसी को फँसाने की युक्ति रचना।

लासा होना

सदा साथ लगे रहना।

लिखत-पढ़त होना

लिखा-पढ़ी होना।

लिफ़ाफ़ा खुल जाना

भेद या रहस्य खुल जाना, छिपी हुई बात प्रकट हो जाना।

लिफ़ाफ़ा बनाना

झूठा आडंबर खड़ा करना।

लिहाज़ न करना

कुछ भी आदर या रियायत न देना; जैसे—वह अपने बाप का भी लिहाज़ करनेवाला नहीं।

लिहाड़ी लेना

किसी को तुच्छ या निंदनीय ठहराते हुए उसका उपहास करना।

लीक खींचना

प्राचीन परंपरा के अनुसार किसी प्रकार की प्रतिज्ञा करने अथवा अपने कथन की दृढ़ता या पुष्टि करने के लिए ज़मीन पर उँगली आदि से छोटी सीधी रेखा खींचना या बनाना।

लीक पकड़ना

आदमियों, गाड़ियों आदि के आने-जाने से बनी हुई लीक पर चलते हुए कहीं

जाना; जैसे—यही लीक पकड़कर सीधे चले जाओ।

लीक पीटना

१. किसी पुरानी चली आई हुई निकम्मी प्रथा या रीति का बिना सोचे-समझे अनुकरण करते चलना; जैसे—अशिक्षित, गँवार आदि अब भी ब्याह-शादी में वही पुरानी लीक पीटते चलते हैं।

२. कोई दुर्घटना या हानि हो चुकने के उपरांत उसके अवशिष्ट चिह्नों आदि पर अपना रोष प्रकट करना; जैसे—साँप तो चला गया, अब लीक पीटने से क्या होगा?

लीप-पोतकर बराबर करना

पूरी तरह से चौपट या नष्ट करना।

लीपापोती करना/कर देना

किसी के अपराध या दोष को रफ़ा-दफ़ा करना; जैसे—मंत्री महोदय पर कई अभियोग थे परंतु सरकार उनपर लीपापोती करने में सफल हुई।

लीवर होना या बढ़ना

यकृत में सूजन आना जो रोग माना जाता है।

लुट जाना

सर्वस्व छिन जाना; जैसे—पति के मरने पर औरत का सब-कुछ लुट जाता है।—गिरिधर गोपाल।

लुटिया डुबोना/डुबो देना

१. परिवार की इज़्ज़त मिटा देना।

२. बहुत बड़ी हानि कर बैठना।

लुटिया डूबना/डूब जाना

सारा काम नष्ट होना या बुरी तरह से बिगड़ जाना; जैसे—यह पूछिए कि क्या नहीं हुआ! जब मेरा नाम ही नहीं चलेगा तो लुटिया ही डूब गई अपनी।—रा० रा० प्र० सिंह।

लुत्फ़ उठाना

आनंद या मज़ा लेना।

ले उठना

ज़िक्र छेड़ना, चर्चा करना; जैसे—ओफ़! यह क्या ले उठे आप!—रा० रा० प्र० सिंह।

ले उड़ना

कहीं से कुछ लेकर इस प्रकार अलग या दूर होना कि कोई समझ न पाए; जैसे—(१) जाओ, नहीं तो तुम्हारी चहेती को कोई दूसरा ले उड़ेगा।—गिरिधर गोपाल। (२) आज-कल चोरियाँ काफ़ी हो रही हैं, हम नहीं चाहते कि कोई हमारा विचार ले उड़े।—गोपाल चतुर्वेदी।

ले डालना

चौपट या नष्ट करना; जैसे—उन लोगों ने हमारी इज़्ज़त ही ले डाली।

ले डूबना

नष्ट या चौपट कर डालना; जैसे—(१) आज-कल की छोकरियाँ अंग्रेज़ी सिनेमा देखती हैं, बस वही इन्हें ले डूबता है।—शिवानी। (२) नींद तो ले ही डूबा हमारी···।—सरोजिनी वर्मा।

ले पड़ना

आक्रमण करना; जैसे—फिर वह उसी को ले पड़ा।

ले बीतना

चौपट या नष्ट करना; जैसे—(१) यह रोग उन्हें आख़िर ले ही बीता। (२) जैसे कोई खोटा ग्रह सावन और भादो के महीनों के बीच से वर्षा को ले बीतता है।—सीताराम चतुर्वेदी।

ले बैठना

चौपट या नष्ट करना; जैसे—लगता है कि वह अपने साथ औरों को भी ले बैठेगा।

२. यों ही किसी (तुच्छ) काम या बात में लगना; जैसे—(१) तुम भी यह क्या टंटा ले बैठे हो। (२) गाँव के बड़े बूढ़े आज भी वह कहानी ले बैठते हैं।—देवेन्द्र सत्यार्थी।

ले लेना

अधिकृत कर लेना, बलप्रयोग से प्राप्त कर लेना; जैसे—(१) थोड़े ही दिनों में

अंग्रज़ों ने सारा पंजाब ले लिया। (२) डाकुओं ने उनका सारा धन ले लिया।

ले-देकर

अंततोगत्वा, बस इतना ही; जैसे—ले-देकर हमारे सिर बदनामी ही आई।

ले-दे करना

लेन-देन या भाव के संबंध में हुज्जत करना।

लेखा चुकाना

हिसाब करने पर जो बाकी निकलता हो, वह देकर चुकता करना।

लेखा डालना

बही आदि में कोई नया खाता खोलना या बढ़ाना, नया खाता डालना।

लेखा डेवढ़ करना

१. हिसाब चुकता करना, देन चुकाना।

२. जमा और खर्च की मदें बराबर करके हिसाब पूरा करना।

३. चौपट या नष्ट करना। (व्यंग्य)

लेने के देने पड़ना/पड़ जाना

जान जोखिम में पड़ना; जैसे—(१) हाथी की सूँड़ में जब चींटी घुस जाती है तो उसे लेने के देने पड़ जाते हैं। —अजित पुष्कल। (२) चपरकर गोश्त खा लिया, लेने के देने पड़ गए।—अजित पुष्कल।

लोक-परलोक बिगड़ना/बिगड़ जाना

यह सोचना कि कोई अच्छा काम न करने या कोई पापपूर्ण काम करने के फलस्वरूप यह जन्म भी व्यर्थ हुआ और अगला भी व्यर्थ होगा।

लोक-लाज खोना/खो देना

बेशर्म हो जाना, नीच काम करने में कुछ भी हिचक न होना।

लोट जाना

१. मर जाना; जैसे—दो ही दिन की बीमारी में वह लोट गया।

२. दिवालिया या कंगला हो जाना।

लोट मारना/लगाना

कभी इस बल और कभी उस बल लेटना।

लोट-पोट होना/हो जाना

अति प्रसन्न या मुग्ध हो जाना।

लोहा बजना

तलवारों, भालों आदि से युद्ध या लड़ाई होना, मार-काट होना।

लोहा बरसना

युद्ध-क्षेत्र में अस्त्रों आदि का बहुत अधिकता से उपयोग होना, घमासान युद्ध होना।

लोहा मानना

महत्त्व या श्रेष्ठता स्वीकार करना; जैसे—(१) वह ऐसे प्रतिभावान थे कि अच्छे अच्छे विद्वान उनका लोहा मानते थे।—प्रेमचंद। (२) ये सब देवता और राक्षस तुम्हारे कमल की तंतु से बनी हुई डोरीवाले और कोमल फूलों के बाणवाले धनुष का लोहा मानते हैं।—सीताराम चतुर्वेदी। (३) तुहिना प्रयाग विश्वविद्यालय का मेडल जीती थी, अपनी विद्या और सौंदर्य की धाक से आज तक वह घर की देवरानी-जेठानियों में सबसे ऊँचा आसन ग्रहण करती आई थी, किंतु आज अहल्या को देखकर वह मन ही मन लोहा मान गई।—शिवानी। (४) सब अनार्य राजे-महाराजे ययाति के पौरुष का लोहा मान चुके थे।—यज्ञदत्त। (५) शहर के बड़े बड़े अदीब उनका लोहा मानते थे।—अश्क। (६) यदि मेरे सामने वे आरोप को दुहरा सके तो लोहा मान जाऊँ।—मनहर चौहान।

लोहा लेना

मुकाबला करना; जैसे—(१) उस समय के सबसे अधिक साधन-संपन्न मुगल सम्राट से लोहा लेना कोई हँसी खेल न था।—समर बहादुर सिंह। (२) उन (संजोए) सपनों के लिए वह ज़िंदगी भर अपनों से, परिस्थितियों से

लोहा लेती रही।—मालती जोशी।

लोहे का बन जाना

अत्यंत धैर्य धारण करना; जैसे—चिता में आग लगाते वक्त बिशू भैया जैसे लोहे के बन गए थे।—गिरिधर गोपाल।

लोहे के चने चबवाना

अत्यंत विकट कार्य करने में प्रवृत्त करना; जैसे—वे लोहे के चने चबवाऊँगी कि नाना याद आएँगे। —इलाचंद जोशी।

लोहे के चने चबाना

किसी काम को करने में अत्यंत कठिनाई अनुभूत करना।

लौ लगना

धुन होना; जैसे—लेकिन माँ पर यह ज़ाहिर नहीं करना चाहती थी कि उसे जाने और उससे मिलने की लौ लगी हुई है।—भूषण वनमाली।

लौ लगाना/लगा बैठना

(किसी के प्रेम में) मग्न हो जाना, आसक्त हो जाना।

व

वकालत करना

पक्ष का समर्थन करना; जैसे—मुझे न अंग्रेज़ी की वकालत करनी है और न हिंदी का विरोध।—अक्षयकुमार जैन।

वक्त आ जाना/आ पहुँचना

अंतिम समय नज़दीक होना, मृत्यु का समय करीब आना।

वक्त की आवाज़

समय की पुकार।

वक्त पड़ना

आवश्यकता होना, ज़रूरत पड़ना; जैसे—वक्त पड़ा तो तुम्हारे यहाँ आने को विवश हुआ।

वक्त हाथ से निकलना/निकल जाना

मौका खो या गँवा बैठना।

वर लेना

वरण करना, वर के रूप में चुनना; जैसे—तब इंदुमति ने संकोच छोड़कर अपनी हँसती हुई आँखें अज पर डालीं और आँखों में उन्हें वर लिया। —सीताराम चतुर्वेदी।

वार ख़ाली जाना

निशाना चूक जाना।

वारान्यारा करना

सदा के लिए ख़त्म करना; जैसे—वह सयाना होते होते सारी जायदाद का वारान्यारा कर बैठा।—रा० रा० प्र० सिंह।

वारान्यारा होना

१. पूर्णरूपेण निश्चित या ख़त्म होना।

२. ख़ूब लाभ होना; जैसे—इस बार के सौदे में तो वारेन्यारे हो गए। —श्रवणकुमार।

वारी जाऊँ

निछावर हो जाऊँ। (स्त्रियाँ)

वास्ता देना

दुहाई देना; जैसे—उन्होंने उससे भगवान का वास्ता देकर कहा कि मेरी बात रख लो।

वास्ता न होना

संबंध न होना। विशेष दे० 'कोई वास्ता न होना'।

वास्ता रखना

संबंध रखना, मेल-जोल बनाए रहना।

वाहवाही मिलना

प्रशंसित होना; जैसे—अपने अंग्रेज़ी प्रोफ़ेसरों को तन, मन, धन से भगवान मानकर एक निष्ठ पुजारी की भाँति उनकी सेवा में वे समर्पित रहते थे। किशोरीलाल को इसकी वाहवाही भी मिली हुई थी। —अमृतलाल नागर।

विजय पताका फहराना

(स्थान को) विजित करना; जैसे—जहाँ भी गए वहाँ उनकी विजय पताका

फहराई।—यज्ञदत्त।

विधि बैठना

१. युक्ति सफल होना।

२. संगति बैठना।

विधि मिलना

अनुरूपता होना; जैसे—जन्म-कुंडली की विधि मिलना।

विमोचन करना

पुस्तक को पहले पहल लोगों को (किसी महत्त्वपूर्ण व्यक्ति के द्वारा) सुलभ कराना।

विष घोलना

ऐसा दोष या ख़राबी पैदा करना जिससे सारी भलाई या सुख नष्ट या किरकिरा हो जाए।

वीरगति को प्राप्त होना

युद्ध में वीरतापूर्वक लड़ते हुए मरना; जैसे—''''अंत में अपने ही प्राणों की बलि देकर उसके योद्धा वीरगति को प्राप्त हुए।—यज्ञदत्त।

व्यवस्था देना

किसी अधिकारी द्वारा किसी नियम पर निर्णय देना, नियम का स्पष्टीकरण करना; जैसे—अध्यक्ष की व्यवस्था हमारे प्रतिकूल होगी।

व्रत तोड़ना/तोड़ देना

प्रतिज्ञा भंग करना।

श

शंख बजना

विजय या आनंदोत्सव होना।

शंख बजाना

१. आनंद मनाना।

२. वंचित रहना। (व्यंग्य)

शकुन देखना/विचारना

कोई काम करने से पहले किसी उपाय से लक्षण आदि देख या पूछकर यह निश्चय करना कि यह काम होगा कि नहीं, अथवा काम अभी करना चाहिए कि नहीं।

शक्ल निकलना/निकल आना

पहले की अपेक्षा स्वस्थ दिखाई पड़ना।

शक्ल बनाना

अच्छा या सुंदर रूप धारण करना या कराना।

शक्ल बिगाड़ना

१. इतना मारना-पीटना कि आकृति ख़राब हो जाए।

२. इस प्रकार वस्त्र धारण करना या बनाव-शृंगार करना कि भद्दा लगे।

शत्रु बन जाना/बैठना

शत्रुतापूर्ण व्यवहार करने लगना; जैसे—जिस अट्टालिका का निर्माण उन्होंने न जाने कहाँ कहाँ से नक्शों के तिनके बीन बीनकर बड़ी लगन से करवाया था, वह उनकी शत्रु बन बैठी।—शिवानी।

शराफ़त में मारा जाना

भलाई के बदले में क्षति सहना।

शरीर छूटना/छूट जाना

मर जाना; जैसे—शरीर छूट गया तो आत्मा की भूख-प्यास कैसी! —यशपाल।

शरीर सूखकर काँटा होना/हो जाना

अत्यंत क्षीणकाय हो जाना, शरीर में मांस नाम की चीज़ न रह जाना; जैसे—पिछले आठ वर्षों में यद्यपि भाभी को तीन बच्चे होते हैं, तो भी न उसकी देह के सोने में कोई अंतर आता है, न उसकी शरीर की गठन में; लेकिन जाने इन पिछले तीन महीनों में क्या होता है कि उसका भरा-गठा शरीर सूखकर काँटा हो जाता है। —अश्क।

शर्म करना

लजाना।

शर्म न आना

अपने अनौचित्यपूर्ण या हेय आचरण पर भी लज्जित न होना; जैसे—हमारा स्वाभिमान इतना मर चुका है कि छोटे

से छोटे देश से आर्थिक सहायता माँगते हमें तनिक भी शर्म नहीं आती। —देवेन्द्र सिंह।

शर्म से कटना/कट जाना
बहुत अधिक लज्जित होना।

शर्म से गड़ना/गड़ जाना
बहुत अधिक लज्जित होना।

शर्म से पानी पानी हो जाना
बहुत लज्जित होना।

शर्म से मरना/मर जाना
बहुत अधिक लज्जित होना।

शहद लगाकर चाटना
किसी व्यर्थ की चीज़ को सँभाले रहना। (व्यंग्य)

शहीद होना/हो जाना
देश या समाज के काम आना, किसी उच्च आदर्श के लिए प्राण देना।

शान दिखाना
शेख़ी बघारना; जैसे—हर किसी के आगे अपनी शान दिखाने से वह नहीं चूकता।

शान में बट्टा लगना
प्रतिष्ठा पर आँच आना, अपमानित होना; जैसे—दोनो मालिक तो उनका अदब करते थे, मगर वह कल की आई मेम सदा हुकुम ही चलाती थी। मुनीम गोपालदास की शान में बट्टा लगता था।—अमृतलाल नागर।

शामत आना
विपत्ति आना।

शामत का मारा
विपत्तियों से त्रस्त।

शिकंजा कसना
नियंत्रण और कठोर करना।

शिकंजे में आना
पकड़ में आना, बुरी तरह फँसना।

शिकन न पड़ना
(चेहरे पर) बल न पड़ना, ज़रा भी असंतोष (चेहरे से) न झलकना।

शिकार फँसना
ऐसे व्यक्ति या जीव का कब्ज़े में आना जो बहुत तंग करता रहा हो अथवा जिससे कुछ प्राप्ति की संभावना हो; जैसे—बहुत दिनों में ऐसा शिकार (ग्राहक) फँस पाया है।—शिवानी।

शिकार बनाना
अपने लाभ के लिए किसी को लक्ष्य बनाना; जैसे—आदमी जब कुछ चाहता है, तभी कोई बुराई उसे अपना शिकार बनाती है।—गिरिधर गोपाल।

शिकार होना
फँस जाना, फलतः पीड़ित या दुर्दशाग्रस्त होना; जैसे—हिंदी के शोधक ... चलती पुस्तकों का सहारा लेकर शोध में नयापन लाने के लिए जुट जाते हैं और अपच का शिकार हो जाते हैं।—इंद्रनाथ मदान।

शिक्षा देना
दंडित करना या नसीहत देना; जैसे—भूतना अपराधी को गर्दन से पकड़कर सारे बैरक में घुमाते और प्रत्येक कमरे के सामने रुककर एक घूँसा अथवा थप्पड़ उसे रसीद करते ताकि दूसरे छात्रों को शिक्षा मिले।—अश्क।

शिगूफ़ा छोड़ना/छोड़ देना
(कोई) चमत्कारिक विशेषतः विस्मय या झगड़े की बात कहना; जैसे—यहाँ तक कि वे महान योगी और तांत्रिक ओमप्रकाश शास्त्री को भी भूल जाएँगे—यदि कोई न कोई शिगूफ़ा तुरंत न छोड़ा गया।—मनहर चौहान।

शीत खा जाना
सर्दी लगने से अस्वस्थ हो जाना; जैसे—लगता है कि बच्चा शीत खा गया है।

शीन-क़ाफ़ दुरुस्त होना
शब्दों का उच्चारण सही होना।

शीरे की पुतली
बहुत गोरी स्त्री।

शीलभंग करना
बलात्कार करना।

शीशी सुँघाना/सुँघा देना
दवा सुँघाकर बेहोश करना।

शीशे में मुँह तो देखो/देखें
अपनी योग्यता, पात्रता आदि का ध्यान तो करो या करें।

शुमार बाँधना
अनुमान या कल्पना से यह समझना कि आगे चलकर अमुक बात या उसका अमुक रूप होगा।

शून्य में विलीन होना
अस्तित्वविहीन होना, पूर्णतः नष्ट हो जाना; जैसे—उनकी कीर्ति, रोब और सुख्याति देखते ही देखते न जाने किस शून्य में विलीन होकर रह गई। —शिवानी।

शेर और बकरी का एक घाट पर पानी पीना
ऐसी स्थिति होना जिसमें दुर्बल को सबल का कुछ भी भय न हो।

शेर करना
(बत्ती ऊँची करके) रोशनी तेज़ करना।

शेर के मुँह में जाना
जान-बूझकर अपने को घोर संकट में डालना।

शेर के मुँह से शिकार छीनना
बहुत बड़ा जोखिम उठाना।

शेर बन जाना
शेर की तरह बहादुरी दिखाना; जैसे— ... मुझे चिढ़ाते भी थे कि मुझ पर तो बहुत शेर बनती हो, और अम्मा के सामने भीगी बिल्ली बन जाती हो। —भूषण वनमाली।

शेर हो जाना
१. बहादुरी दिखाना; जैसे—(१) भाई वाह, अच्छा बाँकपन है। ... जहाँ दस दिन दंड पेले और उबल पड़े, दो-चार दिन लकड़ी फेरी और मुहल्लेवालों पर शेर हो गए।—प्रेमचंद। (२) इसी बीच ... चेतन समझ गया कि वे इतने योग्य नहीं हैं ... इसी कारण चेतन भी शेर हो गया और तुर्की-बतुर्की ज्वाब देने लगा।—अश्क। (३) कालेज के फाटक पर चार-पाँच मिल जातीं तो शेर हो जातीं।—यशपाल।
२. धृष्ट होना।

शैतान का कारखाना
उलटे-पलटे या बेहूदे काम करनेवाला; जैसे—बेकार आदमी का मस्तिष्क शैतान का कारखाना होता है। —कन्हैयालाल कपूर।

शैतान की आँत
ऐसी चीज़ या बात जिसकी लंबाई या विस्तार ख़त्म न होता हो; जैसे—क्यों महज़बीं, उकता तो नहीं गई इस कहानी से, जो शैतान की आँत की तरह लंबी होती चली जाती है।—भूषण वनमाली।

शैतान के कान काटना
शैतानी में शैतान से बढ़कर होना; जैसे—वह सफ़ेद दाढ़ी देखो तो फ़रिश्ता मालूम होता है, काले काम देखो तो शैतान के कान काटता है। —भूषण वनमाली।

शैतान चढ़ना/लगना
भूत, प्रेत आदि का आवेश होना।

शैतान सवार होना
कोई ग़लत काम करने के लिए उतारू होना।

शैतानी उठाना/मचाना
झगड़ा खड़ा करना, उपद्रव मचाना।

शोभा देखना
सुंदर लगना; जैसे—सुंदर शरीर पर सभी कुछ शोभा देने लगता है।—सीताराम चतुर्वेदी।

शोशा छोड़ना
ऐसी विवादास्पद बात कहना जिससे झगड़ा खड़ा होता हो; जैसे—हरिजन विधायकों में फूट डालने के लिए यह शोशा छोड़ा गया है।—आज।

श्मशान हो जाना
वीरान हो जाना, उजड़ जाना।

श्रीगणेश करना
आरंभ करना; जैसे—इस योजना का श्रीगणेश आप ही के कर-कमलों से होना चाहिए।

श्वेतपत्र जारी करना
किसी बात या घटना के संबंध में सरकार का लिखित विवरण देना।

स

संकल्प करना
दान करना या दान करने का दृढ़ निश्चय करना।

संग लगना
साथ हो लेना, पीछे लगना।

संग लेना
अपने साथ लेना या ले चलना।

संग सोना
मैथुन या संभोग करना।

संगत करना
१. गानेवाले के साथ ठीक तरह से तबला, सारंगी, सितार आदि बजाना। २. संग करना।

संगत बैठाना/मिलाना
दो चज़ों या बातों का मेल मिलाकर उन्हें संगत सिद्ध करना।

संतुलन खोना/खो देना
आपे से बाहर हो जाना; जैसे—ऐसी विकट परिस्थिति में भी उन्होंने संतुलन नहीं खोया।

संतोष की साँस लेना
राहत पाना, दुश्चिंता से मुक्ति पाना; जैसे—···दिग्पालों ने पृथ्वी पर आए हुए भगवान को पाकर संतोष की साँस ली हो।—सीताराम चतुर्वेदी।

सँभाला लेना
मृत्युशय्या पर बेसुध पड़े व्यक्ति का मरने से पहले एक बार कुछ चैतन्य हो उठना।

सँवर जाना
ठीक ढंग से संपन्न या संपादित होना; जैसे—आप की कृपा से शादी का पूरा काम सँवर गया।

संसार उजड़ जाना
अत्यंत प्रिय व्यक्ति का वियोग होने पर सब-कुछ श्रीविहीन प्रतीत होना; जैसे—पति के असामयिक निधन से उसका संसार ही उजड़ गया था।

संसार से उठ जाना
मर जाना, अस्तित्व में न रह जाना; जैसे—उसके रूप की चुनौती देनेवाला रूप संसार से उठ गया।—यज्ञदत्त।

संसार से विदा होना
मर जाना; जैसे—विचित्रवीर्य अपने विलासी जीवन का परित्याग न कर सके और क्षय रोग से ग्रस्त होकर एक दिन संसार से विदा हो गए।—यज्ञदत्त।

सकते में आना/आ जाना
किंकर्तव्य विमूढ़ हो जाना; जैसे—साहब को तो जैसे साँप सूँघ गया। पल भर को सकते में आ गए।—रा० रा० प्र० सिंह।

सकपका जाना
चकित हो जाना, घबरा जाना; जैसे—कभी कभी तो इति के सामने नवल बाबू भी सकपका जाते थे, क्योंकि उसे वे पर्याप्त सीमा तक बदज़बान समझते थे।—सुरेश सिनहा।

सख़्ती से काम लेना
अधीनस्थों, कर्मचारियों आदि से कठोर व्यवहार करना।

सख़्ती से पेश आना
कठोर व्यवहार करना; जैसे—मुझ जैसे विद्यार्थियों से प्रिंसिपल सख़्ती से पेश आता था।

सगा होना
दिल से अपना समझना; जैसे—भाई-भाभी किसी के सगे हुए हैं; जो इन्हीं के होंगे।—नरेश मेहता।

सच्चा कर देना
सत्य सिद्ध कर देना; जैसे—लड़ाई में

शत्रु को जीतकर यह बात सच्ची कर दो कि मैं चोर की माता हूँ।

सज़ा काटना

जेल में रहकर सज़ा भोगना; जैसे—इस अपराध के लिए उन्हें चार बरस सज़ा काटनी पड़ी।

सठिया जाना

बुढ़ापे के कारण बुद्धि का ठीक और पूरा काम न करना।

सड़क पर आ जाना

दूसरे लोगों के सामने लड़ाई-झगड़ा करने लगना।

सत पर रहना

१. सत्य का पालन करना।

२. (स्त्री का) पातिव्रत्य धर्म का पालन करना।

सती होना

१. पति के शव के साथ चिता में जल मरना।

२. बहुत अधिक कष्ट झेलना; जैसे—तुम्हारे लिए हमें सती होना पड़ा।

सदा सुहागिन रहना

१. पति का सदा जीवित रहना जो सौभाग्य का लक्षण माना जाता है।

२. सदा कोई न कोई पति के रूप में सुलभ रहना, अर्थात् वेश्या बनी रहना।

३. सौभाग्यपूर्ण रहना; जैसे—आठ मास तक खेतों की हरियाली सदा सुहागिन रहती है।—अजित पुष्कल।

सधा हुआ हाथ

जो कुशलतापूर्वक किसी काम को करने में सक्षम तथा सफल हो; जैसे—धनुषधारियों के हाथ बाण चलाने में सधे हुए थे....।—सीताराम चतुर्वेदी।

सनक चढ़ना/सवार होना

धुन चढ़ना; जैसे—सतनाम होने का भोला-सा गर्व अनुभव करते करते गंसी चाचा पर यह सनक सवार हो गई कि मैं दूसरा श्री गणेशप्रसाद बन सकता हूँ।—बच्चन।

सनसनी फैल जाना

आतंक फैल जाना; जैसे—(१) सरकस के पिंजरे से शेर के निकल भागने पर शहर में सनसनी फैल गई थी। (२) बड़े लाट की कौंसिल में बम! कल्पनातीत घटना से पूरे शहर में सनसनी फैल गई।—यशपाल।

सनाका खाना

अत्यंत भयविह्वल होना; जैसे—बहन से....किसी गाँव में पिता के जाने की बात सुनते ही रमेश....सनाका तो खा ही गया....।—अमृतलाल नागर।

सनाका खींचना

साँस रोककर चुपचाप रह जाना; जैसे—डरपोक लोग सनाका खींच चुके थे और कुछ लोग लाठी-फरसे की खोज में अँधेरे से लड़ रहे थे।—अजित पुष्कल।

सनाथ करना

किसी को शरण में लेकर आश्रय देना।

सन्न मारना/हो जाना

बिल्कुल चुप हो जाना, आवश्यकता पड़ने पर भी कुछ न बोलना, सन्नाटा खींचना।

सन्नाटा खींचना

चुप्पी मार के रह जाना।

सन्नाटा छाना

ऐसी विकट चुप्पी या ख़ामोशी छा जाना जिससे हवा का सन सन शब्द और भी भयानक बनाता हो; जैसे—(१) पाँच बजते ही वहाँ मध्य रात्रि का सन्नाटा छा जाता था।—शिवानी। (२) पुल बाढ़ का वेग नहीं सँभाल पा रहा है....इस ख़बर से शहर में सन्नाटा छा गया।—गिरिधर गोपाल। (३) बैरिस्टर खान की इन दलीलों से अदालत में थोड़ी देर के लिए सन्नाटा छा गया।—गुलशन नंदा।

सन्नाटे में आना

अवाक् रह जाना, ठगा-सा रह जाना; जैसे—(१) ज्ञानशंकर सन्नाटे में आ

गए।—प्रेमचंद। (२) लोग मुझे देखकर मोहित हो जाते हैं, जब कि आपको देखते ही सन्नाटे में आ जाते हैं। —मनहर चौहान।

सपना/सपने/ढेर होना
आशा नष्ट होना; जैसे—वह सोच भी न सकता था कि इस प्रकार इतनी शीघ्र उसके सपने ढेर हो जाएँगे।—गुलशन नंदा।

सपना/सपने/देखना
(अवास्तविक) कल्पना या कल्पनाएँ करना; जैसे—(१) (वह) मेरे घर की शोभा बनने के सपने देख रही है।—गुलशन नंदा। (२) चक्रवर्ती बनने का सपना देखनेवाला सम्राट भला राजपूतों की आज़ादी कैसे बर्दाश्त करता।—समर बहादुर सिंह।

सपने पालना
आशाएँ सँजोना; जैसे—मैं भी चंद साल पहले यों ही सपने पाला किया।—रा० रा० प्र० सिंह।

सफ़ाई देना
अपनी निर्दोषित का तर्क या दलील देना; जैसे—(१) साहब बहादुर तो बीबी की आँखों से आँखे मिलाकर अपनी सफ़ाई दे गए।—रा० रा० प्र० सिंह। (२) माया अपने पुत्र की ओर से हर सफ़ाई देकर उसके प्रति मेरे भाव को सदय रखने के लिए व्यग्र थी। —अमृतलाल नागर।

सफ़ाया करना
नष्ट करना, न रहने देना।

सफ़ाया होना
पूर्ण विनाश होना, अस्तित्व ही न रह जाना; जैसे—आप किसी भी कीमत पर ऐसी बात नहीं करेंगे, जिसके परिणाम के रूप में आपका और आपके ख़ानदान का सफ़ाया हो जाए।—भूषण वनमाली।

सफ़ेद को स्याह करना
सच को झूठ सिद्ध करना; जैसे—सफ़ेद को स्याह करने में उन्हें मुहारत हासिल है।

सफ़ेदी आना
(बुढ़पे के कारण) बाल सफ़ेद होना।

सब चलना
उचित-अनुचित सब तरह के उपायों कार्यों, रीतियों आदि का चलन में होना; जैसे—यार क्या रोज़ रोज़ बेमतलब किचकिच किया करता है। छोड़ भी। आदमी औरत में तो यह सब चलता ही रहता है।—सरोजिनी वर्मा।

सबक देना
१. दंड देना, सीख देना।
२. दिखा देना; जैसे—सबक दूँगी कि औरतें खाली खेलने की गुड़ियाँ नहीं हैं। वे भी कुछ होती हैं।—अजित पुष्कल।

सबक लेना
शिक्षा ग्रहण करना, कोई अच्छी बात ध्यान में रख लेना; जैसे—तुम्हें इस घटना से सबक लेना चाहिए।

सबक सिखाना
दंड देना; जैसे—जिन्होंने उसे वोट नहीं दिया उन्हें वह एक दिन अवश्य सबक सिखाएगी।

सब्ज़ बाग दिखलाना
अपना काम निकालने के लिए अथवा किसी को जाल में फँसाने के लिए भविष्य के संबंध में बड़ी बड़ी आशाएँ दिखलाना; जैसे—इसी बदमाश ने सब्ज़ बाग दिखलाकर उन्हें (चुनाव में) खड़ा किया और अब अपनी सफ़ाई दे रहा है।—प्रेमचंद।

सब्र करना
संतोष कर लेना, धैर्य रखना, प्रतिवाद या प्रतिकार न करना वरन् चुपचाप सहना।

सब्र पड़ना
सब्र करनेवाले की आह लगना।

समझ का फेर होना
ठीक बात समझ में न आना।

समझ लेना
१. (दूसरे से मिलकर) निश्चय या निर्णय करना।
२. भिड़ना; जैसे—(१) अब की उनसे भी समझ लिया जाएगा। (२) लेकिन मैं भी एक एक से समझ लूँगा। (३) अपना वक्त बुरा है, नहीं तो एक एक साले से समझ लेता।—अमृतलाल नागर।

समझा जाना
भिड़ना; जैसे—एक दिन उनसे भी समझा जाएगा।

समय का फेर
समय के परिवर्तन का प्रभाव; जैसे—इसे समय का ही फेर कहें, जो मेरी बात भी उसकी समझ में नहीं आती।

समय की मार
समय का कुप्रभाव; जैसे—समय की मार से सबका गोत्र बदल जाता है।—अजित पुष्कल।

समय चूक जाना
अवसर का लाभ न उठा पाना, मौका हाथ से निकल जाने देना।

समाँ बँधना
समय (सबके लिए) इतना अधिक सुखदायक होना कि उसके बीतने का आभास ही न हो; जैसे—और मतदान के दिन तो वह समाँ बँधा कि भारत का आम चुनाव मात खा गया।—गिरिधर गोपाल।

समेट लेना
१. अधिकार में कर लेना।
२. मार डालना; जैसे—बीमारी ने दस को छुआ तो दो तीन को समेट भी लिया।—यशपाल।

सरकार उलटना/उलट देना
मंत्रिमंडल का पतन करना; जैसे—क्योंकि यदि ये सरकार बना सकते हैं तो उलट भी सकते हैं।—गिरिधर गोपाल।

सरकार बनाना
मंत्रिमण्डल गठित करना।

सराय का कुत्ता
मुफ़्त का माल खानेवाला; जैसे—मेरी ज़िंदगी उस समय सराय के कुत्ते जैसी थी।

सरोकार न होना
प्रयोजन या संबंध न होना; जैसे—मैं नहीं जानती कि तुम विवाहित हो या नहीं, उससे मेरा सरोकार भी नहीं।—कमलेश्वर।

सर्द पड़ जाना
उत्साह ठंडा पड़ जाना।

सर्द-गर्म देखे होना
सब तरह के अनुभवों से परिचित होना; अनुभव प्राप्त होना।

सलाई फेरना
अंधा कर देना।

सवार होना
अभिभूत या वशीभूत कर लेना (अनौचित्य का सूचक); जैसे—बुढ़िया पर भी फ़ैशन सवार है।—गिरिधर गोपाल।

सवाल ठोंकना
ज़ोरदार प्रश्न करना; जैसे—फिर उन्होंने मंत्री जी पर सवाल ठोंका।

सस्ता छूटना
बहुत कम हानि होना; जैसे—सौ रुपए देने पड़े तब भी समझो कि सस्ते छूटे।

सही करना/कर देना
हस्ताक्षर कर देना; जैसे—मैंने आँख मूँदकर उस पत्र पर सही कर दिया।

साँच को आँच न होना
सत्य पर स्थिर रहनेवाला सदा लाभ में रहता है।

साँचे में ढला
अत्यंत सुंदर बनावट या गठनवाला, सही अनुपात में बना हुआ; जैसे—

उसकी नासिका, उसके कपोल, उसकी ग्रीवा सब साँचे में ढले हैं।—यज्ञदत्त।

साँप का सिर कुचलना

जो ख़तरनाक सिद्ध हो सकता हो उसे ख़त्म कर देना।

साँप लोटना

कलेजे पर साँप लोटना (दे०)।

साँप सूँघ जाना

निष्क्रिय या बेदम हो जाना; जैसे—(१) क्या क्या न सिंचाई हुई पर वह वंशवेलि तो सूखी ही रह गई। एक भी फूल न खिला। उसे तो साँप सूँघ गया है जैसे।—रा० रा० प्र० सिंह। (२) होनेवाली दुल्हन खस, केसर, चंदन का उबटन करे है, ये मरी ऐसे पड़ी है जैसे साँप सूँघ गया हो।—शिवानी।

साँप सूँघ लेना

साँप सूँघ जाना (दे०); जैसे—मंगलू को तो जैसे किसी साँप ने सूँघ लिया।

साँय साँय करना

निर्जन या वीरान होना; जैसे—उनके चले जाने के बाद सारा घर साँय साँय करने लगा।

साँस उखड़ना/उखड़ जाना

१. साँस लेने की क्रिया का बीच में कुछ समय के लिए रुकना; जैसे—गाने में गवैये का साँस उखड़ना।

२. मरने के समय रोगी का बहुत कष्ट से और रुक-रुककर साँस लेना।

साँस ऊपर-नीचे होना

चिंता, भय आदि के कारण साँस की क्रिया बार बार रुकना।

साँस खींचना

वायु अंदर इस प्रकार रोक रखना कि ऊपर से देखने पर मृत जान पड़े; जैसे—भालू को देखते ही शिकारी साँस खींचकर पड़ गया था।

साँस चढ़ना

बहुत परिश्रम करने के कारण थक जाने पर साँस का जल्दी जल्दी आना-जाना।

साँस चलना

मृत्यु के समय साँस का जल्दी जल्दी लिया जाना।

साँस छूटना

साँस लेने की क्रिया बंद होना, जो मृत्यु का लक्षण है।

साँस (तक) न लेना

१. दबकर रहना और किसी प्रकार का विरोध न करना; जैसे—तुम्हीं को लड़ने की सूझी थी। मैं तो माँ के पास इतने दिन रही कभी साँस तक न लिया। —प्रेमचंद।

२. चुप्पी मार लेना।

साँस फूलना/फूलने लगना

१. दमा (रोग) होना; जैसे—दो वर्ष से उनका साँस फूलता है।

२. हाँफने लगना।

साँस रहते

जीते जी, मरते दम तक; जैसे—साँस रहते तो उन्हें ऐसा नहीं करने दूँगा।

साँस लेना

१. कोई काम करते समय सुस्ताने के लिए बीच में कुछ ठहरना; जैसे—(१) जब तक यह काम पूरा न हो जाएगा, तब तक मुझे साँस लेने को भी फ़ुरसत नहीं मिलेगी। (२) हर तरफ़ को जाता हुआ मुसाफ़िर यहाँ रुककर साँस ले लेता है।—कमलेश्वर।

२. (किसी चीज़ का) बीच में से इस प्रकार फटना कि उसकी दरज में से हवा आ-जा सके; जैसे—दीवार या फ़र्श का साँस लेना।

३. जीवित होना; जैसे—जन्म जन्मांतर तक भावनाएँ साँस लेती रह जाती हैं।—कमलेश्वर।

साक्षी होना

इस स्थिति में होना कि सत्यता को प्रमाणित कर सके; जैसे—उस (ऊँचे मकान) की विशालता यूँ तो इस बात की साक्षी थी कि किसी ज़माने में उसने

आनंद और वैभव, संपन्नता और विलासता तथा सुख और शांति की बहारें देखी थीं।—भूषण वनमाली।

साख जमना
प्रतिष्ठा या मान बना रहना; जैसे—हाकिम की नज़रों के सामने बने रहने में साख जमी रहती है।—अजित पुष्कल।

साज़ छेड़ना
बाजा बजाना आरंभ करना।

साज़ मिलना
बाजा बजाने से पहले उसका सुर आदि ठीक करना।

सात पर्दे में रखना
अच्छी तरह छिपा तथा सँभालकर रखना।

सात पाँच करना
हुज्जत करना; जैसे—बिना सात पाँच किए वह रहता ही कब है।

सात राजाओं की साक्षी देना
बहुत दृढ़तापूर्वक कोई बात कहना, किसी बात की सत्यता पर बहुत ज़ोर देना।

सातों भूल जाना
विपत्ति या संकट आने पर पाँचों इंद्रियाँ, मन और बुद्धि का ठिकाने न रह जाना और ठीक तरह से अपना काम न कर सकना।

सातों वचन निभाना
सप्तपदी के समय दिए गए वचनों का (वधू द्वारा) पालन करना।

साथ छूटना
१. मेल-मिलाप न होना।
२. बिछुड़ना।

साथ देना
१. कंधे से कंधा मिलाकर किसी के साथ काम करना।
२. सहयोग करना; जैसे—इस काम में हम सभी आपका पूरा पूरा साथ देंगे।
३. अनुकूल आचरण करना; जैसे—रेशमा के कदम फ़र्श पर थिरक रहे थे, हृदय की धड़कनें उस धुन का साथ दे रही थीं।—गुलशन नंदा।

साथ लेना
कहीं जाते समय किसी को अपने साथ ले चलना; जैसे—हमें तो वे यों ही साथ ले गए।

साथ साथ जीना
जीवन के सुख-दुख मिल-बाँटकर भोगना।

साध लेना
नियंत्रित कर लेना; जैसे—वह माँ की असह्य दुख-दर्द भरी चीत्कार सुन स्वयं भी टूट पड़ी थी, फिर उसने अपनी व्यथा को संयम से साध लिया था।—शिवानी।

साध सधना
साध पूरी होना।

साधु साधु कहना
प्रशंसा करना, शबाशी देना।

सानी न होना
बराबरी का या तुल्य न होना; जैसे—शोभा ही लंगड़ों की ऐसी नकल करता है कि क्या कोई करेगा और बोली की नकल करने में तो उसका सानी नहीं है।—प्रेमचंद।

साफ़ कर जाना/देना
१. ख़त्म या नष्ट कर देना; जैसे—एक बार किसी परिवार में यह खाँसी घर कर जाती है तो परिवार का परिवार साफ़ कर देती है।—अश्क।
२. चटकर जाना; जैसे—वह ठाठ से सिल पर लहसुन की चटनी पीस रोटियों के थक्के का थक्का साफ़ कर गई।—शिवानी।

साफ़ झूठ बोलना
पूर्णतः असत्य बात कहना; जैसे—वह साफ़ झूठ बोल गया।—गिरिधर गोपाल।

साफ़ बचना
कुछ भी आँच न आना या दाग़ न लगना; जैसे—मैं अपने स्कूटर से

किसी को गिराकर या किसी को गोली से उड़ाकर साफ़ बच नहीं सकता। —श्रवणकुमार।

साफ़ मुकर जाना
अपनी बात से पलट जाना।

साफ़ साफ़
सुस्पष्ट रूप से; जैसे—संतोष मुझे सिर्फ़ इसी बात का था कि उसने पहले ही पत्र में मुझे सब-कुछ साफ़ साफ़ लिख दिया था।—कमलेश्वर।

साफ़ साफ़ सुनाना
बिल्कुल स्पष्ट और ठीक बात कहना, खरी बात कहना।

साबिका पड़ना
ऐसी स्थिति आना कि लेन-देन, व्यवहार या और किसी प्रकार से निकट संबंध हो।

सामना करना
१. मुकाबला करना।
२. सामने होकर जवाब देना, धृष्टता या गुस्ताख़ी करना; जैसे—ज़रा-सा लड़का, अभी से सबका सामना करता है।

सामना ढँकना/ढाँकना
(स्त्री का) वक्षस्थल को ओढ़नी या चादर से ढकना; जैसे—अरी किसी ओढ़नी से सामना तो ढाँक-ढूँककर चलाकर।—शिवानी।

सामने करना
१. समक्ष करना, उपस्थित करना।
२. मुकाबले में लाना।

सामने रखना
पेश करना, प्रस्तुत या उपस्थित करना; जैसे—वह ... वहीं से उनके साथ उनके घर जाएगा और बातों बातों में अपनी समस्या उनके सामने रखेगा। —अश्क।

सामने लाना
सामने करना (दे०)।

सामने होना
१. सामने आना।
२. पर्दा न करना; जैसे—उनके घर की स्त्रियाँ हमारे सामने नहीं होतीं।

सामर्थ्य के बाहर
शक्ति या बिसात से परे; जैसे—आचार्य कच को समझना तुम्हारी सामर्थ (सामर्थ्य) के बस के बाहर की बात है।—यज्ञदत्त।

साए की तरह साथ साथ रहना
भूत, प्रेत आदि के कुप्रभाव से आविष्ट होकर रोगी का विक्षिप्त होना, प्रेत-बाधा से युक्त होना।

साए में रहना
संरक्षण में रहना।

साए से भागना
बहुत अलग या दूर रहना।

साया उठना/उठ जाना
माता, पिता या संरक्षक का न रह जाना; जैसे—माँ का साया मुझ पर से बचपन में उठ गया था।

साया डालना
किसी को अपने (कु)प्रभाव से युक्त करना।

साया पड़ना
संगति आदि के कारण अथवा यों ही किसी के गुण, स्वभाव आदि से प्रभावित होना।

साल छमासे
साल या छह महीने में एक बार; जैसे—साल छमासे तो कहीं जाना होता है ...।—कमलेश्वर।

सावधानी बरतना
अत्यंत चौकस होकर कोई काम करना; जैसे—यह हो सकता है कि झूठ बोलने से पहले वह इस बात की सावधानी बरत ले कि उसका झूठ पकड़ा न जाए और उसे ग्लानि न उठानी पड़े। —अश्क।

सिंदूर चढ़ना
(कुमारी का) विवाह होना।

सिंदूर देना/भरना
विवाह के समय वर का कन्या की माँग में सिंदूर डालना।

सिक्का जमना/बैठना
ऐसी आतंकपूर्ण स्थिति होना जिससे सब लोग दबे रहें या विरोध न कर सकें; जैसे—आपने यह लेक्चर झाड़ा कि सुननेवाले दंग रह गए। पल में सिक्का जम गया।—रा० रा० प्र० सिंह।

सिक्का जमाना
आतंक या प्रभुत्व स्थापित करना; जैसे—(१) घर में उन्होंने अपनी महानता और पवित्रता का सिक्का जमा लिया था।—कमलेश्वर। (२) लातिन ने सब बोलियों पर अपनी ऐसी छाप डाल दी कि न जाने लातिन के कितने शब्द आज भी युरोप की सब बोलियों पर अपना सिक्का जमाए हैं।—सीताराम चतुर्वेदी।

सिखाना-पढ़ाना
किसी से विशेष प्रकार का आचरण कराने के उद्देश्य से उसके मन में कोई बात अच्छी तरह बैठाना।

सिट्टी गुम होना
इस प्रकार घबरा या सिटपिटा जाना कि मुँह से उत्तर तक न निकल सके; जैसे—(१) एक बार उसने घूरकर हकीम साहब को जो देखा तो सिट्टी गुम हो गई।—भूषण वनमाली। (२) ससुर की दहाड़ सुनकर बहू की सिट्टी गुम हो गई।—चंद्रकिशोर जायसवाल।

सिट्टी भूल जाना
सिट्टी गुम होना (दे०)।

सिट्टी-पिट्टी गुम होना
सिट्टी गुम होना (दे०); जैसे—(१) रमेश की सिट्टी-पिट्टी गुम है। जाने कैसी बीते, कैसी न बीते।—अमृतलाल नागर। (२) कोहरे के इस करप्शन में ईमानदारी की चिड़िया की सिट्टी-पिट्टी ऐसी गुम हो गई कि वह सिर्फ़ चिचियाने काबिल बची है।—गोपाल चतुर्वेदी।

सितम टूटना
बहुत बड़ा अनर्थ होना, भारी विपत्ति या संकट आना।

सितम ढाना
१. अत्याचार करना।
२. अनर्थ करना।

सितारा चमकना
समृद्धिशाली होना।

सितारा बुलंद होना
सितारा चमकना।

सितारा मिलना
ग्रह-मैत्री होना। (फलित ज्योतिष)

सिद्ध-साधक बनना
एक व्यक्ति का सिद्ध का स्वाँग रचना और दूसरे लोगों का उसकी अलौकिक सिद्धियों की प्रशंसा करके उसका लाभ कराना।

सिप्पा जमाना
(किसी काम या बात की) युक्ति निकालना या भूमिका तैयार करना।

सिप्पा लड़ाना
युक्ति करना।

सिर आँखों पर धरना
१. सिर आँखों पर रखना (दे०)।
२. (किसी व्यक्ति का) आदरपूर्वक स्वागत-सत्कार करना; जैसे—फिर भी हो बोज्यू, नदी यहाँ आती तो हम सिर आँखों पर धरते।—शिवानी।

सिर आँखों पर बैठाना
(किसी व्यक्ति के प्रति) विनम्रतापूर्वक आदर-भाव प्रकट करना; जैसे—(१) यदि वे इंग्लैंड या अमेरिका में पैदा होते तो लोग उन्हें सिर आँखों पर बैठाते।—कन्हैयालाल प्रभाकर। (२) है तो बल्लभी अखाड़े में, पर खाने-पीने का ख़ूब सुख है, और फिर प्रिया तुम्हें सिर आँखों पर बिठा (बैठा) कर रखेगी।—शिवानी। (३) वह तो ज़रा वैसी मनमौजी ठहरी, ज़रा ख़ुश है तो

लड़की को सर आँखों पर बिठाए रहती है।—रा० रा० प्र० सिंह। (४) इधर ··· साहबों का नाज़ उठाते चलिए, उधर ज़माना आपको सर आँखों पर बिठाए रखे।—रा० रा० प्र० सिंह। (५) ··· उन्होंने वहीदा बेगम के लिए यह कोठी खरीदी, कार खरीदी, ज़ेवर दिए, अपने दिल में और सिर आँखों पर बिठलाया (बैठाया) ··· और वही औरत उनके बुरे दिनों में उन्हें बार बार और खुलेआम ज़लील करती है।—अमृतलाल नागर।

सिर आँखों पर रखना

(कसी वस्तु को) विनम्रता तथा सम्मानपूर्वक ग्रहण करना; जैसे—हाँ, काम पूरा हो जाने पर हुज़ूर जो कुछ अपनी ख़ुशी से अदा करेंगी, वह सिर आँखों पर रखूँगा।—प्रेमचंद।

सिर आँखों पर लेना

(व्यक्ति अथवा वस्तु को) विनम्रता तथा सम्मानपूर्वक ग्रहण करना; जैसे—घर में उपवास हो जाए, लेकिन जब कोई मेहमान आ जाए तो उसे सिर आँखों पर लेते थे।—प्रेमचंद।

सिर उठाना

१. साहसपूर्वक सामने देखना; जैसे—धनिया ने उसे भरे अखाड़े में पटकनी दी थी ··· अब वह कैसे सिर उठाए। —प्रेमचंद।

२. विरोध में खड़े होना, बगावत करना; जैसे—(१) राम ने धनुष को इतना तान लिया कि वह वज्र के समान भयंकर शब्द करके कड़कड़ाता हुआ टूट गया, मानो उसने महाक्रोधी परशुराम को सूचना दे दी हो कि क्षत्रियों ने अब फिर सिर उठाना प्रारंभ कर दिया है।—सीताराम चतुर्वेदी। (२) उनके पुराने पाप ने सिर उठाया है।—अजित पुष्कल। (३) सूजी आँखें, लाल नाक और विषाद की साक्षात् मूर्ति देखकर उसकी घृणा ने फिर सिर उठा लिया। —शिवानी। (४) महाराज ययाति के सम्मुख जिस अनार्य राजा ने सिर उठाया उसे उन्होंने कुचल दिया।—यज्ञदत्त।

सिर उठाने की फ़ुरसत न मिलना/होना

अत्यधिक व्यस्त होना; जैसे—ज्ञान शंकर को ··· दूसरे ही दिन से दरबार की तैयारियों में दत्तचित्त होना पड़ा। प्रात:काल से संध्या तक सिर उठाने की फ़ुरसत न मिलती। —प्रेमचंद।

सिर उठाकर जीना

गर्वपूर्वक जीना; जैसे—यह लड़का क्या मुझे कभी भी सिर उठाकर जीने नहीं देगा।—मालती जोशी।

सिर उड़ाना

सिर को धड़ से तलवार के एक झटके से अलग कर देना।

सिर उतारना

सिर काट देना।

सिर ऊँचा करना

प्रतिष्ठापूर्वक खड़े होना; जैसे—किसी से कर्ज़ नहीं लोगे, तो सदा के लिए सिर ऊँचा करके चलोगे।

सिर ऊँचा होना

मान-सम्मान में वृद्धि होना; जैसे—क्रिकेट के अखाड़े में इंग्लैंड पर हमारी जीत से भारत का सिर उँचा हुआ है। —खेल-खिलाड़ी।

सिर ओखली में देना

व्यर्थ ही जान-बूझकर जोखिम में पड़ना; जैसे—तुम कौन ऐसे सगे थे कि एक कहाँ की बेजानी-पहचानी के लिए अपना सिर ओखली में दे बैठे।—रा० रा० प्र० सिंह।

सिर कदमों पर होना

नतमस्तक होना; जैसे—अगर मैं चाहूँ तो अभी ··· आपकी बेगम साहिबा का सिर मेरे कदमों पर हो।—भूषण वनमाली।

सिर करना
बाल सँवारना, कंघी करना; जैसे—अम्माँ आ रही हूँ, ज़रा सिर कर लूँ।

सिर का पसीना एड़ी तक आना
घोर परिश्रम करना।

सिर के बल चलकर
अत्यधिक श्रद्धा दरशाते हुए; जैसे—मैं तो उनके यहाँ सिर के बल चलकर जाने को तैयार हूँ।

सिर के बल जाना
नम्रतापूर्वक किसी के यहाँ जाना; जैसे—अफ़सर अपनी बंदगी बजाने साहब के बंगले पर सर (सिर) के बल जाते।—रा० रा० प्र० सिंह।

सिर के बाल चुन लेना/नोच डालना
तड़पाना या घोर कष्ट देना; जैसे—तुम बखेड़े से अलग रहो छोटी बहू सुन पाएगी, तो सिर के बाल चुन लेगी।—रा० रा० प्र० सिंह।

सिर खपाना
ऐसा काम या बात करना जिससे कोई लाभ न हो और व्यर्थ मस्तिष्क थक जाए; जैसे—आख़िर ऐसी पुस्तकों की गहराई में सर (सिर) खपाना तो तुम्हें फबता नहीं।—रा० रा० प्र० सिंह।

सिर खाना
कोई बात बार बार कहकर किसी को परेशान करना; जैसे—(१) तुमने तो सूरत ही नहीं दिखाई मिस्टर तंखा। मुझसे उस दावत के सारे रुपए वसूल कर लिए और होटलवालों को एक पाई तक नहीं दी। वह (वे) मेरा सिर खा रहे हैं।—प्रेमचंद। (२) सयाने बच्चे तो ग़म खाकर रह जाते, छोटे बच्चे रामू का सिर खाने लगे।—रा० रा० प्र० सिंह।

सिर खाली करना
सिर खपाना (दे०)।

सिर खुजलाना
ऐसा उपद्रव या शरारत करना कि उसके लिए यथेष्ट दंड मिल सके। शामत आना; जैसे—तुम्हारी इन चालों से तो ऐसा जान पड़ता है कि तुम्हारा सिर खुजला रहा है।

सिर गूँथना
१. कंघी-चोटी करना।
२. कलियों, फूलों आदि से सिर अलंकृत करना।

सिर घुटवाना
सिर मुँडवाना (दे०)।

सिर घूमना
१. सिर में चक्कर आना।
२. कोई कठिन स्थिति उपस्थित होने पर बुद्धि का चकराना; जैसे—उन लोगों की मार-पीट देखकर तो मेरा सिर घूमने लगा।

सिर चकराना
सिर घूमना, सिर में चक्कर आना; जैसे—एक ओर तो कालाडूँगी की तीखी घाटी, जिसे देर तक देखते रहने पर सिर चकराने लगता है।—शिवानी।

सिर चढ़कर बोलना
आप से आप प्रकट होना; जैसे—जादू वह जो सिर चढ़कर बोले।

सिर चढ़ना/चढ़ा जाना
मुँह लगना; जैसे—मैं जितना ही तरह देता हूँ, यह उतना ही सिर चढ़ी जाती है।—प्रेमचंद।

सिर चढ़ाना/चढ़ा देना
किसी देवी-देवता के आगे (अपना या किसी का) सिर काट कर चढ़ाना।

सिर चढ़ाना/चढ़ा लेना
अनुपयुक्त व्यक्ति को अनुचित महत्त्व प्रदान कर उद्दंड बना देना; जैसे—उसको सिर चढ़ा लिया है अच्छा नहीं किया।—रा० रा० प्र० सिंह।

सिर छिपाना
आश्रय ढूँढ़ना; जैसे—ऐसे नामुरादों को तो कहीं सिर छिपाने की जगह तक नहीं मिलती।

सिर जोड़कर बैठना

आपस में मीठी-मीठी बातें या विचार-विमर्श करना; जैसे—मियाँ बीबी इधर कुछ दिनों से सिर जोड़कर बैठे रहते हैं।

सिर झुकाना/झुका देना

(१) नतमस्तक होना या नतमस्तक होकर आज्ञा शिरोधार्य करना; जैसे—वह तो गूँगी गाय है माँ के फैसले के आगे सिर झुका देगी।—भूषण वनमाली। (२) किसी को इस प्रकार परास्त करना कि वह नतमस्तक होने के लिए विवश हो जाए; जैसे—विरोध करनेवाले का सिर झुका दिया जाएगा। (३) चार चार हलवाले महतो भी उसके सामने सिर झुकाते हैं।—प्रेमचंद। (४) वह मुझ पर शासन करती थी और मैं सिर झुकाता था।—प्रेमचंद। (५) हम साधु महात्माओं के सामने इसलिए सिर झुकाते हैं कि उनमें त्याग का बल है।—प्रेमचंद।

सिर तोड़ना/तोड़ देना

अभिमान, उद्दंडता, शक्ति आदि नष्ट करना; जैसे—यदि वे मुझपर मुकदमा आदि करेंगे तो मैं उनका सिर तोड़ दूँगा।

सिरदर्द बनना

परेशानी बनना; जैसे—(१) फिर तो उसकी वह ड्यूटी भगवती के लिए नित्य का सिरदर्द बन गई।—शिवानी। (२) उसने लंबे केश कटवा दिए हैं, क्यों कि उनको दो मोटी मोटी चोटियों में नित्य गूँथना उसके लिए नित्य का सिरदर्द बन गया था।—शिवानी।

सिर देना

जान देना।

सिर धड़ से अलग कर देना

सिर काट देना, वध कर देना; जैसे—जिसने सिर उठाया उसका सिर धड़ से अलग कर दिया गया।—मनु शर्मा।

सिर धरना

सिर मढ़ना (दे०)।

सिर धुनना

पश्चाताप या शोक के कारण बहुत अधिक दुख प्रकट करना; जैसे—उनके ध्रुपद की (का) आलाप सुनकर बड़े बड़े कलावंत भी सिर धुनने लगते थे।—प्रेमचंद।

सिर नंगा करना

पगड़ी उछालना, बेइज़्ज़त करना।

सिर नंगा होना

१. सिर पर पल्ला न रखा होना।

२. सिर पर टोपी, पगड़ी आदि न पहने हुए होना।

सिर नवाना

सिर झुकाना।

सिर निकालना

सिर उठाना (दे०)।

सिर नीचा करना

अपमानित या अवमानित करना; जैसे—ख़ुशामद अभिमान का सिर नीचा कर देती है।—प्रेमचंद।

सिर नीचा होना

आँखें नीची होना (दे०)।

सिर पटकना

विवश होने पर भी प्रयत्नशील होना; जैसे—उसकी साँवली पुत्री को तो कोई उनके लाख सर (सिर) पटकने पर भी नहीं ले गया था।—शिवानी।

सिर पड़ना (पर) पड़ना

उत्तरदायित्व या भार आकर पड़ना; जैसे—(१) क्यों न बोलूँ, तुम तो दो-चार दिन के मेहमान हो, जो कुछ पड़ेगी वह तो हमारे ही सिर पर पड़ेगी।—प्रेमचंद। (२) न जाने यह बला कहाँ से सिर पड़ गई।—भूषण वमाली।

सिर पर आ पड़ना

भार या बला सिर पर आना।

सिर पर आ जाना

अत्यंत निकट या समीप आना; जैसे—

इलेक्शन सिर पर आ गया है और मुझे सबसे बड़ी फ़िक्र यही है।—प्रेमचंद।

सिर पर आस्मान फटना

घोर विपत्ति या संकट आना; जैसे—मीना जाने कैसे भाँप गई कि सिर पर आस्मान फटा ही चाहता है।—रा० रा० प्र० सिंह।

सिर पर उठा लेना

इतना अधिक उपद्रव करना या हलचल मचाना कि आस-पास के लोग ऊब या घबरा जाएँ; जैसे—तुमने ज़रा-सी बात पर सारा घर सिर पर उठा लिया।

सिर पर क़फ़न बाँधना

यह सोचकर किसी काम में प्रवृत्त होना कि इसमें जान जा सकती है; जैसे—बंगाल का एक एक लीडर जूझ पड़ेगा सर (सिर) पर क़फ़न बाँध। —रा० रा० प्र० सिंह।

सिर पर काल चढ़ना

मृत्यु या विनाश का समय बहुत पास आना।

सिर पर खड़ा रहना

सदा प्रस्तुत रहना; जैसे—हर घड़ी इम्तहान का हौवा सिर पर खड़ा रहता।—गिरिधर गोपाल।

सिर पर ख़ून चढ़ना

सिर पर ख़ून सवार होना।

सिर पर ख़ून सवार होना

१. इतना अधिक क्रोध चढ़ना कि मानो किसी के प्राण ले लेंगे।

२. हत्यारे का अपने अपराध की भीषणता के विचार से आपे में न रह जाना या सुध-बुध खो बैठना।

सिर पर चढ़कर बोलना

प्रत्यक्ष रूप से सामने आकर अपना अस्तित्व प्रकट करना; जैसे—(१) बड़ा हो या बच्चा ग़ुरबत सबके सिर पर चढ़कर बोलती है। (२) तुम्हारा दर्शन वास्तविकता के सिर पर चढ़कर बोल रहा है।—यज्ञदत्त।

सिर पर चढ़ना/चढ़ जाना

१. हावी होना; जैसे—तुम्हारा देना ही है, तो दे देंगे। तुम तो सिर पर चढ़े चले आ रहे हो।

२. ज़िम्मे होना; उधार, ब्याज आदि के रूप में सिर पर बोझ होना; जैसे—दो बड़ी बहनों की शादी का कर्ज़ सिर पर चढ़ा हुआ था।—गिरिधर गोपाल।

सिर पर चढ़ाना/चढ़ा लेना

१. (कोई चीज़) आदर-भाव से ग्रहण करना।

२. भार या बोझ अपने ऊपर लेना; जैसे—चतुर महाजनों ने सूद-दर-सूद करके सैकड़ों को हज़ारों में और हज़ारों को लाखों में तबदील कर लिया। मीर साहब को पता ही नहीं था कि वह पहाड़ को अपने सिर पर चढ़ाते चले जा रहे हैं।—भूषण वनमाली।

३. ढीठ बना देना।

सिर पर छोड़ना

किसी को ज़िम्मेदारी देना; जैसे—तुम दोनो साधु हो जाओगे और गृहस्थी का सारा बोझ चाचा साहब के सिर छोड़ देंगे।—प्रेमचंद।

सिर पर नाचना

(विपत्ति, संकट आदि) अत्यंत निकट आ जाना; जैसे—ख़तरा तो उनके सिर नाच रहा है।

सिर पर पड़ना

१. उत्तरदायित्व या भार आकर पड़ना; जैसे—जिसके सिर पर पड़ेगी वह आप ही सँभलेगा।

२. कष्ट, संकट आदि अपने ऊपर आना; जैसे—अब तो सिर पर पड़ी है, जो कुछ होगा देखा जाएगा।

सिर पर पाँव रखकर भागना

बहुत जल्दी या तेज़ी से भाग जाना; जैसे—झनाक से मुट्ठी के रुपयों को उनकी छाती पर फेंका और सिर पर पाँव रखकर भागी।—रा० रा०

प्र० सिंह।

सिर पर पैर रखकर भागना

सिर पर पाँव रखकर भागना (दे०); जैसे—हम दोनों सिर पर पैर रखकर भागने लगे।—मनहर चौहान।

सिर पर बीतना

कष्ट भुगतना।

सिर पर भूत की तरह नाचना

उपस्थित होकर परेशान करते रहना; जैसे—···युनिवर्सिटी के इम्तहान भी सर (सिर) पर भूत की तरह नाचने लगे हैं।—अमृतलाल नागर।

सिर पर भूत चढ़ना

कोई काम करने के लिए विकल या पागल होना; जैसे—शर्म नहीं शरारत है। उसके सिर पर जो भूत चढ़ा हुआ है उसका उतार मेरे पास है।—प्रेमचंद।

सिर पर मंडराना

अत्यंत समीप होना; जैसे—मौत उनके सिर पर मंडरा रही थी।

सिर पर रखना

आदरपूर्वक ग्रहण करना, शिरोधार्य करना।

सिर पर लेना

अपने ऊपर उत्तरदायित्व या ज़िम्मेदारी लेना; जैसे—झगड़े या बदनामी की बात वह अपने सिर पर लेता।

सिर पर शैतान चढ़ना

आवेश, क्रोध आदि के कारण विवेक नष्ट हो जाना; जैसे—सिर पर शैतान के एक और भी शैतान चढ़ा।—कोई शायर।

सिर पर सवार रहना

निरंतर उपस्थित या हावी रहना।

सिर पर सवार होना

१. (त्रस्त करने के लिए) उपस्थित या प्रस्तुत होना; जैसे—मूल का दुगुना सूद चुकाया,पर मूल ज्यों का त्यों सिर पर सवार है।

२. हावी होना; जैसे—देनेवाले तो पाकिस्तान चले गए और लेनेवाले इनके सिर पर सवार हो गए।—श्रवणकुमार।

सिर पर सींग जमना

ऐसी स्थिति में आना कि औरों से व्यर्थ लड़ाई-झगड़ा करने को जी चाहे।

सिर पर सींग होना

कोई विशेषता होना, (परिहास और व्यंग्य); जैसे—क्या तुम्हारे सिर पर सींग है जो तुम्हारी हर बात मान ली जाए।

सिर पर सेहरा होना

१. किसी प्रकार की विशेषता होना; (व्यंग्य) जैसे—क्या तुम्हारे सिर सेहरा है जो सब चीज़ें तुम्हीं को दी जाएँ।

२. किसी काम या बात का श्रेय प्राप्त होना; जैसे—(१) इस जीत का सेहरा उन्हीं के सिर पर बंधना चाहिए। (२) इस विलक्षण सफलता का सेहरा ज्ञानशंकर के सिर पर था।—प्रेमचंद।

सिर पर हाथ फेरना

१. किसी को आश्वस्त करने के लिए प्रेमपूर्वक सिर पर हाथ फेरना।

२. स्नेह प्रदर्शित करना तथा आशीर्वाद देना।

सिर पर हाथ रखना

किसी को अपनी रक्षा में लेकर उसका समर्थक और सहायक बनना।

सिर पर होना

१. पोषक, समर्थक या संरक्षक का वर्तमान होना; जैसे—उसके सिर पर कोई होता तो यह नौबत न आती।

२. अत्यंत निकट होना; जैसे—(१) अब परीक्षा तो सिर पर है। (२) बिटिया का विवाह सिर पर है, लेकिन उससे कोई मतलब नहीं।—प्रेमचंद।

सिर फिर जाना

बुद्धि ठिकाने न रहना, पागलपन के लिए लक्षण प्रकट होना; जैसे—(१) क्या करूँ, तुम दुलार ही इतना करते हो कि मेरा सिर फिर गया है।—प्रेमचंद। (२) बैठे-बैठाए सिर फिर गया उनका।—रा० रा० प्र० सिंह।

सिर फोड़ना
व्यर्थ का प्रयत्न या बकवाद करना; जैसे—तुम तो किसी की बात मानोगी नहीं, तुमसे कौन सिर फोड़े?

सिर बाँधना
सिर के बाल बाँधना या कंघी-चोटी करना।

सिर बेचना
सेना में नौकर हो जाना।

सिर भन्नाना
सिर घूमना (दे०)।

सिर भारी होना
सिर में पीड़ा या थकावट जान पड़ना।

सिर मढ़ना/मढ़ देना
१. (कोई काम या बात) ज़बरदस्ती किसी के ज़िम्मे लगाना; जैसे—शादी के दिन भी और अक्सर बाद भी चेतन का भाव ऐसा रहा,जैसे यह बला ज़बरदस्ती उसके सिर मढ़ दी गई हो।—मालती जोशी।
२. (किसी को अपराध या दोष के लिए) उत्तरदायी ठहराना या बनाना।

सिर मारना
१. सिर खपाना (दे०); जैसे—(१) उसी खोज-बीन में सिर मारते हुए विचारों के बवंडर में कल्पना उड़ानें भरती रही।—रा० रा० प्र० सिंह। (२) हम किसी अमीर के दिल तक तो नहीं पहुँच पाते बहुत सिर मारा तो कभी उसकी जेब तक पहुँच पाए।—रा० रा० प्र० सिंह।
२. बहुत ही उपेक्षापूर्वक कोई चीज़ किसी को देना या लौटाना; जैसे—तुम यह किताब लेकर क्या करोगे? जिसकी है उसके सिर मारो।

सिर मुँड़ाते ही ओले पड़ना
प्रारंभ में ही किसी कार्य में विघ्न पड़ना। कार्यारंभ में विघ्न पड़ना।

सिर मुँड़ाना
१. सिर के बाल मुँडवाकर त्यागी या साधु बनना।
२. अपने पास का धन गँवा बैठना।

सिर रंगना
लाठी आदि से प्रहार करके सिर लहू-लूहान करना।

सिर रहना
१. मान रहना, प्रतिष्ठा बनी रहना।
२. जीवन या प्राण रहना; जैसे—सिर रहते मैं कभी यह काम न होने दूँगा।
३. किसी पर अपना बोझ डालना; जैसे—कलकत्ते जाएँगे तो उन्हीं के सिर रहेंगे।

सिर लेना
अपने सिर लेना (दे०); जैसे—उस ज़माने में स्वयं को समाजवादी बताना जोखिम सिर लेना होता।—यशपाल।

सिर सफ़ेद होना
सिर के बाल बुढ़ापे आदि के कारण सफ़ेद होना।

सिर सूँघना
छोटों पर अपना प्रेम दिखाते हुए उनका सिर सूँघने की क्रिया करना।

सिर से उतारना
सिर से भार उतारना (दे०)।

सिर से कफ़न बाँधना
सिर पर कफ़न बाँधना (दे०)।

सिर से खेल जाना
जान-बूझकर प्राण देना।

सिर से पानी गुज़रना
ऐसी स्थिति में पड़ना कि कष्ट या संकट पराकाष्ठा तक पहुँच जाए और बचने की कोई आशा न रह जाए। (बाढ़ में डूबते हुए आदमी के आधार पर)

सिर से पैर तक
ऊपर से नीचे तक, पूरे शरीर में; जैसे—(१) नायलन का दुपट्टा सब-कुछ देखकर नंदी सिर से पैर तक जलभुन जाती।—शिवानी। (२) सिर पर डमरू जैसा जूड़ा बाँधे, चटक लाल

लिपस्टिक से अपने पतले होठों को रँगे हुए, गेहुएँ रंग की एक सींक-सलाई-सी युवती ने दरवाज़ा खोलकर एक बार सिर से पैर तक लच्छू को लय से घूरकर देखा।—अमृतलाल नागर।

सिर से पैर तक आग लगना

अत्यंत क्रोध चढ़ना और दुख होना; जैसे—उसकी बातें सुनकर मेरे तो सिर से पैर तक आग लग गई।

सिर से बला टलना

संकट दूर होना; जैसे—यह बला बड़ी मुश्किल से हमारे सिर से टली।

सिर से बोझ/भार/उतरना

उत्तरदायित्व से मुक्त होना।

सिर से बोझ/भार/उतार देना

उत्तरदायित्व से मुक्ति प्राप्त करना; जैसे—लेकिन अभी तो एक उपन्यास लिखने का नैतिक भार भी पिछले दो वर्षों से मेरे ऊपर लदा है न, पहले उसे तो सिर से उतार दूँ।—अमृतलाल नागर।

सिर हिलाना

१. स्वीकृति या अस्वीकृति जताने के लिए सिर को गति देना।

२. प्रसन्नता सूचित करने के लिए सिर को गति देना; जैसे—(१) अच्छा संगीत सुनकर सिर हिलाना। (२) क्या वह नहीं जानती कि हज़ार विडम्बक रसिकों की चाटुकारी, सच्चे हृदय के एक बार सिर हिलाने की बराबरी नहीं कर सकती।—हजारीप्रसाद द्विवेदी।

सिर होना

१. (बात) ताड़ या भाँप लेना।

२. पीछे पड़ जाना; जैसे—तुम्हें ऐसी क्या पड़ी थी कि रे० फ़ादर के सिर हो गए।—रा० रा० प्र० सिंह।

३. आरोपित होना।

४. भार या दायित्व के रूप में किसी के ऊपर होना; जैसे—खाने-पीने और घर के किराए की व्यवस्था भाई साहब के सिर थी।—अश्क।

सिर-माथे चढ़ाना

आदरपूर्वक स्वीकार करना; जैसे—जब दशरथ जी राम को राजगद्दी दे रहे थे उस समय राम ने आँखों में आँसू भरकर उसे स्वीकार किया था और जब उनसे कहा गया था कि वन चले जाओ तब राम ने इस आज्ञा को हँसते-हँसते सिर-माथे चढ़ा लिया।—सीताराम चतुर्वेदी।

सिर-माथे पर रखना

सिर-माथे चढ़ाना (दे०)।

सिरे चढ़ना

पूर्णता के समीप पहुँचना या पूर्ण होना; जैसे—किसी दिन तो यह काम भी सिरे चढ़ेगा।

सींक-सलाई-सा

अत्यंत पतला-दुबला-सा; जैसे—एक सींक-सलाई-सी युवती ने दरवाज़ा खोलकर एक बार सिर से पैर तक लच्छू को लय से घूरकर देखा।—अमृतलाल नागर।

सींग जमना/निकलना

साधारण-सी बात के लिए भी लड़ने को उद्यत या प्रवृत्त होना।

सींग पर मारना

बहुत ही उपेक्षित तथा तुच्छ समझना।

सींग लगाना

अभिमान, बल या महत्त्व प्रदर्शित करने के लिए कोई अनोखा या नया काम या बात करना।

सींग समाना

कहीं रहने पर गुज़ारा या निर्वाह होना, ठिकाना लगना; जैसे—तुम अभी से इतने उद्दंड हो, तुम्हारे सींग कहाँ समाएँगे।

सी न करना

पीड़ा या कष्ट होने पर भी चुप या शांत बने रहना।

सीख देना
नसीहत देना; जैसे—तुम मुझे इसलिए भी अच्छे लगते हो कि सीख नहीं देते।—कमलेश्वर।

सीटी देना
बुलाने या संकेत करने के लिए सीटी बजाना।

सीढ़ी सीढ़ी चढ़ना
क्रम क्रम से ऊपर की ओर बढ़ना; धीरे धीरे उन्नति करना।

सीधा करना
कठोर व्यवहार करके अथवा दंड देकर किसी को अपने अनुकूल बनाना या ठीक रास्ते पर लाना; जैसे—उन्हें इस बात का गर्व था कि उन्होंने बोर्डिंग के बड़े बड़े शोदों को सीधा कर दिया है।—अश्क।

सीधी आँख न देखना
क्रुद्ध दृष्टि से देखना; जैसे—कहीं काम से भी गया, और दस मिनट ऊपर लगाए—बस, आरती की माँ सीधी आँख नहीं देखती थी।—कमलेश्वर।

सीधी सुनाना
साफ़ साफ़ कहना, खरी बात कहना।

सीधे मुँह बात न करना
अक्खड़पन से बात करना; जैसे—(१) मेरे जैसे फटेहालों से वह हँसे-बोलेगी? सीधे मुँह बात तो करती नहीं।—प्रेमचंद। (२) रुपए लेते समय तो लोग सगे भाई बन जाते हैं, पर देने की बारी आती है तो कोई सीधे मुँह बात नहीं करता।—प्रेमचंद। (३) कोई सीधे मुँह बात नहीं करता।—गिरिधर गोपाल। (४) वहाँ पाकिस्तान में भी साला वही हाल है। कोई सीधे मुँह बात नहीं करता।—कमलेश्वर। (५) वहाँ सीधे मुँह कोई बात नहीं करता था यहाँ तक कि कोई नहीं बताता था कि मरीज़ को कहाँ ले जाएँ।—भूषण वनमाली। (६) यूँ ज़ाहिर में तो उन्होंने हकीम साहिब से सीधे मुँह बात भी नहीं की, बड़ी मिन्नत- समाजत के बाद सिर्फ़ सोचने का वादा किया है।—भूषण वनमाली।

सीधे रास्ते पर लाना
अच्छा आचरण करने के लिए प्रेरित या विवश करना; जैसे—⋯उन भूतों को सीधे रास्ते पर लाने का सत्कार्य भूतना को सौंपा गया था।—अश्क।

सीधे सीधे
१. बिल्कुल सीध में।
२. बिल्कुल स्पष्ट शब्दों में; जैसे—सीधे साधे यह क्यों नहीं कहते कि कत्ल के पीछे मेरा हाथ माना जा रहा है।—मनहर चौहान।

सीना छलनी होना/हो जाना
सीने में अत्यधिक चोटें लगी होना; जैसे—बहू के ताने सुनते सुनते सास का सीना छलनी हो गया था।

सीने पर साँप लोटना
घोर दुख की अनुभूति होना।

सीने से लगाना
प्रेमपूर्वक गले लगाना, आलिंगन करना।

सीमा बंद करना
किसी को एक देश से दूसरे देश में आने-जाने न देना।

सीमा से बाहर करना
१. अपनी औकात से अधिक करना।
२. औचित्य या अधिकार का उल्लंघन करना।

सीमा से बाहर जाना
अपनी सीमा या मर्यादा का उल्लंघन कर जाना, हद से बाहर हो जाना।

सुख की नींद सोना
निश्चिंत होकर सुख की नींद सोना, ख़ूब मज़े से समय बिताना।

सुख मानना
किसी विशिष्ट परिस्थिति की अनुकूलता के कारण, अच्छी तरह

प्रसन्न या संतुष्ट रहना; जैसे—यह पेड़ सभी प्रकार की ज़मीनों में सुख मानता है।

सुख-चैन से रहना

सुखी जीवन व्यतीत करना; जैसे—धर्म-व्यवस्था में विकार न हो तो मानव सुख-चैन से रहे।—यज्ञदत्त।

सुध दिलाना

याद दिलाना।

सुध न रहना

स्मरण न रहना; जैसे—फिर क्लास ख़त्म होने पर उसे साइकिल को स्टैण्ड पर रखने की सुध न रही थी।—अश्क।

सुध बिसारना/भूलना

याद न रखना।

सुध लेना

१. (किसी का) हाल-चाल पूछने के लिए उसके पास जाना।

२. (किसी बात की ओर) ध्यान देना।

सुध-बुध खोना

होश-हवास न रह जाना; जैसे—कितने ध्यान से (?) सुध-बुध खोकर आपकी बातें सुनती हैं।—भूषण वनमाली।

सुध-बुध न रहना

होश-हवास न रहना; जैसे—प्रकृति की क्रीड़ा में पक्षियों के इस मधुर मिलन को देखकर उन्हें अपनी सुध-बुध न रही।—यज्ञदत्त।

सुन-गुन न मिलना

ख़बर न मिलना; जैसे—एक महीना बीत गया। जब फ़ोन पर कोई सुन-गुन न मिली तो मैं फिर एक दिन स्कूल चला गया।—अश्क।

सुनवाई न होना

किसी के दुख-दर्द को सुनकर भी (अधिकारी व्यक्ति द्वारा) उसे दूर करने का प्रयत्न न करना; जैसे—अंधेर मचा है हर तरफ़ लगता है छोटे आदमी की सुनवाई कहीं भी नहीं है। —गिरिधर गोपाल।

सुनी अनसुनी करना/कर देना

सुनकर के भी किसी बात की उपेक्षा कर देना।

सुपारी देना

किसी की हत्या करने के लिए किसी गुंडे या बदमाश को पेशगी धन देना।

सुपारी लगना

सुपारी खाने पर उसका कोई टुकड़ा गले की नली में अटकना जिससे कुछ खाँसी और बेचैनी-सी होती है।

सुबह-शाम करना

१. किसी प्रकार जीवन के दिन बिताना।

२. बार-बार यह कहकर टालना कि आज संध्या को या कल सुबह अमुक काम कर देंगे, टाल-मटोल करना।

सुरंग मारना

दीवार में सेंध लगाकर चोरी करना।

सुर अलापना

कोई विलक्षण, नई या औरों से अलग तरह की बात कहना।

सुर देना

किसी के गाने के समय उसे सहारा देने के लिए किसी बाजे से कोई एक स्वर निकालना।

सुर में सुर मिलाना

किसी की हाँ में हाँ मिलाना, ख़ुशामद करते हुए किसी का समर्थन करना।

सुरख़ाब का पर लगना/लग जाना

नई विशेषता से युक्त होने पर अधिक महत्त्वपूर्ण होना; जैसे—उसका पैर इधर धरती पर नहीं पड़ता, लगता है उसे सुरख़ाब का पर लग गया हो।

सुरत धरना

किसी चीज़ पर ध्यान लगाए रखना; जैसे—पराए धन पर सुरत नहीं धरनी चाहिए।

सुरत बिसारना

किसी को बिल्कुल भूल जाना और उसे याद न करना।

सुराग पाना
संकेत प्राप्त करना; जैसे—दिल्लीपत की माँ ने विधवा से थोड़ा सुराग पा लिया।—अजित पुष्कल।

सुराग मिलना/मिल जाना
सूत्र मिलना, किसी के किसी स्थान पर होने की सूचना या भनक मिलना।

सुर्ख़रू होना
अपना कर्तव्य पूरा कर के अपने को निश्चिंत और सुखी अनुभव करना; जैसे—चारो बेटियों का विवाह कर के मेरी बहन सुर्खरू हो गई।

सुर्खियों में होना
ख़ूब चर्चित होना।

सुलग उठना
क्रोध से अभिभूत होना; जैसे—रसिक बाबू और बुलाकी जब घर लौटे तो अपने सुहाग कक्ष का लंका-दहन देखकर सुलग उठे।—अमृतलाल नागर।

सुलगना
चिंता, ईर्ष्या आदि के कारण हर वक्त चिंतित रहना; जैसे—बाह्य रूप से मैं शांत, सौम्य-सा लगता था। लेकिन भीतरी तौर पर मैं हर वक्त सुलगता रहा हूँ।—श्रवणकुमार।

सुइयाँ निकालना
आँखों की सुइयाँ निकलना (दे०)।

सुई का फावड़ा/भाला/बनाना
ज़रा-सी बात को बहुत अधिक बढ़ाना, व्यर्थ विस्तार करना।

सुई की नोक के बराबर
तिल मात्र भी, ज़रा भी; जैसे—बिना युद्ध के सुई की नोक के बराबर भी भूमि न दूँगा।—करुणापति त्रिपाठी।

सुई लगाना
चिकित्सा में, सुई के द्वारा शरीर के अंदर दवा पहुँचाना।

सुई लेना
रोगी का सुई के द्वारा कोई दवा अपने शरीर के अंदर प्रविष्ट कराना।

सूखकर काँटा होना
बहुत ही क्षीण और दुर्बल हो जाना; जैसे—(१) यह लड़का चार दिन की बीमारी में सूखकर काँटा हो गया।—रामचंद्र वर्मा। (२) पंडिताइन ने देखा लड़की बहुत दुखी है, सूखकर काँटा हो गई है।—अजित पुष्कल।

सूखकर सोंठ होना
सूखकर चुचुक या सिकुड़ जागा।

सूखा जवाब देना
साफ़ इंकार करना।

सूखे खेत लहलहाना
कष्ट, चिंता, दुख आदि दूर होने पर फिर से यथेष्ट प्रसन्न या सुखी होना।

सूत फटकना
सूत फटककर निशान डालना। (राजगीर)

सूना लगना
उदास या निर्जीव मालूम पड़ना; जैसे—जब से बच्चे गए हैं, घर सूना लग रहा है।

सूना-सा या सूना सूना लगना
बहुत-कुछ सूना लगना; जैसे—आप के बिना आचार्य कच को वह आश्रम सूना सा लगता है।—यज्ञदत्त।

सूरज को दीपक दिखाना
जो स्वयं प्रसिद्ध, महान या श्रेष्ठ हो, उसके संबंध में कुछ कहना या बतलाना।

सूरज पर थूकना
दे० सूरज पर धूल फेंकना।

सूरज पर धूल फेंकना
किसी साधु व्यक्ति पर लांछन लगाना या उसका उपहास करना।

सूरत दिखाना
मिलने के लिए आना; जैसे—तुम तो कभी सूरत भी नहीं दिखाते।

सूरत बनाना
१. ऐसी आकृति या रूप बनाना जो

देखने योग्य हो।

२. किसी का वेश धारण करना, भेष बनाना।

३. अरुचि, उपेक्षा आदि सूचित करने के लिए नाक-भौंह सिकोड़ना; (उपहास और व्यंग्य) जैसे—आप तो कभी कभी ऐसी सूरत बनाते हैं कि बात करने को जी नहीं चाहता।

सूली पर जान टँगी रहना

घोर संकट में होना, जान बचाना मुश्किल लगना; जैसे—जब से सुना है कि चमोली भूकंप से तहस-नहस हो गया है तब से मेरी जान सूली पर टँगी है।

सेर को सवा सेर मिलना

किसी अच्छे या ज़बरदस्त का उससे भी बढ़कर अच्छे या ज़बरदस्त से मुकाबला होना या सामना पड़ना।

सेहरा बँधना

श्रेय प्राप्त होना।

सेहरा सिर बँधना

श्रेय प्राप्त होना; जैसे—इससे उन्हें लगा कि तीन राज्यों के आतंक रूप दस हजार इनाम के इश्तहारी डाकू और उसके गिरोह को पकड़ने का सेहरा सिर बँधेगा।—अमृतलाल नागर।

सोग मनाना

शोक प्रकट करने के लिए किसी उत्सव या आनंद-मंगल में सम्मिलित न होना अथवा रंगीन वस्त्रों और आभूषणों का सेवन न करना।

सोता फूट पड़ना

सहसा और वेगपूर्वक प्रकट होना; जैसे—मुझे लगा था कि बस यही एक हृदय है जिसमें प्यार और स्नेह का छलछलाता हुआ सोता फूट पड़ा है। —हजारीप्रसाद द्विवेदी।

सोते-जागते

हर समय, दिन-रात, चौबीसों घंटे; जैसे—जिन पर नियमन नहीं हो सका, वे ही यम बनकर हमें सोते-जागते पीटते नज़र आएँगे।—प्रकाशानंद।

सोना खोटा निकलना

(योग्य समझे जानेवाले व्यक्ति का) ग़लत निकलना या पूर्णत: अयोग्य सिद्ध होना; जैसे—''''बहू भी अपने ही समाज की लाई थीं, किंतु अपने समाज का वह चमकता सोना भी खोटा ही निकला।—शिवानी।

सोना बरसना

प्रचुर लाभ होना; जैसे—जहाँ उन्होंने हाथ डाला वहीं सोना बरसने लगा। —कमलेश्वर।

सोने का घर मिट्टी करना

बहुत अधिक धन-संपत्ति व्यर्थ और पूरी तरह से नष्ट करना।

सोने में घुन होना

परम असंभव बात होना।

सोने में सुगंध होना

किसी बहुत अच्छी चीज़ में और भी कोई ऐसा अच्छा गुण या विशेषता होना जिससे उसका महत्त्व या मूल्य और भी बढ़ जाए।

सोलह/सोलहों/आने

पूर्णत:, बिल्कुल; जैसे—मालकिन की बात सोलह आने ठीक थी। —कन्हैयालाल कपूर।

सोलह सिंगार सजाना

(स्त्रियों का) सिर से नख तक अपने को सजाना।

सोलह सोलह गंडे सुनाना

ख़ूब गालियाँ देना।

सौ बात की एक बात

सब बातों का निचोड़; जैसे—सौ बात की एक बात यह कि उसे लड़की पसंद नहीं।

सौ में से पचहत्तर बिस्वे

बहुत करके; जैसे—शत्रु तुम से कितना ही तगड़ा क्यों न हो, पर

यदि तुम उससे पहले भरपूर वार करोगे...दो चार ज़ोर की उससे पहले लगा दोगे तो सौ में से पचहत्तर बिस्वे वह भाग खड़ा होगा। —अश्क।

सौदा करना

बात-चीत करके लेन-देन, आदान-प्रदान आदि करना, कोई व्यापार या व्यवहार पक्का या स्थिर करना।

सौदा पटाना

मूल्य कम-बेसी करके कोई चीज़ खरीदना या बेचना।

सौदाई होना

(किसी के प्रेम में) पागल-सा हो जाना।

स्वर मिलाना

किसी सुनाई पड़ते हुए स्वर के अनुसार स्वर उत्पन्न करना।

स्वर्ग सिधार जाना

मरकर स्वर्ग चले जाना, निधन होना; जैसे—(१) रामलाल भरी जवानी में स्वर्ग सिधार गए।—यशपाल। (२) उनकी पहली पत्नी बहुत पहले स्वर्ग सिधार गई थी।

स्वाँग भरना

झूठा आचरण करना; जैसे—लाला के नाम की चूड़ियाँ पहनने का स्वाँग भरती है, मगर अपने पेशे से बाज़ नहीं आती।—अजित पुष्कल।

स्वाद चखाना

सज़ा देना, दंडित करना; जैसे—इस मसखरी का उसे स्वाद चखाऊँगा।

स्वारथ होना

काम या उपयोग में आना।

ह

हँसता-बोलता

प्रसन्न होकर बातें करने और हँसने-वाला; जैसे—इसमें वहाँ की मिट्टी की सोंधी गंध है, अपूर्व प्रकृति की छटा है तथा जन-जीवन के अनेक हँसते-बोलते चित्र हैं।—अजित पुष्कल।

हँसना-बोलना

हँसते हुए बात-चीत करना; जैसे—यहाँ क्या हँसना-बोलना भी मना हैं।

हँसी उड़ाना

उपहास करना; जैसे—तू मेरी बेकसी की हँसी उड़ाना चाहती है।—गुलशन नंदा।

हँसी छूटना/छूट जाना

एकाएक ज़ोर से हँसने लगना; जैसे—उसकी यह बात सुनकर सभी की हँसी छूट गई।

हँसी में उड़ाना

साधारण समझकर हँसते हुए टाल देना; जैसे—उसने सारी बात को हँसी में उड़ा देने की कोशिश की।—जवाहर सिंह।

हँसी में ले जाना

गंभीर बात को भी हँसी की बात समझना।

हँसी होना

उपहास होना; जैसे—तुम्हारी और हमारी इज़्ज़त एक है...तुम्हारी हँसी हो तो क्या मेरी हँसी न होगी।—प्रेमचंद।

हँसी-खेल न होना

कठिन काम होना; जैसे—(१) वे जानते थे कि अश्वत्थामा को मारना हँसी-खेल नहीं है।—करुणापति त्रिपाठी। (२) उस समय के सबसे अधिक साधन-संपन्न मुगल सम्राट से लोहा लेना कोई हँसी-खेल न था। —समर बहादुर सिंह।

हँसी-खेल समझना

(किसी काम को) अत्यंत सरल समझना; जैसे—यह छोटा-सा बच्चा ऊँची ऊँची दीवारें फाँदना हँसी-खेल समझता है।

हँसी-खेल सूझना

हँसी या मज़ाक सूझना; जैसे—यहाँ जान पर आ बनी है और तुम्हें हँसी-

खेल सूझ रहा है।

हक अदा करना

कर्तव्य का पालन करना; फर्ज़ पूरा करना।

हक में होना

पक्ष में होना; जैसे—यह उसी तरह जिस तरह हिंदी आंदोलन के मूल में उन पेंटरों की साज़िश थी जो दुकानदारों के पट्ट नागरी में लिखने के हक में न थे।—इंद्रनाथ मदान।

हकीकत खुलना

वास्तविकता प्रकट होना

हक्का-बक्का रह/हो जाना

अत्यधिक विस्मित या स्तब्ध हो जाना; जैसे—यह सब-कुछ इस तरह तात्कालिक रूप से हुआ कि ज़बीं हक्की-बक्की रह गई।—भूषण वनमाली।

हज़म कर जाना/लेना

१. हड़प लेना; जैसे—जिस चीज़ का ठेका मिलता, उसमें से भी वे तीन चौथीई ठेके की स्वीकृत रक़म हज़म कर जाते।—गिरिधर गोपाल।

२. पचा लेना; जैसे—यवनों, शकों, हूणों आदि की भाषाओं के न जाने कितने शब्द हम हज़म कर गए। —रामचंद्र वर्मा।

हजामत बनना

पिटाई होना; जैसे—इस बीच अगर कहीं से बाबूजी आ जाते तो उनकी भी ख़ूब हजामत बनती।—जवाहर सिंह।

हज़ार हाथ होना

अनेक साधन होना; जैसे—देनेवाले के हज़ार हाथ होते है।

हज़ार हो

सब कुछ होने पर भी; जैसे—हज़ार हो, तो भी वह अपने ही आदमी हैं।

हटक मानना

मना करने पर किसी काम से बाज़ आना, निषेध का पालन करना।

हठ मानना/पकड़ना

किसी बात के लिए अड़ना, किसी बात के लिए हठ या ज़िद करना, दुराग्रह करना।

हठ रखना

किसी की हठपूर्वक कही हुई बात मान लेना।

हड्डियाँ तोड़ना/तोड़ देना

१. बुरी तरह मारना-पीटना।

२. कठोर परिश्रम करना।

हड्डियों पर माँस चढ़ना

हृष्ट-पुष्ट होना; जैसे—नौकरी लगने के बाद उसकी हड्डियों पर माँस चढ़ने लगा है।

हड्डी उखड़ना

हड्डी का अपने जोड़ पर से खिसक या हट जाना जिससे बहुत कष्ट होता है।

हत्थे चढ़ना/चढ़ जाना

१. काबू में आना; जैसे—(१) चालाक औरत है, बड़ी मुश्किल से हत्थे चढ़ती है।—प्रेमचंद। (२) लेकिन इस तमाम सावधानी के बावजूद वह एक दिन भूतना के हत्थे चढ़ गया और उस वक्त जब उसका कोई दोष न था, बुरी तरह पिट गया।—अश्क। (३) पिछले कई वर्ष से मन में हिलोरें लेती हुई प्रेमकामना, जो स्वयं आक्रामक होना चाहती थी, जो किसी प्रेमिका के लाज-संकोच से लड़कर उसे जीतना चाहती थी, अब तक एक बार भी अपना दाँव न पाकर इस समय स्वयं ही एक फाहशा औरत के हत्थे चढ़ी जा रही थी।—अमृतलाल नागर।

२. हाथ में आना, मिलना; जैसे—खासकर जब उन दो-चार लाख रुपयों में से दस-बीस हज़ार आपके हत्थे चढ़ने की भी आशा हो।—प्रेमचंद।

३. अभ्यास हो जाने पर (काम का)

सरलता से होते चलना।

हत्थे से उखड़ना/उखड़ जाना
पतंग उड़ाते समय नख का हाथ के पास से टूट जाना।

हत्या टलना/टल जाना
झंझट दूर होना।

हत्या पीछे लगाना
व्यर्थ की झंझट या झगड़ा अपने ज़िम्मे लेना।

हत्या लगना
किसी को मार डालने का अपराध या पाप लगना।

हथकंडा
धूर्ततापूर्ण उपाय, चालाकी भरा काम; जैसे—(१) यह (ये) पट्टियाँ तुम उस स्त्री को पढ़ाओ जो तुम्हारे हथकंडे न जानती हो।—प्रेमचंद। (२) यजमानों को मूर्ख बनाने के लिए पंडितों के पास ज्योतिष विद्या से बड़ा और कोई हथकंडा नहीं है।—अमृतलाल नागर।

हथिया लेना
अधिकार में कर लेना, कब्ज़ा कर लेना; जैसे—फिर यह सारी जायदाद नज़दीकी बिरादरी के लोग लड़-झगड़कर हथिया लेंगे।—रा० रा० प्र० सिंह।

हथियार डालना/डाल देना
पराजय स्वीकार कर लेना; जैसे—(१) गृहस्थ के दायित्व का जो गंभीर आक्रमण हुआ था···उसके सामने हथियार डालने को वे तैयार नहीं थे। —बच्चन।
(२) किसी के सामने हार न स्वीकार करनेवाले गुरु पुत्र उनके सामने तत्काल हथियार डाल देते।—ओम शिवराज।

हथियार बाँधना/लगाना
अस्त्र-शस्त्र धारण करना।

हथेली खुजलाना
१. द्रव्य मिलने के लक्षण होना, कुछ प्राप्ति के लक्षण होना।
२. कोई नया और विलक्षण काम करने की प्रवृत्ति होना।

हथेली देना
सहायता या सहारा देना।

हथेली पर जान लेकर
जान जोखिम में डालकर।

हथेली पर दही/सरसों जमाना
इतनी उतावली या जल्दबाज़ी करना मानो समयसाध्य काम क्षण भर में हो सकता हो।

हथेली पर बैठाना
सुखपूर्वक रखना; जैसे—फिर वह तो तुम्हारा रूप पिपासु पति था···तुम्हें हथेली पर बैठाकर रखता।—शिवानी।

हथेली पर रखना
रुपया-पैसा नक़द हाथ में देना; जैसे—माँ से पहले संजीव ने उत्तर दे दिया और माँ के हाथ से चाँदी का वह रुपया लेकर रेशमा की हथेली पर रख दिया।—गुलशन नंदा।

हथेली पर लिए फिरना
यह ढूँढ़ते या देखते रहना कि हमारी अमुक चीज़ कौन लेता है, कुछ देने के लिए हर समय किसी का तैयार रहना।

हथेली बजाना
करतल ध्वनि करना, ताली बजाना।

हथेली में जान लेकर
हथेली पर जान लेकर (दे०); जैसे—ये लोग तो बागियों की तरह हथेली में जान लेकर घूम सकते नहीं।—अजित पुष्कल।

हद करना/कर देना
कोई काम या बात चरम सीमा तक पहुँचाना, असह्य बना देना; जैसे—तुमने भी मिलनसारी की हद कर दी।

हद से ज़्यादा बढ़ना
सीमा का अतिक्रमण करना; जैसे—दिलीपत को लगा श्यामली उसे समझने की चेष्टा नहीं कर रही है और हद से ज़्यादा बढ़ती जा रही।—अजित पुष्कल।

हद होना

चरम सीमा तक पहुँचना (औचित्य के विचार से); जैसे—(१) हिंदी के शोध के···स्तर के गिरने की अब हद हो चुकी है।—इंद्रनाथ मदान। (२) ससुरी लूट की भी हद होती है।—अमृतलाल नागर।

हमल गिरना

गर्भपात या गर्भस्त्राव होना।

हरताल लगा देना

पूरी तरह से रद्द या व्यर्थ कर देना; जैसे—तुमने मेरे सारे किए-धरे पर हरताल लगा दी है।

हरफ़ आना

ऐसी स्थिति होना जिसमें किसी पर कोई कलंक या दोष लग सके या उनकी हेठी हो सके; जैसे—यदि हमारी इज़्ज़त पर हरफ़ आया तो तुम्हारी भी जान नहीं छोड़ेंगे।

हरफ़ उठाना/उठा लेना

अक्षर पहचान-पहचानकर पढ़ लेना; जैसे—अब तो बच्चा हरफ़ उठा लेता है।

हरफ़ बनाकर लिखना

सुंदर अक्षरों में लिखना।

हरा होना

ताज़ा होना, सजीव होना; जैसे—···उसके मन में जितेंद्रिय महादेव जी को वश में करने की आशा फिर हरी हो उठी।—सीताराम चतुर्वेदी।

हराम कर देना

मुश्किल कर देना; जैसे—मुहल्लेवालों ने उसका जीना हराम कर दिया था।

हराम होना

दूषित और निषिद्ध समझकर ग्रहण न करना; जैसे—सदानंद सिर झुकाए सुनते रहे, फिर उठे, कहा कि हमें इस घर की फूटी कौड़ी भी हराम है। —अमृतलाल नागर।

हरी झंडी दिखाना/दिखा देना

आगे बढ़ने या कोई काम करने का संकेत करना।

हरी हरी सूझना

भविष्य उज्ज्वल दिखाई देना; जैसे—हमारी तो जान जा रही है तुम्हें तो हरी हरी सूझ रही है।

हलक के नीचे न उतरना

समझ में न आना; जैसे—उनके विचार हमारे हलक के नीचे नहीं उतरते।

हलचल पैदा करना

उद्वेलित करना, सरगर्मी लाना, खलबली मचाना; जैसे—मुझे तो तुमसे बहुत आशाएँ थीं कि तुम कला जगत् में एक अनूठी हलचल पैदा करोगे। —श्रवणकुमार।

हलचल मचना/मच जाना

(किसी स्थान पर) सरगर्मी लाना; जैसे—चुनाव आया युनिवर्सिटी के जीवन में हलचल-सी मच गई। —गिरिधर गोपाल।

हलचल मचाना/मचा देना

१. उपद्रव खड़ा कर देना।

२. हलचल पैदा करना (दे०)।

हलाल करना

१. कलमा पढ़ते हुए किसी पशु का गला रेत डालना; जैसे—मुर्गी हलाल करना।

२. सेवा करके ही पैसा खाना; जैसे—मालिक का पैसा हलाल करना।

३. सताना; जैसे—आपकी नीति में घरवालों को ही···हलाल करना चाहिए।—प्रेमचंद।

हलुआ निकालना

मारते मारते बेदम कर देना।

हल्ला मचना/मच जाना

(चारो ओर किसी बात का) ज़ोरों से चर्चा का विषय होना; जैसे—जब दैत्यों के नगर में यह हल्ला मचा कि···इंद्र युद्ध करने के लिए चले आ रहे हैं तो दैत्यों में बड़ी खलबली मच गई।—सीताराम चतुर्वेदी।

हल्ला-भल्ला करना
ठिकाने लगाना; जैसे—जाओ, मिट्टी का हला-भला करो पहले।—अजित पुष्कल।

हवस पकाना
व्यर्थ कामना करना, मनमोदक खाना।

हवा उड़ना
लोक में कोई अफ़वाह या ख़बर फैलना।

हवा कर देना
ग़ायब करना, उड़ा देना।

हवा करना
पंखे आदि से हवा चलाना।

हवा का रुख पहचानना
समय की गति पहचानना, यह देखना कि लोग क्या चाहते हैं; जैसे—जैसे ही उन्होंने हवा का रुख पहचाना वैसे ही उन्होंने अपने प्रस्ताव को उलट दिया।

हवा के घोड़े पर सवार आना
बहुत जल्दी में होना; जैसे—सुख के दिन हवा के घोड़े पर सवार आए।—रा० रा० प्र० सिंह।

हवा के घोड़े पर सवार होना
१. बहुत जल्दी में होना।
२. किसी प्रकार के नशे या गहरी उमंग में होना।

हवा के रुख जाना
जिस ओर हवा बहती हो, उसी ओर जाना, समय की पहचानकर काम करना।

हवा खाना
१. शुद्ध वायु का सेवन करना।
२. कहीं जाना अथवा कहीं जाकर रहना; जैसे—(१) जेल की हवा खाना। (२) अभी अदालत की हवा नहीं खाए हैं।—प्रेमचंद।
३. रहित या वंचित होना।

हवा देना
बढ़ावा देना; जैसे—परदे की प्रथा ने वेश्यावृत्ति को हवा दी।

हवा न लगने देना
पता न चलने देना; जैसे—खाने के समय मैं बराबर उनके चेहरे की टोह लेती रही पर उसे ज़रा भी हवा न लगने दी।—मालती जोशी।

हवा पलटना/पलट जाना
स्थिति या परिस्थिति बदलना।

हवा पीकर रहना/रह जाना
बिना कुछ खाए-पिए केवल हवा के सहारे जीना।

हवा बताना
किसी का उद्देश्य बिना सिद्ध किए उसे यों ही चलता करना, टालना; जैसे—वह सबको यों ही हवा बताता है।

हवा बदलना
स्थिति परिवर्तित होना; जैसे—उत्तर प्रदेश में प्रवेश करते ही पता लगेगा कि वहाँ की हवा बदली हुई है।—दिनमान।

हवा बिगड़ना
१. पहले की-सी धाक या प्रतिष्ठा न रह जाना।
२. परिस्थितियाँ विरुद्ध होना।
३. वातावरण दूषित या विषाक्त होना।

हवा में बात उड़ाना
चारो ओर फैलाना, सब तरफ़ चर्चा चलाना; जैसे—बात उन लोगों की ज़बान तक नहीं जा सकी थी जो उसे हवा में उड़ाते-फिराते।—अजित पुष्कल।

हवा लगना/लग जाना
वातावरण से अत्यधिक प्रभावित होना; जैसे—उसे तो शहर की हवा लगी है न!

हवा से बातें करना/करने लगना
१. तेज़ चलना; जैसे—ताँगेवालों की छीना-झपटी और मोल-भाव के बाद जब उसने एक ऊँचे पेशावरी ताँगे में ...रखवा दिया और दूसरे क्षण ताँगा हवा से बातें करने लगा।—अश्क।
२. अकेले बड़बड़ाना।

हवा से लड़ना
लड़ने के लिए सदैव तैयार रहना।

हवा हो जाना
ग़ायब हो जाना; जैसे—(१) वह शाम को हवाख़ोरी के लिए निकली, तो जाने कहाँ हवा हो गई।—रा० रा० प्र० सिंह। (२) बोंगा तो छटककर भाग निकला, और ऊँटनी पर सवार होकर हवा हो गया।—अजित पुष्कल। (३) उसका एक मात्र पुत्र लाला जब बड़ा हुआ और पत्नी का मुँह देखा तो उसकी सारी मातृभक्ति क्षण में हवा हो गई। —वासुदेव नंदन प्रसाद। (४) आख़िर जब डाक्टर ने हवा से अधिक पहाड़ की हवा पर ज़ोर दिया तो सारी फुर्ती हवा हो गई।—रा० रा० प्र० सिंह।

हवाइयाँ उड़ना/उड़ने लगना
चेहरे पर हवाइयाँ उड़ना (दे०)।

हवाले करना/कर देना
किसी को दे देना, सौंपना; जैसे—चोर को पुलिस के हवाले कर दिया।

हवाले पड़ना/पड़ जाना
विवशता की दशा में किसी के अधिकार या अधीनता में होना।

हवास गुम होना/हो जाना
बुद्धि या होश ठिकाने न रहना।

हाँ में हाँ मिलाना
बिना सोचे-विचारे किसी बात का समर्थन करना; जैसे—(१) बड़े आदमियों की हाँ में हाँ मिलाने में कुछ न कुछ आनंद तो मिलता ही है। —प्रेमचंद। (२) वह आकर दुनिया भर की बुराई करने बैठता है और तुम माटी के माधो की तरह हाँ में हाँ मिलाते हो।—प्रभाकर माचवे।

हाँक देना/लगाना
ज़ोर से पुकारना या सबको सुनाने के लिए कोई बात कहना।

हाँडी उबलना
ओछे व्यक्ति का बहुत अभिमान करना या इतराना।

हाँडी चढ़ाना
भोजन बनाने के लिए आग या चूल्हे पर हाँडी रखना।

हाँडी पकना
गुप्त परामर्श होना, षड्यंत्र रचा जाना।

हाहा खाना
बहुत ही दीनतापूर्वक और गिड़गिड़ाकर रक्षा, सहायता आदि की प्रार्थना करना; जैसे—छैलू की माँ और दादी हाथ जोड़कर हाहा खाती रहीं, पर छैलू पर तो भूत सवार था।—अमृतलाल नागर।

हाहा-हीही करना
हीही-हाहा लगा रखना (दे०)।

हाट करना
बाज़ार जाकर चीज़ें या सामान खरीदना।

हाट चढ़ना
बिकने के लिए किसी चीज़ का बाज़ार में आना।

हातिम की कब्र पर लात मारना
बहुत बड़ा उपकार करना। (व्यंग्य)

हाथ आना
प्राप्त होना, हस्तगत होना; जैसे—(१) पत्र की एक ही कड़ी हाथ आई है। (२) उनके हाथ न कुछ आने को है और न दाँत दिखाए कहीं गुज़र होने को है।—रा० रा० प्र० सिंह। (३) फिर उस अन्न के बिकने के बाद बड़ी रकम हाथ आई थी।—अजित पुष्कल।

हाथ उठना
१. समर्थन या विरोध में हाथ ऊँचा किया जाना।
२. हाथ से आघात होना; जैसे—बलवान के हाथ भला निर्बल पर उठने से रुके हैं कभी।—गुलशन नंदा।

हाथ उठाकर कोसना
ईश्वर से यह प्रार्थना करते हुए यह कहना कि हमारा दिया हुआ शाप पूरा हो।

हाथ उठाना

१. अभिवादन, नमस्ते या सलाम करना; जैसे—वे जिधर जाते थे उधर सब लोग हाथ उठाते थे।

२. किसी को मारना, पीटना या किसी प्रकार का आघात करना; जैसे—(१) तुम्हारी इतनी मजाल कि तुम मेरी बहू पर हाथ उठाओ।—प्रेमचंद। (२) सत्याग्रही न मार से भागते, न पुलिस पर हाथ उठाते; निश्चल बैठकर निर्विरोध मार सह लेते हैं।—यशपाल। (३) उन्हें आश्चर्य था कि आज सरदार को स्त्री पर हाथ उठाने की आवश्यकता कैसे हुई।—गुलशन नंदा।

हाथ उठा लेना

सहारा या सहायता देना बंद करना।

हाथ ऊँचा होना

दान, व्यय आदि के लिए मन में सदा उदारता का भाव होना।

हाथ कटना/कट जाना

१. प्रतिज्ञा, लेख्य आदि से इस प्रकार बँध जाना कि उसके विपरीत कुछ किया न जा सके।

२.साधन, सहायक आदि से रहित हो जाना, असहाय हो जाना; जैसे—भाई के मरने से उसके हाथ कट गए।

हाथ का

किसी व्यक्ति के द्वारा बनाया हुआ; जैसे—⋯अपनी बामणी को छोड़, मैंने आज तक किसी और के हाथ का दाल-भात नहीं खाया।—शिवानी।

हाथ का सच्चा

लेन-देन में खरा।

हाथ के नीचे आना

अधिकार या वश में आना, चंगुल में फँसना; जैसे—जब वह तुम्हारे हाथ के नीचे आ ही गया, तब कहाँ जा सकता है।

हाथ के हाथ

(लेन-देन के संबंध में) तुरंत, तत्क्षण; जैसे—जो कुछ आपको मिलता है, उसका मूल्य आपको किसी न किसी रूप में चुकाना पड़ता है। सबसे अच्छा ढंग यह है कि आप हाथ के हाथ भुगतान करें।—भगवती सहाय अग्रवाल।

हाथ खाली जाना

प्रहार या वार का ठीक लक्ष्य पर न बैठना, वार से चोट न पहुँचना।

हाथ खाली होना

१. व्यय करने के लिए कुछ भी धन पास न होना।

२. करने के लिए कोई काम हाथ में न होना।

हाथ खाली न होना

व्यस्त होना; जैसे—इस समय हमारा हाथ खाली नहीं है, कल आकर अपना सामान ले जाना।

हाथ खींचना

किसी काम से संबंध त्याग देना; जैसे—संजू का धीरे धीरे खेल-कूद से भी हाथ खींचते जाना⋯जैसे उसे छेद से जाते।—गिरिधर गोपाल।

हाथ खुजलाना

१. किसी को मारने को जी चाहना; जैसे—यद्यपि हाथ खुजलाने पर भी हाथ चलाने का साहस अब उसमें नहीं रह गया था, तथापि मार्मिक बचन सुनाने से वह भी बाज़ नहीं आते।—इलाचंद जोशी।

२.आर्थिक प्राप्ति या व्यय का लक्षण दिखाई देना; जैसे—सावित्री और रमा बेटी ने शुरू के सालों में तो ख़ूब मेहनत की थी मगर देवरानियों की देखादेखी उन्होंने भी घर के काम-काज से बिल्कुल हाथ खींच लिया।—सुखदेव।

हाथ खुलना

किसी के मारने-पीटने की प्रवृत्ति का आरंभ होना; जैसे—एक बार यदि उसका हाथ खुल गया, तो वह तुम्हें रोज़

मारने लगेगा।

हाथ खुला होना

दान, व्यय आदि के संबंध में उदार प्रवृत्तिवाला होना; जैसे—(१) दान-पुण्य करने में उसका हाथ खुला था, हिसाब-किताब देखने सम्हालने में उन्हें तनिक भी रुचि नहीं थी।—अमृतलाल नागर। (२) मीर साहब लाख रंगीन स्वभाव के सही स्वयं पत्नी का हाथ भी खुला हुआ था।—भूषण वनमाली।

हाथ गरम होना

१. हाथ सधना (दे०)।

२. यथेष्ट धन या आय होने से खुला खर्च करने की सुविधा होना।

हाथ चलाना

१. किसी काम में हाथ का हिलाना-डुलाना; जैसे—भिखमंगे को भीख माँगने में लाज नहीं, मज़दूरों को कुदाल उठाने में कोई लिहाज़ नहीं, मगर शरीफ़-ग़रीब न हाथ पसार सकता है न हाथ चला पाता है।—रा० रा० प्र० सिंह।

२. चपत या मुक्का मारना; जैसे—यद्यपि हाथ खुजलाने पर भी हाथ चलाने का साहस अब उनमें नहीं रह गया था तथापि मार्मिक बचन सुनाने से वह भी बाज़ नहीं आते।—इलाचंद्र जोशी।

हाथ चूमना

किसी की कला, निपुणता आदि पर मुग्ध होकर उसके हाथों का सम्मान करना; जैसे—इस चित्र को देखकर जी चाहता है कि चित्रकार के हाथ चूम लूँ।

हाथ छूटना

हाथ से प्रहार किया जाना।

हाथ छोड़ना

चपत या मुक्का मारना; जैसे—ख़बरदार जो बच्ची पर हाथ छोड़ा तो?

हाथ जमना

हाथ बैठना (दे०)।

हाथ जोड़ना

१. नमस्कार करना।

२. अनुनय-विनय करना; जैसे—(१) आपको घूँघट का पट खोलना है तो हाथ जोड़ने से कहीं ज़्यादा हाथ बढ़ाने से काम चलेगा।—रा० रा० प्र० सिंह। (२) मैं तुम्हारे हाथ जोड़ती हूँ मुझे छोड़ना मत।—बलवंत सिंह।

३. दूर से हाथ जोड़ना।

हाथ झुलाते आना

खाली हाथ चले आना; जैसे—कुछ लेकर आइएगा। हाथ झुलाते मत चले आइएगा।—विश्वनाथ मुकर्जी।

हाथ डालना

१. कोई काम शुरू करना अथवा किसी होते हुए काम में योग देना; जैसे—(१) वे शास्त्र के अनुसार ही किसी काम में हाथ डालते थे।—सीताराम चतुर्वेदी। (२) जहाँ उन्होंने हाथ डाला, वहीं सोना बरसने लगा।—कमलेश्वर।

२. हस्तगत करने की चेष्टा करना।

३. इज़्ज़त पर हाथ डालना; जैसे—वह यह भली प्रकार जानता था कि पुलिस जब किसी धनवान और प्रसिद्ध आदमी पर हाथ डालती है तब कई साधारण और निर्धन लोग भी उसके शिकंजे में फँस जाते हैं।—गुलशन नंदा।

हाथ तंग होना

पास में व्यय के लिए यथेष्ट धन न होना; जैसे—(१) इधर कुछ वर्षों से उसका हाथ तंग ही है। (२) लेकिन चेतन को अभी पिछले महीने का भी वेतन नहीं मिला था और उसका हाथ बेहद तंग था।—अश्क।

हाथ दबना

पास में यथेष्ट धन न होना; जैसे—इन दिनों उनका हाथ दबा हुआ है।

हाथ दबाकर खर्च करना

समझ-बूझकर तथा किफ़ायत से खर्च

करना।

हाथ दबा होना

हाथ तंग होना (दे०)।

हाथ दिखाना

१. ज्योतिषी को हस्त-रेखाएँ दिखाना।

२. चिकित्सक को नाड़ी दिखाना; जैसे—डाक्टर को अपना हाथ दिखा कर आ रही हूँ।

३. करतब दिखाना; जैसे—फिर उसने हमें वह वह हाथ दिखाए कि हम भी उसे मान गए।

हाथ देना

१. संकेत करना।

२.हाथ मिलाना।

३. हाथ से प्रहार करना; जैसे—वह हाथ दूँगा कि ख़ून उगलने लगेगी अभी।—सरोजिनी वर्मा।

हाथ धरना

हाथ पकड़ना (दे०)।

हाथ धोकर पीछे पड़ना/पड़ जाना

सदा या बराबर तंग करते रहना; जैसे—शनिश्चर तो आपसे प्रसन्न है, परंतु राहू और केतू हाथ धोकर आपके पीछे पड़ गए हैं।—कन्हैयालाल कपूर।

हाथ धो बैठना

गँवा देना; जैसे—अपनी ही बेवक़ूफ़ी से वह अपने मकान से भी हाथ धो बैठी है।

हाथ धोना

गँवा या खो देना; जैसे—(१) यहाँ आपको आत्मा की स्वाधीनता से हाथ धोना पड़ेगा।—प्रेमचंद। (२)⋯इसी फक्कड़पने के कारण उन्हें अपनी नौकरी से हाथ धोने पड़े थे।—अश्क। (३) उत्तम और उपयुक्त बातें केवल स्मृति के भरोसे छोड़ देना, मानो उनसे हाथ धोने के लिए तैयार रहना है।—रामचंद्र वर्मा।

हाथ न रखने देना

१. छूने या स्पर्श न करने देना।

२. बातों के फंदे में न आना।

हाथ न आना

प्राप्त या सुलभ न होना; जैसे—पल भर में उसने सोच लिया कि भूतना के ज़ुल्म से नजात पाने का इससे बेहतर मौका फिर हाथ नहीं आएगा।—अश्क।

हाथ न लगाना

स्पर्श तक न करना; जैसे—लेकिन उस बीमारी और संघर्ष के अलावा भी एक बात थी जो मैं 'गिरती दीवारें' के बाद दस वर्ष तक इसे हाथ नहीं लगा सका।—अश्क।

हाथ न लगाने देना

१. छूने न देना; जैसे—उसने अपनी पुस्तक को हाथ नहीं लगाने दिया।

२. कोई काम न करने देना; जैसे—घर का काम-काज अकेली ही पूरा करती, बेगम साहिबा को किसी काम में हाथ न लगाने देती।—भूषण वनमाली।

हाथ न होना

स्त्री का रजस्वला होना (फलतः रसोई आदि के कार्य करने से वंचित होना)।

हाथ पकड़ना

१. आश्रय में लेना और पालन-पोषण करना; जैसे—दुख के दिनों में कौन किसी का हाथ पकड़ता है।

२. पुरुष का (किसी) स्त्री को पत्नी बनाना।

३. कोई काम करने से रोकना; जैसे—वह कुछ भी कर ले, कोई है हाथ पकड़नेवाला।—अजित पुष्कल।

हाथ पकड़ाना

देना, सुपुर्द करना; जैसे—(१) ⋯हर पदार्थ यम का दूत है, ललचा-ललचाकर, चित्त को फँसाकर शरीर को भोग द्वारा क्षीण करके मृत्यु तक ले जाकर यमराज के हाथ पकड़ा देता है।—प्रकाशानंद। (२) उसने ही भाई को सलाह दी थी कि किसी बदमाश

आदमी को रुपए दो और धोखे से चंदा का हाथ भी पकड़ा दो।—अजित पुष्कल।

हाथ पड़ जाना
हाथ लग जाना (दे०)।

हाथ पड़ना
हाथ का (भरपूर) आघात लगना; जैसे—दुर्भाग्य अथवा सौभाग्य से भूतना का हाथ जिस लड़के की गर्दन पर पहले पड़ा, वह उन लड़कों का रिंग लीडर पन्नालाल था।—अश्क।

हाथ पर नाग खेलाना
बहुत बड़े जोखिम का काम करना।

हाथ पर रखना/रख देना
देना; जैसे—चंदा ने न कोई सवाल किया, न एतराज, चुपचाप अपने दोनो भारी गहने लाकर मेरे हाथ पर रख दिए।—अश्क।

हाथ पर हाथ धरे बैठे रहना
खाली हाथ बैठे रहना, कुछ न करना; जैसे—लेकिन लंबी तनख्वाह की नौकरी जब तक न मिले, तब तक हाथ पर हाथ धरे बैठा रहूँ, यह मैं मूर्खता समझता हूँ।—गिरिधर गोपाल।

हाथ पर हाथ मारना
प्रतिज्ञा, वचन आदि का पालन करने को दृढ़ता या निश्चय सूचित करने के लिए किसी की हथेली पर अपनी हथेली ज़ोर से पटकना या मारना।

हाथ पल्ले न पड़ना
कुछ भी प्राप्त या हस्तगत न होना।

हाथ पसारना
कुछ पाने या माँगने के लिए हाथ आगे करना; जैसे—⋯मगर कभी दो मुट्ठी चावल के लिए भैया के दर पर हाथ नहीं पसारा था।—रा० रा० प्र० सिंह।

हाथ पसारे
खाली हाथ, बिना कुछ लिए; जैसे—मुट्ठी बाँधे आया है, हाथ पसारे जाएगा।

हाथ पीले करना/कर देना
(कन्या का) विवाह करना; जैसे—(१) हमें केवल तुम्हारी गुणी पुत्री चाहिए बहन, बस अपनी लड़की के हाथ पीले कर विदा कर देना। —शिवानी। (२) किशन की शादी की थी तो यही सोचकर कि इसमें जो कुछ मिलेगा उसी से सविता के हाथ पीले कर देंगे।—कमलेश्वर। (३) उन्हें अपने बचने की आशा तो थी नहीं, इसलिए बस एक रट पकड़ ली कि रानी के हाथ पीले करके जाऊँगी।—अमृतलाल नागर। (४) सोचा था कि (इस हार के) अच्छे दाम मिल जाएँगे तो बेटी के हाथ पीले कर दूँगा।—गुलशन नंदा।

हाथ पीले कर सकना
(बेटी को) ब्याहने में समर्थ होना; जैसे—शुक्र है अल्लाह ने ऐसा कर दिया कि मैं इज़्ज़त-आबरू के साथ अपनी बच्ची के हाथ पीले कर सकूँ।—भूषण वनमाली।

हाथ पीले करना
हाथ पीले कर देना (दे०)।

हाथ फेर देना
छल से कोई चीज़ छीन या उड़ा लेना; जैसे—⋯देखा नहीं, तहसीलदार साहब ने हज़ारों पर हाथ फेर दिया। —प्रेमचंद।

हाथ फेरना
हथेली से शरीर का कोई अंग सहलाना; जैसे—तनिक इस (गाय) की पीठ पर हाथ फेरकर देवयानी आ गई। —यज्ञदत्त।

हाथ फैलाना
माँगने के लिए हाथ आगे बढ़ाना; जैसे—(१) मुसीबत में ही आदमी दूसरों के आगे हाथ फैलाता है। —प्रेमचंद। (२) पति के न रहने पर न तो वह अपने मैके गई और न ही अपने पति के तीन भाइयों के सामने हाथ

फैलाया।—भूषण वनमाली।

हाथ बँटाना

दूसरे के कार्य में सहायक होना; जैसे—(१) लोगों ने एक दूसरे के काम में हाथ बँटाने के लिए समझौता किया। —सीताराम चतुर्वेदी। (२) वे अपने हृदय की तमाम कद्रदानियाँ लिए हुए बस, दिलेरी की कमी की वजह से इस जुल्म की धाँधली में हाथ बँटा रहे हैं।—रा० रा० प्र० सिंह। (३) मुझे भी तो कुछ सी-पिरो कर हाथ बँटाना पड़ता है, बराबर।—रा० रा० प्र० सिंह। (४) वास्तविक उद्देश्य ऐसा सहायक पाना था जो पैसे भी दे और काम सीखकर उनका हाथ भी बँटाए।—अश्क। (५) ईसाई मिशनरियों ने जाने-अनजाने आदि-वासियों की प्रगति में हाथ बँटाया है। —देवेन्द्र सत्यार्थी। (६) वह घर के किसी काम में हाथ न बँटाए तो न सही। —मालती जोशी।

हाथ बढ़ाना

१. हाथ फैलाना (दे०)।

२. पहल करना; जैसे—आपको घूँघट का पट खोलना है तो हाथ जोड़ने से कहीं ज़्यादा हाथ बढ़ाने से काम चलेगा।—रा० रा० प्र० सिंह।

हाथ बाँधे खड़े रहना

सेवा के लिए हर समय तैयार रहना; जैसे—प्रतिष्ठा धन से होती तो राजा साहब उस नंगे के सामने घंटों गुलामों की तरह हाथ न बाँधे रहते।—प्रेमचंद।

हाथ बिक जाना

पूरी तरह से किसी का वशवर्ती हो जाना; जैसे— घर की बहू क्या करती जो अनंत जीवन का संगी था, वही परायों के हाथ बिक गया।—रा० रा० प्र० सिंह।

हाथ बैठना/बैठ जाना

कोई काम करने में हाथ का मँजना; जैसे—करते-करते ही तो हाथ बैठेगा।

हाथ भर का कलेजा होना

अत्यंत साहसी होना।

हाथ मँजना

कोई काम करते करते उसे सहज में ठीक ठीक करने का अभ्यास हो जाना; जैसे—मूर्तियाँ गढ़ने में उसका अब जाकर हाथ मँजा है।

हाथ मलकर देखते रह जाना

विवशतावश कुछ न कर पाना और पछताना; जैसे—विश्व के इस अनुपम माधुर्य को समय उजाड़ कर धर देगा और दुनिया की दिलदारी हाथ मलती देखती रह जाएगी।—रा० रा० प्र० सिंह।

हाथ मलना

अपनी विवशता या असमर्थता सूचित करना, पछताना; जैसे—यार, दुनिया में आए, तो कुछ दिन सैर-सपाटे का आनंद भी उठा लो, नहीं तो एक दिन यों ही हाथ मलते चले जाएँगे।—प्रेमचंद।

हाथ मारना

१. हाथ से आघात करना; जैसे—एक हाथ मारूँगा, बतीसी बाहर निकल आएगी।

२. ताश आदि के खेल में बाज़ी, दाँव या सर जीतना।

३. रकम छीन या झटक लेना; जैसे—तूने आज अवश्य कोई बड़ा हाथ मारा है बोल सच है न!—गुलशन नंदा।

हाथ मिलाना/मिला लेना

१. सहयोगी या मित्र बनाना; जैसे—(१) भारत और रूस द्वारा हाथ मिलाने पर पाकिस्तान और सिरपरस्त देश तिलमिला उठे।—आज। (२) बहरहाल, वे अपनी ग़लती मान गए, और मैंने अफ़सोस ज़ाहिर किया कि मुझे भरी मजलिस में इस तरह उनकी पत नहीं उतारनी चाहिए थी और हमने हाथ मिला लिए।—अश्क।

२. मिल-जुलकर या परस्पर कारोबार

करना।

हाथ में आना

१. अधिकार या वश में आना; जैसे—पर आगे समतल है, अब आप उसे हाथ में आया ही समझिए।—सीताराम चतुर्वेदी।

२. प्राप्त या सुलभ होना; जैसे—सुबह से दो टके भी हाथ में नहीं आए।

हाथ में खेलना

हाथों में खेलना (दे०)।

हाथ/हाथों/में चूड़ियाँ पहनना

पुरुष का पौरुष न दिखलाकर स्त्रियों की-सी कायरता दिखलाना; जैसे—कायर! जाओ हाथों में चूड़ियाँ पहनकर बैठ रहो।—गुलशन नंदा।

हाथ में नकेल होना

पूरी तरह से किसी के नियंत्रण में होना।

हाथ में रखना

१. देना; जैसे—(१) मैंने अपनी कमाई का एक रुपया भी उनके हाथ में नहीं रखा।—बलवंत सिंह। (२) और इन सबसे ऊपर कुछ तो बिणू भैया या अम्मा के हाथ में रखना होगा। —गिरिधर गोपाल।

२. (अपने) अधिकार में रहने देना या रखना; जैसे—केंद्र सिर्फ़ मुद्रा, विदेश नीति और संचार अपने हाथ में रखे। —आज।

हाथ में लेना

१. दायित्व अपने ऊपर लेना; जैसे—(१) निरीक्षक आठ-दस शोधकों के निरीक्षण का काम एक साथ हाथ में ले लेता है।—इंद्रनाथ मदान। (२) अलनिसा ने ख़ुद पर भरोसा किया और सब काम अपने हाथ में ले लिया। —भूषण वनमाली।

हाथ/हाथों/में होना

अधिकार या वश में होना; जैसे—(१) संसार में प्राप्त करने योग्य कोई भी ऐसी वस्तु नहीं है, जो आपके हाथ में न हो।—सीताराम चतुर्वेदी। (२) वहाँ एक हाई स्कूल है, जिसका प्रबंध अंगुली छाप लोगों के हाथ में है। —अजित पुष्कल। (३) राजनीति अन्य सब नीतियों पर प्रधानता ग्रहण करेगी, क्योंकि शक्ति का संचालन इसके हाथों में होगा।—यज्ञदत्त। (४) अध्यापक महोदय स्वयं ही गणित पढ़ाते थे। उसे पास-फेल करना उन्हीं के हाथ में था।—अश्क। (५) बजाजे का कारोबार अधिकांश में खत्री, वैश्य, जैन और रस्तोगी वैष्णव-प्रकृति बिरादरियों के हाथ में था।—यशपाल। (६) वाम पार्श्व की कमान मानसिंह झाला के हाथों में थी।—समर बहादुर सिंह।

हाथ रंगना

१. अनुचित ढंग से धन प्राप्त करना।

२. ख़ून से हाथ रंगना (दे०)।

हाथ रखना

१. सिर पर हाथ रखना (दे०)।

२. मुँह पर हाथ रखना (दे०)।

हाथ रहना

१. सहयोग या योगदान होना; जैसे—मगर मेरी इस रुझान की तह में तो सबसे पहले तुम्हारा ही हाथ रहा।—रा० रा० प्र० सिंह।

२. प्राप्त होना; मिलना; जैसे—यह बात मुझे ख़ूब सूझी, अपना अर्थ भी सिद्ध हो जाएगा और उदारता का श्रेय भी हाथ रहेगा।—प्रेमचंद।

हाथ रोककर खर्च करना

अत्यंत आवश्कता होने पर ही खर्च करना; फ़ालतू ख़र्च न करना; जैसे—वह आज ज़िंदा होती तो शायद सारा घर लुटाकर भी उसे संतोष न होता तब शायद मैं उसे हाथ रोककर ख़र्च करने का आदेश देता।—प्रेमचंद।

हाथ लगना

१. संपर्क होना, छुआ जाना; जैसे—उनका हाथ भर लगने से यह काम सिरे चढ़ जाएगा।

२. कार्य आरंभ होना; जैसे—छपाई में आज से हाथ लग गया है।

३. मार पड़ना; जैसे—दो ही हाथ लगते ही उसने सब उगल दिया।

४. प्राप्त होना; जैसे—(१) इस शांत तपोवन की भूमि में मेरी दाहिनी भुजा क्यों फड़क रही है। यहाँ भला क्या हाथ लगनेवाला है।—सीताराम चतुर्वेदी। (२) जिस दिन तुम्हारी घरवाली का मुँह सबेरे देख लेता हूँ, उस दिन कुछ न कुछ ज़रूर हाथ लगता है।—प्रेमचंद। (३) उस सोने के ढेर को देखने लगे जो इस विचित्र नाटकीय ढंग से उसके हाथ लगा था।—गुलशन नंदा। (४) वे शास्त्र के अनुसार ही किसी काम में हाथ डालते थे ...... फल यह होता था कि उन्हें वैसी ही बड़ी सफलता भी अवश्य हाथ लगती थी।—सीताराम चतुर्वेदी।

हाथ लगाना

१. स्पर्श करना; छूना; जैसे—(१) वे किसी की संपत्ति ले सकते थे, दूसरे उनकी संपत्ति पर हाथ कैसे लगाएँगे।—अजित पुष्कल। (२) अपनी किसी चीज़ को उसने हाथ ही नहीं लगाने दिया था।—कमलेश्वर। (३) भगत जी तो न अंडे को हाथ लगाते हैं, न मांस-मदिरा के समीप जाते हैं।—देवेन्द्र सत्यार्थी।

२. कार्य आरंभ करना; जैसे—आप जिस काम में हाथ लगाएँगे, उसमें हम जैसे किताबी कीड़ों की मदद की ज़रूरत न होगी।—प्रेमचंद।

हाथ सधना/सध जाना

हाथ से कोई काम करने का अच्छा अभ्यास होना।

हाथ साफ़ करना

१. चालाकी या बेईमानी से वस्तु या धन उड़ा लेना; जैसे—(१) जब निरे काठ के उल्लू तक हज़ारों पर हाथ साफ़ करते हैं तो क्या मेरी ही न चलती।—प्रेमचंद। (२) मैंने एक ऐसी औरत देखी थी जो ख़ुद ही एक जगह से दूसरी जगह बिकती रहती थी और कुछ दिन तक एक जगह रहकर कुछ माल-मत्ते पर हाथ साफ़ करके भाग खड़ी होती थी।—श्रवणकुमार।

२. ख़त्म करना, उड़ाना; जैसे—(१) इधर हम दो बूँद के लिए तरस रहे हैं, उधर ये जाने कहाँ के निठल्ले टुटपुँजिए मिलिटरी वर्दी के जोर पर जानीवाकर पर हाथ साफ़ कर रहे हैं।— रा० रा० प्र० सिंह। (२) और फिर उसने महज़बीं की पकाई हुई चीज़ों पर हाथ साफ़ करना शुरू कर दिया।—भूषण वनमाली।

हाथ सेंकना

फ़ायदा या लाभ उठाना; जैसे—(१) होरी किसान था और किसी के जलते हुए घर में हाथ सेंकना उसने सीखा ही न था।—प्रेमचंद। (२) उन्होंने राय साहब की ईर्ष्याग्नि को उत्तेजित करके अपने हाथ सेंकना चाहा था।—प्रेमचंद।

हाथ से

के हाथ, के द्वारा (दे०); जैसे—रुपया-पैसा मुंशी के हाथ से भेजना।

हाथ से खोना

अधिकार या वश से निकल जाने देना; जैसे—बाबू मिस्टर बनाए के ...... लड़के को अपने हाथ से खोना चाहते हो।—अमृतलाल नागर।

हाथ से जाना

हाथ से निकाल जाना (दे०); जैसे—मैंने तो दिल ही दिल समझ लिया कि लौंडा गया हाथ से, इस तितली ने उसे रिझा लिया है।—भूषण वनमाली।

हाथ से ठोकना

रोटी पकाना; जैसे—भैया बाल-बच्चों को बुला लो, कब तक हाथ से ठोकते रहोगे।—प्रेमचंद।

हाथ से निकल जाना

अधिकार या वश में न रह जाना;

जैसे—(१) इन्हीं की देखादेखी, एक लड़का है वह भी हाथ से निकला जाता है।—प्रेमचंद। (२) पाप करने से बहुत दिनों से इकट्ठा हुआ पुण्य हाथ से निकल जाता है।—सीताराम चतुर्वेदी। (३) और तो कोई लड़का हाथ से निकल न जाए।—भूषण वनमाली।

हाथ सौंपना/सौंप देना

सुपुर्द करना, रक्षा लालन-पालन आदि का भार किसी पर डालना; जैसे—राजा जनक ने⋯अपनी कन्या जानकी जी को उसी प्रकार राम के हाथ सौंप दिया मानो साक्षात् अपनी लक्ष्मी ही उन्हें दे डाली हो।—सीताराम चतुर्वेदी।

हाथ होना

१. किसी के अधिकार में या अधीन होना; जैसे—मरना-जीना तक़दीर के हाथ है।—प्रेमचंद।

२. योगदान होना; जैसे—(१) मुझे साथ देखकर फौरन ताड़ गए कि इन पुस्तकों को लाने में मेरा कहाँ तक हाथ था।—रा० रा० प्र० सिंह। (२) मोहनलाल की इस मुलाज़मत में⋯ उनके पिता राज वैद्य पंडित नारायण दास की उदारता का हाथ था। —अश्क।

हाथ-पाँव जोड़ना

अनुनय-विनय करना; जैसे—जब मैंने ऋषि के बहुत हाथ-पाँव जोड़े तब उन्हें दया आ गई।—सीताराम चतुर्वेदी।

हाथ-पाँव टूटना/टूट जाना

१. अपाहिज होना।

२. बेसहारा होना; जैसे—औरत के मर जाने से मर्द के हाथ-पाँव टूट जाते हैं।—प्रेमचंद।

हाथ-पाँव फूलना/फूल जाना

हाथ-पैर फूलना (दे०); जैसे—जब दरवाज़े पर कुल्हाड़ी पड़ने लगी तो प्रेमा और कृपाराम के हाथ-पाँव फूल गए।—अमृतलाल नागर।

हाथ-पाँव मारना

प्रयत्न करना; जैसे—उसने नेकी की है तो उसका ख़ूब ढिंढोरा पीटेगी और उसको जितना यश मिल सकता है उससे कुछ ज़्यादा ही पाने के लिए हाथ-पाँव मारेगी।—प्रेमचंद।

हाथ-पैर की मैल

जिसे प्राप्त करना कुछ भी कठिन न हो, तुच्छ वस्तु; जैसे—रुपया तो हाथ-पैर की मैल है।

हाथ-पैर चलना

हाथों और पैरों से सुचारु रूप से काम करने में समर्थ होना।

हाथ-पैर चलाना

जीविका उपार्जित करने के लिए प्रयत्न करना।

हाथ-पैर जवाब दे जाना

चलने-फिरने तथा काम-काज करने में असमर्थ हो जाना।

हाथ-पैर जोड़ना

अनुनय-विनय करना; जैसे—जब स्वामी के मैंने बड़े हाथ-पैर जोड़े तब उन्हें दया आ गई।—शिवानी।

हाथ-पैर ठंडे पड़ जाना/हो जाना

स्फूर्ति या शक्ति निकल जाना या न रह जाना; जैसे—भगवती ने सुना तो उसके हाथ-पैर ठंडे पड़ गए थे, किंतु पति के जिद्दी स्वभाव को वह जानती थी। —शिवानी।

हाथ-पैर ढीले पड़ जाना/हो जाना

कमज़ोरी, निरुत्साह आदि के कारण कुछ करते न बनना; जैसे—अच्छा अब लाइट बंद करो और सो जाओ, दो घंटे को नींद भी न होगी तो कल हाथ-पैर ढीले हो जाएँगे।—अमृतलाल नागर।

हाथ-पैर निकालना

उद्दंडतापूर्ण या मनमाना आचरण करने लगना।

हाथ-पैर पड़ जाना
मानसिक आघात के कारण कुछ समय के लिए स्फूर्ति का ह्रास हो जाना; जैसे—पुत्र की नौकरी छूटने का समाचार सुनकर उसके तो हाथ-पैर पड़ गए।

हाथ-पैर फैलाना
अधिक्षेत्र बढ़ाने का प्रयास करना; जैसे—ज्यों ज्यों युनान और योरप के लोग हाथ-पैर फैलाने लगे त्यों त्यों वे अरब-सुरिया (सीरिया) की भाषाएँ भी पढ़ने लगे।—सीताराम चतुर्वेदी।

हाथ-पैर बँधे होना
परिस्थितियों से विवश होना; जैसे—वे मेरे लिए सब-कुछ कर सकते हैं, परंतु मैं देखता हूँ कि इस समय उनके हाथ-पैर बँधे हुए हैं।

हाथ-पैर मारना
दौड़-धूप और प्रयत्न करना।

हाथ-पैर हारना
१. प्रयत्न करते करते विफल होने पर साहस या हिम्मत छोड़ बैठना।
२. वृद्धावस्था के कारण बहुत शिथिल हो जाना।

हाथ-पैर हिलाना
चेष्टा या श्रम करना; जैसे—रोटी के लिए हाथ-पैर हिलाना, ईश्वरीय नियम है।—महात्मा गाँधी।

हाथी के साथ गन्ने खाना
किसी काम या बात में ऐसे आदमी की बराबरी करने का प्रयत्न करना जिसकी बराबरी की ही न जा सकती हो।

हाथी पर चढ़ना
बहुत अधिक प्रतिष्ठित, संपन्न या सम्मानित होना।

हाथी बाँधना
ऐसा काम करना या ऐसी चीज़ अपने पास रखना जिसमें प्रायः बहुत अधिक खर्च होता हो।

हाथों कलेजा उछलना
कलेजे में तेज़ धड़कन होना।

हाथों की कठपुतली बनना/बन जाना
पूर्ण रूप से किसी के प्रभाव में होना और उसके इशारों पर नाचना; जैसे—विवश होकर दबना तो समझ में आता है, परंतु किसी की ख़ातिर से दबना, केवल मुरौवत के हाथों की कठ-पुतली बनना, यह निरी भावुकता है। —प्रेमचंद।

हाथों के तोते उड़ना/उड़ जाना
अचानक कोई बहुत अनिष्ट या दुर्घटना होने पर भौंचक्का या स्तब्ध होना; जैसे—दादा ने बड़े गर्व से सुनाया था कि कैसे उनकी बात सुनकर हेडमास्टर का रंग फ़क हो गया और उसके हाथों के तोते उड़ गए थे।—अश्क।

हाथों में खेलना
किसी के इशारों पर नाचना अर्थात् पूरी तरह से किसी के वश में होना और उसकी इच्छा से काम करना; जैसे—धृतराष्ट्र ने दुर्योधन के हाथों में खेलकर मेरी आकांक्षाओं पर पानी फेर दिया। —यज्ञदत्त।

हाथों में लेना
हाथ में लेना (दे०); जैसे—जग्गू चाचा ने खाना बनाने का सारा इंतज़ाम अपने हाथों में लिया।—बच्चन।

हाथों में होना
अधिकार में होना; जैसे—घर का प्रबंध छोटे भाई के ही हाथों में था।—प्रेमचंद।

हाथों हाथ
१. एक हाथ (व्यक्ति) से दूसरे हाथ (व्यक्ति के पास से) होते हुए; जैसे—पत्र की एक ही प्रति हाथ आई है, पर वह पीछे की बेंचों पर हर एक की रगों के लहू को उबाल देती फिर रही है हाथों हाथ।—रा० रा० प्र० सिंह।
२. चटपट, तुरंत; जैसे—इस तरह दस हज़ार की रक़म हाथों हाथ लुट

जाएगी।—अमृतलाल नागर।

हाथों हाथ लुटना/लुट जाना

सहज ही लूट या मोह लिया जाना; जैसे—वह अलौकिक भोलापन, वह निसर्ग उच्छ्वास—हाथों हाथ लुट गए।—रा० रा० प्र० सिंह।

हाथों हाथ लेना

बहुत आदर और सम्मानपूर्वक अपनाना या स्वागत-सत्कार करना; जैसे—(१) शकुंतला भीतर पहुँची तो आरती की माँ ने हाथों हाथ लिया।—कमलेश्वर। (२) जमीला ने महज़बीं को हाथों हाथ लिया। अकस्मात् और आशा के विपरीत उसे अपने यहाँ देखकर वह निहाल हो गई।—भूषण वनमाली। (३) हम लोगों ने भी उस प्रस्ताव को हाथों हाथ लिया था।—मालती जोशी।

हामी भरना

किसी के अनुरोध की रक्षा या प्रार्थना की स्वीकृति के रूप में हाँ करना; जैसे—(१) उसने ज़रा-सी हामी भर दी, तुम चारो ओर खुशख़बरी लेकर दौड़े।—प्रेमचंद। (२) रातो ने हामी भरते हुए सिर हिलाया, फिर सुराही उठाई और चली गई।—रज़िया स० ज़हीर।

हाय पड़ना

पीड़ित व्यक्ति का शाप लगना; जैसे—मुझे लगता है कि उसकी हाय मुझ पर पड़ी है।

हाय मारना

पीड़ित करनेवाले को क्रोध में कोप-भरे शब्द कहना।

हाय हाय करना

घोर वेदना व्यक्त करना; जैसे—हम पति-पत्नी हैं यह समझकर सुदर्शन पुरुष मुझ से जलते और औरतें तुम्हारे दुर्भाग्य पर हाय हाय करतीं।—वसंत पोतदार।

हाय हाय पड़ना

किसी चीज़ की प्राप्ति के लिए विकलता प्रदर्शित होना; जैसे—इसे तो बस रुपए की हाय हाय पड़ी है, चाहे चाचा, भाई भतीजे जिएँ या मरें।—प्रेमचंद।

हाय हाय मचना

(किसी चीज़ का) दुष्प्राप्य हो जाना; जैसे—वहाँ अन्न के लिए हाय हाय मची है।

हारकर

कोई उपाय या मार्ग न रह जाने की दशा में, असमर्थ या विवश होकर; जैसे—जब और कुछ न हो सका तो वे हार कर फिर मेरे पास आए।

हार खाना

पराजित या परास्त होना, हारना।

हार चुकना

विफल मनोरथ होना; जैसे—बिशन के इस निर्णय के आगे भाई-बहन, माँ-रिश्तेदार, दोस्त-अहबाब सभी हार चुके थे।—गिरिधर गोपाल।

हार मानना

पराजय स्वीकार करना; जैसे—मैं जब उससे उलझ पड़ा था, तब मेरे दूसरे साथियों ने भी उसे धर दबाया था और आख़िर उसे हार माननी पड़ी थी और मैंने सोचा था कि अब गाड़ी ठीक चलेगी।—श्रवणकुमार।

हारे दरजे

हारकर, लाचार होकर; जैसे—हारे दरजे मुझे वहीं जाना पड़ा।

हाल करना/कर देना

बुरा हाल करना (दे०)।

हाल नाज़ुक होना/हो जाना

अवस्था चिंत्य होना, स्थिति बिगड़ी होना; जैसे—अब हालत इतनी नाज़ुक हो चुकी है कि इस दिशा को मोड़ देने की न तो उम्मीद नज़र आती है न ही सूरत।—इंद्रनाथ मदान।

हाल पतला होना
अवस्था बहुत ही दयनीय होना।

हाल बेहाल होना
बहुत ही बुरी दशा या स्थिति में होना।

हालत डाँवाडोल होना
स्थिति शोचनीय होना, हालत नाजुक होना; जैसे—फिर भी महँगाई और इलाज की हालत डाँवाडोल ही थी। —गिरिधर गोपाल।

हालत बदतर होना
स्थिति अत्यंत दयनीय होना; जैसे—उनकी हालत पुराने ज़माने के खरीदे हुए दास-दासियों से भी बदतर थी। —अमृतलाल नागर।

हालत बिगड़ना/बिगड़ जाना
स्थिति शोचनीय या नाज़ुक होना; जैसे—आपरेशन के बाद माँ की हालत बिगड़ने लगी थी।—गिरिधर गोपाल।

हावी होना
प्रबल होना, प्रभावी होना; जैसे—यथार्थ, आदर्श, अन्विति की आलोचना-भाषा, जो अपना अर्थ खो चुकी है, अभी शोध पर हावी है। —इंद्रनाथ मदान।

हिंदी की चिंदी निकालना
हिंदी भाषा के बहुत सूक्ष्म पर व्यर्थ के या तुच्छ दोष निकालना।

हिम्मत खुलना/खुल जाना
साहस-भरा काम करने का अभ्यास हो जाना।

हिम्मत टूटना/टूट जाना
१. उत्साह भंग होना; जैसे—वह दस बार अपने प्रयास में विफल हुआ पर उसकी हिम्मत नहीं टूटी।
२. शक्ति न रह जाना; जैसे—शरीर का दर्द न गया तो न गया।⋯माँ की हिम्मत कुछ महीनों बाद ही टूट गई।—गिरिधर गोपाल।

हिम्मत हारना/हार जाना
साहस छोड़ देना।

हिए से लगाना
गले लगाना।

हिया फटना/फट जाना
कलेजा फटना (दे०)।

हिया भर आना
दिल भर आना (दे०)।

हियाव खुलना
प्रायः अनुचित कार्य करने का साहस उत्पन्न होना; जैसे—बड़ों के मुँह लगने का उसका हियाव खुल गया है।

हिरन हो जाना
ग़ायब हो जाना; जैसे—⋯फिर उसका सारा नशा हिरन हो गया।

हिल जाना/पाना
घुल-मिल जाना, अपना समझकर किसी के पास जाना, उठना-बैठना या खेलना-कूदना; जैसे—छुटकू के बच्चे अभी मुझसे पूरी तौर पर हिल नहीं पाए।—अमृतलाल नागर।

हिला देना
विचलित कर देना, अनिश्चय की स्थिति में ला देना; जैसे—हकीम साहब मैं आप को बताऊँ, उस दिन रात को मैं चोर की तरह दीवार फाँदकर हवेली इसलिए पहुँचा था कि मैं मज़हबीं को अगवा कर लूँ⋯लेकिन बेगम साहिबा की बीमारी और मज़हबीं के रोने ने मेरे निश्चय को हिला दिया।—भूषण वनमाली।

हिसाब कर देना
हिसाब से जो निकलता हो वह दे देना; जैसे—मुझे उसी समय क्लास में बुलाया गया था और खड़े खड़े हिसाब कर दिया गया था।—कमलेश्वर।

हिसाब कर लेना
लेना और देना निश्चित करना; जैसे—शाम को आकर हिसाब कर लो, और जो निकले लेते जाओ।

हिसाब चलना
लेन-देन चलता रहना।

हिसाब चुकता करना
जो रक़म किसी को देनी हो, दे देना।

हिसाब चुकाना
हिसाब चुकता करना (दे०)।

हिसाब जाँचना
यह देखना कि आय-व्यय की जो मदें लिखी गई हैं, वे सब ठीक हैं या नहीं, आय-व्यय के लेखे का परीक्षण करना।

हिसाब जोड़ना
अलग-अलग लिखी हुई रक़मों का जोड़ लगाना, योग करना।

हिसाब देना
आय-व्यय, जमा-खर्च आदि का ठीक और पूरा विवरण प्रस्तुत करना।

हिसाब बंद करना
लेन-देन आदि का व्यवहार समाप्त करना।

हिसाब बराबर होना
लेना और देना बराबर होना; जैसे—ऐसी स्थिति होना कि न किसी से कुछ लेना हो और न ही उसे कुछ देना हो।

हिसाब बैठना
१. जुगाड़ होना; जैसे—जब तक बीस हज़ार का हिसाब न बैठे तब तक उस सौदे का नाम नहीं लेना चाहिए।
२. पारस्परिक अनुकूल व्यवहार होना; जैसे—उससे तुम्हारा हिसाब नहीं बैठता, तो उसके साथ काम मत करो।

हिसाब बैठाना
१. जुगाड़ करना।
२. कार्य-सिद्धि के लिए युक्ति करना।

हिसाब रखना
आय-व्यय, लेन-देन का पूरा ब्योरा तैयार करना या रखना; जैसे—पर मूरख धेले-पैसे का हिसाब रखना नहीं जानता।—शिवानी।

हिसाब साफ़ होना
कुछ भी लेना-देना शेष न रह जाना; जैसे—हर महीने यही होता है, जब कि हर महीने शुरू में यही लगता है कि इस बार सबका हिसाब साफ़ हो जाएगा। —श्रवणकुमार।

हिसाब-किताब करना
हिसाब करना।

हिसाब-किताब चुकता करना/कर देना
लेना-देना ले-देकर नौकरी से निकाल देना; जैसे—....आने दे बाबू जी को, आज ही तेरा हिसाब-किताब चुकता करती हूँ।—शिवानी।

हिस्सा बँटाना
शरीक होना, सहयोग प्रदान करना; जैसे—बहुत दिनों से वह उसकी दोस्त, सहेली, सखी उसके दुख-सुख में हिस्सा बँटाती आ रही है।—भूषण वनमाली।

हीही करना
निर्लज्जतापूर्वक हँसना; जैसे—....वह किसी तरह घर में आने पर उनके पास बैठता है, न कि बड़े और छोटे लड़के की तरह अपने कमरे में जाकर बीबी से हीही करने सीधे पहुँच गए।—नरेश मेहता।

हीही-हाहा लगा रखना
जमी हुई चौकड़ी के लोगों का प्राय: बेढंगे तौर से हँसते रहना जिससे दूसरों को असुविधा या परेशानी हो; जैसे—यह क्या हीही-हाहा लगा रखी है। जाओ बाहर जा के बैठो और वहीं शोर मचाओ। —कमलेश्वर।

हुकूमत चलाना
शासन करना।

हुकूमत जताना
प्रभुत्व प्रदर्शित करना, रोब दिखाना।

हुक्का ताज़ा करना
हुक्के का पानी बदलना।

हुक्का भरना
१. चिलम पर आग, तंबाकू वगैरह रखकर हुक्का पीने के लिए तैयार करना।
२. तुच्छ सेवाएँ करना।

हुक्का-पानी बंद करना
(किसी को) जाति या बिरादरी से अलग करना; पारस्परिक या सामाजिक व्यवहार न रखना या बंद करना; जैसे— बिरादरी के लोग हुक्का-पानी बंद कर देंगे।—अजित पुष्कल।

हुक्का-पानी रखना
सामाजिक संबंध स्थापित करना या किए रखना; जैसे—आज नल का पानी पिया तो कल सब अलाय-बलाय खाएँ-पिएँगे। ऐसे लोगों से हुक्का-पानी कौन रखेगा।—यशपाल।

हुक्म उठाना
१. आज्ञा पालन करना।
२. आज्ञानुसार सब तरह की सेवाएँ करना।

हुक्म चलाना
आज्ञा देना विशेषत: अपना बड़प्पन दिखाते हुए दूसरों को काम करने के लिए कहना; जैसे—(१) बैठे बैठे हुक्म चलाते हो, आप जाकर क्यों नहीं उठा लाते? (२) दोनो मालिक तो उनका अदब करते थे, मगर वह कल की आई मेम सदा हुकुम (हुक्म) ही चलाती थी।—अमृतलाल नागर।

हुक्म बजाना/बजा लाना
आज्ञा का पालन करना।

हुक्म में हाज़िर रहना
अधिकार या वश में होना, अधीन होना; जैसे—मैं तो बराबर हुक्म में हाज़िर रहता था।

हुलिया तंग होना
बहुत अधिक परिश्रम या दौड़-धूप के कारण परेशान हो जाना।

हुलिया देना
यह बताना कि अमुक व्यक्ति का रूप-रंग, आकार-प्रकार कैसा है।

हुलिया बिगड़ जाना
हुलिया तंग होना (दे०); जैसे—सबेरे उठकर सानी-पानी करना, दूध दूहना, फिर दूध लेकर बाज़ार जाना, वहाँ से आकर फिर दूध दूहना, एक पखवारे में उसका हुलिया बिगड़ गया।—प्रेमचंद।

हुलिया लिखाना
थाने में लिखवाना कि अपराधी या दोषी का रूप-रंग, आकार-प्रकार कैसा है।

हृदय उमड़ना
करुणा, प्रेम आदि के कारण मन द्रवित और विकल होना।

हृदय का भार
दुख, व्यथा; जैसे—अकसर वह रात को बिछौने पर मुँह छिपाए रोती। रोने से हृदय का भार कुछ कम होता। —हिमांशु जोशी।

हृदय जलना
क्रोध, चिंता आदि से उत्तप्त रहना; जैसे—मैं जिस दिन तुमसे बिदा हुआ था, उस दिन से आज तक मेरा हृदय जलता रहा।

हृदय निकालकर रख देना
जो कुछ मन में हो वह साफ़ साफ़ कह देना; जैसे—आप से मेरा परिचय बहुत थोड़ा है, लेकिन मालूम नहीं क्यों जी चाहता है कि आपके सामने हृदय निकालकर रख दूँ।—प्रेमचंद।

हृदय पर पत्थर धरना/रखना
दिल कड़ा करना, दृढ़तापूर्वक अपनी विह्वलता को काबू में करना; जैसे—(१) भाई की सहायता से उसने फिर हृदय पर पत्थर धर कोठी, मोटर बेच-बाचकर सब कर्ज़ा चुका दिया। —शिवानी। (२) उसने स्वयं हृदय पर पत्थर धरकर अपनी पूरी गृहस्थी मिट्टी के मोल नहीं लुटा दी थी।—शिवानी।

हृदय पिघलना
दिल पिघलना; जैसे—उसका हृदय

पिघल जाता और वह उसके इशारों पर चलने के लिए तैयार हो जाती। —गुलशन नंदा।

हृदय फटना

अत्यधिक दुखी होना; जैसे—(१) तुम्हें इस दशा में देखकर मेरा हृदय फटा जाता है—प्रेमचंद। (२) लक्ष्मण गिर गए और उन्हें देखकर राम का हृदय शोक से फटने लगा। —सीताराम चतुर्वेदी। (३) कुरुवंश की सूखी वंशावलि को देखकर उनका (भीष्म का) हृदय फटा जा रहा था। —यज्ञदत्त।

हृदय भर आना

हृदय उमड़ना (दे०)।

हृदय विदीर्ण होना/हो जाना

करुणा, शोक आदि के कारण मन में बहुत अधिक कष्ट या पीड़ा होना।

हृदय से लगाना/लगा लेना

१. आलिंगन करना, गले लगाना।

२. आत्मीय और प्रिय बनाना; जैसे—मालवीय जी तो बराबर यह कहते थे कि अंत्यजों को हृदय से लगाओ।

हेकड़ी भूलना/भूल जाना

शेखी भूलना; जैसे—मैं तो उसे वह मज़ा चखाऊँगा कि सारी हेकड़ी भूल जाए।—रा० रा० प्र० सिंह।

हेर-फेर करना

इधर का माल उधर और उधर का माल इधर करना।

हेर-फेर में लगे रहना

धन प्राप्त करने के चक्कर में रहना।

हेरा-फेरी करना

१. इधर से उधर आते-जाते रहना।

२. चीज़ें इधर से उठाकर उधर और उधर से उठाकर इधर रखना।

३. अदल-बदल करना।

होंठ काटना

होंठ चबाना (दे०)।

होंठ चबाना

दाँतों से होंठ दबाकर, तीव्र क्रोध सूचित करना।

होंठ चाटना

बहुत स्वादिष्ट वस्तु खाकर तृप्ति प्रकट करना; जैसे—हलुआ ऐसा बना था कि लोग होंठ चाटते रह गए।

होंठ चूसना

होंठों का चुंबन करते हुए उनका रस लेना, अधरपान करना।

होंठ न हिलाना

कुछ कहने का प्रयास न करना; जैसे—सब बातें हो गईं, पर उसने होंठ तक न हिलाए।

हो जाना

१. संपन्न या घटित होना; जैसे—(१) जब तक सुधा की शादी नहीं हो जाती ......वह शादी नहीं करेगा।—गिरिधर गोपाल। (२) जो हो जाता है, वह ठीक है, जो नहीं हो पाता, सो नहीं हो पाता।—कमलेश्वर ।

२. (किसी कार्य के) योग्य बनना अथवा कोई पद प्राप्त करना; जैसे—...(१) छोटे भाई पढ़-लिखकर नौकर नहीं हो जाते, वह शादी नहीं करेगा। —गिरिधर गोपाल।

३. बदल जाना; जैसे—...किसी को विश्वास नहीं होता था कि मांसाहारी बाघ शाकाहारी हो गया।—शिवप्रसाद सिंह।

४. (अपने आपको) अर्पित कर देना; जैसे—इंशा बिना किसी कौल-करार के सेठ जी की हो गई।—यशपाल।

५. बीत जाना; जैसे—हफ़्तों हो जाते हैं और मैं उसके यहाँ पहुँच नहीं पाती। —मालती जोशी।

हो-हुआ जाना

(कोई) अप्रत्याशित विशेषतः विषम बात होना; जैसे—......कल को (कुछ) हो हुआ जाए तो हम लोग उन

पर कहीं बोझ न बन जाएँ।—नरेश मेहता।

होड़ करना

बराबरी करना; जैसे—ऐसा जान पड़ता है मानो हिरण की दौड़ से ये होड़ कर रहे हों।—सीताराम चतुर्वेदी।

होड़ लगना

प्रतिस्पर्धा होना, सबका एक दूसरे से आगे निकलने के लिए सचेष्ट होना; जैसे—संगीताचार्यों और नृत्याचार्यों में इस बात की होड़ लगी थी कि शारदाबाई को कौन संगीत सिखाए और कौन नृत्य। —कमलेश्वर।

होते करते

कार्यों का संपादन होते या करते हुए; जैसे—होते करते रात के डेढ़ बज गए।—अमृतलाल नागर।

होते हुए

१. किसी स्थान पर होकर; जैसे—उधर से लौटती बार दुकान भी होते हुए आना।

२. उपस्थिति या विद्यमानता में; जैसे—तुम्हारे होते हुए उसे कोई कुछ नहीं कह सकता।

होते होते

धीरे धीरे, क्रमिक रूप से; जैसे—होते-होते नौबत यहाँ तक आई.....।

होना-जाना

निष्कर्ष या परिणाम निकलना, घटित होना; विशेषत: इच्छित या वांछित बात होना; जैसे—इन भभकियों से क्या होना-जाना है।

होना-हवाना

होना-जाना (दे०)।

होम करना

विसर्जित करना, विशेषत: खोना या गँवाना; जैसे—वह (नारी) अपनी लज्जा और गरिमा को, जो उसकी सबसे बड़ी विभूति थी, चंचलता और आमोद-प्रमोद पर होम कर रही थी। —प्रेमचंद।

होली खेलना

आपस में एक-दूसरे पर अबीर, रंग आदि डालना और हास-परिहास करके होली का त्योहार मनाना।

होश आ जाना

अक्ल ठिकाने आ जाना; जैसे—कहीं नौकरी हाथ से निकल गई तो होश आ जाएगा।

होश आना

सुध-बुध लौटना; जैसे—पुत्ती गुरु नदी की बहती धारा को खड़े खड़े देखते हुए बाद जब टाँगें ही लकड़ी हो गईं, तब होश आया।—अमृतलाल नागर।

होश उड़ना/उड़ जाना

अचानक कोई भीषण, विकट या विलक्षण स्थिति उत्पन्न होने पर कुछ समय के लिए किंकर्तव्यविमूढ़ हो जाना या सुध-बुध गँवा बैठना।

होश करना

ऐसी स्थिति में आना कि चेतना और बुद्धि ठीक तरह से काम करने लगे।

होश ठिकाने कर देना

भ्रांति, मोह या घमंड दूर कर देना; जैसे—चेतन का जी हुआ उछलकर उसकी छाती पर सवार हो जाए और मार मारकर उसके होश ठिकाने कर दे।—अश्क।

होश ठिकाने होना/हो जाना

१. चित्त स्वस्थ होना।

२. भ्रांति, मोह या घमंड दूर होना; जैसे—आज-कल तो उधर ख़ूब गुलछर्रे उड़ रहे हैं, बेदख़ली का सम्मन पहुँचेगा तो होश ठिकाने हो जाएगा। —प्रेमचंद।

होश फ़ाक्ता/फ़ाख्ता/होना

होश-हवास गुम हो जाना; जैसे—चुनौती ने उनके होश फ़ाक्ता कर दिए होंगे।—मनहर चौहान।

होश में आना
बेसुध या संज्ञाशून्य हो जाने के उपरांत फिर से चैतन्य होना।

होश संभालना
बाल्यावस्था समाप्त होने पर ऐसी अवस्था आना कि धीरे धीरे सब बातें समझ में आने लगें; वयस्कता आरंभ होना; जैसे—(१) उसने इसी (मकान) में होश संभाला, और जीवन के अब तक के सभी खट्टे-मीठे, कड़वे-तिक्त अनुभव उसे इसी में हुए।—गिरिधर गोपाल। (२) उसने पाया कि झूठ तो शायद वह तभी से बोल रहा है, जबसे उसने होश सँभाला है।—अश्क।

हौआ बनना
भयप्रद प्रतीत होना; जैसे—पढ़ाई-लिखाई मेरे लिए कभी हौआ न बन सकी।

हौसला करना
साहस दिखाना साहसपूर्वक कोई काम करना; जैसे—इससे पहले कई बार पचास (रुपए) भेजने का भी हौसला किया।—श्रवणकुमार।

हौसला निकालना
जिस काम या बात के लिए मन में बहुत उमंग या चाह हो, उसे पूरी कर लेना।

हौसला पस्त करना
उमंग या उत्साह नष्ट करना; जैसे—(१) बटलर बाँध के टूटने की ख़बर ने लोगों के हौसले पस्त कर दिए थे।—अमृतलाल नागर। (२) यदि तुम्हारा हौसला पस्त हो गया है, तो मेरा भी पस्त करने पर क्यों तुले हुए हो।—श्रवणकुमार।

हौसला बढ़ाना
प्रोत्साहित करना; जैसे—न आप चुड़ैल का हौसला बढ़ाते, न यों मुँह की खानी पड़ती।—रा० रा० प्र० सिंह।

कहावतें

अ

अंतर तर, मन चाहे सो कर
पल्ले पैसा हो तो आप जो चाहें कर सकते हैं, अर्थात् पैसेवालों को कुछ भी करने की छूट मिल जाती है।

अंडा सेवे कोई, बच्चा लेवे कोई
मेहनत कोई करे और फल पाए कोई दूसरा।

अंत बुरे का बुरा
दो आशय है। (१) बुरे व्यक्ति का अंत बुरा ही होता है। (२) बुरे काम का परिणाम बुरा ही होता है।

अंत भला तो सब भला
यदि परिणाम उत्तम हुआ तो समझ लेना चाहिए कि सब-कुछ अच्छा रहा।

अंत भले का भला
भलाई करनेवाले का अंत में भला ही होता है।

अंदर होवे साच, तो कोठे चढ़ के नाच
जो सच्चा होता है उसे किसी से भी डर नहीं होता, वह सबके सामने निर्द्वंद्व होकर जाता है।

अंधा आँखों को ही रोता है
जिसे किसी चीज़ का अभाव होता है वह उसी के लिए दुखी रहता है।

अंधा क्या चाहे, दो आँखें
अभावग्रस्त व्यक्ति यही चाहता है कि मेरा अभाव दूर हो जाए।

अंधा बाँटें रेवड़ी, फिर फिर अपने को दे
विवेकहीन तथा स्वार्थी व्यक्ति का दृष्टिकोण संकुचित ही रहता है।

अंधी पीसे कुत्ता खाए
जो व्यक्ति असावधानी के कारण अपना धन या जमा-पूँजी गँवा बैठता है उसके लिए इस कहावत का प्रयोग करते हैं।

अंधे के आगे रोना, अपने दीदे खोना
किसी अविवेकी या स्वार्थी से याचना करना व्यर्थ होता है।

अंधेर नगरी चौपट राजा, टके सेर भाजी टके सेर खाजा
अकर्मण्य शासक के राज्य में सदा अव्यवस्था तथा लूट-खसोट का बोल बाला रहता है।

अंधों में काना राजा
मूर्खों तथा अनपढ़ों के बीच कम पढ़ा लिखा व्यक्ति भी सबसे अक्लमंद समझा जाता है।

अकेला चना भाड़ नहीं फोड़ता
अकेला व्यक्ति कुछ नहीं कर सकता, अर्थात् एकता या संघटन ही सफलता का उपाय है।

अक्ल कहीं बिकती नहीं
बुद्धि स्वयं ही आती है किसी के समझाने से नहीं। बुद्धि परिश्रम और विचार-शीलता से आती है।

अक्ल बड़ी या भैंस
महत्त्व सूक्ष्मता अर्थात् बुद्धि या गुण का ही होता है स्थूलता या भारी भरकम होने का नहीं।

अक्लमंद को इशारा काफ़ी
समझदार व्यक्ति संकेत भर से ही किसी बात को समझ लेता है।

अजब तेरी कुदरत अजब तेरे खेल
ईश्वर की लीला इतनी विचित्र और विशद है कि उसके बारे में कुछ भी अनुमान लगाना कठिन है।

अजी राम का नाम लो
यह काम संभव नहीं या यह प्रयत्न सफलीभूत होनेवाला नहीं।

अति का भला न बरसना, अति की भली न धूप
किसी भी बात या वस्तु की अति अच्छी नहीं होती।

अति सर्वत्र वर्जयेत
अति का परिणाम सदा अशुभ या

हानिकारक होता है।

अधजल गगरी छलकत जाए

अज्ञानी या अशिक्षित व्यक्ति में गंभीरता नहीं होती।

अधिक जोगी मठ उजाड़

यदि किसी निश्चय, निष्कर्ष या उद्देश्य की सिद्धि में अधिक लोग लगे हों तो विवाद या विनाश होता है।

अधिका भला न बोलना, अधिका भली न चुप

किसी बात या वस्तु की अति बुरे परिणाम की सूचक होती है।

अनजान सुजान सदा कल्याण

सीधे-सादे और भले आदमी का सदा भला होता है।

अनहोनी होवे नहीं होवे होवनहार

जो होना होता है वह पहले से नियत रहता है।

अपना अपना खाना अपना अपना कमाना

कुटुंब के लोग यदि अपनी अपनी कमाई से निर्वाह करते हैं तो राग-द्वेष तथा कलह-क्लेश से मुक्त रहते हैं।

अपना अपना ही है पराया पराया ही

दुर्दिन या संकट के समय अपने ही सहायता के लिए दौड़ते देखे जाते हैं पराए नहीं।

अपना उल्लू कहीं नहीं गया

अपना काम हर हालत में सधेगा।

अपना कमाना अपना खाना

स्वावलंबी होना।

अपना पैसा खोटा तो परखनेवाले का क्या दोष

जब दोष अपने ही व्यक्ति का हो तो दूसरे पर आरोप कैसा!

अपना मारेगा तो छाँव में बैठाएगा

अपना व्यक्ति यदि दंडित भी करता है तो दयार्द्र भी होता है।

अपना वही जो वक्त पर काम आए

हम उसे ही अपना कह सकते हैं जो ज़रूरत के समय में काम आए।

अपना हाथ जगन्नाथ

अपना काम अपने से करना विशेषत: दूसरे पर आश्रित न रहना।

अपनी अक्ल और पराई दौलत सबको बड़ी मालूम होती है

इस कहावत का निचोड़ यह है कि सामान्यत: हर व्यक्ति अपने को औरों से अधिक बुद्धिमान समझने और दूसरे को आवश्यकता से कहीं अधिक समृद्ध और संपन्न समझने की भूल करता है।

अपनी अपनी ढफली, अपना अपना राग

हर आदमी अपनी ही बात के लिए शोर मचाता फिरता है अर्थात् अपना ही कथन मनवाना चाहता है या उसकी पुष्टि कराना चाहता है।

अपनी इज़्ज़त अपने हाथ

अपने ही व्यवहार से अपना सम्मान बनता या बिगड़ता है।

अपनी करनी अपनी भरनी

जैसा कर्म होगा वैसा फल भोगना होगा।

अपनी करनी पार उतरनी

अपने अच्छे कर्मों से ही सफलता मिलती है।

अपनी गरज पर गधे को बाप कहना पड़ता है

अपने कार्य की सिद्धि के लिए किसी तुच्छ व्यक्ति से भी चिरौरी करनी पड़ती है।

अपनी गरज बावली

जब व्यक्ति को अपने स्वार्थ के लिए पागलों की तरह दौड़ता-भागता देखते हैं तब इस उक्ति का प्रयोग करते हैं।

अपनी गाँठ पैसा तो पराया आसरा कैसा

जिसके पास धन होता है वह किसी का मुँह नहीं जोहना चाहिए। निर्धन ही दूसरों का मुँह जोहता है।

अपनी गली में कुत्ता भी शेर होता है

दुर्बल व्यक्ति भी अपने मुहल्ले में अकड़ कर बात करता है।

अपनी छाछ को कोई खट्टा नहीं कहता
अपनी तुच्छ कृति भी अपने को अच्छी लगती है।

अपनी जान सबसे प्यारी
अपने प्राणों की रक्षा की फ़िक्र सबको पहले होती है। कोई भी जान गँवाने या शारीरिक क्षति के लिए तैयार नहीं होता।

अपनी नाक कटी तो कटी पराई बदसगुनी तो हो गई
दूसरे के अहित के लिए अपनी हानि की भी परवाह न करना।

अपनी नींद सोना अपनी नींद उठना
जब कोई व्यक्ति हर काम बिना किसी समय का ध्यान रखकर अपनी सुविधा के अनुसार करता है तब उक्त उक्ति का प्रयोग करते हैं।

अपनी बला औरों के सिर
व्यक्ति अपनी विपदा या झंझट दूसरों पर ठेलना चाहता है।

अपनी बुराई दूसरे पर जमाई
अपना दोष दूसरों पर मढ़ना, अपनी बला दूसरों पर टालना।

अपनी रोटी सभी सेंकना चाहते हैं
सभी अपने अपने स्वार्थों के साधन में लगे हैं।

अपने दही को कौन खट्टा कहता है
अपनी चीज़ सभी को अच्छी लगती है। कोई भी अपनी चीज़ को ख़राब नहीं कहता।

अपने बिल में साँप भी सीधा ही जाता है
दुष्ट लोग भी अपने मुहल्ले में भलों का-सा आचरण करते देखे जाते हैं अर्थात् अपने मुहल्लेवालों को तंग नहीं करते।

अपने मरे बिना स्वर्ग नहीं मिलता
बिना अपने प्रयत्न के सफलता मिलना असंभव है।

अपनों से बेगाने भले
समय पर सहायता करनेवाले पराए लोग उन अपनों से अच्छे समझे जाते हैं जो सहायता नहीं कर पाते।

अब की अब के साथ, जब की जब के साथ
प्रस्तुत परिस्थिति से जैसे निपटना आवश्यक हो वैसा करना चाहिए आगे जैसा होगा फिर वैसा देखा जाएगा।

अब पछताए क्या होत है जब चिड़ियाँ चुग गईं खेत
अवसर चूक जाने पर व्यक्ति को पछताना ही होता है।

अबरा की जोरू सबकी भौजाई
कमज़ोर या निर्बल व्यक्ति की वस्तु पर हर कोई अधिकार जताने लगता है।

अभी कुछ नहीं गया
अभी कुछ अधिक हानि नहीं हुई। अभी सँभला जा सकता है।

अभी तो दूध के दाँत भी नहीं टूटे हैं
आक्षेप के रूप में यह कथन है। आशय है कि बड़े होने पर भी आपकी हरकत बचकानी है।

अभी दिल्ली दूर है
मंज़िल अभी दूर है। कार्य की सिद्धि के लिए अभी यथेष्ट प्रयत्न अभीष्ट है।

अमर होकर कोई नहीं आया
शोकसंतप्त को सांत्वना देते हुए कहा जाता है—हर व्यक्ति जिसने जन्म लिया है उसे भी एक न एक दिन मरना तो है ही।

अरबी न फारसी भैया जी बनारसी
ऐसा व्यक्ति जिसका नाम तो बहुत हो पर हो अनपढ़।

अशरफ़ियाँ लुटें और कोयलों पर मोहर
जहाँ कम खर्च से काम चल सकता हो वहाँ ढेरों खर्च कर डालना और जहाँ कुछ किसी को देना आवश्यक हो वहाँ हाथ खींच लेना।

अस्सी की आमदनी चौरासी का खर्च
आमदनी कम और खर्च ज़्यादा होने पर उक्त कहावत का प्रयोग करते हैं।

आ

आँख ओट पहाड़ ओट
जो वस्तु आँखों से ओझल हो जाती है वह फिर ध्यान से भी हट जाती है।

आँख का अंधा, गाँठ का पूरा
मूर्ख किंतु अपने हित का पूरा-पूरा ध्यान रखनेवाला।

आँख का अंधा, नाम नैनसुख
नाम के प्रभाव से स्थिति या हैसियत का महत्त्व अधिक होता है।

आँख के आगे नाक, सूझे क्या ख़ाक
सामने पड़ी हुई वस्तु भी न दिखाई देना। (व्यंग्योक्ति)

आँख का दीदा काढ़े कसीदा
बेहुनरा व्यक्ति जब कोई महत्त्वपूर्ण कार्य करने लगता है तो उस पर व्यंग्य कसते हुए यह उक्ति कही जाती है।

आँख बची और माल दोस्तों का
ज़रा ध्यान हटा नहीं कि सामान ग़ायब हुआ नहीं।

आँखों देखी मक्खी नहीं निगलते
जान-बूझकर कोई ऐसा कार्य नहीं किया जाता जिससे हानि होती हो।

आँखों सुख कलेजे ठंडक
कोई सुंदर वस्तु या दृश्य देखकर हृदय का उत्फुल होना।

आँधी आए बैठ गवाए
विपत्ति या संकट के समय धैर्य और शांति से ही बचा जा सकता है।

आँधी की तरह आया और बबूले की तरह गया
एकाएक आना और झटपट चले भी जाना।

आँवले का खाया और बड़े का कहा बाद में मज़ा देता है
अच्छी वस्तु या भली बात नागवार लगने पर भी शुभ फल देती है।

आँसुओं से प्यास नहीं बुझती
रोने-कलपने से दुख दूर नहीं होता।

आँसू औरत का हथियार हैं
स्त्रियाँ आँसूओं के बल पर अपना उद्देश्य सिद्ध कर लेती हैं।

आई मौत को टाले कौन
जो होना है वह होकर रहता है उसे कोई टाल नहीं सकता।

आई लक्ष्मी को नहीं फेरते
यदि कोई धन देने का प्रस्ताव या अनुरोध करे तो समझदारी इसी में है कि उसे स्वीकार कर लिया जाए।

आए की ख़ुशी न गए का ग़म
मिलने-जुलनेवाले के प्रति उपेक्षा का भाव।

आए थे हरिभजन को ओटन लगे कपास
आदर्श तो बहुत ऊँचा था पर निम्न स्तर के कार्यों में उलझ गए।

आओ तो सिर-आँखों पर, न आओ तो ठेंगे से
जो आना चाहे उसका हार्दिक स्वागत और जो आना ही न चाहे उसके बारे में सोचने की भी आवश्यकता नहीं।

आकाश का थूका मुँह पर आता है
बड़ों का अपमान करने पर व्यक्ति स्वयं अपमानित होता है।

आग और फूस का बैर
विभिन्न संस्कारों या प्रवृत्तिवाले लोगों को एक दूसरे से दूर रहना चाहिए।

आग को आग मारती है
दुष्ट को दुष्ट ही राह पर ला सकता है।

आग खाए अंगार उगले
आदमी के जैसे कर्म होते हैं वैसा ही वह हो जाता है।

आग बिना धुआँ नहीं
हर बात या काम के पीछे कोई न कोई कारण होता है।

आगे कुआँ पीछे खाईं
दोनो तरफ़ संकट—कहीं से बचाव नहीं।

आगे जाते घुटने टूटें, पीछे देखते आँखें फूटें
सब स्थितियों में हानि होना।

आगे दौड़ पीछे चौड़
नए नए कार्य तो करते चलना किंतु पिछले कार्यों की उपेक्षा करना।

आगे नाथ न पीछे पगहा, खाए मोटाए के हुए गदहा
बेफ़िकरा व्यक्ति स्वस्थ और चिंतामुक्त तो रहता है परंतु होता है वह असमाजशील और मूर्ख ही।

आगे मार पीछे सँवार
जल्दबाज़ी में पहले काम बिगाड़ बैठना फिर उसे सँवारने की सोचना।

आगे लत्ता न पीछे पत्ता बीबी हो अलबत्ता
पल्ले कुछ नहीं पर अप्सरा की आकांक्षा।

आज का लड़का कल का बाप
व्यक्ति को उन्नति करने में देर नहीं लगती।

आज किधर से चाँद निकला है
किसी के बहुत दिन बाद दिखाई देने पर तथा आश्चर्य व्यक्त करने के लिए उक्त उक्ति का प्रयोग होता है।

आज तुम्हारी कल हमारी
कभी किसी की जीत तो कभी किसी की हार। हार-जीत तो खेल, प्रतियोगिता, होड़ आदि में लगी ही रहती है।

आज मरे कल दूसरा दिन
किसी भी दुखद घटना का दुखद परिणाम व्यक्ति धीरे धीरे या समय पाकर भूलने लगता है।

आज सोलहों दंड एकादशी है
आज कुछ भी खाने को नहीं मिला। निराहार रहना पड़ा।

आज-कल तो पैसे का खेल है
युग की विशेषता की ओर संकेत है कि सब काम पैसे के बल पर संपादित करा लिए जाते हैं या कराए जा सकते हैं।

आटे के साथ घुन भी पिसता है
ग़लत आदमी का साथ देने पर उसी की तरह दंडित होना पड़ता है।

आठ कनौजिया नौ चूल्हे
पारिवारिक वैमनस्य और अलगाव का भाव दरशाने के लिए इस उक्ति का प्रयोग होता है।

आठ वार नौ त्योहार
नित्य आनंद-मंगल यहाँ होते हैं।

आती लक्ष्मी को कौन लात मारता है
धन का तिरस्कार या उपेक्षा कोई नहीं करता।

आदमी की कद्र मरने पर होती है
आदमी के गुणों तथा कार्यों का महत्त्व तभी समझ में आता है जब वह नहीं रहता।

आदमी कुछ खोकर ही पाता है
व्यक्ति अपनी हानि से सीख लेता है।

आदमी चला जाता है, बात रह जाती है
मनुष्य के मरने के बाद उसके काम ही इस संसार में रह जाते हैं। उसके कामों के अनुसार ही लोग उसकी प्रशंसा या निंदा करते हैं।

आदमी जाने बसे सोना जाने कसे
शक्ल से किसी को ठीक से जाना-समझा नहीं जा सकता, इस संबंध में उसका व्यवहार ही निर्णायक होता है।

आदमी ठोकर खाकर सँभलता है
जीवन अनुभवों से ही परिपक्व होता है। बिना संसार के थपेड़े सहे अक्ल नहीं आती।

आदमी दो दिन का मेहमान है
व्यक्ति थोड़े समय के लिए ही इस धरती पर आता है।

आदमी हो या घनचक्कर
आपके कार्यों या बातों से तो ऐसा लगता है कि आप बुद्धि से काम नहीं लेते।

आधा तीतर आधा बटेर
ऐसा काम ज़िसमें क्रम या अनुपात का कुछ भी ध्यान न रखा गया हो,

ऊलजलूल काम।

आधी छोड़ सारी को धाए, आधी रहे न सारी को पाए
व्यक्ति यदि जो मिले उससे संतोष नहीं करता तो संभव है कि कल उसे वह भी न मिले। आशय है—लालच बुरी बला।

आना न पाई निरी पाँव घिसाई
मिलना-जुलना कुछ नहीं बस दौड़-धूप में लगे रहना।

आन्हर का जाने बसंत बहार
अयोग्य या गुणहीन व्यक्ति किसी अच्छी चीज़ का महत्त्व नहीं समझ पाता।

आप काज महा काज
अपना काम स्वयं ही सँवारा जाता है।

आप कौन मैं ख़ामख़्वाह
दूसरों के काम में बिना मतलब हस्तक्षेप करनेवालों के लिए प्रयुक्त उक्ति।

आप बुरा तो जग बुरा
जो स्वयं बुरा है उसे हर कोई बुरा ही दिखाई देता।

आप भला तो जग भला
जो स्वयं भला होता है उसे हर कोई भला प्रतीत होता है।

आप मियाँ मँगते, बाहर खड़े दरवेश
जो स्वयं दूसरों पर आश्रित हो वह औरों की क्या सहायता कर सकता है।

आपा तजे तो हरि को भजे
जब तक व्यक्ति अहंकार नहीं छोड़ता तब तक वह प्रभु की ओर प्रवृत्त नहीं होता।

आफ़त बता कर नहीं आती
विपत्ति हमेशा अचानक ही आती है।

आफ़त में दुश्मन-दोस्त का पता चलता है
विपत्ति के समय ही पता चलता है कि कौन हमारा मददगार है और कौन हमारी मुसीबत बढ़ानेवाला।

आम के आम गुठलियों के दाम
ऐसा काम, चीज़ या बात जिसमें मुख्य लाभ के साथ कोई गौण लाभ भी हो।

आम खाने से मतलब या पेड़ गिनने से
अपने काम पर पूरा ध्यान देना चाहिए न कि इधर-उधर की बातों में अपना ध्यान बँटाना चाहिए।

आराम हराम है
अपनी पूरी शक्ति और समय अपने काम में लगाना चाहिए और जब तक काम पूरा न हो जाए तब तक आराम करने की बात सोचनी भी नहीं चाहिए।

आवश्यकता आविष्कार की जननी है
आवश्यकता ही आदमी को नई नई वस्तुओं तथा काम करने के नए नए उपायों को ढूँढ़ निकालने के लिए प्रेरित करती रहती है।

आशा पर दुनिया कायम है
आदमी यह सोचता है कि मेरी आशाएँ अवश्य पूरी होंगी। आशाओं की पूर्ति का क्रम सदा ही चलता रहता है।

इ

इक चुप सौ सुख
चुप रहने से अर्थात् विवाद से बचने से अपने को शांति तो मिलती ही है दूसरे के कोप से भी रक्षा होती है।

इज़्ज़त की आधी भली, बेइज़्ज़ती की सारी बुरी
धन थोड़ा ही मिले परंतु सम्मानपूर्वक मिले तो वह अच्छा। पर यदि धन अधिक मिले और उसके साथ तिरस्कार भी मिले तो वह अच्छा नहीं।

इज़्ज़त करोगे इज़्ज़त मिलेगी
सम्मान देने से ही सम्मान मिलता है। आप किसी का सम्मान करेंगे तभी वह आपका भी सम्मान करेगा।

इतनी-सी जान गज भर की ज़बान
छोटे व्यक्ति का बहुत बढ़ बढ़कर बोलना।

इधर की उधर नहीं करनी चाहिए
चुगलखोरी नहीं करनी चाहिए।

इधर के रहे न उधर के
दोनो तरफ़ से फ़ज़ीहत होना। दोनो पक्षों द्वारा ठुकराया जाना।

इधर खाई उधर कुआँ
दोनो तरफ़ संकट। किसी भी स्थिति में बचाव न दिखाई देना।

इन तिलों में तेल नहीं
इनसे कुछ भी प्राप्ति होने के आसार नहीं।

इलाज से बचाव अच्छा
पहले रोगी बनो ऊपर से इलाज भी कराओ इससे तो अच्छा है रोग से बचने के उपाय पर ध्यान देना।

इश्क अंधा होता है
प्रेम में पड़े हुए व्यक्ति को किसी प्रकार के अपने सुख-दुख की परवाह नहीं होता।

इश्क छिपाए न छिपे
प्रेम की यह विशेषता है कि प्रकट हुए बिना नहीं रहता।

इस कान सुनना उस कान निकाल देना
किसी की बात पर ध्यान ही न देना।

इस कान सुनी उस कान उड़ाई
यह उक्ति ऐसे व्यक्ति के लिए प्रयुक्त होती है जो किसी अच्छी बात या सीख पर ध्यान नहीं देता।

इस पार या उस पार
किसी समस्या या विवाद का निपटारा होना ही चाहिए चाहे वह पक्ष में हो या विपक्ष में।

इस हाथ ले उस हाथ दे
लेन और देन में खरा होना चाहिए।

ई

ईमान है तो सब कुछ है
यदि आप सत्य या धर्म पर रहते हैं तो आपका कुछ बिगड़ने को नहीं।

ईर्ष्या से क्रोध भला
क्रोध जितनी हानि करता है ईर्ष्या उससे कहीं अधिक क्षति पहुँचाती है।

ईश्वर उन्हीं की सहायता करता है जो अपनी सहायता आप करते हैं
परिश्रम करनेवालों को ही फल मिलता है। केवल भाग्य के भरोसे बैठनेवाले फ़ायदे में नहीं रहते।

ईश्वर की माया कहीं धूप कहीं छाया
सुख और दुख धूप और छाया की तरह आते जाते रहते हैं।

ईश्वर के घर देर है पर अंधेर नहीं
अच्छे, बुरे कर्मों का फल अवश्य मिलता है। भले ही देर में सही।

ईश्वर जो करता है ठीक ही करता है
ईश्वर के कार्यों के आगे सिर झुकाने में ही भला है।

ईश्वर देता है तो छप्पर फाड़कर देता है
ईश्वर के गुण की चर्चा है कि जिसे वह धन देता, अत्यधिक मात्रा में देता है।

ईश्वरेच्छा बलीयसी
इच्छा के विपरीत कोई काम या बात होने पर धैर्य बनाए रखने के लिए इस उक्ति का प्रयोग करते हैं।

उ

उखली में सिर दिया तो मूसलों से क्या डरना
जोखिम का काम करनेवाले को छोटे-छोटे आघातों से डरने की आवश्यकता नहीं होती।

उगते सूरज को सभी सलाम करते हैं
जिसमें शक्ति निहित होती है उसी की जयजयकार लोग करते हैं।

उगले तो अंधा, निगले तो कोढ़ी
इस उक्ति का तब प्रयोग करते हैं जब दोनो सूरतों में किसी के बचाव की संभावना न दिखाई देती हो।

उड़ चल पंछी पी के देश
अब वहीं चलना चाहिए जो दरअसल अपना सही ठिकाना है।

उतने पाँव पसारिए जितनी चादर होए
अपनी औकात के अनुसार ही खर्च करना चाहिए, इसी में भलाई है।

उतर गई लोई क्या करेगा कोई
बेशर्म व्यक्ति की आँखों में किसी का भी डर नहीं होता।

उतरा घाटी हुआ माटी
बढ़िया से बढ़िया वस्तु भी पेट में जाने पर मिट्टी हो जाती है।

उदय होगा तो अस्त भी होगा
उत्थान के बाद पतन भी अवश्यं-भावी है।

उद्धव का लेना न माधव का देना
दूसरों के पचड़े में न पड़ना। अपने मतलब से मतलब रखना।

उधार मित्रता की कैंची है
अपने मित्र से उधार नहीं लेना चाहिए। उधार से मित्रता में वैमनस्य उत्पन्न होता है।

उनके पेशाब से चिराग जलता है
यह उक्ति ऐसे व्यक्ति के लिए प्रयुक्त होती है जिसका चारो ओर दब-दबा हो।

उलटा चोर कोतवाल को डाँटे
इस उक्ति का प्रयोग तब होता है जब दोषी ही दोष लगानेवाले या अधिकारी पर आक्षेप करता है।

उलटी गंगा पहाड़ को चली
किसी को परंपरा के विरुद्ध या मर्यादा के विरुद्ध काम करते हुए देखकर उक्त उक्ति का प्रयोग करते हैं।

उलटे बाँस बरेली को
निराशा के कारण परदेश छोड़ वापस आना।

उल्लू की दुम फ़ाख्ता
मूर्ख व्यक्ति।

उल्लू के उल्लू ही रहे
पढ़-लिखकर भी जो समझदारी की बात न करना सीख पाया हो, उस व्यक्ति के लिए।

ऊ

ऊँची दुकान फीका पकवान
जहाँ दिखावा होता है वहाँ सारतत्त्व नहीं होता।

ऊँट किस करवट बैठता है
निर्णय या निष्कर्ष की प्रतीक्षा में होना।

ऊँट को अपनी ऊँचाई पहाड़ के नीचे जाने पर ही पता चलती है
अपने बल का सही ज्ञान तभी होता है जब अपने से अधिक बली से वास्ता पड़े।

ऊधो की टोपी माधव के सिर
हेरा-फेरी को ही अपना व्यवसाय समझना।

ऊपर गोरे भीतर काले
यह उक्ति ऐसे व्यक्तियों के लिए प्रयुक्त होती है जिनका व्यवहार दोरंगा होता है।

ए

एक अंधा एक कोढ़ी, राम मिलाई जोड़ी
इसे प्रभू की कृपा ही समझना चाहिए कि ऐबी लोगों को भी ऐबी जोड़ीदार मिल जाता है।

एक अनार सौ बीमार
जब कोई चीज़ थोड़ी मात्रा में होती है तो उसे प्राप्त करनेवाले बहुतेरे आ खड़े होते हैं।

एक आँख से रोना दूसरी से हँसना
संसार की रीति की ओर संकेत है कि व्यक्ति को कभी सुख की अनुभूति होती है तो कभी दुख की।

एक एक बूँद से सागर भरता है
थोड़ा थोड़ा जोड़ने से ही विशाल संग्रह बन जाता है।

एक और एक ग्यारह होते हैं
संगठन में अथाह शक्ति होती है।

एक कहो न दो सुनो
बुराई से बुराई बढ़ती है।

एक कहोगे तो दस सुनोगे
किसी को ग़लत बात नहीं कहनी चाहिए। आपने यदि एक बात ऐसी कही तो अगला वैसी अनेक बातें आपको सुनाएगा।

एक कान से सुनी दूसरे कान उड़ाई
किसी की बात पर ध्यान ही न देना। लापरवाही बरतना।

एक की दस लगाना
किसी की शिकायत बढ़ा-चढ़ाकर दूसरे से करना।

एक घड़ी का पता नहीं जनम भर के सौदे
व्यक्ति को अपनी आयु का तो पता नहीं रहता परंतु वह सोचता है कि जैसे सदा के लिए मैं यह काम करता चलता रहूँगा या भोग भोगता रहूँगा।

एक घड़ी की बुराई जनम भर सुख
किसी ग़लत काम में न फँसने से व्यक्ति जीवन भर सुखी रह सकता है पर शर्त यह है कि वह उस काम में हाथ डालने से इन्कार कर दे।

एक घर तो डायन भी छोड़ देती है
दुष्ट व्यक्ति भी किसी न किसी से बना कर रहता है।

एक चुप हज़ार सुख
जवाब न देने से अर्थात् शांत रहने से कई मुसीबतें टल जाती हैं।

एक जंगल में दो शेर नहीं रहते
दो अहंकारी व्यक्तियों में कभी नहीं पट सकती।

एक तंदुरुस्ती हज़ार नियामत
स्वास्थ्य हज़ार सुखों से बढ़कर है।

एक तवे की रोटी, कोई पतली कोई मोटी
थोड़ा-बहुत अंतर समान रूप-रंग या आकार-प्रकारवाली वस्तुओं में तो होता ही है।

एक तो करेला ऊपर से नीम चढ़ा
किसी व्यक्ति का स्वभाव दोषपूर्ण हो,उसे यदि वैसे ही स्वभाव के व्यक्ति का संग-साथ भी मिले तो उसके स्वभाव में कई गुना तेजी आ जाती है।

एक तो चोरी ऊपर से सीनाज़ोरी
ग़लती करनेवाला यदि अपनी ग़लती को भी सही मानता है तो उसमें उद्दंडता आ जाती है।

एक थैली के चट्टे-बट्टे
एक साथ रहनेवाले या एक तरह का काम करनेवाले लोगों के स्वभाव तथा प्रवृत्तियों में समानता होती है।

एक दिन सबको जाना है
शाश्वत सत्य की ओर संकेत है कि हर व्यक्ति जो जन्म लेता है उसे एक न एक दिन मरना ही है।

एक नारी ब्रह्मचारी
किसी पराई स्त्री से संबंध न रखनेवाले व्यक्ति की गिनती ब्रह्मचारियों में होती है।

एक ने कही दूजे ने मानी, नानक कहे दोनों ज्ञानी
परस्पर सहयोग की भावना रखनेवाले बुद्धिमान होते हैं।

एक पंथ दो काज
उद्देश्य तो एक था परंतु उसे पूरा करने से दोहरा लाभ हुआ।

एक परहेज सौ इलाज
अनेक प्रकार के इलाज करने पर भी यह निश्चित नहीं कि रोग दूर होगा या नहीं परंतु यदि परहेज किया जाए तो निश्चय ही इस रोग से बचा जा सकता है।

एक बार जोगी, दो बार भोगी, तीन बार रोगी
एक या दो बार से ज़्यादा पाख़ाने जानेवाला व्यक्ति रोगी माना जाता है। आशय है कि थोड़ा भोजन करनेवाला योगी होता है और अधिक भोजन

करनेवाला भोगी या फिर रोगी होता है।

एक मछली सारे तालाब को गंदा कर देती है

ग़लत व्यक्ति का दुष्प्रभाव उसकी संगत में रहनेवालों पर बहुत अधिक पड़ता है।

एक म्यान में दो तलवारें नहीं रहतीं

एक स्थान पर दो हिंसा-वृत्तिवाले व्यक्ति नहीं रह सकते।

एक लकड़ी से सबको नहीं हाँका जा सकता

सभी को एक जैसा नहीं समझना चाहिए अर्थात् हर एक को समान समझना भूल है।

एक लाख पूत सवा लाख नाती, ता रावण घर दिया ना बाती

अपनी संख्या पर इतराना नहीं चाहिए क्योंकि अंत किस प्रकार और कैसा हो कहना कठिन है।

एक समय में एक काम

सुझाव है कि व्यक्ति को एक समय में एक ही काम करना चाहिए अर्थात् दो नावों में सवार होना महँगा पड़ता है या महँगा पड़ सकता है।

एक साधे सब सधे, सब साधे सब जाए

एक साथ कई काम करने पर सभी में सफलता मिले यह असंभव है। अतः एक बार में एक ही काम करना चाहिए जिसमें सफलता की पूरी संभावना होती है।

एक हम्माम में सब नंगे

जिस काम को सभी करते हों उसका दोष किसी एक पर मढ़ना सही नहीं होता।

एक हाथ लेना एक हाथ देना

जिससे कुछ लिया जाए उसे ईमानदारी से उतना लौटाना भी चाहिए अर्थात् लेन-देन में व्यक्ति को खरा होना चाहिए।

एक हाथ से ताली नहीं बजती

विवाद में दोनो पक्षों का योग रहता है।

एक ही ज़बान पान खिलाए, एक ही ज़बान जूता चटाए

आपके बोलने का ढंग आपका सत्कार भी करा सकता है और तिरस्कार भी।

एका बड़ी चीज़

एकता या संघटन में बहुत बड़ी शक्ति होती है।

ऐ

ऐंठन दो दिन ही रहती है

अकड़ ज़्यादा देर नहीं रहती।

ऐरा गैरा नत्थू खैरा

बेमतलब का आदमी, फालतू आदमी।

ऐरे गैरे नत्थू खैरे

असंबद्ध और अनचाहे व्यक्ति।

ऐसी सुहागिन से तो राँड भली

छिपकर व्यभिचार या कोई भी दुष्कर्म करनेवाले लोगों से डंके की चोट पर वैसा काम करनेवाला बेहतर होता है।

ऐसे गए जैसे गधे के सिर से सींग

इस प्रकार कहीं से खिसकना कि फिर वहाँ कभी दिखाई ही न देना।

ऐसे जीने से मर जाना अच्छा

दुर्दशा भोगते रहने से मर जाना कहीं अच्छा है।

ऐसे तो मेरे जेब में पड़े रहते हैं

किसी को उपेक्ष्य या शक्तिहीन बतलाना।

ओ

ओछा घड़ा बाजे घना

जिन लोगों में गंभीरता नहीं होती वे अधिक उछल-कूद मचाते हैं।

ओछे के मुँह लगना अपनी इज़्ज़त खोना

क्षुद्र प्रकृतिवाले लोगों से संपर्क बढ़ाने

पर अपनी फ़ज़ीहत होती है।

ओढ़ ली लोई क्या करेगा कोई

जब अपने को सुरक्षित बना लिया तब कोई आख़िर क्या बिगाड़ लेगा।

ओस चाटे तृप्ति नहीं होती

खाने की इच्छा या आवश्यकता हो ढेर पर मिले बहुत थोड़ा तो उक्त उक्ति का प्रयोग करते हैं।

औ

औंधी खोपड़ी उलटी मत

मूर्ख व्यक्ति की राय हमेशा ग़लत ही होती है।

औषध ताको दीजिए जाके रोग शरीर

जिसे आवश्यकता हो उसी को कोई चीज़ देनी चीहिए अन्यथा उसका दुष्प्रयोग होने की संभावना है।

क

कंधे पर छोरा गाँव में ढिंढोरा

जब कोई व्यक्ति किसी चीज़ को खोजने में परेशान होता है पर हो वह चीज़ उसके ठीक पास या सामने, तब उक्त कहावत का प्रयोग करते हैं।

कई बरतन होंगे तो टकराएँगे ही

जब अनेक लोग एक साथ होंगे या रहेंगे तब उनके विचारों में मतभेद तथा विवाद भी होगा।

कटी उँगली पर भी नहीं मूतना

किसी की मदद न करना। उस व्यक्ति के संबंध में इस उक्ति का प्रयोग होता है जो ऐसी अवस्था में भी किसी की सहायता नहीं करता जिसमें उसकी कुछ भी क्षति या खर्च न होने को हो।

कथनी से करनी बड़ी

बातें करने की अपेक्षा काम करना अधिक महत्त्वपूर्ण है।

कपड़ा कहे तू मेरी इज़्ज़त कर मैं तेरी करूँ

कपड़ों को सँभालकर पहनने से व्यक्ति का समाज में आदर होता है।

कपड़ा पहने जग भाता, खाना खाए मन भाता

कपड़ा वही पहनना चाहिए जो सबको अच्छा लगे तथा खाना वही खाना चाहिए जो स्वयं को अच्छा लगे।

कपूत से निपूत भले

संतानविहीन व्यक्ति उस व्यक्ति की अपेक्षा अधिक सुखी समझा जाता है जिसकी संतान नालायक या दुष्ट हो।

कबहूँ न हारे खेल जो खेले दाँव विचार

सोच-विचार कर कार्य करनेवाले को कभी हारना या पछताना नहीं पड़ता।

कबहूँ नाहिन बाजी है एक हाथ से ताली

एक हाथ से कभी ताली नहीं बजती अर्थात् दो पक्ष न हों तब तक झगड़ा या विवाद नहीं होता।

कबूतरख़ाना है, एक आता है एक जाता है

ऐसा स्थान जहाँ आने-जानेवालों का क्रम बराबर लगा रहता हो।

कब्र में पाँव लटकाए बैठे हैं

मृत्यु के नज़दीक पहुँच चुके हैं।

कभी काग़ज़ की भी नाव चलती है!

हीन साधन से सफलता की प्राप्ति असंभव है।

कभी गाड़ी नाव पर, कभी नाव गाड़ी पर

समय परिवर्तनशील है और वस्तुस्थिति में उलट-पलट हुआ करता है।

कभी घूरे के दिन भी फिरते हैं

कभी ग़रीब के दिन फिरते हैं।

कभी तोला कभी माशा

कभी प्रसन्न तो कभी क्रुद्ध।

कभी रात बड़ी कभी दिन

संसार में उलट-फेर तो होता ही रहता है।

कम खाना और ग़म खाना

संसार में वही सुखी रहता है जिसकी

इच्छाएँ सीमित होती है और धैर्य धारण किए रहता है।

कमज़ोर की लुगाई सबकी भौजाई
कमज़ोर की वस्तु पर सभी हक जमाते है।

कमज़ोर पर ही गुस्सा आता है
अपने से कमज़ोर पर सभी रोब दिखाते हैं अर्थात् अपने से ताकतवर से सभी डरते हैं।

कमल कीचड़ में उगता है
कठोर परिस्थितियों में जमे रहनेवाले उन्नति करते हैं।

कमाऊ पूत किसे नहीं अच्छा लगता
कमानेवाला सभी के आदर का पात्र होता है।

कमान से निकला तीर और मुँह से निकली बात फिर हाथ नहीं आती
बिना विचारे अर्थात् जल्दबाज़ी में किया हुआ काम हानिप्रद होता है।

कर तो डर, न कर तो भी डर
ईश्वर से सदा डरना चाहिए।

कर बुरा हो बुरा, कर भला हो भला
बुरे कर्मों का नतीजा सदा बुरा होता है और अच्छे कर्मों का फल सदा अच्छा होता है।

कर सेवा पा मेवा
सेवा का पुरस्कार उत्तम होता है।

करता से करतार हारे
परिश्रमी से भगवान भी हार जाते हैं आशय है कि परिश्रमी व्यक्ति महान कार्य करने में सफलता पाता है।

करते की विद्या है
अभ्यास करने से ही व्यक्ति किसी विद्या में परिपक्वता प्राप्त कर लेता है।

करना अपने वश, देना उसके वश
व्यक्ति को अपना कर्म करते रहना चाहिए। फल देना तो भगवान का काम है।

करनी ख़ाक की बात लाख की
करना कुछ नहीं पर बातें लंबी-चौड़ी करना।

करनी न करतूत लड़ने को मजबूत
कमाने-धमाने या कुछ करने-धरने की तो फ़िक्र नहीं बस सारी ताकत लड़ने-झगड़ने में लगाने की धुन।

करम रेखा न मिटे, करे कोई लाख चतुराई
लाख चतुराई करने पर भी होता वही है जो भाग्य में लिखा होता है। भाग्य का लिखा टाला नहीं जा सकता।

करमहीन को भाग्यहीन ही मिलता है
निकम्मे व्यक्ति का संगी अभागा ही होता है।

करा और कराया, फिर भी नहीं कमाया
परिश्रम करने के बाद भी कुछ हासिल न होना। यह उक्ति उस व्यक्ति के लिए है जिसने दूसरों के काम तो सँवारे परंतु अपना कुछ न बना सका हो।

करिए अपने मन की, पर सुनिए सबकी
राय सबसे ले पर करे जो भी, पूरी तरह सोच-विचार कर करे।

करिया बादर जी डरवावे, भूरा बादर पानी लावे
काले बादल बरसते नहीं सिर्फ़ डराते हैं, पानी बरसानेवाले तो भूरे बादल ही होते हैं।

करी कमाई सब मिट्टी कर दी
बना-बनाया कार्य बिगाड़ देना।

करे एक भरें सब
एक व्यक्ति की ग़लती के कारण पूरे परिवार, समाज या राष्ट्र को परेशानी उठानी पड़ती है।

करे कोई भरे कोई
ग़लती कोई करे तथा दंड दूसरे को भुगतना पड़े।

करे खर्च दे ख़ुदा
जो दूसरों की धन से सहायता करते हैं भगवान उन्हें और ज़्यादा देता है।

करे नेकी, मिले बदी
एक ऐसे सत्य की ओर संकेत है

कि नेकी करनेवालों को भी समाज का विरोध और बदनामी सहनी पड़ती है।

करेगा सो भरेगा
जो जैसा करेगा उसे वैसा फल भी भोगना होगा।

करो तो मुसीबत न करो तो मुसीबत
व्यक्ति की उस असहाय स्थिति की ओर संकेत है कि जब वह कोई काम करता है तो एक पक्ष प्रसन्न होता है तो दूसरा पक्ष अप्रसन्न।

करो या मरो
लक्ष्य प्राप्ति के लिए जान की बाज़ी लगा देना।

कल करे सो आज कर, आज करे सो अब
आज का काम कल पर नहीं छोड़ना चाहिए और जो काम आज करने को हो उसे इसी क्षण करना चाहिए।

कल का क्या भरोसा
जब एक पल का भरोसा नहीं तो भविष्य का भरोसा व्यर्थ है।

कल का जोगी, आज का सिद्ध
साधना के बल पर बहुत शीघ्र उन्नति कर लेनेवाला व्यक्ति।

कल किया आज भरो, आज करो कल भरो
कर्मों के फल भुगतने ही पड़ते हैं। जैसा जैसा कर्म करोगे वैसा वैसा फल भी मिलता चलेगा।

कल किसने देखा है
भविष्य के बारे में किसी को कुछ पता नहीं।

कल की कल पर छोड़ो
भविष्य में क्या होनेवाला है इसकी चिंता नहीं करनी चाहिए। परिस्थिति और समय के अनुरूप काम करना चाहिए।

कल भी कभी आता है
बीता हुआ समय कभी वापस नहीं आता।

कलम या तलवारवाला कभी भूखा नहीं मरता
पढ़ा-लिखा व्यक्ति या वीर पुरुष सम्मानपूर्वक हर स्थान पर अपनी जीविका कमा लेता है।

कलह से घड़ा सूखे
जहाँ हर वक्त कलह रहता है वहाँ बरकत नहीं रहती।

कसाई के सरापे गाय नहीं मरती
एक के चाहने से दूसरे की हानि या बुरा नहीं होता।

कहना आसान है पर करना मुश्किल
किसी कार्य को करने के लिए कहना आसान है किंतु करना बड़ा कठिन होता है। कुछ कहने में न समय लगता है न मेहनत। वस्तुत: कुछ करके दिखाना ही कठिन होता है।

कहनी एक, न सुननी दो
यदि किसी से आप एक अनुचित बात कहेंगे तो वह दो सुनाएगा। इससे अच्छा है कि उसे न एक बात कहिए न दो सुनिए।

कहने कहने का अंतर है
एक ही बात को भिन्न भिन्न ढंग से कहने पर उसके अर्थ भी भिन्न हो जाते हैं।

कहने की लाज न सुनने की शरम
अत्यंत निर्लज्ज जिसे छोटे-बड़े का लिहाज न हो।

कहने में, न सुनने में
बिल्कुल अलग अलग रहनेवाला, दूसरों के कामों में दख़ल न देनेवाला।

कहने से करना कठिन
मुँह से कह देना सहज होता है किंतु उसी कार्य को करना बहुत कठिन होता है।

कहने से कोई कुएँ में नहीं कूदता
कोई किसी के कहने मात्र से अपनी जान ख़तरे में नहीं डालता अर्थात् वह अपनी बुद्धि का प्रयोग भी

करता है।

कहनेवाले करते नहीं, करनेवाले, कहते नहीं
लंबी-चौड़ी बातें करनेवाले कुछ नहीं करते और करनेवाले बिना मुँह से एक भी शब्द कहे काम कर डालते हैं।

कहाँ राजा भोज कहाँ गंगू तेली
दो व्यक्तियों में घोर विषमता सूचित करने के लिए इस कहावत का प्रयोग होता है। राजा भोज और गंगू तेली में तुलना भी कैसी?

कहानी ख़त्म हुई
झगड़ा समाप्त हुआ।

कहीं की ईंट कहीं का रोड़ा, भानुमती ने कुनबा जोड़ा
किसी बेमेल संग्रह की ओर संकेत करने के लिए उक्त कहावत का प्रयोग होता है।

कहीं दाई से पेट छिपता है
किसी विषय के विशेषज्ञ से उस संबंध की कोई बात छिपी नहीं रहती।

कहीं नाख़ून भी माँस से जुदा हुआ है
अपने ही अपनों के काम आते हैं। रक्त का संबंध प्रगाढ़ होता है।

कहे आम सुने इमली
कहने और सुननेवाले की योग्यता या शक्ति में अंतर होने से अर्थ का अनर्थ हो जाता है।

काँटा काँटे से निकलता है
बिना कठोरता बरते दुष्ट को रास्ते पर लाना कठिन होता है।

काँटा निकल जाता है, कसक बनी रहती है
मुसीबत टल जाने के बाद भी उसकी स्मृति बनी रहती है।

काँटे बोए बबूल के, आम कहाँ से खाए
बुरा काम करनेवाले को अच्छे फल की आशा करना व्यर्थ है।

काँड़ा मुझे भाए नहीं, काँड़े बिन सुहाए नहीं
ऐसा व्यक्ति जिससे क्षण भर भी पटरी न खाती हो परंतु यदि कहीं चला जाता है तो उसके बिना एक पल भी कटता नहीं।

का वर्षा जब कृषि सुखाने
समय निकल जाने के बाद कार्य करने का कोई लाभ नहीं होता।

कागज़ के घोड़े दौड़ाना
कागज़ी कार्रवाई करना।

कागा चला हंस की चाल
मूर्ख जब सयानों का अनुकरण करते हैं तब इस कहावत का प्रयोग किया जाता है।

काज़ी जी दुबले क्यों शहर के अंदेशे से
दूसरों की बेकार की चिंता से परेशान रहना।

काज़ी के घर चूहे भी सयाने
बड़े घरों में मामूली व्यक्ति भी ठिकाने की अर्थात् समझदारी की बात करते हैं।

काटे कटे, न मारे मरे
किसी भी तरह से पिंड न छूटना।

काठ की हँडिया बार बार नहीं चढ़ती
धोखा बार बार नहीं दिया जा सकता।

कातना तो आता नहीं पूनी बनाने चली
झूठा आडंबर रचाना।

कान पर जूँ तक नहीं चलती
लाख समझाने के बाद भी कुछ अक्ल न आना।

कान प्यारे तो बालियाँ, जोरू प्यारी तो सालियाँ
प्रिय की प्रिय वस्तु भी प्रिय लगने लगती है।

कान में तेल डाले बैठे रहना
निश्चिंत रहना, किसी की न सुनना।

कानून न कायदा जी-हजूरी में फ़ायदा
जब जी-हजूरी से काम चल जाता हो

तब नियम-कानून की ओर कौन ध्यान देता है।

काने को काना नहीं कहना चाहिए
किसी पर सीधे आक्षेप नहीं करना चाहिए।

काबुल में क्या गधे नहीं होते
बुद्धिमान और मूर्ख हर जगह मिलते हैं।

काम करने की सौ राहें, न करने की एक नहीं
जब कोई व्यक्ति कोई काम करना चाहता है उसके लिए वह सौ रास्ते निकाल लेता है और यदि नहीं करना चाहता तो उसे एक भी रास्ता नहीं दिखाई देता।

काम करने से होता है, बातों से नहीं
काम तो करने से ही पूरा होता है केवल उसका ज़िक्र करते रहने से नहीं।

काम करे सिपाही, नाम हो सरदार का
परिश्रम कोई करता है और पुरस्कृत कोई होता है।

काम का न काज का दुश्मन अनाज का
ऐसे निकम्मे आदमी के लिए इस कहावत का प्रयोग होता है जो दिन भर खाता तो मज़े से है पर करता-धरता कुछ नहीं।

काम के नाम पर बुख़ार चढ़ जाता है
कामचोर व्यक्ति काम से बचने के लिए कोई न कोई बहाना ढूँढ़ निकालता है।

काम लो, दाम दो
काम को देखकर उसके अनुरूप पारिश्रमिक दें।

काया बड़ी कि माया
धन के बल से शरीर का बल अधिक महत्त्वपूर्ण होता है। जो काम पैसे से नहीं हो सकता वह मेहनत से हो जाता है।

काल करे सो आज कर, आज करे सो अब
कभी प्रस्तुत काम को टालना नहीं चाहिए।

काल की चक्की से कोई नहीं बचता
मृत्यु से कोई नहीं बच सकता। वह अवश्यंभावी है।

काल के आगे किसी का वश नहीं चलता
मौत के आगे सबको झुकना पड़ता है।

काला अक्षर भैंस बराबर
बेपढ़ा फलतः मूर्ख।

काली बिल्ली रास्ता काट गई
किसी कार्य के आरंभ में ही अपशकुन होना।

काशी बस के क्या किया जब घर औरंगाबाद
किसी ऐसे अच्छे स्थान पर रहने से क्या फ़ायदा जहाँ एक भी अच्छाई न हो। काशी का महत्त्व ऐसा व्यक्ति क्या जाने जो औरंगाबाद क्षेत्र में जा बसा हो। (औरंगाबाद—औरंगजेब के नाम पर बसा मुहल्ला)

काहूँ को हँसिए नहीं, हँसी कलह की मूल
किसी पर हँसना नहीं चाहिए, हँसी झगड़े की जड़ बन जाती है।

किस खेत की मूली है
नगण्य व्यक्ति।

किसी का घर जले, कोई तापे
विपत्ति में पड़े हुए व्यक्ति से भी अपना हित साधना।

किसी का दिया नहीं खाते
उनका हम पर कोई उपकार नहीं। किस बात का उनका आभार मानें।

किसी का मुँह चले किसी का हाथ
कमज़ोर मुँह से गाली देता है और ताकतवर हाथ चलाने लगता है।

किसी के बाप का कर्ज़ नहीं खाया है
किसी से जब कुछ लिया ही नहीं तो उससे दबकर रहने की क्या आवश्यकता।

किसी के मुँह नहीं लगना चाहिए
किसी से ऊँची-नीची बात नहीं कहनी चाहिए।

किसी को कर या किसी का हो
सुख-शांति के लिए किसी को अपना बना ले अथवा किसी का कृपापात्र बन जाना चाहिए।

किस्मत में नहीं तो कहीं नहीं
यदि क़िस्मत में नहीं तो व्यक्ति कहीं भी जाए कुछ होनेवाला नहीं।

कीचड़ में पत्थर मारने से छींटें ही पड़ेंगे
ग़लत काम करने का कुफल भी अवश्य मिलता है।

कुआँ बेचा है कुएँ का पानी नहीं बेचा
बेकार की हुज्जत करना।

कुआँ प्यासे के पास नहीं जाता
ज़रूरतमंद को ही अपनी आवश्यकता की पूर्ति के लिए कहीं जाना पड़ता है।

कुएँ की मिट्टी कुएँ में लगती है
जितनी आमदनी होती है उतना ही खर्च भी होता है।

कुत्ता भी बैठता है तो झाड़कर बैठता है
जब साधारण पशु तक सफ़ाई की कद्र करते हैं तो आदमी को तो सफ़ाईपसंद होना ही चाहिए।

कुत्ता भौंकता रहता है, आदमी निकल जाता है
ओछे व्यक्ति की बात पर बड़े लोग ध्यान नहीं देते। शांतिपूर्वक अपना काम करते रहते हैं।

कुत्ते की दुम बारह वर्ष तक नलकी में रखी फिर भी टेढ़ी की टेढ़ी
चाहे जितना प्रयास कीजिए कुटेक कभी छुटती नहीं।

कूटे हर्रे खाए बहेड़ा
प्रयत्न का उचित फल न मिलना।

कोई खा के ख़ुश, कोई खिला के
किसी को कोई काम अच्छा लगता है तो किसी को कोई काम।

कोई खाते खाते मरे, कोई बिन खाए मरे
सामाजिक विषमता की ओर संकेत है। एक ओर अथाह संपत्ति है और दूसरी ओर खाने के भी लाले हैं।

कोई भी माँ के पेट से सीख कर नहीं निकलता
ज्ञान तो संसार में रहने पर ही प्राप्त होता है।

कोई मरे कोई जिए, सुथरा घोल बतासे पिए
दूसरों के सुख-दुख की परवाह किए बिना अपने में मग्न रहना।

कोई मरे, कोई मल्हार गावे
ख़ुशी और ग़मी एक साथ देखने को मिलती है।

कोई संग लाया है न कोई संग ले जाएगा
मनुष्य खाली हाथ पैदा होता है और खाली हाथ ही इस संसार से जाता है।

कोई हाल मस्त, कोई माल मस्त
हर व्यक्ति अपने अपने में मस्त है। किसी को किसी की चिंता नहीं।

कोयले की दलाली में हाथ काले
बुरे काम का बुरा ही परिणाम होता है।

कौआ चला हंस की चाल
औकात से ज़्यादा दिखावा करना।

कौड़ी न हो पास मेला लगे उदास
पास में पैसा न हो तो मेला-तमाशा भी नहीं सुहाता।

कौन जानता है कल क्या होगा
भविष्य के बारे में किसी को भी कुछ ज्ञान नहीं।

कौन जाने पीर पराई
दूसरे के दुख की ओर कोई ध्यान नहीं देता।

कौन पराई आग में कूदता है
दूसरों की मुसीबत कोई अपने सिर नहीं लेता।

कौन है जिससे ग़लती नहीं होती
हर किसी से ग़लती होती है।

कौन-सी चक्की का पीसा खाया है
उक्त कहावत का प्रयोग किसी व्यक्ति के

स्थूल हो जाने पर आश्चर्य व्यक्त करते हुए किया जाता है।

कौर उठाते ही मक्खी पड़ी
किसी शुभ कार्य के आरंभ में ही विघ्न पड़ना।

क्या जनम भर का ठेका लिया है
जीवन भर किसी की सहायता हम ही क्यों करें।

क्या धूप में बाल सफ़ेद किए हैं
बूढ़े व्यक्ति का कहना कि मैंने अपने जीवन से अनुभव प्राप्त किया है।

क्या नंगा नहाए और क्या निचोड़े
जिसके पास कुछ न हो वह खुद क्या खाएगा और दूसरों को क्या देगा। घोर अभाव में व्यक्ति कुछ भी करने में असमर्थ होता है।

क्या पिद्दी और क्या पिद्दी का शोरबा
छोटे व्यक्ति की अपनी सीमा होती है।

क्या बकरी की तरह मुँह चलाते हो
हर समय कुछ न कुछ खाते ही रहना।

क्या मजाल जो अलिफ़ से बे कहे
विरोध में कुछ भी न कह पाना।

क्या शान में बट्टा लग जाएगा
कुछ करने में हिचकिचाना। कोई सामान्य काम करने में हिचकिचाहट दिखाने पर इस कहावत का प्रयोग होता है।

क्या साँप सूँघ गया है
जब कोई व्यक्ति किसी बात का उत्तर नहीं देता और चुप रहता है तब इस उक्ति का प्रयोग करते हैं।

क्या हमने घास खोदी है ?
क्या हमने कोई योग्यता अर्जित नहीं की ? क्या हम निरे अज्ञानी हैं ?

क्या हाथों में मेंहदी लगी है
जब किसी व्यक्ति के किसी काम में जल्दी जल्दी हाथ नहीं चलते या वह मन से काम नहीं करता तब इस उक्ति का प्रयोग होता है।

ख

ख़त का मज़मून भाँप लेते हैं लिफ़ाफ़ा देखकर
बुद्धिमान लोग शक्ल देखकर ही व्यक्ति के मन का भाव जान लेते हैं।

खरबूजा छुरी पर गिरे या छुरी खरबूजे पर
निर्बल को अपना बचाव करना अत्यंत कठिन होता है।

खरबूजे को देखकर खरबूजा रंग बदलता है
देखादेखी लोग अनुचित कार्यों की ओर प्रवृत्त होते चलते हैं। संगति का असर पड़ता है।

खरी कहनेवाला दुश्मन
सत्य सदा कड़ुआ होता है। अत: सत्य बोलनेवाले को लोग अपना शत्रु मान बैठते हैं।

खरी मजूरी, चोखा काम
सही और अच्छा काम कीजिए और पूरी मज़दूरी तत्क्षण प्राप्त कीजिए।

खरे माल के सौ ग्राहक
अच्छी वस्तु को सभी चाहते हैं। जिस बात में गुणवत्ता होती है उसके ग्राहकों या चाहनेवालों की कमी नहीं होती।

ख़लक ख़ुदा का मुलक बादशाह का
सृष्टि ईश्वर की है और धरती राजा की।

खस्सी की जान जाए, खानेवालों को स्वाद न आए
जब अधिक परिश्रम करनेवाले के प्रयत्न से भी किसी को संतोष नहीं होता तो उक्त उक्ति का प्रयोग करते हैं।

खाई भली कि कमाई भली
अपनी कमाई खाना ही उत्तम है दूसरे की नहीं।

खाए तो घी से, नहीं जाए जी से
भोजन हो तो बढ़िया नहीं तो फ़ाका ही सही।

खाए तो पछताए, न खाए तो पछताए
दोनो स्थितियों में प्रतिकूलता प्रतीत

होना।

खाए न खाने दे

ऐसा व्यक्ति जो प्रचुर संपत्ति होने पर भी न स्वयं उसका उपभोग करता हो न दूसरे को करने देता हो।

खाए बकरी की तरह, सूखे लकड़ी की तरह

ऐसे व्यक्ति के संबंध में इस उक्ति का प्रयोग करते हैं जो खाता तो ख़ूब हो परंतु जिसके शरीर को खाया-पीया लगता न हो।

खाए भी, पत्तल में छेद भी करे

जो पालन-पोषण करता हो उसी का अहित करनेवाला।

खाए-पीए एक में, हिसाब करे अलग

खाना-पीना तो एक साथ चलेगा पर हिसाब सदा साफ़ साफ़ ही रहना चाहिए।

खाओ पीओ, सदा मस्त रहो

खा-पीकर मस्त रहना चाहिए। चिंता नहीं करनी चाहिए। जो होगा देखा जाएगा।

खाकर हगे, कभी न अघे

भोजन करने के उपरांत शौच जानेवाले का पेट खाली हो जाता है फिर वह अपने को अतृप्त समझने लगता है।

खाता भी जाए, गुर्राता भी जाए

यह उक्ति ऐसे व्यक्ति के लिए है जो किसी के यहाँ मुफ़्त में खाता है और ऊपर से उस पर क्रोध भी जतलाता है।

खाना तो पराया है, पेट तो पराया नहीं

मुफ़्त का माल मिलने पर बहुत अधिक खाकर अपना पेट खराब करनेवाले के लिए इस कहावत का प्रयोग होता है।

खाने की सुध न पीने का होश

अपने काम में इतना व्यस्त रहना कि खाने-पीने तक की सुध न रहे।

खाने के दाँत और, दिखाने के और

कथनी और करनी में अंतर होना।

खाने को खरे, खिलाने को मरे

ऐसे व्यक्ति के लिए उक्त उक्ति का प्रयोग होता जो खाने के लिए तो सबके यहाँ पहुँचता है परंतु खिलाने के नाम पर पीछे हट जाता है।

खाने-पीने में शरम क्या

जब खाने पर बैठ ही गए तब पेट **भर** खाना ही समझदारी है।

खाया-पिया अपना, बाकी सब बेगाना

उपयोग किया जानेवाला धन ही अपना होता है, संचित कर रखा हुआ धन तो दूसरों के ही काम आता है।

ख़ाला जी का घर नहीं है

ऐसे काम के विषय में की जानेवाली उक्ति है जिसे करना बहुत मुश्किल होता है।

खाली आदमी शैतान का दिमाग

जिस व्यक्ति के पास कोई काम नहीं होता उसका दिमाग ऊलजलूल बातों के सोचने में लग जाता है।

खाली बैठने से बेगार भली

खाली बैठे रहने से कुछ न कुछ करते रहना अच्छा होता है। भले ही वह बेगार क्यों न हो।

खिचड़ी के चार यार घी, पापड़, दही, अचार

घी, पापड़, दही अथवा अचार के साथ खिचड़ी खाने में अच्छी लगती है।

खिलाए का नाम नहीं, रुलाई का नाम

किसी की सेवा-सहायता करने से यश मिले या न मिले परंतु उसे रुलाने से बदनामी तो होती है।

खिसियानी बिल्ली, खंभा नोचे

उद्देश्य सिद्ध न होने पर अर्थात् विफल मनोरथ होने पर व्यक्ति खिन्नता प्रकट करने लगता है।

ख़ुद मरा साथवालों को भी मार गया

ऐसे व्यक्ति के लिए यह उपयुक्त उक्ति है जिसने स्वयं तो हानि उठाई ही तो साथ ही जिसका साथ देनेवालों को भी हानि

उठानी पड़ी हो।

ख़ुद ही काजी ख़ुद ही मुल्ला
ऐसा व्यक्ति जो नियम भी स्वयं बनाता हो और न्याय भी स्वयं करता हो, सर्वेसर्वा।

ख़ुदा की बातें ख़ुदा ही जाने
ईश्वर के मन में क्या है यह कोई नहीं जान सकता।

ख़ुदा की लाठी में आवाज़ नहीं होती
ईश्वर का दंडविधान स्पष्ट दिखाई देता है।

ख़ुदा गंजे को नाखून न दे
जो जिसका दुरुपयोग करे उसे वह वस्तु नहीं मिलनी चाहिए।

ख़ुदा देता है तो छप्पर फाड़कर देता है
ईश्वर जब किसी को देना चाहता है तो उसके लिए देने के रास्ते बहुत होते हैं।

ख़ुदा महफ़ूज़ रखे हर बला से
ईश्वर सभी प्रकार की विपत्तियों से रक्षा करे!

ख़ुदा मेहरबान तो जग मेहरबान
यदि ईश्वर की कृपा हो तो संसार भी कृपा करने लगता है।

ख़ुदा सबकी मेहनत स्वारथ क़रता है
ईश्वर परिश्रम करनेवालों को पुरस्कृत करता है।

ख़ुशबू छिपाते नहीं छिपती
गुणों की चर्चा और पूछ होती है।

ख़ुशामद से ही आमद है
चापलूस फ़ायदे में रहते हैं।

ख़ुशी और ग़मी सबको सहनी पड़ती है
सुख-दुख सभी पर आते हैं।

ख़ुशी का सौदा
स्वेच्छा से तथा प्रसन्नतापूर्वक किया जानेवाला लेन-देन या व्यवहार।

खूँटे के बल बछड़ा कूदे
किसी ताकतवर के बल पर उछल-कूद मचाना।

ख़ूब गुज़रेगी जो मिल बैठेंगे दीवाने दो
एक से स्वभाववाले व्यक्तियों का साथ होने पर समय मजे से गुज़र जाता है।

खेत खाए गदहा, मार खाए जुलाहा
दोष किसी का और दंड सहना पड़े किसी और को।

खेती खसम सेती
कई उद्यम या व्यापार मालिक के द्वारा ही सही चलता है कर्मचारियों द्वारा नहीं।

खेलोगे-कूदोगे होगे ख़राब, पढ़ोगे-लिखोगे बनोगे नवाब
खेलने में मस्त रहनेवाले कम ही सफल होते हैं, पढ़-लिखकर योग्यता प्राप्त करनेवाले ही अधिकतर सफल देखे जाते हैं।

ख़ैर जो हुआ सो हुआ
जो बिगड़ चुका है वह बननेवाला नहीं इसलिए सब्र ही एकमात्र उपाय है।

खोटा पैसा और खोटा बेटा भी समय पर काम आ जाते हैं
तुच्छ और निकम्मी वस्तु का भी उपयोग समय पर होता ही है।

खोदा पहाड़ निकली चूहिया
कठोर परिश्रम के बाद भी उपलब्धि नगण्य रहना।

ग

गंगा गए गंगादास, जमुना गए जमुनादास
अवसर से लाभ उठाने के लिए अपनी नीति या क्रम निर्धारित और परिवर्तित करनेवाला।

गंगा नहा लिए
चलो, किसी तरह से पिंड तो छूटा।

गंजे के नाखून नहीं होते
दुष्ट के पास अधिक अधिकार न होना।

गई थी नमाज़ बख्शवाने, रोज़ा गले पड़ा
लाभ के चक्कर में हानि उठाना। किसी साधारण मुसीबत से छुटकारा पाने के लिए प्रयासरत व्यक्ति को एक और नई भारी मुसीबत का सामना करना पड़ना।

गई भैंस पानी में
भारी हानि होना या योजना का चौपट हो

जाना।

गए थे रोज़ा बख़्शवाने नमाज़ गले पड़ी
उलटे लेने के देने पड़ना।

गधा मरा कुम्हार का, धोबी सती होए
हानि एक की हुई और दुख दूसरे को।

गधों के सिर सींग नहीं होते
शक्ल-सूरत से मूर्ख अक्लमंदों से भिन्न नहीं होते, मूर्खों की पहचान के बाहरी चिह्न नहीं होते।

ग़म खाना और कम खाना
कम खाने से शरीर स्वस्थ रहता है और ग़म खाने से विवाद नहीं होता।

गया वक्त आता नहीं
बीता हुआ समय या अवसर फिर नहीं लौटता।

गरज पर गधे को भी बाप कहना पड़ता है
अपना काम निकालने के लिए मूर्खों से भी ख़ुशामद करनी पड़ती है।

गरजनेवाले बरसते नहीं
जिस प्रकार गरजनेवाले बादल बरसते नहीं उसी प्रकार डींग हाँकनेवाले व्यक्ति कुछ कर पाने में अक्षम होते हैं।

गरज बावली है
गरजू आदमी अनुचित कार्य करने के लिए भी तत्पर हो जाता है।

गरम खाओगे तो मुँह जलेगा
जल्दबाज़ी करने से हानि होती है।

ग़रीब का सोना भी पीतल
संसार में निर्धन के गुणों की भी उपेक्षा की जाती है।

ग़रीब की जोरू सबकी भाभी
दुर्बल पर सभी अपना रोब और हक जताते हैं।

ग़रीब की हाय बुरी है
ग़रीब को सताना नहीं चाहिए उसकी हाय ज़रूर लगती है।

ग़रीब को सब कहते हैं, बड़े को कोई नहीं
निर्धन को सामान्य त्रुटि के लिए भी भला-बुरा कहा जाता है परंतु अमीर की बड़ी ग़लती को देखकर भी सभी चुप्पी साधे रहते हैं।

ग़रीबी में आटा गीला
तंगी में और नुकसान होना। निर्धनता में कष्टों पर कष्ट आते जाना।

गरेबाँ में मुँह डालो
अपनी तरफ़ भी देखो कि कितने पानी में हो।

गर्मी जाए जीरे से, सर्दी न जाए हीरे से
गर्मी का उपचार आसानी से और सस्ते में हो जाता है परंतु सर्दी का उपचार बहुत महँगा होता है।

गर्व तो रावण का भी नहीं रहा
बड़े से बड़े घमंडी का भी घमंड चूर हो जाता है।

गले की हड्डी हो जाना
ऐसी बात जिससे जान साँसत हो जाए।

गले पड़े का सौदा
ऐसा काम जिसे दूसरों ने मढ़ दिया हो और जिससे परेशानी हो।

गले में पड़ा ढोल तो बजाना ही पड़ेगा
न चाहने पर भी कर्तव्यों का निर्वाह करना ही पड़ता है।

गवाह चुस्त मुद्दई सुस्त
जिसका काम हो वह तो सुस्त रहे और इसके विपरीत दूसरे उस काम के लिए व्याकुल हों।

गाँठ का पूरा अक्ल का अंधा
धनी किंतु मूर्ख व्यक्ति।

गाँठ से दे दे, पर अक्ल न दे
मूर्ख की आर्थिक सहायता तो करनी चाहिए परंतु उसे अक्ल देने से काम गड़बड़ाने का ख़तरा रहता है।

गाँव का जोगी जोगड़ा, आन गाँव का सिद्ध
गुणी होने पर भी अपनों के बीच मान नहीं मिलता किंतु वैसा ही कोई बाहरी आ जाए तो सभी उसका मान करने लगते हैं।

गाँव बसा नहीं कि उचक्के जमा हो गए
कार्य पूरा होने के पहले ही लाभ उठानेवालों का इकट्ठा होना।

गाड़ी अटक गई
बढ़ते हुए कार्य का बीच में रुक जाना।

गाड़ी तो लीक पर ही चलती है
हर कार्य की पद्धति होती है उसे उसी के अनुसार करना चाहिए।

गाय न बच्छी नींद आए अच्छी
जो बेफ़िक्र होता है वह तानकर सोता है।

ग्राहक और मौत का कोई ठिकाना नहीं
ये दोनों कभी भी आ सकते हैं, इनके आने का कोई नियत या निश्चित समय नहीं होता।

गीदड़ की मौत आए तो शहर की ओर भागे
समय विपरीत होने पर या किसी अनिष्ट की आशंका से उलटा-सीधा कार्य करने लगना।

गुज़र गए अच्छे दिन तो बुरे दिन भी गुज़र जाएँगे
जैसे सुख का समय बीत गया वैसे दुख की घड़ियाँ भी बीत जाएँगी।

गुड़ को ही मक्खियाँ लगती हैं
पैसे या लाभ पर सबकी आँख होती है।

गुड़ खाएँ गुलगुलों से परहेज़ करें
झूठ-मूठ के नखरे करना।

गुड़ दिए मरे तो ज़हर क्यों दे
जो काम सरलता से कराया जा सकता हो उसके लिए ज़ोर-ज़बरदस्ती की कोई आवश्यकता नहीं।

गुड़ होगा तो चींटे आएँगे ही
जहाँ पैसा होगा या लाभ दिखाई देगा वहाँ बहुतेरे लोग तो पहुँचेंगे ही।

गुदड़ी में भी लाल पैदा होते हैं
निर्धन और दलित लोगों के यहाँ भी संत तथा महापुरुष जन्म लेते हैं।

गुप्त दान महा कल्याण
दान वही उत्तम होता है जिसका उल्लेख या चर्चा न हो।

गुरु कीजे जान पानी पीजे छान
जब कोई व्यक्ति सोच-समझकर काम नहीं करता तब उसे आगे के लिए सावधान करने के लिए उक्त कहावत का प्रयोग करते हैं।

गुरु गुड़ रह गए चेला चीनी हो गया
शिष्य का योग्यता तथा पद में अपने गुरुजनों से ऊँचा उठना।

गुरु बिन ज्ञान, भेद बिन चोरी, ज़्यादा नहीं थोड़ी थोड़ी
बिना गुरु के यथेष्ट ज्ञान नहीं मिलता और बिना भेदिए के बड़ी चोरी नहीं होती।

गुरु बिन मिले न ज्ञान, भाग बिन मिले न संपत्ति
ज्ञान गुरु से ही मिलता है और संपत्ति मिलती है भाग्य से।

गुरु शुक्र की बादली रहे शनीचर छाए, कहे घाघ सुन घाघनी बिन बरसे नहीं जाए
घाघ का कथन है कि गुरुवार और शुक्रवार की बदली शनिवार तक छाई रहे तो वर्षा अवश्य होती है।

गुस्सा अपने को खाता है
गुस्सा करने से अपना ही हानि होती है।

गूँ का कीड़ा गूँ में ही सुखी रहता है
परिस्थितियों का ही दास बनकर व्यक्ति जीता है।

गूँगे की गति गूँगा ही जाने
एक ही पेशेवाले एक दूसरे को ठीक से पहचानते हैं।

गूलर के फूल हो गए
जो चीज़ या व्यक्ति जल्दी दिखाई न देता हो उसके लिए उक्त उक्ति का प्रयोग होता है। (ध्यान रहे कि गूलर का फूल होता ही नहीं)

गेहूँ और गोखरू साथ पैदा होते हैं
अच्छे और बुरे इंसान इसी संसार में मिलते हैं।

गेहूँ के साथ घुन भी पिसता है
दुष्टों के साथ सज्जनों को भी कष्ट सहना पड़ता है।

ग़ैर के लिए कुआँ खोदेगा तो आप ही गिरेगा
दूसरों को क्षति पहुँचानेवाले को स्वयं क्षति उठानी पड़ती है।

ग़ैर ग़ैर ही है, अपना अपना है
पराए कितने ही अच्छे क्यों न हों, पर समय पर काम सगे ही आते हैं।

गोद में बैठकर दाढ़ी नोचना
अपने आश्रयदाता को ही नुक्सान पहुँचाना।

गोद में छोरा, शहर में ढिंढोरा
पास में पड़ी हुई वस्तु को चारो तरफ़ खोजना।

घ

घड़ी में तोला घड़ी में माशा
ऐसे व्यक्ति के लिए इस उक्ति का प्रयोग होता है जो क्षण में क्रुद्ध और क्षण में ही प्रसन्न हो जाता है।

घड़ी-पल का पता नहीं, कल का करें भरोसा
जब घड़ी दो घड़ी का ठिकाना नहीं तब कल का भरोसा करना व्यर्थ है।

घमंडी का सिर नीचा
अहंकारी को सदा लज्जित होना पड़ता है।

घर आए लक्ष्मी को लात न मारे
मिलते हुए धन का कभी तिरस्कार नहीं करना चाहिए।

घर आए कुत्ते को भी नहीं निकालते
घर आए व्यक्ति को ही नहीं बल्कि जीव को भी आश्रय देना चाहिए।

घर आए पूजे नहीं, बाबा पूजन जाए
जो काम घर में संपन्न हो सकता हो उसके लिए बाहर दौड़-धूप करते फिरना।

घर का आटा कौन गीला करे
अपनी क्षति कोई नहीं चाहता।

घर का जोगी जोगड़ा आन गाँव का सिद्ध
योग्य व्यक्ति की भी घर में पूछ नहीं होती जबकि बाहरवाले उसे पूछते हैं।

घर का भेदी लंका ढाए
आपस की फूट विनाश का कारण होती है।

घर की आधी न बाहर की सारी
बाहर की अधिक आय से घर की थोड़ी आय अच्छी।

घर की खांड किरकिरी, चोरी का गुड़ मीठा
चोरी की चीज़ चोर को अपनी चीज़ों से अधिक भाती है।

घर की जोरू की चौकसी कहाँ तक
जो घर में रहता हो उसकी चौकसी आख़िर कहाँ तक की जा सकती है।

घर की मुर्गी दाल बराबर
घर की अच्छी चीज़ों भी की कद्र नहीं की जाती।

घर की रोटी आधी भली
घर का थोड़ा खाकर भी सब्र करना चाहिए लेकिन दूसरों के सामने हाथ नहीं फैलाना चाहिए।

घर के न घाट के
सब तरफ़ से उपेक्षा के पात्र।

घर खावे आला या साला
अधिक आलों से दीवार कमज़ोर हो जाती है और साला जीजा केयहाँ रहे तो लड़ाई होती है। जिस प्रकार दीवार में अधिक आले हों तो घर गिर जाता है वैसे ही घर में साले रहें तो घर बरबाद हो जाता है।

घर घर का एकहि लेखा
घर घर की कहानी एक-जैसी ही होती है।

घर घर मिट्टी के चूल्हे हैं
सभी घरों में झगड़े होते रहते हैं।

घर घरवाली से
घर पत्नी से ही चल पाता है।

घर चैन तो बाहर चैन
जिसके घर में चैन होता है उसे ही बाहर भी चैन मिलता है।

घर चोरी परदेश भिक्षा
नालायकों के लक्षण की ओर संकेत है। घर में रहते हैं तो चोरी से काम चला लेते हैं और परदेश में होते हैं तो भीख माँगकर पेट भर लेते हैं।

घर जले किसी का, तापे कोई
संतप्त व्यक्ति से भी लाभ उठाने में कोई नहीं चूकता।

घर दूसरे का है पर पेट तो अपना है
मुफ़्त का माल मिलने पर इतना नहीं खान चाहिए कि अपच हो जाए।

घर फूँक तमाशा देख
अपना नुक्सान कर स्वयं प्रसन्न होनेवाले के लिए।

घर बैठे गंगा आई
बिना किसी प्रयत्न के भारी लाभ होना।

घर में उसका दिया सब-कुछ है
ईश्वर ने हमें सब तरह से सुखी रखा है।

घर में नहीं खाने को, अम्मा चली पिसाने को
झूठी शान दिखाने के फेर में रहना।

घर में पड़ी फूट, बाहर के ले गए लूट
परिवार में फूट का फ़ायदा बाहरवाले उठाते हैं।

घर से चले खाके, आगे मिले पका के
संयोग ही कहिए कि पेट भरा हो तो सभी खाने के लिए पूछते हैं। खाली पेट घर से निकलिए तो जल्दी खाने के लिए कोई नहीं पूछता।

घर से बाहर भला
घर के झगड़े-बखेड़ों के कारण व्यक्ति बाहर शांति अनुभूत करता है।

घर से लड़कर के तो नहीं चले
जो व्यक्ति घर से लड़ाई करके चलता है वह दूसरों पर भी जल्दी बरस पड़ता है।

घरवाले घर नहीं, हमें किसी का डर नहीं
मालिक की अनुपस्थिति में अतिथियों का धमाचौकड़ी मचाना।

घाट घाट का पानी पिए हैं
जगह जगह खाक छान चुके हैं। हर जगह कुकर्म कर चुके हैं।

घाव भर जाता है पर निशान सदा रहता है
बहुत समय बीत जाने पर भी व्यक्ति शत्रुता नहीं भूलता।

घी कहाँ गया, खिचड़ी में
अपनी संपत्ति का अपने ही लोगों के पास जाना।

घी का लड्डू टेढ़ा भी भला
जिससे फ़ायदा मिलता हो उसका रोब भी सहना पड़ता है।

घी खिचड़ी हो रहे हैं
अत्यधिक मेल-जोल होना। अत्यंत घनिष्ठता होना।

घी गिर पड़ा मुझे रूखी ही भाती है
अपनी असहाय अवस्था को छिपाने का प्रयास।

घी सँवारे काम, बड़ी बहू का नाम
काम कोई करे, और यश मिले किसी और को।

घुटने पेट ही को निहारते हैं
अपनों की ओर ही आशापूर्वक देखना पड़ता है।

घूम-फिरकर वही बात
बार बार एक ही बात को दोहराना।

घोड़ा घास से यारी करे तो खाए क्या
पारिश्रमिक माँगने में शर्म नहीं करनी चाहिए।

च

चचा चोर भतीजा काजी
सभी अपराधी हैं। खानदान का खानदान ही बिगड़ा हुआ है।

चट मँगनी पट ब्याह
बहुत शीघ्रता से किसी काम को

निपटाना।

चढ़ जा बेटा सूली पर
जोखिम का काम करने के लिए किसी को उत्तेजित करना।

चढ़ी जवानी माझा ढीला
जवानी की अवस्था में भी परिश्रम पूर्वक कार्य करने में असमर्थ होना।

चढ़े तवे पर सभी रोटी सेंक लेते हैं
कोई काम शुरु करना कठिन होता है परंतु चलते हुए काम को तो हर कोई कर सकता है।

चतुर को इशारा बहुत
अक्लमंद को इशारा काफ़ी होता है।

चना, चबैना गंग जल जो पुरबै करतार काशी कबहुँ न छोड़िए विश्वनाथ दरबार
अगर किसी प्रकार पेट भरता हो तो काशी जैसी नगरी नहीं छोड़नी चाहिए जहाँ विश्वनाथ का मंदिर है।

चमगादड़ के धर मेहमान आए हम भी लटके तुम भी लटको
निर्धन अपनी अवस्था के अनुसार ही अतिथियों का सत्कार कर पाता है।

चमड़ी जाए पर दमड़ी न जाए
महाकंजूस की जान भले चली जाए पर वह पैसा पल्ले से नहीं निकलने देता।

चमड़े की ज़बान ही है
भूल से अनुचित शब्दों का निकलना।

चमत्कार बिना नमस्कार नहीं
बेहुनरे की कहीं पूछ नहीं।

चरसी यार किसके, दम लगा के खिसके
मतलबी लोग अपना मतलब हल होने के बाद चल देते हैं।

चल निकला सो चल निकला
काम एक बार चल जाने पर किसी बात का भय नहीं रहता।

चलती का नाम गाड़ी
जब तक कोई वस्तु लाभ देती रहे तभी तक उसकी कद्र होती है।

चलती गाड़ी में रोड़ा अ..
चल रहे कार्य में विघ्न डाल..

चलनी हँसे सूप पर जिसमें बहत्तर छेद
अपने बड़े बड़े दोषों की अनदेखी कर दूसरों के साधारण दोषों पर टिप्पणी करना।

चलनेवाला हारता है, रास्ता नहीं हारता
जीवन समाप्त हो जाता है किंतु संसार उसी प्रकार रहता है।

चले-फिरे कुछ पाइए, बैठे देगा कौन
कुछ करने से ही कुछ मिलता है खाली बैठे रहने से कुछ मिलनेवाला नहीं।

चाँद आस्मान पर चढ़ा सबने देखा
जो चीज़ आँखों के सामने आ जाए उसकी सबको जानकारी रहती है।

चाँद पर ख़ाक नहीं पड़ती
किसी की महत्ता को झुठलाया नहीं जा सकता।

चाँद में भी धब्बे होते हैं
थोड़ी-बहुत कमी सबमें होती है।

चाकर को ठाकुर बहुत
परिश्रम करनेवाले को मालिकों की कमी नहीं रहती।

चाकरी में नाकरी क्या
नौकरी की है तो मालिक की हर आज्ञा का पालन करना ही होगा।

चातुर तो बैरी भला, मूरख भला न मीत
नादान दोस्त से चतुर दुश्मन कहीं अच्छा होता है।

चादर देखकर ही पाँव पसारे जाते हैं
सामर्थ्य के अनुसार ही धन का व्यय करना चाहिए।

चार का मुँह कौन पकड़ सकता है
जिस बात को कहनेवाले बहुत हों उन्हें फिर कैसे रोका जा सकता है।

चार दिन की चाँदनी फिर अँधेरी रात
सुख-सुविधा कुछ समय के लिए होती है। वैसे सारा जीवन तो कष्टों से भरा होता है।

चार पैसे की हाँडी गई, कुत्ते की जात पहचानी गई
थोड़ी-सी चीज़ के लिए ईमान खो देनेवाले व्यक्ति की पहचान तो हो गई।

चार बर्तन जहाँ होंगे, वहाँ खटकेंगे ही
जहाँ चार आदमी होंगे वहाँ खटपट होगी ही।

चालाक कौवा मैले पर ही बैठता है
अत्यधिक चतुर व्यक्ति धोखा ही खाता है।

चावल और दोस्त पुराने ही अच्छे
जैसे पुराने चावल अच्छे माने जाते हैं वैसे ही पुराने दोस्त भी अच्छे होते हैं।

चिंता चिता समान
जैसे चिता मृत शरीर को जलाती है वैसे ही चिंता जीवित शरीर को जला डालती है।

चिकना देख फिसल पड़े
किसी की मात्र सुंदरता पर मुग्ध हो जाना।

चिकनी चुपड़ी बातों से पेट नहीं भरता
केवल आदर्श या कोरी बातों से काम नहीं चलता।

चिकने घड़े पर पानी नहीं ठहरता
निर्लज्ज व्यक्ति कभी सही व्यवहार नहीं करता।

चित्त भी मेरी, पट भी मेरी
हर तरह से लाभ उठानेवाला व्यक्ति।

चिराग तले अँधेरा
१. उपदेश देनेवाले का हीन आचारों में लिप्त होना।
२. अधिकारी या न्यायवेत्ता का अनुचित कार्यों में संलग्न होना।

चीज़ भी गई ईमान भी गया
जब दुहरा नुकसान होता है तब उक्त उक्ति का प्रयोग करते हैं।

चील के घर माँस की खोज
कोई चीज़ ऐसे स्थान पर खोजना जहाँ वह बची रह ही न सकती हो।

चील से मँडरा रहे हैं
किसी वस्तु को पाने के लिए आस-पास मँडराते रहना।

चुगलख़ोर चुगली खाए, बीच बाज़ार में जूते खाए
दुष्टों को दुष्टता का परिणाम दंडित होकर मिलता है।

चुड़ैल पर दिल आ जाए तो परी क्या चीज़ है
आसक्त व्यक्ति में सौंदर्यबोध नहीं रहता।

चुपड़ी और दो दो
दोहरा लाभ, बढ़िया भी और मात्रा में अधिक भी।

चुल्लू भर पानी में डूब मरो
जाकर शर्म से मर जाओ।

चुल्लू में उल्लू हो गए
थोड़ी-सी पी लेने पर तेज़ नशा हो जाना।

चूका और गया
अपनी चूक के कारण हानि उठाना।

चूतिया मर गए औलाद छोड़ गए
काम बिगाड़ने के बावजूद समझाने पर न समझनेवाले व्यक्ति के लिए व्यंग्य। आशय हैं—मूर्ख की मूर्ख संतान।

चुल्लू भर पानी में डूब मरो
अत्यंत हीन आचरण करनेवाले व्यक्ति को लज्जित करने के लिए इस उक्ति का प्रयोग होता है।

चूल्हा छोड़ भरसाईं में जाओ
हमें आप से कोई मतलब नहीं। आप जिएँ या मरें हम से मतलब।

चूल्हे आग न घड़े पानी
ऐसा निर्धन व्यक्ति जिसके पास भोजन का भी जुगाड़ न हो।

चूल्हे की तेरी, तवे की मेरी
व्यंग्य है बढ़िया तुम लो और घटिया मेरे हिस्से में।

चूल्हे भाड़ में जाए
नष्ट हो जाए।

चूल्हे में से निकल तवे पर आ बैठना
और भी भारी मुसीबत में फँसना।

चेहरा गोरा, दिल काला
कपटी व्यक्ति। ऊपर से मीठी बातें करना पर दिल में कपट रखना।

चोटी का पसीना, एड़ी तक आना
घोर परिश्रम में लगे होना।

चोर उचक्का चौधरी कुटनी भई परधान
जिस ग़लत व्यक्ति की कहीं पूछ नहीं होती उसका भी दुष्टों के गिरोह में महत्त्व बढ़ जाता है।

चोर का भाई गिरहकट
दुष्ट की पहचान उसके दुष्ट लोगों के संग-साथ से की जाती है।

चोर की दाढ़ी में तिनका
जिसके दिल में चोर होता है वह दूसरों की हर बात से सशंकित रहता है।

चोर के घर मोर
किसी अपने ही आदमी का धोखा देना।

चोर के पाँव नहीं होते
चोर बहुत डरपोक होता है। ज़रा-सा खटका होने पर भाग खड़ा होता है।

चोर चोर मौसेरे भाई
एक-सा काम करनेवालों में भी बंधुओं का-सा प्रेम देखा है।

चोर चोरी से गया हेराफेरी से नहीं
बुरी आदत कभी छूटती नहीं।

चोर साव की वाणी अक्ल से पहचानी
बोलने के ढंग से ही अक्लमंद पहचान लेते हैं कि कौन चोर है और कौन साव।

चोर से कहे चोरी कर, साहू से कहे जागता रह
ऐसा व्यक्ति जो दूसरों में झगड़ा लगाकर तमाशा देखे।

चोरी और सीनाज़ोरी
अपराध भी करना और आँख भी दिखाना।

चोरी का धन मोरी में जाए
बुरी कमाई बुरे काम में ही खर्च होती है।

चोली दामन का साथ
अत्यंत घनिष्ठता।

चौदह कलाओं में प्रवीन
हर काम में सुघड़।

चौबे गए छब्बे होने दूबे बनकर आए
ज़्यादा लाभ के चक्कर में पल्ले का भी कुछ गँवा बैठना।

चौरासी लाख जनम के बाद आदमी का जनम मिलता है
मनुष्य जन्म कठिनता से मिलता है इसे व्यर्थ नहीं गँवाना चाहिए।

छ

छछूँदर के सिर में चमेली का तेल
किसी अयोग्य व्यक्ति को भाग्य से अच्छी वस्तु मिल जाना।

छलनी में डाल छाज में उड़ाना
बात का बतंगड़ बनानेवालों के लिए यह उक्ति है।

छह महीने मिमयानी एक बच्चा बियानी
हल्ला ज़्यादा मचाना और काम नहीं के बराबर करना।

छाती पर रखकर कोई ले नहीं गया
कुछ साथ नहीं जाना। मरने के बाद सब कुछ यहीं रह जाना है।

छींकत नहाइए, छींकत खाइए, छींकत रहिए सोए, छींकत पर घर न जाइए, चाहे सर्व सोने का होए
नहाते समय, खाते समय और सोते समय छींक शुभ है। पर दूसरे के घर जाते समय छींक अशुभ होती है।

छींकते ही नाक कटी
आरंभ में ही हानि हो जाना।

छोटा मुँह बड़ी बात
अपनी योग्यता से बढ़-चढ़कर बात कहना।

छोटा सो खोटा
नाटा आदमी प्रायः दुष्ट होता है।

छोटे से बड़ा होता है
कोई भी चीज़ एकाएक बड़ी नहीं होती है। छोटे से ही बड़ी होती है।

ज

जंगल में मंगल
ऐसी जगह चहल-पहल होना जहाँ चहल-पहल होने की आशा न हो।

जंगल में मोर नाचा किसने देखा
किसी का ऐसा अच्छा काम जिस पर गुणग्राहकों की दृष्टि न गई हो।

जग बीती कहूँ या आप बीती
अपनी कथा सुनाऊँ या संसारवालों की।

जड़ को काटो, शाखाएँ अपने आप गिर जाएँगी
प्रमुख शत्रु को मारो, उसके साथी अपने आप भाग जाएँगे।

जनम और मरण कभी नहीं रुकते
जन्म और मृत्यु का क्रम बराबर चलता रहता है।

जनम का कंटक टला
किसी बहुत बड़ी मुसीबत से अथवा अनचाहे व्यक्ति से पीछा छूटना।

जनम के अंधे नाम नयनसुख
पल्ले कुछ नहीं और आडंबर बला का।

जब अपनी उतार ली तो दूसरे की उतारते क्या लगता है
जो बेइज़्ज़त हो चुका हो उसे दूसरे को बेइज़्ज़त करने में भी संकोच नहीं रहता।

जब ओखली में सिर दिया तो मूसलों से क्या डर
किसी कठिन काम का बीड़ा उठा लेने के बाद परेशानियों से न डरना।

जब ओढ़ ली लोई तो क्या करेगा कोई
जब अपने को सुरक्षित कर लिया तो कोई क्या बिगाड़ सकता है।

जब ख़ुदा देता है तो छप्पर फाड़ कर देता है
ईश्वर की जब कृपा होती है तब सब तरफ़ से प्राप्ति होने लगती है।

जब गीदड़ की मौत आती है तो गाँव की ओर भागता है
विनाश के समय बुद्धि उलटी हो जाती है और व्यक्ति ग़लत काम करने लगता है।

जब जाना ही है तो देर सवेर क्या
किसी निश्चय को कार्य रूप में परिणत करने में समय नहीं गँवाना चाहिए।

जब चने थे तब दाँत नहीं, जब दाँत हुए तब चने नहीं
समय के कारण होनेवाली जीवन की विसंगतियाँ दिखाने का प्रयत्न।

जब तक ऊँट पहाड़ के नीचे नहीं जाता उसे अपनी ऊँचाई का पता नहीं चलता
जब तक अपने से ज़्यादा बड़ा व्यक्ति नहीं मिलता तब तक हर व्यक्ति अपने को सबसे ज़्यादा बड़ा मानता है। वस्तुतः व्यक्ति को अपनी स्थिति का सही ज्ञान तभी होता है जब उसे अपने से प्रबल या योग्य व्यक्ति मिलता है।

जब तक बच्चा रोता नहीं माँ दूध देती नहीं
बिना माँगे कुछ मिलता नहीं।

जब तक साँस तब तक आस
मरते दम तक मन में आशाएँ बनी रहती हैं।

जब दरवाज़े लागी बरात, तब समधिन के लगी हगास
जब काम करने का समय आ पहुँचे तब उससे बचने के लिए बहाने से वहाँ से चल देना।

जब दिल लगा गधी से तो परी क्या चीज़ है
आसक्त व्यक्ति में सौंदर्य-बोध नहीं होता।

जब नाचने निकली तो घूघँट क्या
जब कोई काम करने का निर्णय कर लिया तब फिर उधेड़बुन या संकोच कैसा।

जब बुरे दिन आते हैं तो अक्ल मारी जाती है
बुरा समय आने पर बुद्धि काम नहीं करती।

जब बोले तब कफ़न फाड़े
हर वक्त टेढ़ी बात करना।

जब से उगे बाल तब से यही हाल
बचपन से ही विपदाओं के बीच पलना।

जब सो जानी तब से पानी
अच्छी तरह जान लेन पर ही विश्वास होता है।

जबर को मारे सब्र
जबर के अत्याचार को सब्र से सह लेना चाहिए।

जबरा मारे और रोने भी न दे
बलवान व्यक्ति निर्बल को सताता भी है और उसे चीखने-चिल्लाने या शिकायत का अवसर भी नहीं देता।

ज़बान आज खुली और कल बंद
ज़िंदगी कब तक चलेगी इसका कुछ अंदाज़ नहीं।

ज़बान कतरनी जैसी चलती है
हर वक्त बिना सोचे-समझे बोलते रहना।

ज़बान के आगे लगाम नहीं
बिना सोचे-समझे बोल देना।

ज़बान जने एक बार माता जने बार-बार
भले आदमी जो बात एक बार कह देते हैं उस पर सदा टिके रहते हैं।

ज़बान तलवार से ज़्यादा तेज़ है
व्यक्ति बहुत ही तीखी बातें कहनेवाला प्राणी है।

ज़बान मत फेरो
कहकर मत पलटो, दिया हुआ वचन मत टारो।

ज़बान से बेटा-बेटी पराए हो जाते हैं
वाणी का यह महत्त्व है कि कह भर देने से दूसरों को बेटा-बेटी तक दे दिए जाते हैं।

ज़बान हारा वह हारा
जो वचन देकर पूरा नहीं करता उसकी कोई इज़्ज़त नहीं होती।

ज़बानी जमा-खर्च करते हैं
कहना बहुत करना कुछ नहीं।

जमाई जम का भाई, भान्जा यमराज
जमाई और भान्जे के साथ चाहे जितना उपकार किया जाए किंतु ये दोनों समय पर काम नहीं आते। सदा अपने स्वार्थ में रहते हैं।

ज़मीन की पूछना आस्मान की कहना
बेतुका जवाब देना।

ज़मीन खा गई कि आस्मान
कोई वस्तु ग़ायब हो जाने पर कहा जाता है।

ज़मीन फटे और मैं समा जाऊँ
ऐसी लज्जाजनक स्थिति में जीने से अच्छा है कि मर जाऊँ।

ज़र के आगे ज़ोर नहीं
धन से शक्तिशाली भी डरते हैं।

ज़र, जोरू, ज़मीन, झगड़े की जड़
ज़र (धन), जोरू (स्त्री), ज़मीन (भूमि) ये तीनों झगड़े की जड़ हैं अर्थात् इन्हीं के कारण झगड़ा होता है।

ज़र है तो घर है
घर तो पैसे से ही चलता है।

ज़रा अक्ल के नाखून लो
कुछ तो समझदारी की बात करो।

ज़रा मुँह धो रखो
तुम्हारी यह इच्छा पूर्ण होने से रही।

ज़रूरत पर गधे को भी बाप बनाते हैं
काम अटकने पर छोटे-मोटे व्यक्ति की भी ख़ुशामद करनी पड़ती है।

जल में रहकर मगर से बैर
जहाँ रहना वहाँ के नामी-गरामी लोगों से बैर रखना।

जल्दी का काम शैतान का
जल्दबाज़ी में किया गया काम बिगड़ जाता है।

जवानी दीवानी है
जवानी में मनुष्य भले-बुरे का विचार नहीं कर पाता।

जवानी में गधी पर भी जोबन होता है
कुरूप व्यक्ति भी युवावस्था में आकर्षक लगता है।

जवानी में नहीं किया तो कब करोगे
वक्त रहते कुछ या कोई काम नहीं किया तो समय बीत जाने पर क्या करोगे।

जवानी में माझा ढीला
जिस अवस्था में शरीर में उमंग और शक्ति होती है उस समय भी सुस्ती के कारण कुछ न कर पाना।

जस किया तस पावा
काम के अनुसार ही फल मिलता है।

जहँ जहँ चरन पड़े संतन के तहँ तहँ बंटाधार
मनहूस व्यक्ति जहाँ भी जाता है वहाँ के भी सब काम बिगड़ जाते हैं।

ज़हर को ज़हर मारता है
ताकतवर ही ताकतवर को दबा सकता है।

ज़हर खाने की फ़ुर्सत न होना
नाम को भी फ़ुर्सत न होना, अत्यंत व्यस्त होना।

जहाँ का दाना पानी हो, वहीं आदमी जाता है
जहाँ रोज़ी-रोटी मिले आदमी वहीं रहना चाहता है।

जहाँ काम आए सुई, वहाँ क्या करे तलवार
हर छोटी-बड़ी वस्तु का अपना अपना उपयोग और महत्त्व होता है।

जहाँ का पिए पानी, वहाँ की बोले बानी
जिस जगह व्यक्ति रहे, उसे वहीं की भाषा भी बोलनी चाहिए।

जहाँ गई डाढ़ो रानी, वहाँ पड़े पत्थर पानी
मनहूस व्यक्ति जहाँ जाते हैं वहीं विपत्ति आ जाती है।

जहाँ गए वहीं के हो रहे
किसी काम से जाना और बेमतलब या अनावश्यक रूप से वहाँ ठहरे रहना।

जहाँ गुड़ होगा वहाँ चींटे होंगे ही
जहाँ लाभ की आशा होती है वहाँ बहुत से लोग पहुँचने लगते हैं।

जहाँ चार बर्तन होंगे टकराएँगे ही
परिवार में रहनेवाले लोगों में आपस में खटपट भी हो जाया करती है।

जहाँ चाह है, वहाँ राह है
मन में यदि कुछ करने की इच्छा हो तो कोई न कोई रास्ता निकल आता है।

जहाँ जजमान वहाँ पुरोहित
व्यक्ति अपने अन्नदाता के साथ रहता है।

जहाँ जिसके सींग समाएँ, वहाँ निकल जाए
जहाँ जिसका जीवन निर्वाह हो सके वह वहाँ चला जाए।

जहाँ तुम्हारा पसीना गिरेगा वहाँ हमारा ख़ून गिरेगा
हम अपनी जान रहते तुम पर किसी सूरत में ज़रा भी आँच नहीं आने देंगे।

जहाँ देखी तवा परात, वहाँ गुज़ारी सारी रात
जहाँ खाने-पीने का जुगाड़ दिखाई पड़ा वहीं डेरा डाल दिया।

जहाँ धुआँ है, वहाँ आग भी होगी
कार्य को देखने पर कारण का ज्ञान होता है।

जहाँ न पहुँचे रवि, वहाँ पहुँचे कवि
जहाँ सूर्य नहीं पहुँच पाता, कवि वहाँ भी पहुँच जाता है क्योंकि उसकी कल्पना की उड़ान अत्यधिक ऊँची होती है।

जहाँ फूल वहाँ काँटा
जहाँ अत्यधिक सुविधा हो वहाँ दिक़्क़तें और परेशानियाँ भी रहती हैं।

जहाँ बड़ी सेवा वहाँ ओछा फल
जहाँ ख़ुशामद चलती है वहाँ परिणाम अच्छा नहीं निकलता।

जहाँ मुर्गा नहीं होता वहाँ क्या सवेरा नहीं होता
किसी के बिना किसी दूसरे का कोई कार्य रुकता नहीं।

जहाँ सुमति तहँ संपत्ति नाना, जहाँ कुमति तहँ विपत्ति निदाना
जहाँ पर सब लोग एक राय से काम करते हैं वहाँ जीवन सुखमय होता है और जहाँ सब लोग मनमाने ढंग से काम करते हैं वहाँ अनेक प्रकार की दिक्कतें आ खड़ी होती हैं।

जहाँ से चले वहीं पहुँचे
परिश्रम या मननपूर्वक काम करने के बाद भी किसी बात या काम में कुछ प्रगति न हो पाना।

जा विधि राखे राम ता विधि रहिए
ईश्वर जिस तरह से रखे उसी तरह रहना चाहिए। विपत्ति में धैर्य से काम लेना चाहिए।

जाए लाख रहे साख
अपनी साख की रक्षा करनी चाहिए उसका महत्त्व लाखों रुपयों से अधिक होता है।

जाको राखे साइयाँ मार सके न कोय
ईश्वर जिसका रक्षक हो उसका कोई कुछ बिगाड़ नहीं सकता।

जाको राखे साइयाँ मार सके न कोय बाल न बांका कर सके जो जग बैरी होय
ईश्वर जिसका सहायक है उसका कोई भी कुछ नहीं बिगाड़ सकता।

जागेगा सो पाएगा, सोएगा सो खोएगा
सावधानी बरतने से लाभ होता है असावधान रहनेवाले हानि उठाते हैं।

जाति न पूछो साधु की, पूछि लीजिए ज्ञान
यह महत्त्वपूर्ण नहीं कि वह बड़ी जाति का है या छोटी जाति का। महत्त्वपूर्ण यह है कि कितना बड़ा जानकार या ज्ञानी है।

जादू वह जो सिर चढ़कर बोले
प्रभाव चमत्कार उत्पन्न करता है।

ज्ञान न पहचान बड़े मियाँ सलाम
अपरिचित धनवान व्यक्ति के प्रति होनेवाला आकर्षण या लगाव।

जान बची लाखों पाए
किसी विपत्ति में फँसकर सकुशल बच निकलना।

जान है तो जहान है
जब तक कोई जीता है तभी तक उसके लिए यह संसार भी रहता है।

जानकर देखे नहीं उससे अंधा कौन
जो देखकर भी न देखे वही सबसे बड़ा अंधा कहा जाता है।

जानेवाले को कोई नहीं रोक पाता
मरनेवाले को नहीं बचाया जा सकता है।

ज़िंदगी भर का कोढ़ एक दिन में नहीं छूटता
एक दिन के पुण्य कर्म से समस्त जीवन के पापों का अंत नहीं होता।

जितना ऊपर उतना नीचे
धूर्त और खोटा होना।

जितना करम में लिखा है उतना ही मिलता है
जितना भाग्य में लिखा है उससे अधिक मिलनेवाला नहीं।

जितना गुड़ डालोगे उतना ही मीठा होगा
(१) जितना अधिक श्रम किया जाएगा उतनी ही अधिक सफलता मिलेगी।
(२) जितना ज़्यादा पैसा लगेगा उतनी ही अच्छी वस्तु प्राप्त कर सकोगे।

जितना छोटा उतना खोटा
उम्र या कद में जितना अधिक व्यक्ति कम होगा है उसे उतना ही अधिक दुष्ट माना जाता है।

जितने दम उतने गम
जितना लंबा जीवन होता है व्यक्ति को उतने ही अधिक दुख देखने तथा झेलने पड़ते हैं।

जितना देगा उतना पाएगा
जैसा कर्म करोगे उतना ही फल

पाओगे।

जितना धन उतनी चिंता
जितना अधिक धन होगा उसकी रक्षा के निमित्त उतनी ही अधिक चिंता होगी।

जितना सरे उतना करे
काम जितना किया जा सके उतना ही करना चाहिए।

जितनी चादर देखो उतने ही पैर पसारो
जितना सामर्थ्य हो उतना ही खर्च करना चाहिए।

जितनी देग उतनी खुर्चन
बिक्री की वस्तु जितनी कीमती होती है उस पर लाभ भी उसी अनुपात में होता है।

जितने मुँह उतनी बातें
अलग अलग लोगों के मुँह से एक ही बात का विवरण अलग अलग होता है।

जिधर रब उधर सब
जिधर ईश्वर हो उसी ओर सब जाते हैं। आशय है जिसका बोलबाला होता है सभी उसी के पक्ष में हो जाते हैं।

जिन खोजा तिन पाइयाँ गहरे पानी पैठ
परिश्रम करनेवालों को ही अच्छा फल मिलता है।

जिसका काम उसी को साजे और करे तो मूरख बाजे।
जो जिसका काम है उसी को शोभा देता है, यदि कोई दूसरा उसी कार्य को करता है तो मूर्ख समझा जाता है।

जिसका कोई नहीं उसका ख़ुदा
असहाय और निर्धन का रक्षक ईश्वर होता है।

जिसका खाना उसी का बजाना
दाता का गुणगान करना।

जिसका खाइए उसी का गाइए
दाता का गुणगान कीजिए।

जिसका खाना उसी पर गुर्राना
दाता को ही आँखें दिखाना।

जिसका बंदर उसी से नाचे
जिसे जिस काम की जानकारी होती है वही उस काम को ठीक प्रकार से कर सकता है।

जिसका हाथी उसका नाम
जो वस्तु जिसकी होती है उसी का नाम होता है। देख-भाल करनेवाले का नहीं।

जिसकी उतर गई लोई उसका क्या करेगा कोई
निर्लज्ज व्यक्ति का कोई कुछ नहीं बिगाड़ सकता।

जिसकी गोद में बैठे उसकी दाढ़ी नोचे
अपने आश्रयदाता को ही नुक्सान पहुँचानेवाला।

जिसकी जूती उसी का सिर
दूसरों को हानि पहुँचाने के प्रयास में अपनी ही हानि हो जाना।

जिसकी न फूटी बिवाई वह क्या जाने पीर पराई
जिसने कभी विपत्ति न झेली हो वह दूसरे का दुख-दर्द क्या समझ पाएगा।

जिसकी लाठी, उसकी भैंस
किसी बलवान द्वारा किसी कमज़ोर की वस्तु हथिया लेना।

जिसकी सीरत अच्छी, उसकी सूरत भी अच्छी
गुणी ही सुंदर होता है। रूप की प्रतिष्ठा गुणों से ही होती है।

जिसके बनिया यार उसको दुश्मन क्या दरकार
बनिया मित्र इतनी हानि पहुँचा सकता है, जितना दुश्मन भी नहीं पहुँचा सकता।

जिसके माथे पड़ती है वही जानता है
जिस पर विपत्ति आती है वही उसकी पीड़ा समझता है।

जिसके हाथ में जेई उसका सब कोई
पैसेवाले के सब दोस्त बन जाते हैं।

जिसको पिया चाहे वही सुहागिन
जिसकी पूछ हो वही प्रतिष्ठित।

जिस गाँव जाना नहीं, उसकी राह क्यों पूछनी
जिस कार्य या व्यक्ति से संबंध न हो उसके बारे में जानकारी की क्या आवश्यकता।

जिस डाल पर बैठे उसी को काटे
१. जो मददगार हो उसी को नुक्सान पहुँचाना।
२. अपने आधार को नष्ट करना।

जिस तन लागे वही तन जाने
अपने कष्ट की अनुभूति दूसरे को नहीं होती। कष्ट कितना है यह दूसरा अनुभव नहीं कर पाता।

जिस थाली में खाना उसी में छेद करना
अपने आश्रयदाता को ही क्षति पहुँचाने के प्रयत्न में रहना।

जिसने की बेहयाई उसने खाई ख़ूब मलाई
संसार में मर्यादा का उल्लंघन करनेवाला सुख भोगता हुआ नज़र आता है।

जिसने की शरम उसके फूटे करम
संकोच करनेवाला अभागा होता है।

जी कहो जी कहलाओ
जो दूसरे का सम्मान करता है उसका भी सम्मान होता है।

जीती मक्खी नहीं निगली जाती
ऐसा काम नहीं किया जाता जिससे अपनी हानि हो।

जीते के सब हैं मरे का कोई नहीं
साथ जीते जी का ही, मरनेवाले का साथ सबसे छूट जाता है।

जीते जी का नाता
जब तक जीवन है तभी तक संबंध है। मृत्यु के बाद सभी संबंध टूट जाते हैं।

जुम्मा जुम्मा आठ दिन की पैदाइश
किसी छोटी उम्र का ऐसा बालक जो बड़ों को राय देने का जुर्रत करता हो।

जैसा करेगा वैसा भरेगा
जो जैसा कर्म करता है उसको वैसा ही फल भोगना पड़ता है।

जैसा देश वैसा भेस
व्यक्ति जिस स्थान पर रहता हो उसे वहीं का पहनावा इस्तेमाल करना चाहिए अन्यथा वहाँ के लोग उसे बहरूपिया या जोकर समझेंगे।

जैसा राजा वैसी पुजा
प्रजा अपने राजा के आचार-विचार और गुणी-अवगुण का अनुसरण करती है।

जैसी करनी वैसी भरनी
मनुष्य जैसा कर्म करता है उसी के अनुसार उसे फल भी भोगना पड़ता है।

जैसी जात वैसी बात
आदमी के बात करने के ढंग से ही उसकी अच्छाई-बुराई जानी जाती है।

जैसी नीयत वैसी बरकत
नीयत अच्छी होने पर जीवन धन्य होता है।

जैसी बंदगी वैसा इनाम
पुरस्कार सेवा के अनुरूप प्राप्त होता है।

जैसे कंता घर रहे वैसे रहे विदेश
जिस प्रेमी में प्यार न हो वह अपनों के निकट रहे या दूर, कोई फ़र्क नहीं पड़ता।

जैसे को तैसा
जो जैसा व्यवहार करे उसके साथ वैसा ही व्यवहार करना चाहिए।

जैसे गुरु वैसे चेला
जो जिससे शिक्षा पाएगा उसमें उसी के गुण दिखाई देंगे।

जैसे नागनाथ वैसे साँपनाथ
दोनों ही दुष्टप्रकृति हैं। कोई किसी से कम नहीं।

जैसे सत्यानाश वैसे साढ़े सत्यानाश
किसी काम का बिगड़ जाना और उसके नुक्सान की चिंता न करके पुनः अंतिम प्रयास करना।

जो आग खाएगा अंगार हगेगा
बुरे काम का परिणाम बुरा ही होगा।

जो आया है वह जाएगा
जिसने जन्म लिया है उसकी मृत्यु अवश्य होगी या जिसने अस्तित्व ग्रहण किया है उसका विनाश अवश्य होगा।

जो कमाता है वही कीमत जानता है
जो व्यक्ति धन कमाता है वही उसका महत्त्व जानता है कि पैसा कितनी मेहनत से कमाया जाता है।

जो करता है वही जानता है
जो जिस काम को करता है वही उसके गुण-दोषों को भली प्रकार समझता है।

जो कहते हैं, वे करते नहीं
लंबी चौड़ी बातें करनेवाले कुछ नहीं करते।

जो गरजते हैं, वे बरसते नहीं
डींग हाँकनेवाले कुछ नहीं करते।

जो तकदीर में होगा, वही मिलेगा
किस्मत में जो लिखा है वही मिलेगा।

जो न करे बाबू भइया, सो सब करे रुपैया
जो काम अनुनय-विनय से नहीं होता वह पैसे के बल पर हो जाता है। पैसे से सभी काम हो जाते हैं।

जो पहले मारे सोई मीर
लड़ाई-झगड़े में पहले आक्रमण करनेवाला ही फ़ायदे में रहता है।

जो बोओगे सो काटोगे
जैसा कर्म होगा वैसा ही उसका फल मिलेगा।

जोड़-जोड़ मर जाएँगे माल पराए खाएँगे
कंजूसों के धन का लाभ दूसरे ही उठाते हैं।

जोरू चिकनी मियाँ मज़दूर
पति तो मज़दूरी करके धन कमाता है और पत्नी उसे बनाव-शृंगार में खर्च कर डालती है।

जोरू न जाता, अल्ला मियाँ से नाता
ऐसा व्यक्ति जिसके आगे-पीछ कोई न हो और सदा बेफ़िक्र रहता हो।

झ

झट मँगनी पट ब्याह
किसी काम को तुरंत कर डालना।

झूठ आदमी को कहीं का नहीं छोड़ता
झूठ बोलनेवाले की कहीं इज़्ज़त नहीं होती।

झूठ के पाँव नहीं होते
झूठा व्यक्ति कहीं टिक नहीं सकता। झूठ की पोल खुल जाती है।

झूठे का मुँह काला, सच्चे का बोल बाला
झूठ बोलनेवाले की कोई इज़्ज़त नहीं होती जबकि सच बोलनेवालों की सभी इज़्ज़त करते हैं।

झोंपड़ी में रहे महलों का ख़्वाब देखे
निर्धन व्यक्ति के मन में ऊँची आकांक्षाएँ होना।

ट

टंटा मोल लेना
जान-बूझकर अपने ऊपर कोई मुसीबत लेना।

टका रोटी जब चाहे तब ले
कीमत निश्चित है, चाहे जब लीजिए।

टका है जिसके हाथ में, वही बड़ा है जात में
धनवान ही बिरादरी का मुखिया होता है।

टके सेर भाजी टके सेर खाजा
नगर या देश में अराजकता फैली होना।

टाट की अंगिया में रेशम की बखिया
किसी साधारण चीज़ को सजाने के लिए अनावश्यक धन खर्च करना।

टाट पर पंच को सब बराबर
पंच की दृष्टि में बिरादरी का हर आदमी बराबर होता है।

टेढ़ी अंगुली किए बिना घी नहीं निकलता
बिना ज़ोर-ज़बरदस्ती किए दुष्ट लोग सीधी राह पर नहीं आते।

ठ

ठंडा करके खाओ तो मुँह क्यों जले
शांति से काम सहज रूप से हो जाता है।

ठंडा लोहा क्यों काटते हो
क्यों व्यर्थ परिश्रम करते हो।

ठाले से बेगार भली
खाली बैठे रहने से किसी का काम मुफ़्त में करना अच्छा होता है।

ठुकठुक सुनार की, एक चोट लुहार की
सुनार की अनेक चोटों के बराबर लुहार की एक चोट होती है।

ठोकर खाओगे बुद्धि पाओगे
ठोकर खाने से ही आदमी अक्ल सीखता है।

ठोकर खाते खाते अक्ल आ जाती है
नुक्सान व परेशानियाँ झेलकर ही मनुष्य परिपक्व होता है।

ड

डरा सो मरा
इस विकट संसार में डरपोक का जीवित रहना संभव नहीं।

डायन भी दस घर छोड़कर खाती है
डायन भी अपने पड़ोसियों को नुकसान नहीं पहुँचाती।

डाल का चूका बंदर और बात का चूका आदमी फिर नहीं सँभलता
बात हार जाने पर हानि सहनी पड़ती है।

डूबते को तिनके का सहारा
विपत्ति में फँसे व्यक्ति को मिलनेवाली थोड़ी-बहुत सहायता से भी राहत मिलती है।

ढ

ढाई अक्षर प्रेम के पढ़े सो पंडित होय
जिस व्यक्ति ने मनुष्य या प्राणी मात्र से प्रेम करना सीख लिया वस्तुत: वही असली पंडित या ज्ञानी हुआ।

ढाक के तीन पात
ऐसा व्यक्ति जो सदा जैसा का तैसा रहे, जिसमें दीर्घकाल में भी कोई अंतर न आए।

ढेर जोगी मठ उजाड़
जिस काम को करने में आवश्यकता से अधिक लोग लग जाते हैं वह काम बिगड़ जाता है।

ढोल के भीतर पोल
जहाँ आडंबर होता है वहाँ तत्त्व या सार नहीं रहता।

त

तंदुरुस्ती हज़ार नियामत
स्वास्थ्य सबसे बड़ा वरदान है।

तक़दीर के आगे नहीं तदबीर की चलती
भाग्य बड़ा प्रबल होता है उसके आगे कोई उपाय नहीं चल पाता।

तन को कपड़ा न पेट को रोटी
अत्यंत निर्धन व्यक्ति।

तन पर न लत्ता जा रहे कलकत्ता
झूठी शेखी हाँकना।

तन सुखी तो मन सुखी
शरीर के स्वस्थ्य रहने पर ही मन प्रसन्न रहता है।

तब की तब पर छोड़ो
भविष्य की चिंता अभी से नहीं करनी चाहिए। जो होगा देखा जाएगा।

तलवार का घाव भरता है पर बात का नहीं
बड़े से बड़ा घाव भी एक दिन भर जाता है परंतु कड़वी बात सदा सालती रहती है।

ताला घर का रखवाला
ताला घर की रखवाली करता है।

ताला चोरों को रोक नहीं पाता
चोरों के लिए ताले का कोई महत्त्व नहीं होता।

ताली एक हाथ से नहीं बजती
जब तक दोनो पक्षों का दोष नहीं होता तब तक झगड़ा नहीं होता।

तीन टिकट महा विकट
एक साथ तीन आदमियों का कहीं जाना अशुभ होता है।

तीन बुलाए तेरह आए दे दाल में पानी
निमंत्रित व्यक्तियों से अधिक व्यक्ति आ जाएँ तो व्यंजनों में पानी मिलाकर पतला करना मजबूरी होता है।

तीन में न तेरह में
ऐसा व्यक्ति जिसकी कहीं पूछ न हो।

तीर नहीं तो तुक्का ही सही
आकस्मिक प्रयास से वस्तु मिल जाए तो ठीक न मिले तो चिंता नहीं करनी चाहिए।

तुझसे तो गधा भी सयाना
तुम में तो गधे जितनी भी अक्ल नहीं।

तुझसे पतला मूतते हैं क्या ?
वे लोग तुमसे कमज़ोर नहीं।

तुम जानो तुम्हारा काम जाने
जैसी तुम्हारी इच्छा हो, वैसा काम करो। (तुम्हें हमारी राय अच्छी नहीं लगती है)।

तुम डाल डाल हम पात पात
तुम्हारी हर चाल का ज़ोरदार जवाब दिया जाएगा।

तुम सरीखे सैकड़ों फिरते हैं
१. हमें तुम्हारा डर नहीं। तुम हमारा कुछ नहीं बिगाड़ सकते।
२. तुम्हारे जैसे लोग मारे मारे फिर रहे हैं।

तुमसे क्या छिपा है
तुम तो हमारी स्थिति से अच्छी तरह परिचित हो।

तुम हमारी कहो न हम तुम्हारी कहें
अच्छा हो कि हम एक दूसरे की बुराई न करे।

तुम्हारा मुँह नहीं दुखता
बहुत अधिक बोलनेवाले व्यक्ति को बराबर बड़बड़ न करने का संकेत। अधिक बोलने से मुँह क्या दुखने नहीं लगता।

तुम्हारी जूती तुम्हारे सिर
जो दूसरों के साथ अनुचित व्यवहार करने पर तुला हो, उसके साथ भी वैसा व्यवहार किया जाना।

तुम्हारी बात का एतबार क्या
अब आपकी बात का भरोसा कैसे किया जा सकता है।

तुम्हारे मुँह में घी-शक्कर
शुभ समाचार देनेवाले या शुभ घोषणा करनेवाले का अभिवादन और स्वागत।

तुरंत दान महाकल्याण
मन में किसी को कुछ देने का बिचार उत्पन्न हो तो तुरंत दान करना ही उत्तम कहा गया है।

तुरंत मज़दूरी चोखा काम
मज़दूरी नकद लीजिए पर शर्त यह है कि काम अधिक से अधिक हो।

तुलसी कबहूँ न त्यागिए अपने कुल की रीत
अपने खानदान की रीति-रिवाजों को कभी नहीं त्यागना चाहिए।

तू चल मैं आया
किसी कार्य के लिए टरका देना अथवा बहाना बना देना।

तू डाल डाल मैं पात पात
जब कोई तिकड़म रच रहा हो तब उसके तिकड़म का उपयुक्त जवाब देने में अपने को समर्थ बतलाने के लिए इस उक्ति का प्रयोग करते हैं।

तू मुझसे तो मैं तुझसे
दोनो पक्षों को एक दूसरे के हित का ध्यान रखना चाहिए।

तेरे किए का फल है कोई क्या करे
यह कष्ट तुम्हारे बुरे कर्मों के कारण है, इसमें कोई कुछ नहीं कर सकता।

तेरा किया तेरे आगे आए
जैसा तुमने किया है वैसा ही तुम्हारे साथ हो।

तेरे बोए तुझे मुबारक
आपके कर्मों का फल आप ही को मुबारक हो, मुझे इसकी आवश्यकता नहीं।

तेरे मन कछु और है दाता के कुछ और
जब किसी का सोचा हुआ नहीं होता तब उसे सांत्वना देने के लिए इस उक्ति का प्रयोग होता है। आशय है कि जो ईश्वर को मंजूर होता है वही होता है।

तेल तिलों से ही निकलता है
ग्राहक से ही लाभ प्राप्त किया जाता है।

तेल देखो तेल की धार देखो
कोई निश्चय करने से पहले या कोई कदम उठाने से पहले सभी परिस्थितियों पर विचार कर लेना चाहिए।

तेल बिना गाड़ी नहीं चलती
बिना धन के कुछ नहीं होता।

तेल लगाओ, माल कमाओ
बिना ख़ुशामद किए माल नहीं मिलता।

तेली का तेल जले मशालची का कलेजा फटे
जब व्यय किसी का हो रहा हो और उसका दुख किसी दूसरे को हो रहा हो तब इस कहावत का प्रयोग करते हैं।

तैराक ही डूबता है
तैरनेवाला ही डूबता है। जो तैरेगा ही नहीं वह डूबेगा कैसे?

थ

थूक चाटे प्यास नहीं जाती
साधारण उपायों से बड़े कार्य नहीं हो पाते।

थैली लगाए सो थैला पाए
जो धन लगाता है वह ढेरों लाभ भी कमाता है।

थोड़ी बेशर्मी, दिन भर का आराम
थोड़ी-सी धृष्टता दिखाने पर कर्मचारी काम की जगह आराम करता है।

थोड़े में मज़ा है
थोड़ी वस्तु से अधिक आनंद आता है। ज़्यादा होने पर उसका आकर्षण समाप्त हो जाता है।

थोथा चना बाजे घना
ऐसा व्यक्ति जो बातें तो करे बहुत पर काम कुछ न करें।

द

दग़ा न किसी का सगा
धोखा देनेवाला भी धोखे का शिकार होता है।

दद्दा नहीं पढ़े हैं लल्ला पढ़े हैं
लेना ही जानते हैं, देना नहीं जानते।

दबते को सब दबाते हैं
निर्बल या ग़रीब को सभी दबाते हैं।

दबा बनिया पूरा तौले
बनिया भयभीत होने पर ही पूरा तौलता है।

दमड़ी की हाँड़ी गई, कुत्ते की जात पहचानी गई
कुछ नुक्सान तो हुआ परंतु पता चल गया कि किसका आचरण पशुवत् है।

दया धर्म को मूल है, पाप मूल अभिमान
अभिमानी ही पापी होता है और दयावान धर्मात्मा।

दया बिन संत कसाई
दयाविहीन साधु कसाई के समान होते हैं।

दरवाज़े आई बरात, समधन को लगी हगास
ऐन वक्त पर बहाना बनाकर खिसक जाना।

दरिया में रहकर मगरमच्छ से बैर
प्रजा को अपने हाकिम या राजा की बुराई नहीं करनी चाहिए।

दाँत न थे चना था, दाँत मिले तो चना नहीं
सदा किसी न किसी वस्तु का आभाव बना रहना।

दाई जाने अपनी हाई
अपने दुख का ज्ञान अपने को ही होता है, दूसरे को नहीं।

दाई से क्या पेट छिपाना
जो जिस विषय में सब-कुछ जानता हो उससे कुछ छिपाना मूर्खता है।

दाई से पेट नहीं छिपता
जानकार देखते ही वस्तुस्थिति को भाँप लेता है।

दाता की नाव पहाड़ चढ़े
दानी व्यक्ति जीवन में अधिक सफलता प्राप्त करते हैं।

दाता के देने के सौ हाथ
ईश्वर को देने के अनेक रास्ते हैं।

दान की बछिया के दाँत नहीं देखे जाते
मुफ़्त में मिली वस्तु पर व्यर्थ टीका-टिप्पणी नहीं करनी चाहिए।

दाना दुश्मन नादान दोस्त से बेहतर
सयाना या अक्लमंद दुश्मन मूर्ख मित्र से अच्छा होता है।

दाने दाने पर मोहर होना
जिसके भाग्य में जो लिखा होता है वह उसे अवश्य मिलता है।

दाम दीजे काम लीजे
बिना पैसा दिए काम होनेवाला नहीं। पैसे से सभी काम कराए जा सकते हैं।

दाल में नमक, सच में झूठ
उतना ही झूठ बोलना चाहिए जितना कि दाल में नमक डाला जाता है।

दाल-भात का कौर नहीं है
(कार्य) कठिन है।

दाल-भात में मूसलचंद
दो व्यक्तियों की बात में अनावश्यक रूप से हस्तक्षेप करनेवाला तीसरा व्यक्ति।

दिन जब बुरे आते हैं तो सोना छुए मिट्टी हो जाता है
समय बुरा होने पर अच्छाई भी बुराई हो जाती है।

दिन जब भले आते हैं तो मिट्टी छुए सोना हो जाती है
समय अनुकूल होने पर लाभ ही लाभ होता है।

दिन जाते देर नहीं लगती
समय तीव्र गति से बीत जाता है।

दिन निकल जाते हैं पर बात रह जाती है
दुख का समय तो निकल जाता है परंतु उस घड़ी दूसरों का बरताव सदा याद रहता है।

दिन भर चले अढ़ाई कोस
बहुत धीमी गति से काम करना।

दिया तले अँधेरा
दूरदृष्टि रखनेवालों को प्रायः अपने निकट का ज्ञान नहीं होता।

दिल माने तो सही
जिस बात को दिल माने वही सही होती है।

दिल लगा गधी से तो परी क्या चीज़ है
जिससे जिसका प्रेम हो जाए वही उसके लिए उत्तम है, भले ही वह कुरूप ही क्यों न हो।

दिल्ली दूर है
मंज़िल दूर है।

दीवार के भी कान होते हैं
व्यक्तिगत बात करते समय अत्यंत सावधान रहना चाहिए जिससे कोई और न सुन सके।

दीवार खाए आला घर खाए साला
जिस प्रकार बहुत से आले रखने पर दीवार कमज़ोर हो जाती है उसी प्रकार साले के रहने से घर-परिवार नष्ट हो जाता है।

दुख-सुख सबके साथ लगा हुआ है
दुख-सुख हर व्यक्ति के जीवन में आते हैं, इनसे कोई बचता नहीं।

दुधारू गाय की लात भी भली
जिससे लाभ भी होता है उसकी डाँट भी सहनी पड़ती है।

बाप पै पूत जाति पर घोड़ा और नहीं तो थोड़ा थोड़ा
पुत्र पर पिता का और घोड़े पर नस्ल का अधिक नहीं तो कुछ न कुछ प्रभाव रहता ही है।

बासी बचे न कुत्ता खाए
आवश्यकता से अधिक वस्तु बन जाने पर व्यर्थ फेंकनी या बाँटनी पड़ती है। इस दोष से बचने के उपाय की ओर संकेत है।

बिन माँगे मोती मिले, माँगे मिले न भीख
यह तो देनेवाले पर निर्भर है कि किसी को बिना माँगे ही अथाह धन दे दे और माँगनेवाले को अधेला भी न दें।

बिना आग के धुआँ नहीं होता
बिना कारण के कार्य नहीं होता।

बिना गुण के कोई नहीं पूछता
ऐसे व्यक्ति की कहीं पूछ नहीं होती जिसमें कोई गुण न हो।

बिना टेढ़ी अंगुली के घी नहीं निकलता
व्यक्ति से काम लेने के लिए ज़ोर-ज़बरदस्ती करनी पड़ती है।

विनाश काले विपरीत बुद्धि
यदि समय बुरा आ गया हो तो बुद्धि भी सही काम नहीं करती।

बिल्ली के भाग से छींका टूटा
संयोग से ऐसी वस्तु का प्राप्त होना, जिसे आसानी से प्राप्त न किया जा सकता हो।

बीती ताहि बिसार दे आगे की सुधि ले
जो बीत गया उसके संबंध में चिंता करना व्यर्थ है आगे आनेवाले समय के लिए सावधान रहो।

बूढ़ी घोड़ी लाल लगाम
बुढ़ापे में जवानों जैसी शौकीनी करनेवाले व्यक्ति के लिए प्रयुक्त उक्ति।

बुढ़ापे में अक्ल मारी जाती है
वृद्धावस्था में अक्ल ठीक से काम नहीं करती।

बुरे काम का बुरा नतीजा
बुरे काम का फल सदा बुरा ही होता है।

बुरे की न बुराई में, भले की न भलाई में
सबसे अलग रहना।

बूँद बूँद से सागर भरता है
थोड़ा थोड़ा करके ही धन जुड़ता है।

बोए पेड़ बबूल का आम कहाँ से होय
बुरे कर्म करने पर फल कभी अच्छा नहीं मिलता। जैसा कर्म करोगे वैसा ही फल भी मिलेगा।

बोलती बंद हो गई
सच्चाई सामने आ जाने पर बड़-बड़ करनेवाला व्यक्ति भी निरुत्तर हो जाता है।

ब्याह नहीं किया बरातें तो देखी हैं
कोई काम तो नहीं किया परंतु उसका कुछ अनुभव तो प्राप्त किया ही है।

भ

भगवान के घर देर है अंधेर नहीं
ईश्वर सबकी सुनता है और उनके कर्मों के अनुसार देर-सबेर फल देता है। अर्थात् वह सदा न्याय करता है।

भगवान ही बचाए
बचाव या रक्षा अब ईश्वर के हाथ में है।

भली कहने में क्या जाता है
स्पष्ट एवं मीठा बोलने में मोल नहीं लगता। किसी को उचित मार्ग बतलाने में कुछ खर्च नहीं होता।

भले का ज़माना नहीं
भले आदमी इस युग में कष्ट उठाते देखे जाते हैं।

भागते भूत की लंगोटी भली
जहाँ से कुछ न मिलने की आशा हो वहाँ से थोड़ा-बहुत जो भी मिल जाए उसे स्वीकार कर लेना चाहिए।

भाग्य में लिखा नहीं टलता
जो क़िस्मत में लिखा है होकर ही रहता है कोई उसे नहीं टाल सकता।

भाड़ में जाओ
जो मर्ज़ी हो करो। बात न माननेवाले व्यक्ति को कोसते हुए कही जानेवाली उक्ति। आशय है—जो चाहे सो करो। हमें तुम्हारे सुख-दुख की परवाह नहीं।

भुस में चिनगी डाल जमालो अलग खड़ी
लोगों को आपस में लड़ाकर ख़ुद अलग खड़ा होकर तमाशा देखनेवाला व्यक्ति।

भूखा क्या नहीं करता
भूख से व्याकुल व्यक्ति पेट भरने के लिए कुछ भी कर सकता है।

भूखा बंगाली भात भात
स्वार्थी व्यक्ति हर समय अपनी ही बात कहता चलता है।

भूखे भजन न होए गोपाला
स्वार्थी पेट के लिए भगवान का नाम लेना भी मुश्किल होता है।

भूल-चूक लेनी-देनी
हिसाब में किसी प्रकार की भूल रह गई हो तो उसे सुधारा जाएगा।

भैंस बड़ी या अक्ल
किसी चीज़ का महत्त्व उसके आकार-प्रकार से नहीं बल्कि उसके गुण से होता है।

म

मँगनी का चंदन घिस मेरे नंदन
दूसरे की वस्तु का बेरहमी से प्रयोग करना।

मँगनी के बैल के दाँत नहीं देखते
माँगी हुई दूसरे की वस्तु में दोष नहीं ढ़ूँढ़ते।

मक्खी छोड़ना हाथी निगलना
ऐसे व्यक्ति के लिए यह उक्ति प्रयुक्त होती है जो छोटी-मोटी रिश्वत नहीं लेता लेकिन लंबी रकम ग्रहण कर लेता है।

मजबूरी में गदहे को भी बाप कहना पड़ता है
अपनी आवश्यकता पर तुच्छ व्यक्ति से भी सहायता की याचना करनी पड़ती है।

मतलबी यार किसके दम लगाया खिसके
स्वार्थी व्यक्ति किसी के सगे नहीं होते अपना स्वार्थ सिद्ध हो जाने पर नौ दो ग्यारह हो जाते है।

मन की मन में ही रह गई
साध या अभिलाषा पूरी नहीं हुई।

मन के राजा है
मनमर्ज़ी से काम करनेवाला व्यक्ति।

मन के हारे हार है मन के जीते जीत
दृढ़ व्यक्ति कभी हार नहीं स्वीकार करता, वह अपनी हार को भी जीत में बदलकर ही दम लेता है।

मन चंगा तो कठौती में गंगा
जिसका मन साफ़ है उसके लिए गंगा भी उसकी कठौती में है।

मरता क्या न करता
न चाहते हुए भी विवशता के कारण कोई काम करना।

मरने की भी फ़ुरसत नहीं
ऐसा व्यक्ति जो अत्यंत व्यस्त रहता हो और जिसके पास अवकाश का अभाव हो।

मरने के बाद किसने देखा है
किसी को भी मालूम नहीं कि मरने के बाद क्या होता है।

मरा हाथी भी सवा लाख का
रईस के निर्धन हो जाने पर भी उसकें पास कुछ संपत्ति शेष रहती ही है।

मरे को क्या मारना
जो पहले से दुखी और त्रस्त हो उसे और दुख नहीं देना चाहिए।

मर्द का खाना औरत का नहाना
दूसरों की नज़र बचा कर मर्द को खाना चाहिए (कि नज़र न लगे) और औरत को ऐसी जगह नहाना चाहिए (जिससे उस पर दूसरों की नज़र में न पड़े)।

महँगा रोए एक बार, सस्ता रोए बार बार
महँगी वस्तु खरीदते समय एक बार तो अवश्य कष्ट होता है परंतु उसके बदले सस्ती वस्तु लेने पर रोज़ रोज़ की

राम जी का दिया सब-कुछ है
प्रभु की कृपा से किसी चीज़ की कमी नहीं।

राम तेरी माया, कहीं धूप कहीं छाया
जगत में जो विरोधाभास दिखाई देता है यह सब उस ईश्वर की लीला है।

राम नाम जपना, पराया माल अपना
ऊपर से भगत बने होना और अंदर से दूसरों का माल हड़पने के लिए प्रयासरत रहना।

राम नाम सत्य है
प्रभु का नाम ही सत्य तथा स्थायी है और कुछ सत्य या स्थायी नहीं।

राम मिलाई जोड़ी एक अंधा एक कोढ़ी
बेमेल जोड़ियाँ प्रभु की इच्छा का ही तो फल है।

राम लक्ष्मण की जोड़ी
दो युवकों की मनोहारी जोड़ी।

रुपया आनी जानी शै है
पैसा कभी किसी एक जगह नहीं टिकता। लक्ष्मी चंचला होती है।

रोज़ कुआँ खोदना और रोज़ पानी पीना
प्रतिदिन मेहनत करके कमाना और उसी पैसे से निर्वाह करना।

रोते क्यों हो? कहा शक्ल ही ऐसी है
हर वक्त उदास रहनेवाले व्यक्ति के प्रति व्यंग्य।

ल

लंबा टीका मधुरी बानी, धोखेबाज़ की यही निशानी
धोखेबाज़ लोग ऊपर से मीठे और धर्मात्मा बने रहते हैं।

लंबे की अक्ल, घुटनों में
लंबे व्यक्ति कम बुद्धिमान होते हैं।

लक्ष्मी चंचला है
पैसा कभी किसी एक व्यक्ति के पास नहीं टिकता।

लक्ष्मी सरस्वती का बैर है
ऐसी धारणा है कि पढ़े-लिखे व्यक्तियों के पास उतना धन नहीं होता जितना कि अनपढ़ या कम पढ़े-लिखे व्यक्ति के पास होता है।

लग गया तो तीर नहीं तो तुक्का
तथ्यों या आँकड़ों के अनुसार नहीं बल्कि अनुमान से काम करने की प्रवृत्ति।

लड़की अपने घर ही अच्छी लगती है
विवाहिता कन्या अपने ससुराल में ही अच्छी लगती है।

लाख कही पर एक न मानी
लाख बार समझाने पर भी बात न मानना।

लाचारी का नाम महात्मा गाँधी
विवशता महात्मा गाँधी का पर्याय है। आशय है कि महात्मा गाँधी अंग्रेज़ों का अन्याय मजबूरन सहते थे।

लातों के भूत बातों से नहीं मानते
अत्यंत निर्लज्ज व्यक्ति बिना मार खाए कुछ नहीं समझता।

लाद दे, लदा दे, लादनवाला साथ दे
किसी से हर छोटी-मोटी सहायता की आशा करना।

लालच बुरी बला
लालच करना अच्छी आदत नहीं क्योंकि लालची को जगह जगह तिरस्कृत होना पड़ता है।

लिख लोढ़ा पढ़ पत्थर
निरक्षर व्यक्ति के लिए प्रयुक्त कहावत।

लेना एक न देना दो
किसी से किसी प्रकार का लेन-देन का संबंध न होना।

लोहे को लोहा ही कटता है
कोई दुष्ट व्यक्ति तब तक ठंडा नहीं पड़ता जब तक उसे अपने से बड़े दुष्ट का सामना न हो जाए।

व

वक्त चला जाता है, बात रह जाती है
समय तो बीत जाता है लेकिन किसी की

कही हुई कड़वी बात सदा सालती रहती है।

वक्त पड़ने पर गधे को भी बाप बनाना पड़ता है

आवश्यकता पड़ने पर मूर्ख व्यक्ति के प्रति भी आदर-भाव दिखलाना पड़ता है।

वक्त पर कोई काम नहीं आता

संसार की रीति ही कुछ ऐसी है कि असहाय अवस्था में सभी साथ छोड़ देते हैं।

वक्त पर सब-कुछ करना पड़ता है

विपत्ति से छुटकारा पाने के लिए अनेक प्रकार के उपाय करने पड़ते हैं।

वक्त सब-कुछ करा देता है

परिस्थितियों से विवश व्यक्ति कुछ भी कर सकता है।

वह दिन गए जब ख़लील खाँ फ़ाख्ता उड़ाते थे

बचपन के निश्चिंतता के वे दिन अब लद गए।

वह दिन नहीं रहे तो ये दिन भी नहीं रहेंगे

समय परिवर्तनशील है। जब सुख का समय नहीं रहा तो दुख का यह समय भी निकल जाएगा।

वहम की दवा तो लुकमान हकीम के पास भी नहीं

शक का कोई इलाज नहीं।

वही होता है जो मंजूरे खुदा होता है

जो भगवान को मंजूर होता है वही होता है। मनुष्य के चाहे कुछ नहीं होता।

विद्या देने से नहीं घटती

विद्या ऐसा धन है जो जितना बाँटा जाए उतना बढ़ता है।

विनाश काले विपरीत बुद्धि

जब समय ख़राब आता है तो आदमी को सही राह नहीं सूझती।

श

शक्ल चुड़ेलों की मिज़ाज परियों का

रूप तो चुड़ैल जैसा है किंतु चाल-ढाल परियों जैसी।

शराफ़त का ज़माना नहीं

इस घोर कलियुग में भले व्यक्ति का जीना मुश्किल है।

शेर बकरी एक घाट पानी पीते हैं

इतना अच्छा समय या शासन है कि शेर और बकरी यानी दबंग और दुर्बल दोनों मिलकर रहते हैं।

स

सइयाँ गए परदेस अब डर काहे का

मालिक के परदेश जाने पर नौकर स्वच्छंद हो जाते हैं।

सइयाँ भए कोतवाल, अब डर काहे का

किसी अपने के बड़े पद पर आसीन होने के बाद उसके साथ के लोग स्वच्छंद होकर मनमानी करने लगते हैं।

सच बराबर पुण्य नहीं, झूठ बराबर पाप

सच बोलना सब से बड़ा पुण्य है और झूठ बोलना सब से बड़ा पाप।

सच बात कड़वी लगती है

सत्य बात प्रायः अहितकर प्रतीत होती है।

सच्चे का बोलवाला, झूठे का मुँह काला

सत्य बोलनेवाले का सदा सम्मान होता है और झूठ बोलनेवाले को तिरस्कृत होना पड़ता है।

सत्तर चूहे खाकर बिल्ली हज को चली

पाप कर्मों में अत्यधिक लिप्त व्यक्ति में एक दिन पापों के भोग से बचने के लिए पुण्य कर्म करने की इच्छा जगती है।

सफ़ेदी पर स्याही पुत गई

कलंक या लाछन लगने से सारी इज़्ज़त धूल में मिल जाना।

सब गुड़ गोबर हो गया

किया कराया चौपट या नष्ट हो जाना।

सब दिन न होत एक समान
समय के साथ साथ परिस्थितियों में भी परिवर्तन होता चलता है।

सब धान बाईस पँसेरी
सब के साथ होनेवाला एक-सा व्यवहार।

सब्र का फल मीठा
सब्र करनेवाले को हमेशा अच्छा फल मिलता है।

समझदार को इशारा काफ़ी
बुद्धिमान व्यक्ति थोड़े में ही बात समझ जाता है।

समय समय की बात है
समय बदल जाने से परिस्थितियों और परिणामों में भी अंतर आ जाता है।

समरथ को नहिं दोष गोसाईं
जिसके हाथ में शक्ति होती है उसपर दोष नहीं मढ़ा जा सकता।

साँप भी मर जाए और लाठी भी न टूटे
अपना काम भी सिद्ध हो जाए और साथ ही अपना नुक्सान भी न हो।

साव से कहे जागा, चोर से कहे मूसा
दुरंगी बात करनेवाले के लिए यह उक्ति है।—साव से जागने के लिए कहता है और चोर से चोरी करने के लिए।

सावन हरे न भादों सूखे
हर अवस्था में एक-सा रहना।

सिर बड़ा सरदार का पैर बड़ा गँवार का
बुद्धिमान का सिर एवं गँवार के पैर बड़े होते हैं।

सिर मुँड़ाते ही ओले पड़े
किसी कार्य के आरंभ में ही विघ्न पड़ जाना।

सीधी उँगली से घी नहीं निकलता
बिना सख़्ती किए कोई कार्य संपन्न नहीं कराया जा सकता।

सुनिए सब की करिए मन की
राय सबकी लेनी चाहिए लेकिन निर्णय स्वयं करना चाहिए।

सुबह का भूला शाम तक घर आ जाए तो उसे भूला नहीं कहा जाता
यह उक्ति ऐसे व्यक्ति के संबंध में है जो ग़लती करता तो है परंतु अपनी भूल स्वीकार कर लेता है इस प्रकार सही रास्ता अपना लेता है।

सूप तो सूप चलनी भी बोले जिसमें बहत्तर छेद
जिस व्यक्ति में अनेक दोष होते हैं वह भी दूसरे के दोष की ओर संकेत करने से नहीं चूकता।

सूम का धन शैतान खाए
कंजूस व्यक्ति का धन का उपयोग दूसरे ही करते देखे जाते हैं।

सेर को सवा सेर मिलता है
एक दुष्ट का सामना या मुकाबला उससे भी तगड़े दुष्ट से होता ही है।

सोआ सो खोआ
जो वक्त पर चूक जाता है उसे हानि उठानी पड़ती है। असावधान व्यक्ति अकसर चूक जाता है।

सोने में सुहागा
किसी अच्छे व्यक्ति में और भी किसी अच्छी बात का मिलना।

सौ सुनार की एक लुहार की
लुहार का एक आघात सुनार के सौ आघातों से बढ़कर होता है।

हँसो या बात करो
एक समय में एक ही काम कीजिए।

हजामत बन गई
बेवकूफ़ बनाकर ठग लिया गया।

हथेली पर सरसों नहीं जमती
सिर्फ़ कह देने से काम तुरंत नहीं हो जाता।

हमप्याला हमनिवाला
ऐसे मित्र जो साथ बैठकर खाते-पीते हों।

हमाम में सब नंगे
हर व्यक्ति में कुछ न कुछ कमज़ोरियाँ होती हैं।

हाथ कंगन को आरसी क्या
प्रत्यक्ष को प्रमाण की ज़रूरत नहीं होती।

हाथ को हाथ नहीं सूझता
घना अंधकार फैला होना।

हाथी के दाँत खाने के और दिखाने के और
ऐसे व्यक्ति जो ऊपर से दिखने में विनयी होते हैं परंतु होते हैं दरअसल धोखेबाज़।

हाथी निकल गया दुम रह गई
ऐसा बड़ा काम जिसका अधिकांश पूर्ण हो चुका हो, बस थोड़ा-सा रह गया हो।

हिम्मते मर्दां मददे ख़ुदा
जो हिम्मती व परिश्रमी होता है भगवान उसकी मदद करते हैं।

हींग लगे न फिटकरी रंग चोखा आए
लागत न लगे बस काम बढ़िया हो जाए। यह उक्ति ऐसे व्यक्ति के लिए है जो चीज़ तो अच्छी चाहता हो परंतु पैसा कम खर्च करना चाहता हो।

होनहार बिरवान के होत चीकने पात
होनहार व्यक्ति के लक्षण बचपन में ही दिखाई देने लगते हैं।

होम करते हाथ जले
भलाई करने में बुराई मिलती है।

होश फ़ाख्ता हो गए
अचंभित रह गए।